Heidelberger betriebswirtschaftliche Studien

M. Bitz W. Hemmerde W. Rausch

Gesetzliche Regelungen und Reformvorschläge zum Gläubigerschutz

Eine ökonomische Analyse

Mit 51 Abbildungen und 11 Tabellen

Springer-Verlag
Berlin Heidelberg New York Tokyo

Prof. Dr. Michael Bitz
Dr. Wilhelm Hemmerde
Dr. Werner Rausch

Lehrstuhl für Bank- und Finanzwirtschaft
Fernuniversität Hagen, Postfach 940
D-5800 Hagen

ISBN-13:978-3-540-16598-9 e-ISBN-13:978-3-642-71256-2
DOI: 10.1007/978-3-642-71256-2

CIP-Kurztitelaufnahme der Deutschen Bibliothek
Bitz, Michael: Gesetzliche Regelungen und Reformvorschläge zum Gläubigerschutz : e. ökonom. Analyse / M. Bitz ; W. Hemmerde ; W. Rausch. - Berlin ; Heidelberg ; New York ; Tokyo: Springer, 1986. (Heidelberger betriebswirtschaftliche Studien)
ISBN-13:978-3-540-16598-9

NE: Hemmerde, Wilhelm:; Rausch, Werner:

2142/3140-543210

Vorwort

Seit Jahren steigt in der Bundesrepublik Deutschland die Zahl der Insolvenzen. Zugleich gehen die den nicht bevorrechtigten Konkursgläubigern verbleibenden Quoten ständig zurück. Die Praxis immer feiner ausgeklügelter Sicherungsvereinbarungen bewirkt, daß sich die faktische Abwicklung der Insolvenzverfahren mehr und mehr von dem konkursrechtlichen Leitmotiv der "par conditio creditorum" entfernt. In dem Schlagwort vom "Konkurs des Konkurses" artikuliert sich ein weithin empfundenes Unbehagen über diese Gegebenheiten und das geltende Insolvenzrecht. Ziel der vorliegenden Arbeit ist es, in die aktuelle Diskussion um eine Reform der einschlägigen Regelungen einige Überlegungen und Vorschläge zur Verbesserung des Gläubigerschutzes einzubringen, die sich aus einer Analyse der relevanten gesellschafts- und insolvenzrechtlichen Vorschriften unter ökonomischen Aspekten ergeben, d.h. einer Analyse im Hinblick auf die Frage, wie sich bestimmte Regelungen auf die vermögensmäßige Betroffenheit, auf die einkommensmäßigen Risiken und Chancen verschiedener Kapitalgeber auswirken.

Im einzelnen gliedert sich die Arbeit in drei Teile. Im ersten Teil werden die grundlegenden Kategorien gläubigergefährdender Sachverhalte verdeutlicht und die elementaren Ansatzpunkte aufgezeigt, um die entsprechenden Risiken durch gesetzliche Regelungen zu begrenzen. Der zweite Teil ist der Untersuchung der Frage gewidmet, welche Bedeutung als Insolvenzprophylaxe den Vorschriften zur Kapitalaufbringung und -erhaltung in ihrer derzeitigen Ausprägung tatsächlich zukommt. Im dritten Teil werden schließlich verschiedene Regelungen untersucht, die darauf abzielen, das Ausmaß der auf die Gläubiger eines einmal insolvent gewordenen Unternehmens zukommenden Verluste zu begrenzen. In allen drei Teilen münden Analyse und Kritik der aktuell geltenden Regelungen in eigene Vorschläge zu ihrer Reform ein.

Um den nur an einzelnen Aspekten interessierten Lesern die Lektüre zu erleichtern, sind die drei Teile jeweils in sich abgeschlossen. D.h. sie sind grundsätzlich auch ohne das gründliche Studium der vorangegangenen Teile verständlich und führen auch jeweils zu eigenständigen Ergebnissen. Dementsprechend weisen die drei Teile in einzelnen Passagen gewisse Überschneidungen auf, die der Leser der gesamten Arbeit jedoch kaum als störend, sondern eher als hilfreich empfinden dürfte.

Wenn die Arbeit auch als Ganzes das gemeinsame Werk aller drei Koautoren darstellt, so ist in der Betreuung einzelner Schwerpunkte dennoch eine gewisse Arbeitsteilung praktiziert worden. So oblag Werner Rausch die Federführung für den dritten Teil, Wilhelm Hemmerde die für den zweiten Teil. Der erste Teil und zugleich auch die Konzeption für die gesamte Arbeit geht weitgehend auf Michael Bitz zurück.

Das Zustandekommen der vorliegenden Arbeit wurde ganz erheblich dadurch begünstigt, daß der Minister für Wissenschaft und Forschung des Landes Nordrhein-Westfalen drei Jahre lang Mittel zu ihrer Förderung bereitgestellt hat, durch die insbesondere die Beschäftigung eines wissenschaftlichen Mitarbeiters ermöglicht wurde. Den zuständigen Stellen und Gremien sei an dieser Stelle herzlich gedankt. Dank schulden wir auch zahlreichen Kollegen, mit denen wir in den letzten Jahren auf verschiedenen Tagungen, Arbeitskreissitzungen, Symposien und ähnlichen Veranstaltungen im In- und Ausland Teile der hier vorgetragenen Überlegungen diskutieren konnten. Wir haben in diesen Diskussionen zahlreiche Anregungen für die endgültige Gestaltung dieser Arbeit erhalten. Unser Dank gilt weiter den Mitarbeitern des Lehrstuhls für Bank- und Finanzwirtschaft an der Fernuniversität Hagen, die uns in vielfältiger Weise, insbesondere bei der Anfertigung des Literaturverzeichnisses und beim Lesen der Korrekturen, unterstützt haben. Besondere Anerkennung gebührt schließlich Frau Brigitte Kamrath, die es - in der Endphase unterstützt von Frau Gisela Maaß - mit unerschöpflicher Geduld auf sich genommen hat, aus kaum entzifferbaren Manuskripten und mehrfach korrigierten Typoskripten immer wieder saubere Schreibmaschinentexte zu erstellen, und auch die endgültige Druckvorlage angefertigt hat. Hierfür sei ihr ganz herzlich gedankt.

Hagen, im Dezember 1985

Michael Bitz
Wilhelm Hemmerde
Werner Rausch

Inhaltsverzeichnis

Abbildungsverzeichnis

Tabellenverzeichnis

Abkürzungsverzeichnis

Abb.	Abbildung
Abs.	Absatz
AcP	Archiv für die civilistische Praxis (Zeitschrift)
AER	The American Economic Review (Zeitschrift)
a.F.	alte Fassung
AFG	Arbeitsförderungsgesetz
AG	Aktiengesellschaft
AG	Die Aktiengesellschaft (Zeitschrift)
AktG	Aktiengesetz
Am.Bankr.L.J.	American Bankruptcy Law Journal
Anh.	Anhang
Anm.	Anmerkung
AO	Abgabenordnung
AStG	Außensteuergesetz
Aufl.	Auflage
BAK	Bundesaufsichtsamt für das Kreditwesen
BB	Betriebs-Berater (Zeitschrift)
B.Bl.	Betriebswirtschaftliche Blätter (Zeitschrift)
BC	Bankruptcy Code (amerikanisches Konkursgesetz)
Bd.	Band
BFH	Bundesfinanzhof
BFHE	Amtliche Sammlung der Entscheidungen des BFH
BFuP	Betriebswirtschaftliche Forschung und Praxis (Zeitschrift)
BGB	Bürgerliches Gesetzbuch
BGBl.	Bundesgesetzblatt
BGH	Bundesgerichtshof

BGHSt	Amtliche Sammlung der Entscheidungen des BGH in Strafsachen
BGHZ	Amtliche Sammlung der Entscheidungen des BGH in Zivilsachen
BI	Bankinformation für Volksbanken und Raiffeisenbanken (Zeitschrift)
BMF	Bundesministerium der Finanzen
BT-Drucksache	Bundestags-Drucksache
BVerfG	Bundesverfassungsgericht
BVerfGE	Amtliche Sammlung der Entscheidungen des BVerfG
BVerwG	Bundesverwaltungsgericht
DB	Der Betrieb (Zeitschrift)
DBW	Die Betriebswirtschaft (Zeitschrift)
DIHT	Deutscher Industrie- und Handelstag
Diss.	Dissertation
DJT	Deutscher Juristentag
DNotZ	Deutsche Notar-Zeitung
DStR	Deutsches Steuerrecht (Zeitschrift)
d. Verf.	der Verfasser
EG	Europäische Gemeinschaft
EAktG	Entwurf einer Novellierung des AktG
EGmbHG	Entwurf einer Novellierung des GmbHG
EHGB	Entwurf einer Novellierung des HGB
Erg.-Heft	Ergänzungs-Heft
EStG	Einkommensteuergesetz
e.V.	eingetragener Verein
EWG	Europäische Wirtschaftsgemeinschaft
FLF	Finanzierung - Leasing - Factoring (Zeitschrift)
FN	Fußnote
GbR	Gesellschaft bürgerlichen Rechts
GenG	Genossenschaftsgesetz

Gesellschaft mbH, GmbH	Gesellschaft mit beschränkter Haftung
GesRZ	Der Gesellschafter - Zeitschrift für Gesellschafts- und Unternehmensrecht
GmbHG	Gesetz betreffend die Gesellschaften mit beschränkter Haftung
GmbHR	GmbH-Rundschau (Zeitschrift)
Großkomm.	Großkommentar
HB	Handelsblatt
HdF	Handwörterbuch der Finanzwirtschaft
HFA	Hauptfachausschuß des IDW
HGB	Handelsgesetzbuch
Hrsg. (hrsg.)	Herausgeber (herausgegeben)
IDW	Institut der Wirtschaftsprüfer in Deutschland e.V.
i.V.	in Verbindung
JBl.	Juristische Blätter (Zeitschrift)
JFQA	Journal of Financial and Quantitativ Analysis
JoF	Journal of Finance
JoFE	Journal of Financial Economics
JZ	Juristenzeitung
KAGG	Gesetz über Kapitalanlagegesellschaften
KG	Kommanditgesellschaft
KO	Konkursordnung
Komm.	Kommentar
KStÄndG	Körperschaftsteueränderungsgesetz
KTS	Konkurs-, Treuhand- und Schiedsgerichtswesen
KuK	Kredit und Kapital (Zeitschrift)
KVStG	Kapitalverkehrsteuergesetz
KWG	Kreditwesengesetz
MDR	Monatsschrift für Deutsches Recht

NJW	Neue Juristische Wochenschrift
No.	Number
Nr.	Nummer
ÖBA	Österreichisches Bank-Archiv (Zeitschrift)
OJoE	The Quarterly Journal of Economics
ÖJZ	Österreichische Juristenzeitung
OLG	Oberlandesgericht
PublG	Gesetz über die Rechnungslegung von bestimmten Unternehmen und Konzernen (Publizitätsgesetz)
Rdn.	Randnummer
Rdz.	Randziffer
RefE	Referentenentwurf
RegE	Regierungsentwurf
RFH	Reichsfinanzhof
RIW	Recht der Internationalen Wirtschaft (Zeitschrift)
RKW	Rationalisierungs-Kuratorium der Deutschen Wirtschaft e.V.
RL	Rücklagendotierung
Rn.	Randnummer (auch Rdn., Rdnr., RN)
RSt.Bl.	Reichssteuerblatt
Rz.	Randziffer
S.	Seite(n)
Sp.	Spalte(n)
StGB	Strafgesetzbuch
StuW	Steuer und Wirtschaft (Zeitschrift)
Tab.	Tabelle
Tz.	Textziffer
u.a.	und andere
UEC	European Union of Public Accountants
Urt.	Urteil
VAG	Versicherungsaufsichtsgesetz

Vf.	Verfasser
vgl.	vergleiche
VglO	Vergleichsordnung
Vorb.	Vorbemerkung
VVaG	Versicherungsverein auf Gegenseitigkeit
WiSt	Wirtschaftswissenschaftliches Studium (Zeitschrift)
WiSta	Wirtschaft und Statistik (Zeitschrift)
WM	Wertpapier-Mitteilungen (Zeitschrift)
WPg.	Die Wirtschaftsprüfung (Zeitschrift)
ZfB	Zeitschrift für Betriebswirtschaft
ZfbF	Zeitschrift für betriebswirtschaftliche Forschung
ZfgK	Zeitschrift für das gesamte Kreditwesen
ZfgStW	Zeitschrift für die gesamte Staatswissenschaft
ZfhF	Zeitschrift für handelswissenschaftliche Forschung
ZGR	Zeitschrift für Unternehmens- und Gesellschaftsrecht
ZHR	Zeitschrift für das gesamte Handels- und Wirtschaftsrecht
Ziff.	Ziffer
ZIP	Zeitschrift für Wirtschaftsrecht (und Insolvenzpraxis)
ZRP	Zeitschrift für Rechtspolitik
ZVersWiss	Zeitschrift für die gesamte Versicherungswissenschaft
ZVG	Zwangsversteigerungsgesetz
ZZP	Zeitschrift für Zivilprozeß

Erster Teil: Gläubigerrisiken und Gläubigerschutz

Gliederung

Seite

1 Ansatzmöglichkeiten gläubigerschützender Massnahmen

1.1 Kategorien staatlicher Eingriffe zum Gläubigerschutz

Wer Geld verleiht oder einen fälligen Zahlungsbetrag stundet, läuft grundsätzlich Gefahr, daß er den verliehenen oder gestundeten Betrag einschließlich der vereinbarten Zinsen nicht in dem vorgesehenen Umfang zurückerhält und es ihm auch nicht gelingt, ein vermögensmäßig äquivalentes Surrogat zu erlangen. Sein Interesse ist mithin auf alle Vereinbarungen oder sonstigen Einrichtungen und Vorkehrungen gerichtet, die es ihm ermöglichen, diese Gefahr möglichst realistisch einzuschätzen, oder geeignet sind, die Eintrittswahrscheinlichkeit einer solchen Entwicklung zu verringern und das Ausmaß möglicher Verluste zu beschränken. Der Schuldner hat demgegenüber ein Interesse daran nach erfolgter Kreditgewährung in seinen eigenen Aktionsmöglichkeiten nur geringen Einschränkungen unterworfen zu sein und seine Gläubiger in möglichst großem Umfang an den Risiken einer Verschlechterung der eigenen Vermögenssituation partizipieren zu lassen.[1)]

Der Staat kann in diesem Spannungsfeld divergierende Gläubiger- und Schuldnerinteressen in unterschiedlichem Ausmaß eingreifen. Dabei erscheint es zweckmäßig, derartige Eingriffe nach dem Ausmaß der Eingriffsintensität in folgende drei Kategorien zu untergliedern:

- In Abweichung von unseren derzeitigen tatsächlichen Gegebenheiten wäre es denkbar, daß der Staat die Lösung des angesprochenen Interessenkonfliktes weitgehend der freien Vereinbarung von Gläubigern und Schuldnern selbst überläßt und sich darauf beschränkt, in Streitfällen über den Inhalt und die Auslegung der getroffenen Vereinbarungen schlichtend und letztlich auch entscheidend einzugreifen. Die effiziente Wahrnehmung einer solchen Schiedsrichterfunktion bedingte allerdings weiter, daß der Staat die Durchsetzung als rechtens erkannter Ansprüche ermöglicht und dem anspruchsberechtigten Partner gegenüber einem leistungsunwilligen Vertragspartner die staatliche

---

1) Hierbei handelt es sich um das sog. "moral hazard"-Problem; vgl. hierzu SCHMIDT, R.H. (1981b), S. 206 mit weiteren Nachweisen.

Exekutionsgewalt bereitstellt, also etwa fällige Schulden zwangsweise eintreibt.[1] Insoweit erwächst dem Staat aus der Schiedsrichterfunktion zugleich auch eine Exekutionsfunktion, die natürlich als defensives Pendant zu der soeben angesprochenen offensiven Variante andererseits auch den Schutz des Schuldners vor der Realisierung nicht als rechtens erkannter Ansprüche beinhaltet.

- Zum zweiten ist es möglich, daß sich der Staat nicht mehr allein auf die Schiedsrichter- und Exekutionsfunktion beschränkt, sondern in der Weise mitgestaltend in die Gläubiger-Schuldner-Beziehung eingreift, daß er den Parteien bestimmte normierte und standardisierte Vertragsinstrumente bereitstellt, deren Verwendung er jedoch nach wie vor dem freien Ermessen und der freien Vereinbarung der beiden Parteien überläßt, oder für bestimmte Arten von Rechtsgeschäften bestimmte Formvorschriften und andere Rahmenregelungen vorsieht.[2]

- Als drittes ist schließlich daran zu denken, daß der Staat den am Wirtschaftsleben beteiligten Personen ganz allgemein bestimmte Verhaltensregeln auferlegt, durch die die beliebige Gestaltungsfreiheit von Gläubiger- und Schuldnerpositionen in bestimmtem Umfang eingeengt wird. Dabei ist es angesichts der begrenzten menschlichen Bereitschaft, Normen allein um ihrer selbst willen oder aus Einsicht in ihre übergeordnete Notwendigkeit zu respektieren, wohl unumgänglich, die Einhaltung der entsprechenden Regelungen durch die Androhung von Zwangsmaßnahmen bei Regelverstößen, wie zum Beispiel Straf- oder Haftungsvorschriften, zu sichern.

Unsere Rechtsordnung enthält zahlreiche Beispiele für staatliche Maßnahmen auf allen drei Eingriffsebenen. So dient die zivile Gerichtsbarkeit ganz offensichtlich der Schiedsrichterfunktion, Einrichtungen der

---

1) LOITLSBERGER (1954), S. 140 f., nennt zwei Konkretisierungen des allgemeinen Gläubigerschutzes: Erhaltung der Erfüllungsfähigkeit und Sicherung der Erfüllungswilligkeit. Die Schiedsrichter- und Exekutionsfunktion wäre nach dieser Systematisierung letztgenannter Kategorie zuzuordnen.

2) Vgl. MÜLLER, W.A. (1981), S. 56, zur Begründung der geringen Intensität staatlicher Eingriffe auf dieser zweiten Stufe des Gläubigerschutzes.

Zwangsvollstreckung sowie auch Teile der Strafgerichtsgesetzbarkeit sind Ausdruck der staatlichen Exekutionsfunktion. Weite Teile des bürgerlichen und des Handelsrechtes haben die Funktion, normierte Vertragstypen, wie den Kaufvertrag, den Dienstvertrag, den Werkvertrag, das kaufmännische Kommissionsgeschäft etc., bereitzustellen oder weitere Vertragselemente, wie z.B. verschiedene Arten von Kreditsicherheiten etwa in Form von Pfandrechten an beweglichen und unbeweglichen Sachen oder des Vorbehaltseigentums etc., festzulegen. Schließlich ist das Gesellschaftsrecht in weiten Teilen von dem Bemühen geprägt, einen fairen Ausgleich divergierender Interessen unterschiedlicher am Wirtschaftsleben teilnehmender oder in sonstiger Weise davon betroffener Personengruppen herbeizuführen, wobei als Teilbereich auch das Konfliktfeld zwischen Gläubigern und Schuldnern mit erfaßt wird. Hier ist etwa nur an Vorschriften der Rechnungslegung oder der Ausschüttungsbegrenzung bei Kapitalgesellschaften zu denken.[1)] Stärkste Ausprägung finden derartige unmittelbare Eingriffe in das Wirtschaftsleben im Interesse des Gläubigerschutzes in den besonderen aufsichtsrechtlichen Vorschriften für die Kredit- und die Versicherungswirtschaft.[2)]

Die folgenden Untersuchungen beschränken sich auf ein Teilgebiet des soeben umrissenen Problemfeldes, das durch die folgenden beiden Einschränkungen präzisiert werden kann:

- Zum ersten untersuchen wir im folgenden nur noch Maßnahmen zum Schutz von *Gläubigern*, d.h. also alle Vorkehrungen, die dazu dienen, die Position von Gläubigern zu stärken.

- Zum zweiten werden wir uns ganz überwiegend auf gläubigerschützende Maßnahmen der *dritten Ebene* beschränken, also auf solche Maßnahmen, in denen der Staat als Gesetzgeber - ergänzt durch die rechtsfortbildende Jurisdiktion - Schuldnern zur Wahrung der Interessen ihrer Gläubiger unmittelbare Verpflichtungen auferlegt, die im Regelfall außerhalb einer vertraglichen Gestaltung der Parteien stehen, insoweit also von allgemeingültiger Natur sind.

1) Von daher ist es zwar verständlich, wenn im allgemeinen die dritte Kategorie des Gläubigerschutzes mit den relevanten Vorschriften für Kapitalgesellschaften gleichgesetzt wird. So WESTERMANN, H.P. (1971), S. 8; WIEDEMANN (1980), S. 514 f.; STÜTZEL (1976), S. 94. Allerdings ist diese rechtsformorientierte anstelle der unternehmensorientierten Betrachtungsweise - wie insbesondere im dritten Teil dieser Arbeit zu zeigen sein wird - nicht immer sachgerecht.

2) STÜTZEL (1976), S. 93 f.; MÜLLER, W.A. (1981), S. 55 - 57, bezeichnen die Banken- und Versicherungsaufsicht daher als eigenständige Kategorie des Gläubigerschutzes.

Wir verkennen bei der Eingrenzung der Untersuchungsgegenstände weder, daß auch Schuldner in gewissem Umfang schutzwürdige Interessen haben können, noch, daß für die Realität von Gläubiger-Schuldner-Beziehungen selbstverständlich auch staatliche Eingriffe auf den beiden erstgenannten Ebenen von Bedeutung sind. Wenn wir auf diese Probleme im folgenden jedoch allenfalls am Rande eingehen, so liegt das daran, daß eine arbeitsteilige Wissenschaft, die in begrenztem Zeitumfang mit beschränkten sächlichen und persönlichen Mitteln Zwischenergebnisse vorlegen muß, stets darauf angewiesen ist, sich auf abgegrenzte Teilbereiche größerer Problemzusammenhänge zu beschränken.

Ziel unserer Untersuchungen ist es dabei, die so präzisierten (überwiegend gesetzlichen) Maßnahmen zum Gläubigerschutz einer *ökonomischen* Analyse zu unterziehen. Das bedeutet, daß für unsere Betrachtungen weniger rechtssystematische oder rechtsdogmatische Gesichtspunkte maßgeblich sind; vielmehr werden wir uns hier bemühen, die verschiedenen Regelungen danach zu klassifizieren und zu untersuchen, inwieweit sie sich auf vermögens- und einkommensmäßige Betroffenheiten der beteiligten Personen auswirken, d.h. inwieweit sie deren Chancen auf Wahrung und Erhöhung ihres Vermögens sowie andererseits auch deren Risiken mehr oder minder großer Vermögensverluste zu beeinflussen vermögen. Neben dieser Ausrichtung auf vermögens- und einkommensmäßige Betroffenheiten als dominantes Systematisierungs- und Gliederungskriterium weist die durch den Titel dieser Untersuchung bereits vorgenommene Einschränkung auf eine "ökonomische Analyse" zugleich auch auf die methodische Grundlage der folgenden Untersuchung hin. Diese besteht darin, daß wir uns darum bemühen, die risiko-, wahrscheinlichkeits- und entscheidungstheoretischen Ansätze, wie sie die Entwicklung der Finanzierungstheorie in den letzten Jahren maßgeblich geprägt haben, systematisch auch auf die Analyse der Gläubiger-Schuldner-Beziehungen anzuwenden.

Zu diesem Zweck ist es notwendig, als Grundlage für die folgenden Betrachtungen die Verknüpfung der Risiken und Chancen, wie sie im Zuge einer Kreditbeziehung von Schuldnern und Gläubigern übernommen werden, in idealisierter und typisierender Weise darzustellen. Dies wird Aufgabe des nachfolgenden zweiten Kapitels sein. Wenn wir dabei zur Verdeutlichung alternativ möglicher zukünftiger Geschäftsentwicklungen und der mit ihnen verbundenen Unsicherheitsstrukturen zum Teil recht unbekümmert auf Darstellungsinstrumente wie Wahrscheinlichkeitsverteilungen, Verlust- oder Gewinnwahrscheinlichkeiten u.ä. zurückgreifen, so geschieht dies nicht in der naiven Meinung, derartige Größen seien in jedem praktischen Anwendungsfall mit der notwendigen Eindeutigkeit exakt ermittelbar. Dennoch ist es - gerade wenn es darum geht, nicht eine einzelne Gläubiger-Schuldner-Beziehung auf ihre individuellen Besonderheiten zu untersuchen, sondern abstrakt und allgemein normierend für eine Vielfalt möglicher Gläubiger-Schuldner-Beziehungen allgemeine Regelungen abzuleiten und zu analysieren - unumgänglich, von gewissen idealisierenden Vorstellungen auszugehen. Denn Sinn derartiger, die Realität nicht exakt sondern idealisierend, vereinfachend und typisierend abbildender Modelle ist es gerade, die wesentlichen und allgemeinen Grundstrukturen von Entscheidungssituationen der hier in Rede stehenden Art mit dem Ziel zu verdeutlichen, aus der Analyse der vereinfachenden Modelldarstellung in Rückübertragung auf die jeweiligen Gegebenheiten des Einzelfalles weitere Erkenntnisse zu gewinnen.[1)]

1.2 Grundlegende Kategorien von Gläubigerrisiken

Im Hinblick auf das Ziel, verschiedene Arten von Ansatzpunkten gesetzgeberischer Maßnahmen zum Gläubigerschutz zu verdeutlichen, erscheint es zweckmäßig, sich an den verschiedenen Entwicklungsphasen einer Gläubiger-Schuldner-Beziehung zu orientieren, wie sie durch die Baumdarstellung der nachfolgenden Abbildung 1 verdeutlicht werden.

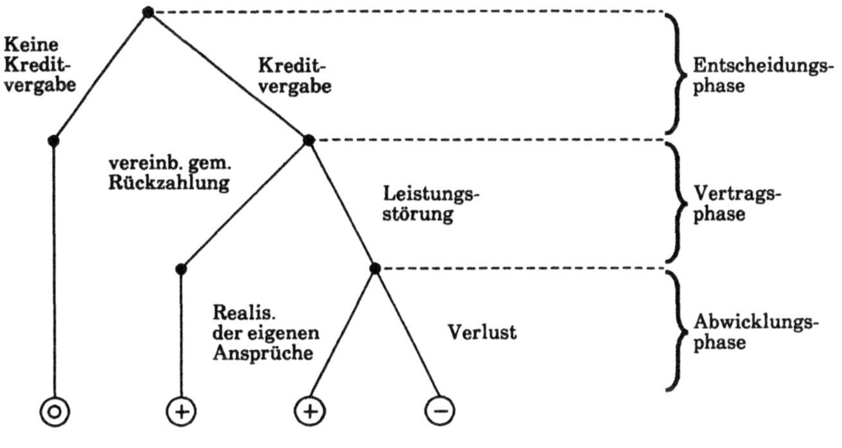

O: Neutraler +: Positiver -: Negativer
Ausgang des Gläubiger-Schuldner-Kontaktes

Abb. 1: Phasen der Gläubiger-Schuldner-Beziehung

1) Zur Begrenztheit von Modellansätzen siehe BITZ (1977), S. 91; ENGELS (1962), S. 98 - 101; HAX (1967), S. 751, 759 f..

Die erste Phase ist dadurch gekennzeichnet, daß der Gläubiger über die Vergabe eines Kredites zu entscheiden hat. Fällt diese Entscheidung negativ aus (linker Ast), so kommt eine Schuldner-Gläubiger-Beziehung erst gar nicht zustande. Von etwaigen, hier nicht interessierenden Ausnahmen abgesehen, liegt insoweit kein Anlaß für ein staatliches Eingreifen vor. Im Falle einer positiven Entscheidung (rechter Ast) kommt hingegen eine Schuldner-Gläubiger-Beziehung für einen gewissen Zeitraum zustande und tritt in die zweite Phase eines bestehenden Vertragsverhältnisses ein.

Für die Beendigung dieser Phase besteht zum einen die Möglichkeit, daß der Kredit einschließlich der vereinbarten Zinsen vereinbarungsgemäß zurückgezahlt wird, die Gläubiger-Schuldner-Beziehung insoweit also ebenfalls problemlos beendet wird (linker Ast). Andererseits besteht die - aus Gläubigersicht gefährliche - Möglichkeit, daß sich die wirtschaftliche Lage des Schuldners so weit verschlechtert, daß er nicht mehr in der Lage ist, seine insgesamt bestehenden Verpflichtungen in vollem Umfang zu erfüllen (rechter Ast).

Im Falle einer solchen Entwicklung tritt die Gläubiger-Schuldner-Beziehung - entgegen dem Interesse des Gläubigers - in eine dritte Phase ein, die dadurch gekennzeichnet ist, daß das zumindest dem ersten Anschein nach insgesamt zu gering gewordene schuldnerische Vermögen in mehr oder weniger gleichmäßiger Weise zur Abdeckung der verbliebenen Ansprüche herangezogen wird. Für den einzelnen Gläubiger besteht in dieser Phase zum einen die Möglichkeit, daß es ihm persönlich gelingt, seine Ansprüche dennoch in vollem Umfang zu realisieren, er selbst insoweit also letztlich doch vermögensmäßig so gestellt wird als sei die Kreditbeziehung vereinbarungsgemäß beendet worden (linker Ast). Andererseits besteht allerdings auch die Möglichkeit, daß ein einzelner Gläubiger die ihm zustehenden Ansprüche nur zu einem Bruchteil oder überhaupt nicht mehr realisieren kann und insoweit also Verluste erleidet (rechter Ast).

Das grundlegende Gläubigerrisiko besteht also darin, daß sich die Gläubiger-Schuldner-Beziehung - sei es aufgrund von Entscheidungen des Gläubigers oder des Schuldners, sei es aufgrund sonstiger Einflußgrößen - so entwickelt, daß der in unserer Baumdarstellung durch den rechten unteren Endknoten gekennzeichnete Zustand eines Verlustes erreicht wird. Dieser Zustand ergibt sich jedoch - wie die vorstehende Baumdarstellung plastisch verdeutlicht - nur dann, wenn in den vorangegangenen Phasen bestimmte, jeweils durch die rechten Äste gekennzeichnete Entwicklungen eingetreten sind. Mithin können Maßnahmen des Gesetzgebers zur Verminderung des Gläubigerrisikos auch in allen drei Phasen einsetzen[1], in denen der Gläubiger jeweils ganz spezifischen Risiken ausgesetzt ist.[2]

Entscheidungsphase

In der ersten Phase ist der potentielle Gläubiger grundsätzlich dem Risiko ausgesetzt, daß er sich angesichts unvollständiger Voraussicht für ein Engagement entscheidet, das schließlich mit einem Verlustfall endet, das er also bei besserer Voraussicht der im Entscheidungspunkt noch ungewissen zukünftigen Entwicklung gar nicht eingegangen wäre. Dabei erweist es sich in dem hier untersuchten Zusammenhang als zweckmäßig, zwei verschiedene Aspekte dieses Unsicherheitsproblems zu unterscheiden.

Zunächst resultiert die Ungewißheit schlicht aus der Tatsache, daß es Menschen niemals möglich ist, zukünftige Entwicklungen exakt vorauszusehen. So kann in keiner Gläubiger-Schuldner-Beziehung mit Sicherheit ausgeschlossen werden, daß Entwicklungen eintreten, die zu einer drastischen Verschlechtung der Vermögenssituation des Schuldners führen und damit auch die Ansprüche des Gläubigers in Gefahr bringen. Es ist evident, daß dieses grundlegende Unsicherheitsproblem auch durch gesetzgeberische Aktivitäten oder sonstige staatlichen Maßnahmen nicht behoben werden kann. Dem Staat kann in

1) DRUKARCZYK (1984c), S. 286, geht im Zusammenhang mit der Erläuterung der Schadensbegrenzungsfunktion von Gläubigerschutzregeln nur von zwei Phasen aus, in denen Positionsverschlechterungen der Gläubiger eintreten können. Es handelt sich hierbei um die Zeiträume *vor* und *nach* Insolvenzeintritt.

2) Die im folgenden als grundlegendes Systematisierungsprinzip verwendete Differenzierung der Gläubigerrisiken nach den verschiedenen Phasen der Gläubiger-Schuldner-Beziehung ist ebenso wie das im Kapitel 2 vorgestellte Modell zur Verdeutlichung der Risiko- und Entscheidungssituation eines idealtypischen Gläubigers von dem Verfasser in den vergangenen Jahren bereits in mehreren Vorträgen vorgestellt worden, so z.B. den Mitgliedern des Arbeitskreises "Kapitalgeberschutz" in der wissenschaftlichen Kommission "Bankbetriebslehre/Finanzierung" im Verband der Hochschullehrer für Betriebswirtschaftslehre (Regensburg 1978), den Mitgliedern des Ausschusses für "Unternehmungstheorie und -politik" im Verein für Sozialpolitik (Oberursel 1979) oder den Teilnehmern des 3. deutsch-polnischen Symposiums über "Finanztätigkeit von staatlichen und privaten Betrieben in Polen und Deutschland - Ein Vergleich" (Warschau 1982). In diesem Zusammenhang gebührt verschiedenen Kollegen Dank, deren Diskussionsbeiträge wertvolle Anregungen für die Weiterentwicklung dieses Ansatzes geliefert haben.

diesem Zusammenhang allenfalls die hier nicht weiter zu diskutierende Rolle zugewiesen werden, durch eine geeignete Ausgestaltung wirtschaftspolitischer Maßnahmen zu einer Verstetigung der Entwicklung maßgeblicher Rahmendaten, wie z.B. Wechselkurse, Zinssätze, Steuertarife etc. beizutragen und insoweit das Ausmaß erratischer, kaum vorhersehbarer Konstellationsänderungen zu verringern.[1] Unabhängig davon, inwieweit derartige Versuche erfolgreich sind, verbleibt jedoch zwangsläufig ein großes Maß an Unsicherheit und damit das grundlegende Problem einer Fehlentscheidung seitens eines Gläubigers. Auf dieses, in der Literatur als "technologisches Risiko"[2] bezeichnete Unsicherheitsmoment, ist hier nicht weiter einzugehen.

Trotz der grundlegenden Unmöglichkeit, zukünftige Entwicklungen sicher vorherzusehen, sind potentielle Gläubiger natürlich dennoch bestrebt, sich in gewissem Umfang Vorstellungen von alternativ möglichen Entwicklungen der wirtschaftlichen Lage des potentiellen Schuldners in der Zukunft zu bilden.[3] Dabei sind sie in vergleichsweise großem Umfang darauf angewiesen, auf Informationen über die vergangene Vermögens- und Ertragsentwicklung des potentiellen Schuldners zurückzugreifen, d.h. aber auf Informationen, die überwiegend nur von dem potentiellen Schuldner selbst bereitgestellt werden können. Damit aber besteht die Gefahr, daß dieser die eigene Vermögens- und Ertragssituation - sowohl was die vergangenen als auch die in Zukunft zu erwartende Entwicklung anbelangt - durch eine entsprechende Aufbereitung der dem potentiellen Gläubiger bereitgestellten Informationen günstiger darstellt, als sie sich bei objektiver Würdigung der im Entscheidungszeitpunkt eigentlich erlangbaren Informationen darstellen würde.

Der potentielle Kreditgeber ist also neben dem "technologischen" Risiko speziell der Gefahr ausgesetzt, sich aufgrund unvollständiger und unzutreffender Informationen ein falsches Bild von der mit einem Kreditengagement verbundenen Risikosituation zu machen und sich so letztlich für ein Engagement zu entscheiden, daß er bei Würdigung

---

1) Aus diesem Grunde ist es auch verfehlt, aufgrund der großen Anzahl von Insolvenzen dem Staat insolvenzrechtliche Versäumnisse vorzuwerden. Dieser Auffassung zustimmend STÜRNER (1982), S. 761 - 765; UHLENBRUCK (1983d), S. 132 f..

2) Vgl. SCHMIDT, R.H. (1981b), S. 205.

3) Zur Bestimmung zweckgerechter Informationen zur Beurteilung der Kreditwürdigkeit von Unternehmen siehe BÖNKHOFF (1983), S. 18 - 85.

aller dem Schuldner effektiv verfügbaren Informationen nicht eingegangen wäre. Diese Gefahr einer durch Informationsmanipulation herbeigeführten Fehlentscheidung wollen wir im folgenden als *Informationsrisiko*[1] bezeichnen. Ein Ansatzpunkt staatlicher Maßnahmen zum Gläubigerschutz kann somit in dem Versuch bestehen, dieses Informationsrisiko in bestimmtem Ausmaß einzuschränken.

Vertragsphase

Ist ein Kreditverhältnis nun einmal zustandegekommen - sei es aufgrund zutreffender, sei es aufgrund manipulierter Informationen -, so besteht für den einzelnen Gläubiger die Gefahr, daß sich die Vermögenssituation des Schuldners während der Laufzeit seines Kredites so weit verschlechtert, daß er insgesamt nicht mehr in der Lage ist, sämtliche eingegangenen Verbindlichkeiten zu erfüllen. Maßnahmen zum Gläubigerschutz können dementsprechend zum zweiten darauf ausgerichtet sein, diese im folgenden als *Insolvenzrisiko* bezeichnete Gefahr einzudämmen.

Hauptansatzpunkt entsprechender Maßnahmen zur Begrenzung des Insolvenzrisikos sind dabei die Aktivitäten des Schuldners selbst, die der Gesetzgeber in mehr oder weniger großem Umfang bestimmten Beschränkungen unterwerfen kann, um die Gefahr einer Insolvenz innerhalb eines als noch akzeptabel erachteten Rahmens zu halten. Außerdem - und damit ist zugleich der Übergang zu der dritten Risikokategorie gekennzeichnet - gilt es für den Gesetzgeber, in geeigneter Weise die Voraussetzungen zu präzisieren, bei deren Vorliegen

- es dem Schuldner nicht länger gestattet bleibt, im Rahmen der sonst gegebenen allgemeinen Vorschriften zur Begrenzung des Insolvenzrisikos frei über sein Vermögen zu verfügen, und

- das Vermögen stattdessen quasi zwangsweise an die Gläubiger bzw. einen für sie handelnden Vertreter zur Verwertung übertragen wird.

---

1) Die gleiche Terminologie wird von SCHMIDT, R.H. (1981b), S. 205, verwandt.

Abwicklungsphase

Ist schließlich ein Insolvenzfall eingetreten, so ist der Gläubiger der im folgenden als *Verlustrisiko* bezeichneten Gefahr ausgesetzt, daß auch seine individuellen Ansprüche unter Heranziehung aller weiteren Regelungen und Vereinbarungen nicht voll realisiert werden können.

Ansätze für den Gesetzgeber zur Einschränkung des Verlustrisikos bestehen zum einen in der Definition des Insolvenzzeitpunktes[1)]: Je früher bei einer weiterhin schlechten wirtschaftlichen Entwicklung zwangsweise in den Dispositionsspielraum eines Schuldners zwecks gemeinsamer Verwertung seines Vermögens im Gläubigerinteresse eingegriffen wird, um so höher sind deren Chancen, mit vergleichsweise geringen Verlusten davonzukommen. Zum zweiten ist es möglich, Regelungen zu etablieren, die darauf zielen, die für die Befriedigung der Gläubiger bestehende Vermögensmasse in ihrem Bestand zu sichern und gegebenenfalls um verschiedene externe Haftungstatbestände anzureichern. Zum dritten schließlich ergeben sich weitere Ansatzpunkte für gesetzgeberische Maßnahmen, wenn es darum geht, nicht mehr die Position der Gläubiger insgesamt zu sichern, sondern in den Konkurrenzkampf verschiedener Gläubigergruppen um das insgesamt zu geringe Vermögen regelnd und schlichtend einzugreifen.

Um eine fundierte, theoretische Basis zur Beurteilung verschiedener Ansätze zur Reduzierung der Gläubigerrisiken aller drei Kategorien zu erhalten, wird im folgenden Kapitel 2 zunächst ein grundlegendes Modell zur Verdeutlichung der Risikoposition eines idealtypischen Gläubigers und des Ablaufs einer Kreditvergabeentscheidung vorgestellt. Im Anschluß daran wird in den Kapiteln 3 bis 5 versucht, die grundlegende Funktionsweise verschiedener Ansatzpunkte gläubigerschützender Maßnahmen unter Rückgriff auf dieses Modell zu verdeutlichen und das tatsächlich bestehende Spektrum derartiger Regelungen in den so aufgezeigten Rahmen möglicher Ansatzpunkte einzuarbeiten.

---

1) Zur Bedeutung der Auslösetatbestände für den Wert der Gläubigerposition im Gesamtfeld der Entscheidungen von Gläubigern und Schuldnern siehe DRUKARCZYK (1984c), S. 286. Bei der Systematisierung der Gläubigerrisiken von SCHILDBACH (1983), S. 2131, wird als eigentständige Risikokategorie das "Risiko fälschlicher Insolvenzauslösung" genannt. Da es sich aber hier im Grunde um ein Problem der Werterhaltung und Minimierung der Abwicklungskosten handelt, wird dieser Terminologie hier nicht gefolgt; vgl. hierzu Abschnitt 1.1 des dritten Teils dieser Arbeit.

2. Die Risiko- und Entscheidungssituation eines idealtypischen Gläubigers[1)]

2.1 Das Risikoprofil des Gesamtunternehmens

Ausgangspunkt unserer Betrachtungen ist folgende vereinfachende Darstellung der Erfolgschancen und Verlustrisiken eines Unternehmens, das im Zeitpunkt t = 0 zur Finanzierung der geplanten geschäftlichen Aktivitäten den Betrag C_G benötigt. Im Zeitpunkt t = 1 seien in unserem idealisierten Unternehmen sämtliche Vermögenswerte wieder zu liquiden Mitteln geworden, die dann zur Bedienung der verschiedenen Gruppen von Kapitalgebern bereitstehen. Dieser Betrag an liquiden Mitteln, der sich als Ergebnis der primären betrieblichen Leistungs- und Umsatztätigkeit ergibt, wird im folgenden als *Gesamtergebnis* bezeichnet und durch die Variable $\tilde{D}_G$ verdeutlicht. Dabei ist $\tilde{D}_G$ im Betrachtungszeitpunkt t = 0 natürlich noch eine *unsichere* Größe. Es sei jedoch unterstellt, daß für die möglichen Ergebnisbeträge $\tilde{D}_G$ eine Wahrscheinlichkeitsverteilung in Form einer Dichtefunktion angegeben werden könne, so wie sie in Abbildung 2 dargestellt ist.[2)] Dabei bezeichnet D_O den schlechtestmöglichen Wert und D_I den bestmöglichen Wert des Ergebnisbetrages und $p(\tilde{D}_G)$ die zugehörige Dichtefunktion der Zufallsvariablen $\tilde{D}_G$.

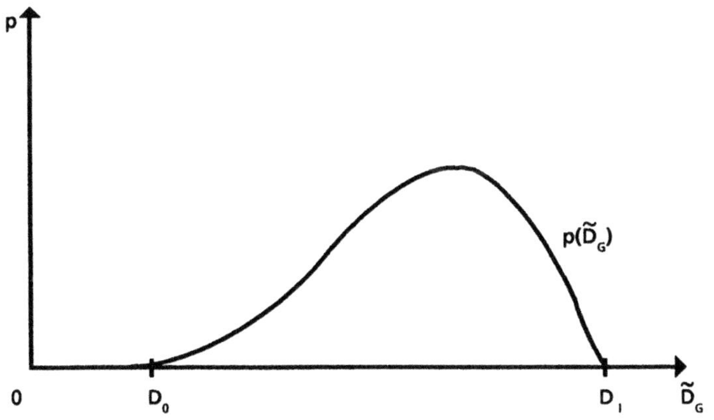

Abb. 2: Dichtefunktion des Gesamtergebnisses $\tilde{D}_G$

---

1) Vgl. Fußnote 2 auf S.

2) Vgl. auch NAHR (1980), S. 60, mit weiteren Literaturhinweisen.

Für die folgenden Darstellungen ist es gelegentlich zweckmäßiger, statt der Dichtefunktion $p(\tilde{D}_G)$ die zugehörige Verteilungsfunktion

$$(1)\quad P(D_G) = \text{prob}\ (\tilde{D}_G \leq D_G) = \int_{D_O}^{D_G} p(\tilde{D}_G) \cdot d\tilde{D}_G$$

zu betrachten, so wie sie in Abbildung 3 dargestellt ist.

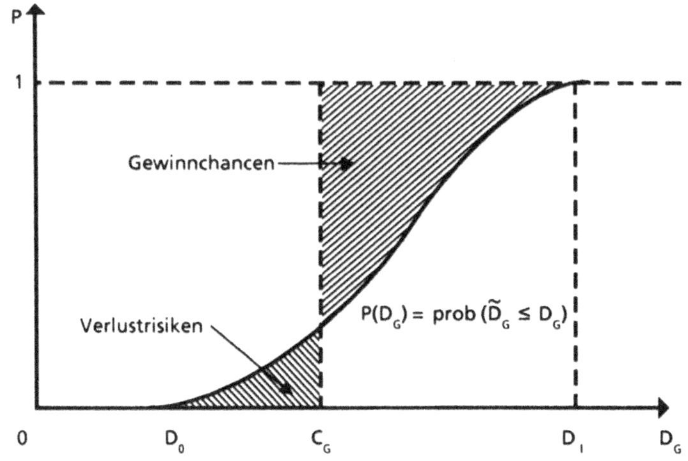

Abb. 3: Risikoprofil des Gesamtunternehmens

Eine solche Kurve sei im folgenden als *Risikoprofil* bezeichnet. Ein jeder Punkt des Risikoprofils gibt durch seinen Ordinatenwert an, wie groß die Wahrscheinlichkeit dafür ist, daß das Gesamtergebnis den dem jeweiligen Abszissenwert D_G entsprechenden Betrag oder einen niedrigeren Wert erreicht.

Im folgenden wollen wir nun von einem *Gesamtgewinn* reden, wenn das Gesamtergebnis den Betrag des eingesetzten Kapitals übersteigt, also $\tilde{D}_G > C_G$ gilt. Entsprechend ist ein *Gesamtverlust* dadurch gekennzeichnet, daß das Gesamtergebnis einen niedrigeren Betrag annimmt als der ursprüngliche Kapitaleinsatz, also $\tilde{D}_G < C_G$ gilt.

Für den Erwartungswert E des Gesamtgewinns $\tilde{Y}_G = \tilde{D}_G - C_G$

$$E(\tilde{Y}_G) = \int_{D_O}^{D_I} p(\tilde{D}_G) \cdot (\tilde{D}_G - C_G) . d\tilde{D}_G$$

$$= \int_{D_O}^{C_G} p(\tilde{D}_G) \cdot (\tilde{D}_G - C_G) \cdot d\tilde{D}_G + \int_{C_G}^{D_I} p(\tilde{D}_G) \cdot (\tilde{D}_G - C_G) \cdot d\tilde{D}_G$$

kann nach partieller Integration auch geschrieben werden:

$$E(\tilde{Y}_G) = P(D_G)\cdot(D_G-C_G)\Big|_{D_O}^{C_G} - \int_{D_O}^{C_G} P(D_G)\cdot dD_G$$

$$+ P(D_G)\cdot(D_G-C_G)\Big|_{C_G}^{D_I} - \int_{C_G}^{D_I} P(D_G)\cdot dD_G$$

Daraus ergibt sich nach Einsetzen der Integrationsgrenzen und Beachtung von $P(D_O) = 0$ und $P\ (D_I) = 1$ schließlich:

$$(2)\quad E(\tilde{Y}_G) = -\int_{D_O}^{C_G} P(D_G)\cdot dD_G + \left[D_I - \int_{C_G}^{D_I} P(D_G)\cdot dD_G\right]$$

Der erste Term in (2) entspricht grafisch der in Abbildung 3 schraffiert gekennzeichneten Fläche unterhalb der Verteilungsfunktion und kennzeichnet das Ausmaß der bestehenden Verlustrisiken. Der zweite Term hingegen quantifiziert die Gewinnchancen und kann grafisch durch die in Abbildung 3 schraffiert gekennzeichnete Fläche oberhalb der Verteilungsfunktion gekennzeichnet werden. Der Erwartungswert des Gesamtgewinns kann dementsprechend durch die Differenz dieser beiden Flächen verdeutlicht werden.

2.2 Risikoprofile verschiedener Kapitalgebergruppen

Würde das betrachtete Unternehmen ausschließlich von seinen Eigentümern mit Kapital versorgt, dann wäre das in Abbildung 3 gezeigte Risikoprofil zugleich auch das Risikoprofil dieser Gruppe von Kapitalgebern. Nun sei jedoch angenommen, daß das Unternehmen nur zu einem bestimmten Anteil mit Eigenkapital finanziert wird; dieser Betrag sei mit C_E bezeichnet. Darüber hinaus werde ein bestimmter Betrag C_F an Fremdkapital aufgenommen. Dann gilt insgesamt die Relation

$$(3)\quad C_G = C_E + C_F \qquad C_E\ ,\ C_F > 0\ .$$

Im folgenden werden wir die Fremdkapitalgeber zunächst als homogene Gruppe betrachten, d.h. wir unterstellen, daß sich die von verschiedenen Fremdkapitalgebern gewährten Kredite allenfalls in ihrer Höhe unterscheiden, ansonsten aber keinerlei Rechtsunterschiede etwa auf Grund der Bereitstellung spezieller Kreditsicherheiten oder unterschiedlicher Rangfolgen in einem möglichen Konkursverfahren bestehen.[1] Auf derartige, für die Risikoposition eines einzelnen Gläubigers natürlich durchaus wichtige Inhomogenitäten innerhalb der Gesamtheit der Gläubiger werden wir später noch gesondert eingehen. Im übrigen liegt das Schwergewicht unserer Untersuchungen auch nicht so sehr auf der Betrachtung der Interessendivergenzen zwischen einzelnen Gläubigergruppen als vielmehr auf der Analyse der Konflikte zwischen Schuldnern und der Gesamtheit ihrer Gläubiger.

Im Zeitpunkt $t = 1$ haben die Fremdkapitalgeber nun zunächst Anspruch auf die Rückzahlung des überlassenen Betrages C_F sowie auf einen Zins von $\bar{r}$, so daß für den gesamten Rückzahlungs*anspruch* $\bar{D}_F$ gilt

(4) $\bar{D}_F = C_F \cdot \bar{q}$ mit $\bar{q} = 1 + \bar{r}$.

$\bar{q}$ stellt also den vereinbarten Zinsfaktor dar.

Solange nun $\bar{D}_F < D_O$ gilt, erhalten die Fremdkapitalgeber auch im schlechtesten Fall die ihnen zustehenden Zins- und Tilgungsleistungen voll zurück. Sie tragen insoweit kein Risiko. Gilt hingegen $\bar{D}_F > D_O$ - und dieser in Abbildung 4 verdeutlichte Fall wird uns im folgenden vorrangig

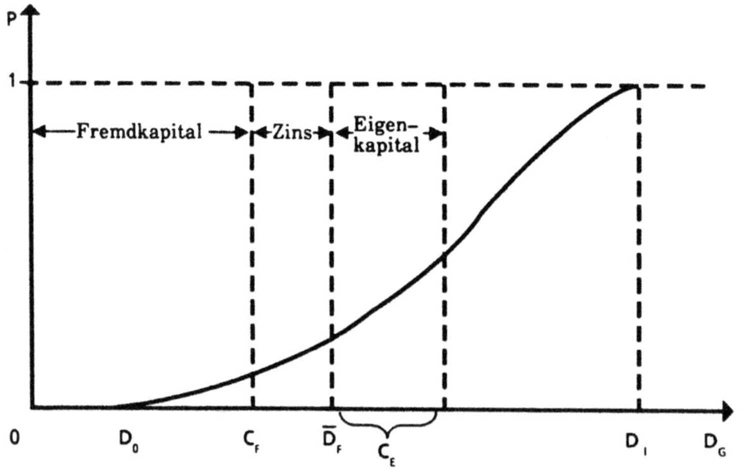

Abb. 4: Risikoprofil des Gesamtunternehmens mit Fremd- und Eigenkapital

1) Es wird also Verteilung nach dem Grundsatz "par conditio creditorum" unterstellt; vgl. zu entsprechenden Verteilungsregeln ADAMS (1980), S. 22-43.

interessieren - so besteht natürlich auch für die Fremdkapitalgeber in gewissem Umfang ein Risiko, die versprochenen Zins- und Tilgungsleistungen nicht vollständig zu erhalten.

Bezeichnet man mit D_E und D_F die im Zeitpunkt t = 1 an die beiden Kapitalgebergruppen tatsächlich fließenden Beträge, so kann im Fall einer *Haftungsbeschränkung* der Eigenkapitalgeber für die Aufteilung des Gesamtergebnisses D_G auf die beiden Kapitalgebergruppen folgende Verteilungsregel formuliert werden:

$$(5.1)\quad D_F = \begin{cases} \bar{D}_F, \text{ wenn } D_G \geq \bar{D}_F \\ D_G, \text{ wenn } D_G < \bar{D}_F \end{cases}$$

$$(5.2)\quad D_E = \begin{cases} D_G - \bar{D}_F, \text{ wenn } D_G \geq \bar{D}_F \\ 0, \text{ wenn } D_G < \bar{D}_F \end{cases}$$

Wird also ein Gesamtergebnis erzielt, das über die bestehenden Verbindlichkeiten einschließlich Zinsen hinausgeht, so erhalten die Fremdkapitalgeber die ihnen versprochene Leistung $\bar{D}_F$. Die Eigenkapitalgeber erhalten den darüber hinausgehenden Rest; ihr Rückzahlungsbetrag ergibt sich also als Residualgröße. Bleibt das Gesamtergebnis hingegen hinter dem Anspruch der Fremdkapitalgeber zurück, so fließt das Gesamtergebnis voll den Fremdkapitalgebern zu, während die Eigenkapitalgeber in diesem Fall vollständig leer ausgehen.

Die Wahrscheinlichkeit für diese letztgenannte Konstellation soll im folgenden als *Insolvenzwahrscheinlichkeit* bezeichnet und durch das Symbol p_o verdeutlicht werden. Es gilt also:

$$(6)\qquad p_o = \text{prob}\ (\tilde{D}_G < \bar{D}_F) = \int_{D_O}^{\bar{D}_F} p(\tilde{D}_G) \cdot d\tilde{D}_G = P(\bar{D}_F)$$

Wird das Risikoprofil der Abbildung 4 nun gewissermaßen an der Stelle $\bar{D}_F$ "durchgeschnitten", so ergeben sich daraus die beiden individuellen Risikoprofile für Fremd- und Eigenkapitalgeber, wie sie in Abbildung

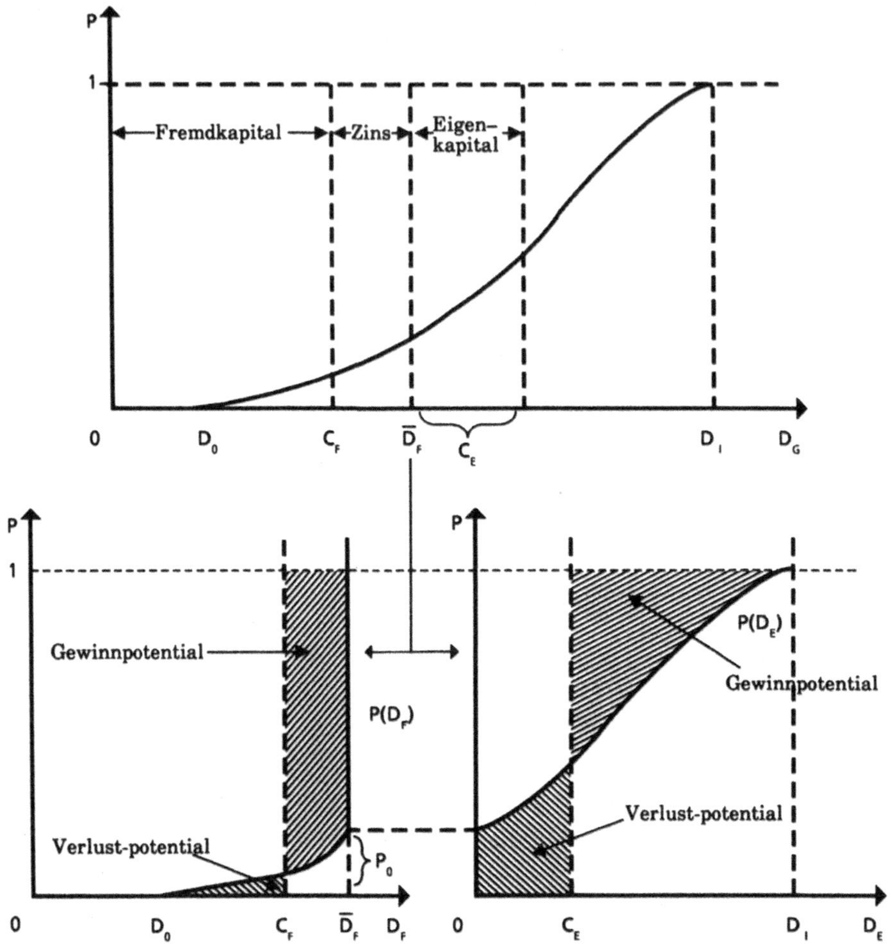

Abb. 5a: Risikoprofil Fremdkapital

Abb. 5b: Risikoprofil Eigenkapital

5a und 5b wiedergegeben sind.[1)]

Für die Erwartungswerte der an die Fremd- bzw. Eigenkapitalgeber fließenden Rückzahlungsbeträge $\tilde{D}_F$ bzw. $\tilde{D}_E$ gilt entsprechend (5.1) und (5.2):

$$(7.1) \quad E(\tilde{D}_F) = \int_{D_O}^{\bar{D}_F} p(\tilde{D}_G) \cdot \tilde{D}_G \cdot d\tilde{D}_G + (1-p_O) \cdot \bar{D}_F$$

$$(7.2) \quad E(\tilde{D}_E) = \int_{\bar{D}_F}^{D_I} p(\tilde{D}_G) \cdot (\tilde{D}_G - \bar{D}_F) \cdot d\tilde{D}_G$$

Für den Erwartungswert der seitens der Fremdkapitalgeber erzielbaren Gewinne $\tilde{Y}_G$ - definiert als Differenz zwischen effektivem Rückzahlungsbetrag $\tilde{D}_F$ und Kapitaleinsatz C_F - ergibt sich analog zur Ableitung der Relation (2):

$$(8.1) \quad E(\tilde{Y}_F) = -\int_{D_O}^{C_F} P(D_G) \cdot dD_G + \left[(\bar{D}_F - C_F) - \int_{C_F}^{\bar{D}_F} P(D_G) \cdot dD_G \right]$$

Der erste Term entspricht in Abbildung 5a der unterhalb der Verteilungsfunktion schraffiert gekennzeichneten Fläche und verdeutlicht das den Gläubigern verbleibende Verlustpotential. Der zweite Term entspricht hingegen der schraffierten Fläche oberhalb der Verteilungskurve und verdeutlicht das Gewinnpotential der Fremdkapitalgeber.

---

1) Für die entsprechenden Verteilungsfunktionen der Variablen D_F und D_E gilt gem. (1), (5.1) und (5.2) dann

$$(6') \quad P(D_F) = \text{prob}(\tilde{D}_F \leq D_F) = \begin{cases} 1 & \text{für } D_F = \bar{D}_F \\ \int_{D_O}^{D_F} p(\tilde{D}_G) \cdot d\tilde{D}_G & \text{für } D_O \leq D_F < \bar{D}_F \\ 0 & \text{für } D_F < D_O \end{cases}$$

$$(6'') \quad P(D_E) = \text{prob}(\tilde{D}_E \leq D_E) = \begin{cases} 1, & \text{für } D_E = D_I - \bar{D}_F \\ \int_{\bar{D}_F}^{D_E + \bar{D}_F} p(\tilde{D}_G) \cdot d\tilde{D}_G, & \text{für } 0 < D_E < D_I - \bar{D}_F \\ p_O, & \text{für } D_E = 0 \\ 0, & \text{für } D_E < 0 \end{cases}$$

In analoger Weise kann auch der Erwartungswert für den Gewinn der Eigenkapitalgeber berechnet werden. Es ergibt sich schließlich:

$$(8.2) \quad E(\tilde{Y}_E) = - \int_{\bar{D}_F}^{\bar{D}_F + C_E} P(D_G) \cdot dD_G + \left[(D_I - \bar{D}_F - C_E) - \int_{\bar{D}_F + C_E}^{D_I} P(D_G) \cdot dD_G) \right]$$

Die den beiden Termen in (8.2) entsprechenden Flächen unterhalb bzw. oberhalb der Verteilungsfunktion gem. Abbildung 5b verdeutlichen dementsprechend Verlustrisiken und Gewinnchancen der Eigenkapitalgeber.

Man erkennt deutlich, daß die Risiken- und Chancenstrukturen für typische Fremd- und Eigenkapitalgeber sehr deutliche Unterschiede aufweisen: Fremdkapitalgeber können mit einer vergleichsweise hohen Wahrscheinlichkeit mit der Zahlung des vorab fixierten Betrages an Zins- und Tilgungszahlungen rechnen und missen im allgemeinen nur mit einer sehr viel geringeren Wahrscheinlichkeit einen gewissen Ausfall der vereinbarten Zinsen oder eventuell sogar des eingesetzten Kapitals befürchten. Dabei ist der totale Verlust des Kapitaleinsatzes allenfalls als theoretischer Extremfall ohne nennenswerte praktische Relevanz anzusehen.[1] Für die Eigenkapitalgeber weist die Gesamtheit der alternativ möglichen Ergebnisse hingegen eine sehr viel größere Spannbreite auf, wobei der bei günstiger Entwicklung erzielbare Gewinn prozentual üblicherweise deutlich über der Fremdkapitalverzinsung liegt, andererseits aber mit einer gewissen, im allgemeinen keineswegs vernachlässigbar geringen Wahrscheinlichkeit auch der Totalausfall des eingesetzten Kapitals in Kauf genommen werden muß.[2]

---

1) Es sei noch einmal daran erinnert, daß wir immer noch die Gläubiger in ihrer Gesamtheit betrachten. Haben einzelne Gläubigergruppen im Insolvenzfall auf Grund vertraglicher Vereinbarung oder allgemeiner gesetzlicher Regelungen unterschiedliche Zugriffsrechte auf das Schuldnervermögen, so kann für einen einzelnen, mit vergleichsweise nachrangigen Ansprüchen ausgestatteten Gläubiger natürlich die Gefahr des Totalausfalls von durchaus realer Bedeutung sein.

2) Die Funktion gesellschaftsrechtlicher Gläubigerschutzvorschriften wird darin gesehen, das Fremdkapital davor zu bewahren, daß es einem ähnlich hohen Verlustrisiko wie das Eigenkapital ausgesetzt ist; so z.B. WIEDEMANN (1980), S. 516.

2.3 Kennzeichnung von Gläubigerpositionen durch standardisierte Risikoindikatoren

Nach der bisherigen Ableitung kann die Position der Fremdkapitalgeber, so wie sie durch das Risikoprofil nach Abbildung 5a verdeutlicht wird, insbesondere durch die Beträge D_O, C_F und $\bar{D}_F$ sowie die Insolvenzwahrscheinlichkeit p_o charakterisiert werden. Für einen Teil der weiteren Ableitungen erweist es sich als zweckmäßig, die Darstellungsweise weiter zu standardisieren und von der Betrachtung absoluter Geldbeträge (D_O, C_F, $\bar{D}_F$) abzugehen. Stattdessen wollen wir die korrespondierende Rückzahlungs*quote* betrachten, die durch den Quotienten zwischen dem an die Fremdkapitalgeber effektiv zurückfließenden Betrag D_F und dem vereinbarten Anspruch $\bar{D}_F$ definiert wird, also:

$$(9) \quad \tilde{f} = \frac{\tilde{D}_F}{\bar{D}_F} = \frac{\tilde{D}_F}{C_F \cdot \bar{q}}$$

$\tilde{f} = 1$ kennzeichnet somit den Fall vertragsgemäßer Erfüllung aller Zins- und Tilgungsverpflichtungen. $\tilde{f} = \frac{1}{\bar{q}}$ kennzeichnet demgegenüber den Fall, daß das eingesetzte Kapital zwar vollständig zurückgezahlt wird, die versprochenen Zinsen jedoch ausbleiben. So lange $\frac{1}{\bar{q}} \leq \tilde{f} \leq 1$ gilt, erleiden die Fremdkapitalgeber also noch keine Verluste, sondern erhalten über die Rückzahlung des eingesetzten Kapitals hinaus noch eine gewisse Verzinsung.

Rückzahlungsquoten im Bereich $\tilde{f} < \frac{1}{\bar{q}}$ kennzeichnen demgegenüber mehr oder weniger große Ausfälle, wobei für die niedrigstmögliche Rückzahlungsquote f_o, die wir im folgenden kürzer als *Minimalquote* bezeichnen werden, die Relation

$$(10) \quad f_o = \frac{D_o}{\bar{D}_F} = \frac{D_o}{C_F \cdot \bar{q}}$$

gilt.

Das Bild der Verteilungsfunktion P(f) der Variablen f entspricht genau der Verteilungsfunktion $P(D_F)$ für den absoluten Rückzahlungsbetrag gem. Abbildung 5a, wobei der Abszissenwert D_F jeweils durch $f = D_F/\bar{D}_F$ zu ersetzen ist. Das für die Fremdkapitalgeber typische Risikoprofil entsprechend Abbildung 5a kann somit in ein analoges, auf die standardisierten Größen bezogenes Risikoprofil umgeformt werden, so wie es Abbildung 6 zeigt.

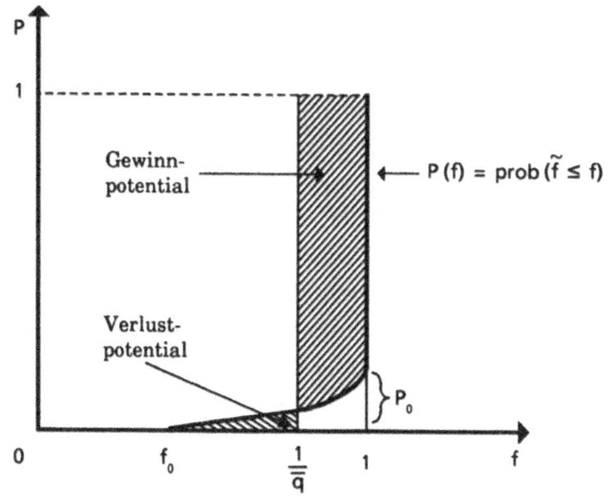

Abb. 6: Standardisiertes Risikoprofil der Fremdkapitalgeber

Jeder Punkt dieses standardisierten Risikoprofils bezeichnet durch seinen Ordinatenwert die Wahrscheinlichkeit dafür, daß die Rückzahlungsquote den dem jeweiligen Abszissenwert f entsprechenden Prozentsatz nicht übersteigt. Analog zu dem in der Entwicklung von Formel (8.1) enthaltenen Gedankengang kann auch in dieser Darstellung die unterhalb der Verteilungsfunktion schraffierte Fläche als grafische Veranschaulichung des Verlustpotentials interpretiert werden, während das Gewinnpotential wiederum durch die oberhalb der Verteilungsfunktion schraffierte Fläche verdeutlicht wird. Mann erkennt, daß sich Erfolgschancen und Verlustrisiken eines idealtypischen Gläubigers nach dieser Darstellung im wesentlichen durch drei Größen näher charakterisieren lassen, nämlich

- zum einen durch den vereinbarten Zinssatz $\bar{r}$ bzw. den entsprechenden Zinsfaktor $\bar{q} = 1+\bar{r}$, als Ausdruck für das bei vertragskonformer Abwicklung erzielbare Anlageergebnis,

- zum zweiten durch die Minimalquote f_o als Ausdruck für das im schlechtesten Fall realisierbare Ergebnis und

- zum dritten durch die Insolvenzwahrscheinlichkeit p_o als Ausdruck dafür, wie groß die Gefahr einer nicht vereinbarungsgemäßigen Erfüllung von Zins- und Tilgungsverpflichtungen überhaupt ist.

Darüber hinaus bestimmt schließlich auch noch der genaue Verlauf der Verteilungsfunktion P(f) im Bereich zwischen dem Abszissenschnittpunkt und dem Übergang in das vertikale Teilstück Höhe und Struktur von Erfolgschancen und Verlustrisiken eines Gläubigers. Im Interesse der formalen Einfachheit wollen wir im folgenden annehmen, daß dieses Kurvenstück durch eine *Gerade* hinlänglich approximiert werden kann, so daß sich für das standardisierte Risikoprofil der Fremdkapitalgeber das in Abbildung 7 wiedergegebene modifizierte Bild ergibt.[1)]

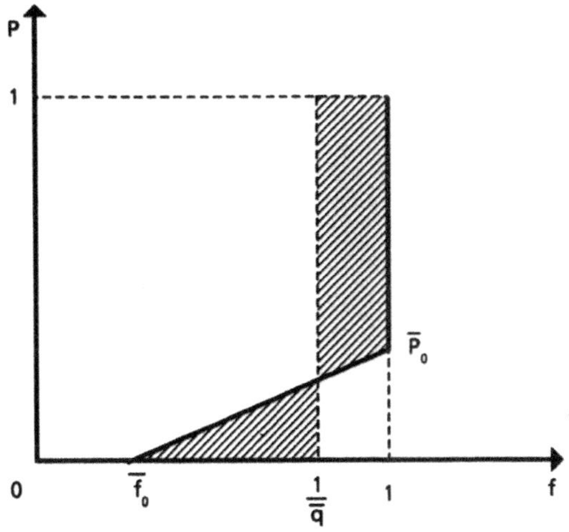

Abb. 7: Linearisiertes Standard-Risikoprofil der Fremdkapitalgeber

Für die in $\tilde{f} = 1$ zu einem diskreten Wert degenerierte Dichtefunktion $p(\tilde{f})$ der Rückzahlungsquote $\tilde{f}$ gilt dann

$$(11) \qquad p(\tilde{f}) = \begin{cases} 0 & \text{für } \tilde{f} > 1 \text{ und } \tilde{f} < f_o \\ 1 - p_o & \text{für } \tilde{f} = 1 \\ \dfrac{p_o}{1 - f_o} & \text{für } f_o \leq \tilde{f} < 1 \end{cases}$$

Unter dieser spezifizierenden Annahme charakterisieren allein die Größen p_o und f_o die Risikoposition eines idealtypischen Gläubigers; wir wollen sie im folgenden als *Risikoindikatoren* bezeichnen.

---

1) Die im folgenden vorgestellten Ableitungen führen auch unter anderen Annahmen über das Aussehen der Verteilungsfunktion im Bereich $f_o \leq f \leq 1$ zu analogen Ergebnissen. Die hier gewählte Annahme eines linearen Verlaufs dient im wesentlichen nur der formalen Vereinfachung der Darstellung.

Trägt man diese Risikoindikatoren nun in einem Koordinatensystem als Variable auf der Abszissen- bzw. Ordinatenachse ab, so kann die Risikoposition eines Gläubigers einfach durch einen Punkt R in diesem Diagramm gekennzeichnet werden, so wie es Abbildung 8 zeigt. $\bar{p}_o$ und $\bar{f}_o$ geben dabei die für das hypothetisch betrachtete Kreditengagement maßgeblichen p_o- und f_o-Werte an. Zudem kann die Höhe des vereinbarten Zinssatzes jeweils indirekt durch den Punkt $\frac{1}{\bar{q}}$ auf der Abszisse verdeutlicht werden.

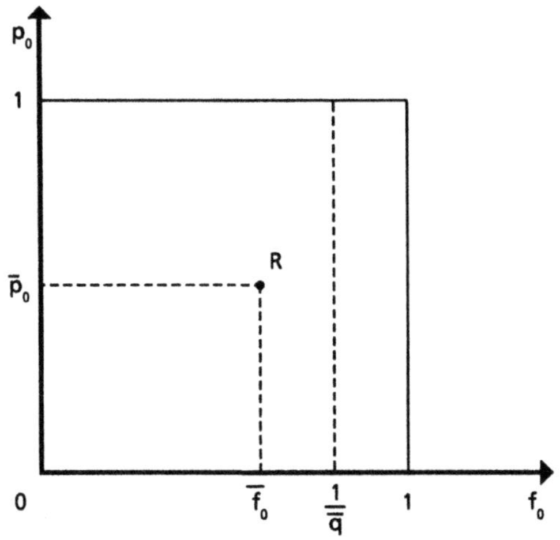

Abb. 8: Risikoindikatoren-Diagramm

Geht man nun im Zuge einer schrittweisen Komplexionserhöhung der Analyse zunächst einmal davon aus, daß der Zinssatz r eine für alle denkbaren Kreditengagements exogen einheitlich vorgegebene Größe darstellt, so kann die Entscheidung eines Fremdkapitalgebers über alternativ zur Auswahl stehende Kreditengagements formal als die Wahl zwischen verschiedenen f_o-p_o-Kombinationen beschrieben werden. Dabei lassen sich in einer ersten Grobklassifikation die vier verschiedenen in Abbildung 9 verdeutlichten Konstellationen unterscheiden.

Konstellation I: Geringes Insolvenzrisiko mit hoher Minimalquote, d.h. niedrigem Maximalverlust im Insolvenzfall

Konstellation II: Hohes Insolvenzrisiko, aber auch hohe Minimalquote, also geringer Maximalverlust im Insolvenzfall

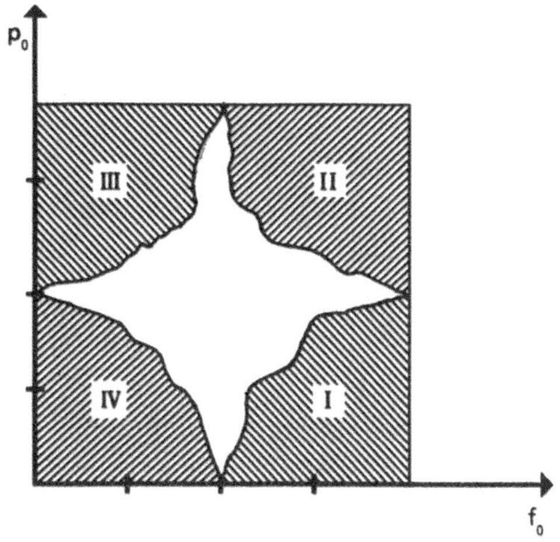

Abb. 9: Unterschiedliche f_o-p_o-Konstellationen

Konstellation III: Hohes Insolvenzrisiko mit geringer Minimalquote, also hohem Maximalverlust im Insolvenzfall

Konstellation IV : Geringes Insolvenzrisiko, aber niedrige Minimalquote, also hoher Maximalverlust im Insolvenzfall

Es ist unmittelbar einleuchtend, daß Kreditengagements entsprechend Konstellation I Engagements aller anderer Konstellationen vorgezogen werden, während Engagements entsprechend Konstellation III stets am schlechtesten zu beurteilen sind. Insoweit liegen einfache Dominanzbeziehungen vor, die eine einfache Entscheidung auch ohne weitere Auswahlkriterien ermöglichen.

Sind hingegen Kreditengagements der Konstellation II und IV miteinander zu vergleichen, so helfen Dominanzüberlegungen nicht mehr weiter. Die Frage, ob die beim Übergang von II nach IV in Kauf zu nehmende Erhöhung der maximalen Verlustquote durch die damit zugleich erreichbare Verminderung der Insolvenzwahrscheinlichkeit überkompensiert wird oder nicht, kann nur unter Rückgriff auf weitere Auswahlkriterien beantwortet werden, die letztlich aus den subjektiven Risiko- und Präferenzvorstellungen des betrachteten Kreditgebers abgeleitet werden müssen.

Formal lassen sich derartige Präferenzen in einem f_o-p_o-Diagramm durch *Indifferenzlinien* darstellen, so wie es Abbildung 10 verdeutlicht. Jede dieser Linien kennzeichnet jeweils alle f_o-p_o-Kombinationen, die dem betrachteten Kreditgeber nach seinen subjektiven Präferenzen gerade als gleich günstig oder ungünstig erscheinen. Über Aussehen und Lage dieser Indifferenzlinien läßt sich nach den bisherigen Überlegungen nur sagen,

- daß sie einen *steigenden* Verlauf haben müssen (d.h. eine Erhöhung der Insolvenzwahrscheinlichkeit p_o kann durch eine ausreichende Erhöhung der Minimalquote f_o präferenzmäßig kompensiert werden und umgekehrt) und

- daß eine f_o-p_o-Kombination präferenzmäßig umso höher eingestuft wird, je weiter *rechts unten* die zugehörige Indifferenzlinie liegt (für den in Abbildung 10 dargestellten Fall gilt also $I_1 \succ I_2 \succ I_3$).

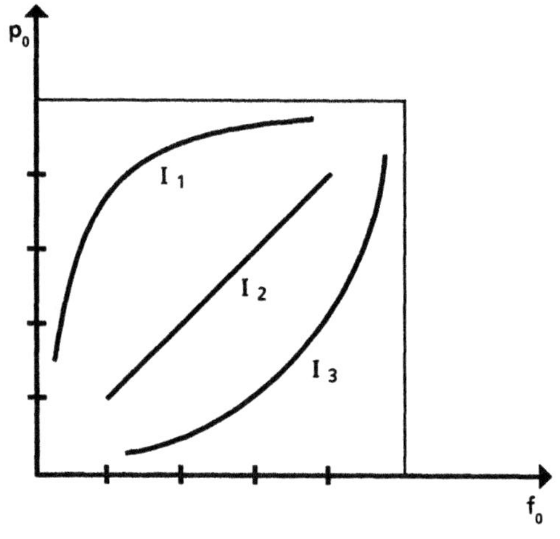

Abb. 10: Verdeutlichung der Gläubigerpräferenzen durch Indifferenzlinien

Ob die Indifferenzlinien allerdings progressiv, linear oder degressiv steigen, so wie es in Abbildung 10 durch I_1, I_2 und I_3 verdeutlicht wird, oder einen noch anderen Verlauf haben, bleibt zunächst offen.

Einen ersten Anhaltspunkt zur Klärung dieser Frage bietet die Bestimmung all der f_o-p_o-Kombinationen, für die sich der gleiche *Erwartungswert* der Rückzahlungsquote errechnet. Entsprechend der in Formel (11) angegebenen Dichtefunktion gilt für diesen Erwartungswert

$$E(\tilde{f}) = 1 \cdot (1-p_o) + \int_{f_o}^{1} \frac{p_o}{1-f_o} \cdot \tilde{f} \, d\tilde{f}$$

Daraus erhält man durch Integration und geeignete Umformung schließlich folgende Beziehung für die Abhängigkeit des Erwartungswertes von den beiden Risikoindikatoren:

$$(12) \quad E(\tilde{f}) = 1 - 0{,}5 \cdot p_o \cdot (1-f_o)$$

Dieser Ausdruck kann übrigens recht anschaulich interpretiert werden. Denn der zweite Term in (12) stellt nichts anderes dar als die durchschnittliche Ausfallquote, mit der der Gläubiger zu rechnen hat, sofern der Insolvenzfall eintritt und entspricht im Standard-Risikoprofil gem. Abbildung 7 der gesamten Fläche unter der Verteilungsfunktion. Die von dem Gläubiger insgesamt zu erwartende Befriedigungsquote ergibt sich somit als Differenz zwischen

- der im Solvenzfall erzielbaren vollen Befriedigungsquote $f = 1$ und

- der im Insolvenzfall zu erwartenden Ausfallquote $0{,}5 \cdot p_o \cdot (1-f_o)$.

Aus (12) erkennt man weiterhin, daß jeweils genau alle die f_o-p_o-Kombinationen zu dem gleichen Erwartungswert führen, für die das Produkt $p_o \cdot (1-f_o)$ den gleichen Wert aufweist. Betrachtet man also ein bestimmtes, durch die Indikatorenwerte $\bar{f}_o$ und $\bar{p}_o$ und den Erwartungswert $\bar{E}$ gekennzeichnetes Kreditengagement, so weisen alle anderen denkbaren Engagements, für die

$$p_o \cdot (1-f_o) = \bar{p}_o \cdot (1-\bar{f}_o)$$

gilt, den gleichen Erwartungswert auf. Für die zugehörige Indifferenzlinie gilt somit, wenn p_o als Funktion von f_o geschrieben wird,

$$(13) \quad p_o = \frac{\bar{p}_o \cdot (1-\bar{f}_o)}{1 - f_o}$$

Die Präferenzen eines *risikoneutralen* Gläubigers, der sich bei der Beurteilung von Kreditengagements - bei nach wie vor als fest vorgegeben unterstelltem Zins - also ausschließlich an der erwarteten Rückzahlungsquote orientiert, ohne die Streubreite der im einzelnen möglichen Ergebnisse zu beachten, lassen sich somit im f_o-p_o-Diagramm durch eine Schar hyperbelförmiger Indifferenzlinien verdeutlichen, die sich für $p_o \rightarrow 0$ und $f_o \rightarrow 1$ asymptotisch dem negativen Ast der Abszisse bzw. der Geraden $f_o = 1$ nähern und symmetrisch zu der 45°-Linie $p_o = 1 - f_o$ verlaufen. Abbildung 11 zeigt beispielhaft drei solcher Indifferenzlinien für erwartete Rückzahlungsquoten von 90 %, 70 % bzw. 50 %.

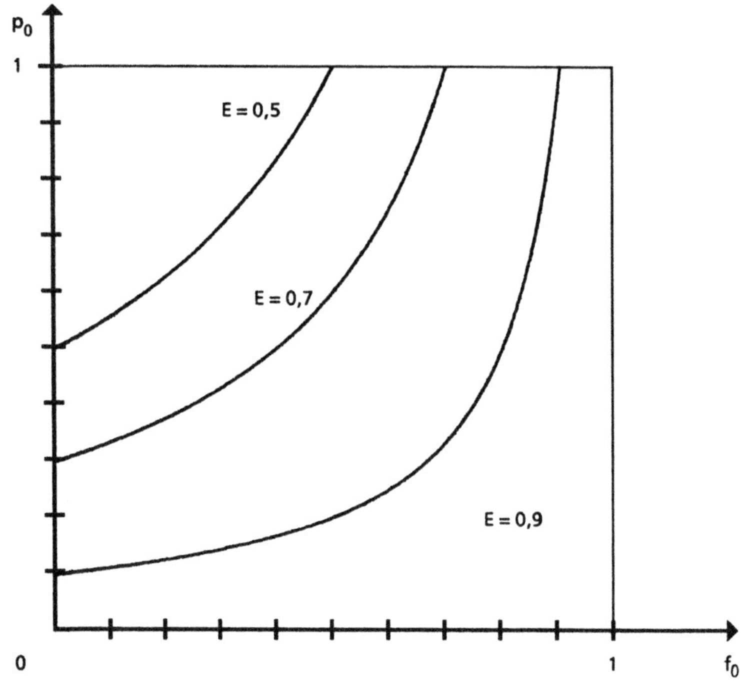

Abb. 11: Indifferenzlinien für einen risikoneutralen Gläubiger

Die Annahme der Risikoneutralität schränkt den allgemeinen Aussagewert der voranstehenden Ableitungen allerdings erheblich ein.[1] Denn typischerweise wird man davon auszugehen haben, daß sich Gläubiger bei ihren Entscheidungen risikoscheu verhalten. Im folgenden Abschnitt soll daher unter Rückgriff auf einschlägige Ansätze der Entscheidungstheorie ein Modell zur Ableitung einer eindeutigen Auswahlentscheidung zwischen mehreren Kreditengagements entwickelt werden, das diesem Gesichtspunkt Rechnung trägt und es darüber hinaus ermöglicht, Risikoscheu je nach der individuellen Einstellung auch in unterschiedlicher Stärke zu berücksichtigen. Dabei wird zunächst die Annahme eines für alle möglichen Kreditengagements einheitlichen Zinssatzes aufrechterhalten und außerdem von einem einheitlich vorgegebenen Anlagebetrag C_F ausgegangen. Anschließend wird das Modell dann an weniger einschränkende Annahmen angepaßt.

---

1) Dies gilt somit auch für die im Schrifttum bekannten Ansätze von ADAMS (1980), S. 50 - 54; SWOBODA (1981), S. 135 - 148; DRUKARCZYK (1981a), S. 235 - 257; BEECK (1979), S. 73 - 81 zu Konkurskalkülen. Zur Risikopolitik von Kreditgebern siehe erwartungswertorientierte Arbeiten von KRÜMMEL (1966), S. 134 - 157; HODGMAN (1960), S. 258 - 278; NAHR (1980), S. 73 - 135. Andererseits wird nicht verkannt, daß die Annahme eines ausschließlich am Erwartungswert orientierten Entscheidungskalküls für spezielle Problemstellungen durchaus ein ausreichendes Analyseinstrument darstellen kann.

2.4 Ein entscheidungstheoretisch fundiertes Gläubigerkalkül

2.4.1 Das Grundmodell

Als Basis zur Entwicklung des intendierten Entscheidungsmodells bedarf es eines (präskriptiven) Konzepts, nach dem die zunächst mehr oder weniger klar artikulierten Risiko- und Präferenzeinstellungen eines Entscheidungssubjektes, das sich in einer Situation befindet, die der unseres bislang betrachteten idealtypischen Gläubigers entspricht, in eine operable Entscheidungsregel umgesetzt werden können. In diesem Zusammenhang hat das BERNOULLI-Prinzip trotz gelegentlicher Kritik[1] insgesamt doch die größte Akzeptanz gefunden. Formal kann dieses Prinzip wie folgt beschrieben werden[2]:

- Den alternativ möglichen Ergebniswerten - bei uns den f-Werten - werden jeweils bestimmte "Nutzen"-Werte u(f) zugeordnet.

- Die Nutzen-Werte sind aus den subjektiven Präferenz- und Risikoeinstellungen des Entscheidenden abzuleiten, was im vorliegenden Fall am einfachsten wie folgt geschehen könnte[3]: Der Entscheidende wird fiktiv vor die Wahl gestellt zwischen
  - o der Aussicht, mit Sicherheit eine Rückzahlungsquote f' $(0<f'<1)$ zu erzielen, und
  - o der Möglichkeit, mit einer gewissen Erfolgswahrscheinlichkeit π eine 100%-ige Rückzahlungsquote zu realisieren (also $f=1$), mit der Gegenwahrscheinlichkeit $(1-\pi)$ jedoch ganz leer auszugehen (also $f=0$).

  Durch Befragen des Entscheidungssubjektes wird dann der kritische Wert $\pi(f')$ der Erfolgswahrscheinlichkeit π festgestellt, für den das Entscheidungssubjekt zwischen den beiden ihm fiktiv zur Auswahl ge-

---
1) Zur Diskussion im deutschen Schrifttum vgl. insbesondere COENENBERG/KLEINE-DOEPKE (1975), JACOB/LEBER (1976), BITZ/ROGUSCH (1976), KRELLE (1978), JACOB/LEBER (1978), ALBRECHT (1982), SCHILDBACH/EWERT (1983), VETSCHERA (1984), BITZ (1984b).

2) Vgl. z.B. HERSTEIN/MILNOR (1953), S. 291 - 297; LUCE/RAIFFA (1957), S. 23 ff.; SCHNEEWEISS (1967), S. 61 ff.; BITZ (1981a), S. 153 ff..

3) Zur Bestimmung der Nutzenwerte und der Nutzenfunktion vgl. MARSCHAK (1965), S. 105 ff.; BAMBERG/COENENBERG (1980), S. 70 ff.; BITZ (1981a), S. 158 ff..

stellten Alternativen gerade indifferent ist. Diese Befragung wird solange fortgesetzt, bis für eine hinlängliche Anzahl von f-Werten die zugehörigen kritischen Wahrscheinlichkeiten $\pi(f)$ ermittelt sind. Die benötigten "Nutzen"-Werte u(f) sind dann einfach durch eine positive Lineartransformation aus den $\pi(f)$-Werten abzuleiten, wobei im einfachsten Fall unmittelbar $u(f) = \pi(f)$ gesetzt werden kann.

- Der für die Beurteilung eines Kreditengagements maßgebliche Präferenzwert ϕ wird dann einfach als mathematischer Erwartungswert der zugehörigen Nutzenwerte u(f) ermittelt, also

$$(14) \qquad \phi = \int_{f_0}^{1} u(f) \cdot p(f) \cdot df \quad ,$$

wobei p(f) die Dichtefunktion der f-Werte gem. (11) angibt. Als optimal ist dann das Kreditengagement mit dem höchsten Präferenzwert anzusehen.

Die Umsetzung dieses Entscheidungskonzeptes setzt also

- zum einen die Kenntnis der Nutzenwerte u(f) sowie

- zum anderen die der Verteilungsfunktion P(f) bzw. der zugehörigen Dichtefunktion voraus.

Bezüglich der *Nutzenwerte* wollen wir im folgenden zur exemplarischen Verdeutlichung annehmen, daß die Zuordnung der u-Werte zu den f-Werten im relevanten Bereich ($0 \le f \le 1$) approximativ durch eine quadratische Nutzenfunktion des Typs

$$(15) \qquad u(f) = f - \frac{\alpha}{2} \cdot f^2 \qquad\qquad 0 \le f \le 1$$

beschrieben werden kann.[1] α stellt dabei einen im Bereich $0 \le \alpha \le 1$ variierbaren Parameter dar, durch den das Ausmaß der individuellen Risikoaversion in standardisierter Form zum Ausdruck gebracht werden kann.

1) Relation (15) stellt eine der im einschlägigen Schrifttum sehr häufig verwendeten Formen der Nutzenfunktion dar. (Vgl. z.B. MARKOWITZ (1959), S. 208; SCHNEEWEISS (1967), S. 96; SHARPE (1970), S. 196; HAX (1974), S. 65; PFOHL/BRAUN (1981), S. 270.) Die folgenden Ableitungen könnten auch auf der Basis anderer Formen von Nutzenfunktionen vorgenommen werden. Die Ableitungen würden dadurch komplizierter und unübersichtlicher, ohne jedoch für den hier interessierenden Zusammenhang wesentlich andere Erkenntnisse zu ermöglichen.

$\alpha = 0$ kennzeichnet als Grenzfall gerade eine risikoneutrale Haltung, $\alpha = 1$ das maximale Ausmaß an Risikoscheu, das überhaupt im Rahmen einer quadratischen Nutzenfunktion vom Typ (15) sinnvoll zum Ausdruck gebracht werden kann. In Abbildung 12 ist der Verlauf der Nutzenfunktion u(f) beispielhaft für drei verschiedene α-Werte verdeutlicht worden. Die entsprechenden Parabeln erreichen jeweils für den Abszissenwert $1/\alpha$ ihren Scheitelpunkt; dieser liegt also umso weiter rechts, je geringer die durch α ausgedrückte Risikoscheu ist. Für den Grenzfall $\alpha = 0$ schließlich geht die Nutzenparabel in eine Gerade über.

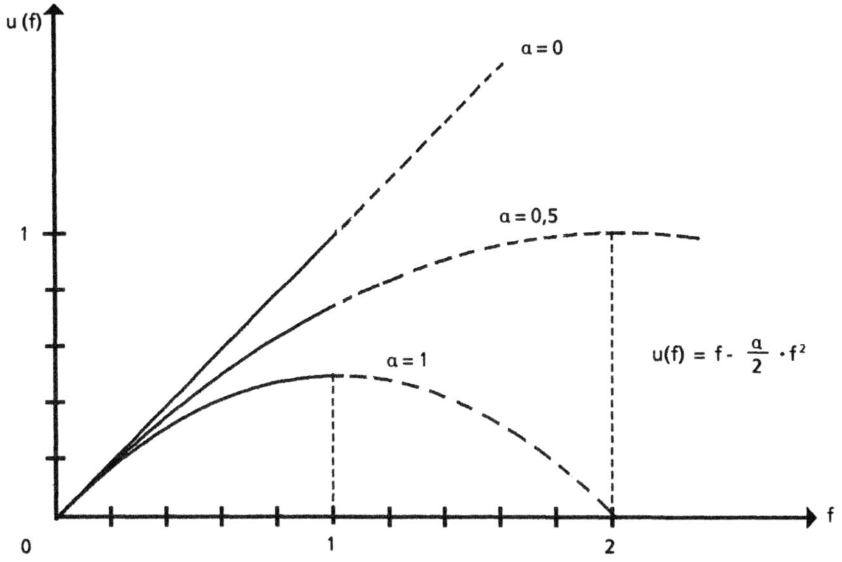

Abb. 12: Nutzenfunktionen für alternative α-Werte

Unter Berücksichtigung der in (11) angegebenen Dichtefunktion p(f) ergibt sich so gemäß (15) für den Präferenzwert $\bar{\phi}$ eines durch die Indikatorenwerte $\bar{f}_o$, $\bar{p}_o$ gekennzeichneten Kreditengagements:

$$\bar{\phi} = (1-\bar{p}_o) \cdot u(1) + \int_{f_o}^{1} \frac{\bar{p}_o}{1-\bar{f}_o} \cdot u(f) \cdot df$$

$$= (1-\bar{p}_o) \cdot (1-\tfrac{\alpha}{2})$$

$$+ \frac{\bar{p}_o}{1-\bar{f}_o} \int_{f_o}^{1} (f - \tfrac{\alpha}{2} \cdot f^2) \cdot df$$

$$= (1-\bar{p}_o) \cdot (1-\tfrac{\alpha}{2}) + \frac{\bar{p}_o}{1-\bar{f}_o} \cdot \left[\tfrac{1}{2} \cdot (1 - \bar{f}_o^2) - \tfrac{\alpha}{6} (1 - \bar{f}_o^3)\right]$$

Durch einige Umformungen und Zusammenfassungen ergibt sich daraus schließlich:

(16) $\bar{\phi} = (1 - \tfrac{\alpha}{2}) - \frac{\bar{p}_o \cdot (1-\bar{f}_o)}{6} (3-2\alpha-\alpha \cdot \bar{f}_o)$

Dieser immer noch nicht besonders übersichtliche Ausdruck kann speziell für die Extremwerte $\alpha = 0$ und $\alpha = 1$ zu folgenden Werten vereinfacht werden:

(16.0) $\bar{\phi} = 1 - \frac{\bar{p}_o \cdot (1-\bar{f}_o)}{2}$ $\qquad \alpha = 0$

(16.1) $\bar{\phi} = \frac{1}{2} - \frac{\bar{p}_o \cdot (1-\bar{f}_o)^2}{2}$ $\qquad \alpha = 1$

Wie man leicht feststellt, stimmt der für $\alpha = 0$ abgeleitete Ausdruck mit dem einfachen Erwartungswert der Rückzahlungsquote E(f) gemäß (12) überein. Dies ist auch gar nicht verwunderlich, denn die dem Grenzfall $\alpha = 0$ entsprechende risikoneutrale Einstellung ist ja gerade dadurch gekennzeichnet, daß ein Kreditengagement ausschließlich nach dem Erwartungswert der Rückzahlungsquote beurteilt wird und die Streubreite der im einzelnen möglichen Ergebnisse gar nicht berücksichtigt wird.

Analog zu der Vorgehensweise im Abschnitt 2.3 läßt sich aus (16) auch wiederum die allgemeine Funktionsgleichung einer Indifferenzlinie ableiten, die einer bestimmten Konstellation $\bar{f}_o$, $\bar{p}_o$ der Risikoindikatoren entspricht. Man erhält allgemein

$$(17) \quad p_o = \bar{p}_o \cdot \frac{(1-\bar{f}_o)}{(1-f_o)} \cdot \frac{(3-2\alpha-\alpha\cdot\bar{f}_o)}{(3-2\alpha-\alpha\cdot f_o)}$$

sowie für die beiden Grenzfälle

$$(17.0) \quad p_o = \bar{p}_o \cdot \frac{(1-\bar{f}_o)}{(1-f_o)} \qquad \alpha = 0$$

$$(17.1) \quad p_o = \bar{p}_o \cdot \frac{(1-\bar{f}_o)^2}{(1-f_o)^2} \qquad \alpha = 1$$

Wie die Analyse von (17) zeigt, haben die Indifferenzlinien für alle α-Werte im relevanten Bereich ($0 \leq \alpha \leq 1$) einen hypelbelförmigen Verlauf mit dem negativen Ast der Abszisse und dem positiven Ast der Geraden $f_o = 1$ als Asymptoten für $p_o \to 0$ bzw. $f_o \to 1$, so wie wir es für den einfachsten Fall $\alpha = 0$ ja schon abgeleitet und in Abbildung 11 beispiel-

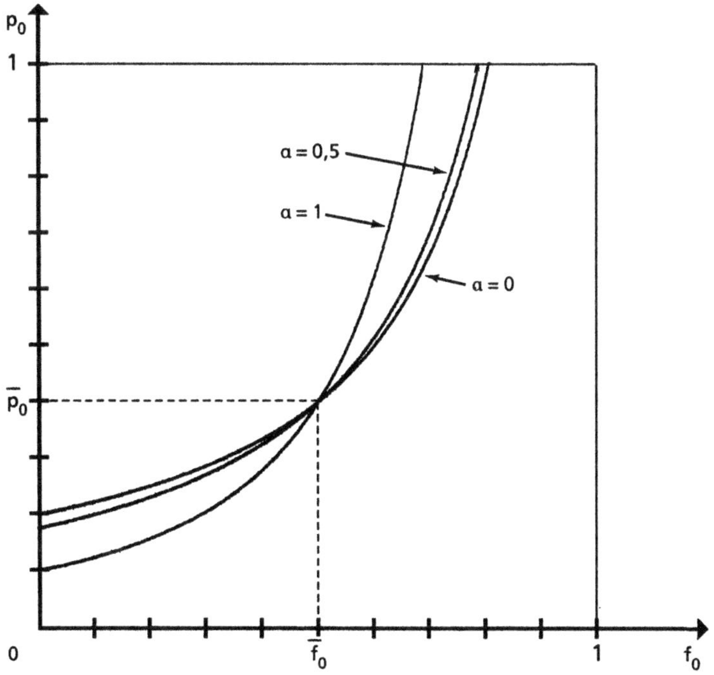

Abb. 13: Indifferenzlinien für verschiedene Grade der Risikoscheu

haft verdeutlicht haben.[1] Je nach dem Ausmaß der Risikoscheu ist die Lage der Indifferenzlinien im Detail allerdings unterschiedlich; und zwar verläuft die einer vorgegebenen f_o-p_o-Kombination entsprechende Indifferenzlinie um so *steiler* je größer die durch α gemessene Risikoaversion ist. Abbildung 13 verdeutlicht dies beispielhaft für Risikoindikatoren $\bar{f}_o = 0{,}5$, $\bar{p}_o = 0{,}4$ und die drei Werte $\alpha = 0$, $\alpha = 0{,}5$ und $\alpha = 1$.

Stehen einem Gläubiger nun mehrere Alternativen zur Anlage eines vorgegebenen Geldbetrages zur Auswahl, die alle den gleichen Zinssatz r aufweisen, sich jedoch in ihrer Risikostruktur unterscheiden, so kann dieses Entscheidungsproblem im Rahmen des zuvor entwickelten Modells formal als Auswahl aus mehreren f_o-p_o-Kombinationen dargestellt werden. Das Kreditengagement, aus dessen Risikoindikatoren sich der höchste Präferenzwert errechnet, stellt die optimale Handlungsalternative dar.

Daß sich dabei je nach dem Grad der Risikoscheu eventuell unterschiedliche Entscheidungsergebnisse einstellen können, verdeutlichen die folgenden Abbildungen. In einem derartigen f_o-p_o-Diagramm läßt sich ja jedes zur Auswahl stehende Kreditengagement entsprechend den Werten der zugehörigen Risikoindikatoren durch einen Punkt kennzeichnen, so wie dies durch Abbildung 14 beispielhaft für zwei Kreditengagements $\bar{K}$ und $\bar{\bar{K}}$ mit den Indikatorenwerten $\bar{p}_o = 0{,}2$; $\bar{f}_o = 0{,}3$ bzw. $\bar{\bar{p}}_o = 0{,}8$; $\bar{\bar{f}}_o = 0{,}75$ verdeutlicht wird. Engagement $\bar{K}$ ist mit 20% also durch eine relativ geringe Insolvenzwahrscheinlichkeit gekennzeichnet; das Ausmaß der in einem solchen Fall ggf. hinzunehmenden Verluste ist mit maximal 70% des Forderungsbetrages $(1-\bar{f}_o = 0{,}7)$ allerdings recht hoch. Engagement $\bar{\bar{K}}$ weist demgegenüber eine sehr viel höhere Insolvenzwahrscheinlichkeit auf (80%); dafür ist andererseits das Ausmaß der möglichen Verluste mit maximal 25% des Forderungsbetrages $(1-\bar{\bar{f}}_o = 0{,}25)$ auch deutlich kleiner. In Abbildung 14 sind jeweils die beiden f_o-p_o-Kombinationen sowie die durch die entsprechenden Punkte verlaufenden Indifferenzkurven eingezeichnet worden und zwar sowohl für den Fall $\alpha = 0$ (links) als auch für den Fall $\alpha = 1$ (rechts).

1) Allerdings verlaufen die Indifferenzlinien für $\alpha > 0$ nicht mehr symmetrisch zu der 45°-Linie $p_o = 1-f_o$.

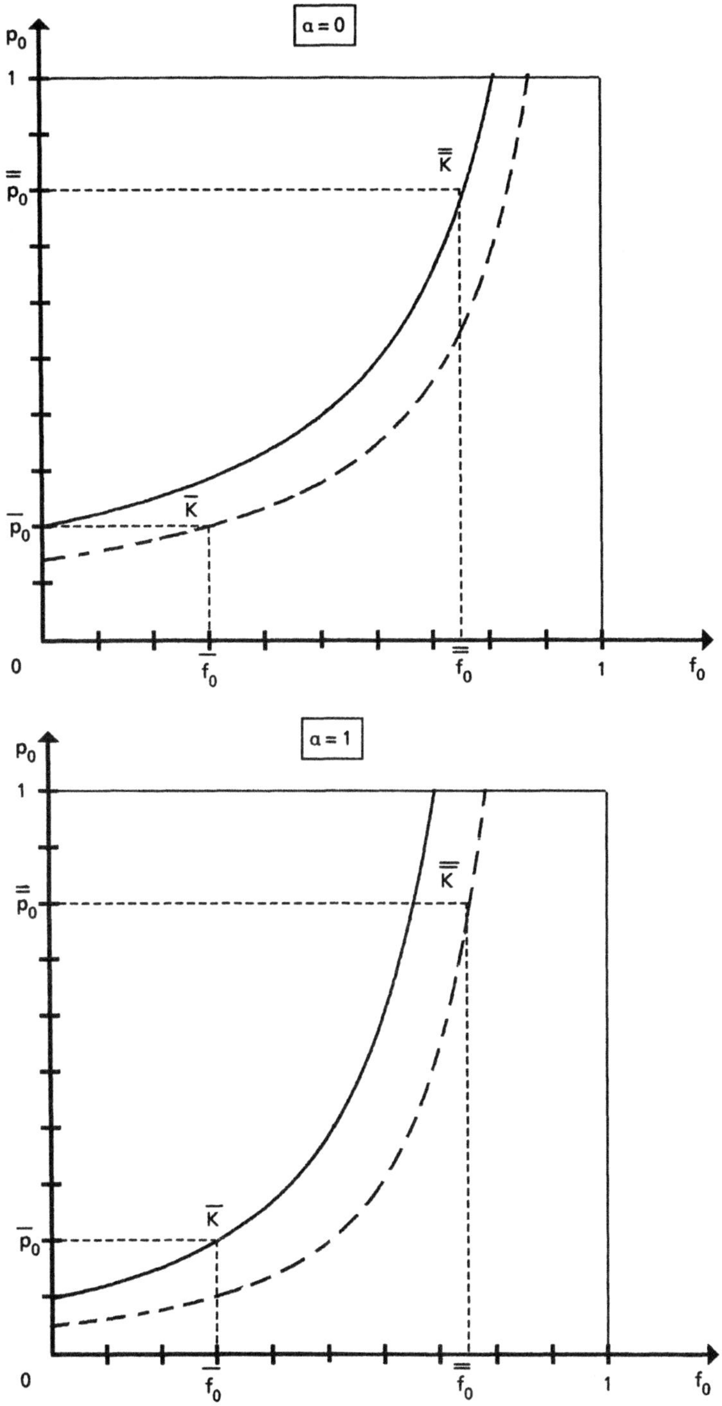

Abb. 14: Präferenzrelation zweier Kreditengagements für unterschiedliche Grade der Risikoscheu

Man erkennt aus der Lage der Indifferenzkurven sofort, daß ein Gläubiger ohne oder mit nur geringer Risikoscheu (linker Teil der Abbildung) eindeutig das durch die geringere Insolvenzwahrscheinlichkeit aber den größeren Maximalverlust gekennzeichnete Engagement $\bar{K}$ präferieren wird. Ein Kreditgeber mit stark ausgeprägter Risikoscheu wird demgegenüber das mit einer höheren Insolvenzwahrscheinlichkeit aber dem geringeren Maximalverlust ausgestattete Engagement $\bar{\bar{K}}$ bevorzugen. Dieser aus Abbildung 14 unmittelbar erkennbare Befund deckt sich auch mit dem Ergebnis, das sich aus der Berechnung der Präferenzwerte gemäß (16.0) bzw. (16.1) ableiten läßt. Man erhält nämlich für $\alpha = 0$

$$\bar{\phi} = 0{,}93 \quad > \quad \bar{\bar{\phi}} = 0{,}90 \quad ,$$

für $\alpha = 1$ hingegen

$$\bar{\phi} = 0{,}48 \quad < \quad \bar{\bar{\phi}} = 0{,}49 \quad .$$

2.4.2 Der äquivalente Zins einer sicheren Alternativanlage als Vergleichsmassstab

Die bisherigen Ableitungen standen stets unter der einschränkenden Annahme, daß alle zur Auswahl stehenden Kreditengagements die gleiche Zinszusage enthalten. Um diese Prämisse aufzuheben, empfiehlt es sich, die aus den Präferenzwerten gemäß (16) ableitbaren *Sicherheitsäquivalente* der betrachteten Kreditengagements zu betrachten. Darunter versteht man bekanntlich allgemein den sicheren Ergebniswert, den das betrachtete Entscheidungssubjekt gerade als gleichwertig mit einer bestimmten Wahrscheinlichkeitsverteilung unsicherer Ergebnisse ansieht. Zur Konkretisierung dieses Begriffs für unsere spezielle Modellsituation kann man sich vorstellen, ein Kreditgeber werde vor die Wahl gestellt,

- statt des zunächst betrachteten, risikobehafteten Kreditengagements mit der vereinbarten Verzinsung $\bar{r} = \bar{q} - 1$

- ein niedriger verzinsliches, dafür aber auch risikoloses Engagement einzugehen, z.B. die Anlage des vorgegebenen Betrages C_F in Staatstiteln.

Je nachdem, wie sich eine solche sichere Alternativanlage verzinst, wird der Kreditgeber diese dem ursprünglich betrachteten Kreditengagement vorziehen oder umgekehrt. Weiterhin kann man sich vorstellen, daß es einen kritischen Zins r_s der sicheren Anlagealternative gibt, bei dem der Kreditgeber beide Engagements gerade als gleichwertig ansieht. Dieser "äquivalente Sicherheitszins" läßt sich im Rahmen unseres Modells in folgenden beiden Schritten ableiten.

Da die maßgebliche Nutzenfunktion gemäß (15) in Abhängigkeit von der Rückzahlungsquote f definiert ist, muß zunächst ermittelt werden, welchen Prozentsatz des für das zunächst betrachtete Kreditengagement vereinbarten Rückzahlungsbetrags D_F der Rückzahlungsbetrag des risikolosen Engagements erreichen muß, damit beide Anlagealternativen gerade als gleichwertig anzusehen sind. Dieser Prozentsatz $\bar{f}_s$, das eigentliche Sicherheitsäquivalent, bestimmt sich dann allgemein nach der Relation

(18) $\quad u(\bar{f}_s) = \bar{\phi}$,

wobei $\bar{\phi}$ bekanntlich den für das zunächst betrachtete Kreditengagement maßgeblichen Präferenzwert gemäß (16) bezeichnet. Für den Fall der hier stets unterstellten quadratischen Nutzenfunktion gemäß (15) kann (18) explizit nach $\bar{f}_s$ aufgelöst werden. Man erhält so für $\alpha > 0$ folgenden relativ einfachen Ausdruck

$$(19) \qquad \bar{f}_s = \frac{1}{\alpha} \cdot [1 - \sqrt{1-2\alpha\bar{\phi}}]^{1)} ,$$

der für den Extremfall $\alpha = 1$ unter Berücksichtigung von (16.1) weiter vereinfacht werden kann zu

$$(19.1) \qquad \bar{f}_s = 1 - (1-\bar{f}_o) \sqrt{\frac{\bar{p}_o}{3}} \qquad \alpha = 1$$

Für den entgegengesetzten Extremfall $\alpha = 0$ hingegen folgt aus (18), (15) und (16.2) nach geeigneter Umformung

$$(19.0) \qquad \bar{f}_s = 1 - (1-\bar{f}_o) \cdot \frac{\bar{p}_o}{2} \qquad \alpha = 0 .$$

Multipliziert man das so ermittelte Sicherheitsäquivalent nun mit dem für das betrachtete Kreditengagement $\bar{K}$ maßgeblichen Zinsfaktor $\bar{q}$, so gibt dieses Produkt den Zinsfaktor an, den eine sichere Alternativanlage gerade aufweisen muß, um zu $\bar{K}$ äquivalent zu sein. Vermindert man deses Ausdruck schließlich um 1, so erhält man den oben bereits inhaltlich definierten "äquivalenten Sicherheitszins" $\bar{r}_s$, also:

$$(20) \qquad \bar{r}_s = \bar{f}_s \cdot \bar{q} - 1$$

Bedeutung und Interpretationsmöglichkeiten des durch (19) definierten Sicherheitsäquivalentes und des zugehörigen "äquivalenten Sicherheitszinses" gemäß (20) lassen sich am einfachsten durch ein numerisches Beispiel veranschaulichen. Dazu greifen wir auf das schon im vorigen Abschnitt betrachtete Kreditengagement $\bar{K}$ mit $\bar{f}_o = 0,3$ und $\bar{p}_o = 0,2$ zurück, wobei zusätzlich unterstellt wird, daß ein Zinssatz von 25% vereinbart sei, also $\bar{q} = 1,25$ gelte. Geht man der Einfachheit halber von einem Anlagebetrag $\bar{C}_F = 100$ GE aus, so weist dieses Kreditengagemnt also folgende Risiken-Chancen-Struktur auf:

- Bei vereinbarungsgemäßer Erfüllung des Vertrages (d.h. f = 100%) fließen an den Kreditgeber 125 GE zurück.

- Mit 20%-iger Wahrscheinlichkeit ($\bar{p}_o = 0,2$) muß jedoch damit gerechnet werden, daß die vereinbarten Zins- und Tilgungsleistungen nicht vollständig erbracht werden (d.h. f < 100%).

---

1) Dabei wird hier im folgenden für den Wurzelausdruck jeweils der mit positivem Vorzeichen versehene Wert unterstellt.

- In diesem Fall kann der erzielbare Rückzahlungsbetrag schlechtestenfalls auf 30% der vereinbarten Summe ($f_o = 0{,}3$), also auf 37,5 GE absinken.

Gemäß (19.0) und (19.1) errechnet sich dann in Abhängigkeit von dem unterstellten Ausmaß an Risikoscheu für das dem Kreditengagement $\bar{K}$ entsprechende Sicherheitsäquivalent und den äquivalenten Sicherheitszins

bei $\alpha = 0$

$$\bar{f}_s = 0{,}93 \quad \text{und} \quad \bar{r}_s = 0{,}1625$$

bei $\alpha = 1$

$$\bar{f}_s = 0{,}82 \quad \text{und} \quad \bar{r}_s = 0{,}025 \text{ .}$$

Ein *risikoneutraler* Gläubiger ($\alpha = 0$) wäre also gerade bereit, statt des risikobehafteten Kreditengagements $\bar{K}$ mit einem Rückzahlungsanspruch von $\bar{D}_F = 125$ GE ein risikoloses Kreditengagement einzugehen, sofern dessen Rückzahlungsanspruch 93% von $\bar{D}_F$ übersteigt, sich also auf mehr als 116,25 GE beliefe. Bezogen auf den in Rede stehenden Anlagebetrag von $C_F = 100$ GE entspricht das einer Verzinsung von 16,25%. Genau das aber ist der für r_s errechnete Wert. Diese Größe besagt also, daß der betrachtete risikoneutrale Gläubiger gerade indifferent ist zwischen

- der Möglichkeit, einen mit keinerlei Ausfallrisiko behafteten Kredit zu 16,25% zu vergeben, und
- der Möglichkeit, einen mit dem durch $\bar{f}_o = 0{,}3$ und $\bar{p}_o = 0{,}2$ quantifizierten Ausfallrisiko behafteten Kredit zu vergeben.

Die für den Fall extremer *Risikoscheu* ($\alpha = 1$) abgeleiteten Werte $\bar{f}_s = 0{,}82$ und $\bar{r}_s = 0{,}025$ erlauben eine analoge Interpretation. Angesichts des sehr viel größeren Ausmaßes an Risikoscheu müßte die auf den risikobehafteten Rückzahlungsanspruch von 125 GE bezogene Rückzahlungsquote eines äquivalenten sicheren Engagements allerdings nur 82% betragen, also 102,50 GE, was einem äquivalenten Sicherheitszins von 2,5% entspricht. In diesem Fall würde der Kreditgeber also schon bei einem Zins von mehr als 2,5% die Vergabe eines risikolosen Kredits dem vereinbarungsgemäß mit 25% sehr viel höher verzinslichen, aber auch mit erheblichen Risiken behafteten Kreditengagement $\bar{K}$ vorziehen.

In entsprechender Weise kann natürlich auch für jedes andere Ausmaß an Risikoscheu ($0 \le \alpha \le 1$) jeweils der äquivalente Sicherheitszins berechnet werden. Aus den für die beiden Grenzfälle $\alpha = 0$ und $\alpha = 1$ maßgeblichen Formeln (19.0) und (19.1) werden in Verbindung mit (20) dabei folgende plausible, ganz allgemein für alle Werte im Bereich $0 \le \alpha \le 1$ nachweisbare Eigenschaften dieser Größe erkennbar:

- Zum einen ist der zu einem vorgegebenen Kreditengagement äquivalente Sicherheitszins bei gegebener Risikoeinstellung (α) um so größer, je niedriger die Insolvenzwahrscheinlichkeit $\bar{p}_o$ bzw. je höher die Minimalquote $\bar{f}_o$ ist. Dabei stimmt $\bar{r}_s$ für $\bar{p}_o = 0$ oder $\bar{f}_o = 1$ mit dem vereinbarten Zinssatz $\bar{r}$ überein.

- Zum zweiten ist der einem gegebenen Kreditengagement mit den Risikoindikatoren $\bar{f}_o$, $\bar{p}_o$ entsprechende äquivalente Sicherheitszins um so größer, je kleiner die sich in α ausdrückende Risikoscheu des betrachteten Kreditgebers ist. Dabei stimmt $\bar{r}_s$ für $\alpha = 0$ gerade mit dem mathematischen Erwartungswert der bei dem Kreditengagement erzielbaren Verzinsung überein.

2.4.3 Entscheidungen über Kreditengagements auf der Basis des äquivalenten Sicherheitszinses

Der äquivalente Sicherheitszins gemäß (20) kann nun zugleich auch in folgender Weise zur Fundierung von Kreditgeberentscheidungen verwendet werden. Im einfachsten Fall steht ein Kreditgeber vor der Entscheidung,

- ob er ein durch die Risikoindikatoren $\bar{f}_o$, $\bar{p}_o$ und die Verzinsung $\bar{r}$ gekennzeichnetes Kreditengagement $\bar{K}$ überhaupt eingehen soll oder

- stattdessen die *sichere* Anlage zu einem (niedrigeren) Zinssatz ρ vorziehen soll.

In diesem Fall gilt es einfach, den $\bar{K}$ entsprechenden äquivalenten Sicherheitszins $\bar{r}_s$ zu ermitteln und mit ρ zu vergleichen. Gilt $\bar{r}_s > \rho$, so ist das risikobehaftete Kreditengagement vorzuziehen, andernfalls die Vergabe des risikolosen Kredits.

Ein anderer Typ von Entscheidungssituationen ist dadurch gekennzeichnet, daß dem Kreditgeber neben der sicheren Anlagealternative mehrere risikobehaftete Kreditengagements K_i $(i = 1,2, \ldots, m)$ zur Auswahl stehen, die sich bezüglich der jeweiligen Risikoindikatoren f_{oi} und p_{oi} unterscheiden, in der Höhe des Zinssatzes jedoch übereinstimmen, also $r_i = \bar{r}$ $(i = 1,2,\ldots,m)$. In diesem Fall wird für alle K_i der Wert des zugehörigen äquivalenten Sicherheitszinses r_{si} ermittelt. Realisiert wird dann die Anlagemöglichkeit K_{i*}, für die r_{si} den höchsten Wert annimmt, sofern $r_{si*} > \rho$. Gilt hingegen $\rho > r_{si*}$, so ist die risikolose Anlagealternative allen anderen Kreditengagements vorzuziehen.

Stehen einem Kreditgeber schließlich mehrere risikobehaftete Kreditengagements K_i $(i = 1,2,\ldots,m)$ zur Auswahl, deren Zinssätze r_i nun auch noch unterschiedlich sein können, so gestaltet sich das Entscheidungskalkül etwas komplizierter. Denn die zur Kennzeichnung der alternativ möglichen Ergebnisse der Kreditengagements K_i heranzuziehende Rückzahlungsquoten f_i beziehen sich in diesem Fall ja auf unterschiedliche Rückzahlungsbeträge $\bar{D}_{Fi}(= C_F \cdot q_i)$ und sind somit gar nicht mehr unmittelbar vergleichbar. Dementsprechend können auch die daraus ableitbaren Präferenzwerte ϕ_i gemäß (16) und die Sicherheitsäquivalente f_{si} gemäß (19) nicht mehr ohne weitere Modifikationen zur Ableitung einer Auswahlentscheidung herangezogen werden.

Der Rückgriff auf die jeweiligen äquivalenten Sicherheitszinssätze r_{si} gemäß (20) erlaubt es aber dennoch, die Entscheidung nach demselben Konzept wie im Fall mehrerer Kreditengagements mit einheitlichen Zinskonditionen abzuleiten. Denn zur Ermittlung der r_{si} werden die - wegen der unterschiedlichen Bezugsgrößen nicht unmittelbar vergleichbaren - Sicherheitsäquivalente f_{si} ja jeweils mit dem anlagespezifischen Zinsfaktor q_i multipliziert, so daß sich die aus der Multiplikation $f_{si} \cdot q_i$ resultierenden Prozentsätze letztlich wieder alle auf die gleiche Basis beziehen, nämlich auf den zur Anlage anstehenden Betrag C_F.

Zur sachgerechten Umsetzung dieses Konzeptes bedarf es allerdings noch einer kleinen Modifikation, deren Notwendigkeit sich am einfachsten an einem Beispiel folgender Art verdeutlichen läßt: Betrachtet werden zwei Kreditengagements K_1 und K_2, deren Zinsfüße - der Deutlichkeit halber - 50% bzw. 20% betragen sollen, also $q_1 = 1{,}5$ und $q_2 = 1{,}2$. Bei einer Kreditsumme von 100 GE bezieht sich die Rückzahlungsqoute f_1 also auf 150 GE, f_2 hingegen auf 120 GE; gleiche Werte von f_1 und f_2 bezeichnen somit unterschiedliche Rückzahlungsbeträge. Es ist allerdings leicht möglich, f_2 durch Multiplikation mit dem Quotienten $d = q_2/q_1$ in eine unmittelbar mit f_1 vergleichbare Quote $g_2$umzurechnen, also $g_2 = f_2 \cdot d$. So entspricht dem Wert $f_2 = 0{,}6$ etwa ein absoluter Rückzahlungsbetrag von 72 GE (= $100 \cdot q_2 \cdot 0{,}6$); bezogen auf den bei K_1 maximal erzielbaren Rückzahlungsbetrag von 150 GE (= $100 \cdot q_1$) stellt das allerdings nur eine Quote von 48% dar. Genau diesen Wert erhält man für g_2; denn aus $d = q_2/q_1 = 1{,}2/1{,}5 = 0{,}8$ folgt sofort $g_2 = f_2 \cdot 0{,}8 = 0{,}48$.

Eine Möglichkeit, Kreditengagements mit unterschiedlichen Zinssätzen vergleichbar zu machen, bestünde also darin, die vereinbarten Rückzahlungsbeträge $\bar{D}_{Fi}$ aller zur Auswahl stehenden Engagements K_i in der soeben skizzierten Weise einheitlich auf den Rückzahlungsbetrag $\hat{D}_F$ eines bestimmten Engagements $\hat{K}$ zu beziehen, die f_i- also in entsprechende

g_i-Werte umzurechnen. Dies hätte für die hier verfolgte Darstellungsabsicht allerdings den Nachteil, daß die engagementspezifischen Risikoindikatoren f_{oi} als solche nicht mehr verwendet werden könnten.

Wie im Anhang zu diesem Kapitel explizit nachgewiesen wird, ist es jedoch auch möglich, das Entscheidungskalkül mit den engagementspezifischen Risikoindikatoren f_{oi}, p_{oi} durchzuführen, sofern der Risikoparameter α ebenfalls engagementspezifisch variiert wird. Folgende Ausführungen sollen lediglich die Plausibilität dieses - wie gesagt, im Anhang explizit als äquivalent nachgewiesenen - Lösungsweges verdeutlichen.
Dazu nehmen wir zunächst an, für die auf f_1 bezogene Nutzenfunktion gemäß (15) sei nach dem im Abschnitt 2.4.1 skizzierten Verfahren durch Fixierung von α_1 das Funktionsgesetz

$$u(f_1) = f_1 - \frac{\alpha_1}{2} \cdot f_1^2$$

ermittelt worden. Dabei kennzeichnet der Parameter α_1 bekanntlich das Ausmaß an Risikoscheu.[1)] Erinnert man sich nun daran, daß der Abszissenwert des Scheitelpunktes der entsprechenden Nutzenparabel gerade $1/\alpha_1$ beträgt, so erkennt man, daß eine Nutzenfunktion vom Typ (15) ein um so größeres Ausmaß an Risikoscheu impliziert, je weiter links der Scheitelpunkt der zugehörigen Kurve liegt (vgl. auch noch einmal Abbildung 12).

Würde man für die Beurteilung des niedriger verzinslichen Kreditengagements K_2 nun eine dem gleichen Funktionsgesetz gehorchende Nutzenfunktion $v(f_2)$ zugrundelegen wie zur Beurteilung von K_1, also

$$v(f_2) = f_2 - \frac{\alpha_1}{2} \cdot f_2^2$$

so hätte diese den im unteren Teil von Abbildung 15 durch die untere Kurve wiedergegebenen Verlauf. Dabei ist die Skalierung der f_2-Achse so gewählt, daß ein f_2-Wert und der in dem oberen Diagramm darüberliegende

1) Im oberen Teil der Abbildung 15 ist der Verlauf einer entsprechenden Kurve noch einmal beispielhaft für den Fall $\alpha = 0,5$ wiedergegeben worden.

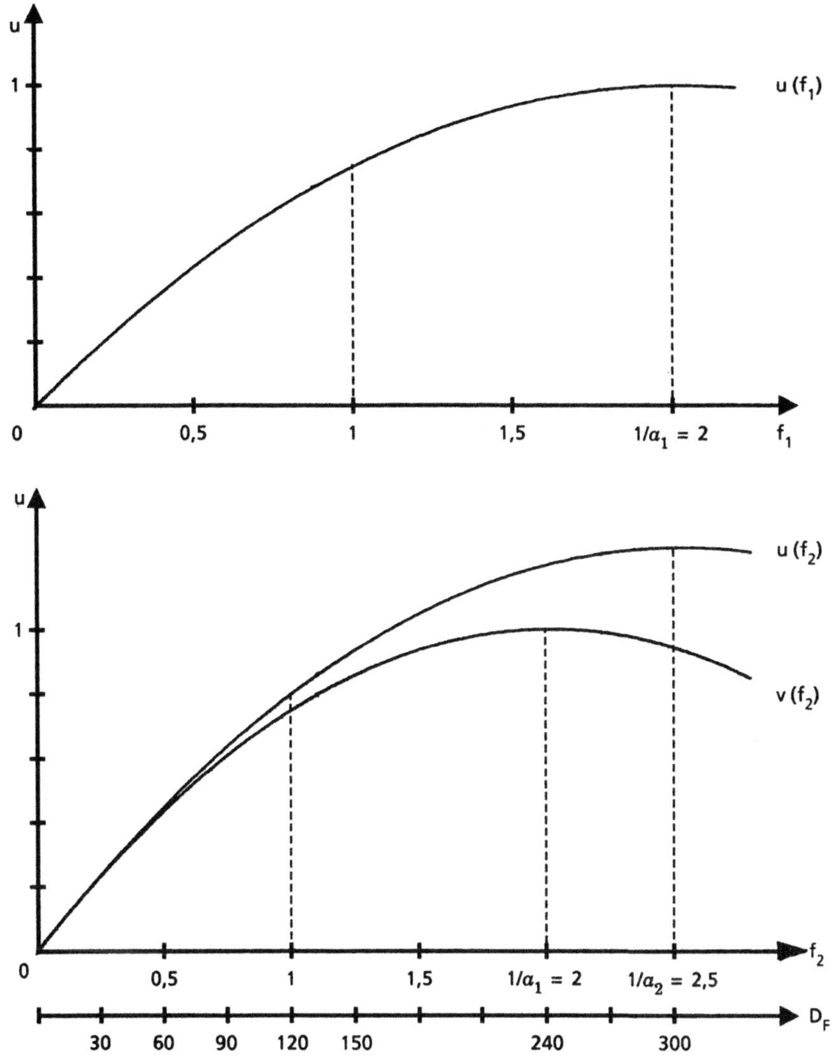

Abb. 15: Nutzenfunktion bei unterschiedlichen D_F-Beträgen

f_1-Wert trotz ihrer unterschiedlichen Höhe doch jeweils dem gleichen absoluten Rückzahlungsbetrag D_F entsprechen. Der unter den beiden Diagrammen abgetragene Zahlenstrahl verdeutlicht dies für den hier nach wie vor unterstellten Fall einer Kreditsumme von C_F = 100 GE. Für jedes beliebige Paar in Abbildung 15 jeweils senkrecht übereinander liegender f_1-f_2-Werte gilt dementsprechend die Relation

$$f_1 = d \cdot f_2 = 0{,}8 \cdot f_2 \, .$$

In dieser Darstellungsform stellt die Nutzenfunktion $v(f_2)$ nichts anderes dar als eine Linksstauchung von $u(f_1)$, deren Scheitelpunkt dementsprechend auch links von dem der Funktion $u(f_1)$ liegt. Das aber bedeutet, daß die Nutzenfunktion $v(f_2)$ bezogen auf die zugrundeliegenden Absolutbeträge ein höheres Ausmaß an Risikoscheu implizieren würde als $u(f_1)$. Dies aber wäre nicht sinnvoll, da die Risikoscheu ja Ausdruck der Präferenzvorstellungen des betrachteten Kreditgebers ist und somit für alle zu beurteilenden Alternativen in gleicher Höhe anzusetzen ist.

Um sicherzustellen, daß auch bei der Beurteilung des Kreditengagements K_2 das gleiche Maß an Risikoscheu zugrundegelegt wird wie bei der Beurteilung von K_1, muß die maßgebliche Nutzenfunktion

$$u(f_2) = f - \frac{\alpha_2}{2} \cdot f^2$$

durch geeignete Festlegung des Risikoparameters α_2 so bestimmt werden, daß ihr Scheitelpunkt in der für Abbildung 15 gewählten Darstellungsform genau unter dem der Nutzenfunktion $u(f_1)$ liegt. Bezeichnet man die Abszissenwerte der Scheitelpunkte mit f_1^S und f_2^S so muß entsprechend der oben angegebenen Relation $f_1 = d \cdot f_2$ auch $f_1^S = d \cdot f_2^S$ gelten. Beachtet man nun weiter, daß für die Scheitelpunkte stets

$$f_i^S = \frac{1}{\alpha_i}$$

gilt, so folgt daraus sofort, daß

$$\frac{1}{\alpha_1} = d \cdot \frac{1}{\alpha_2}$$

gelten muß. Mithin ist α_2 so festzulegen, daß

$$\alpha_2 = d \cdot \alpha_1$$

gilt. Für die in Abbildung 15 verdeutlichte Konstellation mit $\alpha_1 = 0{,}5$ und $\alpha = 0{,}8$ ergibt sich dementsprechend $\alpha_2 = 0{,}4$, so daß die zur Beurteilung von K_2 sachgerechterweise heranzuziehende Nutzenfunktion $u(f_2) = f_2 - 0{,}2\, f_2^2$ lautet. Die Abszissenwerte der Scheitelpunkte betragen dementsprechend $1/\alpha_1 = 2$ und $1/\alpha_2 = 2{,}5$.

In allgemeiner Form läßt sich das soeben in seinen Einzelelementen verdeutlichte Verfahren zur Auswahl aus mehreren Kreditengagements K_i $(i = 1,2,\ldots,m)$ mit unterschiedlichen Zinsmodalitäten wie folgt darstellen:

1. Für das Kreditengagement $\hat{K}$ mit der höchsten Verzinsung (also $\hat{q} \geq q_i$, $i = 1,2,\ldots,m$) wird durch Spezifizierung des Risikoparameters $\hat{\alpha}$ die maßgebliche Nutzenfunktion gemäß (15) bestimmt, und zwar in Abhängigkeit von der für dieses Engagement maßgeblichen Rückzahlungsquote $\hat{f}$; also:

   $$(21.1)\quad u(\hat{f}) = \hat{f} - \frac{\hat{\alpha}}{2} \cdot \hat{f}^2$$

2. Für jedes Kreditengagement K_i $(i = 1,2,\ldots,m)$ wird nun der Korrekturfaktor

   $$(21.2)\quad d_i = \frac{q_i}{\hat{q}} \qquad i = 1,2,\ldots,m$$

   sowie der spezifische Risikoparameter α_i gemäß

   $$(21.3)\quad \alpha_i = \hat{\alpha} \cdot d_i$$

   ermittelt. Die zur Beurteilung der einzelnen K_i maßgeblidhen Nutzenfunktionen lauten dann

   $$(21.4)\quad u(f_i) = f_i - \frac{\alpha_i}{2} \cdot f_i^2 \;,$$

wobei f_i die auf den jeweils engagementspezifischen Rückzahlungsbetrag bezogene Quote bezeichnet.

3. Anschließend wird für jedes K_i aufgrund der individuellen f_{oi}- und p_{oi}-Werte der Erwartungswert des Nutzens ϕ_i gemäß (16) ermittelt, also

$$(21.5) \quad \phi_i = (1 - \frac{\alpha_i}{2}) - \frac{p_{oi} \cdot (1-f_{oi})}{6} (3-2\alpha_i-\alpha_i \cdot f_{oi})$$

4. Daraus werden dann die engagementspezifischen Sicherheitsäquivalente f_{si} gemäß (19) ermittelt, also

$$(21.6) \quad f_{si} = \begin{cases} \frac{1}{\alpha_i} \cdot \left[1 - \sqrt{1-2\alpha_i \cdot \phi_i}\right] & \text{sofern} \quad \alpha_i > 0 \\ \phi_i & \alpha_i = 0 \end{cases}$$

5. Die Sicherheitsäquivalente werden schließlich gemäß (20) in die zugehörigen äquivalenten Sicherheitszinssätze umgerechnet, also

$$(21.7) \quad r_{si} = f_{si} \cdot q_i - 1$$

Als optimal ist dann das Kreditengagement K_i anzusehen, für das r_{si} den höchsten Wert annimmt, sofern dieser Zinssatz über dem Zins ρ der *sicheren* Alternativanlage liegt, also $r_{si*} > \rho$ gilt. Andernfalls gebührt der sicheren Alternativanlage der Vorzug.

Um das vorgestellte Lösungsverfahren noch einmal beispielhaft zu verdeutlichen, werden zwei zur Auswahl stehende Kreditengagements K_1 und K_2 mit folgenden Merkmalen betrachtet:

$$K_1: \quad q_1 = 1{,}25; \quad f_{o1} = 0{,}2; \quad p_{o1} = 0{,}2 \ ,$$

$$K_2: \quad q_2 = 1{,}20; \quad f_{o2} = 0{,}5; \quad p_{o2} = 0{,}2 \ .$$

K_1 ist also höher verzinslich, beinhaltet für den Fall einer möglichen Insolvenz aber auch die höheren Verlustgefahren. Die Wahl zwischen K_1 und K_2 verdeutlicht somit in der Grundstruktur etwa die Entscheidung zwischen der Vergabe eines höher verzinslichen, aber unbesicherten Kredits (K_1) und einem niedriger verzinslichen, aber stärker besicherten Kredit (K_2)[1]. Außerdem sei angenommen, die Verzinsung einer risikolosen Alternativanlage betrage 9%. Nach den in der obigen allgemeinen Darstellung verdeutlichten

1) Zur Reduktion des Nominalzinssatzes durch Angebot von Sicherheiten siehe empirische Erhebungen bei DRUKARCZYK/DUTTLE/RIEGER (1985), S. 121 - 124. Zum Einfluß von Sicherheiten auf die Qualität einer Kreditposition siehe RUDOLPH (1974), S. 86 - 95.

fünf Schritten ist die Entscheidung dann wie folgt abzuleiten:

1. Offenbar gilt $\hat{q} = q_1 = 1,25$. Für die zugehörige Nutzenfunktion $u(f_1)$ sei nun alternativ der Verlauf

$$u(f_1) = f_1 \quad , \text{ d.h. } \hat{\alpha} = 0$$

$$u(f_1) = f_1 - 0,45\, f_1^2 \quad , \text{ d.h. } \hat{\alpha} = 0,9$$

$$u(f_1) = f_1 - 0,5\, f_1^2 \quad , \text{ d.h. } \hat{\alpha} = 1$$

unterstellt.

2. Für K_2 gilt dann

$$d_2 = \frac{q_2}{q_1} = \frac{1,20}{1,25} = 0,96$$

und dementsprechend gemäß der Relation $\alpha_2 = 0,96 \cdot \hat{\alpha}$ alternativ

$$u(f_2) = f_2 \quad \text{bei } \hat{\alpha} = 0 \quad , \text{ d.h. } \hat{\alpha}_2 = 0$$

$$u(f_2) = f_2 - 0,432\, f_2^2 \quad \text{bei } \hat{\alpha} = 0,9 \quad , \text{ d.h. } \hat{\alpha}_2 = 0,864$$

$$u(f_2) = f_2 - 0,48\, f_2^2 \quad \text{bei } \hat{\alpha} = 1 \quad , \text{ d.h. } \hat{\alpha}_2 = 0,96$$

3. Daraus berechnen sich dann folgende Nutzenerwartungen

$$\phi_1 = 0,93 \text{ und } \phi_2 = 0,95 \quad \text{bei } \hat{\alpha} = 0$$

$$\phi_1 = 0,53 \text{ und } \phi_2 = 0,55 \quad \text{bei } \hat{\alpha} = 0,9$$

$$\phi_1 = 0,48 \text{ und } \phi_2 = 0,51 \quad \text{bei } \hat{\alpha} = 1$$

4. Für die Sicherheitsäquivalente f_{si} errechnet sich dementsprechend

$$f_{s1} = 0,93 \text{ und } f_{s2} = 0,95 \quad \text{bei } \hat{\alpha} = 0$$

$$f_{s1} = 0,87 \text{ und } f_{s2} = 0,92 \quad \text{bei } \hat{\alpha} = 0,9$$

$$f_{s1} = 0,82 \text{ und } f_{s2} = 0,89 \quad \text{bei } \hat{\alpha} = 1$$

5. Durch Multiplikation dieser Werte mit $q_1 = 1,25$ bzw. $q_2 = 1,2$ errechnet sich daraus schließlich für die äquivalenten Sicherheitszinssätze r_{si}:

$r_{s1} = 16{,}3\%$ und $r_{s2} = 14{,}0\%$ bei $\hat{\alpha} = 0$

$r_{s1} = 8{,}8\%$ und $r_{s2} = 10{,}4\%$ bei $\hat{\alpha} = 0{,}9$

$r_{s1} = 2{,}5\%$ und $r_{s2} = 6{,}8\%$ bei $\hat{\alpha} = 1$

Bei Risikoneutralität ($\hat{\alpha}$=0) und auch noch einem relativ geringen Ausmaß an Risikoscheu wäre also das höher verzinsliche Engagement K_1 vorzusehen. Bei deutlich ausgeprägter aber noch nicht extremer Risikoscheu ($\hat{\alpha}$=0,9) hingegen gebührte dem risikoärmeren Engagement K_2 der Vorzug. Bei extremer Risikoscheu ($\hat{\alpha}$= 1) hingegen wäre die risikolose Anlagemöglichkeit mit ρ=9% beiden Kreditalternativen vorzuziehen.

2.5 Fazit und Ausblick

Wir haben in den vorangegangenen Ausführungen dieses Abschnitts zunächst unter Verknüpfung des sogenannten bestandsökonomischen Ansatzes[1] mit grundlegenden Darstellungsformen der Wahrscheinlichkeitstheorie die Situation eines idealtypischen Gläubigers durch die Verteilungsfunktion alternativ möglicher Rückzahlungsquoten verdeutlicht. Unter einigen als Approximation realer Gegebenheiten unseres Erachtens durchaus akzeptabler Annahmen war es zudem möglich, die mit dem betrachteten Engagement verbundene Risikostruktur vollständig und eindeutig durch zwei Risikoindikatoren zu charakterisieren, nämlich die Insolvenzwahrscheinlichkeit p_0 und die schlechtestmögliche Rückzahlungsquote f_0. Unter der weiteren Annahme, daß sich die Gläubigerentscheidung rational im Sinne des BERNOULLI-Prinzips vollzieht, erlaubt es diese Modelldarstellung dann weiter, ein Kreditengagement auf seine Vorteilhaftigkeit zu beurteilen und ggf. mit alternativen Anlagemöglichkeiten zu vergleichen. Dabei war es durch den Rückgriff auf das in der Entscheidungstheorie geläufige Konstrukt des Sicherheitsäquivalentes möglich, die präferenzmäßige Einordnung verschiedener Kreditengagements letztlich jeweils durch eine einzige ökonomisch sehr anschaulich interpretierte Kennzahl zum Ausdruck zu bringen, nämlich den "äquivalenten Sicherheitszins" als Festlegung des Zinssatzes, den eine sichere Anlagealternative aufweisen müßte, um aus der Sicht des maßgeblichen Gläubigers gerade als äquivalent zu einem höher verzinslichen, aber auch risikobehafteten Kreditengagement angesehen zu werden.

Die Höhe dieses äquivalenten Sicherheitszinssatzes und damit das Ergebnis der präferenzmäßigen Einordnung hängt dabei neben den Werten der beiden Risikoindikatoren zum einen von der Höhe der vereinbarten Verzin-

1) Vgl. KRÜMMEL (1966), S. 134 - 157.

sung und zum anderen von der individuellen Risikoeinstellung des Gläubigers ab. In unserer Darstellung wurde dabei zur beispielhaften Verdeutlichung unterstellt, daß die zugrundeliegende Risiko- und Präferenzeinstellung des Gläubigers durch eine quadratische Nutzenfunktion approximiert werden kann. In diesem Fall konnte die Risikoeinstellung eindeutig durch den Wert des den Krümmungsgrad der Parabel und die Lage ihres Scheitelpunktes bestimmenden Parameters α zum Ausdruck gebracht werden.

Für das vorgestellte Modell wird nicht der Anspruch erhoben, damit die *tatsächlichen* Abläufe von Gläubigerentscheidungen exakt zu beschreiben. Das Modell verdeutlicht vielmehr ein theoretisch geschlossenes *präskriptives* Konzept zur Ableitung einer rationalen Gläubigerentscheidung. Genau darum geht es in dem hier zur Untersuchung anstehenden Zusammenhang ja auch. Denn bei der Analyse vertraglicher und gesetzlicher Regelungen zum Gläubigerschutz ist das tatsächliche, mehr oder weniger vernünftige, mehr oder weniger systematisch durchdachte Gläubigerverhalten gar nicht so sehr von Interesse. Orientierungsmaßstab für derartige Überlegungen kann doch sinnvollerweise nur der Idealtyp des rational handelnden Gläubigers sein, so wie wir etwa im amerikanischen Anlegerschutz den "prudent investor", im Recht der Unternehmensbewertung den außenstehenden "sachverständigen Dritten"[1] als potentiellen Käufer eines Unternehmens oder im § 32a GmbHG den sein Unternehmen in ordentlicher Weise finanzierenden Kaufmann kennen. Es handelt sich dabei stets um Kunstfiguren, deren mehr oder weniger klar normativ festgelegtes wirtschaftliches Verhalten den Maßstab zur rechtlichen Beurteilung bestimmter Sachverhalte liefern soll. Das hier entwickelte Modell ist somit als Versuch zu verstehen, die Figur des rational handelnden Gläubigers über eine rein sprachliche Festlegung hinaus durch die Verdeutlichung eines entscheidungstheoretisch fundierten Kalküls zu präzisieren. Wir werden dementsprechend bei der nachfolgenden Analyse verschiedener Ansatzpunkte zum Gläubigerschutz je nach Zweckmäßigkeit immer wieder in mehr oder weniger großem Umfang auf dieses Modell zurückgreifen.

---

1) Vgl. zur Rolle der Betriebswirtschaft bei der Unternehmensbewertung PILTZ (1982), S. 52 - 56, 115 f.. Jüngstes Beispiel für die Aufnahme der Fiktion eines "sachverständigen Dritten" in eine Gesetzesnorm ist § 238 EHGB. Danach muß die Buchführung so beschaffen sein, daß sie einem sachverständigen Dritten innerhalb angemessener Zeit einen Überblick über die Geschäftsvorfälle und über die Lage des Unternehmens vermitteln kann; vgl. RECHTSAUSSCHUSS (1985), S. 3.

3. ANSÄTZE ZUR BEGRENZUNG DES INFORMATIONSRISIKOS

3.1 FORMALE VERDEUTLICHUNG

Für einen Kreditgeber, der über die Vergabe eines Kredits an einen gewerblichen Kreditnehmer zum Zinssatz $\bar{r}$ zu entscheiden hat, läßt sich das Informationsrisiko im Rahmen des im vorigen Kapitel abgeleiteten Modells wie folgt verdeutlichen.

Der Kreditgeber verschafft sich Informationen über die wirtschaftlichen Verhältnisse des potentiellen Kreditnehmers, um dessen Fähigkeit abzuschätzen, den gegebenenfalls vergebenen Kredit auch vereinbarungsgemäß zu verzinsen und zu tilgen. Eine wesentliche Grundlage für dieses Urteil bilden von dem Kreditnehmer selbst bereitgestellte Auskünfte zum einen über seine geplanten geschäftspolitischen Maßnahmen, zum anderen über die aktuelle Vermögenssituation und die zurückliegende Geschäftsentwicklung, wie sie sich vor allem in Jahresabschlüssen sowie gegebenenfalls in ergänzenden Aufstellungen niederschlagen.[1)] In Verbindung mit weiteren Informationen werden diese Angaben zu einem Wahrscheinlichkeitsurteil über die alternativ möglichen zahlungsmäßigen Konsequenzen der ins Auge gefaßten Kreditvergabe zusammengefaßt. Dieses Urteil wird schließlich - unserem Modellansatz folgend - zu einer *Primärschätzung* der Risikoindikatoren f'_o und p'_o verdichtet.

Angesichts des eingangs bereits näher definierten Informationsrisikos[2)] kann sich der Kreditgeber jedoch nicht sicher darauf verlassen, daß die ihm zur Verfügung gestellten Angaben über die zurückliegende Entwicklung und die augenblickliche Situation des potentiellen Kreditnehmers den tatsächlichen Gegebenheiten auch wirklich vollständig entsprechen.[3)] Dabei ist angesichts der speziellen Interessenlage des potentiellen Kreditnehmers sehr viel eher mit einer zu günstigen Darstellung als mit einer entgegengesetzten Informationsverzerrung zu rechnen.[4)]

1) Vgl. hierzu Abschnitt 4.3.2 des dritten Teils dieser Arbeit sowie empirische Erhebungen von GESSNER u.a. (1978), S. 246 f., und DRUKARCZYK/DUTTLE/RIEGER (1985), S. 116 f. zu von Kreditinstituten benutzten Unterlagen zur Kreditwürdigkeitsprüfung.

2) Vgl. Abschnitt 1.2.

3) Vgl. SCHMIDT, R.H. (1981b), S. 205.

4) Vgl. hierzu GESSNER u.a. (1978), S. 250: Die Befragung von Kreditinstituten ergab, daß 47% dieser befragten Kreditinstituten die Möglichkeit einräumen, daß Schuldner eine drohende Insolvenz verdecken können. Zu Typen von Fehlinformationen des Managements des schuldnerischen Unternehmens gegenüber Gläubigern siehe SWOBODA (1982), S. 712 - 714.

Der Kreditgeber muß dementsprechend zusätzlich den Umstand ins Kalkül ziehen, daß die reale Risikostruktur des zur Entscheidung anstehenden Kreditengagements bei zusätzlicher Würdigung der ihm seitens des Kreditnehmers möglicherweise vorenthaltenen Informationen durch einen Satz von Risikoindikatoren f_o^+ und p_o^+ zu kennzeichnen wäre, der von der Primärschätzung tendenziell in der Weise abweicht, daß $p_o^+ > p_o'$ und $f_o^+ < f_o'$ gilt.

Die Unsicherheit über die wirklich zutreffenden Werte der maßgeblichen Risikoindikatoren wird in Abbildung 16 durch eine "Indikatorenlinse" verdeutlicht, die tendenziell links oberhalb des durch die Primärschätzung bestimmten Punktes R' liegt. Diese Indikatorenlinse verdeutlicht die Gesamtheit der f_o-p_o-Werte, die der Kreditgeber für die ihm ja unbekannten wirklich

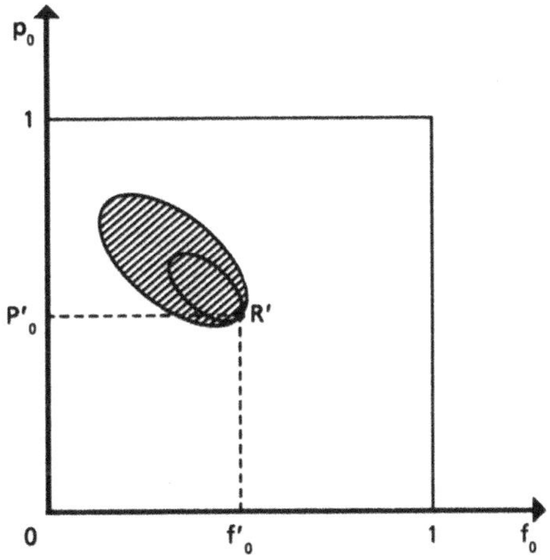

Abb. 16: Primärschätzung und Indikatorenlinse

zutreffenden Werte f_o^+, p_o^+ als möglich erachtet. Dabei mag offen bleiben, ob der Kreditgeber sämtliche p_o-f_o-Kombinationen der Indikatorenlinse als gleich wahrscheinlich ansieht oder auch noch in der Lage ist, unterschiedliche Wahrscheinlichkeitsurteile abzugeben.

Die Indikatorenlinse kann somit als bildhafte Verdeutlichung und zugleich als ansatzweise Quantifizierung des Inforamtionsrisikos angesehen werden. Lage und Ausmaß dieser Linse werden im wesentlichen von zwei Faktoren bestimmt:

- Zum einen von subjektiven Eigenschaften des Kreditgebers: Je mißtrauischer und vorsichtiger er ist, je intensiver er glaubt, in der Vergangenheit aufgrund manipulierter Informationen Kreditausfälle erlitten zu haben, desto weiter werden solche Indikatorenlinsen ganz allgemein in den linken, oberen Bereich des f_o-p_o-Feldes reichen.

- Zum zweiten von der Enge der Beziehungen zwischen Kreditnehmer und -geber: Je besser der Kreditgeber den Kreditnehmer kennt, je breiter die Vertrauensbasis etwa aus einer bereits länger andauernden Geschäftsverbindung ist, je eher davon auszugehen ist, daß der Kreditnehmer auch über den konkret in Rede stehenden Kontrakt hinaus an einer längerfristigen Aufrechterhaltung dieser Verbindung interessiert ist, um so kleiner wird die Indikatorenlinse sein.[1)]

Die endgültige Entscheidung über die Kreditvergabe kann man sich im Rahmen unseres Modells schließlich wie folgt vorstellen. Zunächst wird die Indikatorenlinse zu einer Sekundärschätzung, d.h. einem repräsentativen Wertepaar $\bar{f}_o$-$\bar{p}_o$ verdichtet, für das $\bar{f}_o \leq f'_o$ und $\bar{p}_o \geq p'_o$ gilt. Das heißt, die Situation wird im Vergleich zu dem sich aus den bereitgestellten Unterlagen ergebenden Bild - konkretisiert durch die Primärschätzung - schlechter und pessimistischer dargestellt; mit den Zielvorstellungen des Kreditgebers positiv verknüpfte Einflußgrößen werden um Risikoabschläge vermindert, negativ verknüpfte um Risikozuschläge erhöht.

Die Art und Weise, wie die Indikatorlinse als Ausdruck für die Gesamtheit der alternativ für möglich erachteten f_o-p_o-Werte zu einem einzigen Wertepaar $\bar{f}_o$-$\bar{p}_o$ zusammengefaßt wird, hängt dabei wiederum überwiegend von subjektiven Einstellungen des Kreditgebers ab: Je größer seine

---

1) Als Beispiel einer solchen Verbindung sei auf die Rolle eines Kreditinstituts als Hausbank eines Unternehmens hingewiesen.

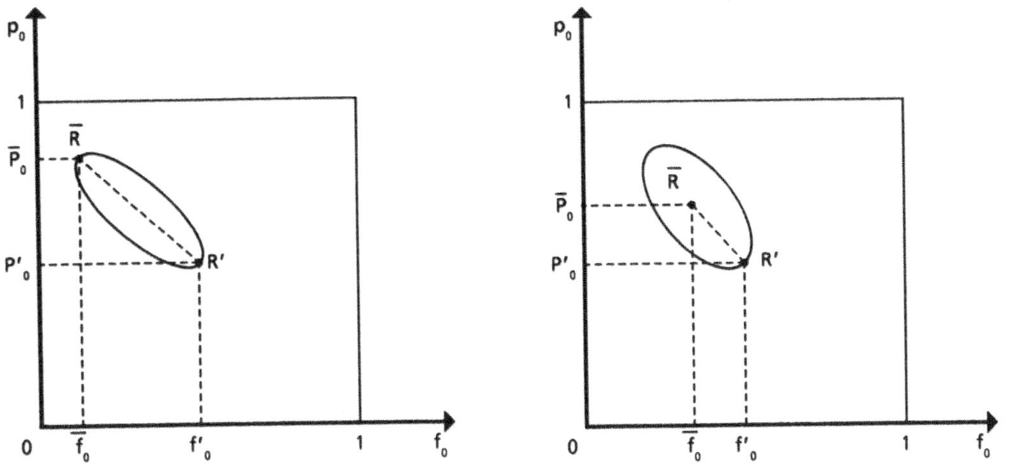

Abb. 17: Primär- und Sekundärschätzung bei extremer und mittlerer Aversion gegenüber dem Informationsrisiko

Scheu, Informationsrisiken zu übernehmen, ist, desto näher wird der die Sekundärschätzung kennzeichnende Punkt $\bar{R}$ am linken oberen Rand der Indikatorenlinse liegen, so wie dies in Abbildung 17 verdeutlicht wird (linke Darstellung für einen gegenüber dem Informationsrisiko extrem scheuen, rechte Darstellung für einen weniger scheuen Kreditgeber).

Liegt das Ergebnis der Sekundärschätzung vor, besteht der letzte Schritt schließlich darin, daß auf der Basis der entsprechenden $\bar{f}_o$-$\bar{p}_o$-Werte gemäß (20), (19) und (16) der zugehörige äquivalente Sicherheitszins $\bar{r}_s$ bestimmt und dem sicheren Alternativzins ρ gegenübergestellt wird. Gilt $r_s > \rho$, wird der Kredit vergeben, andernfalls nicht.[1)]

---

1) Von der entscheidungstheoretischen Grundkonzeption des zugrundegelegten Modells wäre es auch möglich, die Unsicherheit über die Zuverlässigkeit der Primärschätzung in der Weise explizit in das Entscheidungskalkül, daß über die Menge aller durch die Indikatorenlinse gekennzeichneten f_o-p_o-Kombinationen eine (subjektive) Wahrscheinlichkeitsverteilung definiert wird und Nutzenerwartungen der Rückzahlungsquote oder die zugehörigen Sicherheitsäquivalente auf der Basis der entsprechend ineinander verschachtelten Wahrscheinlichkeitsverteilungen (nämlich zum einen der Verteilung der alternativen f_o-p_o-Werte und zum anderen der durch jedes f_o-p_o-Paar charakterisierten Verteilung der Rückzahlungsquote f) bestimmt werden. Für den hier verfolgten Untersuchungszweck erweist sich eine solche mit weiteren formalen Komplizierungen verbundene Darstellungsweise allerdings als weniger geeignet.

In unserem Indikatorendiagramm kann diese Entscheidungsregel recht gut veranschaulicht werden, wenn man beachtet, daß die p_o-f_o-Kombination aller (risikobehafteten) Kreditengagements, die gerade als gleichwertige Alternative zu einer sicheren, eher niedrigerer verzinslichen Anlage angesehen werden, durch eine bestimmte Indifferenzkurve veranschaulicht werden können, so wie es Abbildung 18 verdeutlicht.[1)] Diese Linie trennt offensichtlich den Bereich noch tolerierbarer Kreditrisiken

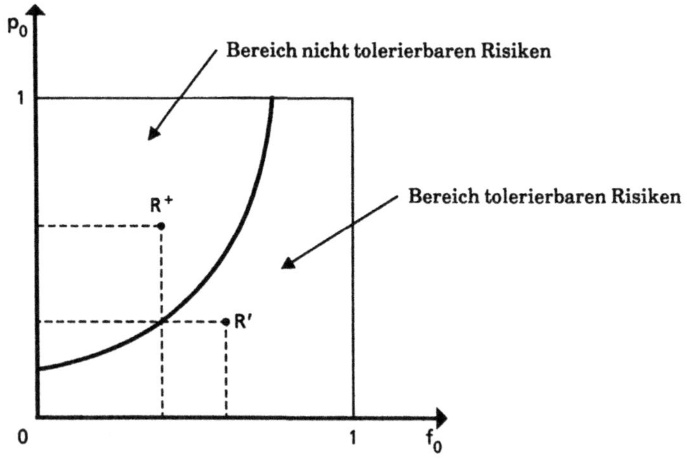

Abb. 18: Linie maximal tolerierbarer Risiken

---

1) Ohne nähere Darstellung der Ableitung sei nur angegeben, daß für diese Indifferenzlinie das Funktionsgesetz

$$p_o = \frac{6Q\cdot(1-\alpha)+3Q^2\cdot\alpha}{(1-f_o)\cdot(3-2\alpha-\alpha\cdot f_o)} \qquad \text{mit } Q: \frac{\bar{r}-\rho}{1+\bar{r}}$$

gilt.

(unterhalb der Kurve gelegene f_o-p_o-Kombinationen) von dem Bereich nicht mehr tolerierbarer Risiken. Wie eine hier nicht wiedergegebene formale Analyse zeigt, verläuft diese Linie c.p. umso tiefer, schränkt den Bereich tolerierbarer Risiken also um so stärker ein,

- je größer die Risikoscheu (α),
- je größer der sichere Alternativzins (ρ) oder
- je kleiner der für das betrachtete Kreditengagement vorgesehene Zins ($\bar{r}$)

ist, eine Konstellation, die auch intuitiv unmittelbar einleuchtet.

Das Informationsrisiko manifestiert sich in dieser Darstellungsform also in der Gefahr, daß der Kreditgeber trotz aller Vorsicht zu einer Sekundarschätzung ($\bar{R}$ in Abbildung 18) gelangt, die das betrachtete Kreditengagement dem Bereich der tolerierbaren Risiken zuordnet, obwohl die wirklich zutreffenden, dem Kreditgeber aber eben nicht bekannten Indikatorenwerte das Gegenteil signalisieren (R^+ in Abbildung 18). Kreditgeber sind dementsprechend an allen Regelungen interessiert, die dazu beitragen, die Indikatorenlinse - und damit zugleich die Gefahr derartiger Fehlentscheidungen - möglichst klein zu halten.

Ebenso gut ist natürlich auch die umgekehrte Konstellation denkbar, daß ein eigentlich vorteilhaftes Engagement wegen einer bei objektiver Würdigung zu pessimistischen Sekundärschätzung abgelehnt wird.[1)] Das aber bedeutet, daß auch Kreditnehmer ein Interesse daran haben können, das für die Kreditgeber bestehende Informationsrisiko zu begrenzen. Gäbe es - im Extrem - für die potentiellen Kreditgeber praktisch überhaupt keine Möglichkeit, die Validität der ihnen seitens der Kreditnehmer vorgelegten Unterlagen zu überprüfen und vertrauenswürdige Partner von weniger vertrauenswürdigen zu unterscheiden, so würde die Sekundärschätzung in jedem Fall durch einen im f_o-p_o-Diagramm weit oben links zu verdeutlichenden Punkt zu kennzeichnen sein, die Bereitschaft zur Kreditvergabe

1) Beide Fehler verursachen augenscheinlich Kosten, wobei die Kosten des letztgenannten Fehlers im Vergleich zum anderen Fehler geringer sind. Im Interesse einer informationsökonomischen Entscheidung ist es daher notwendig, die Kosten der beiden Fehlerarten bei der Entwicklung empirisch fundierter Konzepte der Kreditwürdigkeitsprüfung zu berücksichtigen; vgl. hierzu GEBHARDT (1981), S. 224 - 234 mit weiteren Literaturhinweisen.

also zunehmend schwinden. Zugleich würde für die Kreditnehmer immer weniger Anreiz bestehen, die eigene Situation auch wirklich zutreffend darzustellen. Im Extremfall könnte eine solche Entwicklung zu einem völligen Zusammenbruch der Finanzmärkte führen.[1] Für die Kreditgeber besteht - zumindest als Gruppe - somit ebenfalls ein Interesse an Vorkehrungen, die es ihnen ermöglichen, dem potentiellen Vertragspartner die eigene Situation auch möglichst glaubhaft zu signalisieren.[2]

3.2 VERMINDERUNG DES INFORMATIONSRISIKOS DURCH RETROSPEKTIVE BERICHTERSTATTUNGSPFLICHTEN

3.2.1 ZUR STANDARDISIERUNG VON DARSTELLUNGSMETHODEN

Trotz des zuletzt angesprochenen kollektiven Interesses der Kreditnehmer an Instrumenten zum glaubhaften Signalisieren der eigenen Lage kann der individuelle Kreditnehmer im konkreten Einzelfall durchaus daran interessiert sein, den potentiellen Kreditgeber über die eigene Situation zu täuschen. Kreditgeber haben demgegenüber stets ein Interesse daran, möglichst gut über die zurückliegende Entwicklung und die augenblickliche wirtschaftliche Lage des Kreditnehmers informiert zu werden. Ihnen liegt an einer möglichst unverzerrten und vollständigen retrospektiven Berichterstattung. Andererseits ist die wirtschaftlich vertretbare Informationsverarbeitungskapazität eines jeden Kreditgebers begrenzt. Es ist ihm nie möglich, sich ein in allen Details vollständiges Bild der gesamten Unternehmensgeschichte seines Kreditnehmers zu verschaffen, selbst wenn dieser über entsprechend umfangreiche Aufzeichnungen verfügt und diese bereitwillig zur Verfügung stellen würde. Die in einem absoluten Sinne objektiv richtige Information ist also praktisch nie erreichbar. Es bedarf vielmehr stets einer auswählenden, vereinfachenden und zusammenfassenden Darstellung der wichtigsten Gegebenheiten in der Weise, wie dies etwa durch die verschiede-

---

1) Vgl. zu den Konsequenzen der Gläubigerreaktionen infolge von Fehlinformationen JAFFEE/RUSSEL (1976), S. 651 - 666. Allgemein zum Problem heterogener Information und dessen marktliche Auswirkungen siehe AKERLOF (1970), S. 488 - 500.

2) Ausführliche Analyse bei SMITH/WARNER (1979), S. 117 - 161. Vgl. auch SCHMIDT, R.H. (1981b), S. 210 - 213.

nen Rechenwerke des betrieblichen Rechnungswesens, insbesondere durch den Jahresabschluß erfolgt.[1)] Die Beurteilung der Richtigkeit und Vollständigkeit der zur Verfügung gestellten Unterlagen setzt somit vorab eine Verständigung über die bei ihrer Erstellung anzuwendenden Transformationsregeln voraus, also darüber, nach Maßgabe welcher Kriterien derartige Rechenwerke zu erstellen sind, welche Sachverhalte überhaupt dargestellt werden sollen, inwieweit die grundsätzlich zu erfassenden Gegenstände je einzeln oder zu größeren Aggregaten zusammengefaßt ausgewiesen werden sollen, welche Werte den entsprechenden Abbildungseinheiten zugeordnet werden sollen.

Theoretisch könnte die Ausgestaltung derartiger Unterlagen jeweils der individuellen Vereinbarung der betroffenen Parteien überlassen bleiben.[2)] Ein solcher Zustand würde jedoch sowohl den Kreditverkehr[3)] als auch die zur Entscheidung von Streitfragen angerufenen Gerichte in außerordentlicher Weise belasten. Hier besteht also ein ausgesprochenes Bedürfnis nach einer gewissen Standardisierung und zwar in einem solch fundamentalen Sinne, wie etwa bezüglich der einheitlichen Festlegung von Maßen und Gewichten. Entsprechende Standards sind ja auch schon lange bekannt, etwa in Form der Grundsätze ordnungsgemäßer Buchführung und Bilanzierung[4)] sowie weiterer nach Rechtsformen und Wirtschaftszweigen differenzierter Vorschriften über Erstellung, Prüfung und Publizität des Jahresabschlusses. Durch die Standardisierung gewisser Grundregeln, nach denen bestimmte ökonomische Sachverhalte in entsprechene Zahlenwerke zu transformieren sind[5)],wird die für den Kreditgeber ansonsten bestehende Interpretationsvielfalt und damit zugleich auch das Informationsrisiko vermindert. Dabei ist die dadurch erreichbare Risikoreduktion tendenziell um so größer

---

1) Zur Informationsfunktion des Jahresabschlusses siehe LEFFSON (1966), S. 384 - 389; SCHNEIDER, D. (1983), S. 131 - 155.

2) Zu theoretischen und praktischen Lösungsmöglichkeiten zur Erfüllung der Informationswünsche von Interessenten an einer Unternehmung siehe EGNER (1974), S. 42 - 49.

3) So zeigte die jüngere Erhebung von DRUKARCZYK/DUTTLE/RIEGER (1985), S. 140, daß der getrennte bilanzielle Ausweis von mit Sicherungsrechten belastetem Vermögen und freiem Vermögen von Kreditinstituten u.a. deshalb begrüßt wird, weil "diese wichtige Information dadurch billiger beschafft" werden kann.

4) Zur Funktion der Grundsätze ordnungsmäßiger Bilanzierung siehe MOXTER (1966), S. 28 - 59. Zum Inhalt siehe WÖHE (1984), S. 149 - 200; HEINEN (1982), S. 163 - 182.

5) BAETGE (1970), S. 19, spricht vom Jahresabschluß als Darstellung des Unternehmungsgeschehens in "Modellform".

- je vollständiger Sachverhalte von entscheidungsrelevanter Bedeutung zu erfassen sind,

- je deutlicher unterschiedliche Sachverhalte durch eine entsprechende formale Aufbereitung der entsprechenden Rechenwerke auch einzeln erkennbar bleiben[1] und

- je geringer der Ermessensspielraum ist, der dem Kreditnehmer vor allem bezüglich der anzuwendenden Bewertungsverfahren verbleibt.[2]

Die Entwicklung des Jahresabschlußrechts in den letzten Jahrzehnten kann zumindest in Teilbereichen auch als Versuch interpretiert werden, das Informationsrisiko bei den Adressaten der entsprechenden Rechenwerke durch eine zunehmende Standardisierung der für ihre Erstellung maßgeblichen Abbildungsregeln zu vermindern. So sind von dem Bilanzrichtlinie-Gesetz, mit dessen baldiger Verabschiedung bei Fertigstellung dieser Arbeit zu rechnen war, etwa folgende Beiträge zum Abbau von Informationsrisiken seitens potentieller Kreditgeber zu erwarten:

- Vergleicht man den Entwurf eines Bilanzrichtlinie-Gesetzes[3] mit den geltenden aktienrechtlichen Rechnungslegungsvorschriften, so fällt zunächst auf, daß im Rahmen der *Ansatzregeln* Aktivierungs- und Passivierungswahlrechte eingeschränkt werden, so daß sich der bilanzpolitische Spielraum verkleinert.[4] Zu nennen wären die Passivierungspflicht für Rückstellungen für im Geschäftsjahr unterlassene Aufwendungen für Instandhaltung, die im folgenden Geschäftsjahr innerhalb von drei Monaten nachgeholt werden, sowie Gewährleistungen, die ohne

1) Allerdings ist nicht zu verkennen, daß eine ausführliche und feingliedrige Darstellung zu einer solchen Flut von Einzelinformationen führen kann, daß die entsprechende Darstellung letztlich im praktischen Sinne einen geringeren Informationswert besitzt als eine stärker aggregierte Darstellung. Ein Optimum zwischen den beiden Extremen der Informationsüberflutung einerseits und einer den Aussagewert ebenfalls stark beeinträchtigenden übertriebenen Komprimierung in der Datenaufbereitung andererseits läßt sich allerdings nicht exakt bestimmen.

2) Vgl. BAETGE/BALLWIESER (1977), S. 213 - 215. Allerdings können diesem bilanzpolitischen Spielraum auch positive Aspekte abgewonnen werden. Vgl. hierzu GEBHARDT (1981), S. 226 sowie Abschnitt 2.3.3.1.2 des dritten Teils dieser Arbeit.

3) BT-Drucksache 10/317 vom 26.08.1983; zitiert als REGIERUNGSENTWURF (1983), sowie Entwurf des Rechtsausschusses vom 01.08.1985. Die Paragraphenangaben beziehen sich auf den letztgenannten Entwurf vom 01.08.1985; zitiert als RECHTSAUSSCHUSS (1985).

4) Zur Bilanzpolitik im neuen Recht siehe GÖLLERT/RINGLING (1983), S. 949 - 952 und 1004 - 1008, sowie KROPFF (1983), S. 179 - 211.

rechtliche Verpflichtung erbracht werden (§ 270 Abs. 1 EHGB).[1] Erwähnenswert ist zudem die nach dem jüngsten Entwurf vorgesehene Passivierungspflicht für Pensionsrückstellungen.[2]

Von wesentlicher Bedeutung für die externe Liquiditätsanalyse ist die im § 284 Abs. 2 Ziff. 1b) EHGB festgeschriebene Jahresabschlußpublizität der Besicherung der Verbindlichkeiten[3]; mitzuteilen sind der Gesamtbetrag der durch Pfandrechte oder ähnliche Rechte gesicherten Verbindlichkeiten unter Angabe von Art und Form der Sicherheiten.

- Die bilanziellen *Ausweisregeln* des Bilanzrichtlinie-Gesetzes bringen bilanzanalytisch eine Verbesserung, indem in Zukunft bei sämtlichen Forderungen solche mit einer Restlaufzeit von mehr als einem Jahr auszuweisen sind (§ 268 Abs. 4 EHGB).[4] Zudem wird zukünftig nicht mehr auf die Vertrags-, sondern Restlaufzeit abgestellt. "Ein deutliches Bild der Finanzierung"[5] ergibt sich aufgrund der vorgesehenen Dreiergliederung der Verbindlichkeiten mit einer Restlaufzeit bis zu einem Jahr, zwischen einem und fünf Jahren sowie einer Restlaufzeit von über fünf Jahren [(§§ 239 Abs. 4 Ziff. 3, 271 Abs. 1 Nr. 1a) EHGB]. Hinweise auf die Altersstruktur der Sachanlagen liefert die nach zukünftigem Recht allein mögliche Form der sogenannten Bruttoverbuchung des Anlagevermögens (§ 268 Nr. 2 EHGB).[6] In funktionalen Zusammenhang mit der Begrenzung der Möglichkeiten der Legung und Auflösung stiller Reserven steht der Zwang zur Bildung eines passivischen Sonderpostens mit Rücklageanteil für steuerbilanzpolitisch motivierte Sonderabschreibungen (§ 273 Abs. 1 EHGB), so daß die Anlagewerte mit "unverzerrten" Bilanzwerten aktiviert werden. Die für die Beurteilung der Ertragslage zweckmäßige Erfolgsspaltung läßt sich dem Gliederungsschema der Gewinn- und Verlust-

---

1) Zur bilanzanalytischen Beurteilung dieses Passivierungsgebotes siehe KÜTING (1985), S. 1096; WÖHE (1984), S. 552.

2) Vgl. Erläuterungen in RECHTSAUSSCHUSS (1985), S. 29. Zu bilanzanalytischen Aspekten dieses Vorschlages siehe KÄMPFER (1985), S. 576 - 579. Zum REGIERUNGSENTWURF (1983), siehe WÖHE (1984), S. 524; RUSS (1984), S. 132. Letzterer sah lediglich einen Vermerk für unterlassene Rückstellungen vor.

3) Vgl. WÖHE (1984), S. 624 f.. Wegen einer ausführlichen - zu einem positiven Ergebnis führenden - Würdigung der Jahresabschlußpublizität der Besicherung von Verbindlichkeiten vgl. STEINER (1980), S. 84 - 89. Wegen empirischer Befragungsergebnisse vgl. DRUKARCZYK/DUTTLE/RIEGER (1985), S. 140.

4) Vgl. RIEBELL (1984). S. 463; KÜTING (1985), S. 1092.

5) BIENER (1979), S. 7. Vgl. auch KÜTING (1985), S. 1094 f.; GÖLLERT (1984), S. 1850.

6) Vgl. GÖLLERT (1984), S. 1845 f.; KÜTING (1985), S. 1097 f..

rechnung gemäß § 275 EHGB einfacher als nach dem derzeitigen aktienrechtlichen Gliederungsschema vornehmen.[1] Auch der gesonderte Ausweis außerplanmäßiger Abschreibungen (§ 277 Abs. 3 EHGB) ist informatorisch positiv zu beurteilen.[2] Ungeachtet dieser Detailänderungen gegenüber dem aktienrechtlichen Gliederungsschema ist hervorzuheben, daß für andere Rechtsformen außer der Aktiengesellschaft überhaupt erstmals ausführliche Gliederungsregeln kodifiziert werden sollen, also die für eine fundierte Informationsgewinnung notwendige Standardisierung vorgenommen werden soll.

- Letzteres gilt auch bezüglich der *Bewertungsregeln*. Neben der Definition der grundlegenden Bewertungsmaßstäbe (Anschaffungs- und Herstellungskosten) werden handelsrechtlich erstmalig Bewertungsgrundsätze kodifiziert. Hierbei sind insbesondere der Grundsatz der Bewertungsstetigkeit[3] und das Vorsichtsprinzip hervorzuheben. Zur Einengung der bilanziellen Bewertungspolitik führt auch das vorgesehene Wertaufholungsgebot (§ 280 Abs. 2 EHGB).[4]

3.2.2 Informations- und Ausschüttungssperrbilanz

Es ist hier nicht der Ort, die Zweckmäßigkeit aktuell geltender Regelungen für die Ausgestaltung des Jahresabschlusses und der Vielzahl darauf bezogener Verbesserungsvorschläge einzeln zu analysieren. Ein Grundproblem bei der Ausgestaltung der entsprechenden Regelungen resultiert jedoch aus dem Umstand, daß der Jahresabschluß mehrere Zwecke zugleich zu erfüllen hat.[5] So kommt diesem Rechenwerk bei allen Kapitalgesellschaften neben der bislang erörterten *Informationsfunktion* auch die Aufgabe zu, im Interesse der Gesellschaftsgläubiger eine Obergrenze für den in einer Periode maximal ausschüttbaren Gewinn zu fixieren. Die wesentliche Funktion einer derartigen *Ausschüttungssperre*

1) Vgl. KÜTING (1981), S. 532 - 535. Zum Wesen der Erfolgsanalyse siehe HAUSCHILDT (1984), S. 75 - 93.

2) Vgl. hierzu HAUSCHILDT (1984), S. 145.

3) Vgl. GÖLLERT/RINGLING (1983), S. 949. Von einer Überbewertung dieses Grundsatzes in der Literatur spricht SELCHERT (1984), S. 1894.

4) Positiv beurteilt von SCHINDLER (1980), S. 169. Ausführliche Würdigung bei HARMS/KÜTING (1982), S. 1459 - 1464.

5) Zu den Funktionen der Bilanz siehe BITZ (1977), S. 44 - 49; EGNER (1974), S. 24 - 84; STÜTZEL (1967), S. 314 - 340.

liegt in der Begrenzung des Insolvenzrisikos, wird also im 4. Kapitel 4.2 zu behandeln sein. An dieser Stelle interessiert zunächst die Frage, inwieweit mit der Erfüllung der Ausschüttungssperrfunktion eine Beeinträchtigung der Informationsfunktion verbunden ist.[1)]

Zur exemplarischen Verdeutlichung dieses Fragenkreises eignet sich besonders gut das Problem der sog. "stillen Reserven".[2)] Begrifflich soll darunter für die Aktiva (Passiva) der Bilanz die Differenz zwischen dem

- aufgrund der einschlägigen Vorschriften zulässigen oder allein gebotenen Wertansatz und

- einem sich nach einem anderen Bewertungskonzept ergebenden höheren (niedrigeren) Wertansatz

verstanden werden. Dabei mag die zur quantitativen Konkretisierung dieses Begriffs natürlich unumgängliche inhaltliche Festlegung eines solchen "anderen Bewertungskonzeptes" hier noch offen bleiben. Auch ohne eine solche Festlegung ist es nämlich unmittelbar einleuchtend, daß die Ausschüttungssperrfunktion durch die Existenz stiller Reserven auf keinen Fall beeinträchtigt werden kann.[3)] Denn die Bildung derartiger Reserven bewirkt stets, daß die Summe der von dem Zeitpunkt ihrer Bildung an über alle Folgejahre kumulierten Ausschüttungsbeträge auf jeden Fall nicht größer ist als bei einer anderen, weniger "vorsichtigen" Bewertung. Und selbst die spätere Auflösung entsprechender Reserven - etwa durch eine rein buchmäßige Zuschreibung auf einen früheren Bilanzansatz - bewirkt ja nur, daß der maximal ausschüttbare Betrag in der Auflösungspreriode gerade um den Betrag höher ist, um den er in der Periode der Reservebildung niedriger war. Ausschüttungsmöglichkeiten werden somit in die Zukunft verlagert, das Insolvenzrisiko insoweit also zumindest nicht erhöht.

Eine ganz andere Beurteilung erfahren die "stillen Reserven" jedoch unter dem Aspekt des Informationsrisikos. Denn mit der Möglichkeit, derartige Reserven eventuell auch wieder in aller Stille aufzulösen, entsteht mit ihrer Bildung zugleich auch ein *Verlustverschleierungspotential*. Ein in der laufenden Geschäftstätigkeit mit Verlusten arbeitendes Unternehmen erhält so unter Umständen die Möglichkeit, diese Verluste durch

1) Vgl. zur Beeinträchtigung der Informationsfunktion durch das im Dienste der Ausschüttungsbegrenzung stehende Vorsichtsprinzip SEICHT (1970), S. 608 - 612.

2) Vgl. WÖHE (1984), S. 584 - 594.

3) In diesem Zusammenhang sind die Bemühungen des AktG 1965 zu verstehen, im Interesse des *Aktionärsschutzes* die Bildung stiller Reserven im Vergleich zum AktG 1937 zu begrenzen; vgl. KROPFF (1965), S. 239; EGNER (1974), S. 101.

die Reservenauflösung zumindest über einen gewissen Zeitraum hinweg zu kaschieren, und damit die einen potentiellen Gläubiger als Beurteilungsgrundlage interessierende aktuelle Ertragslage günstiger darzustellen, als dies ohne die vorherige Bildung stiller Reserven der Fall gewesen wäre.[1)] Damit aber wird der im Hinblick auf die Begrenzung des Informationsrisikos grundlegende Zweck des Jahresabschlusses, durch eine möglichst klare Darstellung der zurückliegenden Geschäftsentwicklung ein Urteil über die Qualität des Managements und eine Prognose über die zukünftige Entwicklung zu ermöglichen, in entscheidender Weise beeinträchtigt. Daß es sich hierbei nicht nur um eine theoretische Möglichkeit, sondern um ein empirisch durchaus relevantes Problem handelt, belegen die in der Kreditvergabepraxis in vielfältigen Varianten anzutreffenden Bemühungen, Jahresabschlußangaben durch die verschiedensten Analysemethoden - etwa die Aufspaltung des Jahresüberschusses in Erfolgsbeiträge unterschiedlicher Qualitätsstufen[2)], die Schätzung des steuerlichen Gewinns[3)], die Bildung von cash-flow-Größen auch als Ertragsindikator etc.[4)] - um derartige Verzerrungen zu bereinigen.

Der Gesetzgeber versucht zwar, derartige Analysen durch verschiedene - allerdings noch auf den zahlenmäßig kleinen Kreis von Aktiengesellschaften und dem Publizitätsgesetz unterliegenden Unternehmen beschränkte - Berichts- und Erläuterungspflichten zu erleichtern.[5)] Der von der theoretischen Konzeption her viel näher liegende Weg einer konsequenten Trennung zwischen einer *Informationsbilanz* und einer *Ausschüttungssperrbilanz* wird allerdings nicht beschritten. Die maßgeblichen Rechtsvorschriften wie auch die einschlägigen Reformvorschläge stehen vielmehr ganz im Banne des tief verwurzelten Vorurteils, daß

1) Vgl. auch die Begründung zum REGIERUNGSENTWURF (1983), S. 91 des Bilanzrichtlinie-Gesetzes sowie zum Aktiengesetz 1965 in KROPFF (1965), S. 239.

2) Vgl. hierzu insbesondere HAUSCHILDT (1984), S. 24 - 29; KÜTING (1981), S. 529 - 535.

3) Vgl. COENENBERG (1974), S. 356 - 369.

4) Zur Analyse der Eignung verschiedener Cash-Flow-Varianten als Krisenwarnsignal mit Methoden der empirischen Bilanzforschung siehe HAUSCHILDT/RÖSLER/GEMÜNDEN (1984), S. 353 - 370, mit umfangreichen Literaturhinweisen. Zum cash flow als Erfolgsindikator siehe LEFFSON (1984a), S. 160 - 166; PERRIDON/STEINER (1984), S. 309 - 311. Die Untersuchung von DRUKARCZYK/DUTTLE/RIEGER (1984), S. 117, bestätigt die weite Verbreitung von Cash-Flow-Analysen bei Kreditinstituten.

5) Gemeint sind hierbei die Erläuterungspflichten nach § 160 Abs. 2 AktG im Geschäftsbericht, die sich vor allem auf die die Vergleichbarkeit belastenden Änderungen der Bewertungs- und Abschreibungsmethoden beziehen. Zur Beurteilung der Auswirkungen der Erläuterungsvorschriften des Bilanzrichtlinie-Gesetzes auf die Analyse der Ertragslage siehe RUSS (1984), S. 200 - 221. Zum Vergleich der Erfolgsspaltung auf der Grundlage des Aktienrechts und des Bilanzrichtlinie-Gesetzes siehe KÜTING (1984a), S. 529 - 535; HAUSCHILDT (1984), S. 127 - 147.

- die Bestimmung des Teils des Vermögens, der ohne zusätzliche Maßnahmen zum Gläubigerschutz als Gewinn zur Ausschüttung an die Anteilseigner freigegeben werden darf, und

- die Darstellung der zurückliegenden Geschäftsentwicklung als Grundlage für die Prognose der zukünftigen Vermögens- und Ertragslage

nach genau den gleichen Abbildungsregeln zu erfolgen habe.

Die Konsequenzen eines solchen Ansatzes ist dann zwangsläufig eine Mischung teils primär am Gedanken der Ausschüttungsbegrenzung, teils vorwiegend am Informationszweck orientierter Regeln für die Erstellung des Jahresabschlusses. Dabei fehlt einem solchen Konzept - sofern man nicht noch der inzwischen wohl allgemein überwundenen Mystifikation eines absolut richtigen "wahren Gewinns" anhängt - im Grunde jede theoretische Fundierung. Und auch der Hinweis, Jahresabschlüsse seien "schon immer so" erstellt worden, das System habe sich doch bewährt, verfängt im Grunde nicht.[1] Inwieweit sich dieses System wirklich bewährt hat, mag man an der Tatsache ermessen, daß überall dort, wo Bilanzen regelmäßig als Entscheidungshilfen herangezogen werden, sehr viel Mühe und Scharfsinn darauf verwendet wird, die nach den gesetzlichen Misch-Vorschriften aufgestellten Bilanzen in aussagekräftigere Zahlenwerke zu transformieren.[2]

Gegen den vom theoretischen Konzept her auf jeden Fall gebotenen Versuch, den unterschiedlichen Bilanzzwecken auch durch eine unterschiedliche Ausgestaltung der jeweiligen Bilanzierungsregeln Rechnung zu tragen, könn-

---

1) In diesem Zusammenhang erscheint der Hinweis darauf interessant, daß die Erstellung einer Bilanz zur Überschuldungsmessung nach inzwischen wohl einhelliger Ansicht *nicht* exakt nach den für die Erstellung des regulären Jahresabschlusses maßgeblichen Abbildungsregeln zu erfolgen hat, sondern eigene, auf den speziellen Darstellungszweck besonders zugeschnittene Bewertungsverfahren anzuwenden sind. Dieser Hinweis ist in dem hier angesprochenen Zusammenhang deshalb so interessant, weil tragendes Motiv für die Einführung von Buchhaltungs- und Bilanzierungsvorschriften durch verschiedene Gesetze des 19. Jahrhunderts gerade die Absicht war, den Kaufmann zu einer periodischen Überprüfung der Frage anzuhalten, ob sein Unternehmen überschuldet ist oder nicht (vgl. dazu ESCHRICH (1969), S. 30 - 38). Die Unvereinbarkeit dieser Aufgabe mit der in der weiteren Rechtsentwicklung immer stärker in den Vordergrund tretenden Informations- und Ausschüttungssperrfunktion hat dann dazu geführt, daß die Überschuldungsmessung einem andersgearteten Rechenwerk zugewiesen worden ist. Die hier vorgetragene Idee, unterschiedlichen Jahresabschlußzwecken mit unterschiedlich ausgestalteten Zahlenwerken Rechnung zu tragen, hat also durchaus ein historisches Vorbild. Vgl. zur Bedeutung des Jahresabschlusses für die Überschuldungsprüfung Abschnitt 2.3.3.1.2 des dritten Teils dieser Arbeit.

2) Zur Jahresabschlußanalyse vgl. z.B. COENENBERG (1974), S. 305 - 397.

te allerdings unter dem Gesichtspunkt der Praktikabilität der Einwand erhoben werden, eine derartige Regelung stelle für die betroffenen Unternehmen eine nicht vertretbare zusätzliche Belastung dar. Diesem Argument käme sicherlich großes Gewicht zu, wenn daran gedacht wäre, zwei von Grund auf verschiedene Buchhaltungssysteme zu verlangen. Eine so weitgehende Differenzierung wäre jedoch gar nicht notwendig. Eine wesentliche Verringerung der wechselseitigen Beeinträchtigung der beiden Bilanzzwecke "Information" einerseits und "Ausschüttungsbegrenzung" andererseits, könnte jedoch schon durch relativ sparsame Erweiterungen des herkömmlichen Jahresabschlusses erreicht werden, etwa auf folgende Weise:

- Den einzelnen Aktiv- und Passivposten der Bilanz werden nicht mehr wie bislang *eine*, sondern *drei* Wertspalten zugeordnet.

- Sämtlichen Bilanzpositionen werden zunächst möglichst informative, möglichst "marktnahe" Werte zugeordnet; also etwa Vorräten grundsätzlich ihr Marktpreis, börsennotierten Aktien ebenso wie selbst emittierten Anleihen der Börsenkurs etc..

- In der zweiten Spalte werden dann bestimmte Zu- oder Abschläge zu diesen Wertansätzen vermerkt, die im Hinblick auf eine bewußt vorsichtige Bewertung vorzunehmen sind. So könnten etwa unrealisierte Gewinne bei bestimmten Aktiven durch den Abzug der Differenz zwischen Marktwert und niedrigeren Herstellungs- oder Anschaffungskosten abgesetzt werden. Unter pari notierende eigene Anleihen wären in analoger Weise um das entsprechende Disagio zu erhöhen etc..

- In der dritten Spalte der Bilanz schließlich werden die um die genannten Korrekturposten modifizierten Wertansätze aufgeführt. Die auf der Basis dieser Beträge errechnete Reinvermögensänderung stellt dann die Grundlage zur Bestimmung des ausschüttbaren Betrages dar.

- Analog könnte die Gewinn- und Verlustrechnung zunächst in der bislang üblichen "vorsichtigen" Weise erstellt und dann um einen zweiten Teil ergänzt werden, in dem informationshalber die der Bestandsbewertung in der ersten Bilanzspalte entsprechenden zusätzlichen Erträge und Aufwandsminderungen ausgewiesen werden.

Der mit einem solchen System verbundene Mehraufwand dürfte sich in den Grenzen des zumutbaren bewegen. Bezüglich der laufenden Erfassung der geschäftlichen Transaktionen bedürfte das übliche System der Buchhaltung allenfalls geringer Änderungen; die eigentliche Differenzierung würde sich also weitgehend auf die Abschlußarbeiten beziehen. Der daraus resultierende Zusatzaufwand darf jedoch nicht überschätzt werden. Denn auch für den herkömmlichen Jahresabschluß ist es in vielen Fällen nötig, für einzelne Vermögensgegenstände zunächst verschiedene Wertansätze (z.B. Marktpreis und Anschaffungskosten) zu ermitteln, um im nächsen Schritt dann den bilanzrechtlich gebotenen Wertansatz bestimmen zu können.

Auf der anderen Seite würde ein derartiger dualistischer Jahresabschluß den an ihn gestellten unterschiedlichen Anforderungen in erheblich größerem Umfang gerecht als ein herkömmlicher Jahresabschluß monistischer Prägung. Der Jahresabschluß würde erheblich aussagekräftiger, ohne daß dadurch jedoch seine Ausschüttungssperrfunktion auch nur im geringsten beeinträchtigt würde. Lediglich die Möglichkeiten, stille Reserven zu bilden, würden drastisch eingeschränkt, wohlgemerkt: nicht die ja durchaus im Gläubigerinteresse liegende Möglichkeit, überhaupt Reserven zu bilden, sondern nur die Möglichkeit, dies in aller Stille zu tun.[1)]

3.2.3 Zur Ergänzung von Informationsstandards durch Prüfungspflichten

Der Vollständigkeit halber sei noch kurz darauf hingewiesen, daß die Normen zur Standardisierung der Rechnungslegung ihre Ergänzung in Vorschriften zur externen Rechnungsprüfung finden.[2)] Denn jede Fixierung noch so ausgeklügelter Informationsstandards verfehlt ihr Ziel, wenn nicht gesichert ist, daß sie auch tatsächlich eingehalten werden.[3)] Aus der Sicht des Gesetzgebers können daraus verschiedene Konsequenzen gezogen werden:

- Ein Extrem bestünde darin, die Unternehmen nicht nur zur Rechnungslegung zu verpflichten, sondern ihnen darüber hinaus auch noch aufzuerlegen, ihre Abschlüsse von externen Sachverständigen überprüfen zu lassen. Dabei mag offen bleiben, ob es sich bei den Prüfern um

1) In diesem Zusammenhang ist auf die Vorschriften des Bilanzrichtlinie-Gesetzes zur Wertaufholungsrücklage hinzuweisen. Danach können erfolgswirksame Zuschreibungen durch die Dotierung dieser Rücklage wieder neutralisiert werden. Allerdings besteht keine Verpflichtung zur Bildung der Wertaufholungsrücklage. Ausführliche Würdigung bei HARMS/KÜTING (1984), S. 1331 - 1338.

2) Zur historischen Entwicklung der aktienrechtlichen Pflichtprüfung siehe BARTH (1953), S. 219 - 227. Zu Prüfungspflichten nach dem Entwurf eines Bilanzrichtlinie-Gesetzes siehe BALLWIESER (1985), S. 1034 - 1043.

3) Zum Zweck der Jahresabschlußprüfung siehe SCHADE (1982), S. 19 - 27, mit zahlreichen Nachweisen. Zur Bedeutung der Jahresabschlußprüfung unter besonderer Berücksichtigung der anstehenden Bilanzrechtsreform siehe MAUL (1983), S. 1959 - 1963.

die Mitarbeiter einer Behörde oder um freiberuflich tätige Personen handelt.

- Auf der anderen Seite wäre es auch denkbar, daß sich der Gesetzgeber mit der Normierung von Rechnungslegungsvorschriften begnügt, die Überprüfung ihrer Einhaltung im Regelfall jedoch dem jeweiligen Adressaten - in dem hier interessierenden Zusammenhang also den potentiellen Kreditgebern - überläßt.

Die derzeit tatsächlich bestehenden Regelungen zur Prüfung des Jahresabschlusses (und vergleichbarer Rechenwerke[1]) enthalten Elemente beider Extremlösungen. So sind derzeit Aktiengesellschaften unabhängig von ihrer Größe sowie im Sinne des Publizitätsgesetzes "große" Unternehmen unabhängig von ihrer Rechtsform verpflichtet, ihren Jahresabschluß von einem Wirtschaftsprüfer ihrer Wahl prüfen zu lassen.[2] Zudem werden die Abschlüsse von Kreditinstituten und Versicherungsunternehmen unabhängig von Größe und Rechtsform durch die für diese Wirtschaftszweige speziell eingerichteten Bundesaufsichtsämter oder von diesen beauftragten Personen überprüft.[3] Die - zumindest zahlenmäßig - überwiegende Mehrheit deutscher Unternehmen unterliegt demgegenüber derzeit keinerlei Prüfungsvorschriften. Der augenblicklich diskutierte Entwurf eines Bilanzrichtlinie-Gesetzes sieht mit der Ausweitung der Prüfungspflicht auf *alle* Kapitalgesellschaften, die eine bestimmte Größenordnung übersteigen, eine zumindest optisch einschneidende Änderung der entsprechenden Vorschriften vor.[4]

Die aus dem Umstand, daß bei Realisierung dieses Vorschlags insbesondere eine größere Anzahl von Gesellschaften mbH prüfungspflichtig würden[5], resultierenden materiellen Konsequenzen müssen allerdings

---

1) Beispiele für Sonderprüfungen siehe bei SCHEDLBAUER (1984a). An sonstigen Rechenwerken wären beispielsweise Finanz- und Investitionspläne zu nennen.

2) Vgl. §§ 162 - 171 AktG.

3) Vgl. §§ 26, 27 - 29 KWG, 57 - 59 VAG. Zur Jahresabschlußprüfung bei Kreditinstituten siehe STANNIGEL (1981), S. 87 - 153.

4) Nach § 316 Abs. 1 EHGB sind der Jahresabschluß und Lagebericht bei allen Kapitalgesellschaften zu prüfen, die nicht kleine Gesellschaften im Sinne von § 267 Abs. 1 EHGB sind. Von der Prüfungspflicht sind also solche Gesellschaften ausgenommen, die mindestens zwei der drei nachstehenden Merkmale nicht überschreiten: 3,9 Millionen DM Bilanzsumme, 8 Millionen DM Umsatzerlöse, 50 Arbeitnehmer.

5) Zur Zahl der von der neuen Prüfungspflicht betroffenen Gesellschaften mbH siehe STROBEL (1981), S. 1745 f..

unter folgendem Aspekt relativiert werden. Derzeit unterziehen sich nämlich bereits zahlreiche Unternehmen freiwillig[1] einer externen Prüfung ihres Jahresabschlusses, was auch sofort einsichtig wird, wenn man noch einmal die *vor* Kreditvergabe bestehenden Interessenlagen der beiden Verhandlungspartner betrachtet. Der potentielle Kreditgeber ist daran interessiert, möglichst fundierte Informationen über die wirtschaftliche Lage seines potentiellen Schuldners zu gewinnen. Dieser ist seinerseits darum bemüht, den gewünschten Kredit ohne großen Aufwand und zu möglichst günstigen Konditionen zu erhalten. Diese Absicht wird wesentlich erleichtert, wenn er dem potentiellen Kreditgeber glaubhaft signalisieren kann, daß die Darstellung der eigenen wirtschaftlichen Lage durch die vorgelegten Jahresabschlüsse genau nach den dafür vorgegebenen Standards vorgenommen worden ist. Genau dies aber wird durch das Testat eines Wirtschaftsprüfers bestätigt. Dementsprechend genießen mit einem derartigen "Prüfsiegel" versehene Jahresabschlüsse in der Kreditvergabepraxis im allgemeinen auch einen deutlich höheren Rang als nicht geprüfte Abschlüsse.[2]

3.3 Möglichkeiten zur prospektiven Berichterstattung

Trotz aller Bedeutung des Jahresabschlusses für die Kreditwürdigkeitsanalyse sind die Informationsinteressen potentieller Kreditgeber primär natürlich gar nicht auf die darin enthaltenen vergangenheitsbezogenen Daten gerichtet, sondern auf Angaben über die zukünftige Entwicklung des betrachteten Unternehmens.[3] Ersterem kommt vielmehr lediglich die Funktion zu, eine Prognose zu fundieren,[4] die in weiteren Teilen allerdings kaum etwas anderes sein kann, als die Fortschreibung der aus den Vergangenheitsdaten vermeintlich erkennbaren Entwicklungsgesetzmäßigkeiten.[5]

---

1) Vgl. hierzu Ergebnisse einer Umfrage im Auftrag des Bundesministers der Justiz zum 31.12.1978, teilweise wiedergegeben bei STROBEL (1981), S. 1746 f.

2) Vgl. Ergebnisse der empirischen Erhebung von GESSNER u.a. (1978), S. 252 f. sowie KREIM (1977), S. 262.

3) Zu Informationswünschen verschiedener Adressaten siehe EGNER (1974), S. 25-38. Zur Ableitung der Zukunftsbezogenheit aus dem Wortsinn des Lagebegriffs, wie er sowohl in der Generalnorm des § 149 Abs. 1 AktG als auch im § 238 Abs. 1 EHGB verwandt wird, vgl. BRETZKE (1979), S. 340 f.

4) Zur Funktion von Vergangenheitsdaten zur Plausibilitätsprüfung von Prognosen siehe BÖNKHOFF (1983), S. 48-68.

5) Vgl. Abschnitt 2.3.3.2.3 des dritten Teils dieser Arbeit.

Die offensichtlichen Mängel eines in dieser Weise extrapolierenden Vorgehens haben zu verschiedenen Vorschlägen geführt, die darauf hinauslaufen, die Unternehmen neben der Berichterstattung über die zurückliegenden Abläufe auch noch zur Offenlegung der von ihnen erwarteten zukünftigen Entwicklung zu verpflichten.[1)]

Angesichts der unverrückbaren Unsicherheit künftiger Ereignisse können an die Zuverlässigkeit einer derartigen prospektiven Berichterstattung natürlich nur geringere Anforderungen gestellt werden, als das bei retrospektiven Darstellungen der Fall ist. Daraus wird gelegentlich der zumindest prima facie auch gar nicht so ohne weiteres von der Hand zu weisende Schluß gezogen, durch ein derartiges Rechenwerk, das sich einer objektiven Überprüfung ohnehin entziehe, könne die Entscheidungsfindung eines potentiellen Kreditgebers auch nicht besser fundiert werden.[2)] Eine solche Darstellung sei im Gegenteil gerade besonders manipulationsanfällig und könnte, insbesondere wenn sie als scheinbar gleichartiges Rechenwerk neben den in seiner Erstellung sehr viel stärker normierbaren Jahresabschluß trete, potentielle Gläubiger in einer de facto gar nicht gerechtfertigten Sicherheit wiegen, ihr Informationsrisiko also letztlich eher erhöhen als vermindern.

Es ist nicht Aufgabe dieses einleitenden Überblicks, dieser Problematik im Detail nachzugehen; auf einzelne Aspekte wird zudem im dritten Teil dieser Untersuchung noch zurückzukommen sein. Immerhin erscheint es zweckmäßig, nach dem Ausmaß der damit verbundenen Unsicherheit drei verschiedene Aussagekategorien einer prospektiven Berichterstattung voneinander abzuschichten:

- Eine solche Berichterstattung kann sich zum ersten auf die in Zukunft zu erwartenden vermögensmäßigen *Konsequenzen* solcher geschäftspolitischer Maßnahmen beziehen, die im Berichtszeitpunkt bereits vorgenommen worden sind.

- Zum zweiten können in Zukunft geplante geschäftspolitische *Maßnahmen* Gegenstand einer prospektiven Berichterstattung sein.

---

1) Vgl. § 289 Abs. 2 Ziffer 2 EHGB, wonach im Lagebericht auf die voraussichtliche Entwicklung des Unternehmers eingegangen werden soll. Ein Überblick über zukunftsorientierte Rechenwerke mit weiteren Literaturhinweisen findet sich bei KÜTING (1981b), S. 268-274; HEINEN (1982), S. 85-102.

2) Zur Kritik an zukunftsorientierter Bilanzierung vgl. BAETGE/BALLWIESER (1977), S. 212; ENGELS (1976), S. 42; LEFFSON (1982), S. 78 - 81, sowie die dort angegebene Literatur.

- Die dritte, mit dem höchsten Ausmaß an Unsicherheit behaftete Aussage bezieht sich dementsprechend auf die aus den geplanten Maßnahmen zu erwartenden vermögensmäßigen *Konsequenzen.*

Die Einbeziehung zukunftsbezogener Informationen der ersten Kategorie in den Jahresabschluß oder ein ergänzendes Rechenwerk stellt überhaupt kein Novum dar: Bereits die derzeit geltenden Vorschriften wie auch die von dem Bilanzrichtlinie-Gesetz zu erwartenden Regelungen sehen an verschiedenen Stellen vor, daß etwa drohende Verluste aus schwebenden Geschäften, zu erwartende Wertminderungen oder möglicherweise eintretende Forderungsausfälle durch die Bildung von Rückstellungen oder Wertberichtigungen zu antizipieren sind[1)] - noch nicht realisierte Gewinne hingegen nicht.[2)] Diese imparitätische Behandlung von Risiko- und Chance wird zweifellos dem Anliegen der Ausschüttungssperrbilanz gerecht; ob der Zwang zu einer derartig einseitig pessimistischen Berichterstattung allerdings zugleich auch dem Informationszweck des Jahresabschlusses voll gerecht wird, kann durchaus bezweifelt werden.[3)] Wichtiger ist es an dieser Stelle jedoch, zu registrieren, daß zumindest eine derartig eingeschränkte zukunftsbezogene Berichterstattung einschließlich ihrer durch ein Testat zu belegenden externen Überprüfung seitens des Gesetzgebers für praktikabel gehalten und - wie die im Kern unveränderte Übernahme entsprechender Vorschriften in dem Entwurf des Bilanzrichtlinie-Gesetzes zeigt - wohl auch allgemein als bewährte Regelung angesehen wird. Eine ganz pauschale Ablehnung jeglicher prospektiver Berichterstattung kann somit kaum mit dem Hinweis auf einen generellen Mangel an Praktikabilität und Überprüfbarkeit begründet werden.

Bezüglich der Berichterstattung über zukünftige Maßnahmen und die daraus resultierenden Konsequenzen kommt derartigen Bedenken allerdings ein größeres Gewicht zu. Denn bei der Erfassung drohender Verluste aus schwebenden Geschäften etc. liefert der im Berichtszeitpunkt schon erfolgte Vertragsabschluß eine insoweit objektive Ausgangsbasis zur Abschätzung der daraus möglicherweise resultierenden vermögensmäßigen Konsequenzen; geht es doch etwa darum, abzuschätzen, ob eine bestehende Forderung uneinbringlich wird, ob eine bereits fest bestellte Ware einem baldigen Preisverfall unterliegen wird, ob sich aus einer bereits er-

1) Vgl. §§ 40 Abs. 3 HGB, 152 Abs. 7 AktG, 156 Abs. 4 AktG, 245 Abs. 1 EHGB.

2) Zum Imparitätsprinzip vgl. die ausführliche Erörterung bei LEFFSON (1982), S. 301-383.

3) LOITLSBERGER (1954), S. 146, spricht davon, daß der Gesetzgeber dem Gläubigerschutz die richtige Gewinnermittlung "opfere".

brachten Lieferung Gewährleistungsverpflichtungen ergeben werden etc..

Bei der Berichterstattung über erst noch durchzuführende Maßnahmen und die daraus resultierenden Konsequenzen fehlen derartige Anhaltspunkte hingegen weitgehend. Den zur Berichterstattung verpflichteten Unternehmen stünden dementsprechend sehr viel mehr Manipulationsmöglichkeiten offen; die Plausibilität der prognostizierten Konsequenzen wäre wohl schwerer zu beurteilen. Nichtsdestoweniger enthalten bereits die derzeit geltenden Jahresabschlußvorschriften, wenn auch nur in ganz bescheidenen Ansätzen, einzelne Regelungen, die sich auf den Ausweis der aus zukünftig geplanten Maßnahmen resultierenden Konsequenzen beziehen. So sieht § 152 Abs. 7 AktG etwa ein Wahlrecht bei der Bildung von Rückstellungen für "im Geschäftsjahr unterlassene Aufwendungen für Instandhaltung oder Abraumbeseitigung, die im folgenden Geschäftsjahr nachgeholt werden" vor. Der Entwurf des Bilanzrichtlinie-Gesetzes 1983 geht über derartige Einzelregelungen sogar noch hinaus, indem kodifiziert werden soll, daß die Unternehmen im Lagebericht auf die voraussichtliche Entwicklung des Unternehmens eingehen sollen.[1] Es bleibt abzuwarten, mit welcher Präzision und Genauigkeit die entsprechende Berichterstattung erfolgen wird und welche Auffassungen über die an eine solche Darstellung zu richtenden Mindestanforderungen sich daraus im Zeitablauf durch Rechtsprechung, allgemeine Handhabung, Prüfungspraxis, Analysen im einschlägigen Schrifttum etc. entwickeln werden.[2]

1) Vgl. § 289 Abs. 2 Nr. 2 EHGB. Die Fassung des REGIERUNGSENTWURFES (1983) lautete strenger: es *sei* die voraussichtliche Entwicklung darzulegen. Allerdings soll nach den Erläuterungen des Rechtsausschusses § 289 Abs. 2 Nr. 2 EHGB dem gerade genannten Entwurf in diesem Punkt entsprechen; vgl. RECHTSAUSSCHUSS (1985), S. 54.

2) Zum Lagebericht nach künftigem Recht siehe SAHNER/KAMMERS (1984), S. 2309-2316; MAUL (1984), S. 187-193; BRETZKE (1979), S. 337-349; KROPFF (1980), S. 514-532.

4 Ansätze zur Begrenzung des Insolvenzrisikos

4.1 Geschäfts- und Kapitalstrukturrisiko

Im Rahmen des eingangs dargestellten Modellansatzes konkretisiert sich das Insolvenzrisiko in der Höhe der Insolvenzwahrscheinlichkeit p_o.[1] Regelungen zur Begrenzung des Insolvenzrisikos können formal als der Versuch interpretiert werden, den Wert dieses Indikators möglichst gering zu halten. Bezüglich der Determinanten des Insolvenzrisikos können in Anlehnung an eine ähnliche Einteilung im finanzierungstheoretischen Schrifttum[2] zwei Risikoursachen unterschieden werden. Eine Erhöhung des Insolvenzrisikos kann nämlich

- zum einen - auch bei gänzlich unveränderter Kapitalstruktur - aus dem Übergang zu einer risikoreicheren Geschäftspolitik (Geschäftsrisiko)[3] resultieren und

- zum anderen - auch bei ansonsten unveränderter Geschäftspolitik - aus einer Verringerung der Relation zwischen der insgesamt haftenden Masse und den darauf gerichteten Ansprüchen, also aus einer Erhöhung des Verschuldungsgrades (Kapitalstrukturrisiko).[4]

Maßnahmen zur Begrenzung des Insolvenzrisikos können dementsprechend an diesen beiden Risikoursachen ansetzen.

In diesem einführenden Teil der vorliegenden Arbeit sollen diese beiden Risikoursachen allerdings nur in ihrer Grundstruktur verdeutlicht und die dem Gesetzgeber zur Auswahl stehenden Ansatzpunkte zu ihrer Verminderung überblickartig dargestellt werden. Eine vertiefende Behandlung ausgewählter Teilprobleme erfolgt im zweiten Teil dieser Arbeit.

1) Vgl. Abschnitt 2.2.

2) Vgl. z.B. SÜCHTING (1984), S. 272 f., 341 - 350; SCHMIDT, R.H. (1983), S. 219 - 223; SWOBODA (1977), S. 126 - 146.

3) SÜCHTING (1984), S. 272, spricht auch vom *existentiellen Risiko*; SWOBODA (1977), S. 127, verwendet stattdessen den Terminus *Investitionsrisiko*. Vgl. hierzu ausführlich SWOBODA (1977), S. 127 - 147.

4) Die Bezeichnung Kapitalstrukturrisiko wird in der Finanzierungstheorie vorwiegend im Hinblick auf die aus der Verschuldung resultierenden Rendite-Risiken der Eigenkapitalgeber verwendet (sog. LEVERAGE-Effekt; vgl. hierzu die unter FN 2 genannten Literaturhinweise). Dieser Aspekt bleibt aus den folgenden Betrachtungen allerdings ausgeklammert; "Kapitalstrukturrisiko" bezeichnet hier somit stets nur einen Teilaspekt von *Gläubiger*risiken.

4.2 Ansätze zur Begrenzung des Geschäftsrisikos

4.2.1 Zur Asymmetrie der Verteilung von Risiken und Chancen

Formal kann der Übergang zu einer anderen Geschäftspolitik unter Rückgriff auf die eingangs in Abbildung 3 bis 5 eingeführte Darstellungsweise durch eine Verschiebung der Risikoprofilkurve dargestellt werden. Die nachfolgenden Abbildungen 19a und 19b zeigen zwei dabei mögliche Konstellationen.

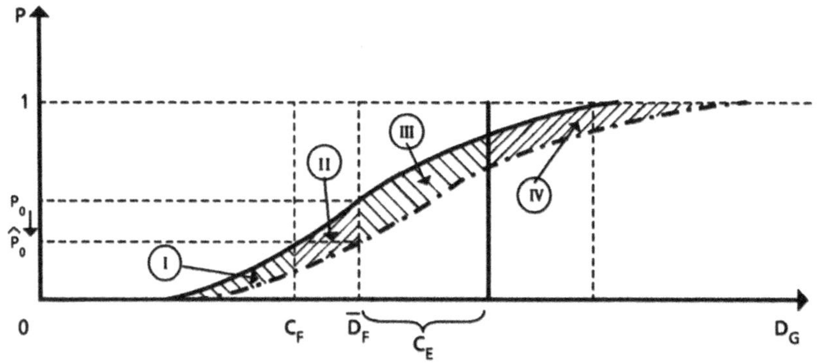

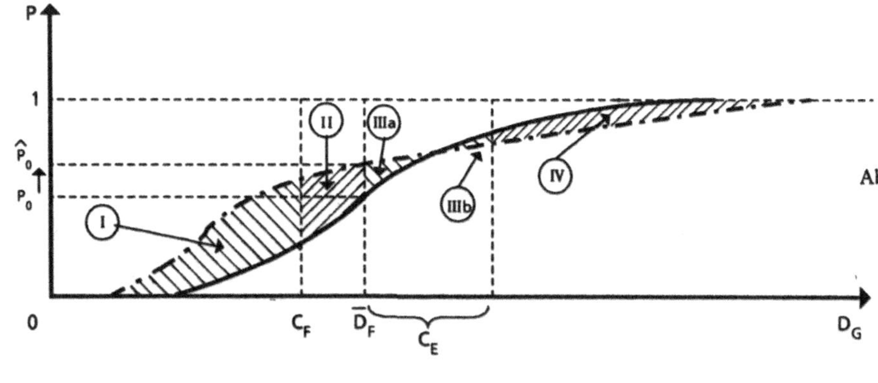

Abb. 19b

Abb. 19a und 19b: Konfliktfreie und konfliktäre Veränderung des Risikoprofils

Die ursprüngliche Risikosituation eines Unternehmens sei durch die in diesen Abbildungen durchgezogene Profillinie gekennzeichnet. Nun ergebe sich die Möglichkeit, durch eine Variation der Geschäftspolitik ein anderes Risikoprofil zu realisieren, so wie es durch die gebrochenen Linien zum Ausdruck gebracht wird. In dem durch Abbildung 19a verdeutlichten Fall läge ein solcher Schritt im gemeinsamen Interesse aller Kapitalgeber. Denn sowohl für Fremd- wie auch für Eigenkapitalgeber sinken die Verlustrisiken (Flächen I und III), während sich die Gewinnchancen erhöhen (Flächen II und IV). Dementsprechend sinkt auch das Insolvenzrisiko von p_o auf $\hat{p}_o$.

Wäre die durch Abbildung 19a verdeutlichte Situation nun typisch für die im realen Wirtschaftsleben auftretenden Probleme, so bedürfte es insoweit keiner weiteren Maßnahmen zur Begrenzung des Geschäftsrisikos. Fremd- und Eigenkapitalgeberwünsche stimmten überein; eine an den Interessen der Eigenkapitalgeber orientierte Geschäftspolitik würde genau zu den Aktivitäten führen, die zugleich auch Fremdkapitalgeberinteressen am besten entsprechen.

Daß eine solche Interessenharmonie jedoch keineswegs zwangsläufig ist, verdeutlicht Abbildung 19b. In diesem Fall wäre der Übergang zu einer anderen Geschäftspolitik (gebrochenes Risikoprofil) mit einer deutlichen Steigerung der Insolvenzwahrscheinlichkeit (von p_o auf $\hat{p}_o$) verbunden; dementsprechend steigen die Verlustrisiken (Fläche I) der Kreditgeber bei gleichzeitig sinkenden Gewinnchancen (Fläche II).[1] Trotz der Erhöhung des Insolvenzrisikos kann diese Maßnahme aus der Sicht der Eigenkapitalgeber aber dennoch vorteilhaft sein. Denn für sie steigen zwar die Risiken großer Verluste (Fläche IIIa), zugleich sinkt jedoch das mögliche Ausmaß kleinerer Verluste (Fläche IIIb), während sich die Gewinnchancen deutlich erhöhen (Fläche IV). Da die aus geschäftspolitischen Maßnahmen resultierenden Chancen und Risiken auf die verschiedenen Kapitalgebergruppen asymmetrisch verteilt sind, können Gläubiger also nicht generell darauf bauen, daß sich ihre Schuldner allein schon aus Eigeninteresse bei der Gestaltung ihrer Geschäftspolitik so verhalten, wie dies aus Sicht der Gläubiger wünschenswert wäre. Daß diese in der Literatur als "moral-hazard-problem"[2] diskutierte Konstellation nicht nur ein theoretisch

---

1) An dieser Darstellung wird außerdem deutlich, daß sich Änderungen der Geschäftspolitik i.d.R. nicht nur auf das Insolvenzrisiko sondern zugleich auch auf die Verlusterwartung auswirken. Zum Begriff der Verlusterwartung siehe BITZ (1981a), S. 52.

2) Vgl. ARROW (1963), S. 941 - 973; PAULY (1968), S. 531 - 573; SCHMIDT, R.H. (1981b), S. 206. Nach letztgenanntem Autor besteht das moral-hazard-problem in einer "Risikoerhöhung, die aus der Anreizwirkung abgeschlossener Verträge resultiert, wenn *nach* Vertragsabschluß ein Vertragspartner eine *dann* für ihn günstigere Handlungsmöglichkeit wählt, wenn diese Wahl die Position des anderen Vertragspartners verschlechtert und wenn es nicht möglich ist, die Handlungsweise des ersten zu kontrollieren".

denkbares Phänomen darstellt sondern durchaus von empirischer Relevanz ist, belegen im übrigen die in der Kreditvergabepraxis zahlreich zu beobachtenden Versuche von Kreditgebern, die Möglichkeiten ihrer Kreditnehmer, sich in der beschriebenen Weise gläubigerschädigend zu verhalten, durch Zusatzvereinbarungen und sonstige Maßnahmen zu beschränken. Das Spektrum derartiger Vorkehrungen umfaßt etwa

- die Delegierung von Angehörigen des Kreditgebers in den Aufsichtsrat eines schuldnerischen Unternehmens[1], der in der Regel zumindest bei geschäftspolitischen Maßnahmen von grundsätzlicher Bedeutung oder oberhalb einer gewissen finanziellen Größenordnung zu konsultieren ist[2],

- die Bindung der Kreditvergabe an ganz bestimmte Verwendungen der überlassenen Kapitalbeträge einschließlich geeigneter Maßnahmen zur Kontrolle entsprechender Vereinbarungen oder

- die Verknüpfung der Kreditvergabe mit der Verpflichtung des Schuldners, ganz bestimmte risikopolitische Maßnahmen, z.B. den Abschluß von Versicherungen, durchzuführen.

Auch das Verlangen nach der Bereitstellung von dinglichen Sicherheiten oder die rechtliche Ausgestaltung einer Kreditbeziehung als Leasingvertrag kann - neben der Absicht, das Verlustrisiko zu begrenzen, und sonstigen Motiven - den Zweck haben, die geschäftspolitischen Gestaltungsmöglichkeiten des Schuldners im Gläubigerinteresse einzuengen.[3]

Für den Gesetzgeber stellt sich in diesem Zusammenhang die Frage, ob er es den potentiellen Kreditgebern selbst überlassen soll, sich in dieser Weise zu schützen, oder, ob es geboten erscheint, die geschäftspolitischen Handlungsspielräume von Schuldnern allgemein geregelten Einschränkungen mit dem Ziel zu unterwerfen, dadurch das Insolvenzrisiko über das durch freie Vereinbarung erlangbare Maß hinaus zu begrenzen.

---

1) Bei einer Erhebung Ende 1974 wurde festgestellt, daß bei etwa jeder dritten Nichtbank-Aktiengesellschaft ein Bankangehöriger Mitglied des Aufsichtsrates war. Ausführlich zu den Ergebnissen dieser Erhebung siehe BANKENSTRUKTURKOMMISSION (1979), S. 122 - 130.

2) Zur Funktion des Aufsichtsrates bei Kapitalgesellschaften siehe RAISER (1983), S. 73 - 77, S. 253 - 255, mit weiteren Literaturnachweisen.

3) Zur Funktion von Kreditsicherheiten, das Verhalten des Schuldners zu binden, siehe DRUKARCZYK (1984d), S. 684 f.; RUDOLPH (1984), S. 35 - 37.

Bejaht man die zweite Möglichkeit, stellt sich die weitere Frage, wie derartige Regelungen zur Risikobegrenzung sachgerecht ausgesteltet werden sollten.

In diesem Zusammenhang verdient ein weiterer Gesichtspunkt Beachtung, der an Hand von Abbildung 20 verdeutlicht werden soll. Die in dieser Abbildung wiedergegebenen Risikoprofile stimmen genau mit denen aus Abbildung 19b

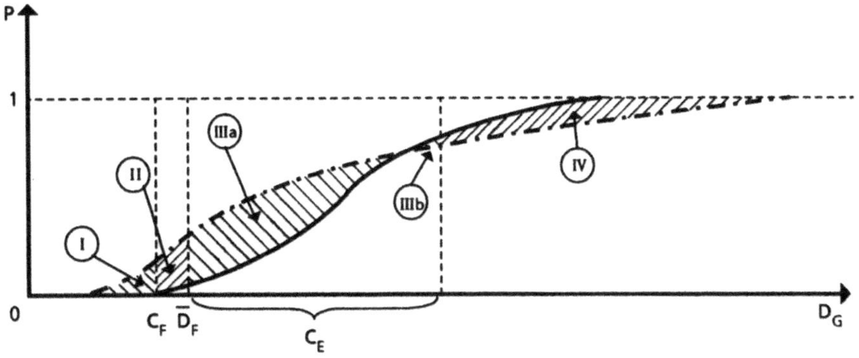

Abb. 20: Veränderung des Risikoprofils bei hoher Eigenkapitalausstattung

überein. War dort jedoch eine Eigenkapital-Fremdkapital-Relation von $C_E:C_F$ = 1:2 angenommen, so beträgt diese - bei unveränderter Kapitalsumme (C_E+C_F) insgesamt - in Abbildung 20 $C_E:C_F$ = 2:1. Die verschiedenen Flächenstücke (I bis IV) zwischen dem ursprünglichen Risikoprofil (durchgezogene Linie) und dem beim Übergang zu einer riskanteren Geschäftspolitik realisierbaren Risikoprofil (gebrochene Linie) verdeutlichen genau so, wie zu Abbildung 19b ausführlich erläutert wurde, das Ausmaß, in dem sich Verlustrisiken und Gewinnchancen der beiden Kapitalgebergruppen durch einen derartigen Übergang ändern würden.

Nach wie vor brächte ein solcher Schritt für die Gläubiger also nur Nachteile mit sich (Flächen I und III). Aber auch aus der Sicht der Eigenkapitalgeber wäre der Übergang zu der riskanteren Geschäftspolitik - im Gegensatz zu der durch Abbildung 19b verdeutlichten Situation - nun keineswegs mehr eindeutig als vorteilhaft anzusehen. Vielmehr wäre es angesichts der durch die damit einhergehende spürbare Erhöhung der Verlustrisiken (Fläche IIIa!) je nach der Risikoeinstellung der Eigenkapitalgeber durchaus vorstellbar, daß diese die Beibehaltung der bisher vorgesehenen Geschäftspolitik vorziehen. Das aber heißt, daß die Eigenkapitalgeber ein und dieselbe - potentiell gläubigergefährdende - Maßnahme eventuell ganz unterschiedlich einschätzen, je nachdem wie die Kapitalstruktur des betrachteten Unternehmens insgesamt aussieht. Oder schärfer ausgedrückt: Die Erhöhung des Verschuldungsgrades eines Unternehmens kann Anreize für die Eigenkapitalgeber auslösen, gerade wegen dieser Maßnahme zu einer stärker gläubigergefährdenden Geschäftspolitik überzugehen, die ihnen ohne die Erhöhung des Fremdkapitals keine Vorteile geboten hätte. Der Grund für diese besondere Schärfe des moral-hazard-problems liegt einfach darin, daß die mit dem Übergang zu einer insgesamt riskanteren Geschäftspolitik verbundenen Risiken überwiegend von den Gläubigern zu tragen sind, die Chancen jedoch allein den Eigenkapitalgebern zugute kommen. Dabei ist diese Asymmetrie in der Verteilung von Risiken und Chancen um so stärker ausgeprägt, je niedriger der Eigenkapitalanteil ist.[1)]

4.2.2 KWG-Normen als Vorbild für eine allgemeine Regelung zur Begrenzung des Geschäftsrisikos?

Wollte der Gesetzgeber also versuchen, daß Insolvenzrisiko durch allgemein geregelte Beschränkungen der Geschäftspolitik schuldnerischer Unternehmen zu begrenzen, so wäre es sachgerecht, das Ausmaß entsprechender Eingriffe u.a. auch danach zu differenzieren, wie stark die Asymmetrie der Risiken- und Chancenaufteilung zwischen Eigen- und Fremdkapitalgebern ausgeprägt ist. D.h. hoch verschuldete Unternehmen müßten stärkeren Einschränkungen unterworfen sein als Unternehmen mit einer geringen Fremdkapitalquote. In der Tat bestehen speziell für das Bankgewerbe mit den Vorschriften der §§ 10 bis 13 KWG und den dazu ergangenen Verordnungen des Bundesaufsichtsamtes für das Kreditwesen auch Regelungen, die gewisse Elemente eines solchen Konzeptes aufweisen. Diese Vorschriften schränken die Geschäftstätigkeit von Kreditinstituten mit dem Ziel ein, das Insolvenzrisiko im Interesse der Einleger, also der Bankgläubiger, möglichst gering zu halten.[2)] Durch diese Regelungen wird

---

1) Vgl. DRUKARCZYK (1981a), S. 253; MARSCHDORF (1984), S. 189; SCHILDBACH (1983), S. 2132.

2) Dem gleichen Ziel dienen im Hinblick auf den Schutz der Versicherten verschiedene im VAG niedergelegte Auflagen, die Versicherungsunternehmen bei ihrer Geschäftspolitik, insbesondere bei der Anlage des Deckungsstocks zu beachten haben.

etwa das Ausmaß, in dem ein Kreditinstitut allgemein Kredite vergeben und sich speziell auf Großengagements einlassen oder offene Devisenpositionen eingehen darf, an die Höhe des vorhandenen Eigenkapitals gekoppelt.[1] Je höher also die Eigenkapitalquote eines Instituts ist, um so größer ist der trotz dieser Restriktionen verbleibende geschäftspolitische Spielraum.

Es ist allerdings sehr fraglich, ob dieses spezielle Normensystem zugleich auch als Vorbild für eine alle Unternehmen erfassende allgemeine Regelung zur Begrenzung des Geschäftsrisikos geeignet ist.[2] Zum einen kann nämlich zu Recht bezweifelt werden, ob die Gesamtheit von Personen, die in aller Regel in Verfolgung ihrer eigenen geschäftspolitischen Interessen zu Gläubigern von Unternehmen werden, in dem gleichen Ausmaß schutzbedürftig und -würdig sind wie die Einleger von Kreditinstituten, also Unternehmen, für die das Eingehen von Verbindlichkeiten ja nicht nur eine Nebenerscheinung bei der Verfolgung des eigentlichen Unternehmenszweckes darstellt, sondern selbst zum unmittelbaren Unternehmenszweck wird. Dementsprechend sind Bankkunden häufig im Geschäftsleben wenig erfahren und in aller Regel gar nicht in der Lage, die mit einer Bankeinlage verbundenen Risiken zu erkennen[3]; Versuche, Einleger zu schützen, liegen also auf der gleichen konzeptionellen Ebene wie die vielfältigen sonstigen Regelungen zum Schutz von Verbrauchern, die sich häufig nur in sehr eingeschränktem Umfang ein zutreffendes Bild von der Qualität der angebotenen Ware oder Dienstleistung machen können. Zudem kann davon ausgegangen werden, daß die Insolvenz eines Kreditinstituts im allgemeinen in einem sehr viel höheren Ausmaß mit negativen externen Effekten verbunden ist als der Zusammenbruch von Unternehmen anderer Branchen. Die angesprochenen KWG-Normen sind somit auch gar nicht allein auf den Einlegerschutz ausgerichtet, sondern zugleich auch auf das Ziel, die Funktionsfähigkeit des Kreditwesens aufrechtzuerhalten.[4]

---

1) Vgl. z.B. Grundsätze I sowie Ia über das Eigenkapital und die Liquidität der Kreditinstitute gemäß § 10 KWG und § 11 KWG; Großkreditbegrenzung nach § 13 KWG. Zur Würdigung von Regulierungsvorschriften für Kreditinstitute siehe MÜLLER, W.A. (1981) sowie FEUERSTEIN (1984).

2) Vgl. SCHMIDT, K. (1982b), S. D 118 - 122, mit weiteren Literaturhinweisen zu der Frage einer allgemeinen staatlichen Wirtschaftsaufsicht. Ausführlich zur Frage, inwieweit man allgemein auf die Eigenkapitalvorschriften der Kreditwirtschaft zurückgreifen sollte, vgl. ROGUSCH (1979), S. 48 - 56.

3) Vgl. ERDLAND (1981), S. 39; MÜLLER, W.A. (1981), S. 18 f..

4) Vgl. MÜLLER, W.A. (1981), S. 22 - 24; BIEG (1983), S. 30 - 34; KRÜMMEL (1984), S. 475 - 478.

Zum zweiten muß - zumindest nach dem derzeitigen Erkenntnisstand - bezweifelt werden, ob sich überhaupt ein praktikabler Weg zur Etablierung eines sachgerechten Systems für alle Schuldner geltender geschäftspolitischer Beschränkungen finden läßt. Vom theoretischen Konzept her müßte ein solches System ja

- zum einen ein praktikables Meßsystem definieren, das es erlaubte, geschäftspolitische Maßnahmen unter Berücksichtigung unterschiedlicher Kapitalausstattungen in geeignete Risikoindikatoren - etwa der hier durch f_o und p_o präzisierten Art - umzurechnen, und

- zum zweiten eine normative Vorgabe enthalten, die es erlaubte, im Sinne des Gesetzgebers noch tragbare Risiko-Chancen-Strukturen von nicht mehr tragbaren abzugrenzen.

Beides ist als nicht leistbar anzusehen; und auch der Verweis auf das ja in der Tat praktizierte Restriktionensystem des KWG entkräftet dieses Argument nicht. Denn ein Konzept, das für die - gemessen an der Gesamtzahl aller Unternehmen - kleine und in Anbetracht der allgemeinen universalbanktypischen Geschäftsgestaltung relativ homogenen Gruppe der Kreditinstitute angesichts der besonderen "Geldnähe" ihrer Aktiva noch als leidlich sinnvoll angesehen werden kann, stellt noch lange kein Vorbild für ein die Gesamtheit sämtlicher Unternehmen umfassendes Regelungssystem dar.[1)]

Zudem ist zu beachten, daß die geschäftspolitischen Auflagen, die durch das KWG postuliert werden, keineswegs absolut wirkende Restriktionen darstellen, deren Verletzung quasi automatisch zur Einstellung des Geschäftsbetriebes führt. Vielmehr werden Verletzungen dieser Regelungen seitens des Bundesaufsichtsamtes zunächst zum Anlaß für eine nähere Überprüfung des betreffenden Instituts genommen.[2)] Nach einer solchen Überprüfung kann das Aufsichtsamt dann - ggf. nach einer Fristsetzung zur Behebung der aufgetretenen Mängel - weitere auf den konkreten Einzel-

1) Gleicher Auffassung SCHMIDT, K. (1982c), S. 1049.

2) So heißt es etwa in dem Entwurf einer Bekanntmachung des Bundesaufsichtsamtes über die "Änderung und Ergänzung der Grundsätze über das Eigenkapital und die Liquidität der Kreditinstitute" vom 29.5.1985: "Überschreitet ein Kreditinstitut die in den Grundsätzen festgelegten Obergrenzen nicht nur geringfügig oder wiederholt, so ist in der Regel die Vermutung begründet, daß das Kreditinstitut nicht über das erforderliche Eigenkapital verfügt ... . Bei der Beurteilung der Angemessenheit des Eigenkapitals eines Kreditinstituts ... können Sonderverhältnisse berücksichtigt werden, die - je nach Sachlage - geringere oder höhere Anforderungen rechtfertigen". (Hervorhebungen durch die Vf.)

fall zugeschnittene Auflagen aussprechen. Dabei reicht das Spektrum dementsprechender Eingriffe in die Geschäftstätigkeit von der Beschränkung der Kreditvergabemöglichkeiten über das Verbot, weitere Einlagen entgegenzunehmen, bis hin zu der Möglichkeit, Inhabern und Geschäftsleitern ihre Tätigkeit zu untersagen oder das Institut zu schließen.[1)]

Die in Rede stehenden geschäftspolitischen Restriktionen des KWG haben somit in erster Linie als Funktion, dem Aufsichtsamt mögliche Gefährdungssachverhalte zu signalisieren und es zu veranlassen, auf den Einzelfall zugeschnittene Auflagen auszusprechen. Nur eine solche Regelung läßt das recht starre und der tatsächlichen Risikosituation keineswegs in jedem Einzelfall gerecht werdende Normensystem der §§ 10 bis 13 KWG überhaupt erst rechtspolitisch vertretbar werden. Das aber bedeutet, daß ein für sämtliche Unternehmen der unterschiedlichsten Branchen geltendes Restriktionensystem erst recht nicht einen bei Verstößen gegen derartige Normen einsetzenden Automatismus enthalten dürfte, sondern lediglich den Anstoß geben könnte, um eine Überprüfung im Einzelfall vorzunehmen und den dabei gewonnenen Erkenntnissen entsprechende Auflagen zu formulieren. Die Erfüllung dieser Aufgabe setzte zwangsläufig nach dem Vorbild der Aufsichtsämter für das Kreditwesen oder für das Versicherungswesen die Etablierung einer speziellen, für die Überwachung sämtlicher Unternehmen zuständigen Aufsichtsbehörde voraus, deren Arbeitsfähigkeit - ganz abgesehen von der Wünschbarkeit einer solchen Regelung - bezweifelt werden muß. Es verwundert daher nicht, daß - abgesehen von Sonderregelungen für einzelne Gewerbezweige wie Kreditinstitute, Versicherungen etc. und insolvenzrechtlichen Regelungen[2)] - weder in der Bundesrepublik noch in anderen Ländern Regelungen zu finden sind, die darauf abzielen, die Unternehmen aus Gründen des Gläubigerschutzes in der konkreten Ausgestaltung ihrer geschäftspolitischen Maßnahmen einzuschränken.

---

1) Vgl. §§ 45 ff. KWG.

2) Beispielhaft wäre hier der Verlust oder zumindest die Einschränkung der Verfügungsmacht seitens des Schuldners über sein Vermögen zu nennen, nachdem wegen Vorliegen eines Insolvenzgrundes ein Insolvenzverfahren eröffnet worden ist. Vgl. hierzu Kapitel 5 dieses ersten Teils sowie Abschnitt 1.2 des dritten Teils dieser Arbeit. In diesem Zusammenhang ist auch hinzuweisen auf die Strafwürdigkeit von Handlungen nach dem Konkursstrafrecht, die insbesondere darauf basiert, daß die inkriminierten Handlungen (z.B. Schleuderverkäufe) in einer Phase äußerster Gläubigergefährdung (Überschuldung oder drohende oder eingetretene Zahlungsunfähigkeit) vorgenommen werden. Dagegen sind dieselben Handlungen außerhalb der Krise nicht strafwürdig; vgl. hierzu HÖFNER (1981), S. 48 f.; SCHLÜCHTER (1977), S. 62 - 64.

4.3 Ansätze zur Begrenzung des Kapitalstrukturrisikos

4.3.1 Die Risiken zunehmender Verschuldung

Außer durch den Übergang zu einer riskanteren Geschäftspolitik kann das Insolvenzrisiko zum zweiten durch eine Verminderung des Verhältnisses zwischen Eigen- und Fremdkapital erhöht werden. Dabei sind im einzelnen folgende drei Gestaltungsformen denkbar:

(1) Ein Teil des dem Unternehmen zur Verfügung stehenden Vermögens wird an die Gesellschafter ausgeschüttet; die Geschäftstätigkeit wird in entsprechendem Umfang reduziert.

(2) Es wird zusätzliches Fremdkapital zur Ausweitung der Geschäftstätigkeit aufgenommen.

(3) Es wird genau in dem Ausmaß zusätzliches Fremdkapital aufgenommen, wie Ausschüttungen an die Gesellschafter erfolgen. Die Geschäftstätigkeit im primären Beschaffungs-, Leistungs- und Absatzbereich des Unternehmens bleibt völlig unverändert.

Da sich bei den Maßnahmen (1) und (2) geschäfts- und finanzierungspolitische Effekte überlagern, wird zur isolierten Verdeutlichung des Kapitalstrukturrisikos in diesem Unterabschnitt zunächst nur Fall (3) betrachtet. Wie ein Vergleich der Abbildungen 19b und 20 zeigt, führt eine derartige Substitution von Eigen- durch Fremdkapital bei gleichbleibender Geschäftspolitik, d.h. unveränderter Lage der Risikoprofilkurve $p(D_G)$, zwangsläufig zu einer Erhöhung der Insolvenzwahrscheinlichkeit p_o. Zugleich vermindert sich auch die im Konkursfall schlechtest mögliche Rückzahlungsquote f_o. Abbildung 21 verdeutlicht diese Auswirkungen einer geschäftspolitisch neutralen Veränderung des Verschuldungsgrades. Ausgehend von einer durch die Risikoindikatoren $\bar{f}_o$ und $\bar{p}_o$ gekennzeichneten Situation (Punkt $\bar{R}$) schlägt sich jede Erhöhung des Verschuldungsgrades in einer Wanderung der maßgeblichen f_o-p_o-Kombination nach links oben entlang einer hyperbelförmigen Kurve nieder, eine Verminderung des Verschuldungsgrades dementsprechend in einer

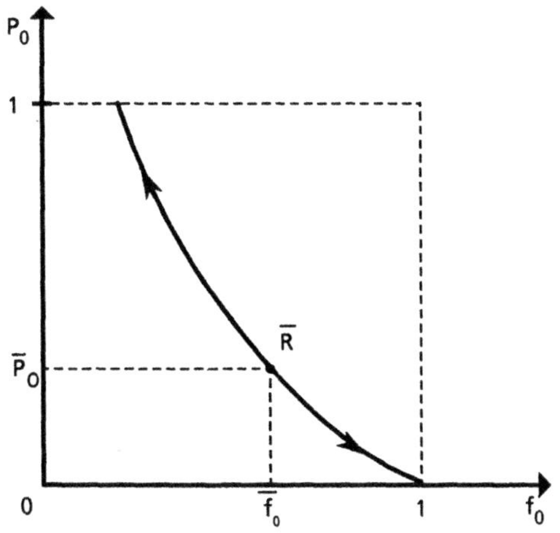

Abb. 21: Kapitalstrukturkurve bei geschäftspolitisch neutraler Variation des Verschuldungsgrades

Bewegung nach rechts unten.[1] Jeder Punkt auf dieser Kurve entspricht für den Fall einer unverändert vorgegebenen Geschäftspolitik einer anderen Eigenkapital-Fremdkapital-Relation und ordnet dieser eine bestimmte Wertekonstellation der Risikoindikatoren f_o und p_o zu. Diese Kurve soll daher im folgenden als *Kapitalstrukturkurve* bezeichnet werden.

Für die Gläubiger eines Unternehmens besteht somit insbesondere die Gefahr, daß das Unternehmen nach erfolgter Fremdkapitalaufnahme den eigenen Verschuldungsgrad in einer von dem Gläubiger zunächst nicht vorhergesehenen Weise erhöht, sich - bildlich gesprochen - also auf

---

1) Das Funktionsgesetz dieser Kurve lautet

$$p_o = \frac{\bar{p}_o \cdot \bar{f}_o}{(1-\bar{f}_o)} \cdot \frac{(1-f_o)}{f_o}$$

Auf die Ableitung dieser Relation soll hier verzichtet werden. Sie setzt voraus, daß das Risikoprofil im relevanten Bereich durch eine Gerade approximiert werden kann und die Fremdkapitalverzinsung von der Variation des Verschuldungsgrades nicht berührt wird. Treffen diese Annahmen nicht zu, wird das Funktionsgesetz der Kapitalstrukturkurve komplizierter, ohne daß sich daraus allerdings für den hier untersuchten Zusammenhang weitere Einsichten gewinnen ließen.

der Kapitalstrukturkurve nach links oben bewegt. Das aber kann zur Folge haben, daß ein zunächst vorteilhaftes Kreditengagement angesichts der gestiegenen Risiken dann doch als unvorteilhaft anzusehen ist. Die Gläubiger haben dementsprechend ein Interesse daran, nach erfolgter Kreditvergabe eine weitere Erhöhung des Verschuldungsgrades des schuldnerischen Unternehmens zu verhindern. Dementsprechend hat sich in der Kreditvergabepraxis mit der Vereinbarung von Negativklauseln auch ein Instrument herausgebildet, das genau diesem Zweck dient. Derartige Klauseln können etwa vorsehen, daß der Schuldner bestimmte Verschuldungsgrenzen nicht überschreitet oder bislang unbelastete Vermögensteile nicht zugunsten weiterer Kreditgeber belastet.[1)]

4.3.2 Kapitalaufbringungsvorschriften

Der Gesetzgeber hat die Begrenzung des Kapitalstrukturrisikos allerdings nicht allein derartigen Vereinbarungen der Vertragspartner überlassen, sondern insbesondere im Bereich der Kapitalgesellschaften weitere allgemein gültige Normen aufgestellt, durch die zumindest bestimmte Formen der Erhöhung des Fremdkapitalanteils verhindert oder an die Erfüllung anderer gläubigerschützender Maßnahmen geknüpft werden. Derartige Regelungen zur Kapitalaufbringung und -erhaltung werden im zweiten Teil dieser Arbeit ausführlich analysiert, so daß wir uns an dieser Stelle mit einer knappen Systematisierung der verschiedenen Ansatzmöglichkeiten begnügen können.

Hier sind zunächst die Maßnahmen zu nennen, die darauf abzielen, im Gründungsstadium eines Unternehmens die Verfügbarkeit einer gewissen Haftungsreserve zu sichern. Dazu werden gelegentlich die etwa für Gesellschaften mbH und Aktiengesellschaften bestehenden Vorschriften gezählt, wonach das von den Gründern zu zeichnende Nominalkapital sowie die darauf sofort zu erbringenden Einlagen bestimmte absolute Werte oder Quoten des Nominalkapitals nicht unterschreiten dürfen. Da in diesen Regelungen jedoch keinerlei Bezug auf die vorgesehene Fremdkapitalausstattung genommen wird, ist ihre Relevanz zur Begrenzung des Kapitalstrukturrisikos nur äußerst gering.[2)]

---

1) Vgl. hierzu SCHOLZ/LWOWSKI (1980), S. 109

2) Vgl. Abschnitt 3.1.1 des dritten Teils.

Es ist daher verständlich, daß im juristischen Schrifttum - so zuletzt insbesondere im Zusammenhang mit der GmbH-Reform[1] - die Möglichkeit diskutiert wurde, neuzugründende Unternehmen zu einer Art und Umfang der vorgesehenen Geschäftstätigkeit "angemessenen" Eigenkapitalausstattung vorzuschreiben.[2] Die Probleme der praktischen Umsetzung eines solchen Ansatzes können im Rahmen des hier verwendeten Grundmodells wie folgt verdeutlicht werden.

- Zunächst müßte der Gesetzgeber die Bereiche akzeptabler und nicht akzeptabler Risiken - ausgedrückt durch verschiedene Kombinationen der Risikoindikatoren f_o, p_o - festgelegen. Formal ließe sich eine solche Fixierung durch eine im Abschnitt 2.4.1 dargestellte indifferenzkurvenähnliche Normlinie (NN in Abbildung 22) verdeutlichen.

- Zum zweiten hätte der Gesetzgeber ein hinlänglich praktikables Verfahren vorzugeben, nach dem die Informationen über Art und Umfang der geplanten Geschäftstätigkeit zu einem Risikoprofil verdichtet werden können, wie es beispielsweise durch Abbildung 4 verdeutlicht wird.

- Unter Berücksichtigung der zunächst vorgesehenen Eigenkapitalausstattung ($\bar{C}_E$) wären aus diesem Risikoprofil dann in der im Abschnitt 2.3 beschriebenen Weise die entsprechenden Werte für die beiden Risikoindikatoren $\bar{f}_o$ und $\bar{p}_o$ abzuleiten.

- Würde die so beschriebene Risikoposition im Risikoindikatoren-Diagramm durch einen Punkt unterhalb der Normlinie NN gekennzeichnet (vgl. Punkt $\hat{R}$ in Abbildung 22), so wäre die Eigenkapitalausstattung akzeptabel. Läge der entsprechende Punkt hingegen oberhalb der Normlinie ($\bar{R}$ in Abbildung 22), so wäre die zunächst vorgesehene Eigenkapitalausstattung nicht angemessen.

---

1) Vgl. z.B. REFERENTENENTWURF (1969), S. 184; Begründung zum Regierungsentwurf zum § 32a GmbHG in DEUTLER (1981), S. 71.

2) Vgl. ULMER in HACHENBURG (1975/84), Anh. § 30 Rdn. 55 - 67; WIEDEMANN (1980), S. 572 - 573; ERMAN (1959), S. 129 - 134; ERLINGHAGEN (1962), S. 169 - 176; WINKLER (1969a), S. 1202 - 1207; WINTER, G. (1973), S. 122 - 125 und S. 126 - 167; ARBEITSKREIS GmbH-REFORM (1972), S. 21 - 23 sowie Erläuterungen S. 24 - 31.

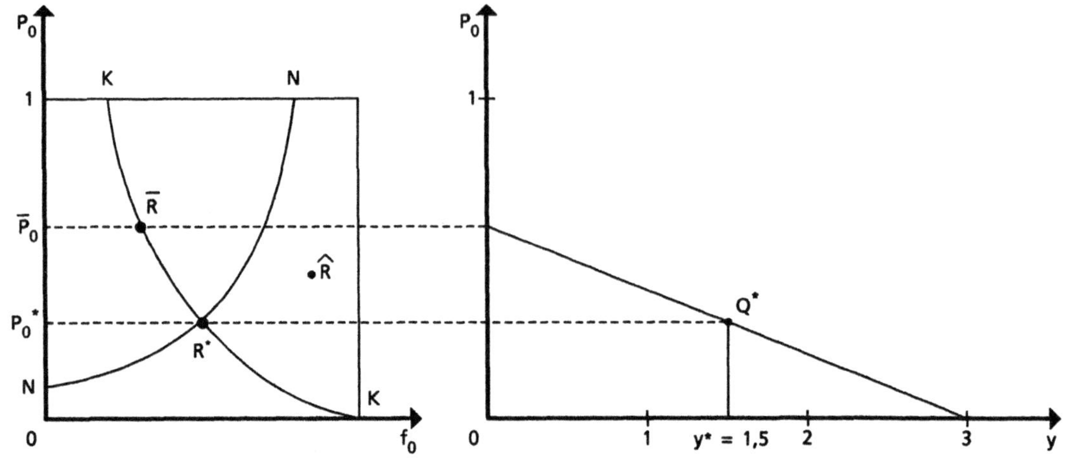

Abb. 22: Bestimmung der "angemessenen" Eigenkapitalausstattung eines zu gründenden Unternehmens

Das verwendete Instrumentarium erlaubte zugleich auch die Feststellung, in welchem Umfang das zunächst vorgesehene Eigenkapital erhöht werden müßte, um gerade als "angemessen" zu gelten. Wie im Abschnitt 4.3.1 bereits verdeutlicht wurde, kann die Erhöhung des vorgesehenen Eigenkapitalanteils - bei unveränderter Gestaltung der Geschäftspolitik - im f_o-p_o-Diagramm als Wanderung auf der Kapitalstrukturkurve KK nach rechts unten interpretiert werden. Diese Wanderung wäre offensichtlich solange fortzusetzen, bis der Schnittpunkt der Kapitalstrukturkurve mit der Normlinie NN erreicht ist (vgl. R^* in Abbildung 22). Der Ordinatenwert dieses Punktes bestimmt die in dem vorliegenden Fall maximal zulässige Insolvenzwahrscheinlichkeit p_o^*. Die Eigenkapitalausstattung wäre also über das zunächst vorgesehene Maß hinaus soweit zu erhöhen, daß die Insolvenzwahrscheinlichkeit diesen Maximalwert nicht mehr überschreitet.

Nun kann gezeigt werden, daß zwischen der relativen Erhöhung γ des Eigenkapitals gegenüber dem ursprünglich vorgesehenen Wert $\bar{C}_E$[1] und der im Fall einer solchen Erhöhung maßgeblichen Insolvenzwahrscheinlichkeit p_o die lineare Beziehung

$$(22)\quad p_o = \bar{p}_o - \frac{p_o}{(1-\bar{f}_o)\cdot\bar{V}_o}\cdot\gamma$$

1) Bezeichnet C_E den erhöhten Eigenkapitalwert und $\bar{C}_E$ die ursprünglich geplante Eigenkapitalausstattung, so gilt $\gamma = \frac{C_E-\bar{C}_E}{\bar{C}_E}$.

besteht[1], wie sie im rechten Teil von Abbildung 22 verdeutlicht wird. $\bar{V}$ bezeichnet dabei den der ursprünglich geplanten Eigenkapitalausstattung ($\bar{C}_E$) entsprechenden Verschuldungsgrad (also $\bar{V} = \bar{C}_F/\bar{C}_E$); $\bar{f}_o$ und $\bar{p}_o$ die zugehörigen Werte der Risikoindikatoren.

Ist nun erst einmal die maximal zulässige Insolvenzwahrscheinlichkeit p_o^* bestimmt, so ermöglicht (22) sehr einfach auch die Ermittlung des Prozentsatzes γ^*, um den das zunächst vorgesehene Eigenkapital - bei gleichzeitiger Rücknahme der geplanten Verschuldung um den gleichen Absolutbetrag - ausgeweitet werden muß. Grafisch entspricht dies - so wie es Abbildung 22 zeigt - der Projektion des p_o^*-Wertes auf die (22) entsprechende Gerade im γ-p_o-Diagramm und der Ermittlung des Abszissenwertes des so bestimmten Punktes (Q^* in Abbildung 22).

Die durch Abbildung 22 verdeutlichte Situation kann man sich etwa wie folgt vorstellen: Ein Unternehmen soll gegründet und zunächst mit 500.000 DM Kapital ausgestattet werden, und zwar mit $\bar{C}_E$ = 100.000 DM Eigenkapital und dementsprechend $\bar{C}_F$ = 400.000 DM Fremdkapital (also $\bar{V}$ = 4:1). Die sich daraus errechnenden Werte der Risikoindikatoren mögen $\bar{f}_o$ = 0,25 und $\bar{p}_o$ = 0,6 betragen (Punkt $\bar{R}$ in Abbildung 22). Diese Wertekombination liegt jedoch im Bereich nicht akzeptabler Risiken. Mithin müßte die ursprünglich geplante Eigenkapitalausstattung über 100.000 DM hinaus ausgeweitet, das Fremdkapitalvolumen entsprechend gesenkt werden. Die bei einer derartigen sukzessiven Kapitalsubstitution erreichbaren f_o-p_o-Kombinationen werden durch die Kapitalstrukturkurve KK verdeutlicht, die für p_o^* = 0,3 gerade ihren Schnittpunkt mit der exogen vorgegebenen Normkurve NN erreicht. Für den Zusammenhang zwischen der relativen Erhöhung γ des Eigenkapitalwertes gegenüber der Ursprungsausstattung und der dadurch erreichbaren Insolvenzwahrscheinlichkeit p_o gilt nun gemäß (22) die Relation p_o = 0,6 - 0,2γ. Dem maximal zulässigen Wert der Insolvenzwahrscheinlichkeit von p_o^* = 0,3 entspricht somit gerade der γ-Wert von γ^* = 1,5. D.h. die zunächst vorgesehene, aber unangemessen niedrige Eigenkapitalausstattung von 100.000 DM müßte um 150%, also auf 250.000 DM erhöht werden, das vorgesehene Verschuldungsvolumen dementsprechend von 400.000 DM auf ebenfalls 250.000 DM gesenkt werden.

Diese kurze Skizze eines entscheidungstheoretisch fundierten Konzeptes zur Fixierung einer "angemessenen" Eigenkapitalausstattung eines neu zu gründenden Unternehmens macht zugleich deutlich, welche kaum überwindbaren Hindernisse der praktischen Umsetzung eines solchen Ansatzes entgegenstehen. Zum einen ist die Vorgabe einer Angemessenheitsnorm für das Mindesteigenkapital in Abhängigkeit von Art und Umfang der beabsichtigten Geschäftstätigkeit, so wie sie sich in unserem Modell in der Normkurve NN niederschlägt, zwangsläufig mit einer gewissen Willkür verbunden; ein betriebswirtschaftlich fundiertes Konzept dazu ist jedenfalls nicht verfügbar und kann es auch gar nicht geben, da es keine objektiv gültigen

1) Auf den Nachweis dieser Relation sei hier verzichtet.

Anhaltspunkte zur Abgrenzung noch akzeptabler und nicht mehr akzeptabler Gläubigerrisiken gibt.[1] Hier bedarf es einer originären normativen Festlegung durch den Gesetzgeber. Selbst wenn man eine solche Willkür bei der Festlegung einer entsprechenden Norm noch für vertretbar hält - zahlreiche Rechtsvorschriften, die quantitative Vorgaben enthalten, sind nicht minder willkürlich - scheitert die praktische Umsetzung eines solchen Konzeptes jedoch spätestens daran, daß es nicht möglich ist, ein praktikables und zugleich sachgerechtes Verfahren zur Quantifizierung der mit der Gründung eines Unternehmens verbundenen Geschäftsrisiken zu entwickeln. Dementsprechend heißt es auch etwa in der Begründung des Referentenentwurfs für ein neues GmbH-Gesetz von 1969, die Idee, von einer Gesellschaft mbH eine "ihrem Geschäftszweig und Geschäftsumfang entsprechende Eigenkapitalausstattung" zu verlangen, sei zwar "im Interesse eines verstärkten Gläubigerschutzes erwägenswert", mangels operabler Kriterien jedoch in praxi nicht durchführbar und mit dem Gebot der Rechtssicherheit nicht vereinbar.[2]

4.3.3 Kapitalerhaltungsvorschriften

Die zuletzt vorgetragenen Überlegungen lassen es zugleich auch äußerst zweifelhaft erscheinen, ob es möglich ist, den gelegentlich erörterten Gedanken zu realisieren, den Unternehmen während ihrer gesamten Geschäftstätigkeit die Erhaltung eines "angemessenen" Eigenkapitals vorzuschreiben, das über den durch die Überschuldungsregelung fixierten Minimalrahmen hinausgeht.[3] Sieht man einmal von den bereits im Abschnitt 4.2.2 angesprochenen Sonderregelungen für Kreditinstitute ab, die ja entweder als Normen zur Eingrenzung der Geschäftstätigkeit in Abhängigkeit von der Höhe des vorhandenen Eigenkapitals oder aber auch in entgegengesetzter Blickrichtung als Vorschrift zur Bestimmung einer dem tatsächlich realisierten Geschäftsvolumen "angemessenen" Mindesteigenkapitalausstattung interpretiert werden können, so beschränken sich die gesetzlichen Maßnahmen zur Begrenzung des Kapitalstrukturrisikos auf den Ver-

---

1) Zur Notwendigkeit der Bestimmung einer Risikoschwelle bei der Normierung der angemessenen Kapitalausstattung siehe WIEDEMANN (1968), S. 30; ROGUSCH (1979), S. 283.

2) Vgl. REFERENTENENTWURF (1969), S. 184.

3) Zur Rechtfertigung der gesetzlichen Vorsorge für eine "angemessene" Eigenkapitalausstattung auch nach Abschluß des Gründungsstadiums einer Unternehmung vgl. Abschnitt 3.3.1 des dritten Teils dieser Arbeit.

such, das Ausmaß von Übertragungen aus dem Vermögen des Unternehmens in das Vermögen der Gesellschafter zu begrenzen. Grundsätzlich beziehen sich derartige Regelungen allerdings nur auf Kapitalgesellschaften, also auf solche Unternehmen, für deren Verbindlichkeiten keiner der Gesellschafter mit seinem Privatvermögen haftet, während Personengesellschaften von derartigen Restriktionen ausgenommen sind. Dahinter steht die Fiktion, die Übertragung von Teilen des Gesellschaftsvermögens, etwa einer OHG, in das Privatvermögen ihrer Gesellschafter stelle nur eine Verschiebung innerhalb der insgesamt haftenden Masse von Gesellschafts- und Privatvermögen dar, belaste die Gläubiger der OHG insoweit also nicht.

Es soll hier darauf verzichtet werden, die Schlüssigkeit dieser Fiktion kritisch zu untersuchen.[1)] Unstrittig ist auf jeden Fall, daß derartige Vermögensübertragungen bei einer Gesellschaft mbH oder einer Aktiengesellschaft eine wesentlich stärkere Gläubigergefährdung beinhalten als bei einer typischen Personengesellschaft. Denn zum einen bedeutet die sanktionsfreie Durchführung einer solchen Maßnahme in diesem Fall unzweifelhaft eine Verminderung der Haftungsmasse und damit eine Erhöhung des Insolvenzrisikos. Zudem würde die aus der asymmetrischen Verteilung von Risiken und Chancen resultierende Verzerrung der Anreizstrukturen (vgl. Abschnitt 4.2.1) durch eine solche Eigenkapitalminderung zu Lasten der Gläubiger weiter verschärft.

Aus der Sicht der Gläubiger wäre es insoweit am günstigsten, wenn Kapitalgesellschaften vor der Liquidation des Unternehmens jede Vermögensübertragung an die Gesellschafter untersagt würde. Der Gesetzgeber ist einer derartig einseitig an Gläubigerinteressen orientierten Regelung jedoch nicht gefolgt. Stattdessen gilt - von einigen Modifikationen[2)] abgesehen - für Kapitalgesellschaften das einheitliche Grundprinzip[3)], daß Ausschüttungen an die Gesellschafter in einer Periode zunächst nur insoweit vorgenommen werden dürfen, wie in dieser Periode ein Gewinn, d.h. ein Reinvermögenszuwachs, erzielt worden ist.

---

1) Die Bedeutung dieser Fiktion ist auch zu hinterfragen, wenn es um die Ausdehnung des Überschuldungstatbestandes als Insolvenzgrund auf "reine" Personengesellschaften geht. Vgl. hierzu Abschnitt 2.4.2 des dritten Teils dieser Arbeit.

2) So etwa die zusätzlichen Vorschriften zur Einstellung eines Teils des Jahresüberschusses an die gesetzliche Rücklage gemäß § 150 Abs. 2 AktG.

3) Zur näheren Verdeutlichung der im AktG und GmbHG durch unterschiedliche Regelungen niedergelegten Ausschüttungssperrmechanik vgl. Abschnitt 3.2.3.2 im zweiten Teil dieser Arbeit.

Dieses Prinzip der Ausschüttungsbegrenzung erfährt allerdings zwei Modifikationen:

- Zum einen eine Erweiterung dahingehend, daß in früheren Perioden einbehaltene Gewinne, d.h. erzielte, aber dem Unternehmen noch nicht durch Ausschüttungen an die Gesellschafter wieder entzogene Reinvermögenszuwächse nachträglich auch noch ausgeschüttet werden dürfen.

- Zum anderen eine Einschränkung in der Weise, daß die Ausschüttung in der laufenden Periode erzielter oder in früheren Perioden einbehaltener Gewinne nur insoweit zulässig ist, wie sie zwischenzeitlich eingetretene Verluste übersteigen.

Ausschüttungen an die Gesellschafter einer Kapitalgesellschaft, sind nach diesem Konzept somit nur insoweit zulässig, wie das verbleibende Reinvermögen des Unternehmens nicht unter den Betrag des Grund- oder Stammkapitals - ggf. zuzüglich der gesetzlichen Rücklage - sinkt.[1)]

Grundvoraussetzung, um auf diese Weise zumindest in Ansätzen eine Einschränkung des Insolvenzrisikos zu erreichen, ist natürlich ein restriktives Konzept zur Quantifizierung von Gewinn und Vermögen. Wie bereits bei der Erörterung des Informationsrisikos (vgl. Abschnitt 3.2.2) angesprochen wurde, folgen die entsprechenden Bilanzierungs- und Bewertungsvorschriften dementsprechend auch weitgehend dem Vorsichtsprinzip, Gewinne und Vermögenswerte im Zweifel eher zu niedrig als zu hoch (Niederstwertprinzip für Aktiva) und umgekehrt Verluste und Verbindlichkeiten eher zu hoch als zu niedrig (Höchstwertprinzip für Passiva außer Eigenkapital) auszuweisen. Auf die daraus möglicherweise resultierenden Beeinträchtigungen der Informationsfunktion des Jahresabschlusses wurde bereits hingewiesen.

Seine Ergänzung findet das skizzierte Prinzip der Ausschüttungsbegrenzung durch Sonderregelungen für sog. Kapitalherabsetzungen. Darunter sollen hier alle Maßnahmen gezählt werden, die zu einer Senkung des Nominalkapitals einer Kapitalgesellschaft führen.[2)] Dies ist zum einen

---

1) Dieses Prinzip der Ausschüttungsbegrenzung wird im juristischen Schrifttum im allgemeinen als Grundsatz der nominellen Vermögensbindung bezeichnet; vgl. hierzu WIEDEMANN (1980), S. 561 - 564.

2) Vgl. hierzu Abschnitt 3.4.2 des zweiten Teils dieser Arbeit.

bei solchen Vermögensübertragungen des Unternehmens an seine Gesellschafter der Fall, die über den im Regelfall maximal ausschüttbaren Betrag hinaus- und somit buchtechnisch mit einer Minderung des Nominalkapitals (oder einer ansonsten nicht zu Ausschüttungszwecken auflösbaren Rücklagenposition) einhergehen.[1] Wäre eine solche Kapitalherabsetzung sanktionsfrei und ohne weitere Voraussetzungen möglich, so könnte damit natürlich das ganze Prinzip der Ausschüttungssperre unterlaufen werden. Der Gesetzgeber hat die Zulässigkeit derartiger Maßnahmen dementsprechend auch an die Erfüllung anderer Vorkehrungen zum Gläubigerschutz geknüpft[2]: Allen Gläubigern, deren Forderungen bei Bekanntmachung der Kapitalherabsetzungsabsicht bereits begründet waren, ist, sofern sie sich innerhalb einer gesetzlich vorgesehenen Frist melden, Befriedigung oder ausreichende Besicherung ihrer Forderungen zu gewähren.

Erlaubt die tatsächliche - insoweit von der "vorsichtigen" Darstellung im Jahresabschluß in der Regel positiv abweichende - Vermögenslage einem Unternehmen, dieser Auflage nachzukommen, so sieht der Gesetzgeber die Interessen der Gläubiger als hinlänglich gewahrt an und läßt die Durchbrechung des ansonsten maßgeblichen Prinzips der Ausschüttungsbegrenzung zu. Zwar wird das Insolvenzrisiko durch die Kapitalherabsetzung im Vergleich zu der Situation ohne eine solche Maßnahme zweifellos erhöht.[3] Angesichts der individuellen Absicherung aller Gläubiger sieht der Gesetzgeber jedoch das im Falle einer Insolvenz relevant werdende Verlustrisiko als so gering an, daß die Erhöhung des Insolvenzrisikos für die Gläubiger letztlich doch unerheblich ist.

Neben der effektiven Kapitalherabsetzung der soeben erörterten Art sieht das Aktiengesetz auch in verschiedenen Varianten die Möglichkeit vor, das Nominalkapital zu vermindern, ohne gleichzeitige Ausschüttungen an die Gesellschafter vorzunehmen. Die Kapitalherabsetzung geht dann mit der Ausbuchung von Verlusten oder der Erhöhung von Rücklagenpositionen einher, die Eigenkapitalausstattung des Unternehmens bleibt somit unverändert. Da sich durch eine solche Maßnahme an der Vermögens-

---

1) Ordentliche Kapitalherabsetzungen im Sinne von §§ 222 - 228 AktG und § 58 GmbHG sowie die entgeltliche Einziehung von Geschäftsanteilen gemäß §§ 237 - 239 AktG.

2) Vgl. § 58 Abs. 1 Nr. 2 GmbHG und § 225 Abs. 1 AktG.

3) Vgl. Begründung zum Regierungsentwurf des Aktiengesetzes in KROPFF (1965), S. 392 f..

und Ertragslage des Unternehmens überhaupt nichts ändert, wird auch die Risikoposition der Gläubiger zunächst gar nicht tangiert. Insoweit erscheinen derart strenge Auflagen wie im Falle der effektiven Kapitalherabsetzung in der Tat nicht notwendig. Mit der Herabsetzung des Nominalkapitals wird allerdings zugleich in der Weise in die Mechanik der Ausschüttungssperre eingegriffen, daß in den Folgeperioden höhere Beträge an die Gesellschafter ausgeschüttet werden können, als dies ohne die Kapitalherabsetzung möglich gewesen wäre. Insoweit werden die Interessen der Gläubiger letztlich also doch berührt, wenn auch nicht so gravierend wie bei einer Herabsetzung des Nominalkapitals, die mit einer effektiven Verringerung des Eigenkapitals einhergeht.

Während das GmbH-Gesetz auch die Durchführung einer solchen nominellen Kapitalherabsetzung an die gleichen Voraussetzungen knüpft wie die effektive Kapitalherabsetzung, sieht das Aktiengesetz für diesen Fall weniger strenge Regelungen zum Gläubigerschutz vor.[1] Diese laufen alle darauf hinaus, den als Folge der nominellen Kapitalherabsetzung erhöhten Ausschüttungsspielraum der Aktiengesellschaft durch zusätzliche Sondervorschriften zumindest vorübergehend einzuschränken.[2] Eine nähere Analyse dieser Regelungen einschließlich gewisser Inkonsistenzen wird im Abschnitt 3.4 des zweiten Teils dieser Arbeit erfolgen.

Insgesamt stellen die Normen zur Ausschüttungsbegrenzung, die Sonderregelungen für die verschiedenen Arten von Kapitalherabsetzungen sowie die - hier nicht näher erwähnten - Vorschriften im Zusammenhang mit dem Erwerb eigener Anteile[3] den Versuch des Gesetzgebers dar, die Gläubiger von Kapitalgesellschaften vor den aus einer Verminderung des Eigenkapitals eines Unternehmens resultierenden negativen Konsequenzen zu schützen. Dieser Ansatz kann in folgender Weise als "second-best"-Lösung interpretiert werden:

---

1) Bei der Vorbereitung der geplanten Reform des GmbHG Ende der 60er Jahre, Anfang der 70er Jahre war eine Anpassung der für die GmbH geltenden Rechtsvorschriften an das AktG vorgesehen (vgl. z.B. §§ 180 - 194 des REFERENTENENTWURFES (1969). Diese Ansätze wurden dann jedoch nicht in die letztlich zum 01.01.1981 in Kraft getretene kleine Novelle des GmbHG übernommen.

2) Vgl. §§ 233 Abs. 1 u. 2 sowie § 237 Abs. 5 AktG.

3) Vgl. dazu ausführlich Abschnitt 3.3.3 im zweiten Teil dieser Arbeit. Zur Beschränkung des Erwerbs eigener Anteile sei am Rande angemerkt, daß diese auch als eine Regelung zur Begrenzung des Geschäftsrisikos aufgefaßt werden kann: Es wird der Erwerb von Vermögenswerten untersagt, deren Wertentwicklung vollständig positiv mit der des Unternehmensvermögens korreliert ist.

- Eigentlich wäre es erstrebenswert, die Unternehmen schon bei der Gründung zu einer angemessenen Eigenkapitalausstattung zu verpflichten, die über den durch die Überschuldungsregelung fixierten Minimalrahmen hinausgeht.[1] Diese Absicht ist jedoch mangels praktikabler Verfahren nicht umsetzbar.

- Andererseits ist der notgedrungene Verzicht auf eine solche Lösung insofern nicht ganz so schwerwiegend, als es zur Realisierung eines "unangemessen" hohen Verschuldungsgrades eines neu gegründeten Unternehmens immerhin des Mitwirkens der Kreditgeber bedarf; diese geraten ja in der Regel nicht unwissentlich oder zwangsweise in eine entsprechende Gläubigerposition. Insoweit sind der "unangemessen" hohen Ausweitung des Verschuldungsgrades also gewisse Grenzen gesetzt, deren Weite im wesentlichen davon abhängt, inwieweit es dem kreditsuchenden Unternehmen gelingt, seine potentiellen Kreditgeber über die effektive Risikosituation im Unklaren zu lassen.[2]

- Hat ein Unternehmen jedoch erst einmal Gläubiger gefunden, so könnte durch Ausschüttungen an die Gesellschafter der Verschuldungsgrad weiter erhöht werden, ohne daß er der Mitwirkung der Gläubiger bedürfte. Das mit derartigen Maßnahmen verbundene Gefährdungspotential ist also besonders hoch, so daß es vom Ansatz her durchaus als gerechtfertigt anzusehen ist, wenn der Gesetzgeber zumindest diesen besonders neuralgischen Bereich einer restriktiven Regelung unterwirft. Der Gesetzgeber handelt damit quasi für die Gesamtheit aktueller und potentieller Gläubiger und trägt damit zugleich dazu bei, die sozialen Kosten der entsprechenden Sicherungsmaßnahmen, die ansonsten ja einer Vielzahl unterschiedlicher, nicht koordinierter und schwer überschaubarer einzelvertraglicher Vereinbarungen zwischen dem Unternehmen und jedem einzelnen seiner Gläubiger überlassen bleiben würden, zu senken.

In dieser Sichtweise ist es zugleich auch verständlich, daß der Gesetzgeber ebenfalls darauf verzichtet hat, das Volumen der einem Unternehmen maximal möglichen Verschuldung durch Rechtsvorschriften zu begren-

1) Zur Interpretation der Überschuldungsregelung als Mindesteigenkapitalanforderung vgl. ausführlich Abschnitte 3.2.3 und 3.3.1 im dritten Teil dieser Arbeit.

2) Vgl. dazu die Ausführungen zum Informationsrisiko im Abschnitt 3.

zen, obwohl mit einer Ausdehnung der Verschuldung prinzipiell die gleichen Risiken für die vorhandenen Gläubiger verbunden sein können wie mit der Verminderung des Eigenkapitals durch Ausschüttungen an die Gesellschafter. Der Unterschied im Gefährdungsgrad resultiert wiederum daraus, daß die weitere Expansion der Fremdkapitalaufnahme der externen Kontrolle durch die neu hinzutretenden Kreditgeber bedarf, die Eigenkapitalverminderungen hingegen nicht.

5. Ansätze zur Begrenzung des Verlustrisikos

5.1 Grundlegende Ansatzpunkte zur Begrenzung des Verlustrisikos

Trotz aller Vorkehrungen zur Begrenzung des Insolvenzrisikos ist es natürlich immer möglich, daß der Insolvenzfall dennoch eintritt; die Entwicklung der Insolvenzstatistik macht zudem deutlich, daß es sich dabei nicht nur um eine theoretisch denkbare Möglichkeit sondern um ein empirisch durchaus relevantes Phänomen handelt.[1] In einer solchen Situation ist das Interesse eines jeden einzelnen Gläubigers darauf ausgerichtet, in dem zwischen den Gläubigern einsetzenden "Verteilungskampf" um die verbliebene, zumindest dem ersten Anschein nach unzulängliche Vermögensmasse die eigenen Forderungen doch noch möglichst vollständig zu realisieren. In der Kreditvergabepraxis findet man dementsprechend auch eine ganze Palette von Zusatzvereinbarungen zu Kreditverträgen, die alle darauf hinauslaufen, die Stellung des begünstigten Kreditgebers in dem Verteilungskampf mit den übrigen Gläubigern zu verbessern, das für das Insolvenzverfahren als oberster Grundsatz postulierte Prinzip der "par conditio creditorum" also zu dessen Vorteil zu durchbrechen.[2] Nach dem Ausmaß, in dem die durch derartige Vereinbarungen erreichbare Verbesserung der eigenen Position zugleich die Stellung anderer Gläubiger verschlechtert, lassen sich zwei verschiedene Gruppen derartiger Sicherungsinstrumente unterscheiden, die als

- Gläubigersubstitution und
- Vermögensreservierung

bezeichnet werden sollen.

Unter der Bezeichnung *"Gläubigersubstitution"* sollen alle Arten von Vereinbarungen zusammengefaßt werden, die bewirken, daß der betrachtete Gläubiger im Insolvenzfall nicht mehr allein auf das - umkämpfte - Vermögen des Schuldners angewiesen ist, sondern sich an einen weiteren, externen Haftungsträger halten kann, der sich verpflichtet hat, den betrachteten Gläubiger voll zu befriedigen und an dessen Stelle als Kon-

---

1) Im Laufe der zehn Jahre von 1974 - 1983 wurden in der Bundesrepublik Deutschland über 100.000 Insolvenzen amtlich registriert; vgl. hierzu ausführlicher Abschnitt 1.3.1 des dritten Teils dieser Arbeit.

2) Zur Vorwegaufteilung der Aktiva im Konkursverfahren durch Aus- und Absonderungen vgl. Abschnitt 1.3.1 des dritten Teils dieser Arbeit sowie die dort zitierten Literaturstellen.

kursgläubiger zu treten. Mit der Bürgschaft (§§ 765 - 778 BGB) hat der Gesetzgeber ein gesetzlich explizit ausformuliertes Instrument dieser Art bereitgestellt; die Kreditpraxis hat zudem die gesetzlich nicht gesondert geregelte *Kreditgarantie* entwickelt.[1] Eine solche Konstruktion führt stets dazu, daß der in dieser Weise besicherte Gläubiger trotz der Insolvenz des ursprünglichen Schuldners die Chance einer vollständigen Befriedigung der eigenen Forderung erhält, das ansonsten bestehende Verlustrisiko also auf den Bürgen oder Garanten abwälzt. Die Position der übrigen Gläubiger wird demgegenüber weder positiv noch negativ beeinflußt.

Anders ist die Situation demgegenüber im Fall der "*Vermögensreservierung*". Unter dieser Bezeichnung sollen alle Vereinbarungen zusammengefaßt werden, durch die bestimmte Teile aus dem Vermögen des schuldnerischen Unternehmens exklusiv zur Abdeckung der Ansprüche eines speziellen Gläubigers oder einer ganz bestimmten Forderung reserviert werden. Als die wichtigsten Sicherungsinstrumente dieser Art, die teils gesetzlich explizit geregelt[2], teils in der Kreditpraxis auf der Basis allgemeiner Rechtsvorschriften entwickelt worden sind[3], seien die Bestellung von Immobiliarsicherheiten, das Pfandrecht an beweglichen Sachen und an Rechten, der Eigentumsvorbehalt, die Sicherungsübereignung sowie die Sicherungszession genannt.[4] All diese Sicherungsformen haben in der Regel den Effekt, daß der begünstigte Gläubiger mit der exklusiven Verwertung der für ihn reservierten Vermögensgegenstände die den übrigen Gläubigern verbleibende Haftungsmasse weiter schmälert. Die Verbesserung der eigenen Position führt somit - nach Art der in der Spieltheorie als Nullsummen-Spiel bekannten Situation - stets in gleichem Ausmaß zu einer Verschlechterung der Position der übrigen Gläubiger.[5]

Der Gesetzgeber hat sich im Hinblick auf die Begrenzung des Verlustrisikos allerdings nicht auf die Bereitstellung normierter Sicherungsinstrumente zur freien Vereinbarung durch die Parteien beschränkt; er greift

---

1) Zu diesen sogenannten Personalsicherheiten siehe JÄHRIG/SCHUCK (1982), S. 339 - 343.

2) Hier sind der Eigentumsvorbehalt (§ 455 BGB), die Hypothek (§§ 1113 - 1190 BGB). die Grund- und Rentenschuld (§§ 1191 - 1203), das Pfandrecht an beweglichen Sachen (§§ 1204 - 1258 BGB) und an Rechten (§§ 1273 - 1296 BGB) zu nennen.

3) Neben der Sicherungsübereignung und Sicherungsabtretung sind hier die vielfältigen Erweiterungs- und Verlängerungsformen des Eigentumsvorbehalts anzuführen.

4) Zu diesen sogenannten Realsicherheiten siehe JÄHRIG/SCHUCK (1982), S. 297 - 338.

5) Vgl. rechnerische Beispiele bei RUDOLPH (1984), S. 26 - 28 und RUDOLPH (1985), S. 504 f..

vielmehr mit verschiedenen Regelungen auch direkt in die Gläubiger-Schuldner-Beziehungen ein. Für derartige Eingriffe bieten sich nach der zeitlichen Abstufung drei verschiedene Ansatzpunkte:

- Zum einen können solvente Unternehmen prophylaktisch bestimmten Restriktionen unterworfen werden, die dazu beitragen sollen, das Ausmaß in einem möglichen Insolvenzfall auftretender Verluste zu begrenzen. Wie im Kapitel 4 bereits deutlich wurde, bewirken die zunächst auf die Eingrenzung des Insolvenzrisikos ausgerichteten Maßnahmen in der Regel als Sekundäreffekt zugleich auch eine Verminderung des Verlustrisikos. Auf diesen Problemkreis braucht daher an dieser Stelle nicht mehr eingegangen zu werden.

- Zum zweiten ist zu regeln, unter welchen Voraussetzungen es zur Einleitung eines Insolvenzverfahrens kommt, d.h. in der Weise in die Gläubiger-Schuldner-Beziehungen eingegriffen wird, daß einerseits der Schuldner zur Sicherung der Gläubigeransprüche der ansonsten prinzipiell freien Verfügungsrechte über sein Vermögen enthoben wird und andererseits die Gläubiger in der individuellen Verfolgung ihrer Ansprüche gegen den Schuldner eingeschränkt werden. Derartige Eingriffe können

  o entweder das Ziel haben, eine Einigung zwischen Schuldner und Gläubigern über die teilweise Reduzierung der Gläubigeransprüche und die weitere Fortführung des Unternehmens unter Wahrung bestimmter zusätzlicher Auflagen zum Schutz der Gläubiger zu ermöglichen (Vergleichsverfahren) oder

  o darauf hinauslaufen, das Schuldnervermögen der Gesamtheit der Gläubiger zur geordneten Verwertung zu überstellen (Konkursverfahren).

  Die mit der Festlegung geeigneter Insolvenzauslöser verbundenen Schwierigkeiten werden im dritten Teil dieser Arbeit ausführlich behandelt.[1] Wir können uns daher im folgenden Abschnitt 5.2 mit der Verdeutlichung der grundlegenden Problemkategorien begnügen.

- Zum dritten können sich Ansätze zur Verringerung des Verlustrisikos auf die Ausgestaltung des Insolvenzverfahrens selbst beziehen und dadarauf abzielen, daß bei der Verwertung des Schuldnervermögens ein für

---

1) Vgl. Abschnitt 2 des dritten Teils dieser Arbeit.

die Gesamtheit der Gläubiger möglichst günstiges Ergebnis erzielt wird. Auf die für derartige Maßnahmen im einzelnen bestehenden Ansatzmöglichkeiten werden wir grundlegend im Abschnitt 5.3 eingehen. Einige für die tatsächlichen Gegebenheiten in der Bundesrepublik besonders wichtige Aspekte werden zudem im dritten Teil dieser Arbeit noch einer vertiefenden Analyse unterzogen.[1)]

5.2 Zur Auslösung von Insolvenzverfahren

5.2.1 Theoretische Anforderungen an einen sachgerechten Insolvenzauslöser

Bei der Frage nach der Festlegung von sachgerechten Auslösern für ein Insolvenzverfahren wird das Dilemma, in dem sich der Gesetzgeber bei der Konzipierung allgemein gültiger Regelungen zum Gläubigerschutz stets befindet, besonders deutlich. Auf der einen Seite gilt es, Gläubiger in einem bestimmten Umfang vor Vermögensverlusten zu schützen. Auf der anderen Seite gilt es, das Prinzip der Privatautonomie zu achten, das grundsätzlich Eingriffe in die Verfügungsmacht von Eigentümern (oder ihren Beauftragten) über ihr Vermögen sowie in die Abwicklung frei getroffener Vereinbarungen verbietet.[2)] Die mit der Einleitung eines Insolvenzverfahrens verbundenen Konsequenzen beinhalten nun ganz offensichtlich eine besonders gravierende Abweichung von diesem Grundprinzip. Dies gilt insbesondere für das in aller Regel in die Liquidation des Unternehmens einmündende Konkursverfahren, mit dem wir uns im folgenden überwiegend befassen wollen. Ein solch gravierender Eingriff in die Gestaltungs- und Vermögensrechte der Unternehmenseigner ist nur in solchen Situationen als gerechtfertigt anzusehen, in denen die Gläubigerinteressen in ganz besonderer Weise gefährdet sind.

Konzeptionell muß die Ermittlung sachgerechter Insolvenzauslöser somit auf die Suche nach Verfahrensregeln zur Identifikation einer solchen Situation besonders großer Gläubigergefährdung hinauslaufen. Im einzelnen müßte der Gesetzgeber dazu Vorschriften zur Prüfung der folgenden beiden Problemfelder erlassen:

---

1) Vgl. Abschnitt 1.3 des dritten Teils dieser Arbeit.

2) Zur rechtspolitischen Legitimation von Insolvenzverfahren, insbesondere Sanierungsverfahren, siehe SCHMIDT, K. (1982b), S. D 23 - D 27 sowie FLESSNER (1982a), S. 194 - 205. Kritisch hierzu STÜRNER (1982), S. 764 f..

(1) Zum einen wären intersubjektiv überprüfbare Regeln zur Darstellung der tatsächlichen Risikosituation eines Unternehmens und seiner Gläubiger für den Fall der Fortführung des Unternehmens vorzugeben. In der hier gewählten modelltheoretischen Darstellung würde sich das Ergebnis einer solchen Risikomessung durch die Angabe der auf die Gläubigeransprüche insgesamt bezogenen Risikoindikatoren $\bar{f}_o$ und $\bar{p}_o$ niederschlagen (vgl. Punkt $\bar{R}$ in Abbildung 23).

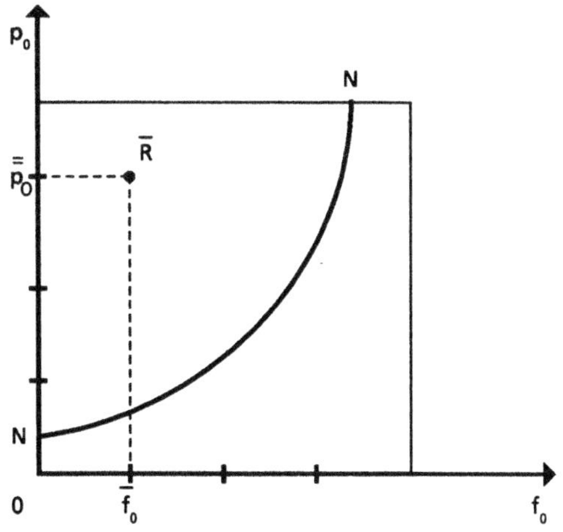

Abb. 23: Ermittlung eines insolvenzrechtlich relevanten Ausmaßes an Gläubigergefährdung

(2) Zum zweiten bedürfte es einer normativen Vorgabe zur Bewertung der vorliegenden Situation, d.h. einer Regel, nach der zu entscheiden ist, ob angesichts der tatsächlichen Risikosituation die Fortführung des Unternehmens gestattet werden soll oder die Gläubigergefährdung ein solches Ausmaß erreicht hat, daß die Einleitung des Insolvenzverfahrens geboten ist.[1] Formal ließe sich eine solche Vorgabe des insolvenzrechtlich relevanten Ausmaßes an Gläubigergefährdung im f_o-p_o-Diagramm wiederum durch eine "Normlinie" der bereits im Abschnitt 4.3.2 erörterten Art verdeutlichen (vgl. die Linie NN in Abbildung 23): Entsprechen die

1) MOXTER (1976a), Sp. 636 spricht von der Notwendigkeit einer Normierung eines *Gläubwürdigkeitsgrades* für die zukünftige negative Entwicklung.

ermittelten Risikoindikatoren einem Punkt unterhalb dieser Normlinie, besteht kein Anlaß zur Einleitung eines Insolvenzverfahrens.

Ein oberhalb der Normlinie liegender Punkt würde demgegenüber einen insolvenzrechtlichen Eingriff in die Privatautonomie rechtfertigendes Ausmaß an Gläubigergefährdung anzeigen. Sofern es bei der Entscheidung über einen solchen Eingriff allerdings nur um die Interessen der in dem jeweiligen Einzelfall betroffenen Gläubiger geht, bedürfte es zuvor noch einer Prognose der vermögensmäßigen Konsequenzen, die sich für die Gläubiger aus der Unternehmensliquidation im Zuge des Insolvenzverfahrens ergeben würden. Durch einen Vergleich dieses Prognoseergebnisses mit den den Fortführungsfall charakterisierenden Risikoindikatoren $\bar{f}_o$, $\bar{p}_o$ wäre dann festzustellen, ob sich die Gläubiger im Liquidationsfall besser stellen würden oder nicht. Im einfachsten Fall wäre dementsprechend dann die Liquidation des Unternehmens einzuleiten oder aber trotz der Überschreitung des insolvenzrechtlich unerheblichen Maßes an Gläubigergefährdung letztlich doch zu unterlassen[1]; stehen neben den beiden Extremen Fortführung und Liquidation noch verschiedene Zwischenvarianten mit mehr oder weniger stark eingeschränkten Fortführungsmöglichkeiten zur Auswahl (z.B. in Form eines Vergleichs- oder Reorganisationsverfahrens), wäre dementsprechend die für die Gläubiger insgesamt vorteilhafteste Variante zu bestimmen.[2] Dabei beinhaltet ein solcher Vergleich von Fortführungs- und Liquidationsfall sowie etwaiger weiterer Varianten im einzelnen noch einmal drei verschiedene Problemfelder, nämlich:

---

1) Eine Abweichung von diesem theoretischen Konzept könnte - ganz ungeachtet der gleich noch zu erörternden Frage seiner Praktikabilität - dann geboten sein, wenn man insolvenzrechtlichen Regelungen nicht nur die Funktion zuschreibt, den Schaden der in jedem Einzelfall betroffenen Gläubiger möglichst klein zu halten (Schadensbegrenzungsfunktion), sondern zugleich auch die Aufgabe, Schuldner durch Sanktionsandrohungen von gläubigerschädigendem Verhalten abzuschrecken. (Diese sogenannte Abschreckungsfunktion war in älteren insolvenzrechtlichen Regelungen mit Möglichkeiten zur Inhaftnahme, Versklavung oder sogar Tötung des säumigen Schuldners sehr drastisch ausgeprägt. Vgl. hierzu Abschnitt 1.2 des dritten Teils dieser Arbeit).

2) Es handelt sich hierbei um das Problem der Werterhaltung. Vgl. hierzu Abschnitt 1.2 des dritten Teils dieser Arbeit.

(3) Zum einen dürften sich die vermögensmäßigen Konsequenzen für die Gläubiger im Fall der Unternehmensfortführung in der Regel weiter in die Zukunft erstrecken als bei Liquidation. Es bedürfte also einer Regel zur intertemporalen Vergleichbarkeit der entsprechenden Ergebnisgrößen.[1)]

(4) Zum zweiten sind die Konsequenzen beider Handlungsalternativen nicht eindeutig prognostizierbar, es ist vielmehr sowohl bei Liquidation als auch bei Unternehmensfortführung mit einer Vielzahl alternativ möglicher Entwicklungen der interessierenden Ergebnisgrößen zu rechnen. Es bedürfte somit eines Verfahrens zur Quantifizierung des bestehenden Ausmaßes an Unsicherheit[2)] - z.B. durch Angabe von Wahrscheinlichkeitsverteilungen - sowie zur Verdichtung derartiger mehrwertiger Angaben zu einer einzigen Maßgröße für die vermögensmäßige Betroffenheit eines Gläubigers.[3)]

(5) Zum dritten ist zu beachten, daß die Gläubiger eines Unternehmens in aller Regel keine homogene Gruppe bilden. Als Folge der unterschiedlichsten Formen von Sicherungsrechten sowie gesetzlicher Rangfolgevorschriften sind verschiedene Gläubigergruppen vielmehr in sehr unterschiedlicher Weise von der Entscheidung über die Einleitung eines Insolvenzverfahrens betroffen. Eine objektive Fundierung dieser Entscheidung bedingte somit schließlich auch noch eine Vorschrift darüber, wie die Informationen über die für einzelne Gläubigergruppen vorteilhaften, für andere nachteiligen Konsequenzen einer Liquidation zu einem letztlich entscheidenden Gesamturteil zusammengefügt werden sollen.[4)]

---

1) Die Verwendung des Kapitalwertkriteriums schlagen daher z.B. BEECK (1979), S. 73 - 81; HAJE (1980), S. 4, vor.

2) Vgl. MARSCHDORF (1984), S. 32 - 42, zur Unternehmensbewertung auf der Basis von Zustands-Präferenz-Modellen im Rahmen der Gesamtwertmaximierung als Zielfunktion für die Entscheidung über Fortführung oder Liquidation einer Unternehmung.

3) Zum Entscheidungskonzept bei der Konkursantragstellung als gläubigerspezifisches Entscheidungsproblem vgl. BEECK (1979), S. 73 - 81.

4) Es handelt sich hierbei um eine ähnliche Problematik wie sie bei der Bestimmung des Kalkulationszinsfußes im Rahmen der Überschuldungsprüfung für die Ermittlung des Unternehmensvermögens als Ertragswert auftritt, wenn der Diskontierungsfaktor die Alternativanlagen der Gläubiger und deren Risikoeinstellungen implizit erfassen soll; vgl. EGNER/WOLFF (1978), S. 104; LÜTKEMEYER (1983), S. 170.

Ein sachgerechter Mechanismus zur Einleitung einer bestimmten Form eines Insolvenzverfahrens müßte also

- zum einen ein geeignetes Kriterium zur Identifikation einer einen insolvenzrechtlichen Eingriff rechtfertigenden Risikosituation enthalten (Prüfschritte 1 und 2) und

- zum zweiten ein Verfahren zur abschließenden Beurteilung der mit Fortführung (ggf. in verschiedenen Varianten) oder Liquidation verbundenen Vor- und Nachteile für die Gläubiger (Prüfschritte 3 bis 5).

Es bedarf keiner weiteren Ausführungen, daß der Versuch, Insolvenzauslöser nach der soeben skizzierten theoretischen Leitlinie zu konstruieren, mangels praktikabler Verfahren zur Lösung der Prognose-, Bewertungs- und Vergleichsprobleme nicht gangbar ist. Die tatsächlich praktizierten Mechanismen zur Auslösung von Insolvenzverfahren können daher nur den Charakter von Hilfsindikatoren haben. Immerhin liefert das skizzierte theoretische Idealkonzept einen Orientierungsrahmen für die Beurteilung der konzeptionellen Tauglichkeit derartiger Hilfsindikatoren. Wir werden daher im folgenden Abschnitt zunächst die beiden im deutschen Insolvenzrecht vorgesehenen Insolvenzauslöser "Zahlungsunfähigkeit" und "Überschuldung" daraufhin analysieren, inwieweit sie einen sachgerechten Beitrag zur Lösung des Identifikationsproblems (Prüfschritte 1 und 2) liefern (Abschnitt 5.2.2.1 und 5.2.2.2). Abschließend wird noch zu untersuchen sein, welche Ansätze zur Lösung des Beurteilungsproblems (Prüfschritte 3 bis 5) bereitgestellt werden.

5.2.2 Zahlungsunfähigkeit und Überschuldung als Insolvenzauslöser

5.2.2.1 Zahlungsunfähigkeit als Indikator insolvenzrechtlicher Eingriffsnotwendigkeiten

Allgemeiner, d.h. für Unternehmen aller Rechtsformen einheitlicher Insolvenzauslöser ist bekanntlich die Zahlungsunfähigkeit.[1] Auf den ersten Blick scheint kaum ein Zusammenhang zwischen den maßgeblichen Tatbestands-

---

1) Vgl. §§ 102 Abs. 1 KO, 2 Abs. 1 VglO. Zum Tatbestand der Zahlungsunfähigkeit siehe VEIT (1982), S. 273 - 279; KOMMISSION RECHNUNGSWESEN (1981), S. 287 f..

voraussetzungen (gemessen an den aktuell anstehenden Zahlungsverpflichtungen zu geringe Zahlungsmittelausstattung) und dem nach dem theoretischen Konzept abzuschätzenden Sachverhalt (übermäßige Gläubigerrisiken bei Unternehmensfortführung) zu bestehen. Denn hohe Liquidität (i.S.v. Zahlungsmittelbeständen) sichert genausowenig hohe Gewinnaussichten wie Liquiditätsknappheit schon zwangsläufig hohe Verlustrisiken anzeigen muß.

Etwas weniger kritisch ist das Kriterium der Zahlungsfähigkeit allerdings zu beurteilen, wenn man zunächst einmal unterstellt, daß das betrachtete Unternehmen Zugang zu einem funktionierenden Finanzmarkt hat. Idealtypisch kann ein solcher Markt dadurch gekennzeichnet werden, daß Kreditgeber sich in Konkurrenz mit anderen Kreditgebern darum bemühen, vorteilhafte Anlagemöglichkeiten zu finden. "Vorteilhaft" kann dabei im Sinne unseres Grundmodells (siehe insbesondere Abschnitt 2.4.3) etwa so interpretiert werden, daß die mit einem Kreditengagement verbundenen Verlustrisiken durch die aus der in Aussicht gestellten Verzinsung resultierenden Gewinnchancen überkompensiert werden. Gelingt es einem Unternehmen, nun mindestens einen der auf einem solchen Finanzmarkt konkurrierenden Kreditgeber davon zu überzeugen, daß die Prolongation eines an sich fälligen oder die Einräumung eines neuen Kredits angesichts der zu erwartenden Geschäftsentwicklung sowie ggf. unter Beachtung zusätzlich bereitzustellender Sicherheiten eine solche vorteilhafte Anlagemöglichkeit darstellt, so wird er auch Kredit bekommen und die ansonsten drohende Zahlungsunfähigkeit abwenden können. Zahlungsunfähig werden kann in einer solchen Welt somit nur ein Unternehmen, dem es nicht mehr gelingt, die eigene Ertragskraft hinlänglich zu signalisieren oder zumindest hilfsweise ausreichende Sicherheiten bereitzustellen.[1)]

In dieser Sichtweise wird mit dem Kriterium der Zahlungsunfähigkeit die Identifikation eines einen insolvenzrechtlichen Eingriff rechtfertigenden Ausmaßes an Gläubigergefährdung (Prüfschritt 1 und 2 aus Abschnitt 5.2.1) dem Urteil des Marktes über die Kreditwürdigkeit des betreffenden Unternehmens anheim gegeben, Gläubigerschutz insoweit also durch das Verhalten der Gesamtheit aktueller und potentieller Gläubiger selbst wahrgenommen. Verglichen mit dem für eine gesetzgeberisch vorgegebene Beurteilungsnorm erforderlichen monströsen Vorschriftenwerk ist dies eine

---

1) Vgl. SCHMIDT, R.H. (1980), S. 114 - 118.

erstaunlich einfache und insgesamt auch sachgerecht anmutende Lösung. Allerdings sind auch hier einige kritische Anmerkungen angebracht. Es sind nämlich zum einen Konstellationen denkbar, in denen das Kriterium der Zahlungsunfähigkeit auf Grund der *Inhomogenität der Risikopositionen* einzelner Gläubigergruppen in der Weise versagt, daß ein im Urteil des Marktes insgesamt nicht mehr kreditwürdiges Unternehmen dennoch Kredit erhält, ein eigentlich gebotener insolvenzrechtlicher Eingriff also unterbleibt. Zum zweiten sind auch Situationen denkbar, die dazu führen, daß ein eigentlich kreditwürdiges Unternehmen als Folge von *Marktunvollkommenheiten* doch keinen Kredit mehr erhält.[1)]

Inhomogenität der Risikopositionen

Zum einen wird das Prinzip des Gläubiger-Selbstschutzes der gestellten Aufgabe nur dann gerecht, wenn es neu hinzutretenden Kreditgebern nicht möglich ist, sich selbst für den Fall einer Kreditvergabe eine sehr viel günstigere Risikoposition zu sichern, als sie die Alt-Gläubiger einnehmen. Stellt man sich einmal - zumindest als theoretische Möglichkeit - ein hochverschuldetes Unternehmen vor, dessen Vermögen jedoch noch völlig frei von irgendwelchen sicherungsrechtlichen Belastungen sei. Die Gläubiger dieses Unternehmens seien nicht mehr bereit, im Bedarfsfall zu den bisherigen Konditionen weitere Kredite zu gewähren, da aus ihrer Sicht die damit verbundenen Risiken viel zu groß erscheinen. Dennoch ist es denkbar, daß sich neu hinzutretende Kreditgeber (oder auch einzelne der bisherigen Gläubiger) gegen die Einräumung entsprechender Sicherheiten zu einer weiteren Kreditgewährung und damit zur Abwendung der Zahlungsunfähigkeit bereit finden, obwohl kein Kreditgeber mehr bereit wäre, allein an die Stelle der Gesamtheit aller Gläubiger zu treten. Ein nach dem Urteil des Marktes insgesamt nicht mehr kreditwürdiges Unternehmen könnte in einer solchen Konstellation also eventuell doch noch Kredit erhalten.

Eine solche Insuffizienz des Kriteriums der Zahlungsunfähigkeit kann allerdings nur dann eintreten, wenn sich neu hinzutretende Gläubiger eine wesentlich bessere Position verschaffen können, als sie die Alt-Gläubiger innehaben, was de facto nur möglich ist, wenn die Alt-Gläubiger in nennenswertem Umfang darauf verzichtet haben, ihre Ansprüche

---

1) Zur Beziehung des Insolvenzgrundes "Zahlungsunfähigkeit" zur "ökonomischen Überschuldung" siehe MARSCHDORF (1984), S. 240. Vgl. auch SCHMIDT, R.H. (1980), S. 114 f..

durch Negativklauseln (vgl. Abschnitt 4.3.1) oder sonstige Zusatzvereinbarungen (vgl. Abschnitt 5.1) abzusichern. Zahlungsunfähigkeit ist somit genau dann ein sachgerechter Insolvenzauslöser, wenn die Gläubiger bei der Kreditvergabe die ihnen selbst zur Verfügung stehenden individuellen Schutzmaßnahmen ergreifen. Der Gesetzgeber rechnet insoweit also mit dem aktiv um die Wahrung des Eigeninteresses bemühten Gläubiger und läßt letztlich nur demjenigen den Schutz staatlicher Zwangsmaßnahmen angedeihen, der sich zuvor selbst um den eigenen Schutz gekümmert hat.

Dieses liberale Prinzip ist sicherlich solange akzeptabel wie alle möglichen Gläubiger eines Unternehmens prinzipiell auch die gleichen Chancen haben, sich selbst in entsprechender Weise zu schützen. Ansonsten besteht die Gefahr, daß die zu einem derartigen Selbstschutz fähigen Gläubigergruppen eine Fortführung eines Unternehmens zu Lasten der dazu nicht fähigen Gläubigergruppen ermöglichen, die in einem dann eventuell doch folgenden Unternehmenszusammenbruch den Schaden im wesentlichen allein zu tragen hätten. In der Rechtsprechung entwickelte Grundsätze etwa zur Hintanstellung sog. "Sanierungskredite"[1] sowie auch verschiedene Überlegungen zur "Aufweichung" bestimmter Sicherungsformen[2] können vor diesem Hintergrund auch als Versuch interpretiert werden, zu einer stärkeren Homogenisierung der Interessen unterschiedlicher Gläubigergruppen und damit letztlich auch zur Effizienzsteigerung des Kriteriums der Zahlungsunfähigkeit als Insolvenzauslöser beizutragen.[3]

Marktunvollkommenheiten

Die bisher vorgenommene Interpretation des Kriteriums der Zahlungsunfähigkeit als marktmäßiger Selbstregulationsmechanismus basierte auf der maßgeblichen Prämisse, daß dem betrachteten Unternehmen der Zugang zu einem hinlänglich funktionsfähigen Finanzmarkt in dem oben skizzier-

---

1) Zur Problematik von Sanierungskrediten aus Sicht der kreditgewährenden Bank vgl. mit zahlreichen Hinweisen auf Rechtsprechung und Schrifttum OBERMÜLLER (1985), S. 243 - 257. Vgl. ferner UHLENBRUCK (1983b), S. 109 - 124.

2) Zur nachträglichen Besicherung von Krediten siehe OBERMÜLLER (1985), S. 300 - 336.

3) Der Gleichbehandlungsgrundsatz wird insbesondere durch Anfechtungsregelungen verwirklicht. Vgl. hierzu Abschnitt 4.4.1 des dritten Teils dieser Arbeit.

ten Sinne offensteht. Ist diese Voraussetzung de facto nicht erfüllt, so kann dieses Kriterium aus verschiedenen Gründen seinen eigentlichen Zweck verfehlen.

Eine Art von Marktunvollkommenheit kann darin bestehen, daß für ein Unternehmen etwa in Folge einer regionalen und branchenmäßigen Marktsegmentierung zumindest für weitere Finanzierungstransaktionen praktisch nur ein einziger Kreditgeber zur Verfügung steht. Dieses Unternehmen hat dann nicht mehr die aus der Konkurrenz mehrerer Kreditgeber resultierende Freiheit, den eigenen Gläubiger frei zu wählen. Seine Zahlungsfähigkeit bestimmt sich dementsprechend nicht mehr nach dem Urteil mehrerer miteinander konkurrierender Kreditgeber, sondern hängt von dem Verhalten des einen Großgläubigers ab. Diesem erwächst daraus ein monopolistisches Machtpotential, indem er seinen Schuldner mit der Drohung, andernfalls dessen Zahlungsunfähigkeit herbeizuführen, verschiedenen geschäftspolitischen - wenn nicht gar auch privaten - Zwängen aussetzen kann. Eine mögliche Weigerung des Gläubigers, fällige Kredite zu prolongieren oder neue zu gewähren, muß ihren Grund dementsprechend gar nicht unbedingt in Zweifeln an der Kreditwürdigkeit des betrachteten Unternehmens haben, sondern kann eventuell eine Strafaktion gegen einen nicht willfährigen Schuldner darstellen. Und auch ohne ein derartiges bewußt schuldnerschädigendes Verhalten kann eine solche Weigerung beispielsweise aus internen geschäftspolitischen Problemen des Gläubigers - z.B. eigenen Liquiditätsschwierigkeiten - resultieren. Mangels konkurrierender anderer Kreditgeber besteht auf einem in dieser Weise unvollkommenen Markt für den Schuldner keine Möglichkeit, durch glaubhaftes Signalisieren der eigenen Kreditwürdigkeit neue Finanzierungsquellen zu erschließen und zahlungsfähig zu bleiben. Das Kriterium der Zahlungsunfähigkeit verliert in einer solchen Situation also die Eigenschaft als sachgerechter Indikator eines einen insolvenzrechtlichen Eingriff rechtfertigenden Ausmaßes an Gläubigergefährdung. Gleiches gilt im übrigen auch - wenn auch in abgeschwächtem Umfang -, wenn sich dem Unternehmen zwar prinzipiell mehrere miteinander konkurrierende Kreditgeber als mögliche Vertragspartner anbieten, diese jedoch gleichartigen externen Einschränkungen der eigenen Geschäftstätigkeit ausgesetzt sind. Eine solche Situation kann etwa auftreten, wenn die Geschäftsbanken durch restriktive geldpolitische Maßnahmen der Zentralbank gezwungen sind, Kredite auch an solche Schuldner zurückzurufen oder nicht zu prolongieren, die sie eigentlich als kreditwürdig ansehen.

Ähnliche Probleme können auch auftreten, wenn zwar mehrere konkurrierende Kreditgeber bereitstehen, die verfügbaren Informationsverarbeitungsmechanismen jedoch nicht effizient genug arbeiten. Empirisch belegbar sind Beeinträchtigungen dieser Art oftmals im Zusammenhang mit der tatsächlichen Insolvenz eines Unternehmens. Andere Unternehmen, die etwa wegen der Zugehörigkeit zu der gleichen Branche oder ihres Sitzes in derselben Region gewisse Gleichartigkeiten mit dem insolvent gewordenen Unternehmen aufweisen, sind dann öfter der Gefahr ausgesetzt, daß ihre Kreditwürdigkeit in den Augen aktueller und potentieller Gläubiger ebenfalls als gefährdet angesehen wird, ohne daß es dafür irgendeinen in der Vermögens- und Ertragslage dieser Unternehmen selbst liegenden Grund geben muß.[1)] Im Rahmen unseres entscheidungstheoretischen Grundmodells kann ein solcher Vorgang so interpretiert werden, so wie dies durch Abbildung 24 unter Rückgriff auf die Ausführungen im Abschnitt 3.1

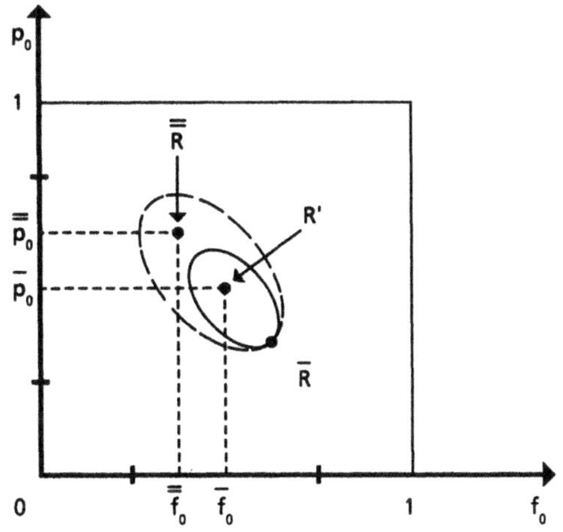

Abb. 24: Vergrößerung der Indikatorenlinse auf Grund exogener Einflüsse

1) So war etwa nach dem Zusammenbruch des Bankhauses I.D. Herstatt im Jahre 1974 zu beobachten, daß die Bonität verschiedener anderer deutscher Privatbanken, auch wenn sie in keinerlei Beziehung zum Bankhaus Herstatt standen, von etlichen, insbesondere ausländischen Geschäftspartnern vorübergehend in Zweifel gezogen wurde, was unter anderem zu massiven Abzügen kurzfristiger Einlagen und erheblichen Schwierigkeiten bei der Geldaufnahme führte. Ähnliches war auch 1983 nach dem Bekanntwerden der bei dem Privatbankhaus Schröder, Münchmeyer, Hengst & Co. eingetretenen Verluste zu beobachten. Auch nach dem Zusammenbruch der Beton- und Monierbau AG im Jahre 1979 gerieten etliche andere im Baugewerbe tätige Unternehmen in Finanzierungsschwierigkeiten, obwohl sie weder in direkter noch indirekter Geschäftsbeziehung zu diesem Unternehmen standen. Besonders deutlich wird die Bedeutung der Zugehörigkeit zu einer bestimmten Unternehmensgruppe (z.B. gleicher Branche, Größenordnung, Altersgruppe) im Analyseschema zur Beurteilung der Kreditwürdigkeit bei RÖDL (1979), S. 80 - 114.

verdeutlicht wird: Der laufenden Beobachtung des Schuldnerverhaltens, der Auswertung seiner Jahresabschlüsse und sonstiger Unterlagen mag die im Risikoindikatoren-Diagramm durch den Punkt R' gekennzeichnete Primärschätzung entsprechen. Die durch die durchgezogene Linie begrenzte Fläche kennzeichne - als Ausdruck des bestehenden Informationsrisikos - die zu R' gehörige Indikatorenlinse, der Punkt $\bar{R}$ die sich daraus unter Berücksichtigung der Einstellung des betrachteten Gläubigers gegenüber dem Informationsrisiko ergebende und für die Beurteilung des zur Disposition stehenden Kreditengagements maßgebliche Sekundärschätzung. Die Nachricht über den Zusammenbruch eines dem betrachteten Unternehmen ähnlichen Unternehmens bewirkt dann aus der Sicht des maßgeblichen Gläubigers eine Vergrößerung der Indikatorenlinse (gebrochen umrandete Fläche in Abbildung 24). Dementsprechend verschiebt sich auch die Sekundärschätzung (Punkt $\bar{\bar{R}}$). Dabei ist es ohne weiteres denkbar, daß die Risikoindikatorenkonstellation $\bar{f}_o/\bar{p}_o$ dem Gläubiger noch akzeptabel erscheint, die Verschlechterung auf das Wertepaar $\bar{\bar{f}}_o/\bar{\bar{p}}_o$ dann jedoch zu der Entscheidung führt, das betrachtete Engagement zu kündigen, nicht zu prolongieren oder gar nicht erst einzugehen.

In der deutschen Kreditwirtschaft hielt man diese Gefahr einer durch exogene Einflüsse bedingten, sachlich gar nicht gerechtfertigten Beeinträchtigung der Bonitätseinschätzung insbesondere kleinerer Kreditinstitute nach den Erfahrungen im Zusammenhang mit dem Herstatt-Fall[1)] immerhin für so gravierend, daß man 1974 auf Initiative der Deutschen Bundesbank die von allen Gruppen des Kreditgewerbes getragene Liquiditätskonsortialbank (Liko-Bank) gründete. Nach dem Vorbild der 1931 zu ähnlichen Zwecken ins Leben gerufenen Akzept- und Garantiebank hat die Liko-Bank die Aufgabe, bonitätsmäßig einwandfreien, auf Grund der Sache nach nicht gerechtfertigter Marktreaktionen in Zahlungsschwierigkeiten geratenen Kreditinstituten Liquiditätshilfen zu geben.[2)] Es soll hier nicht auf die Problematik eingegangen werden, die daraus resultiert, daß im Zweifel das für die Entscheidungen der Liko-Bank zuständige Organ das vermeintlich ungerechtfertigte Urteil "des Marktes" durch die eigene Bonitätseinschätzung ersetzen muß. Vielmehr ist an dieser Stelle lediglich festzuhalten, daß die Gründung der Liko-Bank eindeutig als der Ver-

---

1) Vgl. FN 1 auf S.

2) Vgl. HAUSMANN (1982), S. 26 - 35 sowie S. 88 - 90. Zur Liko-Bank vgl. ferner mit weiteren Literaturhinweisen BIEG (1983), S. 121 f..

such interpretiert werden kann, den aus möglichen Marktunvollkommenheiten resultierenden Beeinträchtigungen des Kriteriums der Zahlungsunfähigkeit als sachgerechter Auslöser für insolvenzrechtliche Eingriffe zumindest für eine spezielle Branche institutionell entgegenzuwirken.

5.2.2.2 Überschuldung als Indikator insolvenzrechtlicher Eingriffserfordernisse

Neben der Zahlungsunfähigkeit stellt bekanntlich die *Überschuldung* bei allen Unternehmen, für deren Verbindlichkeiten keine natürliche Person unbeschränkt haftet, den zweiten Insolvenzauslöser dar.[1] Auf die Interpretation des Überschuldungstatbestandes als prospektive Zahlungsunfähigkeit sowie auf die Probleme und Möglichkeiten, ein operables Verfahren zur Messung dieses Kriteriums zu entwickeln, wird im dritten Teil dieser Arbeit noch ausführlich eingegangen werden, so daß sich eine Erörterung dieses Aspektes an dieser Stelle erübrigt. In Anknüpfung an die im Abschnitt 4.2 vorgetragenen Überlegungen soll das Überschuldungskriterium lediglich noch kurz unter dem Aspekt der asymmetrischen Verteilung der aus der primären Geschäftstätigkeit eines Unternehmens resultierenden Risiken und Chancen auf Gläubiger und Eigenkapitalgeber betrachtet werden. Dabei sei unterstellt, ein adäquates Verfahren zur Messung von Vermögen, Schulden und damit auch Eigenkapital als Differenz dieser beiden Größen stehe zur Verfügung. Wie im Abschnitt 4.2 bereits dargelegt wurde, kann aus der asymmetrischen Verteilung von Risiken und Chancen auf Eigen- und Fremdkapitalgeber für die Gesellschafter ein Anreiz resultieren, sich zum eigenen Nutzen gläubigerschädigend zu verhalten. Dieser Anreiz ist nicht erst im Überschuldungsfall, also bei völligem Verlust des Eigenkapitals, gegeben; er wird jedoch tendenziell um so größer, je geringer das Eigenkapital ist. Demnach könnte es im Sinne eines umfassenden Systems zum Gläubigerschutz als wünschbar angesehen werden, schuldnerische Unternehmen um so stärkeren geschäftspolitischen Restriktionen zu unterwerfen, je niedriger ihr Eigenkapital in Relation zu dem eingesetzten Fremdkapital ist. Es war im Abschnitt 4.2.2 schon dargelegt worden, daß zum einen die rechtspolitische Vertretbarkeit eines derart stark auf gesetzlichen Gläubigerschutz ausgerichteten Konzepts durchaus in Zweifel gezogen werden könnte, zum zweiten auch gar

1) Vgl. §§ 207 Abs. 1, 209 Abs. 1 KO, 63 Abs. 1 GmbHG.

keine operablen Verfahren zur praktischen Umsetzung eines derartigen mit sinkendem Eigenkapitalanteil quasi stufenlos enger werdenden Restriktionssystems bestehen.

Die Verwendung des Überschuldungstatbestandes als Insolvenzauslöser kann vor dem Hintergrund dieser Überlegungen nun als der Versuch interpretiert werden, zumindest die gravierendsten Auswüchse des aus der asymmetrischen Verteilung von Risiken und Chancen resultierenden Problems des moral-hazard zu beschneiden. Denn ihre extremste Ausprägung erfährt diese Asymmetrie dann, wenn eine Unternehmung überhaupt kein Eigenkapital mehr aufweist und die Gesellschafter auch nicht mit ihrem Privatvermögen für die Verbindlichkeiten ihres Unternehmens einzustehen haben. Wäre auch in einer solchen Situation die ungehinderte Fortführung des Unternehmens möglich, so müßte es im individuellen Kalkül der Gesellschafter in aller Regel als äußerst verlockend erscheinen, gewissermaßen "alles auf eine Karte zu setzen" und sich um einer eventuell nur hauchdünnen Erfolgschance willen auf äußerst riskante Geschäfte einzulassen. Denn von einem eventuellen Erfolg einer solchen Aktion können sie ja nur profitieren, während die unter Umständen ganz erheblichen zusätzlichen Verlustrisiken allein den Gläubigern aufgebürdet werden.[1)]

Insofern erscheint es eigentlich ganz konsequent, wenn der Gesetzgeber bei Eintritt der Überschuldung die Dispositionsbefugnis über das betroffene Unternehmen nicht mehr uneingeschränkt bei den Eigenkapitalgebern oder ihren Auftraggebern beläßt, sondern auf die Gesamtheit der Gläubiger bzw. einen für sie agierenden Verwalter überträgt. Rechtfertigung für die Verwendung des Überschuldungstatbestandes als Insolvenzauslöser ist in dieser Sichtweise somit

- nicht so sehr die Überlegung, daß dieser Tatbestand für den Fall der Fortsetzung der bisherigen Geschäftspolitik ein übergroßes Maß an Gläubigerrisiken signalisiert,

- als vielmehr der Umstand, daß in einer solchen Situation die Anreize für die Gesellschafter des Unternehmens, zu einer in besonderem Maße gläubigergefährdenden Geschäftspolitik überzugehen, extrem stark ausgeprägt sind.[2)]

---

1) Vgl. Abschnitt 2.4.1 und 2.4.2 des dritten Teils dieser Arbeit.

2) Gleiche Argumentation bei SCHMIDT, R.H. (1980), S. 127 f..

5.2.2.3 Zur Beurteilung von Fortführungs- und Liquidationsvarianten

Wie Abschnitt 5.2.1 bereits dargelegt wurde, kann es im Interesse der in dem jeweiligen Einzelfall betroffenen Gläubiger liegen, wenn trotz des Überschreitens einer eigentlich die Liquidation des schuldnerischen Unternehmens rechtfertigenden Risikoschwelle die Fortführung des Unternehmens ermöglicht wird. Für einen Mechanismus zur abschließenden Beurteilung der mit Fortführung oder Liquidation für die Gläubiger verbundenen Vor- und Nachteile (Prüfschritte 3 bis 5 aus Abschnitt 5.2.1) kommen dabei grundsätzlich zwei verschiedene Ausgestaltungsformen in Betracht. Zum einen ist es denkbar,

- zunächst die Entscheidung zu fällen, ob überhaupt ein insolvenzrechtlicher Eingriff stattfinden soll oder nicht und

- anschließend über die Frage zu entscheiden, ob das Unternehmen liquidiert oder ggf. unter verschiedenen Auflagen weitergeführt werden soll.[1)]

Zum anderen wäre es aber auch denkbar, die Entscheidung über die Vorteilhaftigkeit einer möglichen Fortführung des von der Insolvenz bedrohten Unternehmens in das Vorfeld der Entscheidung über die Durchführung des insolvenzrechtlichen Eingriffs zu verlagern. Das deutsche Insolvenzrecht kombiniert Elemente beider Ausgestaltungsformen miteinander.

Die Parallelität von Vergleichs- und Konkursverfahren als Varianten des weiteren Vorgehens nach erfolgtem insolvenzrechtlichen Eingriff sowie die Möglichkeit, durch Anschlußkonkurs oder Zwangsvergleich[2)] von einer Verfahrensvariante in die andere überzugehen, können als Elemente

---

1) So die Konzeption des von der Insolvenzrechtskommission vorgeschlagenen Gesamtinsolvenzverfahrens, bei dem die Entscheidung über das Verfahrensziel am Ende des sog. Vorverfahrens steht; vgl. hierzu Abschnitt 1.3.3 des dritten Teils dieser Arbeit sowie die dort angegebene Literatur.

2) Zur Beendigung des Konkursverfahrens durch Zwangsvergleich vgl. UHLENBRUCK (1979), S. 288 - 296. Empirische Zahlen zur Bedeutung des Zwangsvergleichs als Abschluß von Konkursverfahren finden sich bei GESSNER u.a. (1978), S. 140 - 142. Zum Anschlußkonkurs vgl. UHLENBRUCK (1979), S. 364 - 366. Zur empirischen Bedeutung der Beendigung der gerichtlichen Vergleichsverfahren durch Anschlußkonkurse siehe Abschnitt 1.3.1 des dritten Teils dieser Arbeit.

einer Regelung der erstgenannten Art verstanden werden.[1] Dabei ist das Vergleichsverfahren bekanntlich darauf ausgerichtet, die in aller Regel mit einem teilweisen Schuldenerlaß verbundene und an die Erfüllung verschiedener Auflagen geknüpfte Fortführung des im Eigentum der bisherigen Gesellschafter verbleibenden Unternehmens zu ermöglichen. Die Lösung der dabei auftretenden Beurteilungsprobleme (vgl. Prüfschritte 3 bis 5 in Abschnitt 5.2.1) hat der Gesetzgeber dabei teils durch normative Vorgaben geregelt, teils wiederum in das Ermessen der betroffenen Gläubiger gelegt.

- So sind zum einen bestimmte Mindestquoten für das Ausmaß festgelegt, in dem die Forderungen der Vergleichsgläubiger mindestens befriedigt werden müssen.[2] Werden diese Quoten nicht erreicht, so ist der Vergleich zu versagen und der Anschlußkonkurs zu eröffnen.[3]

- Ist die obligatorische Mindestquotenanforderung erfüllt, so liegt es an den betroffenen Gläubigern, den Vergleichsvorschlag anzunehmen oder nicht. Die wertende Gegenüberstellung dieses Vorschlages mit den alternativ bei einem Konkursverfahren zu erzielenden Ergebnissen wird also einschließlich aller Vergleichbarkeits- und Unsicherheitsprobleme (Prüfschritte 3 und 4) dem Urteil der Betroffenen selbst überlassen.

---

1) Häufig wird allerdings kritisiert, daß die faktischen Gegebenheiten in aller Regel darauf hinauslaufen, daß mit der Eröffnung des Insolvenzverfahrens praktisch auch schon die Zerschlagung des Unternehmens präjudiziert sei. Im Rahmen der aktuellen Bemühungen um eine Reform des Insolvenzrechts werden dementsprechend auch verschiedene Möglichkeiten diskutiert, das Insolvenzverfahren hinsichtlich der endgültigen Entscheidung über Fortführung oder Zerschlagung offener zu gestalten, als dies bislang de facto der Fall war.Vgl. STÜDEMANN (1977), S. 421; MARSCHDORF (1984), S. 246; HANISCH (1973), S. 129 - 143, zur Zerschlagungstätigkeit des Konkursverfahrens. Zu Reformbemühungen siehe ARNOLD (1982a), S. 6; INSOLVENZRECHTSKOMMISSION (1985), S. 87 - 90; SCHMIDT, K. (1982b), S. D 36 f., D 40 - 44.

2) Gemäß § 7 Abs. 1 VglO müssen den Vergleichsgläubigern mindestens 35% ihrer Forderungen gewährt werden. Dieser Mindestsatz erhöht sich gemäß § 7 Abs. 2 VglO auf 40%, wenn der Schuldner eine Zahlungsfrist von mehr als einem Jahr von der Vergleichsbestätigung ab beansprucht. Dagegen wird gemäß § 187 KO beim Zwangsvergleich nur dann eine Mindestquote von 20% verlangt, wenn dieses Ergebnis auf ein unredliches Verhalten des Gemeinschuldners, insbesondere Konkursverschleppung, zurückzuführen ist.

3) Vgl. § 17 Nr. 1 VglO.

- Sind diese in der Einschätzung der Situation nicht einig, so gibt der Gesetzgeber (quasi als Lösung von Prüfschritt 5) normativ Abstimmungsregeln und -quoten für die Annahme des Vergleichsvorschlags vor.[1)]

- Schließlich sieht der Gesetzgeber noch die Überprüfung des entsprechenden Vorschlags durch das zuständige Gericht vor, das u.a. noch zu überprüfen hat, ob der Vergleich durch Begünstigung einzelner Gläubiger zustande gebracht worden ist oder dem "gemeinsamen Interesse" der Vergleichsgläubiger widerspricht.[2)]

Die Vergleichsvorschriften übertragen also die Entscheidung darüber, ob ein Unternehmen liquidiert oder unter bestimmten Auflagen fortgeführt werden soll, einem Mechanismus, der teils zwingende rechtliche Vorgaben enthält, sich teils auf den nach bestimmten Abstimmungsregeln zu ermittelnden Willen der betroffenen Gläubiger stützt, teils auf das primär an Gläubigerinteressen orientierte sachverständige Ermessen einer neutralen Entscheidungsinstanz. Dabei wird dieser Mechanismus erst dann auf Antrag des Schuldners in Gang gesetzt, wenn zuvor das Vorliegen eines der möglichen Insolvenzauslöser (Zahlungsunfähigkeit oder Überschuldung) festgestellt worden ist.[3)]

Dieses ist jedoch nicht der einzige Ansatzpunkt, der sich für die Gläubiger eines Unternehmens bietet, im Eigeninteresse eventuell doch auf die Fortführung eines insolvenzbedrohten Unternehmens hinzuwirken. Vielmehr ist das Kriterium der Zahlungsunfähigkeit geradezu darauf angelegt, ein solches Abwägen zwischen Fortführung und Liquidation bereits in das Vorfeld eines effektiven insolvenzrechtlichen Eingriffs zu verlagern. Wir hatten die Verwendung des Tatbestands der Zahlungsunfähigkeit als Insolvenzauslöser als den Versuch interpretiert, die Feststellung eines einen insolvenzrechtlichen Eingriff rechtfertigenden Ausmaßes an Gläubigergefährdung dem Urteil des Finanzmarktes selbst zu übertragen:

---

1) Zur Annahme des Vergleichsvorschlags ist es erforderlich, daß die Mehrheit der Vergleichsgläubiger (Kopfmehrheit) zustimmt und die Gesamtsumme der Forderungen der zustimmenden Gläubiger mindestens 75% der Vergleichsforderungen (Summenmehrheit) beträgt (§ 74 Abs. 1 VglO). Letztere erhöht sich auf 80%, wenn die Vergleichsquote unter 50% liegt (§ 74 Abs. 3 VglO).

2) Vgl. § 79 Nr. 3 und 4 VglO.

3) Zu Voraussetzungen der Eröffnung des Vergleichsverfahrens siehe UHLENBRUCK (1979), S. 325 - 330.

Zahlungsunfähig kann ein Unternehmen nur dann werden, wenn es ihm nicht gelingt, die Gläubiger fälliger Ansprüche zur Prolongation zu bewegen oder neue Kreditgeber zu finden. Entscheidend für die Frage, ob ein Unternehmen zahlungsunfähig wird oder nicht, ist also das Kalkül aktueller und potentieller Kreditgeber.[1)]

Das Ergebnis eines solchen Kalküls hängt zum einen natürlich von den Erwartungen über die weitere geschäftliche Entwicklung des betrachteten Unternehmens, von der Risikobereitschaft der Kreditgeber, von der in Aussicht genommenen Verzinsung und den alternativen Anlagemöglichkeiten ab.[2)] Jedoch selbst wenn man einmal unterstellt, diese Faktoren stimmten völlig überein, ist es denkbar, daß ein bislang bereits bei dem Unternehmen engagierter Gläubiger auch bei ganz rationalem Verhalten zu einer anderen Entscheidung gelangt als ein potentieller Neu-Gläubiger.[3)] Folgendes einfache Beispiel dient zur Verdeutlichung dieser auf den ersten Blick vielleicht überraschenden Möglichkeit:

Die Forderung des einzigen Gläubigers G eines Unternehmens U über 100 GE sei fällig; U sei jedoch nicht in der Lage, diesen Betrag zu begleichen. Vielmehr bittet U um Stundung sowie um Gewährung eines weiteren zur "Sanierung" des Geschäfts bestimmten Kredits über 100 GE, so daß sich der Rückzahlungsanspruch des G in einer Periode - bei einem unterstellten Zinssatz von 10% - auf 220 GE belaufen würde. Gleichzeitig verhandele U mit einem potentiellen Kreditgeber K über die Gewährung eines zu 10% verzinslichen Darlehens über 200 GE, von denen 100 GE zur Ablösung der Forderung des G und die übrigen 100 GE zu der geplanten "Sanierung" verwendet werden sollen.

G und K mögen sich bei ihren Entscheidungen nur am Erwartungswert[4)] E(V) des am Ende der betrachteten Periode erzielbaren Endvermögens V orientieren und übereinstimmend von folgenden Erwartungen ausgehen:

- Besteht G auf der Rückzahlung der 100 GE und löst K die Forderung nicht ab, so führt das zur Liquidierung des Unternehmens. Für G wird sich daraus nach einer Periode ein Rückzahlungsbetrag zwischen 20 GE und 80 GE ergeben, wobei alle Werte zwischen diesen beiden Extremen als gleich wahrscheinlich anzusehen sind.

- Gewährt K hingegen den gewünschten Kredit über 200 GE oder prolongiert G den fälligen Kredit und gewährt einen weiteren Kredit über 100 GE, so kann U damit bis zum Ende der ersten Periode maximal ein Ergebnis von 300 GE, schlechtestenfalls eines von 100 GE erwirtschaften; alle dazwischen liegenden Werte seien wiederum als gleich wahrscheinlich anzusehen.

---

1) Zu Aktivitäten von Kreditinstituten zur Abwendung der Insolvenz bei deren Schuldnern siehe GESSNER u.a. (1978), S. 260 - 263.
2) Zur Analyse zur Risikoübernahme der Banken im Kreditgeschäft siehe WILHELM (1982), S. 572 - 601.
3) Vgl. zu dem hier entwickelten Gedanken auch RUDOLPH (1982), S. 94 - 113.
4) Die damit implizierte Annahme der Risikoneutralität dient nur der Vereinfachung der folgenden Darstellung, sie ist für die inhaltliche Aussage des Beispiels jedoch keineswegs zwingend. D.h. die verdeutlichte Möglichkeit unterschiedlicher Verhaltensweisen von Alt- und Neu-Gläubigern kann auch für den Fall der Risikoscheu belegt werden.

- Alternativ können G und K Geld sicher zu 5% anlegen.

Diese Erwartungen wie auch das genannte Entscheidungskriterium seien zugleich repräsentativ für alle übrigen Akteure auf dem Finanzmarkt. Für den Erwartungswert des Endvermögens, das K nach Ablauf der betrachteten Periode erreichen kann, ergeben sich dann je nach der getroffenen Entscheidung folgende Werte:

(1) Gewährung des Kredits über 200 GE:

Die Wahrscheinlichkeit für die vollständige Rückführung des insgesamt geschuldeten Betrages von 220 GE beträgt 0,4[1]; der bei nicht vollständiger Rückführung (Insolvenzwahrscheinlichkeit = 0,6)[2] im Durchschnitt zu erwartende Betrag beläuft sich auf 0,5 · (100 + 220) = 160 GE. Mithin gilt

$$E(V_1^K) = 0{,}4 \cdot 220 + 0{,}6 \cdot 160 = 184$$

(2) Sichere Anlage der 200 GE zu 5%:

$$E(V_2^K) = 200 \cdot 1{,}05 = 210$$

K und dementsprechend auch jeder andere potentielle Kreditgeber würde also die sichere Geldanlage einem Engagement bei U eindeutig vorziehen, U hätte insoweit also im Urteil des Finanzmarktes seine Kreditwürdigkeit verloren. Dennoch wird sich der bereits bei U engagierte Gläubiger G unter den gesetzten Prämissen bei rationalem Kalkül bereit finden, dem Prolongations- und Kreditwunsch U's nachzukommen. Für die relevanten Erwartungswerte des Endvermögens errechnt sich nämlich:

(1) Prolongation und Zusatzkreditgewährung über 100 GE:

Wie bereits für K verdeutlicht errechnet sich für diesen Fall

$$E(V_1^G) = 0{,}4 \cdot 220 + 0{,}6 \cdot 160 = 184$$

(2) Kündigung und sichere Anlage der 100 GE:

Der in einem Jahr im Durchschnitt zu erwartende Liquidationsbetrag beläuft sich annahmegemäß auf 0,5 · (80 + 20) = 50 GE. Mithin gilt unter Berücksichtigung des sicheren Alternativzinses von 5%:

$$E(V_2^G) = 50 + 100 \cdot 1{,}05 = 155$$

Für den betrachteten Alt-Gläubiger G wäre es in der geschilderten Situation also am günstigsten, auf die sofortige Rückführung des an sich fälligen Kredits und damit auf die Auslösung des Insolvenzverfahrens zu verzichten, obwohl U - auch nach dem Urteil des G - eigentlich nicht mehr kreditwürdig ist.[3]

1) $\frac{300-220}{300-100} = 0{,}4$

2) $\frac{220-100}{300-100} = 0{,}6$

3) Vgl. hierzu auch den von GESSNER u.a. (1978), S. 253, festgestellten empirischen Befund, daß Banken im letzten Jahr vor Insolvenzeintritt ihr Engagement erhöhten.

Dieses einfache Beispiel dürfte ausreichen, um aufzuzeigen, warum es für einen bei einem insolvenzbedrohten bereits engagierten Alt-Gläubiger durchaus sinnvoll sein kann, einem im allgemeinen Urteil des Finanzmarktes gar nicht mehr kreditwürdigen Unternehmen weiterhin Kredit zu gewähren, also eventuell "gutes Geld dem schlechten hinterherzuwerfen".[1] Bislang nicht engagierte Kreditgeber sind von den Konsequenzen, die sich aus der Einleitung des Insolvenzverfahrens ergeben, nicht betroffen. Sie richten sich bei ihrer Beurteilung des in Rede stehenden Kreditengagements nur nach den alternativen Anlagemöglichkeiten. Bereits engagierte Gläubiger haben demgegenüber die aus der Einleitung des Insolvenzverfahrens resultierenden Konsequenzen insoweit mit zu berücksichtigen, wie davon zugleich auch die Realisierungschancen der eigenen Ansprüche betroffen werden.

Folgt man nun der Interpretation des Zahlungsunfähigkeitskriteriums als in das Urteil aktueller und potentieller Gläubiger gelegter Insolvenzindikator, so macht diese Überlegung deutlich, daß dieses Kriterium letztlich nicht nur ein allgemeines Urteil des Finanzmarktes über die generelle Kreditwürdigkeit des Unternehmens enthält, sondern darüber hinaus auch noch ein Urteil der Altgläubiger über die Vorteile, die für sie eventuell trotz der allgemeinen Kreditunwürdigkeit mit einer Fortführung des Unternehmens verbunden sein können. Bei rationalem Gläubigerverhalten kann es bei Verwendung des Kriteriums der Zahlungsunfähigkeit mithin erst dann zur Auslösung eines auf die Liquidation des schuldnerischen Unternehmens ausgerichteten Insolvenzverfahrens kommen, wenn

- das betrachtete Unternehmen im allgemeinen Urteil des Finanzmarktes als nicht mehr kreditwürdig gilt und

- aus der individuellen Sicht der Alt-Gläubiger die Liquidation des Unternehmens der Fortführung vorzuziehen ist.[2]

Mit der Verwendung des Kriteriums der Zahlungsunfähigkeit wird letztlich also die Gesamtheit der im Abschnitt 5.2.1 aufgeführten Prüfschrit-

---

1) SCHMIDT, R.H. (1984), S. 734, bezeichnet die bisherigen Kapitalgeber im Gegensatz zu Dritten als "ideale Sanierer".

2) Dabei kann es u.U. ausreichen, wenn sich nur eine - hinlänglich potente - Teilgruppe von Alt-Gläubigern von der Fortführung des Unternehmens mehr Vorteile verspricht als von seiner Zerschlagung, um den Eintritt der Zahlungsunfähigkeit zu verhindern.

te (1) bis (5) in das Urteil der aktuellen und potentiellen Gläubiger gelegt.[1)]

5.3 Möglichkeiten zur Begrenzung des Verlustrisikos nach eingetretener Insolvenz

5.3.1 Sicherung der Vermögensmasse gegen weitere Minderungen

Gesetzgeberische Maßnahmen zur Begrenzung der auf die Gläubiger eines insolventen Unternehmens zukommenden Verluste können

- zum einen darauf abzielen, das *Volumen* des zur Befriedigung der Gläubiger verfügbaren Vermögens so groß wie möglich zu halten,

- zum anderen darauf, die *Verwertung* der letztlich verfügbaren Vermögensmasse so effizient wie möglich zu gestalten.

Bezüglich der Sicherung eines möglichst hohen Volumens können dabei noch einmal zwei Teilaspekte unterschieden werden, je nachdem, ob sich entsprechende Maßnahmen

- nur *defensiv* darauf beziehen, die bei Insolvenzeintritt vorhandene Vermögensmasse gegen weitere Verminderungen zu schützen, oder

- *offensiv* darauf ausgerichtet sind, die Haftungsmasse über das zunächst vorhandene Volumen hinaus wieder anzureichern.

---

1) Diese Einsicht könnte eventuell auch mit zur Erklärung des Umstandes beitragen, daß dem Vergleichsverfahren praktisch kaum Bedeutung zukommt (vgl. Abschnitt 1.3.1 des dritten Teils dieser Arbeit). Solange sich die Gläubiger (oder zumindest einige von ihnen) von der Fortführung des Unternehmens mehr (d.h. eventuell auch nur geringere Verluste) versprechen als von seiner Liquidation, sorgen sie für die Fortführung, ohne daß es der zeitraubenden und kostenspieligen Regularien eines Vergleichsverfahrens bedarf. Zur Zahlungsunfähigkeit und somit Einleitung eines Insolvenzverfahrens kommt es in aller Regel erst, wenn die Gläubiger auch unter Berücksichtigung der eigenen Liquidationsverluste die Fortführung des Unternehmens nicht mehr für vorteilhaft halten; dann aber ist für einen auf die Unternehmensfortführung gerichteten Vergleich kein Raum mehr. Auf diesem Gedankengang basiert auch die Kritik an der "Sanierungseuphorie" durch ein insolvenzrechtliches Sanierungsverfahren; vgl. hierzu STÜRNER (1982), S. 763 f..

Wir werden uns in diesem Abschnitt mit der defensiven Variante der Volumenssicherung beschäftigen und anschließend in den Abschnitten 5.3.2 und 5.3.3 auf die Regelungen zur Massenanreicherung sowie zur effizienten Gestaltung des Verwertungsverfahrens eingehen.

Das Insolvenzrecht enthält verschiedene Regelungen, die verhindern sollen, daß das bei Eintritt der Insolvenz noch vorhandene Vermögen durch Verfügungen zugunsten des Schuldners, außenstehender Dritter oder auch einzelner Gläubiger weiter vermindert wird. Hier sind zunächst verschiedene Vorschriften zur *Beschränkung der Verfügungsmöglichkeiten* der Gesellschafter über das Unternehmens- und zum Teil auch ihr Privatvermögen zu nennen, wie sie im Abschnitt 1.2 des dritten Teils dieser Arbeit ausführlich dargestellt werden. Eine ähnliche Funktion erfüllen auch die Vorschriften, durch die die Möglichkeiten einzelner Gläubiger zur individuellen Realisierung ihrer Forderungen[1] eingeschränkt werden.

Im Hinblick auf die Gläubiger, die nicht zugleich Gesellschafter des insolventen Unternehmens sind, ist außerdem auch die Möglichkeit, Ansprüche aus *Gesellschafterdarlehen* unter bestimmten Voraussetzungen hintanzustellen, als ein weiterer Ansatz zu werten, die verbleibende Vermögensmasse vor Schmälerungen zu schützen. Derartige Möglichkeiten sind zunächst in der Rechtssprechung zum Gesellschafterdarlehen an Gesellschaften mbH entwickelt worden[2]; ein Teil der so entwickelten Grundsätze wurde mit der zum 1.1.1981 in Kraft getretenen GmbH-Novelle durch die Einführung eines neuen § 32a GmbHG kodifiziert. Demnach können Ansprüche aus Gesellschafterdarlehen im Vergleichs- oder Konkursverfahren nicht geltend gemacht werden, wenn sie in einem Zeitpunkt gewährt worden sind, "in dem ... die Gesellschafter als ordentliche Kaufleute Eigenkapital zugeführt hätten". So sehr die Intention dieser Vorschrift

---

1) So z.B. das Einzelvollstreckungs- und das Prozeßverbot gemäß §§ 12 und 14 KO. Zur Kritik der entsprechenden Regelungen und der Divergenz zwischen gesetzgeberischer Intention und Realität vgl. insbesondere Abschnitt 1.3.2 im dritten Teil dieser Arbeit.

2) Ausführliche Hinweise auf die Rechtssprechung siehe bei FLECK (1982), S. 35 - 49. Überblick zur Rechtssprechung betreffend Gesellschafterdarlehen an Gesellschaften mbH siehe auch ULMER in HACHENBURG (1975/84), Anh. § 30 Rdn. 75, 76. Zur Entwicklung der Rechtsprechung siehe SCHMIDT, K. (1980c), S. 567 - 582; FARRENKOPF/CAHN (1983), S. 151 - 156; KAMPRAD (1984), S. 339 - 343.

unter Gläubigerschutzaspekten zu begrüßen ist, so zweifelhaft erscheint es unter betriebswirtschaftlichen Gesichtspunkten, ob das in dieser Klausel herangezogene "Finanzierungsverhalten ordentlicher Kaufleute" mit der gebotenen Klarheit und Eindeutigkeit bestimmbar ist. Im Grunde stellen sich bei der konkreten Anwendung dieser Norm die gleichen Probleme wie bei dem bereits im Abschnitt 4.3.2 diskutierten und als nicht praktikabel erkannten Versuch, die Gesellschafter eines Unternehmens zu verpflichten, die Gesellschaft schon bei der Gründung in "angemessenem" Umfang mit Eigenkapital auszustatten.

Dementsprechend ist im Zuge der Beratungen, die der Novelle des GmbHG vorausgingen, von betriebswirtschaftlicher Seite auch mehrfach darauf hingewiesen worden, daß die Betriebswirtschaftslehre keine Verfahren zur Ausfüllung einer solchen Generalklausel bereithalte.[1] Davon unbeeindruckt sind im juristischen Schrifttum allerdings wiederholt Positionen wie die vertreten worden,

- mit Hilfe der Betriebswirtschaftslehre sei es möglich, "hinreichend sichere Regeln und Kriterien für ein konkretes Unternehmen *wissenschaftlich genau* zu berechnen"[2], oder

- das von einem ordentlichen Kaufmann zu erwartende Finanzierungsverhalten könne "*leicht* durch Sachverständige geklärt werden ...".[3][4]

In dieser Sichtweise verhaftet stellte auch der Rechtsausschuß in seinem Bericht zum Novellierungsvorschlag trotz der in einer Anhörung von verschiedenen betriebswirtschaftlichen Sachverständigen vorgetragenen Bedenken lapidar fest: "Der Rechtsausschuß teilt nicht die Bedenken, die ... gegen die Möglichkeit einer Abgrenzung ... eigenkapitalersetzender Darlehen vorgetragen worden sind ...".[5] Dieses Hintanstellen betriebswirt-

---

1) Vgl. z.B. BITZ (1979), S. 353 f., 358; ROGUSCH (1979), S. 276 f..

2) WINKLER (1969a), S. 1206 (Hervorhebung nicht im Original).

3) RUTKOWSKY (1981), S. 387 (Hervorhebung nicht im Original).

4) Andererseits ist die Regelung des § 32a GmbHG allerdings auch von juristischer Seite kritisiert worden; vgl. z.B. WINTER in SCHOLZ (1983), §§ 32a, 32b Anm. 40, 78 - 80; SCHMIDT, K. (1983), S. 178.

5) Bericht des Rechtsausschusses, zitiert in DEUTLER (1981), S. 74. Die Kritik wurde geäußert u.a. vom Deutschen Industrie- und Handelstag sowie dem Sparkassen- und Giroverband.

schaftlicher Erkenntnisse ist um so unverständlicher, als in der die Novelle vorbereitenden Diskussion an anderer Stelle die Position vertreten wird, es sei kaum möglich, einem Unternehmen "im Konkursfall nachzurechnen, welches Eigenkapital ... erforderlich gewesen wäre."[1]

Es bleibt abzuwarten, wie sich die Rechtsprechung zu § 32a GmbHG entwickeln wird. Soweit erkennbar, ist diese Norm bislang nur auf eindeutige Mißbrauchsfälle angewandt worden, in denen den in Rede stehenden Gesellschafterdarlehen allerdings auch schon nach der zu den §§ 30 f. GmbHG entwickelten Rechtsprechung die Anerkennung als Fremdkapital verweigert worden wäre.[2]

Wir werden im dritten Teil dieser Arbeit noch einmal ausführlicher auf dieses Problem eingehen und aufzeigen, daß die dort vorgeschlagene Erweiterung und Modifikation des Überschuldungsbegriffs eine Sonderbehandlung von Gesellschafterdarlehen entbehrlich machen würde. Als alternative Lösung könnte allerdings auch daran gedacht werden, daß der Gesetzgeber die Voraussetzungen, unter denen ein Gesellschafterdarlehen als "eigenkapitalersetzend" anzusehen ist, nicht mehr durch eine vage Generalklausel allgemein umschreibt, sondern durch die Angabe quantitativer Indikatoren explizit normiert.

Dabei erschiene es allerdings wenig glücklich, die Tradition der älteren Rechtsprechung zum § 3 KVStG[3] wieder aufzunehmen und als Voraussetzung für die Anerkennung von Ansprüchen aus Gesellschafterdarlehen im Konkurs die Einhaltung bestimmter Relationen zwischen Eigen- und Fremdkapital oder Eigenkapital und Anlagevermögen zu verlangen.[4] Vielmehr erschiene es sehr viel konsistenter, wenn der Gesetzgeber den Grundsatz stipulierte, ein ordentlicher Kaufmann führe das Kapital, das er seinem Unternehmen überhaupt zur Verfügung stellt, überwiegend in Form von Eigenkapital zu und nur zu einem geringeren Teil in Form von Gesellschaf-

---

1) So z.B. REGIERUNGSENTWURF (1972), S. 110.

2) Zur Fortgeltung der Rechtsprechung zu den §§ 30 f. GmbHG vgl. BGH, Urt. vom 26.03.1984 (= DB 1984, S. 1338 - 1340).

3) § 3 KVStG enthielt bis 1971 eine dem § 32a GmbHG ähnliche Klausel zur Klärung der Frage, ob ein Gesellschafterdarlehen trotz der formalen Ausgestaltung als Fremdkapital dennoch wie Eigenkapital zu behandeln und dementsprechend mit Gesellschaftsteuer zu belegen sei. Pikanterweise wurde diese Regelung 10 Jahre vor Inkrafttreten der GmbH-Novelle mit der Begründung ersatzlos gestrichen, daß diese Norm "... zu so erheblichen Schwierigkeiten geführt habe ..., so daß ihre Beibehaltung nicht zu rechtfertigen sei". Zitiert aus BB 1972, S. 30 (Änderung des Kapitalverkehrsteuergesetz).

4) Vgl. dazu mit zahlreichen Nachweisen ROGUSCH (1979), S. 84 - 87.

terdarlehen. Ansprüche aus Gesellschafterdarlehen könnten dementsprechend im Konkurs des Unternehmens insoweit nicht geltend gemacht werden, wie unmittelbar nach erfolgter Darlehensgewährung das Volumen der insgesamt bestehenden Gesellschafterdarlehen den Betrag des in diesem Zeitpunkt vorhandenen Eigenkapitals überstieg .[1] Eine solche Regelung wäre sehr viel weniger kompliziert als die derzeit geltende Norm und würde - ggf. ergänzt um geeignete Beweislast- und Bilanzierungsvorschriften[2] - die Rechtssicherheit sowohl für die Gläubiger als auch für die Gesellschafter wesentlich erhöhen.

5.3.2 ATTRAHIERUNG ZUSÄTZLICHER HAFTUNGSMASSE

Maßnahmen des Gesetzgebers, die darauf abzielen, das bei Insolvenzeintritt vorhandene Vermögen nicht nur gegen weitere Minderungen zu schützen sondern in gewissem Umfang sogar noch zu erhöhen, konkretisieren sich zum einen in den *Anfechtungsregelungen* der §§ 29 bis 42 KO. Danach kann der Konkursverwalter bestimmte Rechtsgeschäfte, die der Gemeinschuldner vor Eröffnung des Konkursverfahrens getätigt hat, mit dem Ziel anfechten, die der Gesamtheit der Gläubiger verfügbare Masse zu erhöhen. Der Massenanreicherung dienen auch die verschiedenen Normen, die es den Gläubigern ermöglichen, bei der Realisierung ihrer Ansprüche über das vorhandene Unternehmensvermögen hinaus auf *weitere Haftungsträger* und deren Vermögen zurückzugreifen. Bei diesen zusätzlichen Haftungsträgern kann es sich entweder um die Gesellschafter selbst oder um sonstige (natürliche oder juristische) Personen handeln.

---

1) Beispielhaft sei auf § 8a Abs. 3 Ziff. 2b des REFERENTENENTWURFES des KStÄndG 1982 [abgedruckt in VOGEL (1982), S. 97 - 100] verwiesen. Danach werden nicht nach dem Gewinn bemessene Zinsen bei der schuldnerischen Kapitalgesellschaft als verdeckte Gewinnausschüttung behandelt, wenn die zugrundeliegenden "Verbindlichkeiten zu einem Zeitpunkt des Wirtschaftsjahres der Leistung den Teil des Eigenkapitals der Gesellschaft zum Schluß des vorangegangenen Wirtschaftsjahres übersteigen, der dem Verhältnis des dem Anteilseigner zustehenden Anteils am Nennkapital zum gesamten Nennkapital entspricht". Beispiele für gleichartige Lösungen bieten auch ausländische Steuerrechtssysteme; vgl. hierzu HÖHN/SCHMIDT (1982), S. 15 - 17.

2) So könnte daran gedacht werden, dem Gesellschafter die Beweislast aufzuerlegen, daß sich sein Anspruch aus einem Gesellschafterdarlehen herleitet, das nicht als eigenkapitalersetzend im Sinne der vorgeschlagenen Norm gilt. (So die US-amerikanische Lösung des Klassifizierungsproblems vom Gesellschafterdarlehen; vgl. hierzu AULT (1982), S. 23 - 28.) Weiterhin könnte der gesonderte Ausweis von Gesellschafterdarlehen beider Kategorien in der Bilanz vorgeschrieben werden, so auch der Entwurf eines Bilanzrichtlinie-Gesetzes; vgl. § 42 Abs. 3 EGmbHG.

Die Verpflichtung der Gesellschafter eines insolventen Unternehmens, über das Gesellschaftsvermögen hinaus mit ihrem sonstigen Vermögen einzustehen, kann im einzelnen aus drei verschiedenen Ursachen resultieren:

- Zum einen ist eine solche Verpflichtung natürlich immer dann gegeben, wenn die Gesellschafter für ihr Unternehmen eine Rechtsform gewählt haben, die die unmittelbare und unbeschränkte Haftung zumindest einzelner Gesellschafter vorsieht; das ist bekanntlich bei der OHG, der KG im Hinblick auf die Komplementäre sowie bei der BGB-Gesellschaft zumindest im Hinblick auf bestimmte Verbindlichkeiten[1] der Fall. Ein ökonomisch ähnlicher Effekt kann auch bei der Genossenschaft erreicht werden, sofern das Statut für den Fall des Konkurses der Genossenschaft eine unbeschränkte Nachschußpflicht der Genossen vorsieht. Letzteres begründet allerdings zunächst nur Ansprüche der Genossenschaft gegenüber ihren Gesellschaftern, die vom Konkursverwalter zu realisieren sind, während den Gläubigern von Personengesellschaften der unmittelbare Rückgriff auf die voll haftenden Geschafter jederzeit und damit auch außerhalb eines Konkursverfahrens möglich ist. Beiden Rechtskonstruktionen ist jedoch gemeinsam, daß der Gesamtheit der Gläubiger nicht nur das Gesellschaftsvermögen, sondern darüber hinaus auch das gesamte sonstige Vermögen der Gesellschafter zur Realisierung ihrer Forderungen zur Verfügung steht. Sieht das Statut einer Genossenschaft demgegenüber nur eine beschränkte Nachschußpflicht vor, so ist ein solcher Rückgriff auf das Gesellschaftsvermögen eben nur in begrenztem Umfang möglich.

- Zum zweiten besteht die Möglichkeit eines derartigen Rückgriffs auch immer dann, wenn Gesellschafter, die weder unbeschränkt haften noch zu einem unbegrenzten Nachschuß verpflichtet sind, die vorgesehene Einlage nicht voll erbracht oder Entnahmen zu Lasten ihrer Einlage getätigt haben. Dabei ist es wiederum möglich, daß eine solche persönliche Haftung in Höhe der "ausstehenden Einlagen" den Gläubigern die Möglichkeit des unmittelbaren Rückgriffs auf den entsprechenden Gesellschafter ermöglicht - so im Falle des Kommanditisten - oder aber als Verbindlichkeit gegenüber der Gesellschaft zu werten ist und die entsprechenden Beträge im Konkursfall durch den Konkursver-

---

1) Vgl. EISENHARDT (1985), S. 37 ff..

walter zu Gunsten der Masse eingezogen werden - so bei der Genossenschaft, der AG oder der GmbH.[1)]

- Zum dritten hat die Rechtsprechung schon seit langem - allerdings ganz überwiegend im Hinblick auf die sogenannte Einmann-GmbH[2)] - die Rechtsfigur des "Haftungsdurchgriffs" entwickelt.[3)] Danach können die Gesellschafter von Kapitalgesellschaften, auch wenn sie die vorgesehenen Einlagen voll erbracht haben, unter bestimmten Voraussetzungen dennoch zur Haftung für die Verbindlichkeiten ihres Unternehmens herangezogen werden.[4)] In diesem Zusammenhang ist allerdings wiederholt betont worden, über das für die Kapitalgesellschaft konstitutive Prinzip der Haftungsbeschränkung dürfe "nicht leichtfertig oder schrankenlos hinweggegangen werden".[5)] Mangels Kodifizierung herrscht jedoch keine eindeutige Klarheit über die konkreten Voraussetzungen für eine Durchbrechung dieses Prinzips. Immerhin lassen sich zwei Ansatzpunkte für einen Haftungsdurchgriff ausmachen[6)]: Zum einen nämlich der Fall der sogenannten "Anscheinhaftung", bei dem der Gesellschafter einer Kapitalgesellschaft gegenüber den Gläubigern glaubhaft den Anschein erweckt, er stehe auch persönlich für die Verbindlichkeiten seines Unternehmens ein.[7)] Zum anderen der Fall der sogenannten "Unterkapitalisierung", bei dem die tatsächliche

---

1) Zur Geltendmachung der Haftungsansprüche gegenüber den Gesellschaftern bei den einzelnen Rechtsformen siehe MENTZEL/KUHN/UHLENBRUCK (1979), Vorbem. vor § 207 Rdn. 28, § 207 Rdn. 16, § 209 Rdn. 13 - 15. Obschon bei der Kommanditgesellschaft der Gesellschaftsgläubiger Gläubiger des Haftungsanspruchs ist und nicht die Gesellschaft, wird dieses Gläubigerrecht vom Konkursverwalter ausgeübt; vgl. MENTZEL/KUHN/UHLENBRUCK (1979), § 209 Anm. 15bA).

2) Vgl. EISENHARDT (1985), S. 325.

3) Vgl. Abschnitt 3.1.2 des dritten Teils dieser Arbeit sowie ULMER in HACHENBURG (1975/84), Anh. § 30 Rdn. 25 - 67.

4) Vgl. z.B. WINTER, G. (1973), S. 64 - 71; ROGUSCH (1979), S. 45 - 48; ERDLAND (1981), S. 215 - 219; EISENHARDT (1985), S. 324 - 329.

5) Vgl. BGH, Urt. vom 30.01.1956 (= BGHZ 20, S. 11). Vgl. auch BGH, Urt. vom 29.11.1956 (= BGHZ 22, S. 230).

6) Zu einer ausführlicheren Darstellung in dem dort angesprochenen Zusammenhang vgl. Abschnitt 3.1.2 im dritten Teil dieser Arbeit.

7) Dieser Ansatzpunkt eines Haftungsdurchgriffs wurde z.B. nach dem Zusammenbruch des Bankhauses I.D. Herstatt im Jahre 1974 im Zusammenhang mit der Frage diskutiert, inwieweit die Gläubiger einen Zugriff auf das sonstige Vermögen des Hauptaktionärs Hans Gerling erhalten könnten. Vgl. dazu ERDLAND (1981), S. 215 f..

Eigenkapitalausstattung in einer Treu und Glauben eklatant widersprechenden Weise hinter dem im Hinblick auf die Gläubigerrisiken angemessenen Umfang zurückbleibt.[1] Im Zusammenhang mit der Diskussion um die Reform des GmbHG in den 60er und 70er Jahren ist zudem der Gedanke aufgetaucht, die Möglichkeit eines derartigen Haftungsdurchgriffs zu kodifizieren. So wurde etwa das Modell der Differenzhaftung vorgeschlagen; demnach sollten die Gesellschafter in Höhe der Differenz zwischen einem - wie auch immer definierten - Mindesteigenkapital ihrer Gesellschaft und dem tatsächlich vorhandenen Eigenkapital den Gesellschaftsgläubigern gegenüber persönlich haften.[2] Die Problematik dieses Vorschlags ist evident: Zum einen bleibt unklar, nach welchen Regeln das angemessene Mindesteigenkapital berechnet werden sollte - wir sind darauf bereits im Abschnitt 4.3 ausführlich eingegangen. Zum anderen bedürfte es präziser Vorschriften zur Ermittlung des Zeitpunktes *vor* Eintritt des Insolvenzfalles, der für die Feststellung des Ausmaßes der Unterkapitalisierung, maßgeblich ist.[3] Derartige Probleme vermeidet der von FABRICIUS in die Diskussion eingebrachte Vorschlag einer Quotenhaftung, wonach die Gesellschafter im Konkurs ihres Unternehmens in Höhe von 35% der nicht bevorrechtigten Konkursforderungen persönlich haften sollen.[4]

Schließlich ist es im Konkursfall unter bestimmten Voraussetzungen möglich, nicht nur auf die Gesellschafter, sondern auch noch auf *andere Haftungsträger* zurückzugreifen. Hier sind zunächst eventuelle Schadensersatzansprüche gegenüber einem herrschenden Unternehmen gemäß § 317 AktG sowie gegenüber Mitgliedern des Vorstands und des Aufsichtsrats (§§ 93 Abs. 2, 116 AktG) oder sonstigen Personen gemäß § 117 AktG zu nennen.[5] Gelingt es, der Geschäftsleitung eine Pflichtverletzung oder dem herrschenden Unternehmen eine das später insolvent gewordene Unternehmen benachteiligende Einflußnahme nachzuweisen, so kommt der aus der Realisierung der entsprechenden Ansprüche resultierende Vermögenszufluß der Gesamtheit der Gläubiger zugute.

---

1) Die einschlägigen Urteile beziehen sich ganz überwiegend auf den Fall der bereits im Zeitpunkt der Gesellschaftsgründung gegebenen Unterkapitalisierung. Vgl. dazu - mit weiteren Nachweisen - ROGUSCH (1979), S. 46 f.

2) So z.B. WINKLER (1969a), S. 1205; WINTER, G. (1973), S. 122 - 125.

3) Vgl. dazu näher ROGUSCH (1979), S. 46 f.; WINTER, G. (1973), S. 123, schlägt vor, den letzten Bilanzstichtag vor Eröffnung des Konkurseröffnungsverfahrens als maßgeblichen Zeitpunkt festzulegen.

4) So FABRICIUS (1970), S. 143. Vgl. auch ARBEITSKREIS GmbH-REFORM (1972), S. 22, wonach eine Quote von 50% vorgeschlagen wird.

5) Vgl. weiterhin §§ 43 GmbHG, 34 GenG.

Außerdem kennt das Insolvenzrecht einzelne Regelungen, durch die ein Zugriff auf externe Haftungsträger nur im Hinblick auf ganz bestimmte Forderungen möglich wird. Hier sind zunächst die Bestimmungen des Gesetzgebers über das Konkursausfallgeld zu nennen[1)], wonach bestimmte Lohnforderungen im Konkurs eines Unternehmens vom Arbeitsamt befriedigt werden. Ähnliches gilt auch für die einschlägigen Bestimmungen des Gesetzes zur Verbesserung der betrieblichen Altersversorgung, wonach Ansprüche aus bestimmten Betriebsrenten durch einen Pensionssicherungsverein garantiert werden, der sich seinerseits nach bestimmten Beitragssätzen bei den ihm zwangsweise angeschlossenen Unternehmen finanziert.[2)] In beiden Fällen wird die Haftung des einzelnen Unternehmens also im Hinblick auf ganz bestimmte Forderungen durch eine Solidarhaftung einer sehr viel größeren Zahl von Unternehmen ergänzt. Für die von diesen Regelungen nicht begünstigten Gläubiger ergibt sich daraus weder ein Vor- noch ein Nachteil, da der externe Haftungsträger in beiden Fällen jeweils wie ein Bürge an die Stelle der von ihm befriedigten Gläubiger tritt.[3)]

5.3.3 Sicherung einer effizienten Massenverwertung

Als dritten Ansatzpunkt für gesetzgeberische Maßnahmen mit dem Ziel, die auf die Gesamtheit der Gläubiger im Zuge des Insolvenzverfahrens zukommenden Verluste so gering wie möglich zu halten, hatten wir die Möglichkeit genannt, Vorkehrungen zu treffen, die dazu beitragen, daß die verbleibende Vermögensmasse so effizient wie möglich verwertet wird. Dementsprechend enthält das Insolvenzrecht auch zahlreiche auf diese Werterhaltungsfunktion ausgerichtete Regelungen.

Dazu zählen zum einen verschiedene *Einschränkungen* der freien Dispositionsmöglichkeiten sowohl des schuldnerischen Unternehmens als auch der Gläubiger, die mit der Einleitung eines Insolvenzverfahrens einhergehen. Insbesondere die Übertragung der Verfügungsgewalt der Gesellschafter des insolventen Unternehmens auf den Konkursverwalter dient nicht nur der

---

1) Vgl. §§ 141a - 141 n AFG

2) Vgl. § 10 BetrAVG

3) Vgl. MENTZEL/KUHN/UHLENBRUCK (1979), § 59 Rdn. 15; ferner § 9 Abs. 2 BetrAVG

Verhinderung von bewußt herbeigeführten Minderungen der Haftungsmasse (vgl. dazu Abschnitt 5.3.1) sondern verfolgt auch den Zweck, sonstige nicht im Gläubigerinteresse liegende Transaktionen zu unterbinden. Auf die gerade in der Insolvenzsituation in extremer Weise bestehende Asymmetrie der Interessen von Eigen- und Fremdkapitalgebern und die damit verbundene Gefahr für die Gläubiger wurde im Abschnitt 4.2 ausführlich hingewiesen.

Auch die mit der Eröffnung des Konkursverfahrens einhergehende Aussetzung der Möglichkeit zur *Einzelvollstreckung* gemäß § 14 KO trägt tendenziell dazu bei, das Verwertungsergebnis zu verbessern. Denn von einer geordneten Liquidation einer Unternehmung ist in aller Regel ein höheres Ergebnis zu erwarten als von einer planlosen Zerschlagung, wie sie sich als Konsequenz einer Vielzahl unkoordinierter Realisierungsversuche der einzelnen Gläubiger ergeben würde.[1] So kann etwa im Gesamtinteresse der Gläubiger eine befristete Geschäftsfortführung geboten sein, um beispielsweise noch nicht verkaufsfertige Zwischenprodukte fertigzustellen oder noch nicht abgeschlossene Aufträge zu erfüllen. Genau dies würde jedoch eventuell verhindert, wenn dem Unternehmen die dafür benötigten Betriebsmittel und Werkstoffe durch Einzelvollstreckungsmaßnahmen entzogen werden könnten.[2] Die werterhaltende Funktion des § 14 KO wird allerdings dadurch erheblich eingeschränkt, daß sich diese Vorschrift nicht auf die ganz überwiegende Mehrzahl von Sicherungsgläubigern bezieht, die zunächst ja nicht als "Konkursgläubiger" im Sinne der einschlägigen Vorschriften anzusehen sind und die Verwertung ihrer Sicherheiten somit auch nach Eröffnung des Konkursverfahrens weiter betreiben können. Dementsprechend werden im Zuge der aktuellen Bemühungen um die Reform des Insolvenzrechts auch unterschiedliche Möglichkeiten zur "Aufweichung" verschiedener Sicherungsrechte diskutiert.[3]

Der Werterhaltung dient weiterhin das *Erfüllungswahlrecht*, das dem Konkursverwalter gemäß § 17 KO zusteht. Danach kann er wählen, ob er noch schwebende zweiseitige Verträge, die von dem inzwischen insolvent ge-

---

1) Vgl. SCHMIDT, R.H. (1981a), S. 42; SCHMIDT, R.H. (1980), S. 74; BERGES (1977), S. 365.

2) Vgl. hierzu DRUKARCZYK (1984c), S. 287 f..

3) Vgl. Abschnitt 1.3.4.3 des dritten Teils dieser Arbeit

wordenen Unternehmen abgeschlossen worden sind, erfüllt und von dem Vertragspartner die vereinbarte Gegenleistung verlangt oder nicht. Entsteht dem Vertragspartner im letztgenannten Fall aus der Nichterfüllung des Vertrages ein Schaden, so kann er die entsprechenden Ansprüche als Konkursforderung geltend machen.[1] Der Konkursverwalter wird dadurch beispielsweise in die Lage versetzt, einen bereits begonnenen aber noch nicht ganz vollendeten Produktionsauftrag mit eventuell geringem Zusatzaufwand fertigzustellen und dafür die vereinbarte Gegenleistung der Konkursmasse zuzuführen. Ob dies für die übrigen Konkursgläubiger letztlich ein Vorteil ist, hängt zunächst ganz offensichtlich von dem notwendigen Zusatzaufwand und der erzielbaren Gegenleistung ab. Außerdem ist aber auch noch zu berücksichtigen, daß im Falle der Nichterfüllung

- einerseits die Konkursforderungen um einen etwaigen Schadensanspruch des Vertragspartners erhöht werden,

- andererseits aber die Möglichkeit besteht, die noch nicht vertragsgemäß fertiggestellten Produkte zugunsten der Konkursmasse zu verwerten.

Unter welchen Voraussetzungen die Erfüllung eines Vertrages die günstigere Alternative darstellt, verdeutlicht folgende Ableitung: Dabei bezeichne

M die Konkursmasse im Falle der Nichterfüllung des betrachteten Vertrages

E den bei Erfüllung des Vertrages aus der Gegenleistung zugunsten der Masse erzielbaren Zusatzertrag

A den zur Erfüllung des Vertrages noch notwendig werdenden Zusatzaufwand einschließlich des entgehenden Erlöses aus der Verwertung bei Nichterfüllung

V die bei Nichterfüllung aus der Konkursmasse zu erfüllenden Verbindlichkeiten

S den Schadensanspruch des Vertragspartners bei Nichterfüllung (in V enthalten)

---

1) Vgl. MENTZEL/KUHN/UHLENBRUCK (1979), § 17 Rd. 36 f..

Für die im Falle der Nichterfüllung realisierbare Konkursquote q_n gilt dann:

$$(23) \qquad q_n = \frac{M}{V}$$

Für die bei Vertragserfüllung erzielbare Quote q_e errechnet sich demgegenüber:

$$(24) \qquad q_e = \frac{M+E-A}{V-S} = \frac{M}{V-S} + \frac{E-A}{V-S}$$

Aus der Sicht der übrigen Gläubiger ist die Erfüllung des Vertrages nun genau dann vorteilhaft, wenn $q_e > q_n$ gilt, oder

$$(25.1) \qquad \frac{M}{V-S} + \frac{E-A}{V-S} > \frac{M}{V}$$

Wie zu erwarten, ist diese Relation auf jeden Fall dann erfüllt, wenn $E > A$ gilt, der bei Vertragserfüllung realisierbare Zusatzertrag also größer ist als der Zusatzaufwand im oben definierten Sinne. Aber auch wenn diese Konstellation nicht besteht, also $E < A$ gilt, kann die Vertragserfüllung unter Umständen immer noch die günstigere Alternative darstellen. Denn wenn man (25.1) wie folgt umstellt

$$\frac{E-A}{V-S} > \frac{M}{V} - \frac{M}{V-S},$$

beide Seiten mit (V-S) multipliziert und einige einfache Umformungen vornimmt, erhält man schließlich unter Beachtung von $q_n = M/V$ als Bedingung für die Vorteilhaftigkeit der Vertragserfüllung die Relation:

$$(25.2) \qquad E + q_n \cdot S > A$$

Die Vertragserfüllung ist mithin solange vorteilhaft, wie die Summe aus

- dem bei Vertragserfüllung aus der Gegenleistung erzielbaren Zusatzertrag (E) und

- dem Betrag, den der betrachtete Vertragspartner im Falle der Nichterfüllung des Vertrages auf Grund etwaiger Schadensersatzansprüche aus der Konkursmasse erhalten würde ($q_n \cdot S$)

größer ist als der bei Vertragserfüllung zusätzlich entstehende Aufwand im oben definierten Sinne. Von einem auf eine möglichst effiziente Verwertung der Konkursmasse bedachten Konkursverwalter ist also zu erwarten, daß er sich immer dann, wenn nach seiner Abschätzung der maßgeblichen Größen Relation (25.2) erfüllt ist, für die Erfüllung eines noch schwebenden Geschäftes entscheidet.

Bei der Umsetzung einer solchen Absicht schließlich kommt dem Institut der *Masseschulden* gemäß §§ 59 f. KO überragende Bedeutung zu.[1] Danach sind Ansprüche, welche aus Geschäften des Konkursverwalters entstehen und Ansprüche aus zweiseitigen Verträgen, deren Erfüllung der Konkursverwalter verlangt, bei der Verteilung der Konkursmasse vor allen anderen Forderungen zu befriedigen. In aller Regel ermöglicht es diese Vorrangregelung dem Konkursverwalter überhaupt erst, Geschäfte mit Dritten abzuschließen, auf die diese sich ansonsten angesichts des klar erkennbaren finanziellen Risikos gar nicht eingelassen hätten.

---

1) Vgl. SCHMIDT, R.H. (1980), S. 74 f.

Anhang

Beweis zum Abschnitt 2.4.3

Gegeben sei die für das am höchsten verzinsliche Engagement $\hat{K}$ maßgebliche Nutzenfunktion $u(\hat{f}) = \hat{f} - \frac{\alpha}{2} \cdot \hat{f}$ in Abhängigkeit von der auf den maximal möglichen Rückzahlungsbetrag bei diesem Engagement $\hat{D}_F = C_F \cdot \hat{q}$ bezogenen Rückzahlungsquote $\hat{f}$. Um alle anderen Kreditengagements K_i adäquat mit Hilfe dieser Nutzenfunktion bewerten zu können, werden alle engagementspezifischen Quoten f_i in Prozentsätze g_i des bei Engagement $\hat{K}$ maximal erzielbaren Rückzahlungsbetrages umgerechnet. Wie im Text bereits erläutert, erfolgt dies gemäß der Relation

$$\text{(A1)} \quad g_i = f_i \cdot d_i \qquad \text{mit } d_i = \frac{q_i}{\hat{q}}$$

Die zur Beurteilung eines beliebigen Kreditengagements K_i maßgebliche Nutzenfunktion lautet also

$$\text{(A2)} \quad u(g_i) = f_i \cdot d_i - \frac{\hat{\alpha}}{2} \cdot (f_i \cdot d_i)^2.$$

Dementsprechend kann für die als Nutzenerwartung definierten Präferenzwerte geschrieben werden:

$$\text{(A3)} \quad E[u(g_i)] = E[f_i \cdot d_i - \frac{\hat{\alpha}}{2} \cdot (f_i \cdot d_i)^2]$$

Für die zugehörigen Sicherheitsäquivalente g_{si}, ausgedrückt in Prozentsätzen des dem Engagement $\hat{K}$ entsprechenden maximalen Rückzahlungsbetrages, gilt dann gemäß (19)

$$\text{(A4)} \quad g_{si} = \begin{cases} \frac{1}{\hat{\alpha}} \cdot \left[1 - \sqrt{1-2\hat{\alpha} \cdot E[u(g_i)]}\right] & \hat{\alpha} > 0 \\ E[u(g_i)] & \hat{\alpha} = 0 \end{cases}$$

Dementsprechend gilt für den korrespondierenden äquivalenten Sicherheitszins

$$\text{(A5)} \quad r_{si} = g_{si} \cdot \hat{q} - 1$$

Nach dem im Text vorgestellten Verfahren gilt demgegenüber für die auf der Basis der gemäß (21.4) modifizierten Nutzenfunktion

$$\text{(A2')} \qquad u(f_i) = f_i - \frac{\hat{\alpha} \cdot d_i}{2} \cdot f_i^2$$

ermittelten Erwartungswerte

$$\text{(A3')} \qquad E[u(f_i)] = E[f_i - \frac{\hat{\alpha} \cdot d_i}{2} \cdot f_i^2]$$

Für die zugehörigen Sicherheitsäquivalente f_{si} und den äquivalenten Sicherheitszinsfuß r_{si} gilt somit gemäß (19) und (20)

$$\text{(A4')} \qquad f_{si} = \begin{cases} \frac{1}{\hat{\alpha} \cdot d_i} \left[1 - \sqrt{1-2\hat{\alpha} \cdot d_i \cdot E[u(f_i)]}\right] & \hat{\alpha} > 0 \\ E[u(f_i)] & \hat{\alpha} = 0 \end{cases}$$

und

$$\text{(A5')} \qquad r_{si} = f_{si} \cdot q_i - 1$$

Daß die gemäß (A5) und (A5') für r_{si} ermittelten Werte trotz ihrer unterschiedlichen Herleitungen übereinstimmen, kann wie folgt gezeigt werden:

Aus (A2) und (A2') folgt

$$\text{(A2")} \qquad u(g_i) = d_i \cdot [f_i - \frac{\hat{\alpha}}{2} \cdot d_i \cdot f_i^2] = d_i \cdot u(f_i)$$

Dementsprechend gilt auch gemäß (A3) und (A3')

$$\text{(A3")} \qquad E[u(g_i)] = d_i \cdot E[u(f_i)]$$

und weiter gemäß (A4) und (A4') für die jeweiligen Sicherheitsäquivalente

(A4")

... bei $\hat{\alpha} = 0$: $\qquad g_{si} = d_i \cdot E[u(f_i)] = d_i \cdot f_{si}$,

... bei $\hat{\alpha} > 0$: $\qquad g_{si} = \frac{1}{\hat{\alpha}} \cdot \left[1 - \sqrt{1-2\hat{\alpha} \cdot d_i \cdot E[u(f_i)]}\right] = d_i \cdot f_{si}$

Die für den äquivalenten Sicherheitszins maßgebliche Bestimmungsgleichung (A5) kann dann unter Berücksichtigung von $d_i = q_i/\hat{q}$ wie folgt umgeformt werden:

(A5")
$$\begin{aligned} r_{si} &= g_{si} \cdot \hat{q} - 1 \\ &= d_i \cdot f_{si} \cdot \hat{q} - 1 \\ &= \frac{q_i}{\hat{q}} \cdot f_{si} \cdot \hat{q} - 1 \\ &= f_{si} \cdot q_i - 1 \, , \end{aligned}$$

was genau den durch (A5') angegebenen Ausdruck darstellt.

Zweiter Teil: Regelungen zur Sicherung der Kapitalaufbringung und Kapitalerhaltung

1 Eigenkapital und Gläubigerschutz

1.1 Zur Gläubigerschutzfunktion des Eigenkapitals

Mit der Verpflichtung der Gesellschafter zur Aufbringung und Erhaltung mehr oder weniger konkret fixierter Eigenkapitalbeträge[1)] soll dem Insolvenzrisiko der Gläubiger einer Unternehmung entgegengewirkt werden. Hinter einer solchen Regelung steht die Vorstellung, ein rational handelnder potentieller Gläubiger werde einen Kredit erst dann zur Verfügung stellen, wenn der Schuldner eine positive Nettohaftungsmasse vorweisen kann, so daß das "angelegte Fremdkapital mit hinreichender Wahrscheinlichkeit von Vermögensverlusten nicht betroffen wird", wenn also "die Liquidationswerte aller Aktiva wenigstens immer so hoch sind wie das Fremdkapital."[2)]

Das Eigenkapital als Risikoträger unter Gläubigerschutzaspekten hat also die Aufgabe

- Verluste aus dem laufenden Geschäftsbetrieb und auch im "besonders gefährdeten Anfangsstadium"[3)] der Gesellschaft aufzufangen sowie

- Abschläge aus der Verwertung von Vermögensgegenständen im Liquidationsfall

zu kompensieren, so daß diese Verluste die Gläubiger nicht treffen.[4)]

---

1) Zur Funktion des Eigenkapitals vgl. z.B. HAGENMÜLLER (1976), S. 228 f.; von ARNIM (1976), Sp. 285 ff.; von KÖPPEN (1966), S. 199; SÜCHTING (1984), S. 64 f.; VORMBAUM (1981), S. 33; ERDLAND (1981), S. 52 f.

2) KRÜMMEL (1966), S. 145. Diese Aussage ist allerdings dann zu modifizieren, wenn ein Gläubiger z.B. auf die Ertragskraft des Schuldners vertraut.

3) RAISER (1981), S. 24. In diesem Zusammenhang fordert SCHWANTAG (1963), S. 225, daß das Eigenkapital zu jeder Zeit (also auch im Gründungsstadium) ausreichen muß, den zu erwartenden Verlust mehrerer Perioden aufzufangen, ohne die Fortführung des Unternehmens zu gefährden. Das Potential des Eigenkapitals sollte nach seiner Ansicht ausreichen, im Verlustfall einen Zeitraum "bis zu 3 Jahren" zu überbrücken.

4) Die nachhaltige Auszehrung durch Verluste beschäftigt uns im Gründungsstadium noch nicht. Dies ist vielmehr eine Erscheinung des späteren laufenden Geschäftsbetriebes. Vgl. ROTH (1982), S. 140; GUTENBERG (1980), S. 132.

Daneben ist das Eigenkapital auch Gegenstand juristischer Funktionszusammenhänge: So fordert der Gesetzgeber bei Unternehmen bestimmter Rechtsform die Pflicht der Gesellschaftsorgane zur Eröffnung des Konkursverfahrens,[1] wenn das Vermögen nicht mehr die Schulden deckt, also Überschuldung[2] eintritt.

Mit der vollständigen Aufzehrung des Eigenkapitals muß der Schuldner Konkurs anmelden, die Gläubiger sind aus dem noch vorhandenen Vermögen zu befriedigen.[3] Hier hat die Größe "Eigenkapital" die Funktion der Auslösung gläubigerschützender Rechtsfolgen,[4] wenn es die Größe "Null" erreicht. Daraus folgt aber zugleich, daß einer Unternehmung im besonders gefährdeten Gründungsstadium zwangsläufig Eigenkapital zugeführt werden muß. Denn ohne Eigenkapital würde sie Gefahr laufen, bei einem, wenn auch nur geringem Verlust, unmittelbar der Konkursantragspflicht unterworfen zu sein. Ohne Eigenkapital wäre also die ständige Beendigungsgefahr gegeben.

Für Unternehmen in der Rechtsform einer Aktiengesellschaft besteht zudem die Verpflichtung für die Geschäftsführung, bei einem Verlust in Höhe der Hälfte des Grundkapitals eine sofortige Gesellschaftsversammlung einzuberufen.[5] Obwohl diese Norm primär auf den Schutz der Gesellschaft, also der Aktionäre, selbst abzielt, indem sie durch entsprechende Präventivmaßnahmen vor einem weitergehenden Verlust ihrer Vermögenswerte bewahrt werden soll,[6] läßt sich doch auch hier eine Gläubigerschutzfunktion ableiten, denn die Gläubiger sind ebenfalls an der Eliminierung des Insolvenzrisikos interessiert.

---

1) Vgl. §§ 130a, 177a HGB; 92 Abs. 2 Satz 2 AktG; 64 Abs. 1 GmbHG; 98 Abs. 1 GenG; 207 Abs. 1, 209 Abs. 1 KO.

2) Zum Überschuldungstatbestand vgl. Einzelheiten bei FISCHER, W. (1980) mit ausführlichen Literaturhinweisen sowie Abschnitt 2.2.2 des dritten Teils dieser Arbeit.

3) Da die Konkursantragspflicht erst bei Überschuldung einsetzt, in diesem Fall die Schulden aber die Vermögenswerte schon *übersteigen* müssen, ist ein Verlust für die Gläubiger bereits vorprogrammiert. Dies gilt prinzipiell auch für den Fall, in dem zwar noch keine Überschuldung vorliegt, wegen zu erwartender Verwertungsabschläge Gläubigerverluste aber durchaus auftreten können. Aus dieser Überlegung heraus, scheint der Konkursgrund der Überschuldung eine ungeeignete Größe zu sein. Zur damit eng zusammenhängenden Problematik der Bewertung zu Liquidations- oder Fortführungswerten bei Überschuldungsfeststellung vgl. EGNER/WOLFF (1978), S. 99 ff.; HAACK (1981), S. 883 ff.; DRUKARCZYK (1980b), S. 505 - 511; AULER (1976), S. 2169 - 2173; BGH-Urteil vom 27.10.1982 (= BB 1982, S. 2161 f.).

4) Vgl. STÜTZEL (1967), S. 324.

5) Vgl. § 92 Abs. 1 AktG.

6) Vgl. MARTENS (1972), S. 256 f., 261. Er spricht von einer "spezifischen Warnfunktion" dieser Anzeigepflicht.

Vorwiegend liegt die "gläubigerschützende Funktion des Eigenkapitals letzten Endes allein darin, daß es ein *Vermögensbetrag* ist, der verloren gehen kann, ehe auch nur ein Gläubiger geschädigt wird."[1] Insofern ist auch die Forderung verständlich, der Gesetzgeber solle schon bei der Gründung dafür sorgen, "daß Unternehmen mit für den Unternehmenszweck hinreichendem Kapital ausgestattet werden können, weil nur so ihrer Insolvenzanfälligkeit wirksam begegnet werden kann."[2]

1.2 Definition einer Kapitalerhaltungskonzeption im System gläubigerschützender Normen

Wenn im folgenden der Begriff "Kapitalerhaltung" verwendet wird, so soll damit nicht ein allgemeiner Vermögensschutz im Sinne einer der aus dem bilanztheoretischen Schrifttum[3] bekannten Kapital- oder Substanzerhaltungskonzeptionen gemeint sein. Kapitalerhaltung soll hier vielmehr nur die im Eigenkapitalbegriff enthaltenen oder darüber hinausgehenden vermögensmäßigen Bindungswirkungen zu Lasten der Gesellschafter bezeichnen, also "Art und Umfang des Verbotes der unmittelbaren und mittelbaren Entnahmen und Rücknahmen zu Lasten des jeweils de lege lata gebundenen Vermögens."[4] Entsprechende Auszahlungsverbote beziehen sich dabei natürlich nicht auf den in der Bilanz ausgewiesenen Kapitalbetrag sondern auf das Aktivvermögen der Gesellschaft.[5]

Diese "Sicherung vor Kapitalentzug ist allerdings nur soweit möglich, wie das Kapital nicht durch Periodenverluste aufgezehrt wird."[6] Unabhängig von dem Risiko des Entzuges durch die Gesellschafter besteht also für die Gläubiger die Gefahr der Kapitaldezimierung durch Unternehmensverluste. "Hier liegt die Ursache für den Kapitalentzug nicht in der Person der Kapitalgeber, sondern in den wirtschaftlichen Verhältnissen des Unternehmens, die es - aus welchen Gründen auch immer - nicht zugelassen haben, daß das Unternehmen einen Gewinn erwirtschaftet hat."[7]

---

1) KRÜMMEL (1968), S. 263. Vgl. auch MAUL (1969), S. 311.

2) 54. DJT (1982), S. 2548.

3) Vgl. z.B. WÖHE (1984), S. 360 - 381; HEINEN (1982), S. 137 - 161.

4) LUTTER (1964), S. 331.

5) Vgl. auch JOOST (1983), S. 290. Dieses Auszahlungsverbot stellt für JOOST in erster Linie eine Handlungsanweisung an die Geschäftsführer dar. Vgl. JOOST (1984), S. 43.

6) LEFFSON (1982), S. 49.

7) GUTENBERG (1980), S. 132.

Bei der hier angestrebten Zielgröße "Kapitalerhaltung" handelt es sich allerdings nicht um den Versuch, jegliche Vermögensminderung durch Geschäftsverluste zu verhindern. Vielmehr soll damit bei Kapitalgesellschaften die Erhaltung eines *Rein*vermögens mindestens in Höhe der ausgewiesenen Passivposition "Nominalkapital" vor Ausschüttungen gesichert werden. Als Reinvermögen ist dabei der Überschuß des gesamten Gesellschaftsvermögens über die Gesellschaftsschulden zu verstehen.

Die gläubigerschützende Wirkung der Regelungen zur Sicherung der Kapitalerhaltung liegt in der dauerhaften Erhaltung eines den Gläubigern zur Verfügung stehenden Haftungsfonds, also eines Vermögensbetrages, der um den Eigenkapitalbetrag höher ist als das für die Deckung der Verbindlichkeiten reservierte Vermögen.

Haftungsreserve	Nominalkapital
Fremdkapital-gegenwert	Fremdkapital
ausschüttbares Reinvermögen	sonstiges Eigenkapital

Abb.25: Der Umfang der Vermögensbindung

Die Vermögensbindung erstreckt sich also sowohl auf die Nominalkapitalziffer als auch auf den Betrag der Gesellschaftsschulden; nur darüber hinausgehendes Reinvermögen darf sanktionslos an die Anteilseigner ausgeschüttet werden. Der den Gläubigern über die Deckung der Gesellschaftsverbindlichkeiten hinausgehende, minimal zur Verfügung stehende Haftungsbetrag soll also durch Ausschüttungen nicht unter die Ziffer des Nominalkapitals sinken. Es soll gewährleistet werden, daß das durch die Satzung fixierte und damit nicht willkürlich veränderbare Garantievermögen zu Gunsten der Gesellschaftsgläubiger erhalten bleibt.[1]

1) Vgl. LUTTER (1964), S. 32 f.

Mit der Erhaltung eines obligatorischen Vermögensbetrages wird jedoch nicht nur ein Haftungspotential für Ansprüche der Gesellschaftsgläubiger geschaffen, "es dient zugleich im Gesellschaftsinteresse als Betriebsfonds zur Erhaltung des Unternehmens."[1] Zugleich ist das Verbot der Kapitalrückzahlung an die Anteilseigner auch Ausfluß der Annahme eines logisch konsistenten Verhaltens der Gesellschafter: Wer als Anteilseigner der Gesellschaft Mittel zuführt, um sie in's Leben zu rufen, handelt widersprüchlich, wenn er diese Mittel wieder abzieht und damit die Überlebensfähigkeit der Gesellschaft gefährdet.[2]

Wird im folgenden von einer Kapitalerhaltung auch im Sinne der Vermögenserhaltung in Höhe des ausgewiesenen Nominalkapitals[3] ausgegangen, so könnte dies prima facie die Vorstellung erwecken, die Erhaltungspflichten der Gesellschaft erstreckten sich ausschließlich auf diesen Teil des Gesellschaftsvermögens. Tatsächlich läßt sich jedoch eine solche Trennung ökonomisch sinnvoll nicht vornehmen und ist vom Gesetzgeber auch so nicht intendiert. In den Gesetzesnormen wird nicht die Erhaltung eines Vermögens, das betragsmäßig dem Nominalkapital entspricht, verlangt. Dies liefe darauf hinaus, daß jeweils nur ein Bodensatz des Vermögens in Höhe des Nominalkapitalbetrages nicht an die Gesellschafter ausgeschüttet werden dürfte. "Eine derartige einzelgegenständliche Entsprechung der Bilanzposten beider Seiten gibt es nicht."[4] Eine in unserem Sinne definierte Kapitalerhaltung liegt erst dann vor, wenn nach Deckung aller echten Passiva durch Aktivvermögen darüber hinaus noch Vermögen mindestens in Höhe des Nominalkapitals vorhanden ist,[5] also die Relation

$$\text{Bruttovermögen} \geq \text{Verbindlichkeiten} + \text{Nominalkapitalziffer}$$

erfüllt ist.

---

1) LUTTER/HOMMELHOFF (1979), S. 59.

2) Diese Argumentation wurde vom BGH ursprünglich als eine Begründung für die Umqualifizierung von Gesellschafterdarlehen in Eigenkapital entwickelt. Vgl. BGH, Urt. vom 14.12.1959 (= BGHZ 31, S. 272); BGH, Urt. vom 27.09.1976 (= BGHZ 67, S. 171). Sie läßt sich aber grundsätzlich auch auf die als Eigenkapital zugeführten Mittel übertragen.

3) Dem Nominalkapital entspricht bei der GmbH das Stammkapital, bei der AG das Grundkapital. Die gesetzlichen Rücklagen bei der AG unterliegen ebenfalls der Ausschüttungssperre.

4) JOOST (1983), S. 286.

5) Vgl. JOOST (1983), S. 286; JOOST (1984), S. 28.

Den Schutzregeln des Nominalkapitals unterliegt dabei nicht nur das Gesellschaftsvermögen, soweit es für die Deckung des gesellschaftsvertraglich festgelegten Nominalkapitals benötigt wird, "sondern weitergehend *alles* Vermögen, das ... als Kapitalgrundlage der Gesellschaft zu betrachten ist."[1)] Es ist ein in seiner Höhe durch die Satzung fixiertes und ebenfalls nicht willkürlich veränderbares Garantievermögen zugunsten der (potentiellen) Gläubiger der Gesellschaft, jedoch nicht im Sinne eines von dem übrigen Vermögen abgesondert zu haltenden Vermögensteils, sondern im Sinne eines unausgeschiedenen, rein rechnerisch vorhandenen Teils des Gesellschaftsvermögens.[2)]

Die hier gewählte Form der Kapitalerhaltung ergibt sich letztendlich aus dem von uns verwendeten Instrumentarium und dem vom Gesetzgeber intendierten Erhaltungsniveau. Durch das zur Verfügung stehende Instrumentarium kodifizierter Rechtsnormen einerseits und dem vom deutschen Gesetzgeber zugrundegelegten Nominalwertprinzip andererseits wird die nominelle Kapitalerhaltung für Unternehmen und damit auch deren Gläubiger zur relevanten Konzeption.

1.3 Zur Diskussion um eine angemessene Eigenkapitalausstattung

1.3.1 Problemstellung

Bei der Gründung einer Kapitalgesellschaft sind deren Anteilseigner verpflichtet, ein bestimmtes Mindestnominalkapital zu zeichnen und dieses früher oder später und unter Beachtung unmittelbar bei Eintragung der Gesellschaft ins Handelsregister zu erbringenden Mindestleistungspflichten der Gesellschaft zur Verfügung zu stellen. Ein höheres Nominalkapital als das im Gesetz fixierte kann jederzeit festgelegt werden.

Das Postulat der Kapitalerhaltung bezieht sich daher auch im späteren laufenden Geschäftsbetrieb des Unternehmens de lege lata nur auf das gesetzlich geforderte Mindestnominalkapital bzw. eine höhere, von den Gesellschaftern selbst festgelegte Kapitalziffer. Abgesehen von den

1) LUTTER/HOMMELHOFF (1979), S. 42. Der BGH in seinem Urteil vom 04.05.1977 bezeichnet dieses Gesamtvermögen als die wirtschaftliche Kapitalgrundlage der Gesellschaft (= BGHZ 68, S. 312, 319); BGH, Urt. vom 29.11.1971 (= BB 1972, S. 111 - 113).

2) Vgl. LUTTER (1964), S. 52. Vgl. auch GOERDELER/MÜLLER in HACHENBURG (1975/84) § 30 Rdn. 3.

kodifizierten Mindestnominalbeträgen bleibt es also der Privatautonomie der Gesellschafter überlassen, selbst den Umfang der Ausschüttungssperrziffer und damit den realen Umfang des zugunsten der Gläubiger gegen eine Ausschüttung gesperrten Reinvermögens festzulegen. Lediglich für Kreditinstitute wird bestimmt, daß diese im Interesse der Erfüllung ihrer Sicherheit der ihnen anvertrauten Vermögenswerte ein angemessenes haftendes Eigenkapital nachweisen müssen (§ 10 Abs. 1 KWG).[1)]

Soll zum Schutz der Gläubiger diesen statt der gesetzlich geforderten Mindestkapitalbeträge bzw. eines in seiner Höhe darüber hinaus von den Anteilseignern selbst zu bestimmenden Nominalkapitals, ein "angemessenes" Eigenkapital zur Verfügung stehen,[2)] erhebt sich unmittelbar die Frage, anhand welcher Kriterien sich diese geforderte "Angemessenheit" bestimmen lassen könnte.

Speziell in der Diskussion um die Novellierung des GmbHG wurden dabei zum Teil nur sehr vage Kriterien zur Beurteilung der Angemessenheit vorgetragen, wonach eine GmbH etwa dann zu wenig Eigenkapital besitze, wenn "nach der Sachlage ... eine Kapitalzuführung zum Eigenkapital der Gesellschaft geboten war",[3)] "ordentliche Kaufleute Eigenkapital zugeführt hätten"[4)] oder "Dritte nicht mehr bereit gewesen wären, Kredite zu gewähren".[5)] Eine Ausfüllung derartig vager Generalnormen muß aber mit großer Wahrscheinlichkeit auf erhebliche Schwierigkeiten stoßen.[6)]

Grundgedanke eines solchen Konzeptes eines umfassenden Gläubigerschutzes ist, eine der jeweiligen spezifischen Situation des Schuldners entsprechende Eigenkapitalposition zum Schutz der Kreditoren zu fordern. Diese Idee eines variablen Haftkapitals liefe also bei konsequenter Durchführung auf eine bestimmte "angemessene" Relation zwischen den Gläubigeransprüchen und eines diesen mindestens zur Verfügung zu stehenden Haftungspotentials hinaus.

---

1) Vgl. auch TALMOR (1980), S. 785 ff.; PHILIPP u.a. (1981); SÜCHTING (1982), S. 397 ff.; KRÜMMEL (1983).

2) Vgl. dazu die Forderung von WÜST (1966), S. 16: "Das Recht muß ... auf die gesellschaftsrechtlich gebotene Eigenkapitalausstattung hinwirken."

3) § 47 Abs. 1 Satz 1 RefE GmbHG 1969.

4) So der geltende § 32a Abs. 1 GmbHG.

5) GESSLER (1971), S. 668.

6) Vgl. zur Kritik an diesen Generalklauseln: KAMM (1970), S. 44; MESSMER (1970), S. 1057; MAUL (1969), S. 310.

Das Insolvenzrisiko der Gläubiger hängt nun im wesentlichen ab vom

- Umfang der den Kreditoren reservierten Haftungsmasse und dem

- Umfang der im laufenden Geschäftsbetrieb möglicherweise zu einer Schmälerung dieser Haftungsmasse führenden Risiken.[1]

Ausgehend von diesem Sachverhalt wäre nun zu fragen, inwieweit den Anteilseignern mit dem Ziel eines präventiven Gläubigerschutzes die Pflicht auferlegt werden könnte, für ein in seiner Höhe angemessenes Eigenkapital zu sorgen und damit das Insolvenzrisiko der Kreditoren zu beschränken. Denn die Legitimation der Haftungsbefreiung der Anteilseigner einer Kapitalgesellschaft wird äußerst fragwürdig, "wenn sich die Gesellschafter die Haftungsbeschränkung durch effektive Aufbringung und Erhaltung haftenden Kapitals verdienen, auf der anderen Seite aber selbst über das Ausmaß an Eigenkapital entscheiden".[2]

Die Forderung nach einer angemessenen Eigenkapitalausstattung der Gesellschaft durch die Anteilseigner setzt aber voraus, daß sich die Höhe dieses Eigenkapitals irgendwie bestimmen ließe. Des weiteren müßte sich die gefundene absolute oder relative Größe in eine allgemein gültige Norm umsetzen lassen, um eine generelle Anwendung unter den Bedingungen der Rechtssicherheit und Praktikabilität zu ermöglichen. Dazu sollen im folgenden unterschiedliche Konzeptionen auf ihre Tauglichkeit zur Bestimmung eines angemessen haftenden Eigenkapitals überprüft werden. Dabei werden im Abschnitt 1.3.2 zunächst die Probleme bei der Bestimmung der Eigenkapitalausstattung eines neu zu gründenden Unternehmens analysiert. Im Abschnitt 1.3.3 wird die Betrachtung auf die Eigenkapitalerhaltung im laufenden Geschäftsbetrieb ausgedehnt.

---

1) Vgl. zum Zusammenhang von Kapitalstruktur und Risiko: SCHWANTAG (1963), S. 218 ff.; BÜSCHGEN (1974), S. 25 ff.; DRUCKARCZYK (1980a), S. 280 f. Zu den Bestimmungsgründen des Gläubigerrisikos vgl. auch SCHNEIDER, D. (1980), S. 504 f.

2) SCHMIDT, K. (1983), S. 167.

1.3.2 Die Bestimmung einer anfänglichen Eigenkapitalausstattung

1.3.2.1 Zur Begründung gesetzlich fixierter Mindestbeträge

Ohne auf den Umfang der Beträge im einzelnen einzugehen, soll im folgenden zunächst die Sinnhaftigkeit der Fixierung von Eigenkapitalbeträgen überhaupt untersucht werden. Im Anschluß an diese grundsätzlichen Überlegungen sollen dann Ansätze zur Bestimmung eines Mindesteigenkapitals bei der Gründung eines Unternehmens analysiert werden.

So werden etwa der Fixierung eines Mindesteigenkapitals bei der GmbH die Aufgaben zugeschrieben:

- die Konkursanfälligkeit der kleinen Gesellschaften zu vermeiden und

- "unsolide Gründungen weitgehend" zu verhindern.[1)]

Dabei wird bei dem erstgenannten Punkt jedoch übersehen, daß die Höhe des Nominalkapitals kein ausreichend fundiertes Indiz für die Konkursanfälligkeit einer Unternehmung ist.[2)] Empirisch fundierte Zahlen stützen diese Argumentation ebenfalls nicht.[3)]

Auch die zweite Zielsetzung ist allenfalls bedingt haltbar. Zwar ist durch ein hohes Mindesteigenkapital für den Gesellschafter der Verlustumfang höher als bei einem niedrigeren Nominalkapital, aber diejenigen, "die nichts einzusetzen und deshalb nichts zu verlieren haben, hält man mit höherem Verlustrisiko nicht von einer Gründung ab. Aber gerade diese Leute sollen an der Gründung gehindert werden".[4)] Diese Aussage wäre aber nur dann zutreffend, wenn das Gesetz lediglich Zeichnungspflichten, nicht aber auch konkrete Leistungspflichten konstituieren würde. Dies ist aber nicht der Fall. Durch ein hohes Nominalkapital verbunden mit entsprechenden Leistungspflichten, ist das Ziel, unsolide Gründungen weitgehend zu verhindern, nur eingeschränkt zu erreichen. Es führt aber immerhin tendenziell zu einem "Ausschluß der Habenichtse".

---

1) Vgl. RECHTSAUSSCHUSS (1980), S. 69.

2) Vgl. dazu ULMER (1970), S. 48.

3) Vgl. DOEHRING (1981), S. 145.

4) KREUTZER (1980a), S. 599.

Weiter wird die Forderung nach einem hohen Mindesteigenkapital mit der Verhinderung hoher Gläubigerverluste begründet.[1] Zu Recht wird diese Auffassung in der Literatur zurückgewiesen.[2] Für den Gläubiger einer Unternehmung - gleich welcher Rechtsform - ist ausschließlich von Interesse, welches Vermögen "im Zeitpunkt der Fälligkeit seiner Forderung und letztlich im Falle des Konkurses vorhanden ist."[3] Obwohl durch die Fixierung eines Mindestnominalkapitals eine gesetzgeberische Vorkehrung zu sehen ist, überhaupt erst einmal eine bestimmte Zugriffsmasse zu schaffen,[4] kann mit Blick auf die Konkursstatistik eine diesbezügliche gläubigerschützende Funktion des Nominalkapitals verneint werden.[5] Ohne weitere Ausführungen wird ersichtlich, daß die Höhe des Mindestnominalkapitals im Gründungsstadium einer Unternehmung mit der im Konkursfall zur Verfügung stehenden Haftungsmasse nur wenig Übereinstimmung zu haben braucht, aus einer Gründungsnotwendigkeit wird im laufenden Geschäftsbetrieb (und im Konkurs) nur eine Residualgröße.

In diesem Sinne formuliert BARZ, daß das Mindesteigenkapital mit Gläubigerschutz auch nichts zu tun habe, als es dem Kreditor in Kenntnis einer eventuellen unsicheren Bonität seines Geschäftspartners allein überlassen bleibe, eine Darlehensbeziehung zu knüpfen. Die Höhe eines Mindesteigenkapitals ist weder für den Ausgang des Geschäftes noch für einen Liquidationserlös im Konkurs maßgebend.[6]

---

1) Vgl. REGIERUNGSENTWURF (1977), S. 29.

2) Vgl. z.B. RAISER (1981), S. 23 f.; GERSCH, u.a. (1980), S. 25.

3) FABRICIUS (1970), S. 140; vgl. auch UHLENBRUCK (1980b), S. 319.

4) WESTERMANN, H.P. (1971), S. 8.

5) So liegen die durchschnittlichen Verluste bei abgewickelten Konkursverfahren im Jahre 1981 für eine insolvent gewordene AG bei DM 3,9 Mio., für eine insolvent gewordene GmbH bei DM 1,756 Mio. Hier spielt das durchschnittlich höhere Nominalkapital der erfaßten Aktiengesellschaften mit einem durchschnittlichen Grundkapital von DM 46,214 Mio. gegenüber Gesellschaften mbH mit DM 375.733,-- offensichtlich keine Rolle. Vgl. zum Zahlenmaterial: STATISTISCHES BUNDESAMT (1983a), S. 116, 134, eigene Berechnungen. Vgl. auch DOERING (1981), S. 145.

6) Vgl. BARZ (1970), S. 39.

Mit dem Ziel einer Anhebung der Konkursquoten kann die Forderung nach einem Mindesteigenkapital deshalb nicht fundiert begründet werden.[1]

Ein letztes Hauptargument für die Fixierung eines Mindestnominalkapitals besteht in dem vielfach vorgetragenen Gedanken, daß dieser Betrag als ein "angemessener Preis für die Rechtswohltat der beschränkten Haftung"[2] anzusehen ist. In diesem Sinne hat das Mindesteigenkapital nur noch die Funktion einer Schwelle für die Inanspruchnahme der beschränkten Haftung.[3] Unabhängig von den Gegebenheiten des Einzelfalles soll die "Eintrittskarte für die Aufnahme in die Gesellschaft der Körperschaften"[4] nur für einen angemessenen Mindesteinsatz[5] erhältlich sein, womit auch die Hoffnung an eine erzieherische Funktion verbunden ist: Ein späteres Risiko wegen der Verlustgefahr des eingesetzten Kapitals soll den (die) Gesellschafter zu verantwortungsbewußtem Wirtschaften anhalten.[6]

---

1) Daher hat der Rechtsausschuß in den Beratungen zum GmbHG die Anhebung des Mindeststammkapitals auch nicht mehr, wie noch der RegE 1977, mit der Verbesserung des Gläubigerschutzes, sondern nur noch mit den sehr vagen Formulierungen "sorgfältigeres Wirtschaften der Gesellschafter aufgrund höherer Risikobeteiligung" und "angemessener Preis für die Rechtswohltat der beschränkten Haftung", begründet. Vgl. RECHTSAUSSCHUSS (1980), S. 68 f.

2) RECHTSAUSSCHUSS (1980), S. 69, vgl. auch GESSLER (1966), S. 106.

3) UHLENBRUCK (1980b), S. 319. Dagegen lehnt BARZ (1970), S. 40, diese Betrachtungsweise ab. Für ihn gibt es kein Eintrittsgeld für die Haftungsbeschränkung, da diese nicht mit der Kapitalhöhe, sondern mit der Struktur (Branche) der Gesellschaft zusammenhängt. Das Mindesteigenkapital hat für ihn die Bedeutung "Passendes von Unpassendem zu scheiden." ULMER wiederum will keinen "wertmäßig ein für allemal bestimmten Preis für das Privileg" des Haftungsausschlusses fixieren. Er fordert eine Ausrichtung nach den "Interessen der beteiligten Verkehrskreise" (Gläubiger, Gründer), ohne diese Interessen jedoch näher zu erläutern. Vgl. ULMER (1970), S. 47.

4) WIEDEMANN (1968), S. 18.

5) In Anbetracht der Höhe der Konkursverluste spricht WESTERMANN dann auch statt von einem "gerechten Preis für die Haftungsbeschränkung" von einer "Anerkennungsgebühr für die Zubilligung des Haftungsprivilegs." WESTERMANN, H.P. (1971), S. 19.

6) RECHTSAUSSCHUSS (1980), S. 68 f.; HERBER (1978), S. 26.

Diese mehr ordnungspolitischen Erwägungen sollen hier jedoch nicht weiter vertieft werden. Sie interessieren primär auch eher die betroffenen oder potentiellen Gesellschafter einer Unternehmung mit beschränkt haftenden Anteilseignern und tragen in ihren Auswirkungen auf den Gläubigerschutz mehr indirekten Charakter.

Wie die Diskussion gezeigt hat, können einige der angeführten Argumente überhaupt nicht oder nur sehr eingeschränkt als Begründung für die Forderung nach einem Mindesteigenkapital bei der Gründung herangezogen werden. Unter Gläubigerschutzaspekten kann die Schaffung eines Eigenkapitals insbesondere mit dem Ziel gefordert werden, daß hier ein Vermögensbetrag konstituiert wird, der verloren gehen kann, bevor auch nur ein Gläubiger geschädigt wird.

1.3.2.2 Versuche zur Bestimmung eines Mindestnominalkapitals

Wird dennoch die Forderung nach Einbringung von Eigenkapital gestellt, so ist zu fragen, ob es grundsätzlich überhaupt möglich ist, eine unter Gläubigerschutzaspekten hinreichende Eigenkapitalausstattung zu ermitteln.

Ausgangspunkt der Überlegungen ist, daß nicht ein abstrakter Mindestnennbetrag das für die Gläubigersicherung erforderliche Eigenkapital bestimmt werden soll, sondern der konkrete Kapitalbedarf der Unternehmung im Einzelfall maßgeblich sein soll.[1] Dieser Kapitalbedarf hängt aber "bekanntlich jeweils von Art und Umfang der betriebenen Geschäfte ab."[2] Die Frage nach einer "richtigen" Kapitalausstattung könnte also nur unter konkreter Einbeziehung von Gegenstand und Zweck der Gesellschaft geklärt werden.[3]

---

1) Vgl. SCHMIDT, K. (1980a), S. 1770.

2) ULMER (1970), S. 48.

3) Vgl. FABRICIUS (1970), S. 140. So auch die Forderung des 54. DJT (1982), S. 2548, nach einem "für den Unternehmenszweck hinreichenden Kapital."

Die Umsetzung dieser Vorstellung verlangte also eine unternehmensindividuelle Mittelplanung nach Art einer Kapitalbedarfsrechnung.[1] Ohne auf die Vielzahl derartiger Ansätze im einzelnen einzugehen[2] kann festgestellt werden, daß aufgrund der spezifischen Anforderungen des Einzelfalles die generelle Normierung einer wie auch immer ausgestalteten Kapitalausstattungsanforderung mißlingen muß.[3] Dies gilt sowohl innerhalb einzelner Unternehmensrechtsformen als auch innerhalb jeder Branche.

In diesem Zusammenhang ist auch die Bestimmung des § 32a GmbHG zu sehen. Die Bedeutung dieser Norm besteht in der darin vorgenommenen Fixierung eines Maßstabes, an dem gemessen werden soll, inwieweit die Einstufung eines Gesellschafterdarlehens im Konkurs einer Gesellschaft als Eigen- oder als Fremdkapital zu erfolgen hat. Kriterium dieser Zuordnungsentscheidung ist eine zunächst nur sehr unpräzise Formulierung im Gesetz.

Danach wird ein Gesellschafterdarlehen dann wie Eigenkapital behandelt, wenn die Anteilseigner in einem Zeitpunkt, in dem ordentliche Kaufleute der Gesellschaft Eigenkapital zugeführt hätten, statt dessen Darlehen gewähren.

Implizit wird damit also unterstellt, es gäbe eine bestimmte Grenze der Eigenkapitalausstattung, unterhalb derer "ordentliche Kaufleute" Mittel nur noch in Form von Eigenkapital einbringen können. Erst mit Erreichen dieser Grenze werden Mittelzuführungen in Form von Fremdkapital (Gesellschafterdarlehen) rechtlich anerkannt. Seitens wirtschaftswissenschaftlicher und zunehmend auch juristischer Autoren[4] wird die Praktikabilität dieses Vorschlags allerdings fundamental in Zweifel gezogen. Zudem wird die Auffassung vertreten, selbst wenn im Fall einer konkret stattgefundenen Kapitalzuführung eine entsprechende Berechnung möglich sei, sei damit noch immer keine ständig geltende Richtschnur gefunden. Auch der Gesetzgeber äußert sich zurückhaltend hinsichtlich der

---

1) Zur Bestimmung der Hauptdeterminanten des Kapitalbedarfs vgl. GUTENBERG (1980), S. 12 ff.

2) Vgl. nur KLOOCK (1976), Sp. 1012 ff.; SEELBACH (1980), S. 7 ff.; GUTENBERG (1980), S. 12 ff.; PERRIDON/STEINER (1984), S. 375 - 381; VORMBAUM (1981), S. 84 ff..

3) Vgl. aber BFH-Urteil vom 01.09.1982 (= GmbHR 1983, S. 59) und die dort angegebene Entscheidungsreihe zum "angemessenen"Eigenkapital im Zusammenhang mit der Beurteilung von Gesellschafterdarlehen. Zu den in der US-amerikanischen Rechtsprechung entwickelten Kriterien zur Einordnung von Gesellschafterdarlehen als Eigen- oder Fremdkapital vgl. ZSCHIEGNER (1981), S. 803; ULLMANN-CZUBAK (1982), S. 184.

4) Vgl. aus den reichlich vorhandenen Quellen: ALBACH (1962), S. 653 ff.; BITZ (1979), S. 353 ff.; GESSLER (1981), S. 228 ff.; GESSLER (1980), S. 1390 f.; KAMPRAD (1975), S. 54 ff.; MÜLLER, K. (1982), S. 33 ff.; SCHMIDT, K. (1981), S. 689 ff.; STEINER (1980), S. 128 ff.. Zur BGH-Rechtsprechung vgl. FEUERBORN (1980), S. 449 ff.; FEUERBORN (1982), S. 19 ff.

Möglichkeit, ein generellen Ansprüchen genügendes Mindesteigenkapital zu fixieren, wenn er formuliert: "Es läßt sich nicht mit hinreichender Sicherheit feststellen, welches Eigenkapital dem Geschäftszweig und dem sich erst im Laufe der künftigen Entwicklung erweisenden Geschäftsumfang der Gesellschaft angemessen ist."[1] Eine rational nachvollziehbare Formel, mit deren Anwendung ein notwendiges oder gar das gebotene Eigenkapital vorausschauend rechnerisch bestimmt werden kann, besteht also nicht.[2] Dementsprechend besteht auch kein allgemeines rechtliches Gebot zur Ausstattung einer GmbH mit einem "angemessenen Eigenkapital." Allerdings geht die Literatur - im speziellen Fall der GmbH - dennoch von dem Verbot aus, "die GmbH mit völlig unzureichendem Eigenkapital am Wirtschaftsleben teilnehmen zu lassen."[3] Das bereits angesprochene Privileg der auf den Geschäftsanteil begrenzten Haftung der Gesellschafter setzt immerhin voraus, "daß das vorhandene Haftpotential nicht außerhalb jeder Relation zu den voraussichtlichen Verpflichtungen der Gesellschaft steht."[4]

Diese Auffassung wird auch durch die Rechtsprechung unterstrichen, wenn der BGH ausführt, daß das haftende Kapital nicht ganz ohne Rücksicht auf das für die satzungsmäßigen Gesellschaftszwecke benötigte Kapital festgesetzt werden dürfe.[5] Eine lediglich schuldrechtliche Ausstattung der Gesellschaft mit Mitteln dürfe sich nicht zu Lasten der Gesellschaftsgläubiger auswirken. Nach Meinung des BGH ist also eine mit einer offensichtlich unzureichenden Eigenkapitalausstattung (der GmbH) verbundene Verlagerung des unternehmerischen Risikos auf die Kreditoren unstatthaft.

---

1) REFERENTENENTWURF (1969), S. 184; BFH, Urt. vom 30.08.1962 (= BFHE 75, S. 489); zur älteren, im Ergebnis gleichen Rechtsprechung vgl. RFH-Urteil vom 24.06.1943 (=RStBl. 1943, S. 765). Dagegen übernimmt das BVerfG die Auffassung des BFH über den allgemeinen kaufmännischen Finanzierungsgrundsatz, "daß das Anlagevermögen ... in erster Linie durch Eigenkapital und nur ergänzend durch langfristiges Fremdkapital finanziert werden solle, um Liquidationsschwierigkeiten zu vermeiden." Vgl. BVerfGE 13, S. 163 (= BB 1961, S. 1229). Dieser Finanzierungsgrundsatz wird allerdings nicht weiter begründet.

2) Vgl. MESSMER (1970), S. 1063.

3) LUTTER/HOMMELHOFF (1979), S. 58 f.; SCHMIDT, K. (1973), S. 2229, nennt als Merkmal der hier angesprochenen Unterkapitalisierung die "Divergenz zwischen unternehmerischem Kapitalbedarf und vorhandenem Eigenkapital."

4) LUTTER/HOMMELHOFF (1979), S. 58.

5) Vgl. dazu den vom BGH in zwei Revisionszügen behandelten "Lufttaxi"-Fall. BGH, Urt. vom 14.12.1959 (= BGHZ 31, S. 258 ff.) und BGH, Urt. vom 15.11.1962 (= WM 1963, S. 21).

Die Operationalität dieser im Ergebnis korrekten Entscheidung als Hilfestellung zur Ermittlung einer angemessenen Eigenkapitalausstattung ist jedoch nur sehr beschränkt. Denn das Verbot einer Unterkapitalisierung bereits im Gründungsstadium einer Gesellschaft gilt zwar generell für alle Gesellschaftsgründungen, ein Verstoß gegen diese Anforderung läßt sich aber konkret wohl nur in Fällen *offensichtlich* unzureichender Eigenkapitalausstattung nachweisen. Über die generelle Bestimmung der expliziten Höhe eines angemessenen Eigenkapitals wird jedoch weder allgemein noch für den behandelten Fall etwas Konkretes ausgesagt. Außerdem ist damit auch noch nicht das Problem der ex ante exakten Fixierung des Eigenkapitalbedarfs bei Gründung der Unternehmung gelöst, was aber als unbedingte Prämisse für die Beurteilung der "Angemessenheit" erforderlich wäre.

Gläubigerschützende Wirkung entfaltet der Tatbestand der Unterkapitalisierung aber dennoch: Im Konkursfall wird in der aktuellen Rechtsprechung bei Vorliegen der - ex post - festgestellten Unterkapitalisierung eventuell die Möglichkeit zur Attrahierung weiterer Vermögenswerte von den Gesellschaftern zugunsten der Gläubiger eröffnet. Hier greift die persönliche Ausfallhaftung der Anteilseigner gegenüber den Gläubigern, soweit sie im Gesellschaftskonkurs nicht befriedigt werden können.[1)]

Im Ergebnis kann festgehalten werden, daß es keine hinlänglich begründbaren Kriterien für die Fixierung eines bestimmten Nominalkapitals gibt.[2)] Wird trotzdem ein wie auch immer begründetes Mindestkapital kodifiziert, reduziert sich unter dem Aspekt des Gläubigerschutzes in einem ersten Schritt, dessen Funktion lediglich auf eine "Auslese der Habenichtse."

---

1) Vgl. nur ULMER in HACHENBURG (1975/84) Anh. § 30 Rdn. 66 f. mit ausführlichen Nachweisen OLG Karlsruhe, Urteil vom 13.05.1977 (= BB 1978, S. 1332 f.). Der BGH hat allerdings einen Haftungsdurchgriff auf die Gesellschafter allein wegen des Tatbestandes der Unterkapitalisierung bisher abgelehnt. Vgl. auch BGH, Urt. vom 29.11.1971 (= BB 1972, S. 111 - 113).

2) Vgl. nur ULMER (1977), S. 667; GESSLER (1981), S. 228; ULMER in HACHENBURG (1975/84) Anhang § 30 Rdn. 10; WIEDEMANN (1968), S. 22 f.. Anders: WINTER, G. (1973), S. 140 f.; WINKLER (1969a), S. 1206.

1.3.3 Die Bestimmung eines dauerhaft angemessenen Eigenkapitals

1.3.3.1 Kapitaltheoretische Bestimmung eines optimalen Verschuldungsgrades

Zur Bestimmung der Höhe eines angemessenen Eigenkapitals im laufenden Geschäftsbetrieb könnte aus betriebswirtschaftlicher Sicht zunächst daran gedacht werden, auf die Ansätze kapitaltheoretischer Modelle[1)] zurückzugreifen. Ein zentrales Anliegen dieser Ansätze ist die optimale Gestaltung des Verhältnisses von Fremdkapital zu Eigenkapital, also des Verschuldungsgrades, mit der Zielsetzung minimaler Kapitalkosten oder, als äquivalente Größe,[2)] eines maximalen Unternehmenswertes. Zwei Extrempositionen stehen sich gegenüber, indem

- einmal von der Existenz eines optimalen Verschuldungsgrades ausgegangen wird (These I),

- während andererseits ein optimaler Verschuldungsgrad als nicht existent angesehen wird (These II).

Ausgangspunkt der Überlegungen zur Fixierung einer optimalen Kapitalstruktur (These I) ist der LEVERAGE-Effekt, wonach die Unternehmung bei gegebenem Gesamtkapital (oder konstantem Eigenkapital und zunehmendem Fremdkapitaleinsatz), die Eigenkapitalrentabilität steigern kann, indem Eigenkapital durch zinsgünstigeres Fremdkapital ersetzt wird. Daraus resultiert zunächst ein sinkender Verlauf der Gesamtkapitalkosten. Mit sukzessiv steigendem Verschuldungsgrad werden jedoch die Fremdkapitalkosten bei Überschreiten eines "kritischen Verschuldungsgrades" ansteigen. Dies gilt auch für die Eigenkapitalgeber, die mit zunehmender Verschuldung eine höhere Risikoprämie verlangen, so daß sich auch die Eigenkapitalkosten erhöhen werden. Aus dem Ansteigen der Fremdkapital- und Eigenkapitalkostenkurven resultiert nun auch ein Ansteigen der Gesamtkapitalkostenkurve ab einem bestimmten Verschuldungsgrad. Insgesamt verläuft die Gesamtkapitalkostenkurve also u-förmig, von einem zunächst fallenden in einen ansteigenden Abschnitt. "Da die Zielsetzung minimale

---

1) Vgl. DRUKARCZYK (1980a), S. 143 - 292; SÜCHTING (1984), S. 350 - 363.

2) Zum Beweis der Äquivalenz unter bestimmten Bedingungen vgl. BITZ (1983), S. 128 ff..

Kapitalkosten und maximaler Unternehmenswert als äquivalent angesehen werden, liegt das Maximum des Unternehmenswertes im Bereich minimaler Durchschnittskapitalkosten."[1] An dieser Stelle liegt der optimale Verschuldungsgrad. Die Grundaussage dieser, auch als "traditionelle These" bezeichneten Modellkonstruktion ist, "daß es eine optimale Kapitalstruktur - wenn nicht in einem Punkt, so doch in einem bestimmten Verschuldungsbereich - gibt, dem sich eine Unternehmung in ihren Kapitalausstattungsmaßnahmen versuchen sollte anzunähern."[2]

Dieser sogenannten traditionellen Anschauung treten MODIGLIANI/MILLER[3] entgegen mit den Thesen, "daß ein (kosten)optimaler Verschuldungsgrad - gemessen im allgemeinen als Relation zwischen Fremd- und Eigenkapital - nicht existiert, daß vielmehr die Kapitalkosten - ohne Berücksichtigung von Steuerwirkungen - konstant sind, da die Eigenkapitalgeber zum Ausgleich des Finanzierungsrisikos bei zunehmender Verschuldung höhere Renditeforderungen stellen, die gerade einen Ausgleich des LEVERAGE-Effektes bewirken"[4] (These II).

Abgesehen von den modelltheoretischen Erkenntniswerten stellt sich nun die Frage nach der praktischen Bedeutung dieser Ansätze zur Bestimmung eines angemessenen Eigenkapitals. Dabei scheitern aber sowohl die traditionelle These als auch und im besonderen die Thesen von MODIGLIANI/MILLER an den den Modellen zugrundeliegenden Prämissen. Insbesondere die von MODIGLIANI/MILLER vorgetragenen Thesen von der Irrelevanz des Verschuldungsgrades für den Verlauf der Gesamtkapitalkosten und des Fehlens eines optimalen Verschuldungsgrades müssen an den faktischen Marktunvollkommenheiten

- technischer Art (Transaktionsgeschwindigkeit, Transaktionskosten),
- informatorischer Art (Informationsdivergenzen),
- institutioneller Art (begrenzte Übertragbarkeit)

---

1) Vgl. PERRIDON/STEINER (1984), S. 410. Dabei muß das Marktwertmaximum des Eigenkapitals und das Minimum der Durchschnittskostenkurve nicht unbedingt in einem bestimmten "optimalen" Verschuldungsgrad zusammenfallen. Tatsächlich kann das Marktwertmaximum, wenn keine Konditionenanpassung für Altgläubiger erfolgt, im Bereich steigender Gesamtkapitalkosten, also bei einem höheren Verschuldungsgrad als im Kapitalkostenminimum, liegen. Zur Ableitung vgl. BITZ (1983), S. 128 ff.

2) SÜCHTING (1984), S. 356, im Original fettgedruckt.

3) Vgl. MODIGLIANI/MILLER (1958), S. 361 ff.

4) SEELBACH (1980), S. 260.

scheitern.[1] Außerdem stehen sowohl bei der traditionellen Auffassung als auch beim MODIGLIANI/MILLER-Theorem die Zielgrößen "Gesamtkapitalkosten" bzw. "Unternehmenswert" im Mittelpunkt der Betrachtung. Gläubigergesichtspunkte spielen eine nur sehr untergeordnete Rolle, was zu einer entsprechenden Gefährdung der Kreditoren führen könnte. Im Ergebnis sind also die dargestellten kapitaltheoretischen Ansätze für die Bestimmung eines angemessenen Eigenkapitals unter Gläubigerschutzaspekten nur sehr eingeschränkt brauchbar.[2]

1.3.3.2 Bilanzorientierte Ansätze zur Bestimmung eines angemessenen Eigenkapitals

(1) Finanzierungsregeln als Hilfsmittel

Ein weiterer Versuch zur Bestimmung eines angemessenen Eigenkapitals könnte durch die Heranziehung von Finanzierungsregeln unternommen werden. Finanzierungsregeln sind aus der Bilanz gewonnene, normierte Kennzahlen, die sich generell unterscheiden lassen in

- Regeln, die das Verhältnis der Finanzierungsalternativen zueinander betreffen und

- Regeln, die das Verhältnis zwischen Investitionen und Finanzierung zum Gegenstand haben.[3]

Ansatzpunkte zur Bestimmung eines angemessenen Eigenkapitals könnten nun sowohl horizontale als auch vertikale Finanzierungsregeln sein. Dazu stellt der BFH im Urteil vom 1. Sept. 1982 auf die Einhaltung einer horizontalen Finanzierungsregel ab: "Gewährte die Trägerkörperschaft dem

---

1) Diese Kritik ist aber insoweit zu relativieren, als sie strenggenommen außerhalb des Modellrahmens operiert. Denn wenn ein Modell als abstrakte Abbildung der Realität formuliert und dargestellt wird, so darf eine Kritik dieses Modells eben nicht exakt an dieser Vorgehensweise ansetzen. Modelle dürfen nicht deshalb verworfen werden, weil sie zu etwas verwendet werden, wofür sie nicht geschaffen wurden. In diesem Sinne ist eine modellexogene Kritik unangebracht. Vgl. zu einer solchen Vorgehensweise aber MOXTER (1975), S. 133 ff.. Zum Nachweis der theoretischen Modellkonsistenz des MODIGLIANI/MILLER-Theorems vgl. nur DRUKARCZYK (1981b), S. 288 und die dort angegebene Literatur.

2) Vgl. dazu weiterführend ROGUSCH (1979), S. 135 f.

3) Vgl. SCHACHT (1971), S. 15 f.; HÄRLE (1961), S. 20; VORMBAUM (1981), S. 39 ff.

Betrieb gewerblicher Art ein Darlehen, so stellt die Rechtsprechung bei der Prüfung, ob eine verdeckte Gewinnausschüttung vorliegt, darauf ab, ob das von der Trägerkörperschaft zur Verfügung gestellte Eigenkapital ... 40 v.H. der Aktivseite der Bilanz beträgt, ... oder ob die bei gleichartigen Unternehmen im Durchschnitt übliche Finanzierung durchgeführt wurde."[1] Gesellschafterdarlehen werden hier also so lange wie Eigenkapital behandelt, bis sie zusammen mit den übrigen Eigenmitteln 40 % des Vermögens erreichen, es sei denn, die übliche Finanzierung weicht davon ab. Daraus könnte nun gefolgert werden, daß eine angemessene Eigenkapitalausstattung im Sinne des BFH immer dann vorliegt, wenn das Eigenkapital die angegebenen Grenzen erreicht.

Dagegen fordert das Bundesverfassungsgericht, "daß das Anlagevermögen ... in erster Linie durch Eigenkapital finanziert werden sollte, um Liquiditätsschwierigkeiten zu vermeiden",[2] ohne diese Auffassung allerdings näher zu begründen. Eine solche Ausrichtung auf horizontale Finanzierungsregeln ist jedoch nicht am Ziel eines Gläubigerschutzes orientiert und gewährleistet weder Zahlungsfähigkeit noch einen Schutz vor der Konkursdrohung wegen Überschuldung.[3]

Bei allen Unternehmensrechtsformen, bei denen kein Gesellschafter eine natürliche Person ist, haftet den Gläubigern ausschließlich das Gesellschaftsvermögen (§ 1 Abs. 1 Satz 1 AktG, § 13 Abs. 1 GmbHG, § 2 GenG). Die in praxi bei diesen Gesellschaften auch für die Gläubiger vielleicht wichtigste Bilanzrelation betrifft das Verhältnis zwischen Gesellschaftervermögen und Gesellschaftsschulden. Hier wird indirekt de lege lata ein Verhältnis von mindestens 1 : 1 gefordert.[4] Denn wird diese Mindestquote zu Lasten des Vermögens unterschritten, d.h. liegt Überschuldung vor, ist bei diesen Gesellschaften die Eröffnung des Konkursverfahrens oder des gerichtlichen Vergleichsverfahrens zu beantragen (§§ 130a Abs. 1, 177a HGB; 92 Abs. 2 Satz 2 AktG; 64 Abs. 1 Satz 1 GmbHG;

1) BFH, Urt. vom 01.09.1982 (= GmbHR 1983, S. 59).

2) BVerfG, Beschluß des Zweiten Senats vom 10.10.1961 (= BVerfGE, S. 163).

3) Vgl. auch MAUL (1969), S. 311.

4) Von der Problematik der Bewertung dieser Größen soll hier abgesehen werden. Vgl. zur Diskussion um die Frage der Bewertung zu Liquidations- und Fortführungswerten nur: MOXTER (1966), S. 28 ff.; FISCHER, W. (1980), S. 51 ff.; HAACK (1980), S. 77 ff.; LEFFSON (1982), S. 169 f.; MOXTER (1982), S. 90 ff.; SEICHT (1982), S. 93 ff.

99 Abs. 1 Satz 2 GenG; 207 ff. KO; 2, 108 f. VerglO). Zweck dieser Normen ist der Schutz der Gesellschaftsgläubiger. "Sie sollen durch rechtzeitige Antragstellung vor einer weiteren Verschlechterung ihrer Vermögensposition bewahrt werden, daß das bei Konkursreife vorhandene Gesellschaftsvermögen zur Gläubigerbefriedigung verwendet wird."[1]

Eine Hilfe zur Bestimmung eines angemessenen Eigenkapitals kann diese Relation jedoch nicht sein. Hält man sich vor Augen, daß die Summe des Vermögens (zuzüglich eines eventuellen Verlustes im Falle einer Unterbilanz) und die Summe aus Eigen- und Fremdkapital sich im Normalfall entsprechen - von kleineren Korrekturposten in der Bilanz wird hier vereinfachend abstrahiert - wird schnell klar, daß die Größenordnungen von Eigenkapital und Schulden irrelevant werden. Abb. 26 zeigt diesen Zusammenhang noch einmal an einer schematisierten Bilanz:

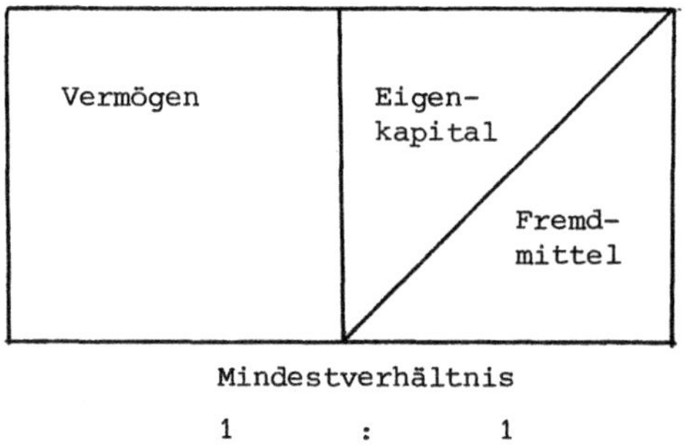

Abb. 26: Mindestverhältnis von Vermögen zu Eigen- und Fremdkapital bei Überschuldungsprüfung

Bei der Berechnung dieser Bilanzrelation kommt es nur auf das Ergebnis an. Das Verhältnis von Vermögen und Schulden muß mindestens 1:1 betragen. Dabei ist die geforderte Relation sogar auch dann noch erfüllt, wenn das Eigenkapital die Größe "null" annimmt und sich Vermögen und Schulden gerade noch die Waage halten.[2] Entsprechend dieser "Finanzierungsregeln" müßte das angemessene Eigenkapital also mindestens die Größe "null" erreichen, es darf nur nicht negativ werden. Doch impliziert

1) Vgl. ULMER in HACHENBURG (1975/84), § 64 Rdn. 2.

2) Bei Unternehmensrechtsformen mit persönlich unbeschränkt haftenden Gesellschaftern ist darüber hinaus selbst ein negatives Eigenkapital zulässig.

allein schon der Terminus "angemessenes Eigenkapital", daß es nur um die Diskussion der Größenordnung eines *positiven* Eigenkapitalbetrages gehen kann. Damit kann diese Überschuldungsregelung allenfalls noch die im Extremfall niedrigste, gerade noch als zulässig erachtete Eigenkapitalhöhe angeben. Wenn schon die Brauchbarkeit dieser Relation als Auslöser insolvenzrechtlicher Verfahren problematisch erscheint,[1] ist sie von der Tauglichkeit zur Bestimmung eines angemessenen Eigenkapitals noch weiter entfernt.

Durch die Einhaltung vertikaler Finanzierungsregeln soll dagegen die Forderung nach einem permanent vorhandenen angemessenen Eigenkapital realisiert werden. Dazu fordert ZYBON die Schaffung eines "relativen Mindestkapitals", das mindestens 25 % der Bilanzsumme betragen muß.[2] In ähnlicher Höhe will MAUL nur einen Verschuldungsgrad (Fremdkapital zu Mindest-Nettohaftungsreserve) bis maximal 4:1 zulassen.[3] Besonders häufig wird im älteren Schrifttum die Forderung erhoben, das Verhältnis zwischen den Fremd- und Eigenmitteln dürfe die Relation 2:1 nicht übersteigen.[4]

Weniger starr schlägt WINTER die Einhaltung bestimmter Finanzierungsregeln durch das Anknüpfen an Branchendurchschnittswerten vor, "damit weder das Verhältnis zwischen Eigenkapital und Fremdkapital noch das Verhältnis zwischen Eigenkapital und Anlagevermögen den branchenüblichen Wert unterschreitet. Als branchenüblicher Wert gilt der sich aus der amtlichen Statistik ergebende Zentralwert der Branche, in welcher sich die Gesellschaft bestätigt."[5]

Konkretes Beispiel für die obligatorische Einhaltung bestimmter Finanzierungsregeln als Voraussetzung der Gewährung von Krediten sind die Bedingungen für die Vergabe von Schuldscheindarlehen durch Versicherungsunternehmen. Will ein Versicherungsunternehmen ein solchen Darlehen gemäß § 54a Bs. 2 Nr. 8d VAG auslegen, so soll bei dem potentiellen Schuldnerunternehmen

1) Vgl. nur EGNER/WOLF (1978), S. 99 ff.; SCHMIDT, R.H. (1980), S. 115, 131.

2) Vgl. ZYBON (1973), S. 43. Alternativ werden auch die Größenordnungen 30 %, 33 1/3 % und 35 % angeführt.

3) Vgl. MAUL (1968), S. 542; MAUL (1969), S. 311.

4) Vgl. dazu die Zusammenstellung bei HÄRLE (1961), S. 25 f., 126 f.

5) WINTER, G. (1973), S. 122.

- das Verhältnis des Eigenkapitals zum Fremdkapital in der Regel die Relation 1:2 nicht unterschreiten;

- das Anlagevermögen zu mindestens 50% durch Eigenkapital finanziert sein;

- das langfristig gebundene Vermögen durch langfristiges Kapital finanziert sein;

- das kurzfristig realisierbare Umlaufvermögen mindestens das kurzfristige Fremdkapital decken.[1)]

Dieses Beispiel zeigt, daß - wenn auch nur mit sehr begrenztem Anwendungsraum - die Einhaltung konkreter Finanzierungsregeln explizit gefordert wird.

Wird eine derartige Forderung sowohl vom Schuldner als auch von den Gläubigern als dem unternehmerischen Risiko angemessen erachtet, ist mit Hilfe dieser Bilanzrelation eine bestimmte Mindestanforderung hinsichtlich der Ausstattung mit Eigenkapital konstituiert. Bis zum Erreichen dieser Relation wären Gläubiger bereit, dem Schuldner weitere Mittel zur Verfügung zu stellen, da die Eigenkapitalausstattung als ausreichend bzw. angemessen erachtet wird. Wenn also damit gerechnet werden muß, "das die potentiellen Kreditgeber ihr Urteil über die Kreditwürdigkeit der Unternehmung ausschließlich oder im wesentlichen auf Grund der wirtschaftlichen Verhältnisse fällen werden, wie sie sich anhand der Bilanzen und ähnlichen Unterlagen zeigen, so ist im Interesse der finanziellen Elastizität eine Kapitalstruktur zu wählen, die sich nicht wesentlich oder nur vorübergehend von der üblichen, insbesondere von der branchenüblichen Konstellation in negativer Richtung entfernt".[2)]

An diesem Punkt setzt aber die Kritik an der konzeptionellen Schwäche hinsichtlich der Beurteilung der Finanzlage an. Dabei seien hier nur kurz einige Gesichtspunkte angeführt:

---

1) Vgl. GESAMTVERBAND DER VERSICHERUNGSWIRTSCHAFT (1976), S. 25; vgl. auch SCHMIDT/FREY (1983), §§ 54 - 54d Rdnr. 30.

2) HÄRLE (1961), S. 122.

- Es werden nur Zahlungsgrößen berücksichtigt, Erfolgsgrößen spielen bei der Bestimmung der Kapitalstruktur keine Rolle.

- Die ex post konstituierten Relationen werden auch zukünftigen Entscheidungen zugrunde gelegt, eine Anpassung erfolgt nicht oder nur verzögert.

Auch die Verwendung empirischer Bilanzkennzahlen ist nicht ohne besondere Skepsis zu beurteilen, da

- der Festschreibung generell anerkannter Bilanzrelation unzulängliche Statistiken zugrunde liegen könnten,

- branchenmäßige Unterschiede nicht berücksichtigt werden, oder aber ein System branchenspezifischer Kennzahlen existieren müßte,

- bracheninterne Streuungen unberücksichtigt bleiben und dem Einzelfall nicht mehr gerecht werden könnten.

Eine Ausnahme bilden davon lediglich die de lege lata für Kreditinstitute gültigen Bestimmungen über ein angemessenes haftendes Eigenkapital (§ 10 Abs. 1 KWG), das einen bestimmten, an Bilanzbeständen gemessenen Umfang mindestens erreichen muß (Grundsatz I) und dessen Verwendung ebenfalls bestimmten Beschränkungen unterworfen ist (§§ 12, 13 KWG).

Einen erfolgsversprechenden Beitrag zur Lösung des Problems der Bestimmung eines angemessenen Eigenkapitals könnten Finanzierungsregeln ohnehin nur leisten, "wenn ihnen ein hoher Grad an Allgemeingültigkeit zukäme".[1] Das kann derzeit jedoch nicht als gegeben gelten. Auch die Vernachlässigung stiller Reserven und "das totale Außerachtlassen des Gewinnaspekts im Rahmen des Kapitalstrukturierungsproblems erleichtern aus betriebswirtschaftlich-theoretischer Sicht ein Abrücken von diesen Relationen".[2] Hinzu käme für die Gläubiger das Informationsproblem:
Sie können sich häufig wegen fehlender Publizität des Schuldners nicht ohne weiteres über derartige Relationen informieren. Ob in diesen Fällen eine freiwillige Informationsabgabe an den Gläubiger durchgesetzt werden kann, erscheint zumindest in Einzelfällen zweifelhaft. Insge-

---

1) BÜSCHGEN (1974), S. 31; HÄRLE (1961), S. 122.

2) BÜSCHGEN (1974), S. 32.

samt sind also auch Finanzierungsregeln nicht oder nur sehr unzureichend geeignet, ein angemessenes Eigenkapital zu bestimmen. Sie können allerdings, wenn auch mit Einschränkungen, in bestimmten Fällen als Orientierungsgröße für (potentielle) Gläubiger dienen.

(2) Diskriminanzanalytische Verfahren

Mit Hilfe von Modellen zur Früherkennung und Vorhersage von Insolvenzen könnte ebenfalls versucht werden, die Höhe eines angemessenen Eigenkapitals zu bestimmen. Dabei handelt es sich um Verfahren, in denen Frühindikatoren für eine eventuell bevorstehende Insolvenz gewonnen werden sollen durch einen Zeitreihen-Vergleich

- der zeitlichen Entwicklung von Bilanzkennzahlen inzwischen de facto insolvent gewordener Unternehmen vor deren Insolvenz mit

- Bilanzkennzahlen solvent gebliebener Unternehmen gleicher Branchenzugehörigkeit und Größenordnung zum gleichen Vergangenheitszeitpunkt.

Anhand der in die Analyse einbezogenen Finanzkennzahlen (z.B. Cash flow zu Verbindlichkeiten, Verschuldungsgrad) wird eine "Profilanalyse" erstellt, mit dem Ziel, mögliche Unterschiede zwischen den beiden in die Analyse einbezogenen Unternehmensgruppen sichtbar zu machen. Im Ergebnis lassen sich dabei signifikante Unterschiede zwischen den Kennzahlenprofilen der solvent gebliebenen und der später zusammengebrochenen Unternehmen innerhalb eines Zeitraumes von bis zu fünf Jahren vor der Insolvenz der gescheiterten Vergleichsunternehmen nachweisen.[1)]

Auf der Basis der dabei gewonnenen Kennzahlen werden verschiedene "cutoff-points" fixiert und anhand dieser Klassifikationskennzahlen ex post-"Vorhersagen" durchgeführt.[2)] Eine Gefährdung der Gläubiger wäre nach diesem Konzept immer dann als gegeben anzusehen, wenn die Höhe bestimmter die Kapitalstruktur betreffender Kennzahlen (K) unter einen bestimmten kritischen Wert (K^* = cutoff-point) sinkt:

---

1) Vgl. dazu die Arbeiten von BEAVER (1967), S. 71 ff.; ALTMAN (1968), S. 589 ff.; BEERMANN (1976); WEINRICH (1978); sowie den ausführlichen Überblick über die bisher wichtigsten empirischen Untersuchungen bei HENO (1983), S. 92 ff.

2) BÜSCHGEN (1974), S. 33.

$$K \begin{cases} > K^* & \rightarrow \text{Solvenz des Schuldners zu erwarten} \\ \leq K^* & \rightarrow \text{Insolvenz des Schuldners zu erwarten} \end{cases}$$

Eine Beurteilung der Angemessenheit der Eigenkapitalausstattung könnte nun anhand der gewonnenen Daten erfolgen: So lange die für einen bestimmten Schuldner ermittelte Kennzahl nicht unter den vorgegebenen kritischen Wert (cutoff-point) vergleichbarer, solventgebliebener Unternehmen sinkt, gilt eine angemessene Eigenkapitalausstattung als gegeben. Wird der "cutoff-point" unterschritten, müssen entsprechende Maßnahmen zur Wiederherstellung der als Indikator für eine als hinreichend angesehene angemessene Eigenkapitalausstattung dienenden Relation eingeleitet werden.

Trotz der zum Teil relativ guten Prognoseergebnisse bei der klassifikatorischen Trennung zwischen gescheiterten und nicht gescheiterten Unternehmen müssen gegen diese diskriminanzanalytischen Verfahren doch einige Bedenken vorgetragen werden:

- Durch die fehlende Trennschärfe einzelner Kennzahlen kommt es immer wieder zu Fehlklassifikationen bei der Zuordnung entweder in die Gruppe der solventen oder die der insolvenzbedrohten Unternehmen (Fehler 1. und 2. Art).

- Im Zeitverlauf ist eine Modifikation der einzelnen Kennzahlen denkbar, die die Gefahr einer Fehlklassifikation erhöhen könnte.

- Die bislang vorgelegten Untersuchungen legen zum Teil sehr divergente Ergebnisse vor, so daß der Aussagewert einzelner Kennzahlen eine generelle Anwendung (noch) nicht zuläßt.

- Die für Prognosezwecke ermittelten Kennzahlen sind zum Teil unabhängig vom Eigenkapital des untersuchten Unternehmens.

- In Kenntnis der Beurteilung seiner wirtschaftlichen Lage - also auch der Angemessenheit des Eigenkapitals - aufgrund bestimmter Kennzahlen könnte der Schuldner gezielte Bilanzmanipulationen vornehmen.

Auch hier stellt sich das Problem, daß ein solches Kennzahlensystem nur dann wirksam werden kann, wenn ihm ein hoher Grad an Allgemeingültigkeit zukäme. Es besteht darüber hinaus die Gefahr, daß der Aussagewert einer einzelnen oder auch mehrerer Kennzahlen leicht überschätzt wird und es auf diesem Wege zu erheblichen Fehlinterpretationen kommen könnte, die sowohl für Gläubiger als auch für den Schuldner zu fatalen Folgen führen könnten. Insgesamt bieten daher auch diskriminanzanalytische Insolvenzprognoseansätze keine geeignete Möglichkeit zur Bestimmung eines angemessenen Eigenkapitals im Zuge einer normativen Festlegung durch den Gesetzgeber.

Die gläubigerschützende Funktion besteht in der Minderung des Insolvenzrisikos. Dies bedeutet, daß verhindert werden soll, daß sich zukünftige negative Vermögensentwicklungen zu ungunsten der Gläubiger auswirken,[1] also ihre Ansprüche nicht termin- und betragsgerecht erfüllt werden können. Von daher liegt es nahe, die Höhe des angemessenen Eigenkapitals von den Ergebnissen einer zukunftsorientierten Finanzplanung abhängig zu machen. Nach dieser Betrachtung reduziert sich das Problem der Angemessenheit des Eigenkapitals darauf, ob eine nicht schließbare Finanzlücke, also prospektive Zahlungsunfähigkeit, vorliegt oder nicht. Dasselbe Aussageziel liegt der dynamisch ausgelegten Überschuldungsmessung zugrunde, die sich damit nur unter methodischen Gesichtspunkten von der theoretisch richtigen Überprüfung der Angemessenheit des Eigenkapitals mittels eines Finanzplans unterscheidet, indem das Ausfüllen von Liquiditätslücken durch Beschaffung von Kapital zum Kalkulationszins unterstellt wird. Unter idealtypischen Bedingungen reicht mithin ein nicht negatives Eigenkapital aus, d.h. ein nicht durch Überschuldung gekennzeichneter Unternehmenszustand, um die Gläubiger nicht zu gefährden. Angesichts der bereits bestehenden Insolvenzantragspflichten bei Überschuldung könnte man daher unterstellen, daß die Gläubiger hinlänglich geschützt sind, indem der Gesetzgeber quasi ein *nicht negatives* Eigenkapital vorschreibt.[2] Das Problem besteht jedoch darin, daß sowohl eindeutige Auslegungsmaßstäbe[3] als auch Kontrollmechanismen fehlen,[4] die notwendig sind, um durch den Überschuldungstatbestand auch faktisch eine angemessene Eigenkapitalausstattung zu schaffen. Faßt man Überschuldung und Unterkapitalisierung somit als einheitlichen Unternehmenszustand auf, nämlich als solchen, der die zukünftige Zahlungsunfähigkeit indiziert, verschmelzen auch die Probleme der Unterkapitalisierung und "rechtzeitigen" Auslösung von Insolvenzverfahren.[4]

1) Vgl. ARBEITSKREIS GmbH-REFORM (1972), S. 13 f.

2) Vgl. ROGUSCH (1979), S. 14.

3) Auf die Bedeutung eindeutiger Ansatz- und Bewertungsvorschriften weisen z.B. hin: STEINER (1980); ROGUSCH (1979), S. 296; KUPSCH (1984), S. 165.

4) Vgl. DRUKARCZYK (1979b), S. 130.

5) Vgl. auch STEINER (1980), S. 182.

1.3.4 Zusammenfassung und Ergebnis der Diskussion

Die dargestellten Ansätze aus Literatur und Rechtsprechung zeigen deutlich, wie vielfältig Versuche unternommen wurden, eine angemessene Eigenkapitalausstattung zu fixieren. Um aber zu einer allgemeingültigen Regelung tauglich zu sein, muß ein konkreter Ansatz insbesondere die Bedingung erfüllen, "sich nach intersubjektiv nachprüfbaren Regeln ex ante errechnen zu lassen, um keine Rechtsunsicherheit aufkommen zu lassen".[1] Darüber hinaus müssen sie für eine generelle Anwendung tauglich sein, um eine Vielzahl von Einzelregelungen zu vermeiden, aus denen eventuell große Unübersichtlichkeit und Zuordnungsschwierigkeiten resultieren könnten.

Die zur Bestimmung eines angemessenen Eigenkapitals angeführten Meßinstrumente lassen aber, speziell unter Gläubigerschutzaspekten, deutliche Schwächen erkennen. So scheitern die aufgezeigten kapitaltheoretischen Modelle an den zum Teil umfangreichen modelltheoretischen Prämissen, die die Umsetzung in eine konkrete operable Rechtsnorm nicht zulassen. Auch die an Bilanzrelationen orientierten Ansätze zur Bestimmung eines angemessenen Eigenkapitals führen letztendlich insbesondere wegen des fehlenden Raumes für branchen- und unternehmensindividuelle Sonderfaktoren nicht zum Ergebnis.

Gesetzlich kann eben nicht bestimmt werden, wie der individuelle Kapitalbedarf einer Gesellschaft zu bemessen ist. Eine generelle Vorschrift - Angemessenheit etwa im Hinblick auf den Gesellschaftszweck oder die Aufgaben des Unternehmens - brächte eine zu große Unsicherheit mit sich.[2] Gerade aber im Hinblick auf diese Forderung haben sich bei den einzelnen Ansätzen erhebliche Schwächen gezeigt. Denn die Vermeidung einer entsprechenden Rechtsunsicherheit erfordert statt der Flucht in eine vage Generalklausel vielmehr eine ganz konkrete Formulierung bestimmter Eigenkapitalrelationen.

Weiterhin ließe sich die Verpflichtung zu einem dauernden angemessenen Eigenkapital auch rechtssystematisch nicht rechtfertigen. "Denn damit würde das Gesetz eine Pflicht zu ständiger Verlustdeckung einführen, ohne doch die Ursachen dieses Verlustes berücksichtigen zu können".[3]

---

1) ROGUSCH (1979), S. 79. Vgl. auch ULMER in HACHENBURG (1975/84), Anh. § 30 Rdn. 14.

2) Vgl. BGH, Urt. vom 14.12.1959 (= BGHZ 31, S. 268); GESSLER (1966), S. 108; REFERENTENENTWURF (1969), S. 184.

3) WIEDEMANN (1968), S. 21.

Zur Wiederherstellung einer bestimmten kodifizierten Eigenkapitalrelation wären hier die Gesellschafter verpflichtet, permanent für ein bestimmtes Mindesteigenkapital zu sorgen.

Je nach Definition des maßgeblichen Zeitpunktes dieser Deckungspflicht liefe eine derartige Regelung aber im Ergebnis praktisch auf eine unbegrenzte Haftung der Gesellschafter hinaus. Das aber würde eine Durchbrechung des Prinzips der grundsätzlichen Haftungsbeschränkung auf die Einlage bedeuten, womit die Unternehmensrechtsformen mit nur beschränkt haftenden Gesellschaftern zumindest unter diesem Aspekt in Frage gestellt wären.

Darüber hinaus finden die individuellen Risiko- und Präferenzvorstellungen sowohl der Eigenkapitalgeber als auch der Gläubiger nur sehr begrenzt Eingang in Überlegungen über die Angemessenheit des Eigenkapitals. Wenn man aber die Risiko- und Präferenzvorstellungen bei der Bestimmung eines angemessenen Eigenkapitals *in dem Rahmen eines Normensystems* einbeziehen will, braucht man "Anhaltspunkte dafür, wie die Kapitalgeber den Chance-/Risiko-Gehalt ihrer Kapitalüberlassungsverhältnisse bewerten".[1] Selbst wenn diese individuellen Präferenzen ermittelt werden könnten, würde eine generell gültige Rechtsnorm eben der Vielzahl subjektbezogener Vorstellungen nicht Rechnung tragen können.

Im Ergebnis läßt sich also festhalten, daß eine Pflicht zu einer numerisch konkretisierten angemessenen Kapitalausstattung den einschlägigen Gesetzen unbekannt ist und auch nicht aus ungeschriebenen Rechtsgrundsätzen eindeutig hergeleitet werden kann.[2] Jenseits eines Mindestnominalkapitals von Kapitalgesellschaften steht es grundsätzlich im Belieben der Anteilseigner, in welcher Relation die Unternehmung mit Haft- oder Fremdkapital ausgestattet werden soll, "denn sanktionsfähige Normen über eine unternehmensadäquate Eigenkapitalausstattung sind nach bisheriger Erfahrung und nach sachkundigem Urteil als abstrakte Regeln nicht auffindbar".[3]

---

1) SÜCHTING (1982), S. 399.

2) Vgl. ULMER in HACHENBURG (1975/84), § 30 Anh. Rd. 10; SCHMIDT, K. (1983), S. 166; LUTTER/HOMMELHOFF (1979), S. 58; WIEDEMANN (1980), S. 572, will jedoch aus den geltenden Rechtsnormen zumindest eine Ausfallhaftung der Gesellschafter herleiten.

3) SCHMIDT, K. (1983), S. 166 mit weiteren ausführlichen Nachweisen.

Man muß sich also mit der Feststellung begnügen, daß eine gesicherte Erkenntnis über objektive Kriterien zur Bestimmung der Höhe eines angemessenen Eigenkapitals oder "eine rational nachvollziehbare Formel, mit deren Hilfe das notwenige oder gar das gebotene Eigenkapital vorausschauend rechnerisch bestimmt werden kann, nicht besteht".[1] Der Auffassung, mit Hilfe der Betriebswirtschaftslehre sei es möglich, "hinreichend sichere Regeln und Kriterien aufzustellen, um die gebotene Eigenkapitalzuführung für ein konkretes Unternehmen wissenschaftlich genau zu berechnen",[2] kann daher nicht zugestimmt werden, auch wenn diese Verfahren zum Teil gewisse Orientierungswerte liefern können.[3] So bestechend ein solcher Vorschlag auch wäre, er muß zwangsläufig an den individuellen Kapitalausstattungserfordernissen scheitern, die die konkrete Formulierung einer allgemeingültigen Generalnorm nicht zulassen.

1) MESSMER (1970), S. 1063, 1059. So auch BITZ (1979), S. 358.

2) WINKLER (1969a), S. 1206.

3) Vgl. auch WÜST (1966), S. 13.

2 Ökonomische Analyse gesetzlicher Regelungselemente zur Sicherung der Kapitalaufbringung

2.1 Die grundlegenden Rechtsnormen zur Sicherung der Kapitalaufbringung

Bei der Gründung einer Unternehmung muß diese von den Gründern mit einem mehr oder weniger hohen Kapitalbetrag ausgestattet werden. Im folgenden geht es dabei aber ausschließlich nur um die Aufbringung von Eigenmitteln durch die Gesellschafter, Kapitalaufbringung auf dem Wege der Fremdfinanzierung wird nicht in die Betrachtung mit einbezogen.

Die Aufbringung des Eigenkapitals der Gesellschaft vollzieht sich in zwei wesentlichen Schritten, die auch in entsprechenden gesetzlichen Normen ihren Niederschlag gefunden haben. Zunächst wird das von den zukünftigen Gesellschaftern festgelegte Nominalkapital von diesen anteilig übernommen (gezeichnet). Die Summe aller Nominaleinlagen (a_i) der Gesellschaft muß dem Nominalkapital (N) der Gesellschaft entsprechen:

$$\sum a_i = N = \text{Nominalkapital}$$

Für einige Unternehmensrechtsformen verlangt der Gesetzgeber bestimmte Mindestnominalkapitalbeträge. So sind z.B. von den Gesellschaftern einer GmbH mindestens DM 50.000,--, von denen einer AG mindestens DM 100.000,-- zu zeichnen. In anderen Rechtsformen liegt die Bestimmung des Nominalkapitals dagegen im freien Ermessen der Gesellschafter.

Aus der Zeichnung eines Gesellschaftsanteils resultiert dann für die einzelnen Anteilseigner eine konkrete Leistungsverpflichtung gegenüber der Gesellschaft. Soweit die Geschäftsführung dies verlangt, sind nunmehr der Gesellschaft reale Vermögenswerte (Geld- und Sacheinlagen) zur Verfügung zu stellen. Auch hier verpflichtet der Gesetzgeber in einigen Unternehmensrechtsformen die Gesellschafter zur Leistung bestimmter Mindestbeträge, die in der Regel als quotenmäßige Minimaleinbringung (b_i) aus der Höhe der gekennzeichneten Nominaleinlage resultieren.

Bislang wurden nur Kapitalzeichnungs- und -leistungspflichten erörtert, die aus der Wahl einer ganz bestimmten Unternehmens*rechtsform* resultieren. Daneben existieren aber auch eine Reihe von Zeichnungs- und Leistungsverpflichtungen, die aus der Wahl bestimmter Handelsgeschäfte folgen. Im wesentlichen betreffen diese branchenspezifischen Anforderungen Unternehmen aus den Bereichen der Kredit- und Versicherungswirtschaft.[1]) Die speziellen Normen ergeben sich dabei zum Teil nicht nur aus den bestehenden Gesetzen, sondern sind insbesondere Gegenstand der herrschenden Verwaltungspraxis der entsprechenden Aufsichtsbehörden.

Da die Erlaubnis zur Betreibung von Bank- bzw. Versicherungsgeschäften jedoch von der Einhaltung dieser von der Aufsichtsbehörde geforderten Mindestbeträge abhängig gemacht wird, erhalten diese für die mit der Errichtung eines Kreditinstituts bzw. eines Versicherungsunternehmens befaßten Gründer quasi Gesetzesfunktion und sollen daher mit in die Untersuchung aufgenommen werden. Neben speziellen Anforderungen gelten auch bei diesen Branchen als Grundlage die aus der gewählten Rechtsform des Unternehmens jeweils folgenden Normensysteme (z.B. AktG).

In einer zusammenfassenden Synopse lassen sich die wesentlichen Kapitalaufbringungsnormen wie folgt darstellen. Dabei wird gemäß der oben verwendeten Systematik getrennt nach den gesetzlich mindestens geforderten

- Nominalkapitalbeträgen (Mindestzeichnungsverpflichtungen) und

- Einlagenleistungen (Mindestleistungsverpflichtung).

Innerhalb dieser Bereiche wird weiter gesondert ausgewiesen

- die Höhe des minimal zu zeichnenden Nominalkapitals (a_i) bzw. die minimale Leistungspflicht (b_i) *je Anteil*,

- die Höhe des von *allen Anteilseignern* summarisch mindestens zu zeichnenden Nominalkapitals (N) bzw. die zu leistende summarische Mindestleitung (B).

---

1) Vgl. zu den einzelnen Beträgen: REISCHAUER/KLEINHANS, § 33 Anm. 6; SZAGUNN/NEUMANN/WOHLSCHIESS (1976), § 33 Anm. 5; HAFKE (1980), S. 664; WERNER (1968), S. 876; BVerwG, Urteil vom 16.10.1979 (= unveröffentlichtes Urteil); zur Kapitalausstattung von Versicherungsunternehmen vgl. die Kapitalausstattungsverordnung, in: BGBl. I, S. 409, in der das "Soll" der Eigenmittel definiert wird. Zu den speziellen Berechnungsmodalitäten vgl. BAV-Rundschreiben R 9/76 (= VerBAV 76, S. 86 ff), in: SCHMIDT/FREY (1983), § 53c Rdnr. 2, § 5 Rdnr. 10; STAAT (1970), S. 86 f.; FUSS (1971), S. 104 f.; HANSEN (1976), S. 691.

Die gefundenen Kapitalaufbringungsnormen werden nach ihrem Geltungsbereich untergliedert nach

- rechtsformspezifischen und

- branchenspezifischen

Normen und jeweils obigen Kriterien weiter zugeordnet. Bei den branchenspezifischen Anforderungen wird zusätzlich das aus der gewählten Rechtsform resultierende Normensystem berücksichtigt. Unter Berücksichtigung dieser Systematisierungskriterien ergibt sich die auf den folgenden drei Seiten wiedergegebene Übersicht.

I. Rechtsform	Mindestnominalkapital		Mindestleistung	
	je Anteil (a_i)	insgesamt (N)	je Anteil (b_i)	insgesamt (B)
Einzelkaufmann	keines	keines	keine	keine
GbR	keines	keines	keine	keine
OHG	keines	keines	keine	keine
KG	keines	keines	keine	keine
GmbH	100x $x \geq 5,\ x \in \mathbb{N}$	50.000	0,25 a_i	max{25.000|0,25 N}
Einmann-GmbH	-	50.000	-	max{25.000 + S|0,25 N + S}
AG	$\begin{cases} 50 \\ 100x & x \in \mathbb{N} \end{cases}$	100.000	0,25 a_i + A_i	0,25 N + ΣA_i
Genossenschaft	1,--	7,--	0,10 a_i	max{0,70|0,10 N}

Abb. 27: Mindestzeichnungs- und Mindestleistungsbetrag auf das Eigenkapital bei verschiedenen Rechtsformen (1. Teil, Fortsetzung S. 168)

II. Branche	MINDESTNOMINALKAPITAL		MINDESTLEISTUNG	
	je Anteil (a_i)	insgesamt (N)	je Anteil (b_i)	insgesamt (B)
Kreditinstitute, die das Einlagengeschäft betreiben wollen (ohne Hypobanken und Bausparkassen)				
Einzelkaufmann, GbR, OHG, KG	keines	keines	keine	6,0 Mio.
GmbH	100x $x \geq 5$, $x \in \mathbb{N}$	50.000	0,25 a_i	max {6 Mio|0,25 N}
AG	{ 50 { 100x $x \in \mathbb{N}$	100.000	0,25 a_i	max {6 Mio|0,25 N}
Genossenschaft	1,--	(600.000)	0,10 a_i	max {0,6 Mio|0,10 N}
Hypothekenbanken Schiffspfandbriefbanken (nur AG möglich)	{ 50 { 100x $x \in \mathbb{N}$	8.000.000	0,25 a_i	max {30 Mio|0,25 N}
Kreditgarantiegemeinschaften	siehe Kreditinstitute	siehe Kreditinstitute	siehe Kreditinstitute	1,0 Mio. bei Geschäften ohne öffentl. Rückbürgschaft 0,3 Mio. bei Geschäften ausschließlich mit Rückbürgschaft der öffentlichen Hand

Abb. 27: Mindestzeichnungs- und Mindestleistungsbetrag auf das Eigenkapital bei verschiedenen Rechtsformen (2. Teil, Fortsetzung S. 169)

II. Branche	Mindestnominalkapital		Mindestleistung	
	je Anteil (a_i)	insgesamt (N)	je Anteil (b_i)	insgesamt (B)
Bausparkassen (ohne öffentlich-rechtliche Institute; Rechtsform: AG)	$\begin{cases} 50 \\ 100x & x \in \mathbb{N} \end{cases}$	100.000	0,25 a_i	max {10 Mio|0,25 N}
Kapitalanlagegesellschaften				
mit einer Fondsart				
GmbH	100x $x \geq 5,\ x \in \mathbb{N}$	500.000	0,25 a_i	max { 2 Mio|0,25 N}
AG	$\begin{cases} 50 \\ 100x & x \in \mathbb{N} \end{cases}$	500.000	0,25 a_i	max { 2 Mio|0,25 N}
mit Wertpapier und Immobilienfonds				
GmbH	100x $x \geq 5,\ x \in \mathbb{N}$	500.000	0,25 a_i	max {3,5 Mio|0,25 N}
AG	$\begin{cases} 50 \\ 100x & x \in \mathbb{N} \end{cases}$	500.000	0,25 a_i	max {3,5 Mio|0,25 N}
Versicherungsunternehmen				
AG	$\begin{cases} 50 \\ 100x & x \in \mathbb{N} \end{cases}$	100.000	0,25 a_i	max { 732.000|0,25 N} oder max {1.098.000|0,25 N} oder max {1.464.000|0,25 N} 1)
VVaG	keines	keines	keine	732.000 oder 1.098.000 oder 1.464.000 1)

Abb. 27: Mindestzeichnungs- und Mindestleistungsbetrag auf das Eigenkapital bei verschiedenen Rechtsformen (3. Teil, Fortsetzung von S. 167 u. 168)

1) Die Höhe der Mindestleistung richtet sich nach den von den Versicherungsunternehmen übernommenen Risiken gemäß Anlage zum VAG. Außerdem ist noch ein Organisationsfonds in Höhe von 10 % bis 20 % der Mindestleistung aufzubringen.

2.2 Die Sicherung der vollständigen Kapitalzeichnung durch die Gesellschafter

2.2.1 Die grundlegenden Sicherungselemente

Bei den durch Zeichnung von den einzelnen Gesellschaftern übernommenen Kapitalbeträgen handelt es sich um Nominalgrößen, die aufgrund vertraglicher Vereinbarung oder gesetzlicher Mindestanforderungen fixiert werden. Sie stellen den Rahmen dessen dar, was die Gesellschafter (früher oder später) mindestens zu erbringen haben.

Zum Schutz der Gläubiger hat der Gesetzgeber ein System von Regelungselementen geschaffen, das die vollständige Übernahme des Nominalkapitals durch die Anteilseigner sicherstellen soll. Dazu zählen im einzelnen:

- die Pflicht zur vollständigen Zeichnung des Nominalkapitals durch die Gesellschafter;

- das Verbot der Zeichnung eigener Geschäftsanteile bei Gründung;

- die Eintragung der Gesellschaft in das Handelsregister erst nach vollständiger Übernahme aller Geschäftsanteile.

Wird für eine Unternehmung von den Gründern ein bestimmtes Nominalkapital fixiert, sind die Gesellschafter bei Errichtung der Gesellschaft verpflichtet, dieses vollständig zu übernehmen. Die Summe der von allen gezeichneten Geschäftsanteile muß der Höhe des nominellen Geschäftskapitals entsprechen. Die Pflicht zur vollständigen Zeichnung des gesamten Nominalkapitals soll sicherstellen, daß das gesamte Kapital bestimmten Leistungspflichtigen zuzuordnen ist. Damit soll einerseits der Gesellschaft selbst ein Mindestmaß finanzieller Leistungsfähigkeit gesichert, andererseits den Gläubigern ein Haftungsvermögen geschaffen werden.

Die gläubigerschützende Funktion dieser Normen leitet sich aus dem Zwang für die Gesellschafter ab, das vereinbarte oder gesetzlich mindestens geforderte Nominalkapital auch aufzubringen. Damit soll gewährleistet werden, daß in Höhe des ausgewiesenen Nominalkapitals bzw. der im Handelsregister eingetragenen Kommanditanteile, Gesellschafter für die Aufbringung dieses Vermögens verantwortlich sind. Ein außenstehender Gläubiger kann also davon ausgehen, daß sich im Gründungsstadium einer Gesellschaft für jeden Teil des Geschäftskapitals ein Zahlungspflichtiger exakt definieren läßt. Ihm soll damit gewährleistet werden, daß der ausgewiesene Nominalbetrag mindestens einmal vermögensmäßig zur Verfügung steht.[1)]

Ohne diese Verpflichtung der vollständigen Übernahme des Nominalkapitals bestünde für den Gläubiger die Gefahr, daß er bei seinem Kreditengagement aufgrund der vorgelegten Bilanzen von einem Nominalkapitalbetrag ausgeht, für den sich in der Realität gar kein zur Aufbringung verpflichteter Gesellschafter gefunden hat. Damit wäre aber nicht mehr sichergestellt, daß der ausgewiesene Nominalbetrag mindestens einmal von den Gesellschaftern real zur Verfügung gestellt wird.

In die gleiche Richtung zielt auch das Verbot der Zeichnung eigener Geschäftsanteile. Damit soll ebenfalls eine Schmälerung der anfänglichen Kapitalbasis vermieden werden. Ohne dieses Verbot könnte die Gesellschaft im Besitz eigener Anteile sein, die die Basis zur Erlangung der Einlagenwerte schon ex ante bei der Gründung entsprechend reduzieren würde.

Weiterhin wird der registerrichterlichen Prüfung auf vollständige Übernahme aller Geschäftsanteile zur Sicherung der anfänglichen Kapitalaufbringung eine besondere Funktion beigemessen, denn durch den Vorgang der Eintragung in das Handelsregister wird die ordnungsgemäße Errichtung der Gesellschaft quasi "amtlich bestätigt". Der Gläubiger muß auf die Richtigkeit dieser Eintragung vertrauen können. Daher ist sie besonders sorgfältig und unter strengsten Anforderungen an die von den Gründern beizubringenden Urkunden durchzuführen.

2.2.2 Zum Zeichnungsnachweis des Kommanditisten in der Publikums-KG

Während die einschlägigen Normen des AktG und GmbHG insgesamt als ausreichend angesehen werden können, ergibt sich jedoch im Hinblick auf § 162 Abs. 1 HGB eine Problematik, die besonders durch die Zunahme sogenannter Publikums-Kommanditgesellschaften an Bedeutung gewonnen hat.

1) Vgl. PRIESTER (1982), S. 1149.

Gemäß § 162 Abs. 1 HGB wird die Höhe der Kommanditeinlage in das Handelsregister eingetragen. Obwohl diese Angaben nicht veröffentlicht werden, kann sich jeder außenstehende Dritte durch Einsichtnahme in das Register über die Höhe der Einlagen informieren. Auf Grund einer entsprechenden Information wäre es für einen potentiellen Kreditor dann naheliegend, davon auszugehen, daß der mit einer bestimmten Summe verpflichtete Kommanditist diese Vermögenswerte der Gesellschaft auch wirklich zur Verfügung stellen wird. Das ist allerdings trotz der Eintragung keineswegs zwangsläufig gesichert. Dieser Umstand wäre allerdings immer noch ohne weitere Bedeutung, würde in diesen Fällen den Gläubigern ein potenter Komplementär zur Verfügung stehen. Gerade dieser Forderung genügen aber die meist als GmbH ausgewiesenen Komplementäre einer Publikums-KG jedoch auch nicht.

Nun wird jedoch im Zusammenhang mit der Errichtung von "Abschreibungsgesellschaften" häufig die Rechtsform einer GmbH & Co KG gewählt, deren gesamtes Kommanditkapital von einem Treuhänder gezeichnet wird. Dieser Treuhänder, in der Regel in der Rechtsform einer GmbH, wird als Kommanditist mit dem gesamten Kommanditkapital in das Handelsregister eingetragen.[1] Eine reale Vermögenseinbringung findet jedoch nicht statt. Vielmehr erhält dieser Treuhänder-Kommanditist die Aufgabe der Stückelung und Weiterveräußerung des gesamten von ihm übernommenen Kommanditkapitals, um dadurch nun reale Mittel aufzubringen. Es vollzieht sich eine "Sukzessivgründung im Gewande einer Simultangründung".[2] Dem äußeren Anschein nach wird die KG in einem Rechtsakt errichtet und das ins Handelsregister eingetragene Kommanditkapital übernommen. Die Zeichnung der KG-Anteile durch die letztlich auch für die effektive Leistung verantwortlichen Kommanditisten findet aber nur sukzessive mit der Veräußerung der Kommanditanteile statt.

Wird nun aus irgendwelchen Gründen das Kommanditkapital von den ins Auge gefaßten "Sekundärzeichnern" nicht in dem vorgesehenen Volumen gezeichnet, finden sich also nicht genügend einzahlungswillige Gesellschafter, scheitert unter Umständen das gesamte Projekt schon durch die mangelnde Kapitalzeichnung. Der Treuhand-Kommanditist, im Zweifel nur mit den gesetzlich geforderten Minimalmitteln ausgestattet, kann (und will) die

---

1) Zu Einzelheiten bei der Einschaltung eines Treuhand-Kommanditisten vgl. SCHNEIDER, U. (1978), S. 242 ff. mit ausführlichen Quellennachweisen. Die Problematik eingeschränkter Kontroll- und Mitspracherechte soll hier nicht erörtert werden.

2) LOISTL (1978), S. 817, 823 f.

fehlenden Mittel nicht aufbringen. Hat sich nun aber ein Gläubiger auf die Höhe des in das Handelsregister eingetragenen Kommanditkapitals verlassen, sieht er sich plötzlich einem leistungsunfähigen (Treuhand-) Kommanditisten gegenüber, der das von ihm gezeichnete Kommanditkapital nicht aufbringen kann, zumal sich sein unbeschränkt haftendes Vermögen in aller Regel auf das gesetzlich vorgeschriebene Mindestkapital der GmbH beschränkt. Auch wenn die Rechtsprechung des BGH zunehmend die Gesellschaftsverträge einer Inhaltskontrolle gemäß den Maximen des AGBG unterwirft, ist jedoch auf Dauer eine gesetzliche Regelung nicht durch die Rechtsprechung zu ersetzen.[1)]

Hier wäre im Gläubiger- und Anlegerinteresse folgende Modifizierung vorzunehmen: Die Forderung des Nachweises der vollständigen effektiven Zeichnung gilt analog auch für den *sekundär* zeichnenden Kommanditisten der KG.[2)] Eine Kommanditeinlage darf erst bei Erfüllung dieser Bedingung in das Handelsregister eingetragen werden.

Für den dargestellten besonders gläubigergefährdenden Sachverhalt einer GmbH & Co. KG mit einem Treuhand-Kommanditisten wäre eine Übernahme (und damit Eintragung in das Handelsregister) des gesamten Kommanditkapitals nicht mehr möglich. Hier könnten dann jeweils nur die sukzessive veräußerten KG-Anteile eingetragen werden.

2.3 Die Sicherung der Mindestleistungspflichten der Gesellschafter

Ging es im vorherigen Kapitel zunächst um die Sicherung der Zeichnung nomineller Eigenkapitalbeträge, werden nun die auf diese Größe mindestens effektiv zu leistenden Einlagen einer ökonomischen Analyse unter dem Aspekt des Gläubigerschutzes unterzogen. Hier geht es also um die Analyse der gesetzlichen Regelungselemente, die die effektive Aufbringung realer Vermögenswerte sichern sollen.

Zur Realisierung dieser Zielsetzung finden sich in verschiedenen Gesetzeswerken Normen zu folgenden Regelungsbereichen:

---

1) Vgl. LOISTL (1978), S. 824.

2) Steuerrechtlich wird eine bestimmte Mindestaufbringung bereits heute fixiert: nach einem Erlaß des Bundesministers der Finanzen müssen 75% des Kommanditkapitals rechtsverbindlich gezeichnet sein, damit das Betriebsfinanzamt im Wege der Amtshilfe für die Wohnsitzfinanzämter der Gesellschafter die Höhe des voraussichtlichen Verlustes für das laufende Kalenderjahr ermittelt. Vgl. BMF-Schreiben vom 14.5.1976 (= BStBl. I, 320); vom 26.4.1978 (= BStBl. I, 194); vom 8.5.1978 (= BB 1978, S. 693). Zitiert nach: LOISTL (1978), S. 824.

- Die uneingeschränkte Leistungspflicht der Gesellschafter (§§ 705 BGB; 36, 36a, 54 Abs. 1 AktG; 19 Abs. 1 GmbHG; 15a GenG;

- das Verbot des Erlasses der Leistungspflicht der Gesellschafter (§§ 66 Abs. 1 i.V.m. 54 AktG; 19 Abs. 2 GmbHG; 22 Abs. 4 GenG; 172 Abs. 3 HGB);

- das Verbot der Unterpari-Emission (§§ 8, 9 AktG, 5 GmbHG).

Ziel dieser Vorschriften ist die Sicherung der vollständigen Aufbringung des Gründungskapitals.

2.3.1 Zur gläubigerschützenden Funktion von Mindestleistungen

Werden im Gesellschaftsvertrag oder durch Zeichnung (Übernahme) von Geschäftsanteilen zunächst nur abstrakte Zahlungsversprechen abgegeben, müssen die Anteilseigner nun konkrete Vermögenswerte einbringen. An dieser Stelle der Einlageforderung tritt bei Leistung ein realer Vermögenswert. Die Anteilseigner müssen also in der Lage sein, der Gesellschaft Geld und/oder Sachgüter zur Verfügung zu stellen.

Daraus folgt eine wesentliche, auch gläubigerschützende Funktion: Ohne die reale Aufbringung von Vermögenswerten können bestimmte Unternehmungen nicht gegründet werden.[1] Die Verweigerung der Eintragung in das Handelsregister wäre z.B. die Folge bei Kapitalgesellschaften, wenn diese nicht die mindestens einzubringenden Vermögenswerte nachweisen.

Mit der Verpflichtung zur realen Vermögensaufbringung müssen die Anteilseigner auch in der Lage sein, der Gesellschaft Geld und/oder Sachwerte zur Verfügung zu stellen. Insoweit erfüllt also ein Mindesteinbringungsbetrag weit mehr als ein Mindestnominalkapital die Funktion einer "Auslese der Habenichtse", denn ein Wirtschaftssubjekt kann zwar trotz eigener Vermögenslosigkeit ohne weiteres einen Geschäftsanteil übernehmen, bei Forderung einer konkreten Mittelzuführung ist es jedoch überfordert und muß seine Gesellschafterstellung (freiwillig oder zwangsweise) aufgeben.

1) Mit Ausnahme der BGB-Gesellschaft, bei der die Beitragszahlung nicht unbedingte Existenzbedingung ist. Vgl. SCHULZE-WENCK in BGB-Handkommentar.

Die Verpflichtung zur sofortigen Vermögenszuführung erscheint daher gegenüber der Fixierung eines Mindestnominalkapitals auch das geeignetere Mittel zur Verhinderung unsolider Gründungen zu sein.[1]

Durch die Erhebung eines "Eintrittspreises" wird so eine gewisse "Seriositätsschwelle"[2] geschaffen, die zunächst die Zahlungsfähigkeit potentieller Gesellschafter als Eintrittsvoraussetzung unterstellt und damit auch darauf abzielt, "den Gläubigern ein Mindestmaß an finanzieller Leistungsfähigkeit dokumentieren zu können".[3]

Die sofortige Einbringung von Vermögenswerten ist auch unter dem Gesichtspunkt zu fordern, daß die Gesellschaft zur Aufnahme des Geschäftsbetriebes mit einem Mindestbetrag ausgestattet sein muß.[4] Das gilt unabhängig von der Art der Leistungen (Bar- oder Sachmittel) der Gesellschafter.

Was nun die Höhe der entsprechenden Mindesteinzahlungsbeträge anbelangt, so kann davon ausgegangen werden, daß diese in vielen Fällen sicherlich nicht ausreichen, die Aufnahme des Geschäftsbetriebes zu ermöglichen.[5] Besonders bedenklich erscheint dies bei der Genossenschaft, wo als Mindesteinzahlung lediglich ein "Zehntel" auf den Geschäftsanteil zu leisten ist.[6] In Anbetracht des Zweckes einer Genossenschaft (Förderung des Erwerbs oder der Wirtschaft ihrer Mitglieder, § 1 Abs. 1 GenG) und der Art der betrieblichen Betätigung[7] erscheint die derzeitige Regelung über die Mindesteinzahlung ohne ökonomische Relevanz. Aus den vorangegangenen Überlegungen könnte deshalb in Anlehnung an AktG und GmbHG eine Erhöhung

---

1) Vgl. dazu auch KREUZER (1980a), S. 599.

2) Vgl. IMMENGA (1977), S. 957; BARZ (1970), S. 43.

3) REGIERUNGSENTWURF (1973), S. 93.

4) So auch ULMER (1970), S. 48 f.; ULMER in HACHENBURG (1975/84), § 7 Rdn. 2.

5) GESSLER (1969), S. 590, spricht davon, daß in der heutigen Zeit keine Gesellschaftsgründung denkbar erscheint, "bei der nicht wenigstens der Mindesteinzahlungsbetrag zur Verfügung stehen muß, damit die Gesellschaft überhaupt zu arbeiten anfangen kann."

6) Diese würde im theoretisch denkbaren Minimalfall bei ganzen 70 Pfennigen (!) liegen. (Mindestens sieben Gründer leisten auf ihren minimal möglichen Geschäftsanteil von DM 1,-- (!) jeweils die zulässige Einzahlung von 10 %.

7) Vgl. § 1 GenG. Es handelt sich hier aber nicht um eine erschöpfende, sondern nur um die Aufzählung besonders häufiger Unternehmensgegenstände. Einzelheiten vgl. in: MÜLLER,K. (1976/80), § 1 Rdn. 45.

der Mindesteinzahlung folgen, was nicht zuletzt auch im Hinblick auf die wirtschaftliche Bedeutung der Genossenschaften zu fordern ist.[1)]

Abgesehen von dem evtl. vereinbarten Haftsummenzuschlag der einzelnen Genossen - das ist aber keine obligatorische Pflicht, sondern wird in der Satzung nach dem Ermessen der Genossen festgelegt - entspricht die Genossenschaft in ihren grundlegenden Konstruktionsmerkmalen (soweit diese hier von Interesse sind) der AG und GmbH: An einer Gesellschaft sind mehrere Personen mit auf den Anteil (und evtl. vereinbarten Haftsummenzuschlag) begrenzter Haftung beteiligt. Den Gläubigern einer Genossenschaft haftet nur das Vermögen dieser Gesellschaft (§ 2 GenG).

Unter Gläubigerschutzaspekten ist diese Vernachlässigung der Genossenschaft nicht zu rechtfertigen. Die Festlegung einer Mindesteinzahlungssumme erscheint daher dringend geboten, denn es ist nicht begründbar, warum die Schutzbedürftigkeit der Gläubiger einer Genossenschaft nicht ebenso einzustufen ist wie die von Gläubigern einer AG oder GmbH.

2.3.2 Grundsätzliche Überlegungen zur Pflicht der vollständigen Eigenleistung auf das Nominalkapital

Unter Berücksichtigung der Überlegenheit der Mindestleistungspflicht über ein abstraktes Nominalkapital wäre es naheliegend, für alle Unternehmensrechtsformen zu fordern, daß bei der Gründung stets ein effektiv zu leistender Mindestbetrag (in Höhe des Nominalkapitals) nachzuweisen wäre.[2)] Die Leistung müßte durch Bar- und/oder Sacheinlagen erfolgen. Analog zur geltenden Regelung bei der Gründung einer Einmann-GmbH wäre auch die Stellung von Sicherheiten in begrenztem Rahmen zulässig.

In Kenntnis dieses Sachverhalts könnte deshalb die gesetzliche Kapitalaufbringungsverpflichtung der Gesellschafter allgemein wie folgt formuliert werden:

---

1) So waren 1980 in der Bundesrepublik Deutschland 7.575 Genossenschaften (nur Steuerpflichtige mit einem Jahresumsatz von mehr als DM 20.000,-- gemäß Umsatzsteuerstatistik) eingetragen. Vgl. STATISTISCHES BUNDESAMT (1983c), S. 32.

2) Vgl. dazu die Forderungen schon von BARZ (1963), S. 126, und GESSLER (1966), S. 106, die ebenfalls eine vollständige Einlagenleistung vorsehen. Im Gegensatz zu der hier vorgeschlagenen Einbeziehung von Sicherheitenleistungen sehen die genannten Ansätze diese Möglichkeit aber nicht vor.

"Das vom Gesetz oder Satzung normierte Nominalkapital ist zum Zeitpunkt der Eintragung der Gesellschaft ins Handelsregister vollständig aufzubringen oder durch eine Sicherung nachzuweisen."

Dadurch ergäbe sich für den Zusammenhang von Mindestnominalkapital und Mindesteinlagenleistung[1)] die Relation

Mindesteinlagen $\geq$ Mindestnominalkapital

Eine derartige Umgestaltung des geltenden Rechts läßt sich unter dem Aspekt des Gläubigerschutzes wie folgt begründen:

- Das von den Gesellschaftern gezeichnete Kapital ist sofort zu leisten. Die den ausstehenden Einlagen anhaftende Unsicherheit hinsichtlich ihrer Einforderbarkeit wird dadurch beseitigt. Der Gläubiger muß nicht befürchten, daß die versprochenen Beitragsleistungen der Gesellschafter ausbleiben.

- Damit könnte auch das umständliche und schwerfällige Kaduzierungsverfahren im Falle der Nichtleistung ausstehender Einlagen entfallen. Das Kaduzierungsverfahren bietet nämlich durchaus nicht die Gewähr der vollständigen Kapitalaufbringung. Die Gefahr des Ausfalls von Einlagen könnte erheblich eingeschränkt und bestehende Gesetzeswerke auf diesem Weg entschlackt werden (so die §§ 64 f. AktG, 21 - 24 GmbHG).

- Stellt sich die Leistungsunfähigkeit eines Gesellschafters während der Gründungsphase heraus, wird die Gesellschaft, soweit nicht ein Dritter leistet, erst gar nicht ins Handelsregister eingetragen, sondern bleibt als Vorgesellschaft bestehen (mit unbeschränkt haftenden Organen und Gesellschaftern).

---

1) Eine Differenzierung dieser beiden Größen ergibt sich formal letztlich nur im Hinblick auf die Höhe des zu leistenden Einlagenbetrages und dessen zeitlicher Fälligkeit. Die Mindestleistung ist sofort zu erbringen, die uno actu gebildeten ausstehenden Einlagen bis zur Höhe des Nominalwertes sind sukzessive je nach Einforderung durch die Gesellschaft zu leisten. Bei einer die Nominaleinlage übersteigenden bedungenen Einlage oder Haftungszusage ist dieser Rahmen entsprechend zu erweitern.

- Den Gesellschaftern wird eine Selbstprüfung ihrer finanziellen Potenz bereits vor Eintragung der Gesellschaft abverlangt. Das ist auch im Interesse der Gesellschaft selbst zu fordern, die auf diese Weise Klarheit über die effektiv zur Verfügung stehenden Mittel erlangt. Ein Zahlungsausfall kann für die Gesellschaft zu finanziellen Engpässen führen, im Extremfall die Existenz bedrohen. Dies gilt insbesondere für die kritische Anfangsphase ihres Bestehens. Im Vorfeld könnten bei geklärter Leistungsunfähigkeit einzelner Gesellschafter neue Teilhaber interessiert werden. Dies ist zwar prinzipiell auch nach der derzeit geltenden Regelung möglich, jedoch könnte es durchaus schwieriger sein, für ein bereits bestehendes und in Kapitalnöten steckendes Unternehmen einen Neugesellschafter zu finden als von vornherein einen finanzstarken Partner aufzunehmen.

- Bei Gesellschaften mit einem gesetzlichen Mindestkapital, die nicht der periodischen Publizität unterworfen sind, bleibt für einen außenstehenden Gläubiger nicht ersichtlich, inwieweit - im Zweifel als untere Grenze - das gesetzliche Mindestkapital überhaupt effektiv eingebracht wurde. Bei der Verpflichtung zur sofortigen vollständigen Kapitalaufbringung kann jedoch ein Gläubiger zumindest in der Gründungsphase von einem vorhandenen Mindestvermögen ausgehen.

Mit dem Ziel der Erweiterung des Gläubigerschutzes soll nun geprüft werden, inwieweit über den Kreis der bisher zur Einbringung eines Mindestbetrages verpflichteten Unternehmen hinaus, eine Ausdehnung der Pflicht zur effektiven Vermögensaufbringung im Gründungsstadium auf alle Rechtsformen treten sollte. Damit sind auch Unternehmensrechtsformen mit persönlich unbeschränkt haftenden natürlichen Personen als Gesellschafter einbezogen.

In der Tat sind die Unterschiede gläubigerschützender Regelungen bei der juristischen Person einerseits und der natürlichen Person andererseits bemerkenswert. Bei Unternehmensrechtsformen mit natürlichen unbeschränkt haftenden Gesellschaftern spielt das bei der Gründung einer solchen Gesellschaft stehende Kapital im Gegensatz zur juristischen Person überhaupt keine Rolle. Dagegen müssen die Anteilseigner von Kapitalgesellschaften ein Mindestnominalkapital zeichnen und diesen Betrag früher oder später auch real leisten.

Diese unterschiedliche Behandlung beruht jedoch auf einem entscheidenden Unterschied hinsichtlich der Haftung des Schuldners. Während die natürliche Person nach Aufhebung des Konkursverfahrens weiterhin als Schuldner erhalten bleibt und mit ihrem neuerlichen Vermögenszuwachs auch weiterhin dem Zugriff der ausgefallenen Gläubiger unterliegt, führt der Konkurs einer juristischen Person durch die Beendigung der Rechtspersönlichkeit zu einem endgültigen Ausfall für die Gläubiger.[1)]

Vom Gesetzgeber wird diese Differenzierung also mit dem unterschiedlichen Umfang der Haftung der Gesellschafter - unbeschränktes Einstehen für die Gesellschaftsschulden einerseits, auf den Geschäftsanteil beschränkte Haftung andererseits - begründet. Diese Betrachtungsweise ordnet den Wert der unbeschränkten persönlichen Haftung über den der auf den Geschäftsanteil beschränkten Haftung ein. Dieses impliziert aber, daß bei einem unbeschränkt Haftenden auch umfangreichere Vermögenswerte vorhanden sind. Es wird also seitens des Gesetzgebers davon ausgegangen, daß nur mehr oder weniger vermögende (natürliche) Personen Gesellschafter sind und für den Gläubiger im Extremfall Privatvermögenswerte zur Verfügung stehen. Eine besondere Gefahr könnte deshalb für die Gläubiger daraus erwachsen, daß sie sich wegen des vermeintlich größeren Haftungspotentials zu Kreditengagements verleiten lassen, die sie bei Kenntnis der wahren Gegebenheiten unterlassen hätten.

Im Einzelfall können Unternehmen aber von völlig vermögenslosen natürlichen Personen gegründet werden. Im Anschein der unbeschränkten Haftung des Anteilseigners könnten dann umfangreichere Verpflichtungen eingegangen werden, ohne daß der Gesetzgeber derartig unsoliden Gründungen einen Riegel vorgeschoben hätte. Kommt es in diesen Fällen zum Konkurs, stehen die Gläubiger mit leeren Händen da. Ihnen bleibt im Zweifel der Trost der 30-jährigen Haftungspflicht des Schuldners.

Auch die Gesellschaftsrechtsform mit unbeschränkt haftenden natürlichen Personen als Gesellschaftern sollten deshalb ihre finanzielle Leistungsfähigkeit nachweisen müssen, bevor sie ins Wirtschaftsleben eintreten. Könnten sie diese Beträge nicht erbringen, würde auch der Gläubiger, der im Hinblick auf die persönliche Haftung ein Engagement eingehen will, einen entsprechenden Anhaltspunkt über die wirtschaftliche Potenz sei-

---

1) Vgl. WÜRDINGER (1964), S. 153. Ausführlich zur unterschiedlichen Beurteilung der Kreditgrundlage von Kapitalgesellschaften einerseits und Personengesellschaften andererseits BGH, Urt. vom 18.03.1974 (= BGHZ 62, S. 226).

nes Geschäftspartners gewinnen. Die "Seriositätsschwelle" sollte auch hier gelten. Es ist durchaus nicht einsichtig, daß wirtschaftliche Leistungsfähigkeit (im Sinne einer Mindestzahlungsfähigkeit) nur von Unternehmen mit beschränkt haftenden Gesellschaftern nachzuweisen ist. Insoweit erscheint der konkrete Nachweis real vorhandener Vermögenswerte auch bei Unternehmensrechtsformen mit unbeschränkt haftenden (natürlichen) Personen unter Gläubigeraspekten gerechtfertigt.

Eine Durchbrechung des Grundsatzes, daß unbeschränkt haftende Gesellschafter keinen Mittelnachweis zu führen brauchen, gibt es schon in der bestehenden Rechtsordnung. Bei der Gründung eines Kreditinstitutes sind trotz ggf. vorhandener unbeschränkt haftender Gesellschafter zur Erteilung einer "Vollkonzession" Mittel in Höhe von insgesamt DM 6 Mio. nachzuweisen. Es zeigt sich hier, daß im besonders sensiblen und anfälligen Bereich der Kreditinstitute offensichtlich hinsichtlich der Mittelaufbringung im Gründungsstadium seitens des BAK keine Differenzierung nach Rechtsformen getroffen wird.[1] Übergeordnetes Kriterium für den Umfang der Mittelaufbringung ist vielmehr die Sicherheit des Geschäftsgebarens und der Schutz der Gläubiger vor Verlusten. Diese Argumentation könnte unter dem hier untersuchten Aspekt des Gläubigerschutzes auch auf andere Unternehmen übertragen werden. Die Ausdehnung einer obligatorischen Mittelaufbringung auf alle Rechtsformen wäre somit nichts anderes als die konsequente Übertragung der auch im Kreditgewerbe intendierten Gläubigerschutzfunktion eines Gründungsfonds.

Einer solchen Verpflichtung unbeschränkt haftender natürlicher Personen muß jedoch ein wesentliches Argument entgegengehalten werden. Bei Gesellschaften mit beschränkt haftenden Anteilseignern fordert der Gesetzgeber von den Gründern als Äquivalent für die fehlende persönliche Haftung die Aufbringung eines Haftungsfonds. Da auch den Fremdkapitalgebern diese Kapitalziffer bekannt ist (durch Handelsregistereintragung), müssen sie darauf vertrauen können, daß dieses Vermögen zumindest bei der Gründung einmal vorhanden ist. Bei den Personengesellschaften (mit Ausnahme der KG mit einer juristischen Person als Komplementär) fehlt aber diese Information. Es wird lediglich die Gesellschaft eingetragen, ohne daß

---

1) Von den geringeren Mittelanforderungen für Kreditgenossenschaften soll abgesehen werden. Vgl. REISCHAUER/KLEINHANS, § 33 Anm. 6.

auch ein Vermögen in irgendwelcher Höhe versprochen würde. Hieraus erwächst den potentiellen Kreditoren also eine verstärkte Informationspflicht vor Eingehen eines Kreditengagements.

Will man trotzdem an einer Nachweispflicht in Höhe eines Nominalkapitals bei Personengesellschaften festhalten, könnte selbst diese Regelung nicht greifen. Die Gesellschafter dieser Unternehmensrechtsformen sind nämlich völlig frei bei der Festlegung einer Kapitalziffer. Um hohe Einlageleistungen zu umgehen, könnte dann das Nominalkapital entsprechend niedrig angesetzt werden; das Ziel der Konstituierung eines Gründungsfonds würde nur noch minimal erreicht. Soweit aber die Gläubiger über die Höhe dieses Gründungsfonds unterrichtet würden, wäre durch diese Information deren Gefährdung ohnehin eingeschränkt.

Werden vom Gesetzgeber aufgrund fehlender persönlicher Haftung der Gesellschafter bestimmte Zeichnungspflichten konstituiert, müssen daraus aus Gründen des Vertrauens- und Verkehrsschutzes auch entsprechende Leistungspflichten folgen. Wird dagegen kein Mindestzeichnungsbetrag verlangt, bedarf es auch nicht unbedingt bestimmter Leistungspflichten. Eine Einbeziehung von Gesellschaftsrechtsformen mit natürlichen unbeschränkt haftenden Gesellschaftern in die Verpflichtung zur Einbringung bestimmter Mindestvermögensbeträge scheidet unter Berücksichtigung der vorhandenen Ausnahmeregelungen für Kreditinstitute somit aus.

2.3.3 Vorschläge zur Modifikation gesetzlicher Regelungselemente zur Sicherung der Einlagenleistung

Wie die obigen Ausführungen unterlegen, läßt sich betriebswirtschaftlich eine bestimmte normierte Eigenkapitalhöhe nicht begründen. Aus diesem Grunde bleibt nur die Möglichkeit der Festsetzung willkürlicher Kapitalbeträge, die zumindest einen minimalen Gläubigerschutz bezwecken sollen. Dabei werden für unterschiedliche Rechtsformen folgende Beträge vorgeschlagen, deren effektive Leistung oder Sicherung von den Anteilseignern mit der Anmeldung zum Handelsregister nachzuweisen sind[1)] und die bei der AG, GmbH und Genossenschaft gleichzeitig die Höhe des Mindestnominalkapitals fixieren:

---

1) Die Form des Nachweises könnte bei Barleistungen gemäß § 7 GmbHG, § 36 Abs. 2 AktG erfolgen. Zu Einzelheiten vgl. ULMER in HACHENBURG (1975/84), § 7 Rdn. 29 ff., KRAFT in Kölner Komm. zum AktG, §§ 36, 37 Anm. 28 ff.. Die vollständige Leistung von Sacheinlagen wäre gem. §§ 27, 33, 36a, 54 AktG nachzuweisen. Eine Sicherheitenleistung könnte analog zu § 232 BGB erfolgen.

HGB § 162

Absatz 1 ist um einen Satz 2 zu ergänzen:

"Die Eintragung eines Kommanditisten und des Betrages seiner Einlage darf erst erfolgen, soweit diese Einlage voll geleistet ist oder in Höhe der ausstehenden Einlage eine Sicherheit geleistet ist."

GmbHG § 5

Abs. 1 ist wie folgt zu ändern:

"Das Stammkapital der Gesellschaft muß mindestens hunderttausend Deutsche Mark, die Stammeinlage jedes Gesellschafters muß mindestens fünfhundert Deutsche Mark betragen."

GmbHG § 7

Absatz 2 wird modifiziert:

"Die Anmeldung darf erst erfolgen, wenn auf jede Stammeinlage, soweit nicht Sacheinlagen vereinbart sind, ein Viertel eingezahlt ist. In Höhe der ausstehenden Einlage ist eine Sicherheit zu leisten."

GmbHG § 19

Abs. 4 Satz 1 sollte wie folgt geändert werden:

"Vereinigen sich nach Eintragung der Gesellschaft in das Handelsregister alle Geschäftsanteile in der Hand eines Gesellschafters oder daneben in der Hand der Gesellschaft, so hat der Gesellschafter innerhalb von drei Monaten seit der Vereinigung der Geschäftsanteile alle Geldeinlagen voll einzuzahlen oder der Gesellschaft für die Zahlung der noch ausstehenden Beträge eine Sicherung zu bestellen oder einen Teil der Geschäftsanteile an einen Dritten zu übertragen."

AktG § 36a

Abs. 1 ist um einen Satz zu erweitern:

"In Höhe der ausstehenden Einlage ist eine Sicherheit zu leisten."

Abs. 2 ist wie folgt zu ändern:

"Sacheinlagen sind vollständig zu leisten. Besteht die Sacheinlage in der Verpflichtung, einen Vermögensgegenstand auf die Gesellschaft zu übertragen, so muß diese Leistung bis zur Eintragung der Gesellschaft ins Handelsregister bewirkt sein. Der Wert muß dem Nennbetrag und bei Ausgabe der Aktien für einen höheren als den Nennbetrag auch dem Mehrbetrag entsprechen."

GenG § 11 Als Abs. 2 ist neu einzufügen:

"Die Anmeldung in das Genossenschaftsregister darf erst erfolgen, wenn der Gesamtbetrag der Geldeinlagen fünfzigtausend Deutsche Mark erreicht."

Die sich aus der Sicherheitenstellung ergebenden abwicklungstechnischen Schwierigkeiten müssen im Interesse der Sicherung der realen Kapitalaufbringung hingenommen werden. Evtl. könnte hier ein standardisiertes Verfahren unter Zuhilfenahme des § 232 BGB entwickelt werden. Eine notarielle Beglaubigung ist aber in jedem Falle erforderlich. Zur Erleichterung der Praktikabilität der Stellung von Sicherheiten wird weiter die Möglichkeit eingeräumt, daß jeder einzelne Gesellschafter allein die erforderlichen Sicherungen erbringen kann. Dadurch entfällt ein evtl. umfangreiches Zusammentragen von Teilsicherungen eines jeden einzelnen Gesellschafters.

Lediglich bei der Genossenschaft würde wegen der in aller Regel schon bei der Gründung großen Anzahl von Genossen aus Praktikabilitätsgründen auf die Möglichkeit der Sicherheitenleistung verzichtet und eine vollständige Einzahlung verlangt. Dies erscheint nicht zuletzt auch aufgrund der größeren Mitgliederfluktuation dieser Rechtsform zweckmäßig.

In der KG hätten alle Kommanditisten in Höhe ihrer im Handelsregister eingetragenen Kommanditeinlage eine Einlage zu leisten oder eine entsprechende Sicherheit zu stellen. Die Sicherheitenstellung könnte hier auch vom Komplementär übernommen werden. Diese Regelung ist unabhängig davon, ob der Komplementär eine natürliche oder juristische Person ist. Auf jeden Fall soll auch der Kommanditist als beschränkt haftender Gesellschafter (analog der Regelungen im GmbHG und AktG) seine Leistungsfähigkeit nachweisen, soweit nicht der Komplementär ihm diese Pflicht durch eine von ihm getragene Sicherheitenstellung abnimmt. Mit dieser Regelung wird der durchaus denkbare (gläubigergefährdende) Fall verhindert, daß eine vermögenslose Person eine hohe Kommanditeinlage zeichnet (die mit entsprechender Außenwirkung ins Handelsregister eingetragen wird), ihm gesellschaftsintern aber keine Leistung abverlangt wird (die bedungene Einlage im Zweifel "null" beträgt). Abweichend von der gesellschaftsinternen Vereinbarung muß aber dieser Kommanditist im Konkursfalle den Gläubigern gegenüber in Höhe seiner (noch nicht erbrachten) Kommanditeinlage haften. Da er aber, wie angenommen, vermögenslos ist, gehen die Fremdkapitalgeber möglicherweise leer aus. Durch die Stellung von Sicherheiten würde ein derartiger Fall zumindest in seinen Folgen für die Gläubiger wesentlich abgemildert.

Bei der GmbH würde durch die vorgeschlagene Modifikationen die derzeit bestehende unterschiedliche Behandlung der Gründung einer Mehrpersonen- oder Einmann-GmbH beseitigt, die ohnehin unter ökonomischen Gesichtspunkten ohne größere Relevanz ist.[1] Die Ausführungen haben gezeigt, daß es unter Gläubigerschutzaspekten immer darauf ankommen muß, daß im Ergebnis die Aufbringung effektiver Vermögenswerte gesichert wird. Die vorgeschlagene Änderung des § 19 Abs. 4 Satz 1 GmbHG soll dabei dafür sorgen, daß auch bei einer nachträglich entstehenden Einmann-GmbH die Sicherheitenregelung zu beachten ist. Mit dieser Regelung wäre sowohl dem Gläubigerschutz genüge getan als auch eine bisher vorhandene gesetzgeberische Inkonsistenz beseitigt.

Der besonders niedrig erscheinende Mittelfonds bei Gründung einer Genossenschaft läßt sich mit dem wirtschaftlichen Zweck einer Genossenschaft begründen. Sie soll in erster Linie die Förderung des Erwerbs oder der Wirtschaft ihrer Mitglieder mittels gemeinschaftlichen Geschäftsbetriebes bezwecken. Da ein Großteil der Genossenschaften in mittelständischen Bereichen angesiedelt ist, sollte eine Gründung nicht durch hohe Gründungskapitalien erschwert werden. Aber auch hier ist eine gewisse wirtschaftliche Leistungsfähigkeit nachzuweisen, die eine Gefährdung der Gläubiger und auch der Genossen einschränkt.

Hinsichtlich der Kapitalanforderungen von GmbH und AG wurde von einem einheitlichen Betrag von DM 100.000,-- ausgegangen. In beiden Fällen wird den Gründern die Möglichkeit der Sicherheitenstellung bis zu maximal drei Vierteln des Mindestnominalkapitals eingeräumt.

Das Argument, die GmbH sei die typische Gesellschaftsform der mittelständischen und kleinen Unternehmen, denen der Weg zur Selbständigkeit mit einem hohen Mindestkapital erschwert werde,[2] überzeugt nicht.

---

1) Vgl. auch KREUZER (1980b), S. 723; MATSCHKE (1981a), S. 560.

2) Vgl. Bericht des Rechtsausschusses über die Beratungen zur GmbH Novelle, in: DEUTLER (1981), S. 22.

"Haftungsbeschränkung braucht das Korrelat des Haftungsfonds."[1] Dieser Forderung ist voll zuzustimmen. Wer nicht ein bestimmtes Eigenkapital selbst einsetzen will oder kann, soll das wirtschaftliche Risiko auch nicht auf Dritte, wie z.B. Gläubiger, abwälzen dürfen.

1) PRIESTER (1982), S. 1146.

3 Ökonomische Analyse gesetzlicher Regelungselemente zur Sicherung der Kapitalerhaltung

3.1 Der ausschüttbare Betrag als Ergebnis der Rechnungslegung

3.1.1 Die Relevanz der Rechnungslegung für den Gläubigerschutz

Die Rechnungslegung soll mit dem Hilfsmittel der Bilanz die Kapitalsicherungsvorschriften durch flankierende Aktivierungs-, Passivierungs- und Bewertungs- sowie Erfolgsverwendungsnormen ergänzen und damit sicherstellen, daß weder durch einen willkürlichen Umfang an bilanzierten Positionen, noch durch willkürliche Wertansätze eine unbemerkte Rückgewähr von Haftungskapital erfolgen kann.[1] Die Ermittlung eines auch im Hinblick auf die Gläubigerinteressen noch als akzeptabel anzusehenden Ausschüttungsbetrages setzt daher die normgerechte Aufstellung von Jahresabschlüssen voraus,[2] denn eine Beschränkung des maximal zulässigen ausschüttungsfähigen Betrages, wie ihn z.B. §§ 30 Abs. 1 GmbHG und 58 Abs. 5 AktG fixieren, würde de facto ohne Bedeutung sein, würde nicht gleichzeitig dafür gesorgt, daß der Ausschüttungsbetrag nicht in beliebiger Höhe von den Anteilseignern festgestellt wird. Inwieweit dies gelingen kann, hängt im wesentlichen von den kodifizierten Buchhaltungs- und Bilanzierungsvorschriften ab, deren konkrete Ausgestaltung gewisse als verbindlich festgelegte Verfahrensregeln beinhalten müssen.[3]

Damit ist der Zusammenhang zwischen der Rechnungslegung und deren Gläubigerschutzfunktion hergestellt, dessen Verknüpfungselement die (Jahresabschluß-)Bilanz bildet, wie sie sich aus den bereits angedeuteten alternativen Gestaltungsmöglichkeiten ergibt. Das Ziel der Kapitalerhaltung wird also im Bilanzrecht - speziell im Aktienrecht - doppelstufig geregelt: zunächst in der Jahresüberschuß-*Ermittlung* und zusätzlich noch in der Jahresüberschuß-*Verwendung*.[4] Abb. 29 zeigt die einzelnen Ansatzpunkte gläubigerschützender Normen in der Erfolgsrechnung:

---

1) Vgl. LEFFSON (1982), S. 50.

2) Vgl. LEFFSON (1982), S. 50.

3) Vgl. BITZ (1977), S. 46.

4) Vgl. MOXTER (1976e), S.696; EMMERICH (1976), S. 16.

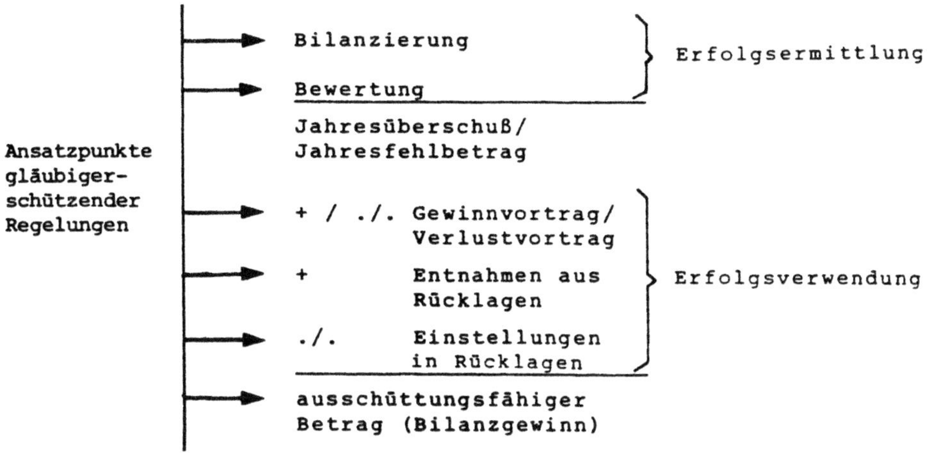

Abb. 28: Ansatzpunkte gläubigerschützender Regelungen in der Erfolgsrechnung

Dieses Schema bildet auch den äußeren Rahmen für die Gewinnermittlung im Innenverhältnis der Gesellschaft durch den Vorstand und Aufsichtsrat oder die Hauptversammlung. Nach Feststellung des ausschüttungsfähigen Bilanzgewinns erfolgt die Entscheidung über die Thesaurierung oder Ausschüttung dieses Betrages.

Darüber hinaus erfüllt die Rechnungslegung eine Informationsfunktion auch für die Gläubiger. Diese werden sich vor der Kreditvergabeentscheidung - soweit keine weiteren Unterlagen verfügbar gemacht werden können - anhand des Jahresabschlusses, der sich als zusammenfassendes Ergebnis der Rechnungslegung darstellt, über den zukünftigen Schuldner informieren. Auch während des Bestehens des Kreditengagements können die Gläubiger anhand der Rechnungslegung von der Bonitätsentwicklung des Schuldners Kenntnis erlangen. Die dabei gewonnenen Informationen sind aber für die Kreditoren nur dann sinnvolle Daten zur Fundierung ihrer Kreditentscheidung, wenn die ihnen vorgelegten Unterlagen einen hinreichend sicheren Einblick in die Vermögens- und Ertragslage des Schuldners ermöglichen. Denn gelingt einem (potentiellen) Schuldner die Vortäuschung einer positiven Gesamtsituation, könnten sich Gläubiger zu Kreditengagements verleiten lassen, die sie bei Kenntnis der realen Verhältnisse nicht eingegangen wären.

Wenn hierbei der Jahresabschluß auch nur sehr eingeschränkt die zukünftige Schuldendeckungsfähigkeit eines Schuldners widerspiegeln kann, so bietet er dem (potentiellen) Kreditor doch gewisse Anhaltspunkte über die Vermögens- und Ertragslage des Schuldners. Um mögliche gläubigerschädigende Manipulationen des Schuldners einzuschränken, bedarf es normierter, intersubjektiv nachprüfbarer Regeln für die Aufstellung des Jahresabschlusses. Hier greifen die gesetzlichen Bilanzierungs- und Bewertungsnormen, die das Vortäuschen einer zu günstigen Vermögens- und Ertragssituation verhindern sollen.

3.1.2 Die Bedeutung der Gewinngrösse für den Gläubigerschutz

Allein durch die Feststellung eines Gewinnes einer Unternehmung werden deren Gläubiger ex ante noch nicht gefährdet. Die ermittelte Größe stellt nichts anderes dar als die buchtechnische Residualgröße aus der Gegenüberstellung der Aktiva und Passiva. Dadurch wird aber zunächst real weder die Vermögenssituation der Unternehmung noch die Position der Gesellschaftsgläubiger verändert.

Die Diskussion um die Bedeutung der Erfolgsrechnung, und als deren Ergebnis der Gewinngröße wird vielmehr erst verständlich, wenn man an die Stelle des Terminus "Gewinn" den der "Ausschüttung" setzt, denn der durch den aktienrechtlichen Gewinnbegriff geprägten Vorstellung "liegt implizit die Annahme zugrunde, daß ein bilanzmäßig ausgewiesener Gewinn ausgeschüttet werde".[1]

Durch die Höhe des ermittelten Gewinns und der damit verbundenen Möglichkeit der Gesellschaft, Teile ihres Vermögens auszuschütten, werden aber auch die Interessen der Gesellschaftsgläubiger berührt. Da der Reingewinn "aus der [aktienrechtlichen] Bindung des Gesellschaftsvermögens gleichsam ausgeklammert wird",[2] verschlechtert sich die Position der Gläubiger nämlich tendenziell, je höher der ausgeschüttete Betrag ist,

---

1) ENGELS/MÜLLER (1970), S. 351. Zu beachten ist hier die Differenzierung des Bilanzgewinns im aktienrechtlichen Sinne, der nicht verwechselt werden darf mit dem sonst gebräuchlichen Gewinnbegriff als der Differenz zwischen Ertrag und Aufwand. Dieses Ergebnis entspricht dem aktienrechtlichen "Jahresüberschuß".

2) BALLERSTEDT (1949), S. 42.

je stärker also das ihnen zur Befriedigung ihrer Ansprüche zur Verfügung stehende Gesellschaftsvermögen durch (Gewinn-)Ausschüttungen zu ihren Lasten reduziert wird.

Um derartigen Maßnahmen entgegenzuwirken und die Gläubiger vor unzulässig hohen Ausschüttungen zu bewahren, müssen gesetzliche Normen zur Begrenzung der Vermögensabflüsse eingreifen. Dabei ist jedoch nicht an eine gänzliche Unterbindung von Vermögensausschüttungen gedacht; vielmehr sollen diese auf ein solches Maß beschränkt bleiben, daß die Gläubiger in ihrer Position gegenüber dem Schuldnervermögen nicht gefährdet werden. Dies wäre aber immer dann der Fall, wenn durch eine Ausschüttung die Forderung: Aktiva ≥ Passiva verletzt würde.

3.2 Die Erfolgsrechnung als Ansatzpunkt für den Gläubigerschutz

3.2.1 Grundlegende Rechtsnormen der Erfolgsrechnung

Die Höhe der in der Erfolgsrechnung ermittelten Gewinngröße ist abhängig vom Umfang der Bilanzierung und Bewertung sowie der Entscheidung über die Summe des zur Ausschüttung kommenden Betrages. Um hier gläubigerschädigende Manipulationen auszuschalten, zumindest aber in Grenzen zu halten, sind entsprechende Rechnungslegungsnormen heranzuziehen, deren Ausgestaltung gewisse als verbindlich festgelegte Verfahrensregeln beinhalten muß.[1)]

Als Ansatzpunkte der weiteren Analyse gläubigerschützender Regelungselemente wird daher im ersten Teil die *Erfolgsermittlung* bis zum Zustandekommen der Größe "Jahresüberschuß" untersucht; in einem zweiten Teil wird die den Anteilseignern (oder deren bestellten Geschäftsführern) eröffneten Modifikationsmöglichkeiten auf dem Wege von der Größe "Jahresüberschuß" hin zu dem letztendlich ausgeschütteten Betrag, also die *Erfolgsverwendung* unter Gläubigerschutzaspekten untersucht.

Die auf der folgenden Seite angegebenen Rechtsnormen stellen die wesentlichen Gesetzesvorschriften für die Erfolgsrechnung bei den unterschiedlichen Unternehmensrechtsformen dar. Auf der Grundlage der §§ 38 - 40 HGB wurden noch weitere Bestimmungen herangezogen, die als lex spe-

1) Vgl. BITZ (1977), S. 46.

cialis nur für die jeweilige Rechtsform zu beachten sind. Wegen ihrer grundsätzlichen Bedeutung für den Gläubigerschutz werden dabei in der ökonomischen Analyse die aktienrechtlichen Regelungen im Mittelpunkt der Betrachtungen stehen. Nicht in die Synopse einbezogen wurden die Vorschriften des PublG (§§ 1 - 16), der AO (§§ 160 - 163) und des EStG (§§ 4 - 7e).

	Erfolgsermittlung		Erfolgsverwendung	
	Bilanzierung	Bewertung	Ausschüttung	Rücklagen
Einzelkaufmann OHG, KG	§ 39 HGB	§ 40 HGB	§§ 120-122, 169 HGB	-
GmbH	§ 39 HGB § 41 GmbHG	§ 40 HGB § 42 GmbHG	§§ 29, 30 GmbHG	-
AG	§ 39 HGB §§ 148-152 AktG	§§ 153-156 AktG	§ 58 Abs. 5 AktG § 57 Abs. 1 AktG	§ 151 AktG
Genossenschaft	§ 39 HGB §§ 33, 33a, 33b, 33d GenG	§ 40 HGB § 33c GenG	§§ 19, 22 GenG	§ 7 GenG

Abb. 29: Regelungen zur Erfolgsermittlung und -verwendung bei verschiedenen Rechtsformen

3.2.2 Die Erfolgsermittlung als Ausgangspunkt für den Gläubigerschutz

3.2.2.1 Die Bedeutung des Bilanzansatzes für die Ausschüttungshöhe

Jeder Kaufmann hat für den Schluß eines jeden Geschäftsjahres eine Inventur über seine Vermögensgegenstände und Schulden aufzustellen (§ 39 Abs. 1 und 2 HGB). Mit der Pflicht zur Erstellung eines solchen Verzeichnisses entsteht aber unmittelbar die Frage nach dem Umfang der in die Bilanzierung einzubeziehenden Positionen, um der Forderung des Gesetzes zu entsprechen. Auch im Hinblick auf den Gläubigerschutz ist dieser Bereich von Bedeutung. Denn jede Aufnahme eines weiteren Aktivums erhöht (bei gleichbleibenden Passiven) auch die ausschüttungsfähige Gewinngröße. Entsprechendes gilt für die Nichtaufnahme bzw. das Weglassen einer bisher bilanzierten Passivposition. Im Ergebnis wirken also alle Aktivierungsgebote und Passivierungsverbote erfolgserhöhend, während Aktivierungsverbote und Passivierungsgebote tendenziell erfolgsvermindernd wirken.

Einen Beitrag zum Gläubigerschutz lassen also insbesondere alle Aktivierungsverbote und Passivierungspflichten erwarten, da sich daraus ein niedrigerer Gewinn errechnet, der bei Ausschüttung eine entsprechend geringere Vermögensminderung zur Folge hat. Daraus darf aber umgekehrt nicht geschlossen werden, daß nun besonderes Gewicht auf die Ausweitung der Aktivierungsverbote und Passivierungsgebote zu legen sei; denn dies würde zu einer übermäßigen Ausweitung ausschließlich der Gläubigerinteressen in dem auch noch anderen Zwecken dienenden Jahresabschluß führen.

Vielmehr ist die Pflicht zur Erstellung der Bilanz auch unter dem Aspekt der Schuldendeckungskontrolle zu sehen, also als Ausweis aller aktivierungsfähigen Posten, die im Zerschlagungsfall Bestandteil des Schuldendeckungspotentials sein können sowie der möglichst umfassenden Aufstellung aller diesen Aktiven gegenüberstehenden Schulden (einschließlich ungewisser Verbindlichkeiten).[1]

Im Interesse eines vollständigen Vermögensausweises und eines sicheren Einblicks in die Vermögens- und Ertragslage der Gesellschaft soll also erreicht werden, daß nicht ganz bestimmte Positionen von einem Bilanzan-

1) Vgl. MOXTER (1976d), S. 435.

satz ausgeschlossen werden. Dies gilt auch und besonders für die Einschränkung von Bilanzierungswahlrechten, denn eine möglichst "objektive" Rechnungslegung setzt voraus, "daß der Rechnungslegende nicht durch Wahlrechte selbst bestimmen kann, wie weit er sich der Rechenschaft entzieht".[1] Damit soll der Gefahr des Ausweises fiktiver Bilanzposten bzw. des Weglassens realer Verpflichtungen begegnet werden. Gleichzeitig wird dadurch einer in das Belieben des Bilanzierenden gestellten Gewinnermittlung sowie der Verbreitung eines unzutreffenden, insbesondere auch auf fiktiven Aktivposten beruhenden Informationsbildes entgegengewirkt.[2]

3.2.2.2 Zur Relevanz des Wertansatzes für die Höhe der Ausschüttung

Bei der Gegenüberstellung von Aktiva und Passiva zum Zwecke der Gewinnermittlung wurde das Zustandekommen der Wertansätze des Vermögens und der Passivpositionen zunächst nicht weiter hinterfragt. Sie wurden implizit als "irgendwie gegeben" angenommen. Die Ermittlung einer bilanziell ermittelten Gewinngröße (Ausschüttungsgröße) als "Überschuß der Aktiven über die Passivposten" ist jedoch nur möglich, wenn die gegenüberzustellenden Positionen in ihrer Größenordnung festgelegt werden. Eine Bilanzaufstellung mit dem Ziel der Gewinnermittlung verlangt also nicht nur Bestimmungen, welche Positionen in den Vergleich eingehen, denn solche Normen allein wären wegen der mangelnden materiellen Vergleichbarkeit der Aktiven und Passiven völlig sinnlos. Vielmehr erfordert eine Bilanzierung (Gewinnermittlung) operable Größen, die in einer rechenbaren (Geld-)Einheit ihrem Umfang nach exakt definiert werden können und somit eine bilanzielle Gegenüberstellung ermöglichen.

Da die Gewinnermittlung, hier zugleich verstanden als die Feststellung eines ausschüttungsfähigen Betrages, durch Gegenüberstellung von Aktiva und Passiva erfolgt, ist offensichtlich, daß der Umfang des Gewinns unmittelbar von der *Höhe* der in den Vergleich einbezogenen Aktiv- und Passivgrößen bestimmt wird. Daraus wird nun sofort die Bedeutung des Wertansatzes jeder einzelnen Aktiv- und Passivposition für die Gewinnermittlung deutlich. "Denn liegt es im Belieben der Aktiengesellschaft, die

1) KOMMISSION RECHNUNGSWESEN, S. 12.

2) Vgl. auch MOXTER (1976d), S. 431.

Höhe der 'Aktiven' und 'Passiven' in ihren Bilanzen zu bestimmen, so ist notwendigerweise auch der 'Überschuß der Aktiven über die Passiven', d.h. der ausschüttbare Betrag (Bilanzgewinn) ihrem Gutdünken überlassen".[1] Jede Anhebung eines Wertansatzes einer Aktivgröße und/oder die Reduzierung des Wertansatzes einer Passivgröße hat also eine Erhöhung des Gewinnbetrages zur Folge, et vice versa:

Vermögensgegenstände ↑ / Passivpositionen ↓ → Ausschüttungsbetrag ↑
Vermögensgegenstände ↓ / Passivpositionen ↑ → Ausschüttungsbetrag ↓

Über die Wahl des Wertansatzes hat die Gesellschaft folglich die Möglichkeit, den Betrag der Ausschüttungsgröße in erheblichem Maße zu variieren. Hier sollen die Vorschriften über die Gewinnermittlung das Ausmaß der willkürlichen Wertfestsetzungen einschränken, indem bestimmte Höchst- bzw. Niedrigstwerte vorgegeben werden.

Darüber hinaus sind für die Bestimmung der Höhe des Gesellschaftsvermögens und der -schulden in Gesetz und Rechtsprechung bestimmte Grundsätze entwickelt worden, die unter der Bezeichnung "Bewertungsprinzipien" zusammengefaßt werden können.[2] Allen gemeinsam ist die Ableitung aus dem Prinzip der vorsichtigen Bewertung von Bilanzpositionen.[3] Die Bedeutung dieser Bewertungsprinzipien für den Gläubigerschutz liegt sowohl auf der Erfolgs- als auch auf der Vermögensebene. Insbesondere das Imparitätsprinzip (sowie das darin teilweise enthaltene Realisationsprinzip) dient dem Gläubigerschutz, "denn es verhindert einerseits, daß noch nicht durch Umsatz realisierte Gewinne ausgeschüttet und der Besteuerung unterworfen werden können, und erreicht andererseits, daß bei drohenden Verlusten Gewinnausschüttungen in Höhe der durch das Niederstwertprinzip erzwungenen Aufwandsantizipation unterbleiben".[4]

Allen Bewertungsprinzipien gemeinsam ist die Bestimmung eines Wertes, mit dem eine Bilanzposition höchstens angesetzt werden darf bzw. mindestens angesetzt werden muß. Besonderes Gewicht liegt dabei auf der Fixierung der Aktiva, denn die Passivpositionen bieten für Bewertungsspielräume mit Ausnahme der Rückstellungen weniger Raum: Sie sind in den wesentlichen Posten (z.B. Nominalkapital, Rücklagen, Verbindlich-

---

1) MOXTER (1976d), S. 54.

2) Dazu zählen: Realisationsprinzip, Imparitätsprinzip, Niederstwertprinzip, Höchstwertprinzip. Vgl. zu Einzelheiten WÖHE (1984), S. 382 ff.; LEFFSON (1982), S. 225 ff.

3) Vgl. WÖHE (1984), S. 381 f.

4) WÖHE (1984), S. 384.

keiten) nominell festgelegt. Da den Aktiven eine derartige nominelle Bindung fehlt, mußte der Gesetzgeber hier im Interesse der Kapitalerhaltung zum Zweck der Ausschüttungsbegrenzung Höchstwertvorschriften erlassen.[1] STÜTZEL würde hier genügen, "mit robusten, leicht justiziablen Höchstbewertungsvorschriften übertrieben hohe Wertansätze für Aktiva zu verhindern".[2] Ergebnis dieser Normen ist eine tendenziell niedrigere Bewertung von Vermögenswerten sowie der Ausweis von Verbindlichkeiten (in der Regel) in Höhe ihres Nominalwertes.

Nur die dieser Zielrichtung dienenden gesetzlichen Regelungselemente leisten einen Beitrag zum Gläubigerschutz, denn sie tragen zu einer tendenziell niedrigeren Gewinngröße bei. Alle Wertansätze unterhalb der durch die Höchstwertvorschriften festgelegten Grenzen dienen also dem Gläubigerschutz, denn sie bewirken, daß effektiv mehr Vermögen in der Gesellschaft gebunden ist, als sich aus den ausgewiesenen Bilanzpositionen entnehmen läßt. Die dadurch geschaffenen stillen Reserven können auch "für die Gläubiger der Gesellschaft nie von Nachteil sein. Was hier also interessiert, ist allein der *höchste* Wert, zu dem die einzelnen Aktiva in das Inventar und entsprechend in die Bilanz aufgenommen werden dürfen".[3]

Diese Aussage ist bezüglich der Ausschüttungsbegrenzung sicher richtig. Problematisch wird sie jedoch im Hinblick auf das Informationsrisiko der Kreditoren, sofern stille Reserven auch "still" aufgelöst werden. Hier erweisen sich stille Reserven als Verlustverschleierungspotential, das den Gläubigern einen sicheren Einblick in die Vermögens- und Ertragslage des (potentiellen) Schuldners erschweren könnte.

Sinn der in den Höchstwertvorschriften kodifizierten Bewertungsprinzipien ist damit vor allen Dingen die Durchsetzung der Ausschüttungssperre im Interesse des Gläubigerschutzes.[4] Demgemäß kann den aktienrechtlichen

---

1) Vgl. MOXTER (1976d), S. 54.

2) STÜTZEL (1967), S. 324.

3) LUTTER (1964), S. 334; vgl. BALLERSTEDT (1949), S. 69. Hier ist jedoch zu beachten, daß bei einer AG einer Unterbewertung ebenfalls Grenzen gesetzt sind. Führt eine Unterbewertung zu einer Beeinträchtigung des Einblicks in die Vermögens- und Ertragslage der Gesellschaft, hat dies die Nichtigkeit des Jahresabschlusses zur Folge (§ 256 Abs. 5 Nr. 2 AktG).

4) So auch MOXTER (1976d), S. 54.; BALLERSTEDT (1949), S. 73. Dagegen sieht LEFFSON (1982), S. 88 ff. in der Ausschüttungsbegrenzung nur eine unter mehreren Funktionen des Jahresabschlusses, ohne ihr eine besondere Stellung einzuräumen.

bzw. de lege ferenda handelsrechtlichen Bewertungsnormen die vorrangige Aufgabe der Ausschüttungsbegrenzungsfunktion zugewiesen werden. Selbst wenn diesen Bestimmungen de jure nicht die Zielsetzung der Ausschüttungsbegrenzung zugrunde liegen würde, so bewirken sie jedoch genau dieses (ökonomische) Ergebnis. Darüber hinaus dienen sie dem Gläubiger aber zusätzlich noch zur Reduzierung seines Informationsrisikos, indem die genannten Bewertungsprinzipien und -normen einen sicheren Einblick in die Vermögens- und Ertragslage der Gesellschaft gestatten.

3.2.3 Die Erfolgsverwendung als endgültige Bestimmung des Ausschüttungsbetrages

3.2.3.1 Der ausschüttungsfähige Betrag als zentrale Grösse der Erfolgsverwendung

Gegenstand der Erfolgsverwendungsrechnung ist die Bestimmung des Betrages, der an die Anteilseigner ausgeschüttet werden darf. In der Erfolgsermittlung wurde mit Hilfe von Bilanzierungs- und Bewertungsnormen als Differenz aller Erträge und aller Aufwendungen eine Gewinngröße ermittelt, die in der Erfolgsverwendungsrechnung noch mehrmals modifiziert werden kann, bis der für die Anteilseigner bestimmte Ausschüttungsbetrag feststeht. Ausgehend vom aktienrechtlichen Schema zeigt sich folgendes Bild:

Jahresüberschuß/Jahresfehlbetrag
+ / ./. Gewinnvortrag/Verlustvortrag
+ / ./. Rücklagenentnahmen/-zuführungen
= Ausschüttungsbetrag (Gewinn)

Obwohl dabei in der Regel der Terminus "Gewinnausschüttung" verwendet wird, muß hier nochmals betont werden, daß der letztendlich ausgeschüttete Betrag mit dem ermittelten Gewinn im Sinne der Differenz von Erträgen und Aufwänden nichts zu tun haben muß. Vielmehr geht es hier um die Entscheidung, "ob ein bestimmter Anteil des Unternehmensvermögens in Form liquider Mittel an die Anteilseigner ausgeschüttet werden soll, wobei es verhältnismäßig gleichgültig ist, ob dieser Betrag mit irgendeinem bilanzmäßig ermittelten 'Gewinn' übereinstimmt, ob er größer oder kleiner ist".[1)]

1) ENGELS/MÜLLER (1970), S. 352. Vgl. auch STÜTZEL (1962), S. 251; BALLERSTEDT (1949), S. 42; LUTTER in Kölner Komm. zum AktG, § 58 Anm. 4.

Im Hinblick auf den Gläubigerschutz interessiert der Gewinn deshalb "in erster Linie als entziehbarer, das heißt: das haftende Kapital mindernder Betrag".[1] STÜTZEL schlägt deshalb auch konsequenterweise vor, statt der Bezeichnung "Bilanzgewinn" den klareren Terminus "ausschüttbarer Betrag" zu verwenden,[2] der die Zweckbestimmung dieser Größe deutlich zum Ausdruck bringt.

Dabei geht es allerdings nur um die Ermittlung der Höhe des ausschüttbaren Betrages, also um die Feststellung des Umfangs der maximal möglichen Ausschüttung im Rahmen der gesetzlich zulässigen Grenzen. Inwieweit dann de facto auch Ausschüttungen erfolgen, hängt im weiteren von den Entscheidungen der zur Verteilung dieses Betrages berechtigten Organe (in der Regel die Gesellschafterversammlung) ab.

Unter Gläubigerschutzaspekten ist nun zu fragen, inwieweit die Position der Kreditoren durch die Gewinnverwendung berührt wird. Darf die in der Erfolgsermittlung festgestellte Größe an die Anteilseigner ausgeschüttet werden, ohne daß sich die Position der Gläubiger durch eine (unzulässige) Reduzierung des Schuldnervermögens verschlechtert? Dies wird immer dann der Fall sein, wenn bei der Entscheidung zwischen Ausschüttung und Thesaurierung der Gewinngröße einer Verteilung an die Anteilseigner der Vorrang eingeräumt wird. Dabei wird eine Gläubigergefährdung tendenziell um so stärker sein, je weniger vom Jahresüberschuß thesauriert und je mehr zur Ausschüttung gelangt, also an Vermögenswerten das Unternehmen verläßt. Eine konkrete Gläubigergefährdung wird sich jedoch immer dann einstellen, wenn die geleisteten Ausschüttungen die den Gläubigern zu erhaltende Mindesthaftungsreserve angreifen. Es ist deshalb sicherzustellen, daß im Zuge der Ergebnisverwendung der Grundsatz der Kapitalerhaltung gesichert bleibt, indem jeweils nur die gesetzlich maximal zulässigen Beträge zur Ausschüttung gelangen.

Zur Ermittlung des maximal ausschüttungsfähigen Betrages können nun die gesetzlichen Bestimmungen herangezogen werden, aus denen sich konkrete Beschränkungen hinsichtlich des Umfangs der den Anteilseignern zufließenden Beträge ableiten lassen. Eine Ausschüttung darf demgemäß immer nur vorgenommen werden, soweit

---

1) SCHNEIDER, D. (1971), S. 607.

2) Vgl. STÜTZEL (1962), S. 251; STÜTZEL (1967), S. 324.

- es sich um (Bilanz-)Gewinn handelt

und/oder, je nach Unternehmensrechtsform,

- ein Reinvermögen in Höhe des Stammkapitals vorhanden ist,
- die Mindestzuführungen zu den gesetzlichen Rücklagen geleistet wurden,
- ein durch Verlust geminderter Kapitalanteil wieder aufgefüllt ist,
- der von den Anteilseignern gezeichnete Kapitalanteil voll eingezahlt ist.

Von den angeführten Bedingungen ist/sind je nach Unternehmensrechtsform eine oder mehrere zu erfüllen. Alle diese Kriterien orientieren sich an der Bilanz, die damit in den Mittelpunkt des Gläubigerinteresses rückt. Sie wird zum Ausgangspunkt bei der Feststellung gläubigergefährdender Sachverhalte sowie zum Anknüpfungspunkt gläubigerschützender Rechtsfolgen.

3.2.3.2 Die Bilanz als Instrument zur Feststellung und Begrenzung des ausschüttbaren Betrages

(1) Zur Ausschüttungssperrfunktion der Bilanz

Bei Gesellschaftsrechtsformen mit ausschließlich auf ihren Geschäftsanteil beschränkt haftenden Anteilseignern wird die Bilanz neben einem Hilfsmittel zur Vermögens- und Erfolgsfeststellung noch zusätzlich zu einem besonderen Instrument der Gläubigersicherung. Hier erweitert sich die Funktion der Bilanz um die Aufgabe der Begrenzung der Ausschüttung an die Anteilseigner. Ziel dieser Ausschüttungssperre ist die Erhaltung einer Mindesthaftungsreserve:[1] Wegen der fehlenden Möglichkeit des Zugriffs auf das private Vermögen der Anteilseigner soll zumindest in der Gesellschaft selbst eine gewisse Zugriffsmasse für die Gläubiger gebunden werden.[2] "Neben die dem Bereich der Vertrags- und Satzungsautonomie

1) Vgl. zum Begriff STÜTZEL (1964), Tz. 34.

2) Vgl. MOXTER (1976), S. 52.

zugehörige Bilanz, durch deren Feststellung sich die Gesellschafter oder Vereinsmitglieder frei darüber einigen, was sie als Gewinn ansehen und was sie unter dem Namen 'Gewinn' an sich ausschütten wollen", tritt nun noch zusätzlich "eine auf zwingenden Vorschriften beruhende Bilanz, die dem Zweck dient, im öffentlichen Interesse des Gläubigerschutzes den Betrag strikt zu limitieren, der maximal an die Aktionäre ausgeschüttet werden darf (aktienrechtlicher Jahresabschluß als Ausschüttungssperrbilanz)".[1)]

Diese "Funktion der Bilanz als Ausschüttungssperrbilanz"[2)] läßt sich eindeutig ableiten aus den Bestimmungen der gesetzlichen Normen, die die Ausschüttung insoweit begrenzen, als sie die Erhaltung eines Gesellschaftsreinvermögens mindestens in Höhe des Nominalkapitals (zuzüglich gesetzlicher Rücklagen) verlangen. Als materielle Konsequenz dieser Regelungen läßt sich somit die Ausschüttungssperrfunktion der Bilanz allgemein definieren: Eine für die Gesellschafter haftungsunschädliche Ausschüttung darf nur vorgenommen werden, soweit sich ein Überschuß der Aktiven über die Passiven (Verbindlichkeiten, Nominalkapital, gesetzliche Rücklagen) ergibt. Wird der Überschuß kleiner als das nominelle Gesellschaftskapital (zuzüglich gesetzlicher Rücklagen), "so tritt die Rechtsfolge des Ausschüttungsverbots ein."[3)] Das Nominalkapital (zuzüglich der gesetzlichen Rücklagen) wirkt dabei wie eine "Stauschleuse", die zwar die Gläubiger nicht vor Einbußen aufgrund von Verlusten der Gesellschaft bewahrt, wohl aber ein Abfließen auf dem Wege einer Ausschüttung des gebundenen Vermögens an die Gesellschafter verhindert und auch bewirkt, daß im Falle von Verlusten erst nach Wiederauffüllung des Vermögens ein verteilbarer Überschuß entstehen kann.[4)]

Wird gegen diese Normen zur Ausschüttungsbegrenzung verstoßen, hat die Bilanz über die bereits angeführten Aufgaben hinaus die Funktion eines "Instruments zur automatischen Transformation gläubigergefährdender Sachverhalte in Tatbestände gläubigerschützender Rechtsfolgen".[5)] Die Gesell-

---

1) STÜTZEL (1964), Tz. 81.

2) STÜTZEL (1966), S. 787. STÜTZEL (1967), S. 324, bezeichnet die Ausschüttungssperre als Hauptfunktion der Bilanz.

3) STÜTZEL (1964), Tz. 82; vgl. auch STÜTZEL (1966), S. 787; MALUCK (1969), S. 71; ESCHRICH (1969), S. 43 f.; WÜRDINGER (1981), S. 30 f..

4) Vgl. WÜRDINGER (1981), S. 32.

5) STÜTZEL (1967), S. 324, im Original kursiv.

schafter haben (nicht in gutem Glauben) erhaltene Ausschüttungen zur Wiederherstellung eines Reinvermögens in Höhe des Nominalkapitals (und der gesetzlichen Rücklagen) zurückzuzahlen. Anderenfalls ist das Privatvermögen der Gesellschafter in Höhe des Differenzbetrages [Reinvermögen in Höhe des Nominalkapitals (zuzüglich der gesetzlichen Rücklagen) gegenüber Reinvermögen nach Ausschüttung] dem Gläubigerzugriff ausgesetzt (§§ 31, 32 GmbHG, 62 AktG).

(2) Die Mechanik der Ausschüttungssperre

Die Wirkungsweise der rechtlichen Konstruktion der Ausschüttungssperre soll nun zur Verdeutlichung detaillierter am Beispiel der Regelungen des Aktiengesetzes erläutert werden. Zur Ermittlung der Höhe des ausschüttungsfähigen Teils des Gesellschaftsvermögens erfolgt eine Gegenüberstellung von Aktiva und Passiva. Der Überschuß der Aktivposten über die Passivposten stellt den Bilanzgewinn dar, ein Überschuß der Passivposten über die Aktivposten muß als Bilanzverlust ausgewiesen werden (§ 151 Abs. 4 Satz 3 AktG):

$$\text{Aktiva} > \text{Passiva} = \text{Bilanzgewinn}$$

$$\text{Aktiva} < \text{Passiva} = \text{Bilanzverlust}$$

Eine weitere aktienrechtliche Gewinndefinition findet sich in § 58 Abs. 5 AktG:

Bilanzgewinn = maximal ausschüttbarer Betrag

Griffiger erscheint jedoch die Darstellung in der Form:[1)]

Bilanzgewinn = Summe der Vermögensgegenstände
minus
Summe der Schulden zuzüglich Nominalkapital und gesetzlicher Rücklage, Rückstellungen, passiver Rechnungsabgrenzung und evtl. Wertberichtigungsposten.

Eine Ausschüttung an die Anteilseigner darf also erst erfolgen, nachdem alle Passivpositionen, das heißt alle Verbindlichkeiten sowie das Nominalkapital zuzüglich der gesetzlichen Rücklagen durch Vermögenswerte gedeckt und darüber hinaus noch freies Vermögen vorhanden ist.

1) Vgl. MOXTER (1976d), S. 53.

Bilanz

gebundenes Vermögen	Nominalkapital Gesetzliche Rücklage Rückstellungen Verbindlichkeiten (Rechnungsabgrenzungsposten)
ausschüttungsfähiges Vermögen	freie Rücklagen Bilanzgewinn

Die Vermögensbindung erstreckt sich dabei auf das *gesamte* Vermögen der Gesellschaft, nicht dagegen nur auf einzelne Gegenstände.[1] Diesen Zusammenhang als Vermögensgesamtheit soll auch in obiger schematisierter Bilanz die nur gestrichelte Linie zwischen "gebundenem" und ausschüttungsfähigem Vermögen widerspiegeln. Auf keinen Fall darf die Vorstellung Platz greifen, es sei eine Zuordnung (Zurechnung) vermögensbindender Passivposten zu bestimmten Vermögensgegenständen beabsichtigt.

Die bilanzielle Ausschüttungssperre greift nun immer dann ein, wenn die Relation Aktiva $\geq$ Passiva nicht mehr gegeben ist und statt dessen die Beziehung dieser Größen die Relation Aktiva $<$ Passiva annimmt.

Ergibt sich bei der Gegenüberstellung von Aktiva und Passiva ein Bilanzverlust, darf keine Ausschüttung erfolgen, soweit nicht noch höhere freie Rücklagen existieren. In diesem Fall dürfen erst dann wieder Vermögenswerte an die Anteilseigner verteilt werden, wenn zunächst die gesamte Passiva wieder durch entsprechende Vermögenswerte gedeckt und darüber hinaus noch weiteres (ausschüttungsfähiges) Vermögen vorhanden ist.

(3) Gläubigersicherung durch aus der Bilanz ableitbare Ausschüttungsbeträge

Für alle Unternehmensrechtsformen gelten mehr oder weniger konkrete Gewinnausschüttungsnormen, die sich letztendlich in ihrem materiellen Umfang nur über die Zuhilfenahme des Instruments der Bilanz konkretisieren lassen. Explizit geregelt sind diese an der Bilanz orientierten Aus-

1) Vgl. LUTTER in Kölner Komm. zum AktG, § 57 Anm. 3.

schüttungsbegrenzungen jedoch nur im Recht der Kapitalgesellschaften und der Genossenschaft. So darf ausgeschüttet werden bei der

Aktiengesellschaft:	Der Bilanzgewinn (§§ 58 Abs. 5, 152 Abs. 1 Passivseite VIII AktG)
GmbH :	Das das Stammkapital übersteigende Reinvermögen (§§ 30 Abs. 1, 42 Ziff. 5 GmbHG)
Genossenschaft :	Das die Summe der Geschäftsguthaben und den Reservefonds übersteigende Reinvermögen (§§ 19 Abs. 1, 33d Abs. 2 GenG).

Die damit konkretisierte Ausschüttungsgröße ist jeweils Ergebnis der zuvor erfolgten Bilanzierung und Bewertung. Daß die Ausschüttung auf einen ganz bestimmten Betrag begrenzt wird, resultiert aus der Haftungsbeschränkung der Gesellschafter dieser Unternehmensrechtsformen auf den Umfang ihrer Gesellschaftsanteile. Da den Gläubigern nur das Gesellschaftsvermögen haftet (§ 1 Satz 2 AktG, § 13 Abs. 2 GmbHG, § 2 GenG) hat hier der Gesetzgeber Sorge dafür getragen, daß der Umfang der den Gläubigern von den Gesellschaftern im Unternehmen bereitgestellten Vermögensmasse nicht durch Ausschüttungen an die Anteilseigner dem Zugriff der Kreditoren entzogen werden kann.

An die Anteilseigner darf also immer nur das bilanziell festgestellte Reinvermögen der Gesellschaft ausgeschüttet werden. Anderenfalls sind sie, soweit sie nicht im guten Glauben bezogen haben, zur Rückzahlung des Gewinns verpflichtet. Darüber hinaus entstehen für die Geschäftsleitung Schadensersatzpflichten gegenüber den eventuell geschädigten Gläubigern.

Wird für Unternehmensrechtsformen ohne persönlich haftende Gesellschafter der für Anteilseigner und Geschäftsleitung haftungsunschädliche Ausschüttungsbetrag durch kodifizierte Normen begrenzt, fehlt eine solche Regelung bei den Unternehmensrechtsformen mit unbeschränkt haftenden (natürlichen) Personen als Gesellschaftern. Der Wegfall der Ausschüttungsbegrenzung soll hier durch das Institut der unbeschränkt haftenden Gesellschafter ein hinreichendes Äquivalent erhalten.

Dennoch könnte auch bei diesen Rechtsformen (Einzelkaufmann, OHG, KG) die Bilanz eine Ausschüttungsbemessungsfunktion übernehmen. Sie sorgt in einer besonderen Ausschüttungssperre für den Schutz der Gesellschafter vor übermäßigen Entnahmen der anderen Gesellschafter (§ 122 HGB). Auch daraus könnten sich letztendlich Gläubigerschutzeffekte ableiten lassen.

(4) Das Konzept einer Ausschüttungssperrbilanz als Ansatz zur Modifikation bestehender Ausschüttungsregelungen

Streng an der Zielsetzung des Gläubigerschutzes ausgerichtet ist gegenüber den dargestellten Kapital- und Substanzerhaltungsverfahren das von STÜTZEL entwickelte Konzept einer Ausschüttungssperrbilanz.[1] Dieses, zunächst für den Einlegerschutz bei Kreditinstituten entwickelte Modell, läßt sich aber auch als generelles Gläubigerschutzkonzept auf alle anderen Unternehmen übertragen.[2]

Ausgangspunkt ist die Ausschüttungssperrfunktion der Bilanz: Es darf nicht mehr an die Anteilseigner ausgeschüttet werden, als sich nach Abschluß aller Bilanzierungs- und Bewertungsmaßnahmen als verteilungsfähiger Gewinn ergibt. Gerade hier setzt STÜTZEL's Konzept an: Über die Anforderungen des aktienrechtlichen Jahresabschlusses hinaus ist eine Sonderbilanz zu erstellen, in der noch weitergehende, gläubigerschützende Maßnahmen vorzunehmen sind:[3]

- Die Prinzipien vorsichtiger Bewertung müssen für den Zweck des Gläubigerschutzes so modifiziert werden, daß sie den besonderen Risiken Rechnung tragen, indem Sonderabschreibungen oder Wertberichtigungen vorgenommen werden.

- Das bisher nur sehr eingeschränkt anwendbare Instrument der Bildung von Rückstellungen ist auszuweiten.

- Nur für Banken: Bei Nichterreichen der Nettohaftungsreserve Beschränkung der freien Geschäftstätigkeit.[4]

---

1) Vgl. STÜTZEL (1964). Diese Ausschüttungssperrbilanz wird von STÜTZEL auch als Einlegerschutzbilanz bezeichnet.

2) So auch STÜTZEL (1964), Tz. 93.

3) Vgl. STÜTZEL (1964), Tz. 84 f..

4) Vgl. STÜTZEL (1964), Tz. 92.

Durch diese Maßnahmen müssen für "riskante Aktiven" in der Bilanz entsprechend niedrigere Werte eingesetzt, oder auf der Passivseite besondere Passivpositionen (Rückstellungen) hinzugefügt werden.[1] Sowohl eine vorsichtigere Bewertung, d.h. also niedrigere Werte für das Aktivvermögen und höhere Werte für die Passivpositionen, als auch die Bildung von Rückstellungen führen bei der Ermittlung des Gewinnes zu einer Reduzierung der Ergebnisgröße und damit auch zu einer Minderung des maximal ausschüttungsfähigen Betrages. Auch wenn sich STÜTZEL in seinen Ausführungen allein auf Kreditinstitute und die bei diesen banktypischen Kurs- und Ausfallrisiken bezieht, kann das System, den Schutz der Gläubiger einer "Sonderbilanz zur Transformation von Risiken in gläubigerschützende Rechtsfolgen" anzuvertrauen, über den Schutz der Bankeinleger hinaus auch auf den Schutz der Gläubiger anderer Unternehmen übertragen werden.[2]

Insgesamt kann STÜTZEL's Konzept einer Einlegerschutzbilanz hinsichtlich seiner gläubigerschützenden Wirkung positiv beurteilt werden. Es sorgt mit seinem System vorsichtiger Bewertung vor "überoptimistischen Ansätzen"[3] des Vermögens und mit der Bildung zusätzlicher Passivpositionen insgesamt für einen tendenziell umfassenderen Vermögensschutz vor Ausschüttungen als die de lege lata anzuwendenden Bilanzierungs- und Bewertungsgrundsätze. Da das System von den bereits gegebenen Handelsbilanzwerten ausgeht, handelt es sich bei STÜTZEL's Ansatz im Ergebnis um die deutliche Ausweitung des bereits bestehenden Vorsichtsprinzips.

3.2.3.3 ZUR BERÜCKSICHTIGUNG DER AUSSCHÜTTUNG VON SCHEINGEWINNEN

(1) DIE RECHTSWIRKSAME DURCHSETZBARKEIT DER ERGEBNISSE TRADITIONELLER KAPITAL- UND SUBSTANZERHALTUNGSKONZEPTIONEN

In der betriebswirtschaftlichen Literatur[4] sind die unterschiedlichsten Ansätze zur Berücksichtigung von Geld- und Sachwertänderungen entwickelt worden, deren gemeinsames Ziel eine jeweils in ihrem Ausmaß unterschied-

1) Vgl. STÜTZEL (1964), Tz. 82.

2) Vgl. STÜTZEL (1964), Tz. 93.

3) Vgl. MOXTER (1976d), S. 417.

4) Vgl. SCHMALENBACH (1919), S. 1 ff und 65 ff.; MERTENS u.a. (1977), S. 13 f.; EGGER (1981), S. 627 ff.; FUNK (1983), S. 804 ff.. Von steuerlichen Effekten einer höheren Thesaurierung soll im folgenden abgesehen werden.

liche Kapital- bzw. Substanzerhaltung des Unternehmens ist. Je nach der der Bilanzierung zugrunde gelegten Erhaltungskonzeption ergibt sich aus den gleichen Geschäftsvorfällen ein unterschiedlich hoher Jahresüberschuß (Gewinn). Folgende Abbildung[1] vermittelt dazu einen zusammenfassenden Überblick:

Kapitalerhaltungskonzeption	Gewinndefinition
(1) Nominelle Kapitalerhaltung	(1) Verkaufserlös ./. Anschaffungskosten
(2) Reale Kapitalerhaltung	(2) Verkaufserlös ./. Anschaffungskosten x Preissteigerungsrate
(3) Absolute Substanzerhaltung	(3) Verkaufserlös ./. Wiederbeschaffungskosten gleichartiger Produkte
(4) Qualifizierte Substanzerhaltung	(4) Verkaufserlös ./. Wiederbeschaffungskosten techn. verbesserter Produkte
(5) Ökonomischer Gewinn	(5) Ertragswert des Unternehmens in t_1 ./. Ertragswert des Unternehmens in t_o

Abb. 30 : Kapitalerhaltungskonzeptionen und Gewinndefinition

Der unter (5) aufgeführte "ökonomische Gewinn" wurde von den übrigen Erhaltungskonzeptionen getrennt, da er nicht auf dem Konzept der doppelten Buchführung, sondern auf investitionstheoretischen Überlegungen basiert.[2] Dabei geht es um die Erhaltung des Ertragswertes der Unternehmung: "Es soll der Gegenwartswert des ohne die Ausschüttungsentscheidung vorgeplanten Zahlungsstroms der Unternehmung, wie er sich für den Planungszeitpunkt berechnet, auch zum Planungshorizont erhalten bleiben. Auf diese Weise läßt sich die 'wirtschaftliche Leistungsfähigkeit' bzw. die 'Erhaltung der Ertragskraft' der Unternehmung präzisieren".[3] Der ökonomische Gewinn ist definiert als Rente (Annuität) auf dem Ertragswert und ist damit "nichts anderes als der geglättete, in eine Reihe gleich großer Zahlungen umgewandelte Gesamteinnahmeüberschuß der Unternehmung".[4]

---

1) Entnommen aus WÖHE (1984), S. 373.

2) Vgl. WÖHE (1984), S. 373.

3) SCHNEIDER, D. (1980), S. 212.

3) SCHNEIDER, D. (1980), S. 213. Die Bezeichnung "ökonomischer Gewinn" hält SCHNEIDER selbst für "zu allgemein, um gut zu sein". Er schlägt deshalb die Bezeichnung "klassischer kapitaltheoretischer Gewinnbegriff" vor. Vgl. zum Begriff des ökonomischen Gewinns auch KOCH (1968), S. 389 ff..

Für unsere Analyse müssen wir die Ermittlung des ausschüttungsfähigen Gewinns jedoch entsprechend der de lege lata (bzw. de lege ferenda) gültigen Rahmenbedingungen ermitteln. Daher muß für die praktische Bilanzierung die auf Erwartungsgrößen basierende investitionstheoretische Konzeption des ökonomischen Gewinns aus der weiteren Untersuchung ausscheiden.[1]

Die verbleibenden, auf dem System der doppelten Buchführung basierenden Erhaltungskonzeptionen führen wegen ihrer unterschiedlichen Vorgehensweise jeweils zum Ausweis eines verschieden hohen Gewinns. An einem Beispiel[2] sei dies erläutert:

Ein Betrieb kauft 10.000 Einheiten einer Ware ein. Zu Beginn des nächsten Jahres wird diese Ware von der Konkurrenz in verbesserter Qualität angeboten. Während des Jahres haben sich die Lebenshaltungskosten um 10 % erhöht.

Anschaffungskosten	12 DM/Stück = 120.000 DM
Wiederbeschaffungskosten am Bilanzstichtag	16 DM/Stück = 160.000 DM
Wiederbeschaffungskosten der besseren Qualität am Bilanzstichtag	17 DM/Stück = 170.000 DM
Verkaufspreis	20 DM/Stück = 200.000 DM

Kapitalerhaltungskonzeption	Gewinndefinition	Gewinnausweis
(1) Nom. Kapitalerhaltung	200' ./. 120'	80.000
(2) Reale Kapitalerhaltung	200' ./. 120' x 1,1	68.000
(3) Absolute Substanzerhaltung	200' ./. 160'	40.000
(4) Qualifizierte Substanzerhaltung	200' ./. 170'	30.000

Allen diesen Konzepten gemeinsam ist, daß die Unternehmenserhaltung durch entsprechende Modifikationen in der Erfolgsermittlung erreicht werden soll. Die Zielsetzung richtet sich also auf die Erhaltung der Unternehmenssubstanz durch die Eliminierung von Scheingewinnen und nicht primär auf den Gläubigerschutz. Dabei darf aber nicht übersehen werden, daß jegliche Erhaltung von Gesellschaftsvermögen im Interesse der Erhaltung der

1) So auch LEFFSON (1982), S. 84.

2) Entnommen aus WÖHE (1984), S. 374 f..

Leistungs- und damit der Ertragsfähigkeit der Unternehmen unmittelbar auch den Gläubigern zugute kommt.

Im Hinblick auf unsere Aufgabe, gesetzliche Normen zum Gläubigerschutz einer ökonomischen Analyse zu unterziehen, müssen aber mit Ausnahme des Konzepts der nominellen Kapitalerhaltung alle übrigen Kapital- bzw. Substanzerhaltungskonzepte aus der weiteren Untersuchung ausscheiden. Sie stellen zwar in ihren theoretischen und praktischen Grundlagen geeignete Konzepte zur Eliminierung von Scheingewinnen dar, ergeben sich aber nicht aus den Forderungen der gesetzlichen Bilanzierungs- und Bewertungsregeln, die vom Nominalwertprinzip bestimmt werden.[1)] Damit entziehen sich diese Erhaltungskonzepte aber auch gleichzeitig einer zwangsweisen Umsetzung bei der Ermittlung des Erfolges der Unternehmung und damit ebenfalls der Funktion des Vermögensschutzes auch im Interesse der Gläubiger.

(2) GLÄUBIGERGEFÄHRDUNG DURCH SCHEINGEWINN-AUSSCHÜTTUNGEN?

Durch die Ausschüttung von Scheingewinnen wird ohne anderweitige Kapitalzuführungen die Vermögenssubstanz einer Unternehmung ausgezehrt. Damit wird aber zugleich auch die den Gläubigern *real* zur Verfügung stehende Haftungsmasse sukzessive vermindert. Es ist aber nun zu hinterfragen, ob bei *ausschließlicher Betrachtung der Gläubigerposition* von einer Scheingewinnausschüttung überhaupt eine grundsätzliche Gefährdung der Kreditoren ausgeht. Die Gesellschaftsgläubiger werden nämlich durchaus nicht grundsätzlich durch die Ausschüttung von Scheingewinnen in ihrer Position gefährdet, soweit nur ein ihren Forderungen entsprechendes Nominalvermögen erhalten bleibt. Dies soll an einem Beispiel gezeigt werden:

> Eine Gesellschaft plant den Kauf von zehn Waren zu je 100 Geldeinheiten. Die Finanzierung erfolgt ausschließlich durch Fremdkapital, Eigenkapital ist nicht vorhanden.[2)] Die Ausgangsbilanz zeigt also folgendes Bild:

---

1) Auf diese Gefahr weist SIEBEN (1971), S. 64, selbst hin.

2) Diese extreme Situation wird zur Verdeutlichung und einfacheren Darstellung des Sachverhalts gewählt. Das Beispiel ändert sich jedoch auch bei einem bestimmten Eigenkapitalanteil in seinem Aussagegehalt nicht.

Bilanz			
Vermögen	1.000 =====	Verbindlichkeiten	1.000 =====

Im laufenden Umsatzprozeß werden alle 10 Wareneinheiten zu je 130 veräußert. Der entstandene Bruttogewinn von 300 Geldeinheiten wird vollständig teils zur Abgeltung des Fremdkapitalzinses und der Rest als Dividendenzahlung an die Kapitalgeber ausgeschüttet, so daß die Bilanz nach Zins- und Dividendenzahlung wieder obiges Bild zeigt. Da die Handelsgeschäfte fortgeführt werden sollen, wird von der bereits bekannten Ware wiederum für 1.000 Geldeinheiten bestellt. Wegen inzwischen aber gestiegener Wiederbeschaffungspreise können nicht mehr 10, sondern nur noch 8 Waren eingekauft werden. Unter dem Postulat einer realen Kapital- bzw. Substanzerhaltung hätten also in diesem Falle zur Unternehmenserhaltung von dem erzielten Gewinn 250 Einheiten den Rücklagen zugeführt werden müssen und nur 50 zur Ausschüttung gelangen dürfen.

Werden nun die neu eingekauften Waren wiederum veräußert und der erzielte Gewinn vollständig zur Zins- und Dividendenzahlung verwendet, können bei weiter steigenden Wiederbeschaffungspreisen im Laufe der folgenden Perioden mengenmäßig immer weniger Waren eingekauft werden. Hinter dem in der Bilanz mit 1.000 Geldeinheiten ausgewiesenen Vermögen steht also sukzessive eine immer geringer werdende Anzahl von Gütern.

Trotz dieser unter Substanzerhaltungsaspekten unzulässigen Scheingewinnausschüttung werden die Kreditoren durch die Vermögensauszehrung durchaus nicht gefährdet. Ihnen verbleibt in jeder Periode ein Vermögen in Höhe eines Nominalwertes von jeweils 1.000 Geldeinheiten. Denn "gleich groß ist ein Reinvermögen in der Schlußbilanz schon dann, wenn es nominell gleich groß ist wie in der Anfangsbilanz".[1] Dieser Betrag reicht aber immer aus, die bestehenden (Nominal-)Forderungen abzudecken.

Das Beispiel zeigt deutlich, daß unter reinen Gläubigergesichtspunkten immer nur eine nominelle, nicht aber eine mengenmäßige Vermögensrechnung von ausschlaggebender Bedeutung ist. Bei der Transformation "Ware-Geld-Ware" bleibt im Zuge des damit verbundenen Aktivbestandes die Mengenkomponente völlig unberücksichtigt. Aus Gläubigersicht bleibt damit aber immer ein nominell gleich hohes Vermögen vorhanden, das zur Befriedigung der Gesellschaftsschulden zur Verfügung steht. Von der Gefahr von Liquidationsabschlägen im Konkursfall sowie des fallenden Realwertes der Gläubigeransprüche aufgrund der Geldentwertung abgesehen, muß also durch die Ausschüttung von Scheingewinnen noch keine Gläubigergefährdung entstehen, da den konstanten Nominalforderungen ein stets gleich hohes (Nominal-)Vermögen gegenübersteht.

---

1) STÜTZEL (1967), S. 328.

3.2.3.4 Zur gläubigerschützenden Funktion einer gesetzlichen Rücklage

In einigen Unternehmensrechtsformen ist die Bildung von Rücklagen in bestimmtem Umfang zwingend vorgeschrieben (§ 150 AktG, § 7 Abs. 3 GenG). Wir wollen uns im folgenden dabei schwerpunktmäßig nur mit der obligatorischen Pflicht zur Bildung gesetzlicher Rücklagen aus dem Jahresüberschuß beschäftigen.[1] Darüber hinausgehende zwangsweise Rücklagenzuführungen, z.B. Agio aus überpari-Emissionen sowie der Begebung von Wandelschuldverschreibungen, Zuzahlungen gegen Gewährung eines Vorzugs oder Zuweisungen aus einer vereinfachten Kapitalherabsetzung (§ 232 AktG), werden nur am Rande berücksichtigt.

Ausgangspunkt der Überlegungen über die Zielsetzung der Einführung einer gesetzlichen Rücklage ist der Grundsatz der Kapitalerhaltung: Der als Korrelat der fehlenden unbeschränkten persönlichen Haftung der Gesellschafter konstituierte Garantiefonds in Höhe des Nominalkapitals soll auch bei Vorliegen eines Verlustes erhalten bleiben.[2] Da kein Unternehmen auf die Dauer von Rückschlägen verschont bleibt, sind Rücklagen erforderlich, um entstandene Verluste aufzufangen.[3] Durch die hier in den Vordergrund tretende Hauptfunktion der Rücklagen, der Sicherung des Kapitals gegen Verlustgefahren, bietet die gesetzliche Reserve den Gläubigern einen zusätzlichen Schutz vor einer Vermögensauszehrung.[4]

Für das Ziel der Kapitalerhaltung ebenso wichtig ist die von der gesetzlichen Rücklage ausgehende Vermögensbindung. Hinsichtlich dieser Funktion tritt sie neben das Nominalkapital und erweitert zugleich den gegen eine Ausschüttung an die Anteilseigner gesperrten Vermögensbetrag.

Darüber hinaus unterscheidet sich die gesetzliche Rücklage hinsichtlich ihrer Verwendungsfähigkeit ganz erheblich von den freien Rücklagen. Erstere dürfen nur zum Verlustausgleich, auf keinen Fall aber zu Ausschüttungszwecken herangezogen werden. Die gläubigerschützende Funktion dieser Ausschüttungssperre für gesetzliche Rücklagen wird besonders deutlich, wenn

---

1) Steuerliche Effekte einer höheren Thesaurierung sollen dabei nicht näher analysiert werden.

2) Vgl. FABRITIUS (1980), S. 631.

3) Vgl. BARZ in Großkomm. AktG, § 58 Anm. 2.

4) Vgl. MELLEROWICZ in Großkomm. AktG, § 150 Anm. 1; LUTTER (1964), S. 534. ADLER/DÜRING/SCHMALTZ (1968), § 151 Tz. 203, weisen den gesetzlichen Rücklagen in diesem Zusammenhang die Aufgabe eines besonderen 'Garantiefonds' zu.

man sich die mit der unbeschränkten Auflösungsmöglichkeit freier Rücklagen zur Ausschüttungszwecken verbundenen Gefahren verdeutlicht: So können freie Rücklagen auch "in Verlustjahren zur Aufrechterhaltung von Dividendenzahlungen wieder aufgelöst werden, so daß sich die durch die negative Ertragslage des Betriebes an sich schon ungünstige Situation der Gläubiger dadurch noch mehr verschlechtert".[1)]

Die gesetzliche Rücklage erfüllt also unter Gläubigerschutzaspekten eine besondere Schutzfunktion: Sie bewirkt eine zusätzliche Vermögensbindung zum Schutz der Gläubiger vor den Ausschüttungsinteressen der Gesellschafter und wirkt damit gleichzeitig als "Reservekapital" selbst wie ein weiterer "Sicherungsring"[2)] um das Nominalkapital.

Diese Wirkungen der gesetzlichen Rücklage auf den Gläubigerschutz sind grundsätzlich positiv zu beurteilen. Dennoch ergeben sich bei näherem Hinsehen einige unbefriedigende Sachverhalte:

- Von den Mindestkapitalziffern abgesehen, steht die Festlegung des Kapitals und der daraus folgenden Höhe der gesetzlichen Rücklage im Belieben der Anteilseigner;

- Gläubiger können sich, im Gegensatz zur Aufbringung des Nominalkapitals nicht darauf verlassen, daß die gesetzliche Rücklage bereits in der Mindesthöhe gebildet ist;

- durch die recht geringen gesetzlichen Mindestzuweisungen dauert es gewöhnlich sehr lange bis zur vollständigen Auffüllung dieser Rücklagenposition.[3)]

Hinsichtlich des ersten Gesichtspunktes läßt sich eine Modifikation nicht durchsetzen, ohne an dem Prinzip der Aufbringung eines lediglich in seinem Minimum bestimmten Betrages anzusetzen. Hier hatte sich aber bereits die Unmöglichkeit gezeigt, eine "angemessene" Eigenkapitalausstattung zu fixieren, die dann auch eine entsprechende "angemessene Reservefondsbildung" zur Folge haben könnte. Deshalb bietet sich als Mög-

1) WÖHE (1984), S. 647.

2) Vgl. WILHELM (1978), S. 357.

3) Vgl. auch LUTTER (1964), S. 534.

lichkeit zu einer Verschärfung der Rücklagenregelung allenfalls der Weg an, die relative Höhe der gesetzlichen Rücklage zu modifizieren.

Da gesetzliche Rücklagen erst durch die bestehende Gesellschaft gebildet werden können (mit Ausnahme des Agios), kann hier der Gläubigerschutz nur mit dem Anwachsen der Rücklagen realisiert werden. Hier zeigt sich deutlich der Charakter der gesetzlichen Rücklage als *bedingt auffüllungspflichtiger Sperrposition*. Zuführungen müssen nur geleistet werden, falls ein Jahresüberschuß bzw. die Sachverhalte des § 150 Abs. 2 Nr. 2 bis 4 AktG vorliegen. Dagegen bestehen unsererseits Bedenken bezüglich der langwierigen Bildung gesetzlicher Rücklagen bei Zuführung lediglich der minimalen gesetzlich geforderten Beträge aus dem Jahresüberschuß. Hier könnte sich unter Gläubigerschutzaspekten die Festlegung eines kürzeren Zeitrahmens, z.B. vergleichbar mit der Bildung der gesetzlichen Rücklage gemäß § 300 AktG, empfehlen.

Unbedingt beizubehalten sind die strengen Anforderungen an die Auflösung der gesetzlichen Rücklage, wie sie in § 150 Abs. 3 und 4 AktG (so auch im Bilanzrichtlinie-Gesetz § 150 Abs. 3 und 4 EAktG) gefordert werden. Diese Verwendungsbeschränkung ist unbedingt erforderlich, da der Zwang zur Rücklagenbildung ein "Schlag ins Wasser" wäre, könnte die gesetzliche Rücklage nach Belieben wieder aufgelöst werden.[1)]

3.3 Der Schutz der Gläubiger vor Einlagenrückgewähr an die Anteilseigner

3.3.1 Das Normensystem zum Schutz der Gläubiger vor Einlagenrückgewähr

Die von den Anteilseignern eingebrachten Beiträge (Einlagen) können diesen auf unterschiedliche Weise wieder gutgebracht werden. Zu diesen Transaktionen zählen:

- Die Ausschüttung von Einlagen und Gewinnanteilen;

- der unmittelbare oder mittelbare Erwerb eigener Geschäftsanteile durch die Gesellschaft.

---

1) Vgl. auch GODIN/WILHELMI (1971), § 150 Anm. 2.

In beiden Fällen werden Verschiebungen zu Lasten des Gesellschafts- und zu Gunsten des Gesellschaftervermögens vorgenommen. Werden dabei bestimmte Grenzen verletzt, muß eine weitere Aushöhlung des Schuldnervermögens im Interesse der Gläubiger an der Erhaltung einer ihnen für Haftungszwecke zur Verfügung stehenden Vermögensmasse verhindert werden. Zu diesem Zweck hat der Gesetzgeber Normen zur Einschränkung bzw. Verhinderung derartiger Vermögensverschiebungen erlassen, die in der folgenden Synopse zusammengestellt worden sind.

Bei der Durchführung von Transaktionen zu Lasten des Gesellschaftsvermögens kann es sich um jede vermögenswerte Leistung handeln, die dem Anteilseigner zufließt oder belassen wird, wie z.B. Auszahlungen, Bestellung einer Sicherheit (Hypothekenbestellung am Gesellschaftsgrundstück), Erfüllung von Verbindlichkeiten eines Gesellschafters, mittelbare Auszahlungen, Gründersonderrechte und Nebenleistungen, verdeckte Einlagenrückgewähr durch sogenannte Umsatzgeschäfte, überhöhte Lohn- und Gehaltszahlungen.

	Verbot des Erlasses der Einlage	Rückzahlungsverbot der Einlage	Verbot des Erwerbs eigener Anteile
Einzelkaufmann OHG, KG	-	§ 174 IV HGB	-
GmbH	§ 19 II GmbHG	§ 30 I GmbHG	§ 33 GmbHG
AG	§§ 66, 54 AktG	§§ 57 I 58 V AktG	§ 71 AktG
Genossenschaft	§ 22 IV GenG	§ 22 IV GenG	-

Abb. 31: Vorschriften zur Begrenzung der Einlagenrückgewähr bei verschiedenen Rechtsformen

3.3.2 Das Rückzahlungsverbot für Einlagen

3.3.2.1 Zur Abgrenzung sanktionsbehafteter von sanktionsfreien Leistungen

Leistungen der Gesellschaft an ihre Anteilseigner sind grundsätzlich zulässig. Zum Schutz der Gläubiger hat jedoch der Gesetzgeber bestimmte Vermögensbeträge der Ausschüttung entzogen und sie den Kreditoren reserviert oder aber, wenn die Zahlung an sich zulässig ist, entsprechende Haftungsverpflichtungen der Leistungsempfänger (Gesellschafter) konstituiert. Damit wird aber zugleich deutlich, welche besondere Sorgfalt der Abgrenzung einer verbotenen Einlagenrückgewähr von zulässigen Zahlungen an die Anteilseigner beigemessen werden muß, da aus einer verbotenen Einlagenrückgewähr eine Rückzahlungspflicht oder eine persönliche Haftung der Gesellschafter erwächst, während alle übrigen Leistungen an die Anteilseigner diese gläubigerschützenden Regelungen nicht auslösen.

Wenn hier von einem Rückzahlungsverbot für Einlagen gesprochen wird, dann umfaßt dieser Begriff aber nicht nur und nicht immer die Rückgewähr einmal geleisteter Einlagenbeträge. Vielmehr kann es sich auch um eine verbotene Gewinnausschüttung im Falle noch nicht vollständig eingezahlter Anteile (§ 19 GenG) handeln oder soweit und solange die Kapitalanteile durch Verlust oder Entnahme unter den vereinbarten Betrag herabgemindert sind (z.B. § 171 Abs. 4 Satz 2 HGB). Andererseits dürfen durchaus einmal geleistete Einlagen zurückgezahlt werden, solange die den Gläubigern garantierte Mindesthaftungsreserve erhalten bleibt (z.B. § 30 Abs. 1 GmbHG).

Als zusätzliche Gläubigersicherung ist darunter auch die Haftungsverpflichtung der Gesellschafter noch fünf Jahre nach ihrem Ausscheiden aus der Gesellschaft zu verstehen.[1] Sinn dieser Normen ist der Rechtsgrundsatz, daß "der Gesellschaftsgläubiger einen für seine Forderungen haftenden Schuldner nicht ohne weiteres infolge eines Umstandes verlieren [darf], auf dessen Eintritt er keinerlei Einfluß hat".[2]

---

1) Vgl. dazu ULMER (1983), S. 1865; BGH, Urt. vom 19.5.1983 (= GmbHR 1984, S. 1316);

2) FISCHER in Großkomm. HGB, § 128 Anm. 49.

Grundsätzlich muß man sich weiterhin von der Vorstellung trennen, daß eine (unzulässige) Einlagenrückgewähr immer dann vorliege, wenn über den Gewinn bzw. Jahresüberschuß[1] hinaus noch weitere Teile des Gesellschaftsvermögens an die Anteilseigner verteilt werden. Vielmehr greift bei diesen Rechtsformen entweder überhaupt kein Rückzahlungsverbot (OHG, KG) oder aber das Verbot erstreckt sich auf einen nur summenmäßig angegebenen Vermögensteil. So dürfen z.B. bei der GmbH geleistete Einlagen, die sich bei der bilanziellen Erfassung als passivische Gegenbuchung statt im Stammeinlagekonto des Gesellschafters im Rücklagekonto der Gesellschaft niedergeschlagen haben, in späteren Perioden auch ohne Erzielung eines "verteilungsfähigen" Gewinns durch Auflösung der Rücklagen wieder an die Anteilseigner ausgeschüttet werden.

Bei der KG wiederum kann die gesamte Kommanditeinlage zurückgezahlt werden, ohne daß überhaupt derartige Normen wie § 30 Abs. 1 GmbHG beachtet werden müßten. In § 172 Abs. 4 HGB wird nicht die Rückzahlung der Kommanditeinlage an sich verboten. Hier wird lediglich eine entsprechend der Rückzahlungshöhe äquivalente persönliche Haftung des Kommanditisten konstituiert. "Die Einlagenrückgewähr ist eben im Recht der KG nicht verboten, sondern nur haftungsschädlich ... Das ist anders als bei §§ 30, 31 GmbHG, wo es nicht um haftungsschädliche, sondern um verbotene Einlagenrückgewähr geht und wo deshalb die Sanktion die volle Summe des verbotswidrig ausbezahlten Betrages erfaßt."[2] Unter Gläubigerschutzaspekten sind die daraus folgenden ökonomischen Konsequenzen allerdings im Ergebnis annähernd gleichwertig, wenn auch beide Regelungen rechtssystematisch durchaus unterschiedlich konzipiert sind.

Andererseits kann auch die Verteilung von Gewinnanteilen nicht in jedem Falle sanktionslos vorgenommen werden. Dies gilt für die Fälle, bei denen im Zeitpunkt der Gewinnausschüttung die vereinbarten Geschäftsanteile noch nicht vollständig eingezahlt sind oder soweit und solange die Kapitalanteile durch Verlust oder Entnahme unter den vereinbarten Betrag herabgemindert sind (z.B. § 172 Abs. 4 Satz 2 HGB).

Grundsätzlich lassen sich Leistungen aus dem Gesellschaftsvermögen also differenzieren in

- sanktionsbehaftete Leistungen, die gläubigerschützende Rechtsfolgen auslösen und

---

1) Der hier verwendeten Gewinngröße entspricht der aktienrechtliche Jahresüberschuß.

2) SCHMIDT, K. (1977d), S. 37.

- sanktionsfreie Leistungen an die Anteilseigner.

In beiden Fällen kann es sich um Rückzahlungen von Einlagen oder Gewinnverteilung handeln. Ob es sich um sanktionsbehaftete Leistungen im Sinne der Auslösung gläubigerschützender Rechtsfolgen oder um sanktionsfreie Leistungen handelt, bemißt sich dabei je nach dem für die betrachtete Unternehmensrechtsform gültigen Kapitalerhaltungsgrundsatz.

Je nach der Unternehmensrechtsform wird der Sachverhalt der Einlagenrückgewähr durch sehr unterschiedlich lautende Regelungselemente erfaßt. Alle sollen es ermöglichen, sanktionsbehaftete von sanktionsfreien Leistungen an die Anteilseigner trennen zu können, was letztlich sowohl im Interesse der Anteilseigner (wegen eventuell entstehender Verpflichtungen) als auch im Interesse der Gläubiger (wegen eventuell entstehender Forderungen an die Gesellschafter) sein wird. Der gemeinsame Nenner aller Regelungen ist, wenn auch sehr verschieden formuliert, die Erhaltung eines bestimmten Haftungsvolumens für die Gläubiger. Eine sanktionsbehaftete Einlagenrückgewähr liegt demgemäß immer dann vor, wenn der den Gläubigern zu erhaltende Mindesthaftungsfonds durch Leistungen an die Gesellschafter reduziert wird.

3.3.2.2 Zur materiellen Gleichartigkeit der Ausschüttungsbegrenzungsnormen im AktG und GmbHG

Die Regelungen zur Kapitalerhaltung im GmbHG und AktG scheinen im Hinblick auf die Ausschüttungsbegrenzung unterschiedliche Wege zur Realisierung dieses Ziels zu gehen: Der Festschreibung eines Vermögens in Höhe des Stammkapitals (§ 30 Abs. 1 GmbHG) steht das Verbot der Rückgewähr der Einlage und der Ausschüttung eines über dem Bilanzgewinn liegenden Betrages (§§ 57 Abs. 1 Satz 1, 58 Abs. 5 AktG) gegenüber.

Diese unterschiedlichen Formulierungen haben die in der Literatur[1)] immer wieder zu findenden Auffassung einer unterschiedlichen Vermögensbindungsregelung im GmbH- und Aktienrecht geprägt. So umfasse im AktG die Ver-

1) Vgl. GOERDELER/MÜLLER in HACHENBURG (1975/84), § 30 Rdn. 4; FISCHER, R. (1981), § 30 Anm. 1; PRIESTER (1973), S. 2382 f.; LUTTER in Kölner Komm. zum AktG, § 57 Anm. 3; BARZ in Großkomm. AktG, § 57 Anm. 4. In der neueren Literatur: OBERMÜLLER (1982), S. 221 f.; MENZEL (1982), S. 205; WESTERMANN, H.P. (1982), S. 387 f.; RÜMKER (1982), S. 1395; CLAUSSEN (1983), S. 201 f..

mögensbindung nicht nur die einmal geleistete Einlage, sondern "vielmehr das gesamte Vermögen der AG".[1] Dagegen soll das GmbHG durch die Norm des § 30 Abs. 1 GmbHG nur das dem Stammkapital entsprechende Vermögen binden.[2]

Dieser angebliche Unterschied im Umfang der Vermögensbindung entspricht aber nicht dem Sinn und Inhalt des GmbHG. Denn auch hier liegt eine Deckung erst dann vor, "wenn zunächst die echten Passiva, insbesondere Verbindlichkeiten, durch Aktivvermögen gedeckt sind und darüber hinaus Aktivreinvermögen in Höhe des Betrages des satzungsmäßigen Stammkapitals vorhanden ist".[3] Die hier verlangte Vermögensbindung erstreckt sich also, ebenso wie im Aktienrecht, nicht nur auf das nominelle Gesellschaftskapital, sondern vielmehr auf das gesamte Aktivvermögen.[4] Daher ist das Argument unterschiedlicher Regelungstiefe der Gesetze hinsichtlich der *Vermögensbindung* im GmbH- und Aktienrecht nicht haltbar.

Unterschiede im Aktien- und GmbH-Recht lassen sich aber insoweit feststellen, als im AktG der quantitative Umfang der Vermögensbindung durch Einbeziehung der gesetzlichen Rücklage erweitert wird. Weiterhin wird der Zeitpunkt zur Überprüfung der Einhaltung der Vermögensbindung unterschiedlich geregelt. So gilt im AktG der Tag des Verwendungsbeschlusses, bei der GmbH das Datum der Auszahlung an die Gesellschafter. Auf weitere Unterschiede hinsichtlich der Gewinnfeststellungs- und Verteilungskompetenz zwischen Gesellschaftsorgangen und Anteilseignern soll hier nicht näher eingegangen werden.

Bei Feststellung des ausschüttungsfähigen Betrages kommt es bei der GmbH nur auf deren Vermögensstatus an. Es darf alles an die Anteilseigner ausgeschüttet werden, was nicht zur Erhaltung eines der Höhe des Stammkapitals entsprechenden Reinvermögens erforderlich ist. Bilanziell ergibt sich folgendes Bild:[5]

---

1) LUTTER in Kölner Komm. zum AktG, § 57 Anm. 3

2) So sehr irreführend die Norm des § 30 Abs. 1 GmbHG.

3) JOOST (1983), S. 286.

4) Vgl. WILHELM (1978), S. 348, 359; JOOST (1983), S. 290.

5) Zur Vereinfachung wird von der Existenz von Verbindlichkeiten abgesehen, die nur zu einer Bilanzverlängerung führen würden.

gebundenes Reinvermögen	so. Passiva
	Stammkapital
ausschüttbares Vermögen	sonstiges Eigenkapital

Bei der AG dürfen dagegen die in den Positionen "Grundkapital" und "gesetzliche Rücklage" gegenzubuchenden Einlagen nicht zurückgewährt sowie an die Aktionäre während des Bestehens der Gesellschaft nur der Bilanzgewinn verteilt werden. Die in den freien Rücklagen angesammelten Beträge können allerdings im Jahresabschluß dem Jahresüberschuß (Jahresfehlbetrag) zugeschlagen und auf diesem Wege in ausschüttungsfähigen Bilanzgewinn transformiert werden. Gesetzliche Rücklagen dagegen dürfen nur zum Verlustausgleich, nicht jedoch zu Ausschüttungszwecken transformiert werden.

Im Ergebnis darf also bei der AG nur das über die Erhaltung des Grundkapitals und der gesetzlichen Rücklagen hinausgehende Vermögen an die Aktionäre ausgeschüttet werden.[1] Bilanziell läßt sich dies folgendermaßen darstellen:

gebundenes Reinvermögen	so. Passiva
	Grundkapital gesetzliche Rücklage
ausschüttbares Vermögen	sonstiges Eigenkapital

Ein wesentlicher Unterschied zum GmbHG liegt also nur in einer umfangreicheren Vermögensbindung durch die nur im Aktienrecht vorgesehene Position "gesetzliche Rücklage", die dem GmbH-Recht unbekannt ist. Ein-

1) Für den Fall der AG formuliert dies konkret STÜTZEL (1967), S. 323. Ausschüttungen sind unzulässig, soweit das "Reinvermögen der Gesellschaft kleiner ist als der satzungsmäßig bestimmte Grundkapitalbetrag".

mal zugunsten dieser Rücklage erbrachte Leistungen (z.B. ein Einlagen-Agio) dürfen nicht zu Ausschüttungen verwendet werden. Dagegen können in der GmbH Rücklagen - unter Beachtung von § 30 Abs. 1 GmbHG - voll ausgezahlt werden, auch wenn sie z.B. ein Einlage-Agio aufgenommen haben.[1)]

Sieht man nun einmal von der zusätzlich zum GmbHG zu bildenden Position "gesetzliche Rücklagen" ab oder schlägt sie insoweit wegen ihrer de facto gleichen Funktion hinsichtlich der Vermögensbindung fiktiv dem Grundkapital als obligatorischem Bestandteil zu, ergibt sich sowohl im AktG als auch im GmbHG eine übereinstimmende Ausschüttungsregelung:

> Es darf nicht mehr an die Gesellschafter ausgezahlt werden, als zur Erhaltung eines Reinvermögens in Höhe des Nominalkapitals (zuzüglich gesetzlicher Rücklage bei der AG) erforderlich ist.

Somit enthalten die Normen des § 30 Abs. 1 GmbHG und § 57 Abs. 1 in Verbindung mit § 58 Abs. 5 AktG korrespondierende Regelungen zur Sicherung der Gläubiger,[2)] indem ein Reinvermögen in Höhe der in diesen Regelungen fixierten Beträge gegen Ausschüttungen an die Anteilseigner gesperrt wird, während "darüber vorhandenes Vermögen im Grundsatz frei verfügbar ist".[3)] Während aber das GmbHG explizit die Erhaltung eines Vermögens in Höhe des Stammkapitals fordert, verbietet das AktG "nur" die Rückgewähr der Einlage. Unter dem Gesichtspunkt des Gläubigerschutzes führen also beide Regelungen zu dem gleichen Resultat.

Darüber hinaus erfüllen die Normen des §§ 57 Abs. 1 und 58 Abs. 5 AktG außerdem eine weitere Funktion. Denn den Bestimmungen des AktG liegt als weiterer Gesichtspunkt die Kompetenzverteilungsfunktion zwischen dem Vorstand und der Hauptversammlung zugrunde.[4)] Da nur der Bilanzgewinn an die Aktionäre ausgezahlt werden darf, können über den erzielten Jahresüberschuß hinausgehende Beträge, deren Ausschüttung eine Rücklagenauflösung voraussetzen, erst ausgezahlt werden, wenn die Rücklagen vorher vom Vorstand und Aufsichtsrat aufgelöst wurden, es sei denn, die Hauptversammlung stellt ausnahmsweise den Jahresabschluß fest. Bei der

---

1) Vgl. auch WILHELM (1978), S. 350.

2) Vgl. WILHELM (1978), S. 348 ff., 359 f.; FABRITIUS (1980), S. 640.

3) FABRITIUS (1980), S. 640.

4) Vgl. BARZ in Großkomm. AktG, § 57 Anm. 4.

über das Grundkapital hinausgehenden Vermögensbindung handelt es sich um "eine Beschränkung des Verteilungsverfahrens. Gläubigerinteressen werden damit allenfalls indirekt verfolgt".[1)]

Bei der GmbH bleibt es dagegen unmittelbar den Gesellschaftern überlassen, ob sie - unter Beachtung des § 30 Abs. 1 GmbHG - außer dem Bilanzgewinn weiteres Eigenkapital (Rücklagen) von der Gesellschaft abziehen wollen oder nicht.[2)] Aus der Regelung des AktG, die vor der Ausschüttung noch eine formelle Transformation freien Vermögens in ausschüttungsfähigen Gewinn verlangt, könnte allerdings eine erhöhte Vermögensbindung folgen, falls der Vorstand sich gegen die Ausschüttungswünsche der Aktionäre sperrt. Ist dies nicht der Fall, liegen sowohl im Aktien- als auch im GmbH-Recht identische Regelungen vor.

3.3.2.3 Sicherung gegen Einlagenrückgewähr in der KG

Leistungen aus dem Gesellschaftsvermögen der KG ziehen je nach der rechtlichen Stellung des Gesellschafters unterschiedliche (gläubigerschützende) Rechtsfolgen nach sich. Der Komplementär ist bei seinen Entnahmen keinen auf gläubigerschützenden Normen beruhenden Beschränkungen unterworfen. Der Haftungsverbund zwischen Gesellschafts- und Privatvermögen erübrigt derartige Regelungen. Die Entnahmebegrenzungen des § 168 Abs. 1 in Verbindung mit § 121 Abs. 1 und 2 HGB betreffen nur das Innenverhältnis der Gesellschafter untereinander und spielen unter Gläubigerschutzaspekten keine Rolle.

Anders dagegen die Regelung für den nur mit seiner Einlage haftenden Kommanditisten.[3)] Soweit diesem die Einlage zurückbezahlt wird, gilt sie den Gläubigern gegenüber als nicht geleistet (§ 172 Abs. 4 Satz 1 HGB).

---

1) IMMENGA (1983), S. 1411.

2) Vgl. PRIESTER (1973), S. 2383. PRIESTER führt die abweichende Konstruktion der Ausschüttungsregelungen im AktG und GmbHG auf die "andersartige Gestaltung der GmbH" zurück.

3) Die Situation der nicht eingetragenen und daher unbeschränkt haftenden Kommanditisten (§ 176 HBG) soll nicht untersucht werden. Vgl. dazu ausführlich BEYERLE (1976) mit weiteren Literaturangaben. Für den Fall der GmbH & Co. KG verneinen HENNERKES/BINZ (1983), S. 234, wegen der Kenntnis des Gläubigers von der besonderen Gesellschaftsstruktur" eine entsprechende Haftung. Dem widerspricht dabei m.E. die in allen Rechtsformen durchgehend konstituierte persönliche Haftung der Gesellschafter vor Eintragung.

Außer in den Fällen der Herabsetzung der Einlage[1] oder des Ausscheidens aus der KG (mit entsprechend langen Haftungsfristen), kann der Kommanditist seine Verpflichtung gegenüber den Gläubigern der Gesellschaft nicht reduzieren oder sich ihr entziehen. Mit der vollständigen oder teilweisen Rückzahlung der Einlage an den Kommanditisten entsteht für diesen eine entsprechend hohe persönliche Haftung. Damit soll verhindert werden, daß das den Gläubigern versprochene Haftungsvolumen unzulässig reduziert wird. Wie auch im Aktien- und GmbH-Recht zielen diese Vorschriften allerdings auch nur auf den Schutz der Gläubiger vor entnahmenbedingten Vermögensminderungen; denn "daß die Gesellschaft den Vermögenswert auf andere Weise verliert, läßt die Haftung des Kommanditisten nicht wieder aufleben".[2]

Bemühungen um eine Kapitalerhaltung im Sinne der definierten Konstituierung eines den Gläubigern mindestens zur Verfügung stehenden Haftungsfonds können sich daher im Recht der KG vorbehaltlich späterer Modifikationen nur auf die fixen Haftsummen der Kommanditisten erstrecken. Es geht dabei aber nicht um die Erhaltung eines *Gesellschaftsvermögens* mindestens in Höhe der eingetragenen Haftsummen.[3] Gesichert werden soll ein den Gläubigern zur Verfügung stehendes Haftungsvolumen, das sich in Höhe der Summe aller Haftsummen der Kommanditisten aus Gesellschaftsvermögen und/oder persönlichen Haftungsverpflichtungen zusammensetzen kann. Der Grundsatz der Kapitalerhaltung muß sich also an der Höhe der Haftsumme orientieren.[4]

---

1) Eine Herabsetzung der Haftsumme brauchen Altgläubiger nicht gegen sich wirken zu lassen. Sie "kann immer nur für die Zukunft wirksam werden, für die zur Zeit der Eintragung bereits begründeten Forderungen haftet der Kommanditist nach Maßgabe der alten Haftsumme". WESTERMANN, H. (1973), Rz. I 914; SCHILLING in Großkomm. HGB, § 174 Anm. 7. Eine Erhöhung der Haftsumme gilt dagegen auch für die Altgläubiger, es sei denn, dies würde in der Kundmachung ausgeschlossen. Vgl. WESTERMANN, H. (1973), Rz. I 915.

2) WESTERMANN, H. (1973), Rz. I 917.

3) Vgl. im Gegensatz dazu FROMM (1979), S. 235, der den Kapitalerhaltungsgrundsatz im Recht der KG unzutreffend definiert als Bestandssicherung eines Gesellschaftsvermögens, "wie es aufgrund der im Gesellschaftsvertrag versprochenen Kommandit(haft-)einlage sein sollte". FROMM übersieht dabei, daß eine derartige Fixierung nicht nur die vollständige Einlagenleistung verlangt, sondern auch die später noch von uns behandelte, für den Kommanditisten typische Möglichkeit der Substitution von Einlage und persönlicher Haftung unterbindet.

4) Vgl. SCHMIDT, K. (1977d), S. 37. So auch WIEDEMANN (1975), S. 1038. Es soll den Gesellschaftsgläubigern ein "Haftungsreservoir" in Höhe der im Handelsregister eingetragenen Kommanditsumme offenstehen.

(1) Zur Äquivalenz von Einlage und persönlicher Haftung

Einlagenrückzahlungen an den Kommanditisten sind nicht grundsätzlich verboten, sie sind nur haftungsschädlich[1)] (§ 172 Abs. 4 Satz 1 HGB). Die unmittelbare Haftung tritt dann ein, wenn dem Kommanditisten ein der geleisteten Einlage entsprechender Wert aus dem Gesellschaftsvermögen zugeflossen ist.[2)]

Während die persönliche Haftung für noch nicht erbrachte Einlagen auch für Anteilseigner aller anderen Gesellschaftsrechtsformen gilt, ist eine Rückzahlung (mit gleichzeitigem Aufleben der persönlichen Haftung) nur für den Kommanditisten möglich.

Daraus folgt aber auch, daß der Kommanditist die Gläubiger in Höhe der von ihm übernommenen Haftsumme alternativ durch Leistung der Einlage oder seine persönliche Haftung "sicherstellen" kann. Die Gläubigersicherung des § 172 Abs. 1 HGB wird ausschließlich nach Maßgabe der Haftsumme besorgt. Dem Gesetz ist es dabei gleichgültig, "ob durch die Kommanditistenhaftung für diese Sicherung gesorgt ist. Es zwingt den Kommanditisten überhaupt nur zur Übernahme einer Haftung; ob auch eine Einlage übernommen wird, überläßt es dem Belieben der Gesellschafter".[3)]

Dies bedeutet, daß der Gesetzgeber Einlage und Haftung als alternativ äquivalente Mittel der Gläubigersicherung ansieht.[4)] Dieses Prinzip ist jedoch nur im Recht der KG mit der beschriebenen Konvertibilität von Einlage und Haftung konsequent realisiert worden. In den Rechtsformen der GmbH und AG gilt dieser Grundsatz nur beschränkt bei der Kapitalaufbringung. Bereits geleistete Einlagen dürfen hier aber nicht gegen Konstituierung einer persönlichen Haftung der Anteilseigner zurückgezahlt werden.[5)]

---

1) Der Terminus "haftungsschädlich" ist auf den ersten Blick sehr irreführend, impliziert er doch eine Eingrenzung des Haftungstatbestandes. Gemeint ist aber die Entstehung einer Haftung, so daß eher der Terminus "haftungskonstituierend" angebracht wäre. Zur Vermeidung von Unklarheiten mit der juristischen Literatur soll aber weiterhin der erste Term verwendet werden.

2) Vgl. SCHILLING in Großkomm. HGB, § 172 Anm. 33.

3) SCHMIDT, K. (1977d), S. 29.

4) Vgl. SCHMIDT, K. (1977d), S. 29 f.

5) Natürlich lebt auch bei einer unzulässigen Einlagenrückgewähr die persönliche Haftung des GmbH-Gesellschafters oder des Aktionärs wieder auf. Im Unterschied zur KG ist jedoch sowohl bei der GmbH als auch der AG die Einlagenrückgewähr an sich verboten.

(2) Die Bedeutung des § 172 Abs. 4 Satz 2 HGB

Haftungsschädlich ist die Ausschüttung von Gewinnen auch dann, wenn der Kapitalanteil des Kommanditisten durch Verlust oder (frühere) Entnahme unter den Betrag der Einlage herabgemindert ist (§ 172 Abs. 4 Satz 2 HGB).[1)]

Diese Regelung "soll den Gesellschaftsgläubigern den Zugriff auf das Gesellschaftsvermögen und die darin stehende, bereits geleistete Einlage sichern und die Gläubiger trotz Zahlung des Gewinns so stellen, wie wenn der Gewinnanteil des Kommanditisten zur Wiederauffüllung seiner durch Verlust verminderten Einlage verwendet worden wäre".[2)] Es wäre unbillig, könnte der Kommanditist entstandene Verluste abwälzen, spätere Gewinne aber ohne Ausgleichsverpflichtung entnehmen. Die den Gläubigern zur Verfügung stehende Haftungsmasse aus Gesellschaftsvermögen oder persönlicher Haftung wäre nicht mehr gesichert. § 172 Abs. 4 Satz 2 HGB greift jedoch nicht ein, "wenn Gewinnauszahlungen auf einen unter dem Betrag der Einlage liegenden Kapitalanteil erfolgen, der niemals höher war als bei der Auszahlung, eine Wiederauffüllung also nicht in Frage steht".[3)] Hier greift die persönliche Haftung für noch nicht erbrachte Einlagen (§ 171 Abs. 1 HGB).

Die Norm des § 172 Abs. 4 Satz 2 HGB kann deshalb auch interpretiert werden als "Bindung der künftigen Gewinnanteile zum Ausgleich des Versagens der Kapitalerhaltungsfunktion der 'Einlage' gegenüber Verlusten, die die KG erleidet".[4)] Über eine solche Regelung könnte der Gesellschafter auf der einen Seite Ausschüttungen entgegennehmen, ohne daß auf der anderen Seite dem Gläubiger eine Haftungsmasse in Höhe der Haftsumme zur Verfügung steht. Der Kommanditist darf nicht mit Hinweis auf seine bereits vollständig geleistete Einlage den Verlust von sich weisen und ohne Berücksichtigung desselben Gewinne erhalten, die das Gesellschaftsvermögen, und damit das Haftungsvolumen der Gläubiger, reduzieren.

---

1) Ob die Zahlung haftungsschädlich ist, bestimmt sich für die *Gläubiger* nach der eingetragenen Haftsumme. Da die Pflichteinlage größer sein kann als die Haftsumme, kann eine Gewinnentnahme im Innenverhältnis unzulässig sein (§ 169 Abs. 1 Satz 2 HGB) während sie im Außenverhältnis gegenüber den Gläubigern zulässig ist. Ebenso kann die Entnahme im Innenverhältnis zulässig, im Außenverhältnis dagegen unzulässig sein. Vgl. SCHILLING in Großkomm. HGB, § 172 Anm. 36.

2) SCHILLING in Großkomm. HGB, § 172 Anm. 36.

3) UHLENBRUCK (1982c), S. 537.

4) HEYMANN/KÖTTER (1971), § 172 Anm. 4 (S. 670); zitiert nach SCHMIDT, K. (1977d), S. 93.

Wird bei Vorliegen realer Verluste der Zweck der Norm des § 172 Abs. 4 Satz 2 HGB unmittelbar deutlich, so könnte dies aber durchaus problematisch werden bei der Frage, "ob bei Minderungen des Kapitalanteils durch Scheinverluste unter die Haftsumme Gewinnauszahlungen die Haftung des Kommanditisten wieder aufleben lassen".[1)]

Bedeutung erlangt dieses Problem bei den sogenannten Abschreibungsgesellschaften, bei denen aufgrund steuerlicher Vorschriften umfangreiche Verlustzuweisungen an die Kommanditisten erfolgen, ohne daß die mit den Einlagen erworbenen oder errichteten Vermögensobjekte überhaupt reale Einbußen haben hinnehmen müssen. Einer Entnahme steht zwar § 169 HGB, der durch Gesellschaftsvertrag beseitigt werden kann, nicht entgegen, wohl aber die zwingende Gläubigerschutzvorschrift des § 172 Abs. 4 Satz 2 HGB. Unter der Voraussetzung, daß es sich wirklich nur um Buchverluste handelt, widerspricht nach Auffassung von WESTERMANN "die Ausschüttung den Gläubigerinteressen nicht, da die Vermögenssubstanz vom Kommanditisten geleistet und im Augenblick der Ausschüttung des Gewinns im Gesellschaftsvermögen enthalten war".[2)] Nach seiner Auffassung wäre das Wiederaufleben der Haftung eine unbillige Härte für den Kommanditisten.

Zur Beseitigung des Wiederauflebens der Haftung gemäß § 172 Abs. 4 Satz 2 HGB schlägt WESTERMANN deshalb vor, daß der Kommanditist im Streitfall die Beweislast für das Vorhandensein der Vermögenssubstanz im Augenblick der Gewinnausschüttung zu führen hat.[3)]

Ein solches Vorgehen brächte jedoch erhebliche Schwierigkeiten und Gläubigerrisiken mit sich. Schwerpunkte sind dabei der Nachweis, daß es sich wirklich nur um *Buch*verluste handelt, zum zweiten der Nachweis über das Vorhandensein der realen Vermögenssubstanz. Hier entsteht auch sofort das Problem, welches Bewertungskonzept als das maßgebliche bei der Fest-

---

1) WESTERMANN, H. (1973), Rz. I 927. Handelsrechtlich handelt es sich bei Buchverlusten um eine negative Differenz zwischen dem fortgeschriebenen Buchwert und dem Veräußerungserlös aus dem Abgang von Anlagegegenständen (vgl. IDW (1981), S. 666 f.). Die hier behandelten Scheinverluste dagegen stellen die rein buchtechnische Differenz zwischen dem tatsächlich vorhandenen effektiven Vermögen und einem darunter liegenden Buchwert dar, wie er sich insbesondere aufgrund steuerrechtlicher Sonderabschreibungsmöglichkeiten ergeben kann.

2) WESTERMANN, H. (1973), Rz. I 927, so auch UHLENBRUCK (1974), S. 212 f., jedoch mit Hinweis auf erhebliche Anlegerrisiken; SCHMIDT, K. (1976b), S. 337.

3) Vgl. WESTERMANN, H. (1973), Rz. I 927; PRIESTER (1976), S. 1008 f..

stellung der Höhe des Vermögens herangezogen werden soll. Insgesamt sind Manipulationen denkbar, die letztlich auch zu Lasten der Gläubiger gehen könnten.[1] Daher ist der Vorschlag WESTERMANN's unter konsequent auf den Gläubigerschutz ausgerichteten Gesichtspunkten abzulehnen und die Norm des § 172 Abs. 4 Satz 2 auch für den Fall der Minderung des Kapitalanteils durch Buchverluste beizubehalten.[2]

(3) Der Haftungsumfang des Kommanditisten bei einer die Haftsumme übersteigenden Pflichteinlage

Im Gesellschaftsvertrag können die Gesellschafter übereinkommen, daß die von den Kommanditisten im Innenverhältnis zu leistenden Pflichteinlagen von der ins Handelsregister eingetragenen Hafteinlagensumme abweicht. Falls nun die Pflichteinlage die Hafteinlage übersteigt, könnte sich die Frage ergeben, ob sich der Kapitalerhaltungsgrundsatz des § 172 Abs. 1 Satz 1 und 2 HGB auch auf den die Hafteinlage übersteigenden Teil der Pflichteinlage erstreckt.

Ausgangspunkt ist die Norm des § 171 Abs. 1 Halbsatz 1 HGB: "Der Kommanditist haftet den Gläubigern der Gesellschaft bis zur Höhe seiner Einlage unmittelbar". Dadurch wird die unmittelbare Haftung des Kommanditisten den Gläubigern gegenüber auf die *Haft*einlage beschränkt, auch wenn die im Gesellschaftsvertrag festgesetzte Pflichteinlage höher ist.[3] Deshalb liegt nach herrschender Meinung eine unzulässige Rückzahlung der Einlage dann nicht vor, wenn der die Hafteinlage übersteigende Teil der Pflichteinlage zurückgezahlt wird oder Gewinne entnommen werden, solange der Kapitalanteil durch Verlust oder Entnahme unter den Betrag der *Pflicht*einlage, nicht aber unter den Betrag der Hafteinlage herabgemindert ist.[4]

Abweichend von der herrschenden Meinung fordert dagegen SCHMIDT als "rechtspolitisch wirksameres" Kapitalerhaltungsgebot die Ausdehnung der unmittelbaren Kommanditistenhaftung auf die Pflichteinlage, soweit diese die Hafteinlage übersteigt.[5] Er interpretiert § 172 Abs. 4 HGB nicht

---

1) Daran ändern auch die dem Kommanditisten in § 166 HGB eingeräumten Informationsrechte nichts. Die materielle Richtigkeit der ihm vorgelegten Unterlagen kann er in der Regel nicht prüfen. Vgl. auch SCHILLING in Großkomm. HGB § 166 Anm. 1 bis 16.

2) Vgl. auch SCHMIDT, K. (1977d), S. 95, der ebenfalls Beweisschwierigkeiten sieht.

3) Vgl. WESTERMANN, H. (1973), Rz. I 913.

4) Vgl. SCHILLING in Großkomm. HGB, § 172 Anm. 30 und 33; WESTERMANN, H. (1973), Rz. I 913; BAUMBACH/DUDEN/HOPT (1983), § 172 An. 1/A.

5) Vgl. SCHMIDT, K. (1977d), S. 94 ff., 78.

im Sinne der Erhaltung lediglich der Haftsumme, sondern fordert - dem Gesetzestext entsprechend - den Erhalt der "geleisteten Einlage", also des vorhandenen Kapitals.[1] Soweit die höhere Pflichteinlage noch nicht geleistet wurde, haftet der Kommanditist wegen noch ausstehender Einlagen. Diese strengere Auslegung des Kapitalerhaltungsgrundsatzes verlangt denn auch für den Fall des § 172 Abs. 4 Satz 2 HGB: "Wer eine über die Haftsumme hinausgehende Einlage geleistet hat, dürfte dann keine Gewinne beziehen, solange der Betrag dieser Einlage nicht mehr erhalten ist".[2]

Diese Forderung SCHMIDT's wird von der herrschenden Meinung nicht geteilt.[3] Sie ist aber die konsequente Weiterentwicklung des auch für die Haftsumme entwickelten Kapitalerhaltungsgrundsatzes. Denn die Gläubiger haben, wenn auch nur indirekt über die Gesellschaft, ebenfalls eine Zugriffsmöglichkeit auch auf den die Hafteinlage übersteigenden Teil der Pflichteinlage.[4] Um nun die Gläubigerposition nicht zu gefährden, muß die Kapitalerhaltungspflicht auch auf die höhere Pflichteinlage ausgedehnt werden, denn den Gläubigern steht das Einlageversprechen eines Gesellschafters in *vollem* Umfang zu. Im Falle des § 172 Abs. 4 Satz 1 HGB führt dies zu einem Aufleben der persönlichen Haftung für den zurückgewährten Teil der Pflichteinlage auch dann, wenn die Hafteinlage durch die Rückzahlung noch nicht berührt wurde.

Zu prüfen ist nun die Forderung SCHMIDT's auf Anwendung des § 172 Abs. 4 Satz 2 HGB auf den die Hafteinlage übersteigenden Teil der Pflichteinlage. Wären bei vorangegangenen Verlusten und darauffolgenden Gewinnen, Auszahlungen bei Kapitalanteilshöhen unterhalb der Haftsumme wegen § 172 Abs. 4 Satz 2 HGB haftungsschädlich, wäre eine haftungsunschädliche Nichtauffüllung der den Gläubigern, wenn auch nur indirekt zustehenden höheren

---

1) Vgl. SCHMIDT, K. (1977d), S. 96. SCHMIDT entwickelt in seinen Ausführungen einen über die *Kapital*erhaltung (in Höhe der Haftsumme) hinausgehenden Grundsatz der *Einlagen*erhaltung, der den die Hafteinlage übersteigenden Teil der Pflichteinlage in die Erhaltungskonzeption mit einbezieht. Vgl. SCHMIDT, K. (1977d), S. 25 f., 87; SCHMIDT, K. (1976b), S. 330 ff..

2) SCHMIDT, K. (1977d), S. 96.

3) Vgl. SCHILLING in Großkomm. HGB, § 172 Anm. 30 und 32; WESTERMANN, H. (1973), Rz. I 913; mit sehr unklarer Argumentation auch FROMM (1979), S. 236 ff..

4) Die Gläubiger haben auf die höhere Pflichteinlage zwar keinen Anspruch aufgrund der Haftpflicht des Kommanditisten (diese wird durch § 171 Ans. 1 HGB begrenzt), sie können aber im Vollstreckungsverfahren gegen die Gesellschaft den die Hafteinlage übersteigenden Teil der Pflichteinlage pfänden und sich überweisen lassen. Vgl. SCHILLING in Großkomm. HGB, § 171 Anm. 18, 6, 4.

Pflichteinlage äußerst inkonsequent. Auch im Falle einer die Hafteinlage übersteigenden Pflichteinlage darf sich der Kommanditist nicht mit Hinweis auf die bereits erbrachte Einlage von der Wiederauffüllung seiner durch Verluste geschmälerten Pflichteinlage befreien. Denn dies würde im Ergebnis zu einer Abwälzung der Verluste auf die Gläubiger führen, während der Kommanditist nun wieder vorhandene Gewinne ohne Verlustausgleichspflicht beziehen dürfte. Das aber liegt nicht im Interesse einer effektiven Gläubigersicherung. Der Forderung SCHMIDT's kann somit unter diesem Aspekt nur zugestimmt werden.

Als Konsequenz unserer Ausführungen kann daher die Empfehlung ausgesprochen werden, den im § 172 Abs. 4 verwendeten Einlagenbegriff so anzuwenden, daß im Vergleich von Haft- und Pflichteinlage die Anwendung dieser Norm immer nach Maßgabe des höheren Wertes dieser beiden Größen erfolgt.

(4) Haftungserweiterung des Kommanditisten bei negativem Kapitalkonto

Die Frage nach dem Haftungsumfang des Kommanditisten stellt sich auch für den Fall, daß das ihm zurechenbare Kapitalkonto einen negativen Wert annimmt. Dies kann entstehen durch

- Entnahmen des Gesellschafters und/oder

- Verluste, die er, soweit dies der Gesellschaftsvertrag vorsieht, anteilig zu tragen hat.

Es entsteht hier die Frage, ob der Kommanditist neben der Leistung auf die Einlage auch einen Ausgleich des negativen Kapitalkontos (und der dadurch bewirkten Vermögensminderung gegenüber den Gläubigern) gemäß § 172 Abs. 4 HGB herbeiführen muß.

Dazu hat der BGH in einer Grundsatzentscheidung befunden: "Der Kommanditist haftet den Gesellschaftsgläubigern nach §§ 172 Abs. 4, 171 Abs. 1 HGB auch dann nur bis zur Höhe der Haftsumme, wenn ihm aus dem Gesellschaftsvermögen ein höherer Betrag ausgezahlt worden ist ...".[1]

---

1) BGH, Urt. vom 29.03.1973 (= BGHZ 60, S. 324).

Auch wenn sich der Kommanditist nur verpflichtet hat, lediglich bis zur Höhe seiner Einlage vermögensmäßig zu haften, ist die Frage berechtigt, ob nicht die Gläubiger vor der "Plünderung des KG-Vermögens"[1] geschützt werden müßten. Denn bei konsequenter Anwendung einer strikten Haftungsbegrenzung des Kommanditisten auf die Höhe seiner Einlage, wären einer sanktionslosen Vermögensverschiebung zugunsten der Kommanditisten (eventuell noch unter Mitwirkung des Komplementärs) und zu Lasten der Gläubiger alle Wege geebnet: Die Kommanditisten erhalten Leistungen aus dem KG-Vermögen über ihre Einlage hinaus, für das entstehende negative Kapitalkonto müßten sie im Konkursfall nicht einstehen, ein dann nahezu vermögensloser Komplementär - eventuell auch in Person einer mit dem Mindestvermögen ausgestatteten GmbH - könnte die Gläubiger nicht befriedigen.

Soll eine derartige Gläubigergefährdung durch *Entnahmen* der Kommanditisten verhindert werden, bieten sich als Lösung dieses Problems folgende Alternativen an:

- Der Kommanditist übernimmt bei Entstehen eines negativen Kapitalkontos durch Entnahme eine entsprechend hohe persönliche Haftung über seine Einlagen hinaus.

- Ein grundsätzliches Verbot eines durch Entnahmen entstehenden negativen Kapitalkontos,[2] um der Tatsache gerecht zu werden, daß der Kommanditist höchstens mit seiner Einlage haftet.

Wegen der bereits oben nachgewiesenen Äquivalenz von Einlagenleistung und persönlicher Haftung des Gesellschafters führen beide Alternativen zu einer Verbesserung des Gläubigerschutzes. Es erscheint nur folgerichtig, würde das Entnahmerecht des Kommanditisten an den bei seinem Eintritt in der KG übernommenen Haftungsumfang angepaßt oder aber, wenn dies unerwünscht ist, eine entsprechende Zusatzhaftung in Höhe des negativen Kapitalkontos konstituiert.

---

1) Vgl. FROMM (1979), S. 240.

2) Ein in diese Richtung zielender Ansatz kommt durch die Einführung des § 15a EStG zum Ausdruck: Soweit ein negatives Kapitalkonto entstehen oder erhöht würde, ist ein Kommanditist nicht mehr zum Verlustausgleich oder -abzug aufgrund eines auf ihn entfallenden Anteils am Verlust der KG berechtigt. Vgl. dazu BIERGANS (1983), S. 755 ff. mit ausführlichen Literaturhinweisen.

Entsteht darüber hinaus ein negatives Kapitalkonto durch anteilige *Verlust*übernahme, muß der Kommanditist dieses bei nachfolgenden Gewinnen zunächst wieder auffüllen, will er nicht der Haftung des § 172 Abs. 4 Satz 2 HGB unterworfen werden.[1)]

(5) Leistungen zu Lasten des Komplementärvermögens

Den Gläubigern einer KG haftet für deren Forderungen das gesamte Vermögen der KG, das weitere Vermögen des Komplementärs (der Komplementäre) sowie persönlich die Kommanditisten, soweit sie ihre Einlage noch nicht geleistet haben oder diese an sie zurückbezahlt worden ist. Unter dem Gesichtspunkt der Erhaltung dieses Haftungsvolumens ist nun der Fall zu untersuchen, ob bei Abfinden eines Kommanditisten aus dem Vermögen des Komplementärs die Haftung des Kommanditisten nach § 172 Abs. 4 HGB wieder auflebt. Diese Überlegung könnte mit der Reduzierung des den Gläubigern zur Verfügung stehenden Gesamtvermögens begründet werden, denn eine solche Zahlung würde dem Ziel der Kapitalerhaltung zuwiderlaufen. Wegen unterschiedlicher Rechtsgrundlagen wird dabei im Vorgehen unterschieden, ob es sich bei dem Komplementär um

- eine natürliche Person oder
- eine juristische Person handelt.

Für den letztgenannten Fall beschränken sich die folgenden Ausführungen nur auf die wohl am häufigsten anzutreffende Rechtsform der GmbH mit der daraus folgenden gesellschaftsrechtlichen Konstruktion der GmbH & Co. KG.

a) Leistungen aus dem Vermögen einer natürlichen Person

Ausgangspunkt dieser Überlegungen ist ein Urteil des OLG Frankfurt,[2)] in dem die Abfindung eines Kommanditisten aus dem Privatvermögen des einzigen Komplementärs wie eine Einlagenrückgewähr gemäß § 172 Abs. 4 Satz 1 HGB behandelt wurde. Das OLG führte dazu aus, der Kapitalerhaltungsgrundsatz sei zu Lasten der Gläubiger verletzt worden, da die Haftungsmasse für die Gesellschaftsgläubiger vor allen Dingen auch in dem

1) Vgl. SCHILLING in Großkomm. HGB, § 169 Anm. 8, § 172 Anm. 36.

2) OLG Frankfurt, Urt. vom 28.02.1961 (= NJW 1963, S. 545 f.).

Privatvermögen des Komplementärs bestand und durch die Auszahlung an den Kommanditisten die Haftungsmasse um die Kommanditeinlage verringert worden sei. Daß dabei das eigentliche *Gesellschafts*vermögen im einzelnen nicht unmittelbar verringert worden ist, sei unerheblich.[1)]

In Fortführung dieser Argumentation erweitert RIEGGER diesen Sachverhalt um den Fall eines Kommanditisten, der aus seinem Privatvermögen einem anderen Kommanditisten dessen Einlage zurückgewährt, obwohl er selbst "seinerseits seine Einlage noch nicht erbracht oder wieder zurückerhalten hat und infolgedessen der Gesellschaftsgläubiger auch mit seinem Privatvermögen haftet".[2)] Wegen des grundsätzlich gleichgelagerten Sachverhalts kann jedoch auf diese Variante verzichtet und im folgenden nur noch die Rückgewähr aus dem Komplementärvermögen behandelt werden.[3)]

Auch der BGH hat sich, wenn auch für einen besonders gelegenen Sachverhalt, für die Kommanditistenhaftung gemäß § 172 Abs. 4 Satz 1 HGB im Falle der Zahlung aus dem Privatvermögen des Komplementärs ausgesprochen.[4)] Hier wurden sämtliche Kommanditisten abgefunden und schieden aus der KG aus. Für diesen Sonderfall erklärt der BGH es für unerheblich, ob die Rückzahlung aus dem Gesellschafts- oder dem Privatvermögen des Komplementärs erfolgt. Selbst wenn man den Standpunkt einnimmt, "die Gesellschaftsgläubiger seien durch diese Vorschrift nicht allgemein gegen eine Schmälerung der ihnen zur Verfügung stehenden Vermögensmasse (*einschließlich* der Privatvermögen der persönlich haftenden Gesellschafter), sondern nur dagegen geschützt, daß das *Gesellschaftsvermögen* zugunsten eines Kommanditisten gemindert wird", ist eine solche Begrenzung nicht mehr möglich, "wenn ein rechtlich selbständiges Gesellschaftsvermögen nicht mehr vorhanden, sondern mit dem Privatvermögen des persönlich haftenden Gesellschafters in dessen Hand vereinigt worden ist".[5)] Begründet wird diese Auffassung mit dem Wegfall der gesamthänderischen und der vom Ge-

---

1) Vgl. OLG Frankfurt, Urt. vom 28.02.1961 (= NJW 1963, S. 546); in diesem Sinne auch WESTERMANN, H. (1973), Rz. I 938.

2) RIEGGER (1975), S. 1282.

3) RIEGGER äußert sich selbst später in diesem Sinne: "Der Schutz der Gesellschaftsgläubiger läßt mithin eine Differenzierung danach, ob die Rückgewähr der Einlage zu Lasten des Privatvermögens eines Komplementärs oder eines Kommanditisten erfolgt, der seine Einlage nicht geleistet hat, nicht zu." RIEGGER (1975), S. 1284.

4) BGH, Urt. vom 18.01.1973 (=BGHZ 61, S. 149).

5) BHG, Urt. vom 18.01.1973 (=BGHZ 61, S. 151).

sellschaftszweck bestimmten Bindung des Gesellschaftsvermögens für Geschäftszwecke, so daß der Geschäftsübernehmer nun auch über das Geschäftsvermögen jederzeit wie über sein sonstiges Vermögen verfügen kann.[1)]

Im Ergebnis läßt die Entscheidung des BGH aber offen, ob § 172 Abs. 4 Satz 1 HGB nur den Schutz des Gesellschaftsvermögens übernimmt[2)] oder ob diese Norm eine allgemeine Sicherung der den Gläubigern zur Verfügung stehenden Haftungsmasse (einschließlich des Privatvermögens des Komplementärs) konstituiert.

Ob sich eine grundsätzliche Kommanditistenhaftung aus dem Verkauf seines KG-Anteils an den Komplementär folgern läßt, wird ohnehin bezweifelt.[3)] Ausgangsgedanke ist das Recht des Komplementärs, grundsätzlich über sein Privatvermögen frei zu verfügen. Gleich welcher Verwendung der Komplementär dieses Vermögen zuführt, die Gläubiger sind gegen derartige Minderungen der ihnen haftenden Vermögenswerte in der Regel machtlos.[4)] Nach geltender Rechtsordnung gibt es "weder einen allgemeinen noch einen speziellen gesellschaftsrechtlichen Grundsatz, gemäß dem der Schuldner verpflichtet wäre, sein Vermögen in dem Umfang zu bewahren, den es zur Zeit der Eingehung der Verbindlichkeiten hatte".[5)] Wenn aber der Komplementär über sein Privatvermögen frei verfügen kann, müßte es ihm erlaubt sein, einen "veräußerungswilligen Kommanditisten aus privaten Mitteln abzufinden".[6)]

Dem ist aber entgegenzuhalten, daß es nicht nur darauf ankommt, ob die Abfindung an den Kommanditisten aus dem Privatvermögen des Komplementärs geleistet wurde. Dem Wortlaut des § 172 Abs. 4 Satz 1 HGB ist durchaus nicht zu entnehmen, daß eine haftungsschädliche Einlagenrückgewähr ausschließlich aus dem *Gesellschafts*vermögen erfolgen muß.[7)] Vielmehr spielt

---

1) Vgl. BGH, Urt. vom 18.01.1973 (= BGHZ 61, S. 152). Dieser Sachverhalt ähnelt der Lage, "in der der persönlich haftende Gesellschafter die Einlage zwar aus seinem Privatvermögen zurückzahlt, aber einen Ersatzanspruch gegen die Gesellschaft hat und seine Leistungen daher als unmittelbare, dem § 172 Abs. 4 Satz 1 HGB unterliegende Rückgewähr der Einlage zu behandeln sind." (= BGHZ 61, S. 152).

2) Vgl. dazu SCHILLING in Großkomm. HGB, § 172 Anm. 30 und § 173 Anm. 34.

3) Vgl. FROMM (1979), S. 244 ff.

4) Mit Ausnahme vorsätzlicher Vermögensverschiebungen an Dritte vor Konkurseröffnung. Dann steht den Gläubigern (über den Konkursverwalter) ein Anfechtungsrecht gemäß §§ 29 ff. KO zu.

5) FROMM (1979), S. 250.

6) FROMM (1979), S. 250.

7) Ausschließlich auf eine Rückgewähr aus dem Gesellschaftsvermögen stellt SCHILLING ab; vgl. SCHILLING in Großkomm. HGB, § 172 Anm. 30 und § 173 Anm. 34.

die Reduzierung des den Gläubigern insgesamt zur Verfügung stehenden Haftungsvolumens die entscheidende Rolle. Auch sollte die Kenntnis der ausscheidenden Kommanditisten um die Verminderung des Haftungsvolumens nicht noch mit sanktionsfreier Auszahlung "belohnt" werden. Denn ausgezahlte Kommanditisten wissen um die Verkürzung der Gesamthaftungsmasse, außenstehende Dritte können diesen Sachverhalt in der Regel nicht überschauen. Aus diesem Grunde scheint die von der allgemeinen sanktionslosen Verfügungsbefugnis des Komplementärs abweichende Regelung für Zahlungen an den Kommanditisten gerechtfertigt. Ansonsten wären Vermögensverschiebungen (zu Lasten der Gläubiger) nicht mehr auszuschließen.

Im Interesse eines effektiven Gläubigerschutzes weist auch die Entscheidung des BGH[1)] den Weg zu einem allgemeineren Grundsatz der Kapitalerhaltung, der auch das Privatvermögen des Komplementärs einer KG erfaßt.[2)] Eine umfassende Sicherung vor Entzug der den Gläubigern haftenden Vermögenswerte würde daher die Einstufung jeglicher unmittelbaren und mittelbaren[3)] Zuwendung von Gesellschafts- und/oder Privatvermögen der persönlich haftenden Gesellschafter an einen Kommanditisten[4)] als haftungsschädliche Leistung im Sinne des § 172 Abs. 4 Satz 1 HGB erfordern.

Konsequent wäre dann auch eine Erweiterung des Kapitalerhaltungsgrundsatzes auf das Vermögen eines Kommanditisten, der einem anderen Kommanditisten derselben KG die Einlage zu Lasten seines Privatvermögens zurückzahlt, obwohl er selbst seinerseits seine Einlage noch nicht erbracht hat.[5)] Denn allein die Tatsache seiner beschränkten Haftung rechtfertigt keine Ausnahme von dem geforderten Kapitalerhaltungsgrundsatz.[6)]

---

1) Vgl. BGH, Urt. vom 18.01.1973 (= BGHZ 61, S. 149).

2) Vgl. SCHMIDT, K. (1977d), S. 103 mit Hinweis auf STECKHAN (1974), S. 78.

3) Zur mittelbaren Einlagenrückgewähr durch Leistungen an Dritte vgl. CANARIS (1979), S. 57.

4) Vgl. RIEGGER (1975), S. 1284.

5) Vgl. RIEGGER (1975), S. 1282.

6) Vgl. SCHMIDT, K. (1977d), S. 105, der allerdings auch vor "Wucherungen des Gläubigerschutzes" warnt. Vgl. SCHMIDT, K. (1977d), S. 102 und 105; WESTERMANN, H. (1973), RZ I 938.

Ein derart weitgehender Gläubigerschutz soll jedoch hier nicht verlangt werden, um auch den Interessen der Gesellschaft und der Gesellschafter gerecht zu werden. Vielmehr soll eine Einlagenrückgewähr immer dann vorliegen, wenn diese aus dem Gesellschaftsvermögen erfolgt oder sich der die Rückzahlung an den ausscheidenden Kommanditisten leistende Gesellschafter an dem Gesellschaftsvermögen schadlos hält. Dem entspricht auch der Grundsatz, daß der Komplementär prinzipiell über sein Privatvermögen frei verfügen kann.

B) Leistungen zu Lasten des Vermögens einer Komplementär-GmbH

Handelt es sich bei dem Komplementär einer KG um eine juristische Person - und das wird in der überwiegenden Mehrzahl der Fälle eine GmbH sein - ist nun weiter zu prüfen, ob neben den für die KG aufgezeigten Kapitalerhaltungsgrundsätzen noch zusätzlich die einschlägigen, die Person des Komplementärs betreffenden Rechtsnormen zu beachten sind. Damit aber ist die Frage aufgeworfen, ob auch die als Personengesellschaft konzipierte KG den Kapitalerhaltungsnormen des als juristische Person konstruierten Komplementärs unterliegt. In dem hier ausschließlich behandelten Fall der GmbH & Co. KG ist dementsprechend zu untersuchen, ob auch die §§ 30, 31 GmbHG auf die KG anwendbar sind.

Im Normalfall wird das gesamte Vermögen einer GmbH in die neu geschaffene GmbH & Co. KG eingebracht. Die GmbH erhält dafür eine Beteiligung an der KG, die mit dem Kaufpreis der Beteiligung - (in Höhe des in die KG eingebrachten Vermögens) - bilanziert wird.[1)]

Jeder Verlust oder jede Entnahme bei der KG berührt aber nun auch sofort den Wert der Beteiligung der GmbH und damit unmittelbar auch deren bilanzielle Relation von Reinvermögen zu Stammkapital, denn es macht vom Standpunkt des GmbH-Rechts keinen Unterschied, ob die GmbH aus dem Reinvermögen in Höhe des Stammkapitals selbst ausschüttet oder sie aus ihrer Stellung als Komplementär für die Verbindlichkeiten der KG einstehen muß.[2)] Durch Entnahmen aus dem Vermögen der KG oder durch Verlust kann also eine Unterschreitung des zur Deckung des Stammkapitals erforderlichen Vermögens der GmbH eintreten.

1) Dieser Fall wird als "Einheits-GmbH & Co. KG" bezeichnet. Vgl. SCHMIDT, K. (1977d), S. 106 f.; RAISER (1983), S. 304. Vgl. zu anderen Konstruktionen: HUNSCHA (1973), S. 260; HUNSCHA (1975), S. 145 ff.; KÖRMANN (1981), S. 54 ff.; SCHMIDT, K. (1976), S. 342 f. Es ist im Ergebnis unerheblich, ob die Kommanditisten auch gleichzeitig noch Gesellschafter der Komplementär-GmbH sind oder nicht. Vgl. HUNSCHA (1973), S. 260

2) Vgl. HUNSCHA (1973), S. 259, 261.

Während in der KG als "reiner" Personengesellschaft das Prinzip des Gläubigerschutzes neben der begrenzten Kommanditistenhaftung aber fundamental auf der unbeschränkten Haftung einer natürlichen Person basiert, entfällt diese Gläubigersicherung in der GmbH & Co. KG durch Zulassung einer juristischen Person als Komplementär, die zwar auch unbegrenzt, der Höhe nach aber beschränkt auf das Gesellschaftsvermögen der GmbH haftet.[1)] Weiterhin kann die GmbH wegen des häufig entscheidenden Einflusses der Kommanditisten auf diese juristische Person nicht die "Bremsfunktion"[2)] einer natürlichen, unbeschränkt haftenden Person übernahmen, so daß sich die GmbH-Komplementärin den Kapitalwünschen der Kommanditisten häufig nicht erfolgreich entgegenstellen wird (oder kann), und ihnen Vermögenswerte zuwendet, die das Reinvermögen in Höhe des Stammkapitals der GmbH antasten.[3)] Aus diesem Grunde tritt für die Kommanditisten neben die Normen der §§ 172 Abs. 4 und 181 Abs. 1 HGB noch zusätzlich die Kapitalsicherungsnorm des § 30 Abs. 1 GmbHG.[4)]

Soweit eine Einlagenrückgewähr nicht die Erhaltung eines Reinvermögens in Höhe des Stammkapitals der GmbH berührt, ist der Kommanditist ausschließlich den Normen des HGB unterworfen. Erst "wenn dem Gesellschafter etwas derart aus dem Vermögen der KG zugewendet wird, daß im Ergebnis das Vermögen der GmbH dem Stammkapitalnennwert nicht mehr entspricht",[5)] greift neben § 172 Abs, 4 HGB auch noch § 30 Abs. 1 GmbHG. Einen derartigen Sachverhalt soll folgendes Beispiel verdeutlichen.

Die Bilanz einer GmbH & Co. KG sowie die Komplementär-GmbH weisen folgende Werte aus:

KG

Vermögen	160.000	Komplementär-GmbH	50.000
		Kommanditist 1	5.000
		Kommanditist 2	5.000
		Verbindlichkeiten	100.000
	160.000		160.000

1) Vgl. KÖRMANN (1981), S. 51; HUNSCHA (1973), S. 260.

2) Vgl. BGH, Urt. vom 29.03.1973 (= BGHZ 60, S. 332).

3) Vgl. HUNSCHA (1973), S. 261.

4) Im Falle einer Komplementär-AG finden entsprechend die §§ 57, 58 Abs. 5 und 60 AktG ergänzend Anwendung.

5) BGH, Urt. vom 29.03.1973 (= BGHZ 60, S. 328 f.); vgl. auch BGH, Urt. vom 27.09.1976 (= BGHZ 67, S. 171) und BGH, Urt. vom 24.03.1980 (= BGHZ 76, S. 326) für den Fall der Rückgewähr von Gesellschafterdarlehen und wirtschaftlich gleichwertigen Gesellschaftsleistungen.

GmbH

Beteiligung an der KG	50.000	Stammkapital	50.000
	======		======

An die Kommanditisten wird nun jeweils 12.500 ausgeschüttet. Im Konkursfall kann der Rückforderungsanspruch der KG gegen die Kommanditisten aber nur mit je 5.000 bilanziert werden, da der Kommanditist auch dann nur bis zur Höhe der Haftsumme haftet, "wenn ihm aus dem Gesellschaftsvermögen ein höherer Betrag ausgezahlt worden ist".[1] Die Bilanzen zeigen dann folgendes Bild:

KG

Vermögen	135.000	Komplementär-GmbH	50.000
Forderungen		Kommanditist 1	5.000
- an K 1	5.000	Kommanditist 2	5.000
- an K 2	5.000	Verbindlichkeiten	100.000
Unterdeckung	15.000		
	160.000		160.000
===	=======	===	=======

GmbH

Beteiligung an der KG	45.000	Stammkapital	50.000
Verlust	5.000		
	50.000		50.000
===	======	===	======

In jedem Fall muß sichergestellt sein, "daß das Stammkapital der GmbH seinem Zweck entsprechend zur Befriedigung der Gläubiger der GmbH, zu denen infolge der Komplementärstellung der GmbH alle Gläubiger der KG gehören, erhalten bleibt".[2] Ob dabei die Leistung an den Kommanditisten aus dem Vermögen der GmbH oder der KG erfolgt, ist für den hier behandelten Fall der Einheitsgesellschaft unerheblich.[3] Denn eine Vermögensminderung der KG wirkt sich über einen sinkenden Beteiligungswert auch auf das Vermögen der GmbH aus.

1) BGH, Urt. vom 29.03.1973 (= BGHZ 60, S. 324, Leitsatz a).

2) HUNSCHA (1973), S. 259.

3) Vgl. zur Diskussion um die Relevanz der Abgrenzung, ob die Zahlung aus dem KG- oder GmbH-Vermögen stammt. KÖRMANN (1981), S. 64 ff.. Dagegen will FROMM die Anwendung von § 30 Abs. 1 GmbHG nicht zulassen, da die KG nicht Normadressat dieser Vorschrift sei und Auszahlungen aus dem Vermögen der KG, nicht aber aus dem der GmbH, erfolgten. Vgl. FROMM (1979), S. 38, 42.

Infolge der Einlagenrückgewähr aus dem Vermögen der KG konstituiert sich für die Gesellschafter in ihrer Eigenschaft als *Kommanditisten* zwar nur eine Haftung in Höhe der Einlage (§ 172 Abs. 4 HGB), zusätzlich müssen sie jedoch noch in ihrer Rolle als *GmbH-Gesellschafter* für das in der Komplementär-GmbH verlorengegangene Vermögen einstehen (§ 30 Abs. 1 GmbH)[1].

Die weiterreichende Haftung der Gesellschafter nach § 30 Abs. 1 GmbHG sollte aber eben in den Fällen greifen, in denen es sich nicht um eine sogenannte Einheitsgesellschaft handelt, die Gesellschafter der Komplementär-GmbH und die Kommanditisten der KG also keine identischen (natürlichen) Personen sind. Begründen läßt sich die erweiterte Haftung für verlorengegangenes Reinvermögen der GmbH aufgrund von Auszahlungen an die Kommanditisten mit der von uns hierbei unterstellten *ökonomischen Einheit* dieser Gesellschaftsrechtsform. Leistungen an einen Kommanditisten einer GmbH & Co. KG sind ohne das Placet des Komplementärs, also der GmbH-Gesellschafter oder deren geschäftsführenden Organs, nicht denkbar. Daraus folgt aber auch eine entsprechende Haftung des Komplementärs, hier der GmbH-Gesellschafter.

Die weitergehenden Haftungstatbestände auch für eine GmbH & Co. KG, bei der Kommanditisten und GmbH-Gesellschafter keine identischen Personen sind, sollen im Grundsatz dafür sorgen, daß neben dem Haftungsvolumen der Kommanditisten auch das Komplementärvermögen der GmbH ungeschmälert zur Verfügung steht. Auch zur Vermeidung von Umgehungsmöglichkeiten könnte die generelle Haftung der GmbH-Gesellschafter ein wirksames Mittel sein. Immer muß es darauf ankommen, den Gläubigern das von den Gesellschaftern übernommene Haftungsvolumen zu erhalten.

3.3.2.4 Überlegungen zu einer für alle Rechtsformen einheitlichen Generalnorm zur Kapitalerhaltung

Mit der Pflicht zur Erhaltung einer Mindesthaftungsreserve im laufenden Geschäftsbetrieb bei Gesellschaften ohne persönlich haftende Gesellschafter soll eine übermäßige Einlagenrückgewähr an die Anteilseigner und zu Lasten der Gläubiger verhindert werden. Diese Mindesthaftungsreserve kann sich zusammensetzen aus

---

1) Vgl. so auch BGH, Urt. vom 29.03.1973 (= BGHZ 60, S. 324). Der Anspruch aus diesen Rückzahlungen steht der KG zu. Vgl. IMMENGA (1975), S. 487, 492; KUHN (1968), S. 215; SCHMIDT, K. (1973), S. 2230; KÖRMANN (1981), S. 69 ff.; dagegen räumt WINKLER (1969b), S. 1012, der GmbH den Anspruch ein.

- real vorhandenem Geschäftsvermögen und/oder
- persönlichen Haftungsverpflichtungen der Gesellschafter.

Im Recht der Personengesellschaften sind beide Formen zulässig, wobei typischerweise das Schwergewicht auf der unbeschränkten persönlichen Haftung der Gesellschafter liegt. Die Ausnahme davon besteht nur für den Kommanditisten, dessen persönliche Haftung nur insofern besteht, als dieser die Einlage noch nicht erbracht hat bzw. sie ihm ganz oder teilweise zurückgewährt wurde.

Mit der Zulässigkeit der Einlagenrückgewähr und dem daraus folgenden Wiederaufleben der persönlichen Haftung des Kommanditisten wird diesem also offenbar eine Zahlungsfähigkeit zuerkannt, die die Erfüllung seiner Haftungsverpflichtung unterstellt, ohne daß eine Gläubigergefährdung entstehen könnte. Im Recht der Kapitalgesellschaften besteht eine analoge Regelung jedoch nicht. Eine Einlagenrückgewähr über den geleisteten Betrag hinaus ist nicht statthaft.

Seitens der Haftungsfähigkeit der Gesellschafter dürfte es keinen Grund für eine derartige unterschiedliche Behandlung der Anteilseigner verschiedener Unternehmensrechtsformen geben, da als Gesellschafter jede natürliche oder juristische Person denkbar ist. Des weiteren könnte eine eventuell vorhandene unterschiedliche Zahlungsfähigkeit der Gesellschafter als Kriterium herangezogen werden. Warum aber sollte die persönliche Zahlungsfähigkeit eines Aktionärs oder eines GmbH-Gesellschafters grundsätzlich von der eines Kommanditisten abweichen? Die wirtschaftliche Leistungsfähigkeit der Gesellschafter richtet sich letztendlich nach deren persönlichen Einkommens- und Vermögensverhältnissen; und es ist nicht ohne weiteres begründbar, die Zahlungsmöglichkeiten eines Gesellschafters nur aufgrund seiner Zugehörigkeit entweder zu der einen oder der anderen Unternehmensrechtsform ex ante differenziert einzustufen.

Der Gesetzgeber hat schließlich auch (im Interesse der Gläubiger) bei ausstehenden Einlagen keine Bedenken gegen die Leistungsfähigkeit der nur mit einem bestimmten Anteil haftenden Gesellschafter. Eine dieser persönlichen Haftung für ausstehende Einlagen analoge Leistungsverpflichtung könnte daher auch für den Fall einer haftungsschädlichen Einlagenrückgewähr konstituiert werden.

Da sich bis hierher keine Rechtfertigung für eine unterschiedliche Behandlung von Gesellschaftern verschiedener Unternehmensrechtsformen ergeben hat, könnte es zur Vereinfachung und Vereinheitlichung gläubigerschützender Regelungselemente nun zweckdienlich sein, eine einheitliche gesetzliche Bestimmung zu schaffen, die die Sicherung der Gläubiger vor unerwünschten Einlagenrückzahlungen gewährleistet.[1] Dazu bietet sich an, entweder auf die Erhaltung einer in realen Vermögenswerten vorhandenen Mindesthaftungsreserve abzustellen oder aber als Substitut eine entsprechend hohe persönliche Haftung der Gesellschafter zuzulassen.

Daraus könnte sich nun die Übernahme der Formulierung des § 172 Abs. 4 Satz 1 HGB auch auf andere Rechtsformen (AG und GmbH) ableiten lassen. Eine Einlagenrückgewähr wäre demnach grundsätzlich zulässig; nur und insoweit Gläubiger zu befriedigen wären, würden die Gesellschafter wieder zur Haftung bis maximal in Höhe ihrer Einlage herangezogen. Diese Regelung setzte aber voraus, daß sich im Falle von Gläubigeransprüchen wegen vorausgegangener Einlagenrückgewähr auch jeweils ein Zahlungsverpflichteter definitiv feststellen läßt.[2]

Andererseits könnte jedoch auch eine Generalklausel für alle Unternehmensrechtsformen Gültigkeit erlangen, die die Erhaltung eines Reinvermögens mindestens in Höhe des Nominalkapitals fordert, wie dies explizit im § 30 Abs. 1 GmbHG verlangt wird. Eine derartige Regelung würde jedoch für Personengesellschaften wegen des fehlenden gesetzlichen Mindestnominalkapitals nicht ohne weiteres anwendbar und könnte außerdem die für diese Rechtsform typische individuelle Gestaltung des Gesellschaftsvertrages unnötig einschränken.

---

1) So z.B. die Forderung SCHMIDT's, eine Ausschüttungssperre nach aktienrechtlichem Vorbild auf alle Gesellschaftsrechtsformen auszuweiten. Vgl. SCHMIDT, K. (1982b), S. D 128; SCHMIDT, K. (1982e), S. 640.

2) Zur Sicherung der Kapitalaufbringung müssen deshalb bei der AG Namensaktien ausgegeben werden, wenn Aktien vor der vollen Leistung des Nennbetrages oder des höheren Ausgabebetrages emittiert werden (§ 10 Abs. 2 AktG). Namensaktien können nur durch Indossament übertragen werden. Dabei ist die Aktie vorzulegen und der Übergang nachzuweisen. Die Gesellschaft vermerkt den Übergang im Aktienbuch (§ 68 Abs. 1 und 3 AktG). Der Rechtsnachfolger tritt in alle Rechte und Pflichten aus der Aktie ein. Dieses Verfahren ließe sich für den Fall einer Einlagenrückgewähr analog verwenden.

Im Ergebnis erscheint es deshalb trotz der genannten Einwände dennoch vertretbar, daß angesichts der unterschiedlichen Interessenlagen bei Personen- und Kapitalgesellschaften die bestehenden Normen zur Erhaltung einer bestimmten Mindesthaftungsreserve in ihrer Grundkonstruktion beibehalten werden.

3.3.3 Der Erwerb eigener Anteile

3.3.3.1 Konkretisierung des Gefährdungstatbestandes bei direktem Erwerb eigener Anteile

Erwirbt eine Gesellschaft ihre eigenen Geschäftsanteile von den Anteilseignern zurück, so schüttet sie an diese Gesellschaftsvermögen aus. Damit aber wird der Grundsatz der Kapitalerhaltung verletzt, da den Gesellschaftern die Einlagen grundsätzlich nicht oder nur unter bestimmten Bedingungen zurückgewährt werden dürfen. Die besonderen Gefahren für die Gläubiger liegen in der Verminderung des Gesellschaftsvermögens, da der Kaufpreis für eigene Anteile abgeflossen ist, ohne daß ein realer Gegenwert in das Gesellschaftsvermögen gelangt ist.[1] Insbesondere in Krisenzeiten wird die Gesellschaft anfälliger, "denn jeder Verlust, der sie trifft, mindert zusätzlich auch noch den Wert der von ihr erworbenen Aktien"[2] und vermehrt dadurch noch das unternehmerische Wagnis. Ein Verbot des Erwerbs eigener Anteile braucht daher gar nicht mit formal juristischen Argumenten, etwa daß sich die Gesellschaft nicht an sich selbst beteiligen kann, begründet werden. Vielmehr ist es sinnvoll, ihr den Erwerb auch deshalb zu untersagen, weil sie ihr Gesellschaftskapital nicht schmälern und Einlagen nicht zurückzahlen darf.[3]

Davon unabhängig besteht insbesondere noch das erhöhte Verlustpotential, weil jeder Verlust der Gesellschaft sich auch auf den Börsenkurs ihrer eigenen Anteile negativ auswirken könnte und somit weitere Verluste entstehen. Die Gefährdung der Gläubiger aus einer möglichen Verlustkummu-

---

1) Vgl. BARZ in Großkomm. AktG, § 71 Anm. 1. In der Begründung des RegE zu § 71 werden eigene Aktien als "höchst unsichere Vermögenswerte" bezeichnet. Vgl. dazu KROPFF (1965), S. 90. Die Aussage ist aber insoweit zu relativieren, als die erworbenen Anteile durchaus einen "realen Wert" haben können und in aller Regel dieser Wert auch größer "null" sein wird.

2) Begründung RegE zu § 71, in: KROPFF (1965), S. 90. LUTTER in Kölner Komm. zum AktG, § 71 Anm. 5; HOHNER in HACHENBURG (1975/84), § 33 Rdn. 52; BARZ in Großkomm. AktG, § 71, spricht von einer Verdoppelung eintretender Verluste wegen des sich gleichzeitig verringernden Wertes eigener Aktien. So für die GmbH auch ULMER (1981a), S. 75.

3) Vgl. GODIN/WILHELMI (1971), § 71 Anm. 2.

lation resultiert also aus der vollständigen Korrelation der Wertentwicklung des Unternehmensvermögens sowie der Wertentwicklung der (den Unternehmenswert widerspiegelnden) eigenen Anteile. Durch dieses höhere Verlustpotential steigt aber auch das Insolvenzrisiko der Gläubiger stark an.

Die Frage nach dem quantitativen Ausmaß dieser zusätzlichen Verluste soll im folgenden an einem Beispiel erläutert werden. Dabei wird unterstellt, daß der Wert der Gesellschaftsanteile aufgrund des Bilanzkurses ermittelt wird.

In der Ausgangsbilanz (I) weist die Gesellschaft ein Vermögen von 1.000, ein Nominalkapital (N) von 200, Rücklagen von 200 und Verbindlichkeiten (FK) von 600 aus. Daraus errechnet sich ein Bilanzkurs der Anteile von

(V ./. FK) : N x 100 = Bilanzkurs = 200 %

Aus dem Vermögen werden nun in t = 0 nominal 100 eigene Anteile (EA) erworben. Damit ist die Gesellschaft mit 50 % "an sich selbst beteiligt" (q = 0,5). Der Kaufpreis berechnet sich entweder aus

Bilanzkurs x Nominalbetrag oder

(V ./. FK) x q

Nach Erwerb der eigenen Anteile zeigt die Bilanz (II) folgendes Bild:

I

Vermögen	1.000	Nom. Kap.	200
		Rücklagen	200
		Verbindl.	600
	1.000		1.000

II

Eig. Ant.	200	Nom. Kap.	200
sonst. Vermögen	800	Rücklagen	200
		Verbindl.	600
	1.000		1.000

Die Richtigkeit des Wertansatzes der erworbenen eigenen Anteile kann dabei überprüft werden durch die Relation

$$(EA_o + \text{sonst. Verm. ./. FK})\; q = EA_o$$

Der Wertansatz ist korrekt, wenn die Gleichung erfüllt ist.

Stellt sich nun durch die laufende Geschäftstätigkeit ein Verlust (im folgenden Betriebsverlust, L_B) von 100 ein, wird sich aufgrund des verminderten Gesellschaftsvermögens auch ein niedrigerer Bilanzkurs ergeben. In unserem Beispiel stellt sich dieser mit 150 % ein, sofern der aktiv ausgewiesene Wert der eigenen Anteile unverändert mit 200 ausgewiesen würde (Bilanz III). Von der Korrektur des Bilanzkurses sind nun auch die eigenen Anteile betroffen, sie müssen in ihrem Bilanzansatz von bisher 200 % auf 150 % reduziert werden, so daß hier ein weiterer Verlust aufgrund von Kurseinbußen eigener Anteile in Höhe von 50 hingenommen werden muß (Bilanz IV).

III

Eig. Ant.	200	Nom. Kap.	200
sonst. Vermögen	700	Rücklagen	100
		Verbind-lichkeiten	600
	900		900
==	=====		=====

IV

Eig. Ant.	150	Nom. Kap.	200
sonst. Vermögen	700	Rücklagen	50
		Verbindlich-keiten	600
	850		850
	=====		=====

Daraus resultiert nun ein Absinken des Gesamtvermögens auf 850, woraus wiederum ein niedrigerer Bilanzkurs von 125 % folgt. Damit aber wird eine erneute Anpassung des Bilanzansatzes der eigenen Anteile zu nunmehr 125 % erforderlich, wodurch ein weiterer Verlustausweis notwendig wird und der Bilanzkurs weiter absinkt. Dieser Prozeß setzt sich so lange fort, bis der Wert des auf die eigenen Anteile entfallenden Reinvermögens (einschließlich eigener Anteile) dem Wertansatz der eigenen Anteile entspricht. Bewertungsmaßstab ist dabei jeweils der Bilanzkurs.

Der dargestellte Prozeß entspricht nun in seiner Grundstruktur einer unendlichen geometrischen Reihe. Gemäß der Summenformel dieser Reihe kann somit das quantitative Ausmaß des Gesamtverlustes (originärer Betriebsverlust und Kursverluste der eigenen Anteile) unter Berücksichtigung der Quote der eigenen Anteile am Nominalkapital (q) einfach ermittelt werden:

(26) $$L_G = \frac{L_B}{1 - q}$$, mit L_G = Gesamtverlust

L_B = originärer Betriebsverlust

q = Quote eigener Anteile

Für unser Ausgangsbeispiel ergibt sich aus dem angenommenen originären Betriebsverlust (100) unter Berücksichtigung der Beteiligungsquote ein Gesamtverlust von 200, von dem 100 auf Kursverluste bei den eigenen Anteilen entfallen, die nun nur noch mit 100 bilanziert werden. Die letztlich maßgebliche Bilanz hätte somit folgendes Aussehen:

V

Eig. Ant.	100	Nom. Kap.	200
sonst. Vermögen	700	Rücklagen	-
		Verbindl.	600
	800		800
===	===		===

In dieser Situation ist die Bilanz nach Abschluß des "Selbstinduktionsprozesses" im Gleichgewicht. Der Wert der eigenen Anteile nach Abschluß dieses Anpassungsprozesses (in t = 1) ergibt sich somit aus folgender Relation

$$(27) \qquad EA_1 = EA_o - L_B \left(\frac{q}{1-q}\right)$$

Die Richtigkeit des Wertansatzes eigener Anteile in t = 1 kann nun anhand der "Kontrollrelation"

$$(EA_1 + \text{sonst. Verm. ./. FK})\, q = EA_1$$

geprüft werden. Nur wenn diese Bedingung erfüllt ist, wurde der Kursabschlag bei den eigenen Anteilen aufgrund eines Betriebsverlustes in dem erforderlichen Ausmaß vorgenommen.

Anhand dieser formalen Darstellung kann nun auch leicht gezeigt werden, daß mit steigenden Quoten eigener Anteile die Gefahr überproportional hoher Gesamtverluste erheblich anwächst. Wird z.B. wiederum ein Betriebsverlust von 100, nun aber ein Anteil eigener Anteile von 75 % angenommen, dann steigt der Gesamtverlust auf insgesamt 400 an. Die eigenen Anteile büßen ihren Wert völlig ein, da das Reinvermögen "null" beträgt.

Hier könnte allerdings eingewendet werden, daß die Gesellschaft statt des Erwerbs eigener Anteile auch eine Dividendenzahlung in gleicher Höhe hätte leisten können; im Zweifel erreiche der Veräußerungswert dieser Anteile aber immer einen Wert größer oder allenfalls gerade gleich null, was gegenüber dem vollständigen Vermögensabfluß ohne Gegenwert bei Ausschüttung auf jeden Fall eine Besserstellung der Gläubiger zur Folge hätte. Dieser Einwand ist jedoch insofern zu entkräften, als Ausschüttungen den Beschränkungen des Gesetzes unterliegen (§§ 30 Abs. 1 GmbHG, 58 Abs. 5 AktG) beim Erwerb eigener Anteile mit daraus folgendem Aktivtausch aber im Grenzfall das gesamte Unternehmensvermögen entzogen werden könnte, ohne an gesetzliche Schranken zu stoßen (wie z.B. im GmbHG). So wäre in unserem obigen Beispiel etwa eine einem 75 %-igen Anteilserwerb entsprechende Ausschüttung von 300 gar nicht zulässig.

Ohne die bestehenden Schutzvorschriften (§§ 71 ff. AktG, 30 ff. GmbHG) wäre es ansonsten möglich, den Anteilseignern ihre Einlagen voll zurückzugewähren, da ein Anteilserwerb einen reinen Aktivtausch darstellt und sich immer ein rechnerisch stimmiger vermögensmäßiger Ausgleich der Bilanz ergibt. Dazu ein kurzes Beispiel:

Die von den Gesellschaftern übernommenen Anteile werden zunächst voll zu pari eingezahlt (I). Anschließend erwirbt die Gesellschaft ihre gesamten Anteile (zu pari) zurück (II).

I

Kasse	1.000 =====	Kapital	1.000 =====

II

eigene Anteile	1.000 =====	Kapital	1.000 =====

Damit aber wäre eine effektiv vermögenslose Gesellschaft entstanden, auch wenn die eigenen Anteile als Vermögenswerte bilanziert werden. Dieses Beispiel mag, wenn auch sehr drastisch, die grundsätzlichen Gefahren des Erwerbs eigener Anteile darstellen. Es zeigt, daß der entgeltliche Erwerb eigener Anteile "die einfachste und eleganteste Form der Verteilung des Gesellschaftsvermögens an einzelne oder gar alle Gesellschafter, der Entbindung einzelner Gesellschafter vom gesellschaftlichen Risiko unter materieller Teilliquidation des Gesellschaftsvermögens"[1] ist.

Der Erwerb nicht vollständig eingezahlter Gesellschaftsanteile ist grundsätzlich unzulässig. Dies soll aus dem Prinzip der Sicherung der Aufbringung des Gesellschaftskapitals folgen, "denn durch den Erwerb eines nicht voll eingezahlten Anteils seitens der Gesellschaft würde die restliche Einzahlungsverpflichtung durch Vereinigung von Forderung und Schuld in einer Person erlöschen".[2] RAISER begründet das Verbot mit einem Verstoß gegen das Prinzip der Kapitalaufbringung, da sich die Einlageforderung aus einem nicht voll eingezahlten Anteil gegen die Gesellschaft selbst richtet, ohne daß ihr der Betrag zufließt.[3]

Unter ökonomischen Gesichtspunkten erscheint es aber im Ergebnis gleich, ob ein voll eingezahlter Anteil mit diesem vollen Betrag zurückgezahlt wird oder ob ein nur zum Teil eingezahlter Anteil mit diesem geringeren Betrag zurückgewährt wird. In beiden Fällen werden der Gesellschaft die

1) LUTTER in Kölner Komm. zum AktG, § 71 Anm. 3.

2) HOHNER in HACHENBURG (1975/84), § 33 Rdn. 4, mit Hinweis auf BGHZ 15, S. 392, begründet dieses Verbot aber unzutreffend mit dem "Prinzip der Erhaltung des Stammkapitals". Vgl. auch WINKLER (1972), S. 73 f.

3) Vgl. RAISER (1983), S. 270.

eingebrachten Vermögenswerte wieder entzogen und damit auch gegen das Prinzip der Kapital*erhaltung* verstoßen. Unter diesem Aspekt könnte sich daher ein Verbot des Erwerbs nicht vollständig eingezahlter Anteile erübrigen.

3.3.3.2 Gläubigerrisiken durch wechselseitige Beteiligungen

Dem direkten Erwerb eigener Anteile durch die Gesellschaft selbst steht es ökonomisch und juristisch gleich, wenn dieser Erwerb entweder durch

- einen Dritten für Rechnung der Gesellschaft oder durch einen Dritten für Rechnung eines abhängigen oder in Mehrheitsbesitz der Gesellschaft stehenden Unternehmens oder

- ein abhängiges Unternehmen

vorgenommen wird.

Ohne das Verbot des mittelbaren Erwerbs eigener Anteile durch Dritte für Rechnung der Gesellschaft oder eines von ihr abhängigen (in Mehrheitsbesitz stehenden) Unternehmens wäre die Forderung nach einer Einschränkung des direkten Erwerbs eigener Anteile einfach zu unterlaufen. Deshalb muß flankierend auch der Erwerb durch Dritte für Rechnung der Gesellschaft einer dem direkten Erwerb eigener Anteile ähnlichen Regelung unterliegen.

Verstärkte Aufmerksamkeit ist vor allem dem mittelbaren Erwerb durch ein abhängiges (in Mehrheitsbesitz stehenden) Unternehmens zu widmen. Die Abhängigkeit eines Unternehmens von einem anderen interessiert dabei hier allerdings grundsätzlich nur, soweit sie auf einer kapitalmässigen Verflechtung beruht, "denn dort, wo es um das Prinzip der Kapitalerhaltung geht, kann es nicht auf den beherrschenden Einfluß, sondern nur auf die Kapitalbeteiligung ankommen".[1] Wegen des ökonomisch grundsätzlich gleichen Sachverhalts (sowie gleicher Rechtsfolgen) soll vorbehaltlich einer späteren Modifizierung - zur Vereinfachung der terminologischen Darstellung hier nur noch einheitlich von herrschenden und abhängigen Unternehmen gesprochen werden, da von einem in Mehrheitsbesitz stehenden Unternehmen vermutet wird, daß es von dem mit Mehrheit beteiligten Unternehmen abhängig ist (so auch § 17 Abs. 2 AktG).

---

1) BARZ in Großkomm. AktG, § 71 Anm. 35.

Werden von einem abhängigen Unternehmen Geschäftsanteile der herrschenden Gesellschaft erworben, wird dadurch eine wechselseitige Beteiligung errichtet oder ausgeweitet, z.B.:

A			
Beteiligung an B	1.500	Kapital	2.000
Vermögen	500		
	2.000		2.000

B			
Beteiligung an A	1.000	Kapital	2.500
Vermögen	1.500		
	2.500		2.500

Der grundsätzliche Gefährdungstatbestand besteht in der Verletzung des Prinzips der Kapitalerhaltung: Die herrschende Gesellschaft erwirbt mittelbar über die abhängige Gesellschaft ihre eigenen Anteile. Damit aber wird die den Gläubigern zur Verfügung stehende Vermögensmasse geschmälert und an die Anteilseigner verteilt.[1] Eine Entwertung der Kapitalgarantie erfolgt deswegen, "weil das effektive Vermögen der an der Verflechtung beteiligten Gesellschaften, wenn man es als wirtschaftliche Einheit betrachtet, entweder durch den beiderseitigen entgeltlichen Aktienerwerb um die als Kaufpreis aufgewandten Beträge vermindert oder bei einer wechselseitigen Übernahme der Aktien aus einer Kapitalerhöhung nicht entsprechend erhöht werde und infolgedessen, sofern nicht genügend Reserven vorhanden seien, das Grundkapital nicht mehr durch das Gesellschaftsvermögen gedeckt sei".[2]

Erwerben beide Gesellschaften jeweils die gesamten Anteile der anderen, erhalten in diesem Extremfall alle Gesellschafter auf diese Weise ihren Anteil am Gesellschaftsvermögen und damit ihre Einlage vollständig zurück, während die beiden Gesellschaften in entsprechendem Umfang Vermögen verlieren, im Extremfall sogar völlig vermögenslos werden können.[3] Letzteres tritt genau dann ein, wenn der gezahlte Kaufpreis eines Anteils jeweils der Höhe des durch einen Anteil repräsentierten Bruchteils des Gesellschaftsvermögens entspricht. Ein höherer Preis als dieser kann nicht gezahlt werden, da dazu keine Mittel vorhanden sind, bei einem niedrigeren Preis behalten beide Gesellschaften noch (liquide) Mittel als Vermögen zurück.

---

1) Vgl. für den Fall der AG: BOESEBECK (1961), S. 332; LUTTER in Kölner Komm. zum AktG, § 56 Anm. 30, § 71 Anm. 65.

2) WINTER, H. (1960), S. 39. Der hier von WINTER für die AG aufgezeigte Sachverhalt gilt analog auch für andere Unternehmensrechtsformen.

3) Vgl. LUTTER (1964), S. 453; Begründung RegE zu § 19 AktG, in: KROPFF (1965), S. 35.

Zu demselben Ergebnis führt es, wenn an Stelle der zunächst angenommenen zwei Gesellschaften der Kreis der beteiligten Unternehmen erweitert wird und nunmehr beliebig viele Gesellschaften in einem "geschlossenen Ring" mittelbar gegenseitig die Anteile erwerben.[1] Da diese Form der wechselseitigen Beteiligung die gleichen Gefahren mit sich bringt wie eine wechselseitige Beteiligung von nur zwei Gesellschaften,[2] soll der Fall des "geschlossenen Rings" nicht gesondert behandelt werden.

Die aus einer wechselseitigen Beteiligung folgende Gefahr für die Kapitalerhaltung hat der Gesetzgeber erkannt und deshalb zumindest im AktG, den Erwerb (und den Besitz) von Aktien der herrschenden Gesellschaft durch ein abhängiges Unternehmen den gleichen Beschränkungen unterworfen wie den direkten Anteilserwerb. Anteile der herrschenden Gesellschaft dürfen also nur erworben werden unter Beachtung der Beschränkungen des § 71 AktG, d.h. insbesondere bei der Begrenzung auf 10% des Grundkapitals der herrschenden Gesellschaft sowie unter Bildung einer Rücklage für eigene Aktien. Darüber hinaus werden direkt und indirekt erworbene eigene Anteile bei der herrschenden und der (den) abhängigen Gesellschaft(en) bei der Errechnung des Gesamtbetrages eigener Anteile zusammengefaßt (§ 71d Ansatz 3 AktG).

Im GmbH-Recht fehlt de lege lata eine derartige Regelung. Nur der Regierungsentwurf 1977 zur Novellierung des GmbHG hatte auch detaillierte Vorschriften über den Erwerb (und die Inpfandnahme) eigener Geschäftsanteile bei verbundenen Unternehmen vorgesehen.[3] Zu Recht wurde die besondere Gefährdung der Gläubiger hervorgehoben und ein Anteilserwerb durch ein abhängiges Unternehmen nur dann für zulässig erklärt, wenn das abhängige Unternehmen soviel Vermögen besitzt, "daß es das Erwerbsentgelt aus seinem über das Stammkapital hinaus vorhandene Gesellschaftsvermögen begleichen kann".[4] Eine derartige Einschränkung ist notwendig, "damit die Muttergesellschaft das zur Deckung des Stammkapitals erforderliche Vermögen der Tochtergesellschaft nicht dadurch gefährden oder deren Stammkapital aushöhlen kann, daß sie ihre eigenen Geschäftsanteile durch die Tochtergesellschaft erwerben läßt".[5]

---

1) Vgl. LUTTER (1964), S. 453.

2) So auch WINTER, H. (1960), S. 44; anders BOESEBECK (1959), S. 19.

3) Vgl. REGIERUNGSENTWURF (1977), S. 10, 42.

4) REGIERUNGSENTWURF (1977), S. 42 (Begründungen § 33 Abs. 3 RegEGmbHG).

5) REGIERUNGSENTWURF (1977), S. 42 (Begründungen § 33 Abs. 3 RegEGmbHG).

Als zusätzliche Maßnahme zur Kapitalsicherung sollte der Erwerb durch ein abhängiges Unternehmen nur dann zulässig sein, wenn auch die herrschende Gesellschaft soviel Vermögen besitzt, daß sie die Geschäftsanteile auch selbst hätte erwerben dürfen.[1] Der zusätzlichen Anforderung bedarf es, weil durch den Vermögensabfluß bei der Tochtergesellschaft der Wert der Beteiligung der Obergesellschaft entsprechend sinken würde. Dieser Vorschlag des Regierungsentwurfs 1977 wurde aber in der GmbH-Novelle 1980 nicht durchgesetzt.[2] Durch die Vorlage des Bilanzrichtlinie-Gesetzes soll aber auch für Gesellschaften mbH de lege ferenda die Rücklagenbildung für Anteile eines herrschenden oder eines mit Mehrheit beteiligten Unternehmens obligatorisch vorgeschrieben werden.[3]

3.3.3.3 Ansatzpunkte zur Einschränkung der mit dem Erwerb eigener Anteile verbundenen Gefahren

Zur Abwendung der aufgeführten Gefahren durch den Erwerb eigener Anteile bieten sich verschiedene Lösungen an:

Die rigideste Regelung wäre das ausnahmslose Verbot des Erwerbs oder der Inpfandnahme eigener Geschäftsanteile durch die Gesellschaft. Diese, innerhalb der Europäischen Gemeinschaft in mehreren Ländern praktizierte Regelung[4] verfolgt das Ziel eines unbedingten Kapital- und Gläubigerschutzes. Gegen ein absolutes Verbot des Erwerbs eigener Anteile spricht aber, daß in bestimmten Fällen eigene Anteile auch ohne Gläubigergefährdung im Interesse der Gesellschaft selbst oder interessierter Dritter erworben werden können.[5] Daher erscheint ein generelles Verbot des Erwerbs eigener Anteile als zu rigide Lösung. Abweichend von diesem absoluten Verbot ist in anderen Staaten der EG (z.B. Bundesrepublik Deutschland, Frankreich, Niederlande, Belgien, Dänemark eine Einlagenrückgewähr allerdings dann zulässig, soweit sie "aus freien Mitteln der Gesellschaft oder unentgeltlich erfolgt, da in diesem Fällen der Gesellschaft kein gebundenes Vermögen entzogen wird."[6]

1) Vgl. REGIERUNGSENTWURF (1977), S. 42. Vgl. auch LUTTER (1964), S. 463.

2) Die Streichung dieser Regelung begründete der Rechtsausschuß damit, daß der Erwerb eigener Geschäftsanteile bei verbundenen Unternehmen nur Ausnahmefälle beträfe, über die zu entscheiden wie bisher der Rechtsprechung überlassen bleiben solle. Vgl. Bericht des Rechtsausschusses, in: DEUTLER (1981), S. 78.

3) Vgl. REGIERUNGSENTWURF (1983), § 42 Abs. 4 Satz 4 GmbHGE; RECHTSAUSSCHUSS (1985), § 272 Abs. 4 Satz 4 EHGB.

4) Vgl. dazu die bei ZIEBE (1982), S. 187 ff. angeführten Beispiele für die Länder Großbritannien, Irland und Griechenland.

5) Vgl. dazu die Ausnahmen vom Erwerbsverbot in § 71 Abs. 1 AktG. Zur inhaltlichen Auslegung dieser Ausnahmetatbestände vgl. BARZ in Großkomm. AktG, § 71 Anm. 6 ff.; GODIN/WILHELMI (1971), § 71 Anm. 3 ff.; LUTTER in Kölner Komm. zum AktG, § 71 Anm. 13 ff..

7) ZIEBE (1983), S. 42.

Ein weiterer Ansatzpunkt ergibt sich in der Frage der Bilanzierung eigener Anteile nach deren Erwerb durch die Gesellschaft. Hier bestehen die Möglichkeiten in einem Bilanzansatz zu den Anschaffungskosten oder einem niedrigeren Wert oder aber ein Verbot jeglicher Aufnahme eigener Anteile in die Bilanz. Der Fall eines Ansatzes zu einem Wert zwischen "null" und den Anschaffungskosten soll nicht weiter untersucht werden, da sich hieraus keine grundsätzlich neuen Erkenntnisse gewinnen lassen.

Werden die Anteile mit ihrem Anschaffungswert aktiviert, ohne daß parallel dazu weitere bilanztechnische Maßnahmen ergriffen werden, kann dies zu einer völligen Vermögensaushöhlung führen. Dies sei am Beispiel einer GmbH erläutert:

In einer GmbH dürfen Einlagen zurückgewährt werden, soweit dies aus dem das Stammkapital übersteigenden Vermögen erfolgen kann. In der Ausgangsbilanz (I) können also eigene Anteile in Höhe von 10.000 DM erworben werden. Es hat ein reiner Aktivtausch stattgefunden (II). Die Forderung des § 33 GmbHG (zulässiger Erwerb vollständig eingezahlter eigener Anteile aus dem über den Betrag des Stammkapitals hinaus vorhandenen Reinvermögen) würde nach dem Wortlaut des Gesetzes nun auch dann nicht verletzt, wenn angesichts eines einschließlich des Wertansatzes für die eigenen Anteile[1] ermittelten Reinvermögens von 60.000 DM weitere eigene Anteile im Umfang von 10.000 DM erworben werden (III). Außerdem können auch noch Beträge in Höhe der freien Rücklagen ausgeschüttet werden (IV).

I

Vermögen	60.000	Stammkapital	50.000
		Rücklage	10.000
	60.000		60.000

II

eigene Anteile	10.000	Stammkapital	50.000
sonst. Vermögen	50.000	Rücklage	10.000
	60.000		60.000

III

eigene Anteile	20.000	Stammkapital	50.000
sonst. Vermögen	40.000	Rücklage	10.000
	60.000		60.000

IV

eigene Anteile	20.000	Stammkapital	50.000
sonst. Vermögen	30.000		
	50.000		50.000

Dadurch könnte also sukzessive das Gesellschaftsvermögen zu Gunsten der Anteilseigner ausgehöhlt werden. Aus diesem Grund ist die Bilanzierung zum vollen Anschaffungswert *ohne weitere bilanzielle Maßnahmen*

1) Zum Ansatz der eigenen Geschäftsanteile "wie alle anderen Aktiven" in der Bilanz siehe HOHNER in HACHENBURG (1975/84), § 33 Rdn. 50, sowie WESTERMANN in SCHOLZ (1983), § 33 Anm. 38 - 40.

unter der Zielsetzung der Kapitalerhaltung auf jeden Fall abzulehnen. Es darf kein Zweifel daran bestehen, daß eine Aktivierung eigener Geschäftsanteile ohne entsprechenden passivischen Ausgleichsposten mit dem Zweck der Kapitalerhaltungsnormen unvereinbar ist.[1)]

Die dargestellten Gefahren aus der Aktivierung *ohne* passivische Gegenbuchung könnten nun beseitigt werden, würden die erworbenen Anteile überhaupt nicht in die Bilanz eingestellt.[2)] Diese Regelung würde einer Kapitalsicherung insoweit gerecht, als die im obigen Beispiel dargestellte sukzessive Anschaffung eigener Anteile unterbunden würde, sobald ein Erwerb nicht mehr aus freiem Vermögen erfolgen könnte, d.h. der Erwerb würde quasi einer einfachen "Ausschüttung" gleichgestellt. Wesentlicher Nachteil bei einer solchen Vorgehensweise ist aber, daß der Erwerb eigener Anteile dem externen Betrachter, also auch den Gläubigern, völlig verborgen bliebe, da nun ein publizitätswirksamer Bilanzausweis unterbleibt. Jedoch könnte dieser Nachteil durch die Pflicht zu Angaben über eigene Anteile im jährlichen Geschäftsbetrieb ausgeglichen werden.[3)]

Mit der Durchführung der Zweiten EG-Richtlinie wurde jedoch für Aktiengesellschaften eine andere Lösung zur Neutralisierung der Gefahren aus dem Erwerb eigener Aktien geschaffen. Wegen der Ausweitung der aktienrechtlichen Bestimmungen auch auf große GmbH[4)] könnten die folgenden Ausführungen grundsätzlich de lege ferenda auch auf Gesellschaften mbH angewendet werden.

Will die Gesellschaft eigene Anteile erwerben, darf sie dies nur, wenn sie in der Lage ist, gleichzeitig eine Rücklage in Höhe des Anschaffungswertes der Anteile zu bilden.[5)] Diese Rücklage muß gebildet werden, ohne daß dadurch das Nominalkapital oder eine nach Gesetz oder Satzung zu bildende Rücklage gemindert wird.

---

1) Vgl. ULMER (1981a), S. 75; TIMM (1980), S. 293; LUTTER (1980), S. 1322. Für den Ansatz zu Anschaffungskosten ohne passivische Gegenbuchung vgl. HOHNER in HACHENBURG (1975/84), § 33 Rdn. 50 f.; GERSCH/HERGET/MARSCH/STÜTZLE (1980), Rdn. 306. Gegenteiliger Auffassung WESTERMANN in SCHOLZ (1983), § 33 Anm. 38, 39, sowie FLECK (1982), S. 50.

2) Ein derartiges Aktivierungsverbot war noch im § 130 Abs. 3 RefEGmbHG 1969 vorhanden, war aber bereits im RegE 1971 nicht mehr zu finden. LUTTER (1980), S. 1322, schlägt statt dessen eine Bilanzierung mit einem "Erinnerungswert von DM 1,--" vor.

3) Vgl. MELLEROWICZ in Großkomm. AktG, § 160 Anm. 25. Wegen der Ausdehnung der aktienrechtlichen Rechnungslegung auch auf große GmbH durch das Bilanzrichtlinie-Gesetz erlangt diese Vorschrift zukünftig größere Bedeutung.

4) Vgl. REGIERUNGSENTWURF (1983), S. 70. Zu den Größenkriterien ausführlich: CHMIELEWICZ (1982), S. 286.

5) Vgl. auch das Beispiel auf Seite

Sinn dieser Vorschrift ist es, zu verhindern, "daß ein Betrag in Höhe der aktivierten Aktien zu einer Gewinnausschüttung führt und damit das Aktivvermögen der Gesellschaft um den Anschaffungsbetrag der Aktien vermindert, also zu Lasten der Gläubiger ausgehöhlt wird".[1] Durch die zu bildende Rücklage gemäß § 150a AktG kommt es also zu einer Bindung ausschüttungsfähiger Vermögensteile, die ansonsten an die Gesellschafter ausgezahlt werden könnten.[2] Denn die Rücklage für eigene Anteile darf zur zu Lasten von Positionen gebildet werden, die auch zu Ausschüttungen an die Gesellschafter hätten verwendet werden können. Indem die Gesellschaft nun eigene Aktien erwirbt, vermindert sie uno actu das in ausschüttbaren Bilanzgewinn transformierbare Rücklagenpotential (einschließlich des aktuellen Jahresüberschusses). Das Unternehmen hat damit quasi die Wahl, das ihr verfügbare Ausschüttungsvolumen entweder durch Dividendenzahlungen oder durch den Erwerb eigener Anteile (zunächst ohne Berücksichtigung einer Mengenrestriktion) an die Gesellschafter zu verteilen. Durch den Zwang zur Einrichtung dieser Rücklage wird aber auf jeden Fall verhindert, daß beides vorgenommen wird und Gläubiger geschädigt werden könnten.

Die in § 150a AktG verlangte Rücklagenbildung für eigene Anteile neutralisiert also die Vermögensminderung durch den Erwerb dieser Anteile, indem sie den in ausschüttungsfähigen Bilanzgewinn transformierbaren Rücklagenbetrag entsprechend reduziert. Der Erwerb eigener Aktien ist damit aber zugleich auch auf die Höhe dieser ausschüttungsfähigen Positionen begrenzt.[3] Die Gesellschaften ohne oder mit nur geringen ausschüttungsfähigen Rücklagepositionen können dann aber konsequenterweise keine oder nur in geringem Umfang eigene Anteile erwerben. Dies entspricht den Erfordernissen der Kapitalerhaltung.

Unter der Voraussetzung der Möglichkeit der Bildung einer entsprechenden Rücklage verliert allerdings auch jede Beschränkung des Erwerbs eigener Anteile auf einen bestimmten Teil des Nominalkapitals unter dem Aspekt

---

1) GANSKE (1978), S. 2463. Nicht überzeugt von der Neuregelung ist HÜFFER (1979), S. 1069, da der Erwerb eigener Aktien nur eine Umschichtung der bereits vorhandenen Aktiva bewirkt. Damit mißt er aber eigenen Anteilen den gleichen realen Wert zu wie anderen Vermögensgegenständen.

2) Vgl. MÜLLER, W. (1978), S. 570; REGIERUNGSENTWURF (1978), S. 17 (RegE zur Zweiten EG-Richtlinie).

3) Dies wird auch als "Kapitalgrenze" bezeichnet. Vgl. REGIERUNGSENTWURF (1978), S. 15.

des Gläubigerschutzes ihre Rechtfertigung. Denn verfügt die Gesellschaft über genügend freies Vermögen, können die Gläubiger auch bei umfangreichem Erwerb eigener Anteile durch die Gesellschaft nicht gefährdet werden. Da jedoch auch andere Gründe für eine Beschränkung des Erwerbs eigener Anteile sprechen, so insbesondere die dadurch drohende Bevorzugung einzelner Anteilseigner und eine übermächtige Stellung der Verwaltungsorgane (insbesondere bei der AG)[1] ist eine maximale Obergrenze gerechtfertigt, um auch anderen Interessen gerecht werden zu können.

Im Ergebnis sollte ein Erwerb eigener Anteile immer nur dann zulässig sein, wenn die Gesellschaft in gleicher Höhe eine Rücklage bilden kann, die nicht zu Lasten des Nominalkapitals oder einer nach Gesetz und Satzung zu bildenden Rücklage entnommen wurde.[2] Dies gilt sowohl für den direkten als auch für den indirekten Erwerb eigener Anteile.

3.3.3.4 Vorschläge zur Modifikation bestehender Rechtsnormen

Durch die Zweite EG-Richtlinie ist die Forderung nach einer obligatorischen Rücklagenbildung für eigene Aktien für Aktiengesellschaften bereits realisiert. Grundsätzlich gleiche Gefahren aus dem Erwerb eigener Anteile ergeben sich aber auch bei der GmbH. Deshalb erscheint eine Anwendung der aktienrechtlichen Regelungen dringend geboten. Im Zuge der Durchführung des Bilanzrichtlinie-Gesetzes soll die aktienrechtliche Regelung zukünftig auch für Gesellschaften mbH gelten. Im Entwurf zu § 33 Abs. 2 GmbHG wird eine Rücklage für eigene Anteile vorgeschrieben, um sicherzustellen, "daß der Erwerb eigener Anteile nicht zur Rückzahlung des Stammkapitals oder von Rücklagen führt, die aufgrund des Gesellschaftsvertrages nur für bestimmte Zwecke verwendet werden dürfen".[3] Entsprechend dem Entwurf des Bilanzrichtlinie-Gesetzes ist § 33 Abs. 2 GmbHG neu zu formulieren:

> "Eigene Geschäftsanteile, auf welche die Einlagen vollständig geleistet sind, darf sie nur erwerben, sofern die Gesellschaft die nach § 42 Abs. 4 vorgeschriebene Rücklage für eigene Anteile bilden kann, ohne das Stammkapital oder eine nach dem Gesellschaftsvertrag zu bildende Rücklage zu mindern, die nicht zu Zahlungen an die Gesellschafter verwandt werden darf."[4]

---

1) Vgl. BARZ in Großkomm. AktG, § 71 Anm. 1.

2) So auch ULMER (1981a), S. 75; TIMM (1980), S. 293. LUTTER schlägt dagegen alternativ entweder die Bewertung zu einem Erinnerungswert von DM 1,-- oder aber Aktivierung und Rücklagenbildung vor. Vgl. LUTTER (1980), S. 1322.

3) REGIERUNGSENTWURF (1983), S. 110.

4) § 33 Abs. 2 EGmbHG (1983).

Der Erwerb nicht voll einbezahlter eigener Anteile soll weiterhin grundsätzlich unzulässig sein. Zur besseren Übersichtlichkeit sollte darüber hinaus der bisherige Satz 2 des § 33 Abs. 2 GmbHG über die Gleichstellung der Inpfandnahme in einen gesonderten Abs. 3 aufgenommen, Satz 3 des § 33 Abs. 2 GmbHG in einem neuen Abs. 4 aufgeführt werden.

Die Bildung einer Rücklage für eigene Anteile wird in dem völlig neu gestalteten § 42 EGmbHG vorgeschrieben.[1] Gemäß Absatz 4 dieser Norm gilt:

> "In eine Rücklage für eigene Anteile ist ein Betrag einzustellen, der dem auf der Aktivseite der Bilanz für die eigenen Anteile anzusetzenden Betrag entspricht ....
> Die Rücklage, die bereits bei der Aufstellung der Bilanz vorzunehmen ist, darf aus vorhandenen Gewinnrücklagen gebildet werden, soweit diese frei verfügbar sind ...."[2]

Diese Regelung erfaßt alle Gesellschaften mbH und stellt die konsequente Übertragung gläubigerschützender Normen des Aktienrechts dar.[3] Im Gegensatz zur Rechnungslegung und Publizität gelten die Vorschriften der modifizierten §§ 33 Abs. 2 und 42 Abs. 4 GmbHG des Bilanzrichtlinie-Gesetzes für alle Gesellschaften mbH. Dies ist aus Gläubigersicht auch unbedingt zu fordern, denn eine Gläubigergefährdung erweist sich als generelles Problem der Verletzung des Kapitalerhaltungsgrundsatzes durch den Erwerb eigener Anteile.

Um Gläubigergefährdungen aus *wechselseitigen* Beteiligungsverhältnissen wirksam begegnen zu können, empfehlen sich auch hier entsprechende Gesetzesmodifikationen. Ziel dieser Änderungsvorschläge ist die

- Erfassung von wechselseitigen Beteiligungsverhältnissen auch unterhalb einer mindestens in eine Richtung gehenden Beteiligungsquote von 50 %,

- Bildung einer Rücklage im Falle wechselseitiger Beteiligungen von jedem der verbundenen Unternehmen jeweils in Höhe des mittelbar erworbenen Betrages eigener Anteile.

---

1) § 42 Abs. 4 EGmbHG (1983).

2) Vgl. in dieser Richtung auch die Forderung von ULMER (1981a), S. 75; PRIESTER (1980), S. 236; LUTTER (1980), S. 1322.

3) Vgl. in dieser Richtung auch die Forderung von ULMER (1981a), S. 75; PRIESTER (1980), S. 236; LUTTER (1980), S. 1322.

Daraus könnten sich die folgenden konkreten Gesetzesmodifikationen aus dem Bereich des GmbHG und AktG ergeben. Die Änderungen des GmbHG beziehen sich dabei auf den bereits durch das Bilanzrichtlinie-Gesetz modifizierten Gesetzestext der §§ 33 Abs. 2 und 42 Abs. 4 EGmbHG.[1] Diese Vorgehensweise erscheint insoweit sinnvoll zu sein, als durch das Bilanzrichtlinie-Gesetz bereits einige wesentliche Verbesserungen des Gläubigerschutzes erfolgen sollen. Deshalb wird dieser Text als Ausgangsbasis für die von uns vorgeschlagenen, noch weitergehenden Modifikationen gewählt. Die Änderungsvorschläge für das AktG beziehen sich auf die Fassung de lege lata.

GmbHG § 33: In Absatz 2 ist als neuer Satz 2 einzufügen:

"Gleiches gilt für eine wechselseitige Beteiligung, sofern von jedem der verbundenen Unternehmen die nach § 42 Abs. 4 vorgeschriebene Rücklage gebildet werden kann."

§ 42: In Absatz 4 ist Satz 4 zu modifizieren:

"Die Rücklage ist auch im Falle wechselseitiger Beteiligung in Höhe des mittelbar erworbenen Betrages eigener Anteile von jedem der verbundenen Unternehmen zu bilden."

AktG § 71d: Satz 2 ist folgendermaßen zu ändern:

"Gleiches gilt für den mittelbaren Erwerb oder Besitz von Aktien der Gesellschaft durch das Entstehen oder die Ausweitung einer wechselseitigen Beteiligung, sowie für den mittelbaren Erwerb oder Besitz durch einen Dritten, der im eigenen Namen, jedoch für Rechnung eines wechselseitig verbundenen Unternehmens handelt."

§ 150a[2]: Absatz 2 ist neu zu formulieren:

"Die Rücklage nach Absatz 1 ist auch im Falle wechselseitiger Beteiligung in Höhe des mittelbar erworbenen Betrages eigener Aktien von jedem der verbundenen Unternehmen zu bilden."

---

1) Vgl. §§ 33 Abs. 2, 42 Abs. 4 EGmbHG (1983).

2) Der hier modifizierte § 150a AktG entspricht dem § 151 de lege ferenda. Die Verschiebung erfolgt durch das Bilanzrichtlinie-Gesetz, durch das der vormalige § 151 AktG (Gliederung der Jahresbilanz) nunmehr als § 239 in das HGB übernommen wurde und der de lege lata verwendete § 150a zukünftig diese Stelle einnehmen soll.

Mit diesen Neuregelungen könnten alle wechselseitigen Beteiligungen erfaßt und die mit diesen einhergehenden Gläubigerrisiken weitgehend neutralisiert werden.

3.4 Gläubigerschützende Normen bei der Kapitalherabsetzung

3.4.1 Zum Begriff der Kapitalherabsetzung und Synopse bestehender Normen

Unter einer Kapitalherabsetzung kann im weitesten Sinne jede Verminderung der bilanziell ausgewiesenen Kapitalbeträge eines Unternehmens verstanden werden. Dazu zählen also sowohl Fremdkapitalrückflüsse als auch Gewinnausschüttungen und die Ausbuchung von Verlusten. Im Rahmen dieser Arbeit interessiert jedoch nur die Herabsetzung des Eigenkapitals. Da dieses neben dem Nominalkapital auch noch die Rücklagen und einen eventuellen Gewinnvortrag oder Verlustvortrag als negativem Korrekturposten umfaßt, muß die hier behandelte Größe noch konkreter definiert werden: Bei einer Kapitalherabsetzung handelt es sich um die Reduzierung des Nominalkapitalbetrages einer Gesellschaft aufgrund eines Gesellschafterbeschlusses.

Wirtschaftlicher Zweck einer Kapitalherabsetzung ist, das Unternehmen hinsichtlich seiner bilanziell ausgewiesenen Nominalkapitalziffer den effektiven Verhältnissen des Vermögensstatus oder geänderten Bedürfnissen anzupassen. Dabei handelt es sich in erster Linie um "Entlassung oder Freistellung überschüssigen Kapitals aus der Bindung einerseits und der Anpassung der rechtlichen Lage an die faktische Situation bei Vermögensverlust andererseits".[1)]

Die Bedeutung einer Kapitalherabsetzung für den Gläubigerschutz ergibt sich durch den damit verbundenen Eingriff in das System der Vermögensbindung: Ein Teil des Gesellschaftsvermögens wird durch die Kapitalherabsetzung aus der typischen Vermögensbindung des Nominalkapitals entlassen.[2)] Alle Bemühungen zur Erhaltung eines Mindesthaftungspotentials für die Ansprüche der Gläubiger sind aber nur dann sinnvoll, wenn die Größe, von der die Vermögensbindung ausgeht, nicht ohne

---

1) LUTTER in Kölner Komm. zum AktG, Vorb. § 222 Anm. 3; vgl. auch SCHILLING in Großkomm. AktG, § 222 Anm. 2.

2) Vgl. LUTTER in Kölner Komm. zum AktG, Vorb. § 222 Anm. 2.

weiteres von den Anteilseignern reduziert werden kann, es sei denn, es werden als Ausgleich dazu entsprechende Gläubigerschutzregelungen kodifiziert.

Eine Herabsetzung des Eigenkapitals kann grundsätzlich in allen Unternehmensrechtsformen erfolgen.[1] Definiert man jedoch Kapitalherabsetzung im Sinne einer Herabsetzung der Vermögensbildungsziffer, so ist unmittelbar einleuchtend, daß Kapitalherabsetzungen nur bei jenen Rechtsformen möglich sind, bei denen aufgrund der grundsätzlich auf das Gesellschaftsvermögen begrenzten Haftung eine nominelle Bindung des Vermögens der Gesellschaft erfolgt. Hierbei handelt es sich um die Kapitalgesellschaften sowie die Genossenschaft.[2]

Die Bestimmungen zur Kapitalherabsetzung bei den unterschiedlichen Unternehmensrechtsformen sind in der folgenden Synopse zusammengestellt worden.[3] Das Schema wurde erweitert um die mit der Reduzierung der Kapitalziffer verbundenen finanziellen Konsequenzen. Diese stellen sich entweder in Form eines Abflusses finanzieller Mittel dar oder aber die Liquidität der Gesellschaft wird dadurch nicht berührt, was in der Regel bei Kapitalherabsetzungen zum Zweck rein buchmäßiger Sanierungen der Fall ist (von damit verbundenen gleichzeitigen Kapitalerhöhungen wird dabei abgesehen). Das für die Rechtsgültigkeit einer Kapitalherabsetzung grundsätzliche Erfordernis eines Gesellschafterbeschlusses wird nicht mehr gesondert aufgeführt.

---

1) So auch VORMBAUM (1981), S. 302.

2) Von daher unpräzise BÖTTCHER (1976), Sp. 1050: " Maßnahmen der Kapitalherabsetzung sind nur den Kapitalgesellschaften eigen."

3) Vgl. auch BITZ (1984a), S. 150. Das dort nur für die AG angeführte Schema wurde um einige Rechtsnormen erweitert sowie auf andere Unternehmensrechtsformen ausgedehnt.

Rechtsform	finanzielle Konsequenzen	Bezeichnung und §§ Angabe	Gläubigerschutzvorschriften
Genossenschaft	Abfluß finanzieller Mittel	Auszahlung des Geschäftsguthabens (§ 22 GenG)	§ 22 Abs. 2 GenG Sicherheitsleistung an die Gläubiger
	keine Abfluß finanzieller Mittel	Herabsetzung der Geschäftsanteile (§ 22 GenG)	§ 22 Abs. 2 GenG Sicherheitsleistung an die Gläubiger
GmbH	mit oder ohne Abfluß finanzieller Mittel	Herabsetzung des Stammkapitals (§ 58 GmbHG)	§ 58 GmbHG Abs. 1 - dreimalige Gläubigeraufforderung (Nr. 1) - Sicherheitsleistung (Nr. 2) - Sperrjahr (Nr. 3)

Abb. 32: Regelungen zum Gläubigerschutz bei Kapitalherabsetzungen (1. Teil, Fortsetzung S. 255)

AG	Abfluß finanzieller Mittel	Ordentliche Kapitalherabsetzung (§§ 222-228 AktG) Entgeltliche Einziehung von Aktien zu Lasten des Grundkapitals (§§ 237-239 AktG)	§§ 225, 237 Abs. 2 AktG - Sicherheitenleistung - Sechsmonatige Ausschüttungssperre
		Entgeltliche Einziehung von Aktien zu Lasten des Bilanzgewinnes und freier Rücklagen (§§ 237-239 AktG)	§ 237 Abs. 5 AktG - Bildung einer gesetzlichen Rücklage in Höhe des Gesamtnennbetrages der eingezogenen Aktien - sonst Außerkraftsetzung der Bestimmungen über die ordentliche Kapitalherabsetzung (§ 237 Abs. 3 AktG)
	kein Abfluß finanzieller Mittel	Unentgeltliche Einziehung von Aktien (§§ 237-239 AktG)	
		Vereinfachte (nominelle) Kapitalherabsetzung (§§ 229-236 AktG)	§§ 230, 232, 233 AktG - Verbot der Ausschüttung von Buchgewinnen an Aktionäre - Einstellung von Buchgewinnen aufgrund zu hoch angenommener Verluste in die gesetzliche Rücklage - Wiederauffüllungspflicht der gesetzlichen Rücklage auf 10 % des Grundkapitals - Zweijährige Ausschüttungsbegrenzung auf 4 % des Grundkapitals

Abb. 32: Regelungen zum Gläubigerschutz bei Kapitalherabsetzungen (2. Teil, Fortsetzung von S. 254)

3.4.2 Systematisierung der Rechtsnormen und Darstellung des Gefährdungstatbestandes

3.4.2.1 Zur Gefährdung der Gläubiger durch Kapitalherabsetzung

Eine Vielzahl gesetzlicher Normen trägt dafür Sorge, daß Gesellschaften mit beschränkt haftenden Anteilseignern an diese nicht Leistungen aus dem der Ziffer des Nominalkapitals entsprechenden Reinvermögen der Gesellschaft erbringen (z.B. §§ 30 GmbHG, 57, 58 Abs. 5 AktG, 2. Abs. 4 GenG). Insoweit kommt dem Betrag des Nominalkapitals auch besondere Bedeutung für das Prinzip der Kapitalerhaltung zu, denn er fixiert den absolut gebundenen Teil zu Lasten des Gesellschaftsreinvermögens, das gegen Ausschüttungen zugunsten der Anteilseigner gesperrt ist; der ausschüttungsfähige Teil des Nettovermögens (Vermögen abzüglich Schulden) der Unternehmung wird um diesen Betrag reduziert.[1] Er hat damit die Funktion, den Gesellschaftsgläubigern einen vor dem Zugriff der Anteilseigner geschützten Haftungs- und Zugriffsfonds und der Gesellschaft selbst ein gewisses Mindestbetriebskapital zu erhalten sowie die Gläubiger vor "willkürlichen Grenzverschiebungen zwischen Gesellschaftsvermögen und Privatvermögen der Gesellschafter zu sichern als Ersatz für deren fehlende persönliche Haftung".[2] Besondere Bestimmungen zum Gläubigerschutz sind daher nur in Kapitalgesellschaften erforderlich; Personengesellschaften haben kein satzungsmäßig konstantes Nominalkapital,[3] von dem eine gläubigerschützende Vermögensbindung ausgehen könnte. Dem steht andererseits die unbeschränkte persönliche Haftung der Gesellschafter dieser Rechtsform gegenüber.

Alle diese Regelungen zur Verhinderung von Reinvermögensabgängen wären nun völlig nutzlos, könnten die Gesellschafter ohne weitere Einschränkung die zuvor konstituierte Kapitalziffer nach ihrem Belieben reduzieren. Denn die Situation der Gläubiger wird durch jede Kapitalherabsetzung gefährdet, da dadurch ein Teil des Gesellschaftsvermögens aus dem typischen System der Vermögensbindung entlassen wird und zur Ausschüttung an die Gesellschafter verwendet werden kann. Soweit das Rein-

1) Vgl. LUTTER in Kölner Komm. zum AktG, Vorb. § 222 Anm. 1.

2) LUTTER (1964), S. 384.

3) Vgl. SCHMIDT, K. (1982f), S. 537.

vermögen nach der Herabsetzung das dann ausgewiesene Nominalkapital übersteigt, steht es den Gesellschaftern zur freien Verfügung.[1] Damit erfolgt aber eine Senkung des "Stauwehrs" und eine teilweise Befreiung von der Fessel der Vermögensbindung.[2]

Eine gläubigergefährdende Situation kann sich aber nicht nur durch die Verteilung von Gesellschaftsvermögen oder - was dem im Ergebnis gleichkommt - durch einen Einlagenerlaß ergeben, sondern auch bei einer Kapitalherabsetzung zum Zwecke des Ausgleichs von Wertminderungen oder Verlusten entstehen: Nach der Herabsetzung genügt nun die Neubildung und Auffüllung des Reinvermögens nur bis zum herabgesetzten, d.h. niedrigeren Betrag des Nominalkapitals. Bevor wieder Gewinne ausgeschüttet werden dürfen, bedarf es nicht mehr der Bildung von Vermögen bis zum bisherigen, also höheren Betrag des Nominalkapitals.[3] Mindestens in Höhe dieser Differenz zwischen früherem und nunmehr herabgesetzten Nominalkapital werden Vermögenswerte aus der Bindung entlassen, bzw. müssen erst gar nicht mehr zur Erfüllung der Vermögensbindungspflicht aufgefüllt werden.

Eine Gläubigergefährdung findet letztendlich also auf zwei unterschiedlichen Ebenen statt:

- Auf der ersten Gefährdungsebene besteht die Gefahr eines *Vermögensentzuges* mit der Folge eines geringeren, den Gläubigern zur Verfügung stehenden Haftungsvolumens.

- Auf der zweiten Gefährdungsebene wird darüber hinaus die *Ausschüttungssperrziffer* gesenkt. Damit wird der Umfang der Mindestkapitalbindung auch für die Zukunft reduziert.

Wegen der Vielzahl der Normen zum Schutz der Kreditoren bei Kapitalherabsetzungen wollen wir uns im folgenden auf zwei Schwerpunkte konzentrieren: Es soll die Wirksamkeit des Postulats der Sicherheitenstellung für die Gläubiger analysiert sowie die Gläubigergefährdung durch Ausschüttung in den Fällen der vereinfachten Kapitalherabsetzung sowie der Kapitalherabsetzung durch Einziehung von Aktien trotz der vorhandenen Schutzbestimmungen aufgezeigt werden.

---

1) Vgl. LUTTER in Kölner Komm. zum AktG, Vorb. § 222 Anm. 1, 10.

2) Vgl. PRIESTER in SCHOLZ (1983), § 58 Anm. 5.

3) Vgl. LUTTER in Kölner Komm. zum AktG, Vorb. § 222 Anm. 1.

3.4.3 Die Sicherstellung der Gläubiger

3.4.3.1 Zum Umfang der Informationspflicht der Gesellschaft

Hinsichtlich der Bekanntgabe der Kapitalherabsetzung an die Gläubiger sieht das GmbHG eine verstärkte Informationspflicht der Gesellschafter vor. Im Gegensatz zur AG und Genossenschaft muß eine Gesellschaft mbH die Herabsetzung nicht nur öffentlich bekanntgegen, sondern ist darüber hinaus noch verpflichtet, alle ihr bekannten Gläubiger persönlich über diesen Vorgang zu unterrichten. Dieser erweiterte Gläubigerschutz erscheint insoweit gerechtfertigt, als es ohne weiteres denkbar ist, daß ein Kreditor die Veröffentlichung des Beschlusses nicht erfährt, weil er weder Zeit noch Gelegenheit findet, täglich die relevanten gesellschaftsrechtlichen Nachrichten aufzunehmen. Als Beispiel dieser Gefahr der Unkenntnis der Gläubiger sei nur die Genossenschaft angeführt: Hier muß die Herabsetzung nur im Bundesanzeiger bekanntgemacht werden, es sei denn, der Vorstand besteht ausdrücklich auf einer Veröffentlichung in weiteren Blättern (§ 156 Abs. 1 GenG).[1)]

Hier wäre es im Gläubigerinteresse wünschenswert, daß sich die Informationspflicht der Gesellschaft nicht nur in der öffentlichen Bekanntgabe der Herabsetzung erschöpfen darf, sondern darüber hinaus auch für die AG und Genossenschaft die direkte Benachrichtigung aller bekannten Kreditoren verpflichtend vorgeschrieben wird. Nur so kann annähernd sichergestellt werden, daß der Großteil der Gläubiger von der Kapitalherabsetzung auch tatsächlich erfährt. Dieser Forderung könnte allerdings das Argument eines mit der direkten Gläubigeraufforderung entstehenden beträchtlichen Verwaltungsaufwandes entgegengehalten werden. Gerade bei sehr großen Unternehmen ist dieser Einwand nicht von der Hand zu weisen, sollte aber hinter den Gläubigerbelangen zurückstehen.

Im Ergebnis könnten deshalb folgende Normen modifiziert werden:

AktG	§ 223	Als Abs. 2 wäre neu einzufügen:
		"Die aus den Handelsbüchern der Gesellschaft ersichtlichen oder in anderer Weise bekannten Gläubiger sind durch besondere Mitteilung zur Anmeldung aufzufordern."

---

1) Vgl. MÜLLER, K. (1976/80), § 156 Rn. 9 f.; auch für die GmbH ist eine Veröffentlichung ausschließlich im Bundesanzeiger möglich; vgl. GOERDELER/MÜLLER in HACHENBURG (1975/84), § 30 Rdn. 70.

GenG § 22 Abs. 1 wäre zu erweitern um einen Satz 2:

"Die aus den Handelsbüchern der Gesellschaft ersichtlichen oder in anderer Weise bekannten Gläubiger sind durch besondere Mitteilung zur Anmeldung aufzufordern."

Dadurch könnte gewährleistet werden, daß die den Gläubigern eingeräumten Befriedigungs- und Sicherungsrechte von ihnen auch wahrgenommen werden können. Denn die beste Sicherungsmöglichkeit wird dann wertlos, wenn die Kenntnis um den die Berechtigung zu dieser Sicherstellung auslösenden Sachverhalt den Gläubigern verborgen bleibt.

3.4.3.2 Die den Gläubigern eingeräumte Meldefrist

Zur Anmeldung ihrer Sicherungsansprüche ist für die Gläubiger bei der AG und Genossenschaft ein Zeitraum von sechs Monaten vorgesehen. Demgegenüber ist der Gläubigerschutz in der GmbH durch die Kodifizierung eines vollen Sperrjahres, bevor die Herabsetzung im Handelsregister eingetragen werden darf, stärker ausgebaut.[1] Rechtspolitisch ist die Länge des in § 58 Abs. 1 Nr. 3 GmbHG angegebenen Zeitraumes immer wieder kritisiert und eine Angleichung an die aktienrechtliche Regelung gefordert worden.[2] Hier könnte die Forderung nach Abkürzung und Vereinfachung des Herabsetzungsverfahrens, wie es z.B. für den Fall der Sanierung wünschenswert wäre, für eine Übernahme der aktienrechtlichen Sechs-Monats-Frist sprechen.

In diesem Zusammenhang soll noch darauf hingewiesen werden, daß im Falle der AG die Rechtsgültigkeit eines Hauptversammlungsbeschlusses mit dem Inhalt einer Verlängerung der Ausschlußfrist durchaus nicht unstreitig ist. So wird mit Hinweis auf § 241 Nr. 3 AktG die Nichtigkeit eines derartigen Beschlusses abgeleitet und die Möglichkeit der Verlängerung des Sperrhalbjahres verneint.[3] Daß dieses Ablehnung ausgerechnet mit § 241 Nr. 3 AktG begründet wird, der die Nichtigkeit von Hauptversammlungsbeschlüssen vorsieht, wenn Vorschriften verletzt werden, "die aus-

---

1) Vgl. auch REUTER (1982), S. 306.

2) Vgl. ULMER in HACHENBURG (1975/84), § 58 Rdn. 59; PRIESTER in SCHOLZ (1983), § 58 Anm. 59. Beachte jedoch, daß das AktG ohnehin einen anderen Weg wählt: Die Anmeldung darf sofort erfolgen (§ 224 AktG), den Gläubigern wird im Anschluß daran eine sechsmonatige Frist zur Sicherung ihrer Ansprüche eingeräumt (§ 225 Abs. 1 Satz 1 AktG).

3) Vgl. SCHILLING in Großkomm. AktG, § 225 Anm. 9; GODIN/WILHELMI (1971), § 225 Anm. 3.

schließlich oder überwiegend zum Schutz der Gläubiger der Gesellschaft ... gegeben sind", ist völlig unverständlich, denn eine Verlängerung der Ausschlußfrist wäre für die Gläubiger zweifelsohne wesentlich günstiger. "Aber auch die jeweils anderen Gläubiger sind nicht betroffen, da die ihnen bereits gewährte Sicherheit durch spätere Anmeldung nicht tangiert wird, Neugläubiger aber könnten auch freiwillige Sicherheiten nicht verhindern".[1] Insofern kann eine Verlängerung des Sperrhalbjahres immer zugunsten der Gläubiger wirken, ein Verstoß gegen § 241 Nr. 3 AktG liegt somit nicht vor.

3.4.3.3 Das Problem der Sicherheitenstellung bei einer vereinfachten Kapitalherabsetzung

Soll eine Kapitalherabsetzung rechtswirksam durchgeführt werden, ist den Gesellschaftsgläubigern, deren Forderungen begründet waren, bevor der Herabsetzungsbeschluß bekannt gemacht wird, Sicherheit zu leisten, soweit sie nicht wegen Fälligkeit Befriedigung verlangen können (§§ 225 Abs. 1, 237 Abs. 2 AktG, 58 Abs. 1 Nr. 2 GmbHG; § 22 Abs. 2 GenG). Eine Ausnahme von dieser Pflicht zur Gewährung einer Sicherheit gilt nur für die Aktiengesellschaft bei einer vereinfachten Kapitalherabsetzung und bei der Einziehung von Aktien in den Fällen des § 237 Abs. 3 AktG. Bei der GmbH und der Genossenschaft ist den Gläubigern grundsätzlich Sicherung zu stellen.

Bei den letztgenannten Unternehmensrechtsformen muß also den Gläubigern auch im Falle einer Kapitalherabsetzung zu rein buchtechnischen Sanierungszwecken eine Sicherheit eingeräumt werden. Gerade aber in der Situation, in der eine Kapitalherabsetzung zu Sanierungszwecken erfolgen soll, könnte es der Gesellschaft eben wegen der schwierigen wirtschaftlichen Lage nicht mehr möglich sein, die obligatorische Sicherheitenstellung zu leisten. Vielmehr ist das noch vorhandene Vermögen in aller Regel bereits mit Gläubigeransprüchen belastet, so daß eine Sicherstellung im Sperrjahr, nach Bekanntgabe der Kapitalherabsetzung, mangels noch belastbaren Vermögens scheitern könnte. Dann aber könnte der Zwang der Vorschrift des § 58 Abs. 1 Nr. 1 und 2 GmbHG, die Gläubiger vor der Anmeldung der Herabsetzung ins Handelsregister aufzufordern und binnen Jahres-

---

1) LUTTER in Kölner Komm. zum AktG, § 225 Anm. 10.

frist zu befriedigen oder sicherzustellen, eine rein buchtechnische Sanierung möglicherweise vereiteln.[1)]

Das Aktienrecht hat diesen Überlegungen Rechnung getragen und für den Fall der vereinfachten Kapitalherabsetzung auf die Sicherheitenstellung zugunsten der Gläubiger im Interesse der Durchführung einer Sanierung verzichtet. Die Begründung zum AktG 1937, die auch für die Reform des AktG 1965 übernommen wurde, führt dazu aus: "Die vereinfachte Kapitalherabsetzung beruht auf dem Grundgedanken, daß bei Kapitalherabsetzungen zu Zwecken der Sanierung notleidender Gesellschaften eine Abschwächung des Gläubigerschutzes geboten ist, da sonst wirtschaftlich notwendige und ... erwünschte Herabsetzungen vereitelt werden. Eine solche Abschwächung ist auch deshalb tragbar, weil die Gläubiger bei einer bloßen Angleichung der Grundkapitalziffer an den bereits gesunkenen Vermögensstand weniger gefährdet sind als bei einer Kapitalherabsetzung, die zugleich mit einer Vermögensminderung verbunden ist".[2)]

Die Konsequenzen dieses Befundes sind eindeutig: Zu dem Zweck, Wertminderungen auszugleichen oder sonstige Verluste zu decken, wäre die vereinfachte Kapitalherabsetzung auch für die GmbH einzuführen.[3)] Das dazu erforderliche Normensystem könnte in Anlehnung an die entsprechenden aktienrechtlichen Vorschriften (§§ 229 bis 236 AktG) formuliert werden. Für den Fall der GmbH war dies bereits in den Entwürfen der Jahre 1969 und 1971/73 zur Novellierung des GmbHG enthalten,[4)] wurde aber letztendlich weder in der GmbH-Novelle des Jahres 1980 noch durch das Bilanzrichtlinie-Gesetz 1983 realisiert.

---

1) Vgl. SCHMIDT, K. (1982f), S. 534.

2) Begründung zu § 182 AktG 1937 (= § 218 f. RegE AktG (1937), in: SCHMIDT, K. (1982f), S. 532 f.. Vgl. auch für § 229 AktG den Verweis auf die Begründung zu § 192 AktG 1937 bei KROPFF (1965), S. 320.

3) Zu dieser Forderung für die GmbH vgl. SCHMIDT, K. (1982f), S. 535.

4) Vgl. §§ 183 ff. RefEGmbHG 1969; REFERENTENENTWURF (1969), S. 332 f., 336 ff.; §§ 181 ff. RegEGmbHG 1972; REGIERUNGSENTWURF (1972), S. 184, 186 f.. Vgl. auch REGIERUNGSENTWURF (1973), S. 51 ff., 186 ff..

3.4.4 Die Wirksamkeit der Ausschüttungssperre bei der vereinfachten Kapitalherabsetzung

Im Falle der vereinfachten Kapitalherabsetzung fehlt die Gläubigersicherungsnorm des § 225 AktG, wonach den Kreditoren, deren Forderungen begründet worden sind, bevor die Eintragung des Beschlusses bekanntgemacht worden ist, binnen sechs Monaten nach der Bekanntmachung Sicherheit zu leisten ist, soweit sie nicht Befriedigung verlangen können. Als Äquivalent dazu sind mehrere Regelungen geschaffen worden, die den Gläubigerschutz über die Begrenzung der Ausschüttungen gewährleisten sollen. Eine zentrale Stellung nimmt dabei der § 233 AktG mit der von ihm ausgehenden doppelstufigen Ausschüttungsbegrenzung ein, wonach

- jegliche Ausschüttungen grundsätzlich verboten sind, solange nicht die gesetzliche Rücklage mindestens 10% des Grundkapitals erreicht (§ 233 Abs. 1 Satz 1 AktG),

- in den ersten zwei Jahren nach der Kapitalherabsetzung ein Gewinnanteil von maximal 4% des Grundkapitals gezahlt werden darf, auch wenn die vorgeschriebene Rücklagendotierung erfolgt ist (§ 233 Abs. 2 Satz 1 AktG).

Anhand eines Beispiels[1] soll aber gezeigt werden, daß das Sicherungssystem der §§ 230 bis 233 AktG durchaus nicht in allen Fällen geeignet ist, die intendierte Ausschüttungsbegrenzung letztendlich auch zu realisieren. Dazu sei folgende Situation angenommen (Beträge in Tausend DM):

Vor Durchführung weist die Bilanz der AG ein Grundkapital von 300 und einen Verlust von 80 aus:

Vermögen	220	Grundkapital	300
Verlust	80		
	300		300

Zum Ausgleich dieses Verlustes soll eine vereinfachte Kapitalherabsetzung durchgeführt werden. Dazu bietet sich eine Herabsetzung entweder um 80 (Fall 1.1.) oder um 100 (Fall 1.2.) an. Bilanziell stellen sich die Alternativen wie folgt dar:

1) Vgl. auch BITZ (1975), S. 10 ff., der ein ähnliches Beispiel als Kritik zu der im RefE 1969 und RegE 1972/73 zum GmbHG vorgesehenen analogen Anwendung der aktienrechtlichen Regelung über die vereinfachte Kapitalherabsetzung auch für die GmbH vorträgt.

(Fall 1.1)

Vermögen	220	Grund-kapital	220
	220		220

(Fall 1.2)

Vermögen	220	Grund-kapital	200
		gesetzl. Rücklage	20
	220		220

Im Fall 1.2 muß der entstehende Buchgewinn in die gesetzliche Rücklage eingestellt werden (§ 230 Satz 2 AktG), jedoch nur bis maximal 10% des Grundkapitals (§ 231 Satz 1 AktG). Weiterhin wird angenommen, daß der Jahresüberschuß im Jahr der Kapitalherabsetzung "null" beträgt.

Wird nun in dem auf die Kapitalherabsetzung folgenden Geschäftsjahr ein Jahresüberschuß von gerade 22 erzielt, hat dies für die Verwendung des Jahresüberschusses folgende Konsequenzen: Im Fall 1.1 muß zunächst die gesetzliche Rücklage auf 10% des Grundkapitals aufgefüllt werden, bevor Ausschüttungen vorgenommen werden dürfen. Um diese Bedingung zu erfüllen, wird die volle Zuweisung des Jahresüberschusses in die gesetzliche Rücklage angenommen. Eine Ausschüttung darf nicht erfolgen. Dies gilt auch für den Fall, daß die Gesellschaft nicht den vollen Jahresüberschuß den gesetzlichen Rücklagen zuweist, sondern nur die Mindestbeträge gemäß § 150 Abs. 2 Nr. 1 AktG und den Restbetrag in die freien Rücklagen einstellt.[1)]

Im Fall 1.2 dagegen ist diese Sperrregel des § 233 Abs. 1 AktG durch die bewußt höher angesetzte Kapitalherabsetzung unterlaufen worden:[2)] Die Pflicht zur primären Auffüllung der gesetzlichen Rücklage wurde durch den höheren Herabsetzungsbetrag uno actu der Senkung der Kapitalziffer und Einstellung des Buchgewinns in die gesetzliche Rücklage erfüllt. Von dem erzielten Jahresüberschuß müssen also keine Beträge mehr für eine Rücklagendotierung reserviert, sondern könnten zu Ausschüttungszwecken verwendet werden. Hier greift nun die Norm des § 233 Abs. 2 AktG, der für die beiden auf die Kapitalherabsetzung folgenden Geschäftsjahre die jährliche Ausschüttung auf 4% des (herabgesetzten) Grundkapitals beschränkt. Trotz dieser Beschränkung können nun immerhin 8 Einheiten Gewinn ausgeschüttet werden, während 14 in die *freien* Rücklagen eingestellt werden müssen, die aber in späteren Perioden ebenfalls in ausschüttungsfähigen Bilanzgewinn transformiert werden können.

Für alternative Höhen des Jahresüberschusses ergeben sich für die Fälle 1.1 und 1.2 folgende Konsequenzen hinsichtlich der Pflicht zur Rücklagendotierung (RL) und der Ausschüttungsmöglichkeit.

1) Vgl. zur Zulässigkeit dieser Verfahrensweise: LUTTER in Kölner Komm. zum AktG, § 233 Anm. 5.

2) Vgl. BITZ (1975), S. 10.

	Höhe des Jahresüberschusses (in Tausend DM) ≤ 8	9-22	23-29	≥ 30
Fall 1.1	keine Ausschüttung, volle RL	keine Ausschüttung, volle RL	Rest Ausschüttung, 22 in RL	max. 8 Ausschüttung, Rest RL
Fall 1.2	volle Ausschüttung	max. 8 Ausschüttung, Rest RL	max. 8 Ausschüttung, Rest RL	max. 8 Ausschüttung Rest RL

Abb. 33: Ausschüttung und Rücklagendotierung für Fälle unterschiedlich hoch bemessener vereinfachter Kapitalherabsetzungen

Im Ergebnis eröffnet damit gerade der Fall 1.2, d.h. die höhere Kapitalherabsetzung, die Möglichkeit höherer Sofortausschüttungen gegenüber dem Fall 1.1. Eine verstärkte Vermögensminderung aufgrund umfangreicherer Ausschüttungen erfolgt aber genau in einer Situation, in der nach Durchführung der Kapitalherabsetzung in Zukunft nur eine niedrigere Ausschüttungsschranke verbleibt.[1] Für die Gläubiger resultiert daraus also eine doppelte Gefährdung:

- durch eine höhere Vermögensminderung infolge umfangreicherer Ausschüttungsmöglichkeiten,

- durch eine zukünftig niedrigere Vermögensbindung aufgrund der Reduzierung des Grundkapitals.

Ursache dieses gläubigergefährdenden Sachverhalts ist die Tatsache, daß die intendierte Begrenzung des Ausschüttungsstromes ausschließlich an dem am Ende des Geschäftsjahres jeweils gegebenen Rücklagenbestand anknüpft.[2] Für eine entsprechende Rücklagenhöhe zur Erfüllung der Bedingung des § 233 Abs. 1 Satz 1 AktG "Kann jedoch die Gesellschaft selbst leicht sorgen, indem sie bei der Kapitalherabsetzung etwas vorhält. Ob die gläubigerschützende Wirkung dieser Vorschrift auch wirklich eintritt, liegt somit letztendlich in der Hand desjenigen, dessen Aktionsspielraum durch diese Vorschrift eingeengt werden soll".[3]

1) Vgl. BITZ (1975), S. 11.

2) Vgl. BITZ (1975), S. 11.

3) BITZ (1975), S. 11.

Dieser Sachverhalt kann unter Gläubigerschutzaspekten natürlich nicht befriedigen. Um ein entsprechendes "Vorhalten" bei der Kapitalherabsetzung mit dem Ziel der Auffüllung der gesetzlichen Rücklage zu verhindern, und damit auch die aufgezeigten Ausschüttungsmöglichkeiten zu begrenzen, wäre eine Einschränkung der Bildung der gesetzlichen Rücklage durch Buchgewinne aus Kapitalherabsetzungen anzustreben. Zwar begrenzt § 231 Satz 1 AktG die Einstellungen in diese Rücklagenposition auf 10 % des Grundkapitals, jedoch ist diese Grenze so hoch angesetzt, daß damit die Verpflichtung zur Rücklagenbildung völlig abgegolten werden kann und eine Ausschüttung in den Grenzen des § 233 Abs. 2 AktG (4% des Grundkapitals) unmittelbar zulässig wird. Wie das Beispiel gezeigt hat, kann dies aber zu unerwünschten gläubigergefährdenden Situationen führen. Daher wird vorgeschlagen, daß eine vereinfachte Kapitalherabsetzung auf

- die Höhe des Verlustes oder der Wertminderung zu beschränken ist.

Dieser Ansatz verhindert auf jeden Fall die sofortige Auffüllung der gesetzlichen Rücklage und die damit verbundene Zulässigkeit sofortiger Ausschüttungen in den Grenzen des § 233 Abs. 2 Satz 1 AktG. Darüber hinaus wird damit erreicht, daß die die Vermögensbindung konstituierende Ziffer des Nominalkapitals nicht willkürlich über den erforderlichen Wert- oder Verlustausgleich hinaus gekürzt wird.

Zu diesem Zweck wäre dann in § 229 Abs. 1 Satz 1 AktG der Zweck der vereinfachten Kapitalherabsetzung, "Beträge in die gesetzliche Rücklage einzustellen", zu streichen und in § 231 Satz 1 AktG die Einstellung von Buchgewinnen aus Kapitalherabsetzungen zu untersagen. Dieser Vorschlag sollte auch bei der Durchsetzung des Bilanzrichtlinie-Gesetzes Berücksichtigung finden, indem in § 229 AktGE der Zweck "Beträge in die Kapitalrücklage einzustellen" sowie die Bildung einer Kapitalrücklage gemäß § 231 AktGE entsprechend untersagt werden sollte.

Will man eine derartig restriktive Handhabe, die z.B. aus dem Interesse der Gesellschaft heraus abzulehen wäre, vermeiden, bliebe eine weitere Alternative: Buchgewinne aus einer Kapitalherabsetzung sind zwar zulässig, dürfen aber nicht zur Abgeltung der Verpflichtung des § 233 Abs. 1 Satz 1 AktG herangezogen werden. Sie wären in eine gesondert auszuweisende Rücklage einzustellen.

Diesen Weg wählt im Prinzip auch das Bilanzrichtlinie-Gesetz. Buchgewinne aus Kapitalherabsetzungen müssen de lege ferenda statt in die gesetzliche Rücklage nunmehr in die Kapitalrücklage[1)] eingestellt werden (in den Grenzen des § 231 AktGE). Diese Regelung verliert aber hinsichtlich der Einschränkung künftiger Ausschüttungsmöglichkeiten der Gesellschaft insoweit ihre Wirkung, als bei der Prüfung der Abgeltung des § 233 Abs. 1 Satz 1 AktG im Bilanzrichtlinie-Gesetz vorgesehen ist, daß Ausschüttungen in den Grenzen des § 233 Abs. 2 Satz 1 AktG immer dann zulässig sind, wenn Kapitalrücklage und gesetzliche Rücklage *zusammen* 10% des Grundkapitals erreichen (vgl. § 233 Abs. 1 Satz 1 AktGE).

Diese Regelung widerspricht natürlich genau der gewünschten Zielrichtung. Deshalb sollten Beträge, die aus der Kapitalherabsetzung gewonnen werden, zwar grundsätzlich in die Kapitalrücklage eingestellt werden, zur Erfüllung der Verpflichtung des § 233 Abs. 1 Satz 1 AktG (§ 233 Abs. 1 Satz 1 AktGE) dürfte dann die Kapitalrücklage im Gegensatz zum Bilanzrichtlinie-Gesetz aber nicht herangezogen werden. Es zählt allein die gesetzliche Rücklage. Entsprechend wären aus § 233 Abs. 1 Satz 1 AktGE die Worte "und die Kapitalrücklage zusammen" zu streichen.

Mit diesem Regelungssystem würde die oben aufgezeigte doppelte Gläubigergefährdung beseitigt, zumindest aber eingeschränkt, indem keine Ausschüttungen mehr aufgrund der Erfüllung der Bedingung des § 233 Abs. 1 Satz 1 AktG durch Zuweisungen von Beträgen, die aus Kapitalherabsetzungen gewonnen werden, erfolgen könnten.

Abschließend sei noch kurz auf eine weitere Unplausibilität im Regelungsbereich der vereinfachten Kapitalherabsetzung hingewiesen. Gemäß § 233 Abs. 3 AktG dürfen Beträge, die aus der Auflösung von offenen Rücklagen und aus der Kapitalherabsetzung gewonnen sind - und demgemäß in die gesetzliche Rücklage bzw. Kapitalrücklage einzustellen sind - nicht als Gewinn ausgeschüttet werden. Diese Norm erübrigt sich eigentlich, da die gesetzliche Rücklage grundsätzlich den Verwendungsbeschränkungen des § 150 Abs. 3 und 4 AktG unterliegt, die auf gar keinen Fall eine *Ausschüttung* zu Lasten der gesetzlichen Rücklage zulassen. Insofern dient diese Vorschrift offensichtlich nur zur ausdrücklichen Klarstellung.

---

1) Vgl. REGIERUNGSENTWURF (1983), S. 31. Dabei müssen Beträge, die aus der Auflösung freier Rücklagen gewonnen werden, in die gesetzliche Rücklage, Beträge, die aus der Kapitalherabsetzung gewonnen werden, in die Kapitalrücklage eingestellt werden (vgl. § 231 AktGE).

3.4.5 Zum Gläubigerschutz bei der Kapitalherabsetzung durch Einziehung von Aktien

Der Gläubigerschutz wird bei der Kapitalherabsetzung durch Einziehung von Aktien grundsätzlich durch die Vorschriften über die ordentliche Kapitalherabsetzung sichergestellt (§ 237 Abs. 2 Satz 1 AktG). Demgemäß ist den Gläubigern binnen sechs Monaten nach Bekanntgabe des Herabsetzungsbeschlusses Sicherheit zu leisten, soweit sie nicht wegen Fälligkeit Befriedigung ihrer Forderungen verlangen können. Eine Ausnahme von dieser Regelung gilt nur, wenn voll eingezahlte Aktien

- der Gesellschaft unentgeltlich zur Verfügung gestellt werden, oder

- zu Lasten des Bilanzgewinns oder der freien Rücklage eingezogen werden (§ 237 Abs. 3 AktG).

In diesen Fällen wird die Gläubigersicherung durch § 225 AktG außer Kraft gesetzt. Diese Vorgehensweise könnte auf den ersten Blick damit gerechtfertigt werden, daß im ersten Fall keine Vermögenswerte das Unternehmen verlassen und im zweiten Fall Mittel verwendet werden, die ohnehin an die Anteilseigner ausgeschüttet werden könnten. Allein unter diesem Aspekt liegt eine Gläubigergefährdung tatsächlich nicht vor.

Dagegen muß aber noch ein anderer Gesichtspunkt Beachtung finden: Mit der Einziehung der Aktien verringert sich "die Ziffer des Grundkapitals und damit derjenige rechnerische Teil des Gesellschaftsvermögens, der zugunsten der Gläubiger besonderen Bindungen unterliegt".[1)] Um diesen Gefährdungstatbestand einzugrenzen, bestimmt § 237 Abs. 5 AktG die Zuweisung des nominellen Herabsetzungsbetrages an die gesetzliche Rücklage. Sinn dieser Norm ist also die Aufrechterhaltung der Vermögensbindung durch Verlagerung des Herabsetzungsbetrages vom Grundkapital auf die ähnliche Vermögensbindungswirkungen konstituierende gesetzliche Rücklage.[2)]

---

1) LUTTER in Kölner Komm. zum AktG, § 237 Anm. 67.

2) Vgl. LUTTER in Kölner Komm. zum AktG, § 237 Anm. 67.

Trotz dieser Regelung läßt aber gerade eine Kapitalherabsetzung durch Einziehung von Aktien eine völlig legale Umgehung der mit einer vereinfachten Kapitalherabsetzung verbundenen Ausschüttungsbegrenzungen zu. Dies soll in Fortführung des bei der vereinfachten Kapitalherabsetzung verwendeten Beispiels[1] dargestellt werden (Beträge in Tausend DM):

Ausgangssituation ist wiederum folgende Bilanz, die bereits einen Verlustvortrag von 80 ausweist:

Vermögen	220	Grundkapital	300
Verlustvortrag	80		
	300		300

Es werden nun Aktien im Umfang von 80 eingezogen und der entsprechende Betrag in die gesetzliche Rücklage eingestellt (§ 237 Abs. 5 AktG). Am Ende des Geschäftsjahres, in dem die Herabsetzungen durchgeführt wurde, kann nun der in die gesetzliche Rücklage eingestellte Betrag gegen den Verlustvortrag ausgebucht werden.

Vermögen	220	Grundkapital	220
Verlustvortrag	80	gesetzl. Rücklage	80
	300		300

Vermögen	220	Grundkapital	220
	220		220

Wird nun im folgenden und weiteren Jahren wieder ein Jahresüberschuß erwirtschaftet, kann dieser ohne weitere Ausschüttungsbegrenzungen an die Aktionäre verteilt werden. Hier ist allein die Mindestzuführung zur gesetzlichen Rücklage (5% des Jahresüberschusses, § 150 Abs. 2 Nr. 1 AktG) zu beachten.

Der der gesetzlichen Reserve gutgeschriebene Herabsetzungsbetrag (und sonstige dort ausgewiesenen Beträge) darf *jederzeit* zur Verlustdeckung verwendet werden. Daher kann er auch zur Deckung von Verlusten herangezogen werden, "die im Augenblick der Zuweisung an die gesetzliche Rücklage bereits bestanden"[2] und damit unmittelbar im Anschluß an die Herabsetzung und Rücklagenzuweisung einen Verlustvortrag decken. Diese

1) Vgl. BITZ (1975), S. 12.

2) LUTTER in Kölner Komm. zum AktG, § 237 Anm. 68.

Gestaltung läßt also zu, daß spätere Gewinne unmittelbar wieder ausgeschüttet werden dürfen, "weil Verluste der vorausgegangenen Jahre, die damit an sich gedeckt werden müßten, bereits mit Hilfe des Buchgewinns aus der Einziehung ausgeglichen worden sind".[1)]

Da die Kapitalherabsetzung durch die Einziehung von Aktien auch zum Zwecke der Sanierung angewendet werden kann,[2)] lassen sich die Gläubigerschutzbestimmungen der vereinfachten Kapitalherabsetzung auf diesem Wege leicht umgehen und die durch das Grundkapital konstituierte Ausschüttungsschranke ohne die Beachtung irgendwelcher Gläubigerschutzvorschriften deutlich herabsetzen.[3)] Es erscheint deshalb geboten, die Vorschriften über die Kapitalherabsetzung durch Einziehung von Aktien zu modifizieren.

Dazu wird als erstes vorgeschlagen, alle Beträge, die aus der Einziehung von Aktien gewonnen werden, statt in die gesetzliche Rücklage, in die Kapitalrücklage[4)] einzustellen. Dadurch soll verhindert werden, daß durch entsprechendes "Vorhalten" neben einer Verlustausbuchung auch gleichzeitig die Auffüllung der gesetzlichen Rücklage auf das Minimum von 10% des Grundkapitals vorgenommen werden kann. Des weiteren wird vorgeschlagen, daß Gewinnausschüttungen erst dann wieder erfolgen dürfen, wenn zuvor Gewinne in Höhe von 10% des Grundkapitals einbehalten und in die gesetzliche Rücklage eingestellt worden sind.

Diese Regelung würde den vielfältigen Anwendungsbereich der Kapitalherabsetzung auf dem Wege der Einziehung von Aktien nicht einschränken, zugleich aber die Belange der Gläubiger berücksichtigen. Soll z.B. durch die Einziehung der Aktien eine Sanierung erfolgen, würde auf diesem Wege eine analoge Regelung wie bei der vereinfachten Kapitalherabsetzung (§ 233 Abs. 1 AktG) eingreifen und eine Umgehung mit der Folge der Gefährdung der Gläubiger vermieden. Dient die Einziehung dagegen anderen Zwecken, wird die Einhaltung der Bedingung der Mindesthöhe der gesetzlichen Rücklage vermutlich keine weiteren Schwierigkeiten bereiten.

---

1) LUTTER in Kölner Komm. zum AktG, § 237 Anm. 68.

2) Vgl. SCHILLING in Großkomm. AktG, § 237 Anm. 18; LUTTER in Kölner Komm. zum AktG, § 237 Anm. 9.

3) Vgl. BITZ (1975), S. 12.

4) So auch § 237 Abs. 5 EAktG des Entwurfs eines Bilanzrichtlinie-Gesetzes.

Aus diesen Überlegungen könnte deshalb folgende Gesetzesmodifikation folgen:

AktG § 237 Abs. 5 wäre neu zu formulieren:

> "In den Fällen des Absatzes 3 ist in die Kapitalrücklage ein Betrag einzustellen, der dem Gesamtnennbetrag der eingezogenen Aktien gleichkommt. Eine Ausschüttung von Gewinn darf erst erfolgen, wenn die Voraussetzung des § 233 Abs. 1 erfüllt ist."

Neben der Erweiterung dieses Absatzes durch den Hinweis auf die Einhaltung des § 233 Abs. 1 AktG wird statt der de lege lata geforderten Bildung einer *gesetzlichen* Rücklage nunmehr die Bildung einer *Kapitalrücklage* in Höhe des Betrages der eingezogenen Aktien verlangt, wie dies auch in § 237 Abs. 5 EAktG des Bilanzrichtlinie-Gesetzes vorgesehen ist.

Weitere Modifikationen sind zum Schutz der Gläubiger und zur Durchsetzung des Prinzips der Kapitalerhaltung nicht erforderlich, da außer in den Fällen des § 237 Abs. 3 AktG die Regelungen der ordentlichen Kapitalherabsetzung Gültigkeit besitzen. Lediglich die Lücke des § 237 Abs. 3 und 5 AktG galt es im Interesse des Gläubigerschutzes zu schliessen.

Dritter Teil: Maßnahmen zur Begrenzung von Gläubigerverlusten im Insolvenzfall

Gliederung | Seite

1 Ökonomische Analyse der Ausgestaltung von Insolvenzverfahren

1.1 Zur näheren Bestimmung des Verlustrisikos und Ansatzpunkte gläubigerschützender gesetzlicher Regelungen

Im Zusammenhang mit der bevorstehenden oder eingetretenen Insolvenz ergeben sich verschiedene Problemfelder, bei denen die Verfolgung eigener Interessen wegen der Verzerrung von Anreizstrukturen zu nichtparetooptimalen Situationen führt. Hier gilt es, diese Ineffizienzen durch die Internalisierung der externen Effekte zu vermeiden.[1] Folgende Verzerrungen von Anreizstrukturen sind denkbar:[2]

(1) An erster Stelle steht die mit zunehmender Insolvenzwahrscheinlichkeit gleichsam wachsende Verzerrung der Investitionspolitik. Wegen des deterministischen Charakters der Gläubigeransprüche kann es für die Geschäftsleitung der schuldnerischen Unternehmung rational sein, nicht eine den Gesamtwert der Unternehmung maximierende Unternehmenspolitik zu betreiben, sondern eine risikoreichere, da bei negativem Ausgang der Geschäftstätigkeit die Gläubiger den Schaden zu tragen haben, während bei positiver Entwicklung den Anteilseignern die Vorteile zufallen.[3]

(2) Andererseits können von der Gesamtheit der Gläubiger gesellschaftliche Schäden verursacht werden, weil sie die Zerschlagung des schuldnerischen Unternehmens betreiben, da der dem Schuldner zugefügte Schaden nicht ins Gläubigerkalkül einbezogen wird.[4]

(3) Schließlich können Konflikte zwischen einzelnen Gläubigern auftreten. So kann das Eintreiben einer fälligen Forderung zum wirtschaftlichen Zusammenbruch des Schuldners führen, so daß in dessen Folge andere Gläubiger geschädigt werden, während ein gemeinschaftliches Stillhalten der Gläubiger oder Forderungsverzicht im Interesse aller Gläubiger gewesen wäre.[5]

---

1) Vgl. SCHMIDT, R.H. (1980), S. 29 f.; GRÖNER (1984), S. 259 f..

2) Vgl. SCHMIDT, R.H. (1980), S. 27 - 29.

3) Vgl. FRANKE (1981), S. 774 - 776; FRANKE (1983), S. 40 - 41; HAX/MARSCHDORF (1983), S. 123 - 126; DRUKARCZYK (1981b), S. 296 - 314.

4) Vgl. FRANKE (1981), S. 773. Zum Begriff des "gesellschaftlichen Schadens" siehe FN 7 auf S. 278.

5) Vgl. FRANKE (1983), S. 41 - 42.

Unabhängig davon, auf welche Ursachen die offene Insolvenz zurückzuführen ist - sei es nun, daß die Gläubiger den Schuldner in den Konkurs "getrieben" haben oder die Insolvenz einem nicht vorhersehbaren Schicksalsschlag gleichkommt[1] - können die Gläubiger nun über den Verlust hinaus, der ohnehin bereits den Wert ihrer Ansprüche mindert, aus folgenden Gründen zusätzlich geschädigt werden:

(4) Gläubigerschädigendes Schuldnerverhalten

Angesichts der Insolvenz sind die Anreize für den Schuldner besonders groß, die Gläubiger zu schädigen, indem er sein Vermögen der rechtlichen Bestimmung, nämlich der Haftung, entzieht. Ziel insolvenzrechtlicher Regelungen ist die Vermeidung der gläubigerschädigenden Einflußmöglichkeiten des Schuldners auf die Haftungsmasse.[2] Es geht also um die *Haftungsverwirklichung* in bezug auf das schuldnerische Vermögen. Hier besteht ein enger Zusammenhang zum Problem des Gleichlaufs von Verlustrisiko und Verfügungsgewalt.

(5) Wahl einer suboptimalen Verwertungsstrategie

Die Gläubiger werden außerdem geschädigt, wenn z.B. die Liquidation des Schuldnervermögens in Form der Zerschlagung betrieben wird, obwohl der Fortführungswert den Liquidationswert übersteigt. Als Unterziel der Schadensbegrenzung soll daher im folgenden mit *Werterhaltung*[3] "die Forderung, nach Möglichkeit alle Regelungen zu vermeiden, die zur Zerschlagung von zunächst fortführungswürdigen Unternehmen führen könnten",[4] umschrieben werden.

---

1) Zur Abgrenzung verschiedener Arten von Konkursen unter dem Gesichtspunkt der Vorhersehbarkeit siehe ZYBON (1973), S. 57 - 60.

2) BÖHLE-STAMSCHRÄDER/KILGER (1981), § 6 Anm. 1; MENTZEL/KUHN/UHLENBRUCK (1979), § 6 Rdn. 1.

3) Siehe auch SCHMIDT, R.H. (1981a), S. 42. DRUKARCZYK (1984a), S. 4, beschränkt die Werterhaltung darauf, daß "die Rechtsordnung den betroffenen Parteien ein Verfahren zur Verfügung stellt, indem sie die anstehenden Verteilungskonflikte lösen und neue vertragliche Grundlagen für eine Weiterführung des Unternehmens aushandeln können", womit er quasi dem Konkursrecht eine Funktion der Werterhaltung abspricht.

4) HAX/MARSCHDORF (1983), S. 120.

(6) Relativ hohe Kostenbelastung durch Verfahrensabwicklung

Die Gläubiger werden schließlich auch geschädigt, wenn Transaktionskosten, z.B. Verwaltungsgebühren, Gerichtskosten, die verteilbare Masse schmälern.[1)] Dieser Aspekt der Schadensbegrenzung soll hier als *Minimierung der Abwicklungskosten* bezeichnet werden.

1.2 Wesen und Funktionen der Ausgestaltung von Insolvenzverfahren

In einem marktwirtschaftlich geprägten Wirtschaftssystem, in dem die Interessen der Vertragspartner grundsätzlich autonom aufgrund individueller Vereinbarungen gewahrt werden, stellt sich die Frage nach dem Zweck gesetzlicher Insolvenzverfahren als "Bündel institutioneller Regelungen, die zeitweise die Einbindung eines Unternehmens in die Gütermärkte und die Märkte des Finanzsystems übernehmen, um diese Marktintegration neu zu gestalten oder aufzulösen".[2)] Die Funktionen des Insolvenzrechts als "Inbegriff aller Rechtsvorschriften, die den finanziell existenzbedrohenden Zustand eines Schuldners und die Abwendung oder Abwicklung seiner finanziellen Krisensituation regeln",[3)] dessen zentrale Aufgabe in der Bereitstellung des Instrumentariums zur Bereinigung der Krisensituation in Form eines Insolvenzverfahrens besteht,[4)] lassen sich durch die *Methode der institutionellen Analyse*[5)] erschließen.[6)]

---

1) Vgl. DRUKARCZYK (1983), S. 336, mit weiteren Beispielen.

2) GRÖNER (1984), S. 258.

3) SCHMIDT, K. (1982b), S. D 17.

4) Vgl. UHLENBRUCK (1981a), S. 179.

5) Ausführliche Darstellung der Grundidee der institutionellen Analyse, an die sich der Verfasser anschließt, bei SCHMIDT, R.H. (1980), S. 16 - 24.

6) Die der institutionellen Analyse zugrunde liegende Idee, die auf der rechtsphilosophischen Deutung eines "Urzustandes" basiert in dem die beteiligten Parteien nicht wissen, wie sie von Rechtsgrundsätzen, die zur Schaffung einer politisch-sozialen Grundordnung erlassen werden, betroffen sind, ist nicht neu. Sie bildet das Fundament in dem 1971 von John RAWLS veröffentlichten Werk "A Theory of Justice". Hinsichtlich der vertragstheoretischen Grundidee kann er wiederum auf philosophische Vorbilder, so insbesondere ROUSSEAUs "Du contract social" zurückgreifen. (Im folgenden wird die deutsche Übersetzung von RAWLS, erschienen 1979, zitiert.)

Danach verstehen sich insolvenzrechtliche Regelungen "als frühere kollektive Festlegungen"[1] einer fiktiven gesetzgebenden Versammlung, der Gläubiger und Schuldner als potentiell später betroffene Beteiligte angehören. Um einen Konsens zu erreichen, wird die fiktive Gesetzesberatung gedanklich so weit zeitlich vor den zu regelnden Krisenfall vorverlegt, daß die in dieser fiktiven Gesetzesversammlung beratenden Parteien nicht wissen, wie sie von dem von ihnen selbst geschaffenen Recht betroffen sein werden.[2] Das Insolvenzrecht entspricht funktional einem Vertrag, der unter dem "Schleier der Unwissenheit"[3] zu einer kollektiven Selbstbindung führt, wie sie einzelne der Beteiligten bei Umsetzung des Vertrages bzw. Gesetzes nicht mehr haben wollen. Dennoch kann es für den einzelnen (z.B. den späteren Schuldner) sinnvoll sein, sich der Selbstbindung zu unterwerfen und damit auf im nachhinein für ihn vorteilhaftere Handlungsmöglichkeiten (z.B. Nichtrückzahlung eines Kredites) zu verzichten, da andere sich dadurch zu Handlungen (z.B. der Kredithergabe) bewegen lassen, die sie bei Unterlassen der Beschränkung der Handlungsfreiheiten unterlassen hätten, was wiederum zum Nachteil des sich der Selbstbindung unterworfenen Beteiligten gereichen würde (z.B. Nichtdurchführbarkeit rentabler Investitionen). Dies erlaubt eine von Verteilungsproblemen freie "rein 'effizienzorientierte' Gesetzesinterpretation".[4] Die Regelungen werden so gewählt, daß sie dem Pareto-Kriterium folgen, d.h. eine alternative Regelung ist dann einer anderen vorzuziehen, wenn sie in einer bestimmten Situation zu keinem für eine Person geringeren Nutzen und für mindestens eine Person zu einem höheren Nutzen führt.[5] Da diese Pareto-Optimalität aber nicht durch Verträge *in* der Insolvenzsituation zustande kommen kann, "ist die vorherige Unterwerfung unter eine vertragliche oder gesetzlich vereinbarte Form zulässigen Zwangs die einzige Alternative",[6] um "die Divergenz privater und gesellschaftlicher Vorteilhaftigkeitskriterien"[7] zu korrigieren.

---

1) SCHMIDT, R.H. (1980), S. 18. DRUKARCZYK (1984b), S. 375, spricht von einem "Standardvertrag", der individuelle Verteilungskonflikte vermeidet.

2) Bei RAWLS (1979), S. 140 - 220, wird vom "Urzustand" gesprochen.

3) SCHMIDT, R.H. (1980), S. 21. Im Original verwendet RAWLS den Ausdruck "under the veil of ignorance".

4) SCHMIDT, R.H. (1980), S. 22.

5) Zum "Grundsatz der Vernünftigkeit" im Urzustand siehe RAWLS (1979), S. 168 - 174.

6) SCHMIDT, R.H. (1980), S. 31.

7) SCHMIDT, R.H. (1980), S. 27. Gesellschaftlich bezeichnet "nur den Gegensatz zu individueller Bewertung, er impliziert nicht, daß immer auf die 'Gesellschaft' und alle Personen, die ihr zugehören, Bezug genommen wird"; SCHMIDT, R.H. (1980), S. 23. GRÖNER (1984), S. 258, spricht von der Minimierung der Summe der einzelwirtschaftlichen Verluste.

Entsprechend der oben beschriebenen konfliktbehafteten Situationen und der auf der besonderen Berücksichtigung der Gläubigerinteressen basierenden Interpretation der Insolvenzverfahren als "Kreditschutzeinrichtungen"[1] können mithin zwei Hauptfunktionen insolvenzrechtlicher Regelungen genannt werden:[2]

- die Abschreckungsfunktion und

- die bereits angesprochene Schadensbegrenzungsfunktion.

Es wurde darauf hingewiesen, daß unbesicherte Gläubiger sich in einer "ausbeutungsoffenen"[3] Situation befinden, d.h. der Schuldner kann unternehmenspolitische Strategien wählen, die zwar zum eigenen Vorteil gereichen, aber die Gläubiger gefährden. Diese Verzerrung der Anreizstrukturen läßt sich steuern, wenn die "Gläubiger durch Rückgriff auf konkursrechtliche Bestimmungen Eigentümer von Unternehmen (oder deren Manager) schädigen können, wenn ihre Vertragsrechte verletzt sind".[4] In den Anfängen der historischen Entwicklung des Insolvenzrechts trat die auf die Vermeidung von Anreizstrukturverzerrungen gerichtete *Abschreckungsfunktion* besonders deutlich zutage,[5] bevor die Konkursordnung von 1877 den

1) BERGES (1983), S. 23.

2) Diese Systematisierung unterscheidet sich im wesentlichen von anderen in der Literatur vorfindbaren Funktionskatalogen dadurch, daß anstelle von drei Funktionen nur zwei genannt werden. SCHMIDT, R.H. (1980), S. 35, und MARSCHDORF (1984), S. 173 - 175, nennen übereinstimmend als dritte die *Ordnungsfunktion*. Während der zuerst genannte Autor diese Funktion nicht näher erläutert, beschreibt MASCHDORF diese als Klärung und Koordination der Rechtsbeziehungen zwischen Schuldner und Gläubiger im eingetretenen Fall der Insolvenz. DRUKARCZYK (1983), S. 333 - 336, nennt über die Abschreckungs- und Schadensbegrenzungsfunktion hinaus noch die *Vermeidung von Verteilungskämpfen und -risiken sowie Minimierung der Abwicklungskosten*. Letztere lassen sich wie die Ordnungsfunktion jedoch ohne weiteres unter die Schadensbegrenzungsfunktion subsumieren. Dies gilt auch bei entsprechend weitgehender begrifflicher Auslegung der Schadensbegrenzung für die Funktion der *Werterhaltung*, die dieser Autor in einem jüngeren Aufsatz als dritte Funktion neben der *"Disziplinierungswirkung durch Sanktion"* und Schadensbegrenzungsfunktion im Sinne einer *Maximierung der Teilungsmasse* nennt; vgl. DRUKARCZYK (1984a), S. 4. Vgl. hierzu auch MARSCHDORF (1984), S. 175. Kritisch auch zur Abgrenzung der *Schadensbegrenzung* von der *Vermeidung von Verteilungskämpfen und -risiken* siehe SWOBODA (1984), S. 181. Obwohl HAX/ MASCHDORF (1983), S. 122 - 124, neben der Schadensbegrenzung die *Überschaubarkeit der Folgen von Kreditvergabeentscheidungen* anführen, handelt es sich hierbei um keine eigenständige Funktion, denn schließlich schlägt sich auch die mangelnde Überschaubarkeit in Verteilungskmäpfen und Abwicklungskosten nieder, so daß auch jene wiederum die Gläubiger vermögensmäßig belasten. Dasselbe gilt im Hinblick auf die von DRUKARCZYK (1984b), S. 374, genannte Funktion *"Abbau von asymmetrischen Informationsverteilungen"*, welche die Verhandlungen zwischen den Beteiligten durch Mißtrauen erschweren.

3) DRUKARCZYK (1983), S. 333.

4) DRUKARCZYK (1984a), S. 4; vgl. auch SCHMIDT, R.H. (1980), S. 34 sowie S. 82.

5) Vgl. hierzu STÜDEMANN (1977), S. 414 - 420.

Strafgedanken wesentlich zurückdrängte. Je sicherer der Eintritt und je größer die Schärfe von Sanktionen für den Fall der Nichterfüllung der Gläubigeransprüche ist, um so höher ist diese "Disziplinierungswirkung durch Sanktion".[1] Interpretiert man insolvenzrechtliche Regelungen als "under the veil of ignorance" früher getroffene kollektive Festlegungen, so erkennt man den Vorteil der Sanktionsdrohung für den *Schuldner* darin, daß sie das Mißtrauen der Gläubiger über das Schuldnerverhalten abbaut und damit bewirkt, daß die Gläubiger überhaupt erst zur Kreditvergabe veranlaßt werden.[2]

Die Abschreckungsfunktion steht in engem Zusammenhang mit dem *Prinzip der Gleichschaltung von Verlustrisiko und Verfügungsgewalt*, welches besagt, daß derjenige entscheiden soll, der auch die vermögensmäßigen Konsequenzen zu tragen hat.[3] Dieses Prinzip wird ganz besonders bei einer drohenden oder eingetretenen Insolvenz dadurch verletzt, daß die Gläubiger an den zukünftig zu erwartenden Verlusten beteiligt werden, weil kein oder nur geringes (idealtypisch definiertes) Eigenkapital der Verlustgefahr ausgesetzt ist, aber die Eigenkapitalgeber dennoch die Geschäftspolitik bestimmen.

Wenn auch das geltende Insolvenzrecht weniger strenge Sanktionen kennt, so kann die Abschreckungsfunktion dennoch an verschiedenen Punkten ausgemacht werden:[4]

- Mit dem Antragsrecht jedes einzelnen Gläubigers auf Eröffnung des Konkursverfahrens (§ 103 Abs. 2 KO) wird den "Gläubigern ein wichtiges Instrument zur Verteidigung ihrer Position"[5] an die Hand gegeben. Läßt man einmal verfahrensrechtliche Probleme außer Betracht,[6] so

---

1) DRUKARCZYK (1984a), S. 4.

2) SCHMIDT, R.H. (1980), S. 35; 128.

3) Vgl. hierzu SCHMIDT, R.H. (1980), S. 61 - 71, und DRUKARCZYK (1983), S. 333. Diese beiden Autoren sprechen allerdings vom Gleichlauf von *Haftung* und Verfügungsrecht. Definiert man jedoch Haftung im Sinne von Bereitstellung von Vermögenswerten zur Befriedigung von Gläubigeransprüchen und grenzt jene ab zum Verlustrisiko, so erscheint es terminologisch sinnvoller, auf den Gleichlauf von *Verlustrisiko* und Verfügungsgewalt abzustellen; so auch MARSCHDORF (1984), S. 188 - 191.

4) Zur Straffunktion des Konkurses siehe SIEDSCHLAG (1971), S. 21, mit weiteren Literaturhinweisen.

5) DRUKARCZYK (1983), S. 334.

6) Hier wären insbesondere die Ermessensspielräume bei der Feststellung der Insolvenzgründe zu nennen; vgl. hierzu BEECK (1979), S. 22 - 46.

gibt dieses Antragsrecht den Gläubigern im Falle der Gefährdung der vertragsmäßigen Befriedigung ihrer Ansprüche die Möglichkeit, den Schuldner entweder zur ordnungsgemäßen Erfüllung zu bewegen oder aber eine weitere Verschlechterung, z.B. durch Erhöhung des Verschuldungsgrades, zu verhindern.

- Bei institutionsanalytischer Betrachtung sind auch die Anfechtungsvorschriften von der Disziplinierungsfunktion der Konkursordnung geprägt.[1] Ein deutliches Indiz für die Richtigkeit dieser These stellt die Begünstigungs- bzw. Benachteiligungsabsicht des Schuldners als Tatbestandsvoraussetzung für bestimmte anfechtbare Handlungen dar.

- Schließlich liefert die Vergleichsordnung weitere Hinweise auf die disziplinierende Wirkung der konkursrechtlichen Regelungen. Der Zusammenhang zwischen Vergleichs- und Konkursrecht folgt unmittelbar aus dem Umstand, daß z.B. bei Ablehnung der Eröffnung oder Einstellung des Vergleichsverfahrens von Amts wegen das Konkursverfahren über das schuldnerische Vermögen eröffnet wird. Nur dem "vergleichswürdigen" Schuldner wird die Möglichkeit des gerichtlichen Vergleichs gegeben. Beispielhaft seien als Ablehnungsgründe vom Schuldner begangene Konkursstraftaten und Herbeiführung des Vermögensverfalls durch Unredlichkeit, Preisschleuderei oder Leichtsinn sowie schuldhafte Verzögerung des Vergleichsantrages genannt (§§ 17, 18 VglO). Den Vergleichsgläubigern müssen mindestens 35% oder 40% (bei einer Zahlungsfrist von mehr als einem Jahr) geboten werden (§ 7 VglO). Diese Zulässigkeitsvoraussetzungen sind zu verstehen als Gegengewicht zur Schmälerung der Disziplinierungswirkung durch die Konkursdrohung durch ein zu schuldnerfreundliches Vergleichsverfahren. Aus der Sicht der institutionellen Analyse sind sie weniger auf die am Vergleichsverfahren Beteiligten gerichtet als vielmehr zur Beeinflussung der Erwartungen anderer Schuldner und Gläubiger gedacht. Ein zu weiches Vergleichsverfahren könnte sich negativ auf die Schuldnermoral auswirken und das Mißtrauen der Gläubiger steigern.[2]

- Letzterer Gesichtspunkt spielt auch eine Rolle bei der Regelung, daß daß das gerichtliche Vergleichsverfahren erst bei Vorliegen der auch für die Konkurseröffnung geltenden Auslöser zulässig ist.[3]

---

1) Vgl. DRUKARCZYK (1984c), S. 287.

2) Vgl. SCHMIDT, R.H. (1980), S. 80 - 85.

3) Vgl. SCHMIDT, R.H. (1980), S. 78; im Zusammenhang mit der Reform des Insolvenzrechts zu diesem Aspekt eines schuldnerfreundlichen Insolvenzverfahrens siehe KILGER (1982), S. 781, sowie SCHMIDT, K. (1982a), S. 165.

Während die Sanktionsdrohung insolvenzrechtlicher Regelungen vom Zeitpunkt des Insolvenzeintritts aus betrachtet in die Vergangenheit hinein wirkt, weist "die *Schadensbegrenzungsfunktion* in die nähere und auch in die weitere Zukunft".[1] Sie zielt auf die Reduzierung der Gläubigerverluste bei der Insolvenz als "pathologischer Verlauf von Schuldverhältnissen"[2] ab. In Anlehnung an die oben beschriebenen Verlustursachen wurden an untergeordneten Funktionen bereits genannt:

- Haftungsverwirklichung
- Werterhaltung
- Minimierung der Abwicklungskosten

Haftungsverwirklichung bedeutet Eingriff in das schuldnerische Vermögen, um es quasi der Disposition der Gläubiger zu überstellen, da das sie belastende Risiko den rechtspolitisch normierten Schwellenwert überschritten hat. Von daher ist es offensichtlich, daß dem Auslösetatbestand *Überschuldung* und den daran anknüpfenden Insolvenzantragspflichten eine zentrale Bedeutung zukommt. Unter der Voraussetzung eindeutiger Auslegungskriterien wird durch die Überschuldung eine an die Höhe der Schulden gekoppelte Mindesthaftungsmasse präzisiert,[3] bei deren Unterschreiten ein Schutzschild über das schuldnerische Vermögen gelegt wird.

An weiteren Regelungen im Interesse der Haftungsverwirklichung wären zu nennen:

- Mit der Eröffnung des Konkursverfahrens verliert der Schuldner das Recht, sein zur Konkursmasse gehöriges Vermögen zu verwalten und über dieses zu verfügen (§ 6 Abs. 1 KO). Das Verwaltungs- und Verfügungsrecht geht auf den Konkursverwalter über (§ 6 Abs. 2 KO), der der Aufsicht des Konkursgerichts untersteht (§ 83 KO).

- Die nach § 106 KO gerichtlich angeordnete Sequestration dient ebenfalls dazu, die Gläubiger gegen masseschädigende Verfügungen des Schuldners zu schützen, und zwar während des Eröffnungsverfahrens.[4]

---

1) SCHMIDT, R.H. (1980), S. 35.

2) SCHMIDT, R.H. (1980), S. 35.

3) Vgl. DRUKARCZYK (1981a), S. 252.

4) Vgl. MENTZEL/KUHN/UHLENBRUCK (1979), § 106 Rdn. 6; ausführlich zur Sequestration siehe UHLENBRUCK (1983b), S. 263-268, mit weiteren Hinweisen.

- Auch die Anfechtungsregelungen nach §§ 29 ff. KO verfolgen neben der Einhaltung des Grundsatzes der Gläubigergleichbehandlung den Zweck, die Gläubiger vor dem Entzug von Vermögensteilen durch den Schuldner zu schützen.[1] Die im Zuge einer anfechtbaren Rechtshandlung vorgenommene Schmälerung der Haftungsmasse wird wieder ausgeglichen, indem der Konkursverwalter einen Anspruch auf Rückgewähr des entzogenen Vermögenswertes zur Konkursmasse erhält (§ 37 Abs. 1 KO).

- Die Vergleichsordnung sieht zwar nicht die Übertragung des Verwaltungs- und Verfügungsrechts auf den Vergleichsverwalter vor, jedoch können dem Schuldner nach §§ 58 ff. VglO Verfügungsbeschränkungen, z.B. in Form eines Veräußerungsverbots auferlegt werden. Ähnlich den konkursrechtlichen Sicherungsmaßnahmen im Eröffnungsverfahren hat das Gericht alle Maßnahmen zu treffen, um eine den Gläubigern nachteilige Veränderung in der Vermögenslage des Schuldners bis zur Entscheidung über den Vergleichsantrag zu vermeiden (§ 12 VglO). Der Umstand, daß es sich um eine Muß-Vorschrift handelt, mag institutionsanalytisch der Gefahr einer "'unordentliche(n)' Strategie des Schuldners"[2] den verbliebenen Handlungsspielraum zu Vermögensverschiebungen zu nutzen, entsprechen. Beim Vergleichsverfahren besteht eine spezifische Gefahr für die Haftungsverwirklichung darin, daß den Gläubigern durch das Angebot einer nach objektiven Gesichtspunkten zu niedrigen Vergleichsquote Haftungsmasse vorenthalten wird. Hierbei handelt es sich um ein vorwiegend informatorisches Problem, das der Gesetzgeber insbesondere durch gerichtliche Prüfung der Angemessenheit der gebotenen Vergleichsquote (§ 18 Nr. 3 VglO), und zwar auf der Grundlage geeigneter Unterlagen (§ 4 VglO) und Anhörung der zuständigen Berufsvertretung (§ 14 VglO)[3], zu lösen versucht. Auch die gesetzlich verlangten Mindestquoten haben dabei unter diesem Gesichtspunkt ihre Funktion.

Das Problem der *Werterhaltung* beinhaltet die Realisierung der für die Gläubiger optimalen Verwertungsstrategie. Dies bedeutet, daß die insolvenzrechtlichen Regelungen so gestaltet sein sollen, daß das wertmäßige Ergebnis des Insolvenzverfahrens möglichst groß ist. Dabei stehen sich

---

1) Vgl. SCHMIDT, R.H. (1980), S. 64; PAULUS (1956), S. 301, 314 f.

2) SCHMIDT, R.H. (1980), S. 70.

3) Vg. BÖHLE-STAMSCHRÄDER/KILGER (1982), § 14 Anm. 2.

als die beiden Extreme der Verwertung[1]

- die Fortführung des Unternehmens nach der Neuordnung der Kapitalverhältnisse durch Einsetzen der Gläubiger in die formalrechtliche Eigentümerposition und

- die Liquidation des Schuldnervermögens durch Veräußerung einzelner Vermögensgegenstände

gegenüber.

Wenn auch die konkursrechtlichen Regelungen grundsätzlich bereits auf die Liquidation ausgerichtet sind[2], so läßt sich dennoch bei einer Reihe von Regelungen die Funktion der Werterhaltung erkennen:

- Hier sind zunächst die im Abschnitt 5.3.3 des ersten Teils dieser Arbeit bereits näher dargestellten Regelungen der §§ 14 und 59 KO (Verbot der Einzelvollstreckung; Institut der Masseschulden) zu nennen, die dazu beitragen sollen, eine geordnete Liquidation zu ermöglichen und damit ein höheres Verwertungsergebnis als bei einer planlosen Zerschlagung.

- Die gleiche Intention liegt auch dem in § 127 KO niedergelegten Pfandverwertungsrecht des Konkursverwalters zugrunde. Angesichts der Beschränkung dieses Rechts auf die Fälle, in denen die Gläubiger nicht zur außergerichtlichen Befriedigung befugt sind, kommt dieser Regelung faktisch kaum Bedeutung zu.[3]

- Die Suche nach der für die Gläubiger optimalen Verwertungsstrategie bedarf der Informationsbeschaffung über alle relevanten Daten. Im Vorfeld der Konkurseröffnung kommt hierbei wiederum der Sequestration Bedeutung zu, da sie den zeitlichen Freiraum für die

---

1) Der Terminus "Verwertung" wird hier also in einer sehr weiten Auslegung verstanden und deckt sich nicht mit der engeren konkursrechtlichen Terminologie; vgl. hierzu MENTZEL/KUHN/UHLENBRUCK (1979), § 117 Rdn. 11 und 14. Zu Formen der Verwertung siehe STÜDEMANN (1977), S. 431-433 und 436-440.

2) Nach BERGES (1983), S. 24, bedeutet Konkurs zwangsläufig Liquidation. Unter Hinweis auf die §§ 129 Abs. 2 und 132 Abs. 1 KO meint HANISCH (1973), S. 115, die Konkursordnung rechne ausdrücklich mit der Geschäftsfortführung. Siehe zur konkursrechtlichen Beurteilung der Geschäftsfortführung auch STÜDEMANN (1977), S. 433-435; MENTZEL/KUHN/UHLENBRUCK (1979), § 117 Rdn. 14.

3) Vgl. hierzu MENTZEL/KUHN/UHLENBRUCK (1979), § 127 Rdn. 1 .

erforderlichen Prüfungen über die Massezulänglichkeit sowie erfolgsversprechenden Verwertungsmöglichkeiten schafft.[1] Geht man außerdem davon aus, daß die Sequestration zu einem Vollstreckungsschutz führt, so können sich die Chancen einer Unternehmensfortführung erhöhen.[2]

- Von wesentlicher Bedeutung für das Verwertungsergebnis des Konkursverfahrens ist die Geltung des im § 3 Abs. 1 KO verankerten Gleichbehandlungsgrundsatzes, der sich insbesondere auch in den Anfechtungsvorschriften (§§ 29 ff. KO) und den Aufrechnungsvorschriften (§ 55 KO)[3] wiederfindet. Der Verwirklung der Gleichstellung dienen auch die §§ 12 KO (Unterbrechung von Prozessen), 14 KO (Verbot der Einzelzwangsvollstreckung) sowie 65 Abs. 1 KO (Fälligstellung betagter Forderungen).[4] Der Vergleich mit dem außerhalb des Konkursverfahrens geltenden Prioritätsprinzip, das vor allem durch die Bestellung von Sicherungsrechten und jederzeitige Einzelzwangsvollstreckung, organisiert wird, zeigt die besonderen Vorzüge der Verteilungsregel "par conditio creditorum". Sie bewirkt vor allem, "daß die Menge des an alle Gläubiger zu Verteilenden möglichst groß ist und nicht im Zuge von 'Verteilungskämpfen' geschmälert wird".[5] Stellt man sich eine Welt ohne zur Einzelzwangsvollstreckung befugte Sicherungsgläubiger unter der maßgebenden Bedingung vor, daß der vorab befriedigte Gläubiger in einem späteren Insolvenzverfahren - welches am Ende einer kontinuierlich negativen Unternehmensentwicklung steht - zur Rückgewähr der erhaltenen Zahlung verpflichtet ist, so wird der im Verhältnis zu anderen besser informierte Gläubiger, der von der sich verschlechternden finanziellen Lage weis, an einer baldigen Verfahrenseröffnung interessiert sein.[6] Umgekehrt wird ein gesicherter Gläubiger, dessen Forderung durch den Einzelveräußerungspreis des Sicherungsgutes gedeckt ist, dem Zeitpunkt

---

1) Vgl. KILGER (1977), S. 191.

2) Allerdings sind die Auswirkungen der Sequestration auf Vollstreckungsmaßnahmen von Gläubigern umstritten. Nach wohl herrschender Meinung wird dieser Vollstreckungsschutz durch die Sequestration nicht erreicht; vgl. hierzu die Darstellung des Meinungsstandes bei EICKMANN (1983), S. 2 und 7 - 9.

3) Vgl. HÄSEMEYER (1982), S. 509, 515.

4) Vgl. SCHMIDT, R. H. (1980), S. 42.

5) SCHMIDT, R. H. (1980), S. 52.

6) Vgl. SCHMIDT, R. H. (1980), S. 50.

der Verfahrenseröffnung keine Bedeutung zumessen. Es liegt auf der Hand, daß unabhängig von der verfolgten Verwertungsstrategie[1], die Gefahr der aus individueller Interessenverfolgung resultierenden Wertevernichtung um so größer ist, "je unterschiedlicher die Arten der Beteiligung der einzelnen Gläubiger an den Risiken und Chancen solcher Entscheidungen sind".[2] Besitzen einzelne Gläubiger die Möglichkeit, die im Interesse aller Beteiligten liegende Verwertungsstrategie, z.B. Veräußerung des Unternehmens als Ganzes[3], zu stören, so gehen damit auch Verbundwerte verloren.[4]

- Da die Gleichstellung der Gläubiger mit einem Schutz der Verbundwerte vor egoistischer begründeter Zerstörung einhergeht und der Vergleich gerade auf den Erhalt von Unternehmen abzielt, ist hier die Gleichstellung von besonderer Bedeutung. Sie "schützt die Mehrheit vor der Minderheit, und sie erleichtert die Konsensfindung im Vergleichsverfahren."[5]

- Versteht man das Konkursverfahren als "eine Sanierung im Kleinformat"[6], so überrascht nicht die Feststellung, daß eine Reihe von konkurs- und vergleichsrechtlichen Regelungen sich funktional entspre-

1) Vgl. SCHMIDT, R.H. (1980), S. 36.

2) SCHMIDT, R.H. (1980), S. 51; vgl. auch SCHMIDT, R.H. (1981a), S. 38 f.

3) Zum Problem der Mobiliarsicherheiten bei Gesamtveräußerung eines Betriebes siehe HENCKEL (1980), S. 2-3; zur insolvenzrechtlichen Problematik des § 613a BGB, der den Eintritt des Erwerbers bei Übernahme eines Betriebes in die bestehenden Arbeitsverhältnisse beinhaltet, siehe HENCKEL (1984b), S. 225-257, mit zahlreichen Hinweisen.

4) BERGES (1977), S. 363 f., spricht von der "Auffangaufgabe des Konkurses" hinsichtlich der Verbundwerte und der "Indienststellung von Verbundwerten des schuldnerischen Betriebes zu Zwecken der Liquidation".

5) SCHMIDT, R.H. (1981a) S. 40; vgl. auch SCHMIDT, R.H. (1980), S. 59.

6) SCHMIDT, R.H. (1980), S. 74.

chen oder aber nahestehen. Hier wäre die mit den konkursrechtlichen Anfechtungsvorschriften verwandte Rückschlagsperre (§ 28 VglO) sowie das Vollstreckungsverbot (§ 47 VglO) zu nennen. Im großen und ganzen vermittelt die Vergleichsordnung jedoch den Eindruck, daß der Gesetzgeber sich von der Vorstellung leiten ließ, die erfolgreiche Fortführung des Unternehmens erfordere die unternehmerische Freiheit des Schuldners. Indizien hierfür sind das Fehlen der vergleichsrechtlichen Anfechtung[1] sowie die Reduzierung des Dispositionsentzuges im Grundsatz auf die Überwachung des Schuldners (§ 39 VglO). Nach der Methode der institutionellen Analyse entspricht dies der Grundstruktur des Vergleichsrechts: Die Reduzierung der Gläubigeransprüche hebt den Anreiz zu "Reichtumsverschiebungen" des Schuldners wieder auf. Der so wiederhergestellte Gleichlauf von Verlustrisiko und Verfügungsgewalt wirkt nur effizienzsteigernd, wenn der Schuldner über die notwendige unternehmerische Bewegungsfreiheit verfügt. Risiken des Mißbrauchs der wiedergewonnenen Freiheit wird durch flankierende Maßnahmen, z.B. Verfügungsbeschränkungen, begegnet.[2]

- Da zur Fortführung des schuldnerischen Unternehmens möglicherweise die Insolvenz trotz Verzicht der Gläubiger nur durch Zuführung neuer Mittel überwunden werden kann, neue Gläubiger aber nur nach Abdeckung des höheren Kreditrisikos zur Darlehensgewährung bereit sein werden, kommt der Anerkennung von "Verwalterdarlehen" als Masseschulden im Sinne von § 59 Abs. 1 Nr. 1 KO (§ 106 VglO) im Falle des Anschlußkonkurses besondere Bedeutung zu.[3]

Im Hinblick auf den Normzweck *"Minimierung der Abwicklungskosten"* können folgende Regelungen angeführt werden:

- Sowohl das Konkurs- als auch das Vergleichsrecht enthalten Regelungen darüber, welche Gläubiger wie am Konkursverfahren (§§ 57-70 KO) bzw. Vergleichsverfahren (§§ 25-37 VglO) teilnehmen. Durch überschaubare und klare Regelungen dieser Art entfällt die Grundlage für gerichtlich zu klärende Streitigkeiten.[4]

---

1) Vgl. SCHMIDT, R.H. (1980), S. 71.

2) So SCHMIDT, R.H. (1980), S. 68-71.

3) Vgl. UHLENBRUCK (1983b), S. 525-527.

4) Vgl. DRUKARCZYK (1983), S. 335 f.; DRUKARCZYK (1984b), S. 382, 386.

- An dieser Stelle ist auf die Festschreibung der Mindestquoten nach § 7 VglO hinzuweisen, von der eine Verringerung der Verfahrenskosten zu erwarten ist. Es kann angenommen werden, daß durch die Einengung des Verhandlungsspielraums der Beteiligten das Verfahren beschleunigt wird.

- Sowohl der Werterhaltung als auch der Minimierung der Verfahrenskosten dient die Gleichstellung der Gläubiger. Sie ermöglicht "eine zentral organisierte Verwertung"[1)] durch den Konkursverwalter, der davon ausgehen muß, daß er bei einer die Teilungsmasse maximierenden Verwertungsstrategie stellvertretend im Interesse jedes einzelnen Gläubigers handelt,[2)] also die Notwendigkeit der Beschaffung von Informationen über die individuellen Präferenzen der Gläubiger entfällt. Es kann allgemein angenommen werden, daß der ablauforganisatorische Aufwand eines Insolvenzverfahrens mit der Anzahl interessenheterogener Gläubigergruppen steigt. Als weiteres ist zu berücksichtigen, daß bei Geltung des Prioritätsprinzips die Sondierung von Sicherungsrechten Insolvenzverfahren kostenmäßig belasten kann, wenn es bei Mobiliarsicherheiten zu Kollisionen kommt.[3)]

1.3 Rückgewinnung der Funktionalität durch Schaffung eines Gesamtinsolvenzverfahrens im Rahmen der Insolvenzrechtsreform?

1.3.1 Empirische Ergebnisse als Beleg für die mangelhafte Funktionalität des geltenden Insolvenzrechts

Die Notwendigkeit zu einer Reform des Insolvenzrechts wird immer wieder mit Hinweis auf

- die große Anzahl der Insolvenzen

- den hohen Anteil der mangels Masse abgelehnten Konkursanträge

- die geringeren finanziellen Ergebnisse abgewickelter Insolvenzverfahren

---

1) DRUKARCZYK (1983), S. 336.

2) Vgl. SCHMIDT, R.H. (1980), S. 49, 51 sowie SCHMIDT, R.H. (1981a), S. 38.

3) Vgl. KILGER (1975), S. 150; HENCKEL (1981), S. 1301; HENCKEL in 51. DJT (1976), S. O 19; GESSNER u.a. (1978), S. 100.

- die schwache Akzeptanz des gerichtlichen Vergleichsverfahrens

begründet.[1] Mag auch die Anzahl der Insolvenzen selbst Anlaß zu wirtschafts- und rechtspolitischen Überlegungen sein, so stellt sie keinen geeigneten Indikator zur Beurteilung der Funktionsfähigkeit des Insolvenzrechts dar, denn die Vermeidung von Insolvenzen hat an den eigentlichen Insolvenzursachen, z.B. konjunkturelle Krisen, anzuknüpfen.[2]

Dagegen läßt der hohe Anteil der mangels Masse abgelehnten Konkursanträge auf insolvenzrechtliche Mängel schließen.[3] So erfolgte im Zeitraum von 1974 - 1983 auf die Beantragung eines Konkursverfahrens nur in 28,5 % der insolvenzstatistisch erfaßten Fälle eine Eröffnung des Verfahrens.[4]

Während in der ersten Hälfte dieses zehnjährigen Betrachtungszeitraums noch jeder dritte Konkursantrag zu einer Verfahrenseröffnung führte, traf dies danach nur noch bei jedem vierten Antrag zu. Selbst wenn das Konkursverfahren eröffnet wird, besteht das Risiko der Einstellung des Verfahrens mangels Masse nach § 204 KO. Sie erfolgte durchschnittlich bei jedem fünften eröffneten Konkursverfahren.[5] Dies bedeutet, daß im überwiegenden Teil der Insolvenzen keine geordnete Bereinigung der finanziellen Notsituation unter gerichtlicher Aufsicht stattfindet, so daß der Gleichbehandlungsgrundsatz durch das außerhalb des Konkurses geltende Prioritätsprinzip ersetzt wird. Eine Reihe von Vermögenswerten werden bei der konkursfreien Verwertung nicht realisiert, sei es, weil sie infolge der Zerstörung der Verbundwerte verlorengehen, sei es, weil sie infolge des Fehlens der Konkursverwaltung nicht erfaßt werden.[6]

1) Vgl. SCHMIDT, K. (1982b), S. D13-D16; KILGER (1976), S. 190; UHLENBRUCK (1981b), S. 515-521; UHLENBRUCK (1983c), S. 96-111; ARNOLD (1982a), S. 3-5; DOEHRING (1983), S. 369-384; STEINER (1980), S. 11-17.

2) Vgl. BAUR (1982), S. 577; STÜRNER (1982), S. 761-765; HOHLOCH (1982a), S. 182; UHLENBRUCK (1983d), S. 132 f.

3) Vgl. zu Ursachen der Masseunzulänglichkeit KILGER (1975), S. 146-155; ferner zur Relevanz insolvenzrechtlicher Aspekte für die Masseunzulänglichkeit STEINER (1980), S. 15-17.

4) Vgl. Tabelle 1 auf der folgenden Seite.

5) Im Zeitraum von 1974 bis 1982 wurden 25.906 Konkursverfahren eröffnet. Hiervon wurden 5.382 mangels einer die Kosten des Verfahrens deckenden Masse eingestellt. Dies entspricht einem Anteil von 20,8 %; vgl. STATISTISCHES BUNDESAMT (1982a), S. 130 und (1984), S. 137.

6) Vgl. KILGER (1975), S. 155-157; KILGER (1976), S. 190; UHLENBRUCK (1982b), S. 5; DRUKARCZYK (1984c), S. 288.

		Insolvenzen insgesamt *	Konkurse				Eröffnete Vergleichs- verfahren
			eröffnet	mangels Masse abgelehnt	zusammen	darunter Anschluß- konkurse	
1974	Anzahl	7.722	3.482	3.870	7.352	92	462
	%	100,0	45,1	50,1	95,2	1,2	6,2
1975	Anzahl	9.195	3.056	5.886	8.942	102	355
	%	100,0	33,2	64,0	97,2	1,1	3,9
1976	Anzahl	9.362	2.702	6.519	9.221	40	181
	%	100,0	28,9	69,6	98,5	0,4	1,9
1977	Anzahl	9.562	2.607	6.837	9.444	29	147
	%	100,0	27,3	71,5	98,8	0,3	1,5
1978	Anzahl	8.722	2.228	6.411	8.639	21	104
	%	100,0	25,5	73,5	99,0	0,2	1,2
1979	Anzahl	8.319	2.206	6.047	8.253	15	81
	%	100,0	26,5	72,7	99,2	0,2	1,0
1980	Anzahl	9.140	2.420	6.639	9.059	13	94
	%	100,0	26,5	72,6	99,1	0,1	1,0
1981	Anzahl	11.653	3.162	8.418	11.580	34	107
	%	100,0	27,1	72,3	99,4	0,3	0,9
1982	Anzahl	15.876	4.043	11.764	15.807	83	152
	%	100,0	25,5	74,1	99,6	0,5	0,9
1983	Anzahl	16.114	3.747	12.252	15.999	30	145
	%	100,0	23,3	76,0	99,3	0,2	0,9
1974-1933	Anzahl	105.665	29.653	74.643	104.296	459	1.828
	%	100,0	28,1	70,6	98,7	0,4	1,7

* Konkursverfahren ohne Anschlußkonkurse, denen ein eröffnetes Vergleichsververfahren vorausgegangen ist, zuzüglich Vergleichsverfahren

Tab. 1: Insolvenzverfahren in der Bundesrepublik Deutschland 1974 bis 1983 [1)]

1) Quelle: STATISTISCHES BUNDESAMT (1982a), S. 128, sowie (1984), S. 135; eigene Berechnungen.

Auch die finanziellen Ergebnisse der abgewickelten Konkursverfahren indizieren Mängel des geltenden Insolvenzrechts. So betrug der einfache Durchschnitt der 1974 bis 1982 eröffneten Konkursverfahren mit Masse bei den

- bevorrechtigten Forderungen 30,8 %
- nicht bevorrechtigten Forderungen 3,8 %.[1]

Welche Ursache diese geringe Quote der nicht bevorrechtigten Konkursgläubiger hat, zeigt die in Tabelle 2 empirisch ermittelte Verteilung der Aktiva eines Schuldners auf die verschiedenen Gläubigergruppen. Zwei Drittel der Aktiva fließen an Sicherungsgläubiger, die verbleibenden freien Aktiva werden fast zur Hälfte durch Befriedigung von Massegläubigern aufgezehrt.

Vermögen/Verteilungskomponente	DM	%	%
Istmasse	600.000 ≙	100	
./. Aussonderungen	137.000	23	
./. Absonderungen	262.000	44	
= freie Aktiva	201.000	33 ≙	100
./. Masseschulden	72.000	12	36
./. Massekosten	22.000	3	11
= Teilungsmasse	107.000	18	53
./. bevorrechtigte Konkursforderungen	51.000	9	25
= Masse zur Befriedigung der nicht bevorrechtigten Konkursforderungen	56.000	9	28

Tab. 2: Empirisch ermittelte Verteilung der Aktiva im Konkursverfahren auf die verschiedenen Gläubigergruppen[2]

---

1) Vgl. STATISTISCHES BUNDESAMT (1982a), S. 130 und (1984), S. 137.

2) Die Werte basieren auf der Studie des MAX-PLANCK-Instituts "Zur Praxis der Konkursabwicklung in der Bundesrepublik Deutschland". Es wurden die durchschnittlichen Ergebnisse von mit dem Schlußtermin beendeten Verfahren zugrunde gelegt. Vgl. hierzu GESSNER u.a. (1978), S. 149 (Tab. I/70 für Aussonderungsvermögen), S. 150 (Tab. I/72 für Absonderungsvermögen), S. 152 (I/76 für Masseschulden und -kosten). S. 161, 163 (Tab. I/84 und I/86 für Ermittlung der Teilungsmasse. Die in diesen Tabellen angegebenen Durchschnittswerte für Aussonderungsvermögen usw. wurden zur Gesamtistmasse addiert. DRUKARCZYK/DUTTLE (1984), S. 284, die auf das gleiche Zahlenmaterial zurückgreifen, geben teilweise abweichende Werte an. Die Begründung liegt darin, daß diese Autoren von den Verkehrswerten der Massegegenstände [vgl. GESSNER u.a. (1978), S. 146, Tab. I/66] ausgehen. Diese Vorgehensweise führt jedoch meines Erachtens über die nicht behebbaren Abstimmungsdifferenzen zwischen den in der Studie veröffentlichten Daten hinaus zu weiteren Inkonsistenzen.

Schließlich fällt die geringe empirische Bedeutung gerichtlicher Vergleichsverfahren auf. Wie aus der Tabelle 1 hervorgeht, betrug der Anteil der eröffneten Vergleichsverfahren an den gesamten Insolvenzverfahren in den Jahren 1974 bis 1983 lediglich 1,7 % der amtlich erfaßten Insolvenzverfahren, wobei sich jener im gleichen Zeitraum kontinuierlich von 6,2 % auf 0,9 % verringerte. Berücksichtigt man ferner, daß die Anzahl der Anschlußkonkurse sich auf ein Viertel der eröffneten Vergleichsverfahren beläuft, so macht dieser Umstand zusätzlich die negative Einschätzung der Effektivität des Vergleichsverfahrens verständlich.[1)] Der Vollständigkeit halber sei erwähnt, daß der einfache Durchschnitt der Deckungsquoten der von 1974 bis 1982 eröffneten und bis zum Ende des Folgejahres abgeschlossenen Vergleichsverfahren bei 45 % lag.[2)]

1.3.2 Mängel des geltenden Insolvenzrechts

Bei der Erörterung der Schadensbegrenzungsfunktion wurde an mehreren Stellen auf die Bedeutung des Gleichbehandlungsgrundsatzes hingewiesen. Obwohl er sowohl im Konkursrecht (§ 3 Abs. 1 KO) als auch im Vergleichsrecht (§ 8 Abs. 1 VglO) explizit zum Ausdruck kommt und auch einzelne Regelungen, die der Umsetzung der par conditio creditorum dienen, aufgezeigt werden konnten, ist die Insolvenzpraxis dadurch geprägt, "daß es sich bei dem Gleichbehandlungsgrundsatz eher um ein allgemeines Postulat als um einen positivrechtlich verfestigten Grundsatz handelt".[3)]
Die Wurzel für die Beeinträchtigung des Gleichbehandlungsgrundsatzes liefert das geltende Insolvenzrecht selbst, indem es zum einen Konkursvorrechte schafft (§ 61 Abs. 1 Nr. 1 bis 5 KO) und zum anderen Sicherungsgläubiger (Ab- und Aussonderung) nicht in die Verfahren einbezieht. Hieraus folgt als Konsequenz, daß die par conditio creditorum nur für die nicht bevorrechtigten Konkursgläubiger sowie jeweils stufenweise für die bevorrechtigten Konkursgläubiger einer Rangstufe gilt.[4)]
Mögen die Durchbrechungen des Gleichheitsgrundsatzes zur Zeit der Ent-

---

1) Nach der MAX-PLANCK-Studie beurteilen mehr als die Hälfte von befragten Richtern und Rechtspflegern die Effektivität des Vergleichsverfahrens als "sehr gering" (24 %) oder "gering" (33 %); vgl. GESSNER u.a. (1978), S. 109.

2) Vgl. STATISTISCHES BUNDESAMT (1982a), S. 130 und (1984), S. 137.

3) HÄSEMEYER (1982), S. 509.

4) Vgl. SCHMIDT , R. H. (1980), S. 91 f.

stehung der Konkursordnung noch den Charakter von Ausnahmen gehabt haben,[1] so trifft dies heute in keiner Weise mehr zu.[2]

Der Schwerpunkt der Kritik am geltenden Insolvenzrecht richtet sich auf das "Hypertrophieren dinglicher Mobiliarsicherheiten",[3] die auch im Konkurs und Vergleich Bestand haben. Die Beschränkung der Kritik auf die besitzlosen Mobiliarsicherheiten wird damit begründet, es fehle ihnen im Gegensatz zu Grundpfandrechten an Publizität und Spezialität im Sinne eindeutiger Erkennbarkeit für Dritte. Diese beiden Merkmale seien aber vom Gesetzgeber der Konkursordnung "als unerläßliche Voraussetzungen der abgesonderten Befriedigung angesehen"[4] worden. Von ökonomischem Interesse ist weniger der Umstand, daß bei einer gegebenen Istmasse die höhere Quote einer bestimmten Gruppe zwangsläufig mit einer geringeren Quote der anderen Gruppe gegenüber der Gleichverteilung korrespondiert, als vielmehr die negative Beeinflussung der überhaupt verteilbaren Masse. Vor allem im Vergleichsverfahren beeinträchtigt das Fehlen des Vollstreckungs- und Verwertungsschutzes gegenüber den Sicherungsgläubigern die Chancen einer erfolgreichen Vergleichserfüllung.[5] Die Konkursfestigkeit führt dazu, daß das der Werterhaltung entgegenstehende Prioritätsprinzip auch unter den Gläubigern eines insolventen Unternehmens besteht. In Verfolgung ihrer Einzelinteressen können sie in das Vermögen eingreifen und beeinträchtigen hiermit die Werterhaltungsinteressen der übrigen Beteiligten, indem sie für die Fortführung oder geordnete Abwicklung benötigte Produktionsfaktoren entziehen, was den aus der Kombination der einzelnen Produktionsfaktoren resultierenden synergistischen Effekt zerstört.[6] Diese Wirkung der Sicherungshypertrophie

---

1) Vgl. SCHMIDT, K. (1982b), S. D 52; BOLLIG (1983), S. 221, mit weiteren Literaturhinweisen zur Bedeutung des Fiskalprivilegs; zum Anwachsen der Sicherungsrechte siehe WEBER, F. (1977), S. 335; KILGER in 51. DJT (1976), S. O 36; HOHLOCH (1982a), S. 147 f.

2) Vgl. hierzu Tabelle 2. Siehe auch HEILMANN (1983b), S. 267-269 mit weiteren Hinweisen.

3) UHLENBRUCK (1983c), S. 108; vgl. auch KILGER (1975), S. 148-152; Befragung von Gerichtsstäben bei GESSNER u.a. (1978), S. 111 f.

4) HENCKEL in 51. DJT (1976), S. O 18; vgl. auch UHLENBRUCK (1979), S. 243. Rechtspolitische Gegenposition wird von STÜRNER (1981), S. 269, vertreten.

5) Vgl. UHLENBRUCK (1983a), S. 357-359.

6) Vgl. HENCKEL in 51. DJT (1976), S. O 19; DRUKARCZYK (1984c), S. 288; SCHMIDT, R.H. (1980), S. 96. Von daher kann der Auffassung von SWOBODA (1984), S. 183, privatrechtliche Sicherungsverträge und gerichtlich überwachte Bereinigung der Insolvenzsituation unterschieden "sich doch nur durch eine andere Aufteilung des Endvermögens und andere Abwicklungskosten" nicht gefolgt werden.

beruht nicht auf dem Wesen von Sicherungsmitteln, sondern auf der insolvenzrechtlich gegebenen Möglichkeit des Sicherungsnehmers, auch im Insolvenzverfahren seine individuellen Interessen durch die Verwertung des Sicherungsgutes verfolgen zu können.[1] Das Kautelarsystem der Sicherungsrechte pervertiert das Pfandverwertungsrecht des Konkursverwalters nach § 127 Abs. 1 KO zur Ausnahme.[2] Die Belastung der Masse durch Aus- und Absonderung von Vermögenswerten ist zudem mitbestimmend für den hohen Anteil der mangels Masse abgewiesenen Konkursanträge.[3] Für die Kausalität der Sicherungsrechte im Hinblick auf die die Ablehnung begründende Massearmut sprechen folgende Argumente:

- Entsprechend dem konkursrechtlichen Verteilungsschema verringern Sicherungsrechte die Konkursmasse, die den Verfahrenskosten gegenübergestellt wird, um die Massezulänglichkeit bei der Entscheidung nach § 107 Abs. 1 KO zu prüfen. Es leuchtet unmittelbar ein, daß mit fortschreitender Aushöhlung der Konkursmasse durch Aus- und Absonderung auch das statistische Risiko der Masseunzulänglichkeit zunimmt.

- Der Konkursverwalter hat die vorgefundene Istmasse zu "bereinigen", d.h. er hat unter anderem zu prüfen, welche Vermögenswerte von Dritten ausgesondert werden können bzw. welche er zur abgesonderten Befriedigung herauszugeben hat. Kommt es zu Sicherungskollisionen, so erhöht sich zwangsläufig der mit der Feststellung der vom Konkursverwalter verwertbaren Konkursmasse verbundene Aufwand.[4] Die Sicherungsrechte belasten somit das Konkursverfahren kostenmäßig, so daß sich die Schere zwischen Masse und zu deckenden Kosten weiter öffnet.[5]

---

1) Vgl. MARSCHDORF (1984), S. 198.

2) Vgl. MENTZEL/KUHN/UHLENBRUCK (1979), § 127 Rdn. 1.

3) Vgl. HENCKEL in 51. DJT (1976), S. O 18; DRUKARCZYK/DUTTLE (1984), S. 292; UHLENBRUCK (1976), S. 213.

4) Von daher kann allenfalls die eindeutige Erkennbarkeit der Rangfolge von Belastungen von Grundstücken für ihre Aussparung von der Kritik an Sicherungsrechten sprechen.

5) Vgl. GESSNER u.a. (1978), S. 110 f.; HENCKEL in 51. DJT (1976), S. O 19. Je nach Schwierigkeitsgrad der Prüfung von Sicherungsrechten erhöht sich die Konkursverwaltervergütung zwischen 25 % und 50 %. Sie macht etwa die Hälfte der Massekosten aus; [vgl. GESSNER u.a. (1978), S. 42.] Während die Vergütung eines Konkursverwalters bei einer Teilungsmasse von 100.000 DM und einem 4-fachen Regelsatz bei 9.300 DM liegt, erhöht sich die Vergütung auf 13.950 DM, wenn der Konkursverwalter Aus- und Absonderungsrecht mit schwierigeren Rechtsfragen zu bearbeiten hat; [vgl. EICKMANN (1983), S. 88 f. i.V. mit § 3 Abs. 1 der für Konkursverwalter geltenden Vergütungsverordnung.]

- Geht man von der Vollwertigkeit der Sicherheiten aus - und zwar auch unter Zerschlagungsbedingungen - so haben die Sicherungsgläubiger kein Interesse an einer rechtzeitigen Verfahrenseröffnung.[1)] Haben Gläubiger in Anbetracht der von ihnen erkannten finanziellen "Schieflage" des Schuldners Sicherungen bestellt, so werden sie möglicherweise eher den Konkurs hinausschieben. Dies kann darin begründet sein, um anfechtungsrechtliche Suspektfristen[2)] abzuwarten.[3)] Ist die Sicherheit nicht vollwertig, so kann es bei Vereinbarung einer regelmäßigen Tilgung in Teilbeträgen rational sein, so lange abzuwarten, bis der Betrag der Restforderung den Wert der Sicherheit erreicht hat.[4)] Bei einer kontinuierlich negativ verlaufenden Reinvermögensentwicklung resultiert aus der Passivität der Sicherungsgläubiger, - denen im allgemeinen ein höherer Informationsgrad unterstellt wird, den sie möglicherweise zur Bestellung zusätzlicher Sicherheiten nutzen - eine weitere Verringerung des für die ungesicherten Gläubiger verbleibenden Vermögens.[5)]

Die faktische Pervertierung des Insolvenzrechts zum "*Rangordnungsrecht*"[6)] hat augenscheinlich für das Vergleichsverfahren besonders negative Folgen.[7)] Da die Sicherungsgläubiger davon ausgehen können, daß sie im Falle des Anschlußkonkurses nur relativ geringe oder gar keine Verluste hinzunehmen haben, aber von einer erfolgreichen Fortführung in der Hauptsache die übrigen Beteiligten profitieren werden, ist deren Bereitschaft zu Zugeständnissen, z.B. Forderungsverzicht, denkbar gering. Es wird nicht nur die Konsensfindung beeinträchtigt, sondern auch die Beschaffbarkeit zusätzlicher Mittel, wenn keine Vermögenswerte zur Sicherstellung von Neugläubigern frei werden.[8)] Die Regelung, daß die im Kon-

1) Nach der MAX-PLANCK-Studie wurde nur jeder 100. Konkursantrag von einem Sicherungsgläubiger gestellt; vgl. GESSNER u.a. (1978), S. 126. Zum geringen Anteil der Verwertung der Sicherheiten vor dem Insolvenzverfahren siehe GESSNER u.a. (1978), S. 256 f.

2) Zum Begriff der Suspektfrist siehe Abschnitt 2.1 des 3. Kapitels.

3) Vgl. DRUKARCZYK/DUTTLE (1984), S. 287; HENCKEL in 51. DJT (1976), S. O 18.

4) Vgl. HENCKEL in 51. DJT (1976), S. O 18.

5) Von dieser These gehen aus und befürworten daher eine Interessenharmonisierung HENCKEL in 51. DJT (1976), S. O 17 - O 19; HENCKEL (1981), S. 1302; STEINER (1980), S. 189, 198; FRANKE (1984), S. 164, 166.

6) FLESSNER (1981a), S. 118.

7) Vgl. STEINER (1984), S. 377 f.

8) Vgl. FRANKE (1983), S. 41 f.; HENCKEL (1981), S. 1297; KRÖGER (1983), S. 152.

kurs nach § 61 Abs. 1 Nr. 1 bis 5 KO bevorrechtigten Gläubiger im Vergleich voll befriedigt werden müssen,[1] verschlechtert die Sanierungschancen erheblich.

Wenn die Störung der "par conditio creditorum" auch ein Fundamentalproblem darstellt, so läßt sich noch eine Reihe anderer Gesichtspunkte zur Erklärung der Misere der Insolvenzverfahren anführen. Ohne den Anspruch auf Vollständigkeit zu erheben, seien folgende Punkte genannt:

- Ein Schwachpunkt der Konkursordnung stellt die Aufbringung der Mittel zur Durchführung des Konkursverfahrens bei masseunzulänglichen Konkursen dar.[2] Abgesehen von dem Problem, wie hoch der Massekostenvorschuß zu sein hat,[3] erscheint die Vorteilhaftigkeit eines Vorschusses für den beantragten Gläubiger fraglich, so daß die Konkurseröffnung daher in vielen Fällen unterbleibt.[4] Der Grund liegt hier vor allem im Anwachsen der Masseschulden und Massekosten.[5]

- Von der Konkursverwalterhaftung nach § 82 KO geht eine gewisse Zerschlagungslastigkeit aus.[6] Um das persönliche Risiko einer gescheiterten Geschäftsfortführung zu vermeiden, wird diese als Schutzvorschrift konzipierte Norm pervertiert: "Der Umfang des Pflichtenkreises wird der Haftung angepaßt, aus Konsequenz wird Voraussetzung, aus der abhängigen die unabhängige Variable".[7]

- Im Hinblick auf die Verfahrenseröffnung stören die Ermessensspielräume bei der Feststellung der Insolvenzgründe Zahlungsunfähigkeit

1) Vgl. HENCKEL (1981), S. 1297; UHLENBRUCK (1983b), S. 470.

2) Vgl. HESS/KROPSHOFER (1982), S. 536-541.

3) Vgl. UHLENBRUCK (1983b), S. 243-245; EICKMANN (1983), S. 46 f.; HENCKEL (1977), S. 180 f.

4) Für grundsätzlich ablehnende Empfehlung UHLENBRUCK (1983b), S. 243.

5) Vgl. UHLENBRUCK (1983c), S. 109; STEINER (1980), S. 13-15.

6) Vgl. HANISCH (1973), S. 129-143; STÜDEMANN (1978), S. 413-419; MENTZEL/KUHN/UHLENBRUCK (1979), § 117 Anm. 14; UHLENBRUCK (1977b), S. 318; MARSCHDORF (1984), S. 246.

7) STÜDEMANN (1978), S. 419. PLATE (1981), S. 347 und HAX/MARSCHDORF (1983), S. 127; warnen daher vor haftungsbedingten Fehlinformationen. GESSNER u.a. (1978), S. 216 f. beurteilen dagegen aufgrund ihrer Feststellungen zu den eingetretenen Haftpflichtfällen das "subjektive Empfinden eines bedrohlichen Haftungsrisikos" der Konkursverwalter als "nicht verständlich", gehen aber auch von einer Behinderung unternehmerischen Handelns aufgrund der Rechtslage aus; zur Rechtsprechung siehe HAUG (1984), S. 773-782.

und vor allem der Überschuldung,[1] die die sanktionsfreie Herauszögerung von Konkursanträgen ermöglicht bzw. Sanierungschancen belastet, da die Auslösung zu spät erfolgt und damit zu große Lasten von den Beteiligten bei einer Fortführung verlangt werden.[2]

- Schließlich resultiert eine Reihe von Problemen aus der Parallelität von Vergleichs- und Konkursverfahren.[3] Beispielhaft sei hier das Fehlen der Anfechtungsmöglichkeiten im Vergleichsverfahren sowie der Verzicht auf Mindestquoten im konkursbeendenden Zwangsvergleich genannt. Zudem ist zu beachten, daß die Realisierung der optimalen Verwertungsstrategie die Beschaffung von Informationen über dieselbe verlangt, die zwar möglichst zügig zu erfolgen hat, aber dennoch längere Zeit benötigt. Die Praxis hilft sich beim Konkursverfahren zwar mit der Sequestration weiter, jedoch ist sie mit einigen Rechtsrisiken verbunden.[4]

1.3.3 Darstellung des Gesamtinsolvenzverfahrens

Die negative Einschätzung der Funktionalität des geltenden Insolvenzrechts hat zu einer weithin geteilten Forderung nach einer grundlegenden Insolvenzrechtsreform geführt.[5] Im Jahre 1978 wurde vom Bundesminister der Justiz eine Kommission zur Reform des Insolvenzrechts - hier kurz als Insolvenzrechtskommission bezeichnet - mit der Aufgabe eingesetzt, "die Voraussetzungen für ein modernes, effektives, wirtschaftsnahes und zugleich soziales Insolvenzrecht zu erarbeiten".[6] Sie konnte sich dabei an ausländische Insolvenzrechtssysteme[7] - hier

---

1) Vgl. für viele BEECK (1979), S. 22-40.

2) Vgl. STEINER (1984), S. 378.

3) Vgl. UHLENBRUCK (1981b), S. 544; SCHMIDT, K. (1982b), S. D 40-44; MARSCHDORF (1984), S. 243 f.; ARNOLD (1982a), S. 8; STEINER (1984), S. 377; GERHARDT (1977), S. 132 f.; SIEDSCHLAG (1971), S. 125-144; HANISCH (1973), S. 39-41. Letzterer charakterisiert die Zweispurigkeit des Konkurs- und Vergleichsrechts als "Geburtsfehler" der Konkursordnung. Vgl. auch HANISCH (1977b), S. 244-246.

4) Vgl. hierzu UHLENBRUCK (1983b), S. 263-268.

5) Vgl. für viele KILGER (1976), S. 190-194; HANISCH (1977a), S. 1-38; UHLENBRUCK (1981b), S. 515-525.

6) UHLENBRUCK (1983d), S. 131.

7) Rechtsvergleichende Darstellungen von Insolvenzverfahren unter besonderer Berücksichtigung von Sanierungsverfahren siehe bei FLESSNER (1982a), S. 137-171; HOHLOCH (1982a), S. 152-181; UHLENBRUCK (1981b), S. 525-533; INSOLVENZRECHTSKOMMISSION (1985), S. 10-14. Überblick über "Insolvenzrechtsreformen in Westeuropa" bei ARNOLD (1985), S. 321-333.

wären insbesondere das US-amerikanische[1], französische[2] und englische[3] Insolvenzrecht zu nennen - anlehnen. Ende des Jahres 1984 legte sie ihren ersten Bericht vor, der neben den dazu eingehenden Stellungnahmen Grundlage eines Gesetzentwurfes zur Neuordnung des Insolvenzrechts sein soll. Die nachfolgende Darstellung folgt den Vorstellungen dieses Berichtes.[4] Eine grobe Übersicht über das Gesamtinsolvenzverfahren vermittelt Abbildung 34:

---

1) Zum amerikanischen Insolvenzrecht unter besonderer Berücksichtigung von Sanierungsverfahren siehe über die in FN 7 der Vorderseite genannten Literaturstellen hinaus BULL (1980), S. 843-851; FLESSNER (1982a), S. 33-135; JANDER/SOHN (1981), S. 744-751; KRAUS (1983), S. 553-561; ROEHM (1980); RIESENFELD (1983), S. 85-101; KING, L.P. (1979), S. 107-131. Zur Rechtslage vor der Insolvenzrechtsreform siehe KRAMER (1977); HANISCH (1973), S. 164-273.

2) Zum französischen Insolvenzrecht unter besonderer Berücksichtigung von Sanierungsaspekten siehe über die in FN 7 der Vorderseite genannten Literaturstellen hinaus SONNENBERGER (1975), S. 195-206; ARNOLD (1982b), S. 793-805; BALZ (1983), S. 1153-1175.

3) Zum englischen Insolvenzrecht unter besonderer Berücksichtigung der Sanierungsaspekte siehe über die in FN 7 der Vorderseite genannten Literaturstellen hinaus GOTTWALD (1981), S. 17-45; WEISS (1982), S. 1038-1044.

4) Hier zitiert als INSOLVENZRECHTSKOMMISSION (1985). Siehe ferner HENCKEL (1984a), S. 369-395 sowie UHLENBRUCK (1984), S. 1949-1961 zu den Ergebnissen der Kommissionsarbeit.

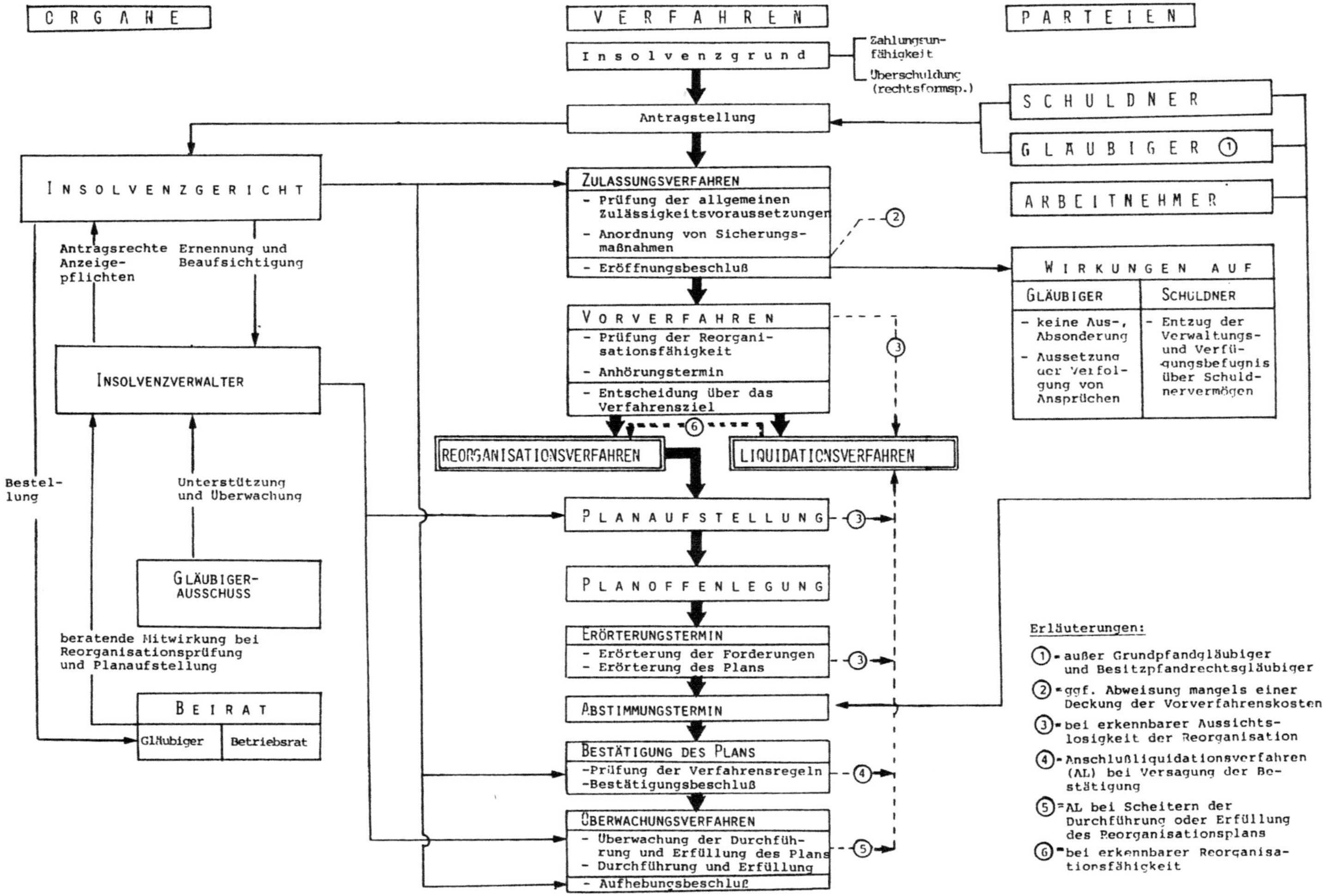

Abb. 34: Gesamtinsolvenzverfahren (Übersicht)

Wie nach bisherigem Recht sollen Zahlungsunfähigkeit und (je nach Rechtsform des Schuldners) Überschuldung Insolvenzgrund sein. Die Eröffnung setzt einen Antrag des Schuldners oder eines Gläubigers beim zuständigen Insolvenzgericht, "das künftig auf mehrere Amtsgerichtsbezirke konzentriert unter fachkundiger Leitung eines in Wirtschaftssachen erfahrenen Richters gebildet wird,"[1] voraus. Als *Insolvenzgläubiger* werden auch Gläubiger mit besitzlosen Mobiliarsicherheiten einbezogen; diese Regelung korrespondiert mit der Absicht, daß Eigentumsvorbehalt, Sicherungseigentum sowie Sicherungsabtretung samt ihrer Verlängerungsformen nicht mehr zu Aus- und Absonderung berechtigen sollen. Im Liquidationsverfahren, das von seiner Funktion her dem heutigen Konkursverfahren entspricht, hat der Insolvenzverwalter im Interesse einer effizienten Abwicklung das alleinige Verwertungsrecht inne, wobei der Verwertungserlös für die Sicherungsgläubiger "reserviert" wird. Lediglich die Grund- und Besitzpfandrechtsgläubiger[2] sollen weiterhin zur Verwertung außerhalb des Insolvenzverfahrens berechtigt sein.[3] Dasselbe gilt bezüglich der Behandlung der verschiedenen Sicherungsrechte im Reorganisationsverfahren.[4] Die Bevorrechtigung von ungesicherten Gläubigern entsprechend § 61 Abs. 1 Nr. 1 bis 5 KO wird aufgegeben, so daß auch das allgemein kritisierte Fiskalprivileg wegfällt.[5]

Der Antrag bezieht sich nicht auf ein spezielles Verfahrensziel, d.h. Liquidation oder Fortführung, sondern auf die Eröffnung eines einheitlichen Insolvenzverfahrens.[6] Sind die Zulässigkeitsvoraussetzungen (z.B. Glaubhaftmachung einer Forderung) erfüllt, so beschließt das Gericht die Verfahrenseröffnung. Zu den Verfahrensvoraussetzungen gehört

---

1) UHLENBRUCK (1984), S. 1959.

2) Für gesetzliche Pfandrechte sowie Pfändungspfandrechte, die früher als sechs Monate vor Verfahrenseröffnung entstanden sind, gelten die Einschränkungen wie für besitzlose Mobiliarsicherheiten; vgl. INSOLVENZRECHTSKOMMISSION (1985), S. 95.

3) Vgl. UHLENBRUCK (1984), S. 1955 f.; HENCKEL (1984a), S. 378-380; INSOLVENZRECHTSKOMMISSION (1985), S. 326 - 329.

4) Vgl. UHLENBRUCK (1984), S. 1958; INSOLVENZRECHTSKOMMISSION (1985), S. 251 - 266. HENCKEL (1984a), S. 389. Lediglich bei Betriebsgrundstücken ist eine einstweilige Einstellung der Zwangsversteigerung nach § 30 c ZVG vorgesehen.

5) Vgl. INSOLVENZRECHTSKOMMISSION (1984), S. 341 - 349; UHLENBRUCK (1984), S. 1954; zur verfassungsrechtlichen Begründung der Streichung des Fiskalvorrechts nach § 61 Nr. 2 KO siehe KILGER (1982), S. 783.

6) Vgl. KILGER (1984), S. 48; UHLENBRUCK (1984), S. 1950; ARNOLD (1982a), S. 6-8.

weiterhin, daß die Kosten des Verfahrens gedeckt sind; es werden jedoch nur die Kosten des Vorverfahrens, während dem die Entscheidung über das Verfahrensziel vorzubereiten ist, berücksichtigt.[1] Außerdem treten die Massekosten entgegen dem geltenden § 60 Abs. 1 KO - wonach im Falle einer so geringen Masse, daß nicht sämtliche Massegläubiger befriedigt werden können, zunächst die Masseschulden zu decken sind - an die erste Stelle.[2] Zum Schutz des schuldnerischen Vermögens kann das Gericht bereits vor der Eröffnung des Verfahrens Sicherungsmaßnahmen (z.B. Vollstreckungsverbot) anordnen.[3] Die Wirkungen der Eröffnung des Insolvenzverfahrens entsprechen denen der Konkurseröffnung, ohne daß es jedoch zur Auflösung einer Gesellschaft, über deren Vermögen das Insolvenzverfahren eröffnet wird, kommt.[4]

Bei Eröffnung des einheitlichen Insolvenzverfahrens folgt das *Vorverfahren*. Es dient der Vorbereitung der Entscheidung über die Einleitung des Liquidations- oder Reorganisationsverfahrens. Kann die Reorganisationschance nicht von vornherein ausgeschlossen werden, wird ein aus Gläubigervertretern und Betriebsratsmitgliedern zusammengesetzter Beirat bestellt, der bei der Reorganisationsprüfung beratend mitwirkt.[5] Sobald das Gericht bei der Prüfung der Reorganisationsfähigkeit[6] zu der Auffassung gelangt, daß die Reorganisation keine Aussichten auf Erfolg hat, wird das Liquidationsverfahren eingeleitet.[7] Der Schuldner wird in erhöhtem Maße zur Auskunft und Mitwirkung verpflichtet.[8] Im Anschluß an den Anhörungstermin, an dem alle Betroffenen (z.B. Schuldner, Gläubiger, Verwalter, Berufsvertretung des Schuldners) teilnehmen, beschließt das Insolvenzgericht über die weitere Verfahrensweise. Lassen die gewonnenen Informationen eine Reorganisation als möglich er-

---

1) Vgl. UHLENBRUCK (1984) S. 1951; INSOLVENZRECHTSKOMMISSION (1985), S. 116 - 118.

2) Vgl. KILGER (1984), S. 48 f.

3) Vgl. UHLENBRUCK (1984), S. 1951.

4) Vgl. INSOLVENZRECHTSKOMMISSION (1985), S. 118 - 121.

5) Vgl. UHLENBRUCK (1984), S. 1952.

6) Zum Gegenstand der Prüfung siehe UHLENBRUCK (1984), S. 1952 f. Zu betriebswirtschaftlichen Aspekten der Sanierungsprüfung siehe KAYSER (1983b), S. 415-419; MANN (1970), S. 237-255; SCHMIEDEL (1984), S. 761-772; GROSS (1982), S. 18-31.

7) Vgl. INSOLVENZRECHTSKOMMISSION (1985), S. 149 - 151.

8) Vgl. UHLENBRUCK (1984), S. 1952.

scheinen, wird von Amts wegen das Reorganisationsverfahren eingeleitet, andernfalls das Liquidationsverfahren.[1)]

Kommt es zum *Liquidationsverfahren*, so hat der Insolvenzverwalter die Insolvenzmasse zu verwerten. Über den bereits oben angesprochenen "Abbau bevorzugter Rechtsstellungen"[2)] hinaus ist weiterhin anzumerken, daß die Gläubiger mit besitzlosen Mobiliarsicherheiten einen Beitrag in Höhe von 25 % des Verwertungserlöses des Sicherungsguts oder ihrer geringeren Forderung zur Masse zu leisten haben,[3)] d.h. der überwiegende Rest dient der Vorabbefriedigung ihrer Forderungen. Soweit die Sicherungsgläubiger nicht befriedigt werden, also auch in Höhe des pauschalierten Verfahrensbeitrags von 25 %, nehmen sie an der Quotenausschüttung teil. Außerdem bedarf die Vereinbarung dieser Sicherheiten der Schriftform. Lediglich der einfache Eigentumsvorbehalt kann formlos vereinbart werden.[4)] Selbstverständlich kann der Insolvenzverwalter den Betrieb als Ganzes veräußern; allerdings würde sich eine längere Fortführung nicht mit dem Zweck des Liquidationsverfahrens decken, so daß diese mit Zustimmung des Gerichts nur zur Vorbereitung der Betriebsveräußerung erfolgen darf.[5)] Um dennoch die negativen Folgen einer Liquidationsentscheidung, die sich im nachhinein als falsch herausstellt, vermeiden zu können, sollen die Verfahrensziele jederzeit austauschbar sein.[6)] Ob der Schuldner nach Abschluß des Liquidationsverfahrens von seinen verbleibenden Schulden befreit werden soll, hat die Insolvenzrechtskommission noch nicht entschieden.[7)]

Die Alternative zum Liquidationsverfahren stellt das *Reorganisationsverfahren* dar. Der Insolvenzverwalter übernimmt "weitgehend die Rechtsstellung des Gemeinschuldners bzw. der bisherigen organschaftlichen Vertreter"[8)] und nimmt die Ausarbeitung eines Reorganisationsplans in

---

1) Vgl. UHLENBRUCK (1983a), S. 359 f.

2) INSOLVENZRECHTSKOMMISSION (1985) S. 17.

3) Vgl. INSOLVENZRECHTSKOMMISSION (1985), S. 312 - 315; HENCKEL (1984a), S. 380; UHLENBRUCK (1984), S. 1955 f.

4) Vgl. INSOLVENZRECHTSKOMMISSION (1985), S. 306 - 310; UHLENBRUCK (1984), S. 195.

5) Vgl. INSOLVENZRECHTSKOMMISSION (1985), S. 305 f..

6) Vgl. INSOLVENZRECHTSKOMMISSION (1985), S. 91; UHLENBRUCK (1984), S. 195.

7) Vgl. UHLENBRUCK (1984), S. 1956; HENCKEL (1984a), S. 386. Der erstgenannte Autor geht davon aus, daß nur nach Abschluß eines Zwangsvergleichs Schuldbefreiung (Discharge) eintritt, während der andere auch die Möglichkeit einer gerichtlichen Stimmenersetzung in Erwägung zieht.

8) UHLENBRUCK (1984), S. 1952; vgl. ferner KILGER (1984), S. 49 f.

Angriff, wobei er vom Beirat und Gläubigerausschuß unterstützt wird. Das Reorganisationsverfahren soll also durch die Fremdverwaltung des Insolvenzverwalters geprägt sein. Dem Reorganisationsplan kommt eine tragende Bedeutung zu. Während im "darstellenden Teil" alle finanz- und leistungswirtschaftlichen Maßnahmen zur Sicherung des Fortbestands des Unternehmens und seiner Revitalisierung aufzuführen sind, enthält der "gestaltende Teil" die Änderungen und Neubegründungen von Forderungen oder sonstigen Rechten der Insolvenzgläubiger sowie gesellschaftsbezogene Sanierungsmaßnahmen, wie beispielsweise Ablösung des Managements oder Kapitalerhöhungen.[1)] Nachdem der Reorganisationsplan beim Insolvenzgericht offengelegt worden ist, findet nach einem Erörterungstermin, in dem der Plan von den Beteiligten beurteilt und zugleich die Gläubigerforderungen und Stimmrechte festgestellt werden, die Abstimmung über den Reorganisationsplan statt.[2)]

Die Abstimmung erfolgt unter den Gläubigern, deren Rechtsposition durch den Reorganisationsplan beeinträchtigt wird, getrennt nach ungesicherten und gesicherten Gläubigern. Die Annahme des Plans setzt eine Summenmehrheit von 60 % bei den ungesicherten Gläubigern und von 80 % bei den gesicherten Gläubigern voraus. Mindestbefriedigungsquoten sind für ungesicherte Gläubiger nicht vorgesehen. Einem überstimmten Sicherungsgläubiger müssen allerdings mindestens 50 % des Wertes des Sicherungsgutes oder der geringeren Forderung verbleiben.[3)] Soweit die Ansprüche von im Unternehmen verbleibenden Beschäftigten gekürzt werden, setzt ihre Annahme des Plans eine 80%ige Kopfmehrheit voraus. Die Gesellschafter stimmen nach gesellschaftsrechtlichen Vorschriften ab. Lediglich bei ihnen kann die erforderliche Abstimmungsmehrheit per Gerichtsbeschluß ersetzt werden, und zwar dann, wenn die Reorganisation an der Zustimmung dieser Gruppe scheitert.[4)] Kommen ansonsten die erforderlichen Mehrheiten nicht zustande oder wird der Plan wegen nicht heilbarer Verfahrensfehler nicht bestätigt, so wird von Amts wegen das Anschlußliquidationsverfahren eröffnet.

---

1) Zum Planinhalt siehe UHLENBRUCK (1984), S. 1958 f.; HENCKEL (1984a), S. 388-392; SCHMIDT, K. (1982b), S. D 79 - D 85; ARNOLD (1982a), S. 9; UHLENBRUCK (1983a), S. 360-362.

2) Vgl. UHLENBRUCK (1984), S. 1959; HENCKEL (1984a), S. 393.

3) INSOLVENZRECHTSKOMMISSION (1985), S. 25 ff.

4) Zur Abstimmung über den Reorganisationsplan sowie insbesondere zur Beschränkung der Gesellschafterautonomie siehe UHLENBRUCK (1984), S. 1959 F.; HENCKEL (1984a), S. 393 f.; SCHMIDT, K. (1982b), S. D 85 - D 90; INSOLVENZRECHTSKOMMISSION (1985), S. 189 - 192; KILGER (1984), S. 51 f.

Liegen keine Versagungsgründe vor, z.B. Unterlassen von zur Wirksamkeit der Sanierungsmaßnahmen notwendiger Rechtshandlungen, so ergeht der Bestätigungsbeschluß des Insolvenzgerichtes. Es übernimmt keine materielle Prüfung des Planinhalts.[1] Mit der Bestätigung treten die im "gestaltenden Teil des Reorganisationsplans festgelegten Rechtswirkungen ein",[2] so daß auch in einem späteren Liquidationsverfahren die ungeschmälerten ursprünglichen Ansprüche nicht mehr geltend gemacht werden können. Auf die Bestätigung des Verfahrens folgt ein höchstens drei Jahre dauerndes Überwachungsverfahren,[3] welches insbesondere der Sicherung der von sog. Neugläubigern vor der Bestätigung gewährten Kredite gilt, indem diese in einem Liquidationsverfahren, das vor der Aufhebung des Verfahrens endet, als Masseschulden behandelt werden. Der Reorganisationsplan kann vorsehen, daß während des Überwachungsverfahrens gewährte Kredite bis zu einem bestimmten Höchstbetrag in einem Liquidationsverfahren als nachrangige Masseschulden eingeordnet werden, wobei dieser Kreditrahmen jedoch in der "Reorganisations-Bilanz" durch Eigenkapital zu decken ist.[4]

1.3.4 Anmerkungen zu dem von der Insolvenzrechtskommission entworfenen Gesamtinsolvenzverfahren

1.3.4.1 Konzeptionelle Überlegungen

Sieht man die vorrangige Funktion insolvenzrechtlicher Regelungen darin, daß sie alle Beteiligten in die Lage versetzt, "ihre Erwartungen zu formen, Verletzungen des abgesteckten Bereichs zu erkennen und die Ausgänge möglicher gerichtlicher Verfahren mit größerer Sicherheit zu antizipieren",[5] so vermißt man dem amerikanischen Recht bekannte Regeln, die dazu dienen, den Einigungsdruck zu erhöhen und das Mißtrauen gegenüber Vermögensverschiebungen zugunsten anderer Gruppen zu verringern. Hier wäre die Möglichkeit des "cram down" zu nennen, d.h. der dem Ge-

1) Vgl. zur Bestätigung UHLENBRUCK (1984), S. 1960 f.; HENCKEL (1984a), S. 394; SCHMIDT, K. (1982b), S. D 90 - D 92; ARNOLD (1982a), S. 9; KILGER (1982), S. 782.

2) UHLENBRUCK (1984), S. 1960.

3) Siehe hierzu UHLENBRUCK (1984), S. 1960 f.; HENCKEL (1984a), S. 394.

4) Vgl. zu dieser sog. "Plafondlösung" UHLENBRUCK (1984), S. 1961.

5) DRUKARCZYK (1984b), S. 382; vgl. auch HAX/MARSCHDORF (1983), S. 122-124; MARSCHDORF (1984), S. 250.

richt unter bestimmten Bedingungen[1] eingeräumten Möglichkeit, den Plan gegen den Willen einer oder mehrerer Klassen zu bestätigen. Der Schutz der Gläubiger nach amerikanischem Recht wird dadurch erreicht, daß der Plan bei fehlender Annahme nur bestätigt werden kann, "if the plan does not discriminate unfairly, and is fair and equitable, with respect to each class of claims or interests that is impaired under and has not accepted the plan" (§ 1129 (b) (1) BC). Die Rechte der unterschiedlichen Klassen werden mittels der sog. absoluten Vorrangregel,[2] die die Haftungsanordnung im Reorganisationsverfahren aufrechter-soll, gewahrt. Von essentieller Bedeutung ist die Definition der "impaired classes", denn nur ihre Zustimmung muß notfalls ersetzt werden.[3] Dabei werden die Regelungen von der Vorstellung beherrscht, daß die Reorganisation nur eine besondere Form der Liquidation ist. "Der Unterschied liegt nur darin, daß bei der Sanierung wegen der Erhaltung des Organisationswertes die Verteilungsmasse größer ist und die Verteilung nicht in Geld (Liquidationserlös), sondern in Naturialien (Gläubiger- und Anteilsrechte " "Reorganisationswährung") erfolgt.[4] Unmittelbar praktische Konsequenz ist hierbei die Aufteilung einer gesicherten Forderung auf den Wert des Sicherungsgutes (insoweit Einordnung als Sicherungsgläubiger) und den ungedeckten Teil der Forderung (insoweit Einordnung als ungesicherter Gläubiger).[5] Solche Regeln der Zu- und Verteilung der Verluste auf die Gruppen der Altgläubiger ziehen zwar schwierige Bewertungsprobleme nach sich, die die Effizienz des Verfahrens stark beeinträchtigen können[6], doch erscheint es zweckmäßiger, da die Einfachheit lediglich zu einer anderen Ursache für die Versteuerung und Verzögerung des Verfahrens wird, die konzeptionell richtige Lösung zu wählen.

1) Vgl. hierzu KLEE (1979), S. 133-171; RIESENFELD (1983), S. 98-99; FLESSNER (1982a), S. 278.

2) Vgl. hierzu MEYER (1981), S. 46-77; FLESSNER (1982a), S. 94-110; S. 256-261; KING, D.R. (1975), S. 333-337.

3) Vgl. RIESENFELD (1983), S. 95 f.; KLEE (1979), S. 138-140.

4) FLESSNER (1982a), S. 257; vgl. auch FLESSNER (1982a), S. 96.

5) Vgl. § 506 BC. Dem deutschen Recht ist dieser Gedanke nicht fremd; nach § 27 Abs. 1 VglO nehmen die Absonderungsgläubiger mit dem voraussichtlichen Ausfall an der Abstimmung über den Vergleichsvorschlag teil; vgl. BÖHLE-STAMSCHRÄDER/KILGER (1982), § 27 Anm. 3.

6) Zum Problem der Wertfindung im amerikanischen Reorganisationsverfahren siehe FLESSNER (1982a), S. 110-119 sowie S. 297 f.; MEYER (1981), BELL (1978), S. 1-22.

Zudem drängt sich der Eindruck auf, daß die Insolvenzrechtskommission die Abschreckungsfunktion nicht vollständig von der Werterhaltungsfunktion verdrängt sehen will, was zu einem uneinheitlichen Gesamtbild führt. Die Begründung mag darin liegen, daß man sich ähnlich wie bei der Schaffung des geltenden Konkurs- und Vergleichsrechts wiederum - zumindest in diesen Punkten - vom Leitbild des Schuldners als Einzelkaufmann leiten ließ, was jedoch der Entwicklung eines effizienten Insolvenzrechts der Unternehmen abträglich ist.[1] Indizien hierfür sind die Übernahme der Geschäftsführung durch den Verwalter, die einseitige Zustimmungsersetzung beim Schuldner sowie das Unterlassen der Discharge bei Liquidation. Unter dem Gesichtspunkt der Haftungsverwirklichung und der Sanktionsdrohung sind diese Regelungen zwar verständlich, nicht aber bei einem primär der Werterhaltung dienenden Verfahren, wie es an sich dem Reformziel entspricht. So ist im Hinblick auf die Stellung des Insolvenzverwalters im Rahmen des Reorganisationsverfahrens[2] zu kritisieren, daß die Fremdverwaltung zwar im Einzelfall (z.B. bei Qualifikationsmängeln, die die Gläubiger zur Zurückhaltung veranlassen; Meinungsverschiedenheiten zwischen Management und Insolvenzverwalter)[3] den Interessen der Gläubiger gerecht werden mag. Es ist aber nicht zu übersehen, daß das Management in der Regel über die besseren Kenntnisse, beispielsweise was die Marktverhältnisse angeht, verfügt. Zweckmäßiger wäre eine Regelung nach amerikanischem Vorbild,[4] die die Einschränkung oder Aufhebung der Geschäftsführungsbefugnisse von einem Veto der Gläubiger abhängig macht.[5]

1.3.4.2 Abbau der Konkursvorrechte

Die Beseitigung der Konkursvorrechte nach § 61 Abs. 1 Nr. 1 bis 5 KO sowie die Aufhebung der Einordnung von bestimmten rückständigen Arbeitnehmerforderungen als Masseschulden nach § 59 Abs. 1 Nr. 3 KO trägt in erheblichem Ausmaß zur Verwirklichung der "par conditio creditorum" bei

---

1) Zur Notwendigkeit der Gesellschaftsinsolvenz als Paradigma siehe SCHMIDT, K. (1980b), S. 233-238 sowie (1982b), S. D 36 - D 40.

2) Kritik unterschiedlicher Geschäftsführungskonzeptionen bei MARSCHDORF (1984), S. 245-249; FLESSNER (1982a), S. 225-227; FRANKE (1983), S. 43 f.

3) So die Argumentation der Insolvenzrechtskommission nach KILGER (1984), S. 48.

4) Vgl. FLESSNER (1982a), S. 222-225.

5) Zustimmend MARSCHDORF (1984), S. 248; FLESSNER (1982a), S. 227.

und mindert daher die negativen Folgen, die dadurch entstanden sind, daß das "Gleichheitsprinzip bis zur Unerkennbarkeit durchlöchert"[1] ist. Bei der Schaffung der Konkursordnung mag zwar die Überlegung berechtigt gewesen sein, daß es sich beispielsweise bei den rückständigen Löhnen, den Ansprüchen von Ärzten und Apothekern um Forderungen von unfreiwilligen Gläubigern handelt und somit sich diese Konkursvorrechte auch nach der Methode der institutionellen Analyse begründen lassen,[2] jedoch erscheint diese Argumentation bei den heutigen wirtschaftlichen und sozialen Bedingungen nicht mehr haltbar.[3]

Besonders positiv ist die Abschaffung des Fiskalprivilegs zu bewerten. Aus insolvenzökonomischer Sicht ist zur geltenden Rechtslage zu kritisieren, daß der Fiskus als Gläubiger, der über besondere Informationsmöglichkeiten verfügt, eine Vorzugsstellung genießt. Von einer Unfreiwilligkeit seiner Gläubigerrolle kann aufgrund der Möglichkeit, sich selbst einen Vollstreckungstitel nach den Voraussetzungen des § 254 Abs. 1 Abs. 1 AO zu beschaffen, auch nicht die Rede sein.[4] Berücksichtigt man, daß in einem Sanierungsverfahren, sei es nun im Vergleichs- oder Reorganisationsverfahren, die Zustimmungsbereitschaft maßgeblich von der Antizipation der Position im Liquidationsfall bestimmt wird, kann von einer Erleichterung der Konsensfindung ausgegangen werden.[5] Würden die heutigen Mindestquotenvorschriften für ungesicherte Gläubiger weiterhin gelten, so beeinflußte der Abbau der Vorrechte die Zahl der reorganisationsfähigen Unternehmen alleine dadurch positiv, daß das zur Deckung der Mindestquoten erforderliche Vermögen geringer wäre.[6]

---

1) SCHMIDT, R.H. (1980), S. 97.

2) Vgl. SCHMIDT, R.H. (1980), S. 97.

3) Zur Begründung der Insolvenzrechtskommission des Abbaus der Konkursvorrechte für Arbeitnehmer siehe UHLENBRUCK (1984), S. 1954: Der Schutz der Arbeitnehmer sei durch das Konkursausfallgesetz und Betriebsrentengesetz ausreichend gesichert. Während rückständige Bezüge für 3 Monate vor Verfahrenseröffnung nach den §§ 141a ff. AFG geschützt sind, werden Rückstände aus einer betrieblichen Altersversorgung für die letzten 6 Monate durch Ansprüche gegen den Pensions-Sicherungs-Verein e.G. geschützt. Wer seine Bezüge mehr als 3 Monate dem Arbeitgeber kreditiere, bedürfe nicht des insolvenzrechtlichen Schutzes durch Bevorrechtigung bei der Verteilung der Insolvenzmasse.

4) Vgl. APP (1984), S. 668 f.; SCHMIDT, K. (1982b), S. D 52 f.; SKROTZKI (1954), S. 41 f.

5) Vgl. HENCKEL (1981), S. 1297.

6) Vgl. ausführlich zu den Konsequenzen der Abschaffung des Fiskalprivilegs BOLLIG (1983), S. 217-246.

1.3.4.3 ZUM PROBLEM DER SICHERHEITEN

Im Gleichklang mit der Diskussion zur Reform des Insolvenzrechts bildet auch bei den Vorschlägen der Insolvenzrechtskommission die Behandlung von Sicherheiten im Gesamtinsolvenzverfahren einen Schwerpunkt. Im Hinblick auf die Werterhaltung ist die Suspendierung des Aus- und Absonderungsrechts für die Gläubiger von besitzlosen Mobiliarsicherheiten im Reorganisationsverfahren zu begrüßen. Sie wird effiziente Verfahrensabwicklungen nicht mehr von der Einsicht dieser Gläubigergruppe abhängig machen.[1] Ob man im Liquidationsverfahren aber die Verwertungsbefugnis des Insolvenzverwalters auf das Recht zur Freigabe des Sicherungsguts an den Sicherungsgläubiger reduziert, da er möglicherweise über bessere Marktkenntnisse verfügt, wäre zu überlegen.[2] Da die Mobiliarsicherungsgläubiger auch von den Anfechtungsvorschriften betroffen sind,[3] wird das Ausräumen der Masse durch Verwertung von Sicherheiten aufgrund von Informationsvorteilen behindert.[4] Ob die Normierung von Formerfordernissen für die Bestellung bestimmter besitzloser Mobiliarsicherheiten zu der wohl beabsichtigten Verringerung der Kollisionsfälle führt, bleibt abzuwarten, zumal der einfache Eigentumsvorbehalt weiterhin formlos vereinbart werden kann, so daß dem "so häufigen 'Kampf der Geschäftsbedingungen' von Lieferanten und (potentem) Abnehmer"[5] nicht vorgebeugt wird. Zumindest wird die Gefahr unbeabsichtigter Doppelbelegung von Vermögenswerten mit Sicherungsrechten verringert.[6]

Über die gerade genannten Änderungen hinaus wird die Position der Gläubiger von besitzlosen Mobiliarsicherheiten am stärksten betroffen, da

1) Vgl. STEINER (1980), S. 72; DRUKARCZYK/DUTTLE (1984), S. 292; DROBNIG in 51. DJT (1976), S. F 87; ADAMS (1980), S. 272 f.

2) Kritisch zur Verwertungsbefugnis des Insolvenzverwalters STÜRNER (1981), S. 271-273; STOPPOK (1982), S. 236. Ein Herausgabeverweigerungsrecht sieht der Beschluß 23 der Abteilung Kreditsicherung des 51. DJT (1976), S. O 183, vor. Zur Beurteilung des dem Insolvenzverwalter übertragenen Verwertungsrechts bezüglich Sicherungsgut unter Kreditinstituten siehe DRUKARCZYK/DUTTLE/RIEGER (1985), S. 142-144. Rund ein Viertel der befragten Kreditinstitute wird auf den Entzug des Verwertungsrechts nicht reagieren, und zwar vornehmlich, weil sie dem Verwalter eine ebenso gute Verwertung zutrauen.

3) Vgl. HENCKEL (1984a), S. 381; UHLENBRUCK (1984), S. 1957.

4) Vgl. DRUKARCZYK/DUTTLE (1984), S. 287.

5) DROBNIG in 51. DJT (1976), S. F 65.

6) Vgl. zur Beurteilung von Formerfordernissen STEINER (1980), S. 89-91; DROBNIG in 51. DJT (1976), S. F 64-68; HAGENMÜLLER (1963), S. 57 f.

sie beim Liquidationsverfahren "einen Verfahrensbeitrag in Höhe von 25 % des Erlöses aus der Verwertung des Sicherungsgutes leisten".[1] Dieser Vorschlag ist nicht nur als eine Beteiligung der Sicherungsgläubiger an den Kosten der Aus- und Absonderung zu verstehen, welche wohl als eine der "Minimalforderungen einer Reform" des Insolvenzrechts erhoben werden kann.[2] Vielmehr soll er auch "den ungesicherten Insolvenzgläubigern einen gewissen Ausgleich dafür bieten, daß die Anerkennung von Sicherungsübereignung, Sicherungsabtretung sowie verlängertem und erweitertem Eigentumsvorbehalt durch die Rechtsprechung zu einer drastischen Einschränkung ihrer Befriedigungsaussichten geführt hat."[3] Unter der Annahme effizienter Anfechtungsregelungen bietet die zwangsweise Abwertung der Sicherungsrechte im Liquidationsfall einen sinnvollen Ansatzpunkt, um die Widerstände der Sicherungsgläubiger gegen die Annahme des Reorganisationsplans zu brechen. Da sie auf die Ausfallforderung wiederum die allgemeine Liquidationsquote erhalten, hängt ihr erwarteter Verlust auch von der Quote der ungesicherten Gläubiger ab. Es wird mithin eine gewisse Interessenharmonisierung erreicht. Um jedoch die Umgehung der Abwertungskonsequenzen durch Übersicherung zu vermeiden, ist der Auffassung der Kommission zuzustimmen, dem Sicherungsgläubiger höchstens den Betrag auszuzahlen, der der um den Abschlag gekürzten Nominalforderung entspricht.[4] Bei der Alternative, den Abschlag nur nach dem Sicherungserlös zu berechnen,[5] würde zwar gegebenenfalls auch der Wert für den Gläubiger unter den Nominalbetrag sinken, jedoch wäre eben nicht gewährleistet, daß dies immer zutrifft. Die Sicherungsgläubiger könnten diese Abwertung bei der Festlegung ihrer Beleihungsgrenzen antizipieren, so daß die Verzerrung der Anreizstrukturen nicht behoben wäre.[6] Es käme lediglich aufgrund individuellen Gläubigerverhaltens zu einer volumenmäßigen Verringerung der Sicherungsmöglichkeiten,[7] die im Vergleich zu einer vollständigen Reservierung des

---

1) UHLENBRUCK (1984), S. 1955. Vgl. auch INSOLVENZRECHTSKOMMISSION (1985), S. 312-315.

2) STEINER (1980), S. 69; ähnlich auch DRUKARCZYK/DUTTLE (1984), S. 292; STÜRNER (1981), S. 273; HENCKEL in 51. DJT (1976), S. O 23.

3) INSOLVENZRECHTSKOMMISSION (1985), S. 312. Ähnlich HENCKEL (1984a), S. 379.

4) Vgl. INSOLVENZRECHTSKOMMISSION (1985), S. 312, 314; HENCKEL in 51. DJT (1976), S. O 26.

5) Vorgeschlagen von DORNDORF (1984), S. 523-528.

6) Vgl. DRUKARCZYK (1984b), S. 384; INSOLVENZRECHTSKOMMISSION (1985), S. 314.

7) Vgl. hierzu STEINER (1980), S. 72-73; DROBNIG in 51. DJT (1976), S. F 81 f.

Erlöses für den Sicherungsnehmer bei richtiger Bewertung ein Fünftel des Liquidationsvermögens ausmachen würde. Dieser nicht belastete Teil des Vermögens könnte zum einen zur Sicherung der Finanzierung der Reorganisation verwandt werden und zum anderen führt er zu einer Erhöhung der für die ungesicherten Gläubiger verbleibenden Masse.

Kritisch ist zu beurteilen, daß nach den Kommissionsvorschlägen nicht in die Grundpfandrechte eingegriffen werden soll. Einmal ganz abgesehen von durchaus bestehenden rechtspolitischen Bedenken,[1] erweist sich dieser Vorschlag außerdem als nicht zweckmäßig. Bezüglich der Werterhaltungsfunktion schadet die Absonderung eines Grundstücks ebenso wie die einer zur Sicherung übereigneten Maschine.[2] Die Gläubiger werden sich verstärkt um Grundpfandrechte bemühen, "auch wenn diese nur papiernen Wert haben. Sie erreichen zumindest taktische Störpositionen, die sie sich zum Belästigungswert abhandeln lassen können."[3] Aus den vorgenannten Gründen ist es also nur konsequent, wenn die Grundpfandrechtsgläubiger nicht in die Abstimmung über den Reorganisationsplan einbezogen werden sollen.[4] Denn wenn die Durchführung der Reorganisation an dem Nichterscheinen der erforderlichen Mehrheit bei der Abstimmung innerhalb einer Gruppe von Gläubigern über den Reorganisationsplan scheitert und die Grundpfandrechtsgläubiger von voller Deckung ihrer Ansprüche im Liquidationsverfahren ausgehen können, wäre die Störung des Akkords offensichtlich vorprogrammiert, wenn die Durchführung der Reorganisation von Opfern dieser Gläubiger abhängt.

Schließlich ist darauf hinzuweisen, daß das Störpotential der gesicherten Gläubiger auch dadurch gestärkt wird, daß hier eine höhere Zustimmungsmehrheit verlangt wird. Es ist nicht einsichtig, warum eine Gruppe von Gläubigern, die bereits durch die Vorwegaufteilung begünstigt ist, noch zusätzlich geschützt werden soll, indem die Annahme des Plans erschwert wird.[5] Allerdings ist aus insolvenzökonomischer Sicht die Anbindung der Mindestquote von 50 % des Wertes des Sicherungsgutes *oder* der geringeren Forderung zu begrüßen.[6]

1) Vgl. KILGER (1982), S. 784; SCHMIDT, K. (1982b), S. D 55.

2) Vgl. SCHMIDT, R.H. (1984), S. 733.

3) DRUKARCZYK (1984b), S. 385; auch gegen die Ausklammerung der Grundpfandrechte TIMM (1983), S. 231; kritisch auch HOHLOCH (1982b), S. 1037 f.

4) Vgl. zur Beachtung des Grundsatzes im amerikanischen Recht, daß nur "impaired classes" abstimmen dürfen, FLESSNER (1982a), S. 277; KLEE (1979), S. 138-140.

5) Vgl. DRUKARCZYK (1983), S. 332.

6) Vgl. DRUKARCZYK (1984b), S. 384.

Um einen Eindruck von den Verteilungswirkungen der Vorschläge der Insolvenzrechtskommission zu gewinnen, wurde auf der Grundlage des der Tabelle 2 zugrunde liegenden Datenmaterials eine Überschlagsrechnung vorgenommen. Unter Annahme gleichhoher Verwertungserlöse und der Vernachlässigung umsatzsteuerlicher Aspekte ergibt sich das in Tabelle 3 wiedergegebene Bild. Wie der Vergleich der beiden Tabellen zeigt, kann der Anteil der freien Aktiva an der Istmasse nur um 6 Prozentpunkte gesteigert werden. Er entspricht betragsmäßig dem pauschalen Verfahrensbeitrag von 25 % am Verwertungserlös der besitzlosen Mobiliarsicherheiten. Während nach Tabelle allerdings nur etwa die Hälfte der freien Aktiva als Teilungsmasse verbleiben, können nach den Vorschlägen der Insolvenzrechtskommission zwei Drittel verteilt werden.

Vermögen/Verteilungskomponente	DM	%	%
Istmasse	600.000	100	
./. Aussonderungen[1]	119.500	20	
./. Absonderungen[2]	247.500	41	
= freie Aktiva	233.000	39	≙ 100
./. Masseschulden[3]	58.000	10	25
./. Massekosten	22.000	3	9
= Teilungsmasse	153.000	26	66

1) Z.B. geleaste Immobilien; 75 % des Wertes der wegen Eigentumsvorbehalt aussonderbaren Vermögensgegenstände

2) Grundpfandrechte; Pfandrechte an Mobilien; 75 % des Wertes der besitzlosen Mobiliarsicherheiten

3) 72.000 DM abzüglich Masseschulden nach § 59 Abs. 1 Nr. 3 KO von 14.000 DM

Tab. 3: Modellrechnung zur Verdeutlichung der Verteilungswirkungen der Reformvorschläge der Insolvenzrechtskommission

Bei den in die Werte der Tabelle 2 eingehenden Konkursfällen betrug die Quote der nicht bevorrechtigten Konkursgläubiger 8,4 %.[1] Die Um-

1) Vgl. GESSNER u.a. (1978), S. 163 (Tab. I/86) und S. 161 (Tab. I/84). Die bevorrechtigten Forderungen beliefen sich auf rund 135.000, die nicht bevorrechtigten Forderungen auf rund 662.000 DM.

setzung der Reformvorschläge würde die Quote modellrechnerisch auf etwa 18 % steigen lassen, was einer zwar deutlichen Verdoppelung gleichkäme, die jedoch im Bezug zur relativ niedrigen Ausgangsbasis zu sehen ist. Geht man von einer Verdoppelung der heute feststellbaren durchschnittlichen Befriedigungsquote der nicht bevorrechtigten Konkursgläubiger aufgrund der direkten Verteilungswirkung aus, so dürfte eine wesentliche Verbesserung der finanziellen Ergebnisse von Liquidationsverfahren nur erreichbar sein, wenn die Suspendierung der Verwertungsrechte und die Abwertung der Mobiliarsicherheiten im Liquidationsverfahren zu gravierenden Erfolgen im Hinblick auf die Werterhaltungsfunktion führen.

Zusammenfassend läßt sich feststellen: Sieht man von der Vollstreckungssperre und der anfechtungsrechtlichen Einbeziehung der Sicherungsgläubiger ab, so behalten - entgegen häufig vertretenen Auffassungen aus der Kreditvergabepraxis[1] - die Sicherungsrechte weitgehend ihren Wert. Hinsichtlich der Funktionen von Sicherungsrechten,[2] nämlich insbesondere der Reduktion der Informationsaktivitäten auf die Abschätzung des Liquidationserlöses anstelle der Prognose des Unternehmenszustandes bei Fälligkeit der Forderung, kann von wesentlicher Beeinträchtigung keine Rede sein. Im Gegenteil: Durch den Abbau von Konkursrechten und Masseschulden wird die Notwendigkeit der Vereinbarung von Sicherheiten in Kreditverträgen abgebaut, da man sich als Gläubiger keinen "privilegierten Rangplatz *vor* dem vom Gesetzgeber in einer Rangordnung erfaßten Anspruchsberechtigten zu verschaffen" braucht.[3] Jedoch sind Zweifel angebracht, ob die verbleibende Ungleichbehandlung der Gläubiger nicht zum Sprengsatz für Reorganisationsverhandlungen wird.

---

1) Vgl. z.B. RÖDL (1984), S. 203-204; STOPPOK (1982), S. 234-236; WEBER, A. (1982), S. 374.

2) Zu Funktionen von Kreditsicherheiten siehe SCHILDBACH (1983), S. 2129-2136; DRUKARCZYK (1983), S. 328-333; ADAMS (1980), S. 104-110; RUDOLPH (1984), S. 16-43.

3) DRUKARCZYK (1983), S. 332. Vgl. auch HANISCH (1977b), S. 238.

2. Zum Auslöseproblem von Insolvenzverfahren

2.1 Grundlegende Überlegungen

Im folgenden geht es um die Definition eines *Insolvenzgrundes*, also die Charakterisierung eines zur Verfahrenseröffnung zwingend vorausgesetzten Zustandes der wirtschaftlichen Lage des Schuldners.

Da es sich bei der eingetretenen *Zahlungsunfähigkeit* um die "Schallgrenze"[1] für die Einleitung eines Insolvenzverfahrens handelt, steht die Existenzberechtigung dieses Insolvenzgrundes unter funktionalen Gesichtspunkten außer Zweifel.[2] Wenn - wie in der Insolvenzpraxis zu beobachten ist - [3] der Schuldner durch Einstellung der Zahlungen seine Zahlungsunfähigkeit kundtut, bedeutet dies, daß es ihm weder gelingt, seine Gläubiger zur Prolongation ihrer Kredite zu bewegen noch neue Kapitalgeber zu finden oder selbst zum Ausgleich der Liquiditätslücke beizutragen. Es tritt dann mit der Illiquidität eben jene Situation ein, zu deren Bewältigung das Insolvenzrecht eingesetzt wird.[4]

Unter konzeptionellen Gesichtspunkten ist zum Insolvenzgrund[5] Zahlungsunfähigkeit allerdings kritisch anzumerken, daß er als "Symptom"[6] das mangelhafte Schuldendeckungspotential am Ende der wirtschaftlichen Abwärtsentwicklung des Schuldners zwar zuverlässig anzeigt, aber eine auf dem primären Werturteil des Gesetzgebers basierende Normierung eines Schuldendeckungspotentials mit entsprechendem Schwellenwert,[7] der den Punkt des Eintritts in die Phase konkreter Gläubigergefährdung markiert,

---

1) SCHMIDT, K. (1978a), S. 335.

2) Zur "Unentbehrlichkeit des Tatbestands" der Zahlungsunfähigkeit als Insolvenzgrund siehe SCHMIDT, K. (1982a), S. 166 f.

3) Zur geringen praktischen Bedeutung der Überschuldung als Insolvenzgrund siehe STEINER (1980), S. 195; MAISS (1976), S. 82; UHLENBRUCK (1970), S. 99. LÜTKEMEYER (1983), S. 11, schätzt, daß nur 5 % der Insolvenzfälle mit Überschuldung begründet werden. Dieser Literaturbefund belegt zwar nicht die hohe Häufigkeit der Zahlungseinstellung, aber zumindest der Zahlungsunfähigkeit.

4) Vgl. SCHMIDT, K. (1978a), S. 335; SCHMIDT, R.H. (1980), S. 116-126.

5) DRUKARCZYK (1982), S. 565, spricht von einer "systematischen Schwäche" der Zahlungsunfähigkeit als Auslöser.

6) SCHMIDT, K. (1977c), S. 263; vgl. auch SCHMIDT, R.H. (1980), S. 115 f.

7) Zur Notwendigkeit primärer Werturteile bei der Entwicklung von Gläubigerschutznormen siehe ROGUSCH (1979), S. 276.

die rechtlich als unangemessene Risikobelastung der zu schützenden Gläubiger angesehen wird, fehlt. Praktisch bedeutet dies, daß die Auslösung, die mit eingetretener Zahlungsunfähigkeit begründet wird, zu spät erfolgt, da nur relativ kleine Massen mit geringen Fortführungschancen gesperrt werden.[1] Diesem Kritikpunkt werden vermögensorientierte Insolvenzgründe gerecht, die als *Überschuldungskonzeptionen* kodifiziert werden.[2] Gegenstand der folgenden Analyse ist die Auswahl einer zweckadäquaten Überschuldungsdefinition.

Die folgende Analyse erfolgt in zwei Schritten:

(1) *Modelltheoretische Ableitung einer zweckadäquaten Überschuldungsdefinition*

Im ersten Schritt wird im Rahmen idealisierter Randbedingungen geprüft, welcher der denkbaren Überschuldungsdefinitionen der Vorrang gebührt.

(2) *Beurteilung der Manipulationsimmunität alternativer Überschuldungsdefinitionen*

Die Eignung einer Überschuldungsdefinition hängt auch wesentlich davon ab, ob sie justitiabel ist, also einer intersubjektiven Nachprüfung zugänglich ist. Ihre Bestimmtheit ist "geboten, um den Inhalt der vom Gesetz auferlegten Verpflichtung (zur Antragstellung bei Insolvenz, d. Verf.) zu konkretisieren und Verstöße als solche erkennbar werden zu lassen".[3] Während dieser Aspekt im Rahmen der modelltheoretischen Analyse bewußt vernachlässigt wird, soll er nun im nachfolgenden Teil der Untersuchung ausführlich gewürdigt werden.

---

1) Vgl. DRUKARCZYK (1981a), S. 248; SCHMIDT, R.H. (1980), S. 122, S. 124.

2) Vgl. hierzu die jüngeren betriebswirtschaftlichen Arbeiten zum Problem der Auslösung von Insolvenzverfahren durch Normierung von an die Höhe der Gläubigeransprüche gekoppelte Massefestschreibungen von DRUKARCZYK (1981a), S. 235-257 sowie MARSCHDORF (1984), S. 187-193.

3) MOXTER (1982), S. 130; vgl. ROGUSCH (1979), S. 183; HAACK (1981), S. 885 f.

2.2 Modelltheoretische Ableitung einer zweckadäquaten Überschuldungsdefinition

2.2.1 Unternehmenszustände und die Relevanz von Insolvenzverfahren

Im folgenden wird von der aus Abschnitt 2.1 des ersten Teils dieser Arbeit bekannten idealisierenden Modelldarstellung ausgegangen, die hier kurz als *Insolvenzmodell* bezeichnet wird, wobei allerdings einige (formale) Umbenennungen und Erweiterungen sinnvoll erscheinen. So steht nun G für den Gesamtbetrag der Gläubigeransprüche. Auch die Differenzierung zwischen Zins- und Tilgungsverpflichtungen wird aufgegeben. Zudem soll der gesamte Rückzahlungsbetrag $\tilde{D}_Ü$ - diese Variable soll fortan aus Zweckmäßigkeitsgründen an Stelle der im ersten Teil mit $\tilde{D}_G$ bezeichneten Größe verwendet werden - zwischen den Grenzen D_O und D_I gleichverteilt sein. Aufgrund der daraus resultierenden Linearität der Verteilungsfunktion gilt dann für die Insolvenzwahrscheinlichkeit p_O:

$$(28.1) \quad p_O = \frac{G - D_O}{D_I - D_O}$$

Als Marktwert V_F des Unternehmens werde der Erwartungswert der Größe $\tilde{D}_U$ angenommen. Entsprechendes soll auch analog für die Werte des Fremdkapitals G_F [für den allgemeinen Fall mit $E(D_F)$ bezeichnet] und des Eigenkapitals E_F [für den allgemeinen Fall mit $E(D_E)$ bezeichnet] gelten.

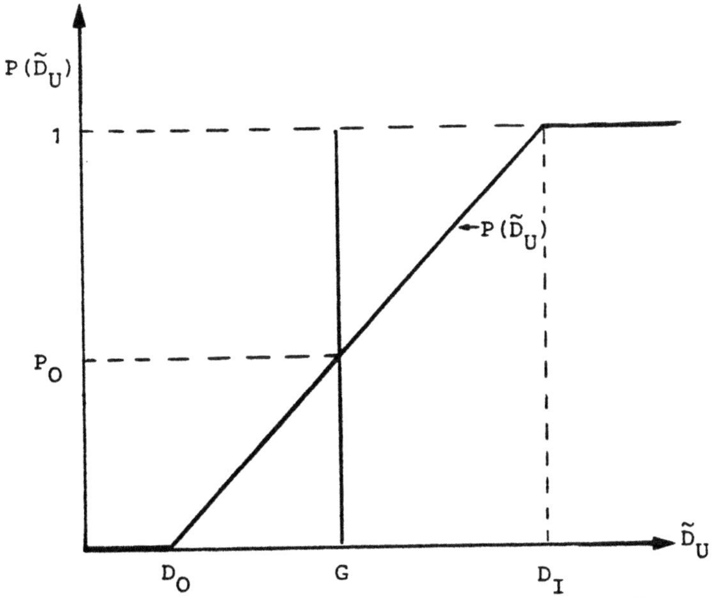

Abb. 35: Risikoprofil des Gesamtunternehmens bei Fortführung

Somit gilt:

$$(28.2) \quad V_F = \frac{D_O + D_I}{2}$$

$$(28.3) \quad G_F = \begin{cases} G & \text{für } G \leq D_O \\ G - p_O \dfrac{G-D_O}{2} = G - \dfrac{(G-D_O)^2}{2(D_I-D_O)} & \text{für } D_O < G < D_I \\ V_F & \text{für } G \geq D_I \end{cases}$$

Übersteigen die Gläubigeransprüche den Wert D_O, so bleibt der Erwartungswert G_F hinter dem Anspruch G zurück. Für die als *Verlusterwartung* (G^-) zu bezeichnende Differenz zwischen G und G_F gilt:

$$(28.4) \quad G^- = \begin{cases} D & \text{für } G \leq D_O \\ p_O \cdot \dfrac{G-D_O}{2} = \dfrac{(G-D_O)^2}{2(D_I-D_O)} & \text{für } D_O < G < D_I \\ G - V_F & \text{für } G \geq D_I \end{cases}$$

Der Wert des Eigenkapitals E_F errechnet sich allgemein als Residualgröße nach Abzug des Wertes des Fremdkapitals G_F vom Marktwert des gesamten Unternehmens V_F:

$$(28.5.1) \quad E_F = V_F - G_F = V_F - G + G^-$$

Je nach dem Ausmaß der Verschuldung gilt:

$$(28.5.2) \quad E_F = \begin{cases} V_F - G & \text{für } G \leq D_O \\ V_F - G + G^- = \dfrac{(D_I-G)^2}{2(D_I-D_O)} & \text{für } D_O < G < D_I \\ 0 & \text{für } G \geq D_I \end{cases}$$

Bisher wurde lediglich auf den Fall abgestellt, daß das Unternehmen fortgeführt werde, bis im Zeitpunkt t = 1 sämtliche Vermögenswerte wieder als liquide Mittel verfügbar sein werden. Es soll des weiteren die Möglichkeit, das Unternehmen im Zeitpunkt t = 0 zu liquidieren, berücksichtigt werden. Für spätere modelltheoretische Analysen wird vereinfachend angenommen, daß sichere einwertige Erwartungen hinsichtlich des Liquidationsvermögens V_L bei einer Liquidation im Betrachtungszeitpunkt t = 0 bestehen. Sowohl bezüglich der Veräußerungsmöglichkeiten als auch der Wertansätze für die veräußerten Vermögensgegenstände bestehen keine Unsicherheiten. Aufgrund der vorrangigen Bedienung der Fremdkapitalgeber gilt in diesem Fall für die an die Gläubiger (G_L) und Eigenkapitalgeber (E_L) fließenden Zahlungen:

$$(28.6) \quad G_L = \begin{cases} G & \text{für } G \leq V_L \\ V_L & \text{für } G > V_L \end{cases}$$

$$(28.7) \quad E_L = \begin{cases} V_L - G & \text{für } G < V_L \\ 0 & \text{für } G \geq V_L \end{cases}$$

Ein Unternehmenszustand[1], der die Bewältigung von Konflikten zwischen Schuldner und Gläubiger oder unter den Gläubigern selbst auf der Grundlage eines als "Standardvertrag" zu verstehenden Insolvenzverfahrens erforderlich macht, läßt sich durch die Relationen jener Größen kennzeichnen, die für das Gläubigerkalkül relevant sind. Es handelt sich dabei um

- den gesamten Marktwert des Unternehmens bei Fortführung V_F
- den Liquidationswert des Unternehmens V_L
- und den Wert des Fremdkapitals bei vertragskonformer Erfüllung G.

Eine erste Systematisierung der Konstellation von V_F, V_L und G kann danach vorgenommen werden, inwieweit ein positives bzw. negatives *Fortführungspotential*[2] vorhanden ist. Es wird von einem positiven (negativen) Fortführungspotential gesprochen, wenn der Fortführungswert V_F größer

1) Terminus von DRUKARCZYK (1981a), S. 247 - 254, übernommen.

2) Dieser Begriff stammt von GROSS (1982), S. 89. GROSS schränkt den Begriff jedoch auf die *positive* Differenz zwischen Fortführungs- und Liquidationswert ein. MEYER (1981), S. 155, spricht von einem "going-concern-Bonus". FLESSNER (1982a), S. 140, bezeichnet diesen Differenzbetrag als "*Mehrwert*, ... den das *lebende* Unternehmen besitzt".

(kleiner) als der Liquidationswert V_L des Unternehmens ist.[1] In einem zweiten Schritt kann durch Berücksichtigung der Verschuldung des Unternehmens die *"Überschuldung"* als Systematisierungskriterium genutzt werden. Es liegt dann Überschuldung vor, wenn die Ansprüche der Gläubiger durch das nach einem oder verschiedenen Bewertungsmaßstäben bemessene Vermögen nicht gedeckt werden. Entsprechend können bedingte und absolute Überschuldung unterschieden werden:

- Bei *absoluter* Überschuldung übersteigen die Ansprüche der Gläubiger G sowohl den Fortführungswert V_F als auch den Liquidationswert V_L.

- Ein Unternehmen sei *bedingt* überschuldet, wenn entweder der Liquidationswert V_L oder der Fortführungswert V_F die Verbindlichkeit G nicht mehr decken, wobei nach der jeweils anderen Verwertungsprämisse das Vermögen zur Schuldendeckung ausreicht.

Weder bedingte noch absolute Überschuldung liegen vor, wenn sowohl der Liquidationswert V_L als auch der Fortführungswert V_F die Schulden decken. Zusammenfassend ergeben sich somit folgende Möglichkeiten von Unternehmenszuständen:

Fortführungspotential / Überschuldungskriterium	(P) positiv, d.h. $V_F > V_L$	(N) negativ, d.h. $V_F < V_L$
(0) keine Überschuldung	$V_F > V_L > G$ (P0)	$V_L > V_F > G$ (N0)
(1) bedingte Überschuldung	$V_F > G > V_L$ (P1)	$V_L > G > V_F$ (N1)
(2) absolute Überschuldung	$G > V_F > V_L$ (P2)	$G > V_L > V_F$ (N2)

Tab. 4: Systematisierung von Unternehmenszuständen

1) Bei einem negativen Fortführungspotential könnte auch von einem *Liquidationspotential* gesprochen werden.

Die so definierten sechs verschiedenen Unternehmenszustände werden mit P0 bis P2 und N0 bis N2 bezeichnet. Während die Buchstaben P (positiv) und N (negativ) einen Hinweis auf die gesellschaftliche Fortführungswürdigkeit des Unternehmens geben[1], wird durch die Ziffern verdeutlicht, ob die Schulden vollständig durch die entsprechenden Vermögensmassen gedeckt sind. 0 steht für keine Überschuldung, 1 für bedingte und 2 für absolute Überschuldung. Die in Tab. 4 charakterisierten sechs verschiedenen Konstellationen können zum Zwecke der weiteren Analyse auch wie folgt grafisch verdeutlicht werden: Auf den Achsen des Koordinatensystems von Abb. 36 sind als Variable die Größen V_L und G abgetragen, während der Erwartungswert des Fortführungsvermögens V_F als Konstante vorgegeben und dementsprechend auf beiden Achsen vermerkt wird. Zudem wird die 45°-Linie eingetragen. Bei Punkten unterhalb (oberhalb) der 45°-Linie übersteigen (unterschreiten) die Ansprüche G das Liquidationsvermögen, d.h. $G > V_L$ ($G < V_L$). Bei Unternehmenszuständen oberhalb (unterhalb) der zur Abszisse parallel verlaufenden Linie, für die $V_L = V_F$ gilt, liegt ein negatives (positives) Fortführungspotential vor.

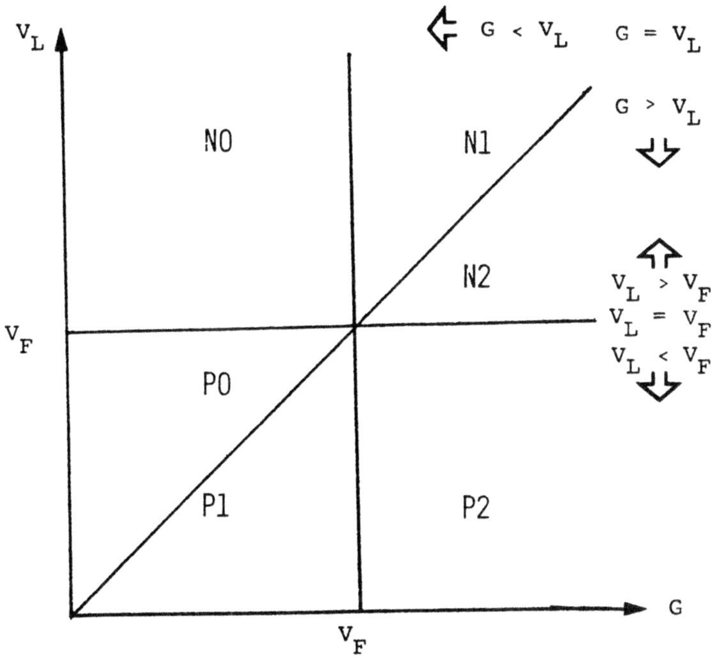

Abb. 36: Grafische Darstellung der Unternehmenszustände im G-V_L-Diagramm

1) Gesellschaftlich bedeutet hier, daß die Fortführungswürdigkeit im Interesse von Gläubiger *und* Schuldner liegt, d.h. der Schaden der dadurch der jeweils anderen Gruppe entsteht, daß eine der beiden Gruppen im eigenen Interesse die Liquidation betreibt, ist größer als ihr individueller Vorteil; vgl. SCHMIDT, R.H. (1980), S. 23.

Zur Verdeutlichung der Positionen der beiden Kapitalgebergruppen wird nun das G-V_L-Diagramm erweitert, indem die G_F-Funktion eingetragen wird. Der Erwartungswert der Zins- und Tilgungszahlungen an die Gläubiger G_F hängt neben dem Anspruch G außerdem von D_O und D_I ab. Da die beiden zuletzt genannten Größen in der hier gewählten Darstellungsform fest vorgegeben sind, G aber als Variable behandelt wird, kann $G_F(G)$ ebenfalls auf der (senkrechten) V_L-Achse abgetragen werden. Folgende Überlegungen verdeutlichen den Verlauf der G_F-Funktion:

- Solange die Ansprüche G den schlechtestmöglichen Ergebnisbetrag nicht überschreiten, deckt sich die G_F-Funktion mit der 45°-Linie. Ökonomisch bedeutet dies, daß bei Unternehmensfortführung augenscheinlich keine Gläubigergefährdung vorliegt.

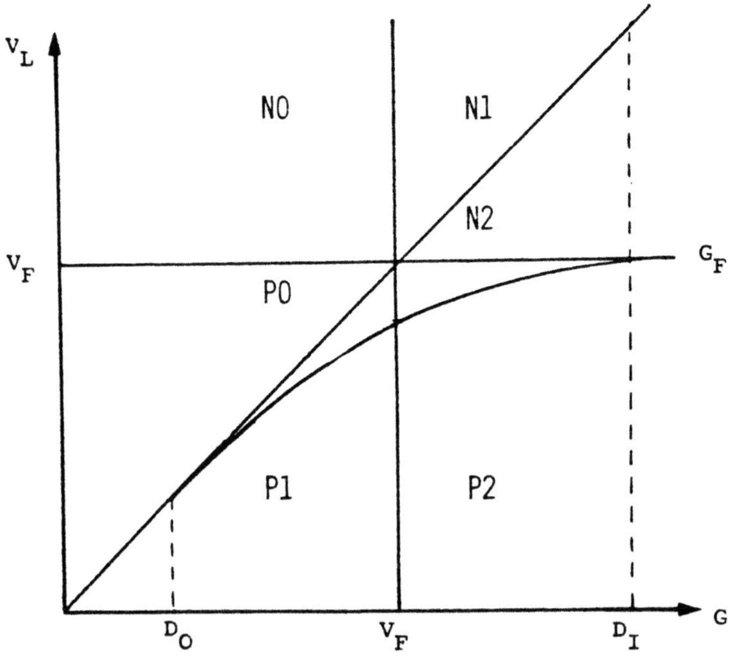

Abb. 37: Positionen der Kapitalgeber im G-V_L-Diagramm

- Übersteigen die Gläubigeransprüche den Wert D_O, so steigt die G_F-Funktion entsprechend dem Funktionsgesetz $G = G - (G - D_O)^2/2(D_I - D_O)$ [1] und damit unterhalb der 45°-Linie an, und zwar bis G den bestmöglichen Ergebnisbetrag D_I erreicht.

- Ab diesem Punkt schließlich entspricht der Erwartungswert des Fremdkapitals G_F dem Marktwert des Gesamtunternehmens V_F, so daß die Funktion $G_F(G)$ sich nun als Konstante darstellt.

Zur Verdeutlichung der Zusammenhang wird nun in Abb. 37 ein Punkt A eingetragen, der beispielhaft den Zustand eines fiktiven Unternehmens A sowie der Positionen seiner Eigen- und Fremdkapitalgeber verdeutlichen soll. Folgende Daten seien angenommen: D_O = 200; D_I = 1.000 und somit V_F = 600. Die Ansprüche der

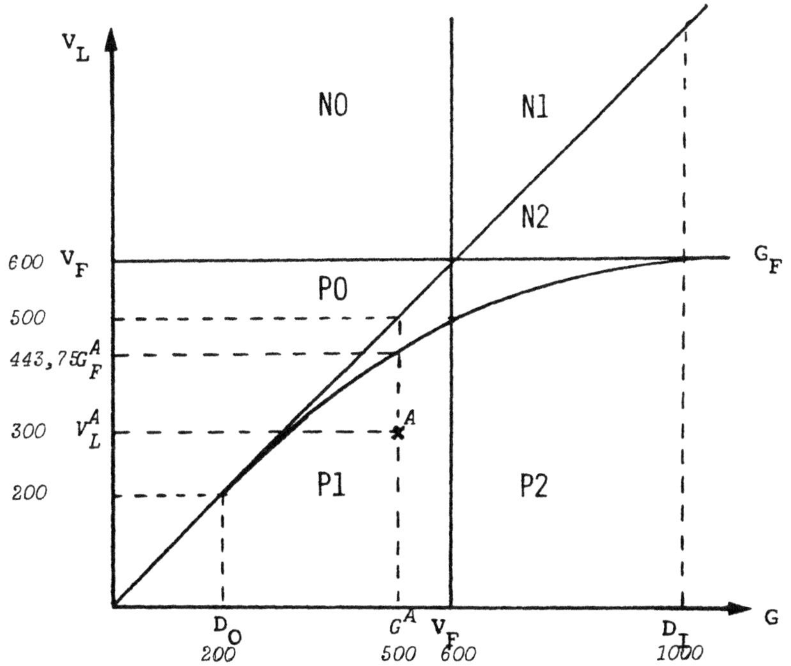

Abb. 38: Beispiel der Positionen von Eigen- und Fremdkapitalgeber bei einem fiktiven Unternehmenszustand

1) Vgl. hierzu Gleichung (28.3) auf S. 316.

Gläubiger des Unternehmens G^A werden mit 500 beziffert, sein Liquidationsvermögen V_L^A mit 300. Es handelte sich also um ein bedingt überschuldetes Unternehmen mit positivem Fortführungspotential. Letzteres entspricht dem senkrechten Abstand zwischen der parallel zur Abszisse durch $V_L = V_F$ verlaufenden Horizontalen und dem den Zustand des schuldnerischen Unternehmens markierenden Punkt A. Der bei Liquidation für die Gläubiger eintretende Verlust entspricht dann dem vertikalen Abstand zwischen der 45°-Linie und dem Punkt A. Bei Fortführung beträgt der Erwartungswert der Zins- und Tilgungszahlungen G_L^A, so daß in Höhe der Differenz zu G^A ein Verlust zu erwarten ist. Die Anteilseigner erwarten bei Fortführung Zahlungen in Höhe von E_F^A. Grafisch ergibt sich dieser Wert als senkrechter Abstand zwischen den Werten der G_F-Funktion für $G = G^A$ und dem Fortführungswert des Unternehmens V_F.

Die Einleitung eines Insolvenzverfahrens kann dann angezeigt sein, wenn

- die Gläubiger bei Fortführung des schuldnerischen Unternehmens einen Verlust erwarten, d.h. $G_F < G$ gilt, und sich ihre Selbstschutzmöglichkeiten durch die Bereitstellung eines Sanktionsinstrumentes in Form eines Auslöserechtes für ein Insolvenzverfahren erhöhen,

- während die Anteilseigner im Gegensatz zu den Gläubigern für eine unbeeinträchtigte Fortführung plädieren bzw. die Liquidation für sie keinen Vorteil gegenüber der Fortführung erbringt.

Unter dem Gesichtspunkt der Gläubigergefährdung kämen als insolvenzrechtlich relevante Unternehmenszustände also nur diejenigen in Betracht, bei denen die Verschuldung D_O übersteigt. Zur ökonomischen Begründung insolvenzrechtlicher Eingriffe ist weiterhin zu prüfen, inwieweit sich für die Anteilseigner die Fortführung günstiger darstellt als die Liquidation, d.h. ob $E_F > E_L$ gilt. Die Bestimmungsgleichung für den aus der Fortführung gegenüber der Liquidation resultierenden Vorteil der Eigenkapitalgeber lautet:

$$(29.1)\qquad E_F - E_L = \begin{cases} [V_F - G] - [V_L - G] = V_F - V_L & \text{für } G \le D_O \\ [V_F - (G - G^-)] - [V_L - G] = V_F + G^- - V_L & \text{für } D_O < G < D_I \\ [V_F - V_F] - [V_L - G] = G - V_L & \text{für } G \ge D_I \end{cases}$$

Da die so gebildete Differenz positiv zu sein hat, wenn die Anteilseigner die Fortführung der Liquidation vorziehen, folgt aus (29.1):

- Liegt der Ergebnisbetrag D_O über den Gläubigeransprüchen G, so ist die Fortführung für die Anteilseigner vorteilhaft, wenn der Fortführungswert V_F den Liquidationswert V_L übersteigt, also ein positives Fortführungspotential vorhanden ist.

- Bewegen sich die Gläubigeransprüche G zwischen D_O und D_I, so werden die Eigentümer die Fortführung präferieren, wenn der Fortführungswert V_F zuzüglich der Verlusterwartung der Gläubiger G^- den Liquidationswert V_L übersteigt.

- Bei den Ergebnisbetrag D_I übersteigenden Gläubigeransprüchen werden die Anteilseigner nur fortführen, wenn auch das Liquidationsvermögen V_L nicht zur Schuldendeckung ausreicht.

Bezeichnet man mit V_L^E den kritischen Betrag des Liquidationsvermögens, bei dessen Überschreiten sich die Liquidation für die Eigenkapitalgeber günstiger darstellt als die Fortführung, so gilt:

(29.2) $$V_L^E = \begin{cases} V_F & \text{für } G \leq D_O \\ V_F + G^- = G + E_F{}^{1)} & \text{für } D_O < G < D_I \\ G & \text{für } G \geq D_I \end{cases}$$

wobei $G^- = G - G_F$ gemäß (28.4) von G abhängt.

Überträgt man die so definierte V_L^E-Funktion wiederum in das G-V_L-Diagramm, so zeigt sie folgenden Verlauf:

1) $V_F + G^- = G_F + E_F + G^- = G + E_F$.

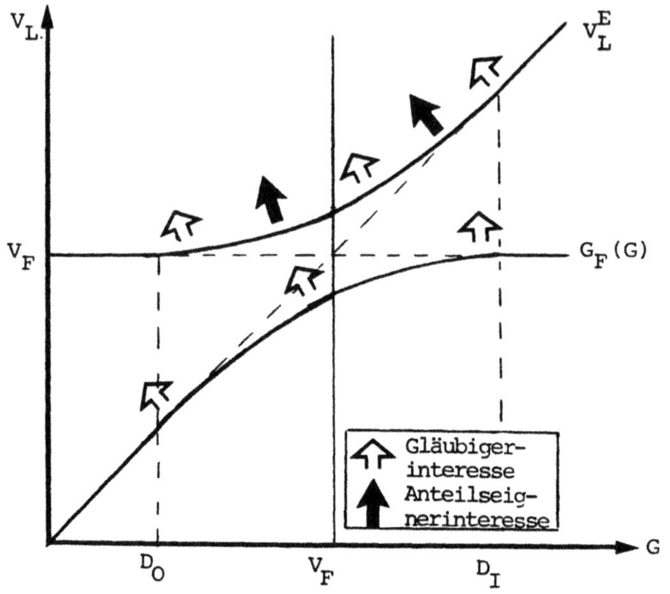

Abb. 39: Liquidationsinteresse der Anteilseigner und Gläubiger

Im Bereich fehlender Gläubigergefährdung, also für $G \leq D_O$, ist V_L^E mit dem Fortführungswert V_F identisch. Übersteigen die Gläubigeransprüche D_O, so steigt die V_L^E-Funktion entsprechend dem Funktionsgesetz $V_L^E = G+E_F$ progressiv an, bis sie schließlich bei $G = D_I$ in die 45°-Linie übergeht, d.h. $V_L^E = G$ gilt. Bei Unternehmenszuständen, die durch Punkte oberhalb von V_L^E gekennzeichnet sind, wirkt sich die Liquidation für die Anteilseigner günstiger aus. Unterstellt man, daß die Gläubigeransprüche G wegen $G > D_O$ gefährdet sind, so haben die Gläubiger ein Liquidationsinteresse, wenn $V_L > G_F$ gilt.

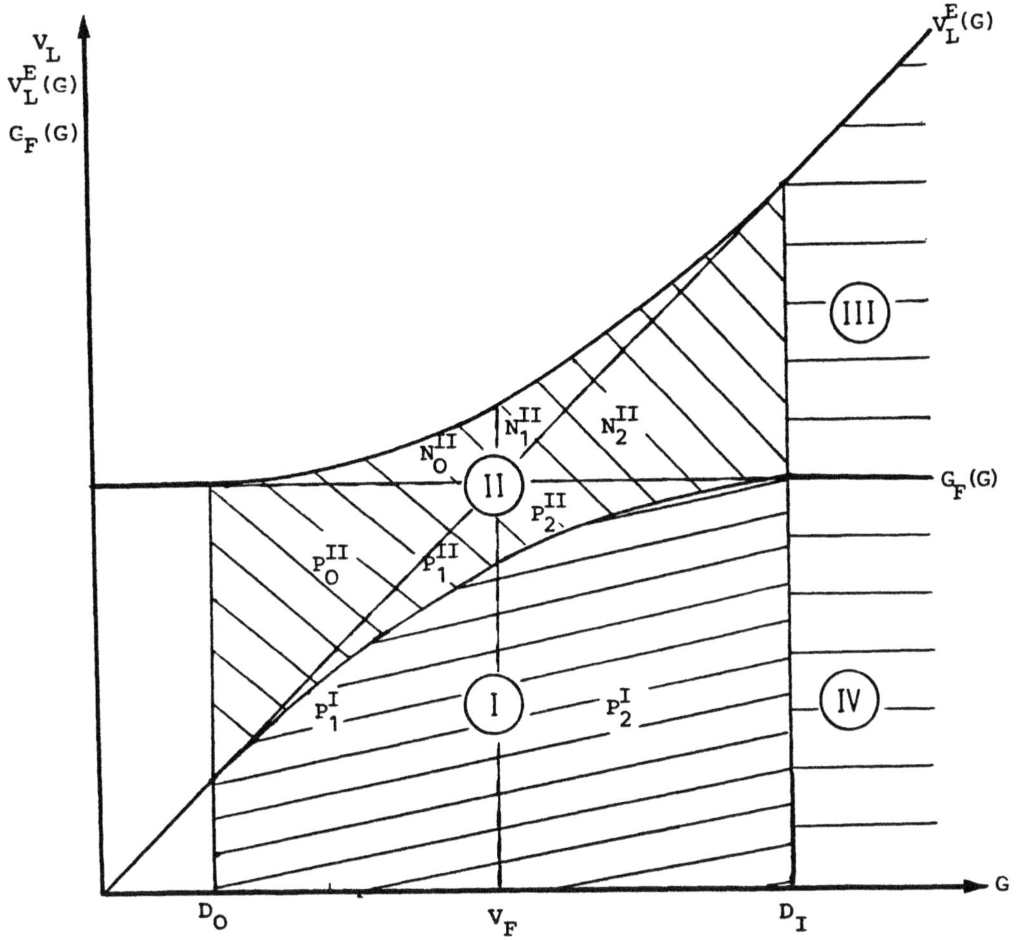

Abb. 40: Zur Relevanz von Insolvenzverfahren und Verdeutlichung der Interessenkonflikte

Die vorstehende Abbildung verdeutlicht die Unternehmenszustände, bei denen sich insolvenzrechtliche Eingriffe im Gläubigerschutzinteresse begründen lassen. Die entsprechenden Unternehmenszustände zeichnen sich dadurch aus, daß die vertragskonforme Befriedigung der Gläubiger gefährdet ist *und* die optimalen Strategien zur Optimierung ihres individuellen Vermögens für Fremd- und Eigenkapitalgeber divergieren. Hinsichtlich der Konflikte zwischen beiden Kapitalgebergruppen ist eine differenzierte Betrachtung erforderlich:

- Bei den Unternehmenszuständen innerhalb des *Feldes I* ist für beide die Fortführung vorteilhaft, allerdings bleibt der Erwartungswert der an die Gläubiger fließenden Zahlungen hinter ihren Ansprüchen zurück ($G_F < G$). Bei Fortführung können die Schulden allerdings letztendlich doch voll beglichen werden, wenn die Anteilseigner zu Zusatzvereinbarungen, z.B. Übernahme einer Ausfallhaftung bei einer Kapitalgesellschaft, bereit wären. Unterstellt man, daß sich Gläubiger und Anteilseigner am Erwartungswert der an sie fließenden Zahlungen orientieren, so werden die Anteilseigner allenfalls bis zu dem Punkt zu Zugeständnissen bereit sein, an dem ihr Vorteil aus der Fortführung aufgezehrt ist. Dies bedeutet, daß folgende Relation eingehalten sein muß:

(29.3) $$E_F - E_L > G_L - G_F$$

Diese Relation verdeutlicht, daß sich die Liquidation vermeiden läßt, solange V_F (= $E_F + G_F$) größer als V_L (= $E_L + G_L$). Bei einer Gefährdung der Gläubigerforderungen hängt die Weite des Rahmens der möglichen Zugeständnisse mithin davon ab, ob ein (positives) Fortführungspotential vorhanden ist. Führt ein Insolvenzverfahren zwangsläufig zur Liquidation und haben die Gläubiger ein Antragsrecht auf Eröffnung des Verfahrens, so ist das daraus resultierende Drohpotential als gering einzustufen, da die Anteilseigner bei hinlänglicher Informationslage antizipieren werden, daß die Liquidation für die Gläubiger nachteilig sein wird. Eine Umverteilung der Chancen und Risiken durch die den Gläubigern an die Hand gegebene Möglichkeit der Schädigung des Schuldners, wenn dieser seine Gläubiger gefährdet, ist in diesem Falle nicht gegeben. Gelingt dagegen bei Durchführung des Insolvenzverfahrens die Erhaltung des Fortführungswertes, können die Gläubiger bis $G \leq V_F$ (Feld P_1^I) sogar voll befriedigt werden[1], und es tritt keine entsprechende "offene Spielsituation" wie bei einem Liquidationsverfahren auf. Bei den Fortführungswert V_F übersteigender Verschuldung (Feld P_2^I) würde der Schaden der Gläubiger gegenüber der Fortführung ohne insolvenzrechtlichen Eingriff um den Wert des Eigenkapitals bei Fortführung E_F verringert.

- Bei Unternehmenszuständen im *Feld II* kommt es zu eindeutigen Interessenkonflikten. Während die Anteilseigner bei Fortführung eine Besserstellung erfahren ($E_F > E_L$), ständen die Gläubiger bei Liquidation besser ($G_L > G_F$). Im Gegensatz zu den Unternehmenszuständen, die durch Punkte im Feld I beschrieben werden, wäre nun die Möglichkeit einer Liquidationsdrohung der Gläubiger für die Anteilseigner also schwer-

1) Insolvenzverfahrenskosten werden vernachlässigt.

wiegender, da die Ernsthaftigkeit einer solchen Drohung angesichts ihrer Vorteilhaftigkeit nicht bezweifelt werden kann. Jedoch vermögen die Anteilseigner durch Zugeständnisse die Gläubiger von der Liquidation auch hier abzuhalten, solange ein positives Fortführungspotential vorhanden ist und $G \leq V_F$ gilt (Felder P_0^{II} und P_1^{II}). Bei Unternehmenszuständen in den Feldern N_0^{II} und N_1^{II} könnten durch die Liquidation des Unternehmens die Gläubiger voll befriedigt werden, während bei Unternehmenszuständen im Feld N_2^{II} die Liquidation zwar die günstigere Verwertungsalternative wäre, aber die Gläubiger dennoch einen Verlust in Höhe der Differenz zwischen dem Betrag der Ansprüche G und dem geringeren Liquidationsvermögen hinnehmen müssen.

- Die übrigen Unternehmenszustände in den *Feldern III und IV* sind zwar weitgehend konfliktfrei. In beiden Fällen stehen die Eigentümer der für die Gläubiger jeweils vorteilhaften Verwertungsalternative indifferent gegenüber. Diese besteht zum einen in der Fortführung (IV) und zum anderen in der Liquidation (III). Die Eröffnung eines Insolvenzverfahrens hätte also entweder die Übernahme und Fortführung des Unternehmens durch die Gläubiger oder deren Liquidation zugunsten der Gläubiger sicherzustellen.

2.2.2 ÜBERBLICK ÜBER VERSCHIEDENE ÜBERSCHULDUNGSDEFINITIONEN

Herrscht in der Literatur noch weitgehend Übereinstimmung darüber, daß die handelsrechtlichen Bilanzierungs- und Bewertungsvorschriften nach §§ 42 GmbHG, 153 ff. AktG für die nach den gesellschaftsrechtlichen Vorschriften vorzunehmende Überschuldungsfeststellung *nicht* angewandt werden sollen[1], und daß die Art der Verwertung des Gesellschaftsvermögens für die Bewertung bestimmend ist[2], so differenzieren die Meinungen zunächst sehr stark darüber, welche Verwertungsprämisse zugrunde zu legen ist. Darüber hinaus werden auch nach dieser eingrenzenden Vorauswahl unterschiedliche Bewertungsmaßstäbe diskutiert.

Als alternative Verwertungsprämissen kommen zum einen die *Liquidation* und zum anderen die *Fortführung* in Betracht. Bei Verwendung der in dieser Arbeit eingeführten Symbolik und einem zunächst als gegeben unterstellten

1) So z.B. MERTENS in Kölner Komm. zum AktG, § 92 Anm. 13; SCHMIDT, K. in SCHOLZ (1983), § 63 Anm. 9; UHLENBRUCK (1977a), S. 85 f.; ZILIAS (1981), S. 1701 f.; SCHEDLBAUER (1984a), S. 366.

2) MENTZEL/KUHN/UHLENBRUCK (1979), § 20 Anm. 7; ZILIAS (1981), S. 1701 ff..

Bewertungskonzept zur Ermittlung des Liquidationsvermögens V_L und Fortführungsvermögen V_F können in einem ersten Schritt zwei Überschuldungskonzeptionen definiert werden:

Überschuldungsdefinition 1: $G > V_L$

Überschuldungsdefinition 2: $G > V_F$

Neben diesen beiden "monistischen Konzeptionen"[1], bei denen nur *ein* Bewertungsprinzip zum Zuge kommt, sind Kombinationen denkbar.[2] Formal lassen sich diese "dualistischen Konzeptionen"[3] wie folgt darstellen:

Überschuldungsdefinition 3: $G > \min(V_L, V_F)$

Überschuldungsdefinition 4: $G > \max(V_L, V_F)$

Während es bei Überschuldungsdefinition 3 es für die Auslösung eines Insolvenzverfahrens genügt, daß *entweder* das Liquidations- *oder* Fortführungsvermögen nicht zur Schuldendeckung ausreicht, verlangt Überschuldungsdefinition 4 *sowohl* Liquidations- *als auch* Fortführungsvermögensinsuffizienz.

Werden bei den grundlegenden Überschuldungsdefinitionen 1 und 2 die entsprechenden theoretischen Konzeptionen - wie sie auch dem Annahmenkranz des Insolvenzmodells entsprechen - strikt beachtet, so können sie als "Idealkonzeptionen"[4] klassifiziert werden. In beiden Fällen besteht ein unmittelbarer Zusammenhang zur Liquidität des Unternehmens. Bei Bewertung des Liquidationsvermögens V_L zu Einzelveräußerungspreisen wird die güterwirtschaftliche Liquidität gemessen;[5] es wird unter der Prämisse "geordneter Unternehmensliquidation"[6] ein "echtes Schuldendeckungspotential"[7] ermittelt.

---

1) KUPSCH (1984), S. 161.

2) Zur Systematisierung der Literaturauffassungen siehe DRUKARCZYK (1979a), S. 560 ff.; ULMER (1981), S. 473; KUPSCH (1984), S. 161 ff.; Literaturüberblick auch FISCHER, W. (1980), S. 33 ff.; HAACK (1980), S. 77 - 83.

3) KUPSCH (1984), S. 162.

4) KUPSCH (1984), S. 162.

5) DRUKARCZYK (1982), S. 562, 564.

6) KUPSCH (1984), S. 161.

7) ROGUSCH (1979), S. 176.

Erfolgt die Darstellung des Fortführungsvermögens V_F mittels des Barwertes zukünftiger Einzahlungsüberschüsse, so wird "die zukünftige Liquidität über Marktwerte zuverlässig indiziert".[1] Die übrigen Bewertungskonzeptionen basieren auf einer Verknüpfung der Verwertungsprämissen und/oder der Anwendung nicht verwertungsorientierter Bewertungsmaßstäbe, wozu beispielsweise aus

- Reproduktionswerten (Wiederbeschaffungskosten) und
- historischen Anschaffungs- und Herstellungskosten

abgeleitete Werte gehören.

Die von den Idealansätzen abweichenden Bewertungskonzeptionen können zwei Funktionen erfüllen:

- Sie können als "Kompromißansätze"[2] verstanden werden, indem sie einen Ausgleich der bilanziellen Überschuldungsfeststellung bei der Ermittlung des Fortführungsvermögens V_F als Zukunftserfolgswert und der Minimierung der Gläubigerschädigung durch zu frühzeitige Insolvenzauslösung bei liquidationsorientierter Bewertung anstreben.

- Sie können als "Vorverlagerungsansätze" interpretiert werden, indem sie "den Aspekt der Vermögensinsuffizienz und damit den Schutz vor zukünftigen Gläubigerverlusten durch Vorverlagerung der Insolvenzeröffnung verstärken".[3]

Bei der folgenden Analyse werden nun die Idealansätze 1 und 2 sowie die daraus abgeleiteten dualistischen Konzeptionen (Überschuldungsdefinition 3 und 4) auf der Grundlage der im vorangegangenen Abschnitt niedergelegten Ausführungen zur Relevanz von Insolvenzverfahren in Abhängigkeit vom Unternehmenszustand auf ihre Zweckmäßigkeit hin modelltheoretisch untersucht.

---

1) DRUKARCZYK (1982), S. 564.

2) KUPSCH (1984), S. 162.

3) KUPSCH (1984), S. 162.

2.2.3 WÜRDIGUNG DER EINZELNEN ÜBERSCHULDUNGSDEFINITIONEN

Eine Überschuldungsdefinition soll dann als zweckadäquat angesehen werden, wenn die sich aus der Einleitung eines Insolvenzverfahrens ergebenden Konsequenzen mit jenen decken, die der *optimalen Gläubigerstrategie* entsprechen.[1)]

Im folgenden soll unterstellt werden,

- daß es zur Einleitung des Insolvenzverfahrens kommen kann, wenn der Tatbestand der Überschuldung nach der entsprechenden Überschuldungsdefinition erfüllt ist und

- daß die Anteilseigner ihre Interessen unbeeinflußt durch rechtliche Eingriffe zugunsten der Gläubiger verfolgen können, wenn der Zustand der "juristischen" Überschuldung nicht eingetreten ist.

Neben dem unmittelbaren Gläubigerschutz ist als weiteres Kriterium zu prüfen, inwieweit durch die Einleitung eines Insolvenzverfahrens nach Erfüllung des Überschuldungstatbestandes dem Werterhaltungspostulat in der Weise Rechnung getragen wird, daß es genau dann zur Liquidation kommt, wenn der Liquidationswert des Unternehmens den Fortführungswert desselben übersteigt. Damit ist der Zweck von Insolvenzverfahren, den Gefahren einer Unternehmenspolitik zu begegnen, die anstelle der Summe der Marktwerte des Vermögens der Eigenkapital- und Fremdkapitalgeber lediglich das Vermögen der Anteilseigner zu maximieren versucht, angesprochen.

Auf die Probleme und Fragen der Informationsbeschaffung wird hier noch nicht eingegangen. Die Prüfung der Zweckadäquanz hat Rücksicht zu nehmen auf die konkrete Ausgestaltung des Insolvenzverfahrens. So ist insbesondere relevant, ob von einem "fortführungsfreundlichen" und alle beteiligten Gruppen umfassenden Gesamtinsolvenzverfahren oder einem Zwangsliquidationsverfahren auszugehen ist.

---

1) Kritisch zu dieser Vorgehensweise äußert sich SCHMIDT, K. (1982a), S. 166; ders. (1982b), S. D 60. Gegenmeinung zu der von SCHMIDT, K. vertretenen Auffassung bei SCHMIDT, R.H. (1984), S. 723 f..

2.2.3.1 ÜBERSCHULDUNGSDEFINITION 1: $G > V_L$

Legt man diese Überschuldungsdefinition zugrunde, so wäre bei den Unternehmenszuständen P1, P2 und N2 Überschuldung gegeben (vgl. Abb. 41).

Liegen die Schulden unter D_O, so käme es im Unternehmenszustand P1 unter Gläubigergesichtspunkten zur Fehlauslösung,

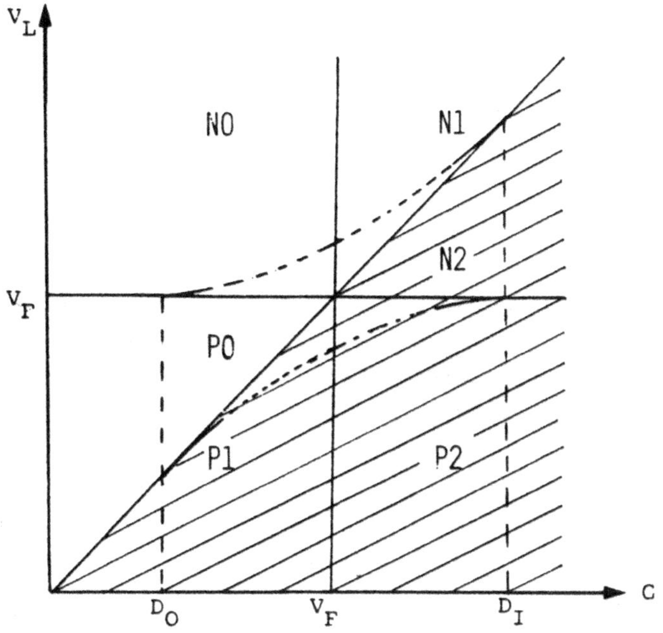

Abb. 41: Überschuldungsdefinition 1: $G > V_L$

wenn bei entsprechender Datenkonstellation zwangsläufig aufgrund einer unterstellten Antragspflicht des Schuldners ein Insolvenzverfahren eröffnet wird und wenn man von einem Insolvenzverfahren verlangt, daß es nur seinen Zweck erfüllt, wenn bei Fortführung die Gläubiger einen Verlust erwarten.[1] Bei Unternehmenszuständen, in denen die Gläubiger bei Fortführung wegen $G > D_O$ gefährdet würden, verleiht der so definierte Überschuldungstatbestand den Gläubigern Verhandlungsstärke gegenüber

1) Daher auch abgelehnt von SCHMIDT, R.H. (1984), S. 725.

dem Schuldner, wenn nun mit der Beantragung eines liquidationsorientierten Insolvenzverfahrens gedroht werden kann, der Schuldner aber nicht zur Antragstellung verpflichtet ist oder der entsprechenden Pflicht nicht nachkommt.

Es wurde jedoch bereits auf die für die Gläubiger geringe Wirkung der Sanktionsdrohung bezüglich der Eröffnung eines Liquidationsverfahrens hingewiesen, falls der Liquidationswert V_L noch unter dem Fortführungswert G_F liegt. Würden im Rahmen des Insolvenzverfahrens die Anteilseigner zur vollständigen Befriedigung der Gläubiger gezwungen, so wäre für sie im Unternehmenszustand P1 die Fortführung des Unternehmens immer noch vorteilhaft. Im Unternehmenszustand N2 könnten die Gläubiger durch ein Insolvenzverfahren davor geschützt werden, daß die Anteilseigner trotz der aus gesellschaftlicher Sicht gebotenen Liquidation die Fortführung betreiben und dadurch den Gläubigern einen zusätzlichen Verlust zufügen. Durch eine zwangsweise Liquidation würde der Schaden der Gläubiger begrenzt. Beim Unternehmenszustand P2 würde schließlich durch die Einleitung des Insolvenzverfahrens die Verteilung des Unternehmensvermögens in der Weise korrigiert, daß die Gesellschafter quasi zugunsten der Gläubiger enteignet würden, indem letztere die Trägerschaft des Unternehmens übernähmen. Gegenüber der Ausgangssituation verkürzt sich die Verlusterwartung der Gläubiger um E_F.

Die Effizienz der Überschuldungsdefinition 1 muß zunächst als relativ schwach bewertet werden.[2)] Denn zum einen wird zwar im Unternehmenszustand P1 bereits vor relativ geringen Verlusten geschützt; andererseits wird das die Verlusterwartung anzeigende Signal nicht gesetzt bei PO, NO und N1. Insbesondere hinsichtlich des Unternehmenszustands N1 - d.h. einer Situation, in der das Unternehmen bedingt, und zwar unter dem Fortführungsaspekt, überschuldet ist - wird die mangelhafte Effizienz deutlich. Der Umstand, daß bei der Überschuldungsdefinition 1 beim Unternehmenszustand N1 keine Überschuldung gegeben wäre, läßt die Aussage zu, daß die Gläubiger selbst bei hoher Gefährdung ihrer Ansprüche nicht durch ein Insolvenzverfahren eingreifen können. Die Funktion der Schadensbegrenzung wird mithin von dieser Überschuldungsdefinition nur unvollkommen erfüllt.

---

1) Daher auch abgelehnt von SCHMIDT, R.H. (1984), S. 725.

2) SCHMIDT, R.H. (1980), S. 131, bewertet die Überschuldung als "Fehlkonstruktion"..

Die Bewertung auf der Basis von Liquidationswerten ließe sich auch noch vor dem Hintergrund eines weiteren Gedankens rechtfertigen: Unterschreitet das Liquidationsvermögen die Forderungen, so erhalten die Anteilseigner bei Liquidation nichts mehr. Dies kann so interpretiert werden, daß unter Opportunitätsgesichtspunkten die Anteilseigner quasi ohne Kapitaleinsatz die Verfügungsmacht über das Unternehmen besitzen und sich dabei die Chancen der Fortführung aneignen, denen aber keine entsprechenden Risiken gegenüberstehen. Verläuft die zukünftige Unternehmensentwicklung negativ und kommt es dann doch noch zur Liquidation, so erfahren die Anteilseigner keine Nachteile aus der verspäteten Auflösung, während die Gläubiger aufgrund der weiteren schlechteren Entwicklung einen zusätzlichen Verlust hinnehmen müssen. Diese Argumentation leidet jedoch daran, daß sie einseitig von Liquidationsaspekten beherrscht wird. Die Anteilseigner könnten unter funktionierenden Marktbedingungen ihre Anteile an der Gesellschaft verkaufen, wobei sich der Kaufpreis am Wert des Eigenkapitals bei Fortführung orientiert.[1] Unter diesem Gesichtspunkt sind also die Anteilseigner nicht mit E_L, sondern mit E_F beteiligt; dies bedeutet, daß sie von einer negativen Unternehmensentwicklung ebenso betroffen wären.

Die Gefahr einer Schädigung, die die Eigentümer den Gläubigern zufügen, tritt allerdings insbesondere dann auf, wenn die wirtschaftliche Lage besonders schlecht, d.h. das Fremdkapital stark gefährdet ist.[2] Eine solche Situation liegt beim Unternehmenszustand N1 vor. Der Fortführungswert des Eigenkapitals ist relativ gering bzw. sogar Null (für $G \geq D_I$). "Für den Eigentümer als Schuldner bestehen unter diesen Bedingungen starke Anreize, Entscheidungen unter Unsicherheit, z.B. über Investitionen so zu treffen, daß er allein von einem möglichen günstigen Ausgang profitiert, während die Gläubiger von ebenso möglichen ungünstigen Ausgängen betroffen werden."[3] Da jedoch die Überschuldungsdefinition 1 kein Maß für die "ökonomische Überschuldung"[4] abgibt, fällt auch hinsichtlich der Entzerrung von Anreizstrukturen im Sinne einer gesteigerten Allokationseffizienz die Beurteilung negativ aus.

---

1) In diesem Zusammenhang sei auf die Literatur zur Unternehmensbewertung verwiesen. beispielhaft für viele MOXTER (1983a), S. 9 - 11.

2) Vgl. DRUKARCZYK (1981a), S. 253; MARSCHDORF (1984), S. 189; SCHILDBACH (1983), S. 2132.

3) SCHMIDT, R.H. (1980), S. 61.

4) SCHMIDT, R.H. (1980), S. 115.

2.2.3.2 ÜBERSCHULDUNGSDEFINITION 2: $G > V_F$

Überschuldung liegt nach der Definition 2 bei den Unternehmenszuständen P2, N1 und N2 vor. Tatsächlich stellte in den Situationen N1 und N2 die im Rahmen eines Insolvenzverfahrens durchgeführte Liquidation gegenüber der unbeeinträchtigten Fortführung unter Regie der Anteilseigner die günstigere Alternative dar. Im Vergleich zur Position der Gläubiger ohne insolvenzrechtlichen Eingriff verkürzt sich der Verlust des Wertes des Fremdkapitals hier um die Differenz zwischen dem Liquidationserlös und dem Ertragswert der bei Fortführung an die Gläubiger fließenden Zahlungen. Liegt Unternehmenszustand N1 vor, so können die Gläubiger bei Liquidation sogar voll befriedigt werden.

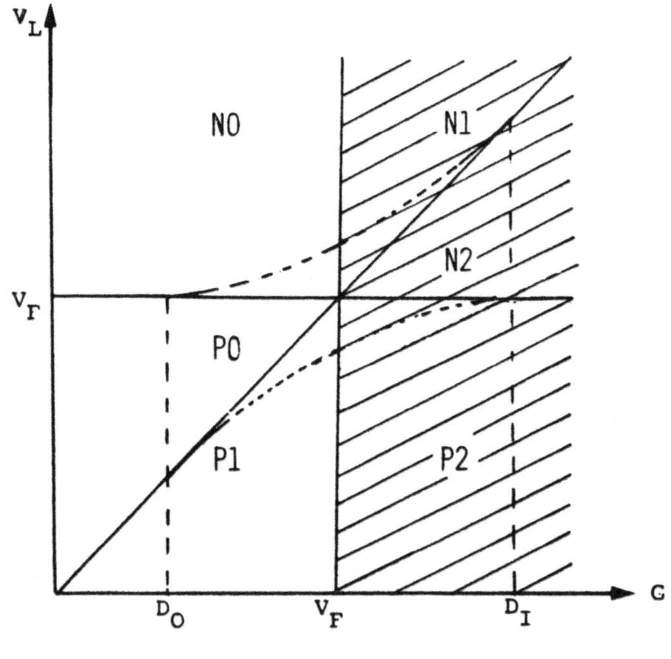

Abb. 42: Überschuldungsdefinition 2: $G > V_F$

Auch unter Allokationsgesichtspunkten ist die Liquidation nun vorzuziehen. Im Fall P2 wäre die Eröffnung eines Insolvenzverfahrens im Interesse der Gläubiger, um den Übergang der Verfügungsmacht über das Unternehmensvermögen auf die Gläubiger zu ermöglichen. Die Fortführung läge in ihrem Interesse. Bei einem liquidationsorientierten Verfahren würde

würde sich ihre Position verschlechtern, es sei denn, es tritt der nach unseren Modellannahmen relativ unwahrscheinliche Fall ein, daß der Liquidationserlös V_L größer als G_F ist.

Eine Gläubigergefährdung liegt jedoch auch bei den Unternehmenszuständen P0, P1 und N0 vor, sofern G größer als D_0 ist. In diesen Fällen greift die Überschuldungsdefinition 2 aber nicht. Übersteigen die Schulden D_0, sind sie aber kleiner als V_F, so erwarten die Gläubiger bei Fortführung zwar einen Verlust. Es ist jedoch die Frage zu stellen, ob die Forderung nach Insolvenzauslösung in diesen Fällen nicht das Gläubigerschutzprinzip überspannt. Zwei Gesichtspunkte könnten dafür angeführt werden, daß diese Unternehmenszustände keiner insolvenzrechtlichen Regelung unterliegen sollten:

(1) *Die Selbstschutzmöglichkeiten der Gläubiger*

Insolvenzverfahren entfalten insbesondere dann gläubigerschützende Wirkung, wenn die Selbstschutzmöglichkeiten der Gläubiger versagen. Grundsätzlich kann angenommen werden, daß die Gläubiger bereits bei Abschluß des Kreditvertrages Risikovorsorge getroffen haben. Als risikobegrenzende Maßnahmen[1] wären beispielsweise die Vereinbarung einer Risikoprämie zum sicheren Zins (Risikoabgeltungsthese)[2] oder die Vereinbarung eines außerordentlichen Kündigungsrechts bei Verschlechterung der Vermögenslage des Schuldners zu nennen. Gelingt es beispielsweise einzelnen Gläubigern, letztere in der Weise durchzusetzen, daß sie jederzeit volle Befriedigung verlangen können, sobald $G_F < G$ gilt[3], so kann das Unternehmen diese Gläubiger - die bei Abschluß des Kreditvertrages eine vollkommen ungefährdete Position hatten und daher keine Risikoprämie verlangt haben - bei einem Abzug der Kredite nach einer Verschlechterung

---

1) Zum risikopolitischen Instrumentarium zur Begrenzung des Kreditrisikos vgl. RUDOLPH (1974), S. 67 ff.

2) Vgl. DRUKARCZYK (1980a), S. 221 ff.

3) Die Allgemeinen Geschäftsbedingungen der privaten Banken sehen beispielsweise das Recht zur einseitigen Aufhebung der Geschäftsverbindung vor, wenn "eine erhebliche Vermögensgefährdung eintritt" (Ziff. 17 Satz 2 AGB). Wie sich aus der Kommentierung zu § 610 BGB (Widerruf des Darlehensversprechens), die wegen ähnlicher Voraussetzungen herangezogen werden kann (vgl. CANARIS (1981), Rd. 1253) ergibt, liegt eine erhebliche Verschlechterung der Vermögenslage vor, wenn "sie sich so zu ungunsten des Schuldners ändert, daß der versprochene Kredit gefährdet ist"; (SCHOPP in BGB-Handkommentar, § 610 Rdz. 6).

der Finanzlage durch neue substituieren, wenn $G < V_F$ gilt und die Neugläubiger sich das Risiko abgelten lassen.

(2) *Es wird normativ festgelegt, daß die Gläubiger ein gewisses Risiko zu tragen haben*

Bei den Unternehmenszuständen PO, P1 und NO ist nach den hier unterstellten Annahmen, wobei insbesondere die lineare Verteilungsfunktion der Ergebnisbeträge $\tilde{D}_U$ hervorzuheben ist, eine verhältnismäßig geringe Verlusterwartung der Gläubiger gegeben. Wenn bezüglich des Ausmaßes der gesetzlich geforderten Mindesthaftungsmasse im Sinne zukünftig erwarteter Einzahlungsüberschüsse und des Ausgleichs von Schuldner- und Gläubigerinteresse folgende Thesen akzeptiert werden, kann die Überschuldungsdefinition 2 für sich in Anspruch nehmen, effizient zu sein:

1. Die Gläubiger gehen mit der Kreditgewährung ein gewisses Risiko ein.[1] Zweck der gesetzlichen Vorschriften ist es nicht, den Gläubiger vollkommen von diesem Insolvenzrisiko zu befreien. Jedoch wird die auch für den Gesetzgeber als kritisch angesehene Gläubigergefährdung dann erreicht, wenn die Wahrscheinlichkeit dafür, daß die Einzahlungsüberschüsse aus dem Leistungsbereich des Unternehmens nicht mehr zur Begleichung der Schulden ausreichen, größer ist als die Gegenwahrscheinlichkeit.[2] Andernfalls lassen sich die Einschränkungen der unternehmerischen Verfügungsgewalt weder rechts- noch wettbewerbspolitisch rechtfertigen.

2. Die Gefahr der bewußten Gläubigerschädigung durch Anteilseigner rechtfertigt erst dann einen insolvenzrechtlichen Eingriff, wenn bei objektiver Betrachtung die ungünstige Entwicklung wahrscheinlicher ist als die günstige. Die von der "Quasi-Aneignung" der Verlusterwartung der Gläubiger durch die Anteilseigner ausgehende Verzerrung der Anreizstrukturen[3] kompensiert andernfalls noch nicht die durch die vorzeitige Auflösung von Insolvenzverfahren verursachten Schäden.

---

1) Vgl. hierzu die Darstellung von MEYER (1981), S. 75 - 77 zur Einstufung des Gläubigers nach amerikanischem Verständnis als "Miterben (joint heirs) des Unternehmungsgeschicks, als Partizipanten am Erfolg oder Mißerfolg im Rahmen des normalen Wagnisses (common hazard) der Unternehmung".

2) Vgl. MOXTER (1976a), Sp. 636.

3) Vgl. SCHMIDT, R.H. (1980), S. 61.

Daß die Gläubiger nicht vollständig von jedem Risiko befreit sind, entspricht auch derzeit allgemein akzeptierten gesellschaftsrechtlichen Grundsätzen, denn Ziel des Gläubigerschutzes ist lediglich, "daß die Gläubiger kein unangemessen hohes Risiko der Nichterfüllung ihrer Forderungen tragen. ... Das Gesellschaftsrecht kann mit seinen Organisationsregeln einen relativen Schutz lediglich bieten, indem es die Architektur des Verbandes und seines Vermögens so anlegt, daß das Verlustrisiko zwischen Kapitaleigner und Kreditgeber gerecht verteilt wird. Fremdkapital muß dem endgültigen Verlust mit einem wesentlich niedrigeren Wahrscheinlichkeitsgrad ausgesetzt sein als Eigenkapital".[1] Folglich kann der fehlende Schutz der Überschuldungsdefinition 2 im Bereich relativ geringer Gläubigergefährdung hingenommen werden. Auch insolvenzrechtlich werden die Gläubiger am Insolvenzrisiko beteiligt, wie die Mindestquoten nach § 7 Abs. 1, 2 VglO zeigen.[2]

Wie bereits zur Würdigung der Überschuldungsdefinition 1 angemerkt wurde, betrifft die Gefahr des "moral hazard" seitens des Schuldners, vor der der Gläubiger zu schützen ist, "die künftigen Ergebnisverteilungen oder die künftigen Ansprüche gegen die Ergebnisverteilungen".[3] Da die Überschuldungsdefinition 2 eben an diesen anknüpft, ist sie unter dem Aspekt der Entzerrung von Anreizstrukturen konzeptionell eindeutig der Überschuldungsdefinition 1 überlegen. Berücksichtigt man ferner, daß die Zahlungsfähigkeit von den Kreditaufnahmemöglichkeiten bzw. der Substituierbarkeit von Gläubigern abhängt, so wird die Affinität zur Zahlungsunfähigkeit deutlich.

2.2.3.3 ÜBERSCHULDUNGSDEFINITION 3: $G > \min(V_L, V_F)$

Einige Autoren [4] vertreten die Auffassung, daß die Bewertung sowohl angesichts der Fortführungs- als auch der Liquidationsprämisse zu erfolgen hat. Die bloße Ermittlung von zwei Vermögenswerten, nämlich des Fortführungs- und Liquidationsvermögens, sagt jedoch noch nichts über

1) WIEDEMANN (1980), S. 516; vgl. auch WIEDEMANN (1968), S. 12.

2) Vgl. FABRICIUS (1970), S. 143.

3) SCHILDBACH (1983), S. 2132.

4) So WEBER in JAEGER (1958), §§ 207, 208 Anm. 20 und SCHMIDT/GOERDELER in HACHENBURG (1959), § 63 Anm. 5 [beide zitiert nach HAACK (1980), S. 81]. Ferner UHLENBRUCK (1977a), S. 85; BIERMANN (1963), S. 65; SCHÜRER (1962), S. 74.

die Ausgestaltung der Regel für die Auslösung des Insolvenzverfahrens aus. So setzt auch die zweistufige Prüfungsmethode, auf die im Abschnitt 2.2.3.4 eingegangen wird, die Ermittlung beider Werte voraus, wenn die Fortführungswürdigkeit verneint wird. Entscheidend sind vielmehr die an das Ergebnis der Vermögensermittlung und den Vergleich mit den Schulden anknüpfenden Konsequenzen. Da die Zweckmäßigkeit einer Überschuldungsdefinition nur an den durch sie ausgelösten Rechtsfolgen beurteilt werden kann, ist für unsere Analyse untrennbar mit Überschuldungsdefinition 3 verbunden, daß ein Insolvenzverfahren dann auszulösen ist, wenn entweder das Liquidations- oder Fortführungsvermögen nicht zur Schuldendeckung ausreicht.[1)]

Wird der Überschuldungstatbestand so definiert, daß das Liquidationsvermögen V_L *oder* das Fortführungsvermögen V_F die Schulden nicht mehr deckt, so erhöhen sich zwangsläufig die insolvenzrechtlichen Eingriffsmöglichkeiten. Insolvenzauslöser ist damit jedwede Form der bedingten Überschuldung sowie absolute Überschuldung. Grafisch läßt sich die Überschuldungsdefinition 3 durch Vereinigung der von den Überschuldungsdefinitionen 1 und 2 erfaßten Unternehmenszuständen darstellen. Es handelt sich mithin um eine sehr gläubigerfreundliche Regelung. Lediglich die Unternehmenszustände NO und PO werden von dieser Überschuldungsdefinition 3 nicht erfaßt. Folgt man der obenstehenden Argumentation zur Beurteilung der Überschuldungsdefinition 1, so ist das Unterbleiben der insolvenzrechtlichen Beachtung dieser Unternehmenszustände ohne Belang. Zieht man sich auf die Position zurück, daß ein insolvenzrechtlicher Eingriff im Unternehmenszustand P1 angesichts der durch ihn entstehenden direkten und indirekten Insolvenzverfahrenskosten eher schädlich als nützlich ist, so wäre die Überschuldungsdefinition 3 als die um die zusätzliche Berücksichtigung des Unternehmenszustands P1 erweiterte Überschuldungsdefinition 2 abzulehnen.

---

1) So die in der vorangehenden Fußnote genannten Autoren.

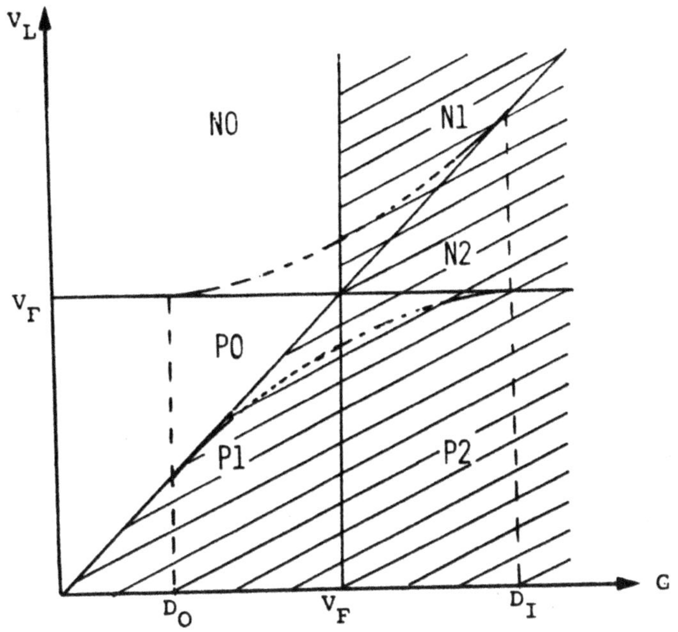

Abb. 43: Überschuldungsdefinition 3: $G > \min (V_L, V_F)$

In der Literatur wird argumentiert, die Überschuldungsdefinition 3 führe "unvermeidlich zu Schuldner- und Gläubigerschädigungen, wenn sich das Fortführungsvermögen und das Zerschlagungsvermögen im Vorzeichen unterscheiden"[1], also die Unternehmenszustände P1 oder N1 vorliegen. Bei einer Konstellation, wie sie hier durch P1 umschrieben ist, "würde eine überflüssige Liquidation den Schuldner um sein Vermögen und die Gläubiger um einen Teil ihrer Forderungen bringen".[2] Dabei wird allerdings unterstellt, daß eine nach Definition 1 festgestellte Überschuldung zur Liquidation, eine nach Definition 2 festgestellte Überschuldung zu einem auf Fortführung des Unternehmens abzielenden Insolvenzverfahren führe. Da sich ein effizientes Insolvenzrecht jedoch dadurch auszeichnet, daß es hinsichtlich aller denkbaren Verwertungsstrategien offen ist[3], ist diese Kritik nicht haltbar. Selbst wenn man ein "liqui-

1) HEINEN (1982), S. 503. Er hat mithin bei seiner Betrachtung das Eigenkapital als Risidualgröße im Auge und nicht das Rohvermögen vor Abzug der Schulden.

2) SIEDSCHLAG (1971), S. 89.

3) Vgl. HAX/MASCHDORF (1983), S. 127.

dationslastiges" Insolvenzverfahren unterstellt, ist beim Unternehmenszustand N1 sowohl unter Gläubiger- als auch Allokationsgesichtspunkten die Auslösung eines Verfahrens angezeigt. Zum anderen kann beim Unternehmenszustand P1 das Liquidationsvermögen V_L größer als der Erwartungswert der den Gläubigern zustehenden Zahlungen bei Fortführung G_F sein, so daß eine relative Verbesserung gegenüber der Vergleichssituation ohne Auslösung eines Insolvenzverfahrens eintritt.

In Übereinstimmung mit der Literaturmeinung[1] kann davon ausgegangen werden, daß Fälle von Unternehmen mit positivem Fortführungspotential, die allerdings rechnerisch nach Überschuldungsdefinition 1 überschuldet sind, die größere praktische Bedeutung haben dürften, zumal wenn das Zerschlagungsvermögen zugrunde gelegt wird. Dies bedeutet jedoch, daß sich die Ergebnisse einer Überschuldungsmessung nach der monistischen Definition 1 und der dualistischen Definition 3 sehr häufig entsprechen werden.[2] Mithin ist die Überschuldungskonzeption 3 in ähnlicher Weise abzulehnen wie die Überschuldungskonzeption 1.

2.2.3.4 ÜBERSCHULDUNGSDEFINITION 4: $G > MAX(V_L, V_F)$

Entspricht der Insolvenzauslöser der Überschuldungsdefinition 4, so wird ein Insolvenzverfahren nur noch bei den Unternehmenszuständen P2 und N2 ausgelöst, d.h. bei absoluter Überschuldung. Es handelt sich also im Vergleich zu den drei vorangestellten Überschuldungsdefinitionen um die am wenigsten gläubigerfreundliche Regelung. Im Vergleich zur Überschuldungsdefinition 2 unterbleibt auch bei N1 die Einleitung eines Insolvenzverfahrens. Eine solche Überschuldungsdefinition ließe sich rechtfertigen, wenn man unterstellt, daß

---

1) Vgl. BIERMANN (1963), S. 64; EGNER/WOLFF (1978), S. 105; DRUKARCZYK (1979a), S. 575 - 577.

2) Vgl. GURKE (1982a), S. 53.

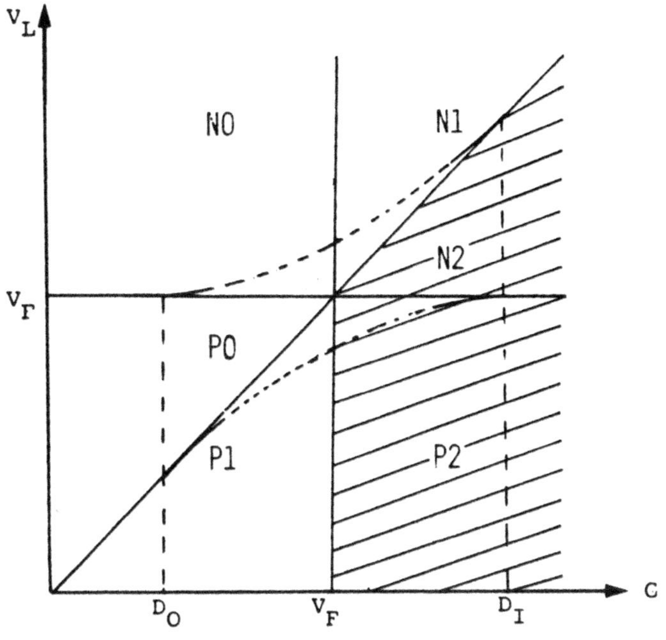

Abb. 44: Überschuldungsdefinition 4: G > max (V_L, V_F)

- sich die Anteilseigner wohlfahrtsökonomisch effizient verhalten, d.h. das Unternehmen nur bei positivem Fortführungspotential fortführen, und

- die Unternehmenszustände PO, P1 und NO insolvenzrechtlich irrelevant sind, da die Gläubigergefährdung bei Fortführung ein de lege lata zumutbares Ausmaß nicht überschreitet.

Während die zuletzt aufgeführte Prämisse aus den Gründen, die bereits bei der Beurteilung der Überschuldungsdefinition 2 genannt wurden, akzeptiert werden kann, ist die erste Annahme unrealistisch und steht außerhalb unserer Modellsituation, da ohne die Verpflichtung zur Beantragung eines Insolvenzverfahrens die Anteilseigner das Unternehmen unbeeinträchtigt weiterführen werden, wenn beim Unternehmenszustand N1 $V_L \leq V_L^E$ gilt, obwohl bei insolvenzverfahrensmäßiger Zwangsliquidation die Gläubiger bei dieser Konstellation vollständig befriedigt werden könnten. Berücksichtigt man, daß die Funktion des Überschuldungstatbestandes in seiner Präventivwirkung im Hinblick auf die mit hoher Wahrscheinlichkeit zu erwartende Unfähigkeit des Schuldners zur Begleichung seiner Zahlungsverpflichtungen besteht[1] - modelltheoretisch heißt das: Reicht $\tilde{D}_U$ im Zeitpunkt t = 1 zur Begleichung von G aus? - , wird die Frage entbehrlich, ob das Liquidationsvermögen V_L zur Deckung der Gläubigeransprüche ausreicht. Können die Gläubiger bei Fälligkeit ihrer Forderungen befriedigt werden, so ist für die Gläubiger ohne Belang, ob zu einem früheren Zeitpunkt das Liquidationsvermögen V_L zur Deckung ihrer Ansprüche G ausgereicht hätte.

Diese Kritik an der Überschuldungsdefinition 4 richtet sich gleichermaßen gegen die *"herkömmliche zweistufige* Methode"[2] und *"modifizierte zweistufige Methode"*[3] der Überschuldungsrechnung, denn beide zweistufigen Prüfungsmethoden entsprechen im Ergebnis der Überschuldungsdefinition 4, wenn jene auch nicht in der hier vorgestellten Form formuliert werden. Die "herkömmliche zweistufige Methode" stellt wohl die von der vorherrschenden Meinung[4] akzeptierte Überschuldungskonzeption dar. Danach ist zunächst "aufgrund sorgfältiger betriebswirtschaftlicher Analyse des Unternehmens, seiner Finanzierung sowie fundierter Erwartungen hinsichtlich der künftigen Entwicklung"[5] zu prüfen, ob das Unternehmen lebensfähig ist. Für den Fall, daß diese Frage bejaht wird, sollen Betriebsbestehenswerte angesetzt werden. Stellt sich nach sorgfältiger Prüfung heraus, daß das Unternehmen nicht lebensfähig ist und damit nach Überschuldungsdefinition 2 Überschuldung gegeben ist, hat die Überschuldungsprüfung in einem zweiten Schritt auf der Basis von Liquidationswerten zu erfolgen. Erst wenn sich nun wiederum eine Überschuldung ergibt, ist der zu insolvenzrechtlichen Konsequenzen führende Überschuldungstatbestand erfüllt. Werden nun die Betriebsbestehenswerte

1) Vgl. SCHMIDT, K. in SCHOLZ (1983), § 63 Anm. 13; ULMER in HACHENBURG (1975/84), § 63 Rdn. 32; EGNER/WOLFF (1978), S. 102.

2) SCHMIDT, K. (1982b), S. D 62.

3) SCHMIDT, K. (1982b), S. D 63. Diese führt grundsätzlich zur selben Überschuldungsdefinition wie die herkömmliche zweistufige Methode. Der wesentliche Unterschied, der ggf. hinsichtlich der zivilrechtlichen Verantwortlichkeit der antragsverpflichteten Organe praktische Bedeutung erlangen könnte, besteht darin, daß zwischen *"rechnerischer Überschuldung"* und *"rechtlicher Überschuldung"* differenziert wird. Letztere, die als Insolvenzverfahrensauslöser fungiert, liegt erst vor, wenn nach Feststellung einer Überschuldung auf der Basis von Liquidationswerten ("rechnerische Überschuldung") die Fortbestehensprognose negativ ausfällt, bzw. eine negative Fortbestehensprognose nicht durch Vermögensinsuffizienz im Liquidationsfall irrelevant wird.

4) Vgl. ZILIAS (1981), S. 1702; ZILIAS (1977), S. 448; MERTENS in Kölner Komm. zum AktG, § 92 Anm. 15; SCHMIDT, K. in Scholz (1983), § 63 Anm. 12; ULMER in HACHENBURG (1975/84), § 63 Rdn. 28; PRIBILLA (1958), S. 7 f.; GURKE (1982a), S. 123.

5) ZILIAS (1981), S. 1702.

als Fortführungsvermögen in dem hier verwandten Sinne, d.h. als Erwartungswert der Ergebnisbeträge $\tilde{D}_U$, interpretiert und Lebensfähigkeit mit zukünftiger Zahlungsfähigkeit gleichgesetzt, wird die Identität der zweistufigen Prüfungsmethode mit der Überschuldungsdefinition 4 offensichtlich. Andererseits macht gerade die vorstehende Beschreibung der Zweistufenmethode den Widerspruch deutlich, der darin besteht, daß ein Insolvenzverfahren *nicht* ausgelöst werden soll, wenn die Zahlungsunfähigkeit zwar mit hoher Wahrscheinlichkeit eintreten wird, aber das Liquidationsvermögen im Zeitpunkt der Überschuldungsrechnung ausreicht. Reicht das Fortführungsvermögen zwar nicht zur Schuldendeckung aus, aber eben das Liquidationsvermögen, so gebietet eben das Gläubigerschutzinteresse den insolvenzrechtlichen Eingriff, wenn es Zweck des Überschuldungstatbestands ist, "die Gläubiger gegen eine weitere Auszehrung des noch vorhandenen Gesellschaftsvermögen bei negativer Fortbestehensprognose zu schützen"[1] und in der Überschuldung der "Keim künftiger Zahlungsunfähigkeit gesehen wird".[2]

2.2.4 Ergebnis der modelltheoretischen Analyse

Es wurden vier verschiedene Überschuldungsdefinitionen diskutiert, bei denen es sich um Idealansätze (Überschuldungsdefinitionen 1 und 2) oder Kombinationen derselben (Überschuldungsdefinitionen 3 und 4) handelt.

Die Überschuldungsdefinition 4 [$G > \max (V_F, V_L)$] wird als die am wenigsten zweckmäßige erkannt. Ihre Schwäche liegt darin begründet, daß die Möglichkeit besteht, daß bei einem Unternehmen trotz Lebensunfähigkeit - hier interpretiert als mit hoher Eintrittswahrscheinlichkeit verbundene prospektive Illiquidität - kein insolvenzrechtlicher Eingriff erfolgt. Hierdurch tragen die Gläubiger die nicht vorhersehbaren Fortführungsrisiken in unangemessener Weise mit. Zugunsten der herrschenden Auffassung, bei der die Anwendung der Überschuldungsdefinition 4 aus der praktischen Vorgehensweise erfolgt, ist jedoch anzuführen, daß nach ihrem Denkschema der Unternehmenszustand N1 empirisch keine Rolle spielt. Die Festlegung auf Einzelveräußerungspreise als Bewertungsmaßstab und die Funktion der Vorverlagerung bedingen sich danach gegenseitig.

---

1) ULMER in HACHENBURG (1975/84), § 63 Rdn. 21.

2) SCHMIDT, K. in SCHOLZ (1983), § 63 Anm. 7.

Die Überschuldungsdefinition 1 [G > V_L] erfüllt ebenfalls nicht die Anforderungen eines zweckgerechten Insolvenzauslösers. Ihr Nutzen resultiert allenfalls "aus der systematischen Verzerrung des bilanziellen Meßverfahrens. Bei der Einzelbewertung wird zu schnell Überschuldung festgestellt und der Eintritt der Rechtsfolge wird zeitlich vorverlegt".[1] Da es "bewertungstheoretisch einfach unhaltbar"[2] ist, die Überschuldungsdefinition 1 mit der *ökonomischen Überschuldung* "im Sinne der Unfähigkeit zur Auszahlungsdeckung im Zeitablauf, also im Grunde als *Illiquidität*"[3], zu verknüpfen, versagt die Überschuldungsdefinition 1 und veranlaßt zu Überlegungen, ob nicht andere Indikatoren die Zahlungsunfähigkeit besser anzeigen. Die Überschuldungsdefinition 1 kommt allenfalls in Betracht, wenn im Einzelfall die Auflösung der Gesellschaft (z.B. durch Beschluß der Gesellschafter, bei Gesellschaften auf Zeit) vorgesehen ist.[4]

Die Überschuldungsdefinition 3 [G > min (V_F, V_L)] scheidet damit auch aus der Betrachtung aus, da sich die Ergebnisse der Überschuldungsrechnung nach Definition 1 und Definition 3 häufig entsprechen werden.

Die Überschuldungsdefinition 2 [G > V_F] erweist sich aufgrund ihrer offensichtlichen Affinität zum Insolvenzgrund Zahlungsunfähigkeit als die geeignete.[5] Dies gilt sowohl hinsichtlich der Festschreibung einer Mindesthaftungsmasse im Interesse der Gläubiger als auch der "Gleichschaltung von Haftung und Verfügung"[6] zur Vermeidung von Effizienzverlusten. Bilanztheoretisch kann dieses Ergebnis so aufgefaßt werden, daß das *Vermögen* "in einem mehr 'aktiven' Sinne, als Fähigkeit, etwas tun zu können, nämlich die Schulden zu begleichen"[7] interpretiert wird.

---

1) SCHMIDT, R.H. (1980), S. 128 f..

2) SCHMIDT, R.H. (1980), S. 115.

3) MOXTER (1976a), Sp. 636.

4) Vgl. GIEBELER (1982), S. 112a, 134.

5) Vgl. SCHMIDT, R.H. (1984), S. 725; PLATE (1980), S. 221; AULER (1976), S. 2170; DRUKARCZYK (1982), S. 564.

6) SCHMIDT, R.H. (1980), S. 61 ff..

7) MOXTER (1976a), Sp. 635.

2.3 Zum Problem der Manipulationsimmunität

Bisher wurde auf rein modelltheoretischer Ebene ohne materielle Bestimmung der verwendeten Größen V_L und V_F argumentiert. Es steht aber noch nicht fest, ob sich die Überschuldungsdefinition 2 auch unter dem anderen wichtigen Gesichtspunkt, nämlich der Manipulationsimmunität, als geeignet und realisierbar erweist, so daß sie auch Eingang in eine insolvenzrechtliche Auslösenorm finden kann. Dementsprechend wird das Ergebnis der motelltheoretischen Analyse zunächst nur als - wenn auch gewichtiges - Indiz für die Vorrangstellung der Überschuldungsdefinition 2 aufgefaßt. Die nachstehende - gegenüber der vorangegangenen Analyse mehr von Praktikabilitätsüberlegungen geleitete - Untersuchung verlangt im ersten Schritt eine nähere inhaltliche Präzisierung der beiden Vermögensgrößen V_L und V_F.

2.3.1 Konkretisierung der Idealkonzeptionen

2.3.1.1 Zur Überschuldungsdefinition 1: $G > V_L$

Die Verwendung der Überschuldungsdefinition 1 impliziert gleichzeitig ein primäres Werturteil hinsichtlich des Gläubigerschutzes, und zwar in der Weise, daß "ein echtes Schuldendeckungspotential"[1] gesichert werden soll, welches zur Deckung der Gläubigeransprüche ausreicht, falls eine nicht vorhersehbare Verschlechterung der Zukunftschancen doch die Liquidation erforderlich macht, d.h. eine Zwangsliquidation im Rahmen eines gerichtlichen Insolvenzverfahrens betrieben wird. Dieser Schutzgedanke ist auch Anknüpfungspunkt für die Konkretisierung der Überschuldungsdefinition. Trotz der Festlegung auf die Liquidation als unterstelltem Schicksal der Unternehmung bleiben zwei Fragen offen, nämlich:

(1) Werden die Veräußerungsmodalitäten, insbesondere die Prämisse der Totalzerschlagung, für die Bewertung vorgeschrieben?

(2) Sind insolvenzbedingte Belastungen des Unternehmensvermögens zu berücksichtigen?

---

1) ROGUSCH (1979), S. 176.

Rein theoretisch lassen sich mithin vier (Sub-)Bewertungskonzepte bzw. Überschuldungsdefinitionen unter der Liquidationsprämisse vorstellen:

Berücksichtigung insolvenzbedingter Belastungen / Verwertungsmodalität	nein	ja
Einzelveräußerung (Totalzerschlagung)	$G > V_Z$ (Üd 1.1)	$G > V_Z - K$ (Üd 1.2)
nicht vorgegeben	$G > V_L$ (Üd 1.3)	$G > V_L - K$ (Üd 1.4)
V_Z = Zerschlagungsvermögen; K = insolvenzverfahrensbedingte Belastungen; Üd = Überschuldungsdefinition		

Tab. 5: Möglichkeiten der Definition des Liquidationsvermögens

In der Literatur wird des öfteren vorgeschlagen, von einer Liquidation "unter normalen Umständen (ohne Zeit- bzw. Konkursdruck)"[1] ohne die Einbeziehung konkursbedingter Belastungen (Veräußerungsabschläge, Verfahrenskosten, konkursbedingte Ansprüche gegen das Unternehmen)[2] auszugehen und Einzelveräußerungspreise anzusetzen. Dies entspricht nach der obenstehenden Systematisierung der Überschuldungsdefinition 1.1.

Als Begründung werden die Vermeidung der Manipulationsanfälligkeit[3] und der Zerschlagung an sich lebensfähiger Unternehmen[4] genannt. Beide Argumente vermögen jedoch nicht zu überzeugen. Jede Schätzung ist mit Un-

1) DRUKARCZYK (1979a), S. 568; vgl. auch HAACK (1980), S. 93. GOLDBECK/WAHLEN/GAUER (1983), S. 112, begründen dies unter Hinweis auf die Konkursverwalterhaftung nach § 82 KO damit, daß dieser zur "Ausnutzung absatzwirtschaftlicher Chancen" verpflichtet sei. Diese Argumentation lassen die Autoren aber nur hinsichtlich der Zerschlagungsgeschwindigkeit gelten. Konsequenterweise wäre die gleiche Argumentation auch hinsichtlich der Zerschlagungsintensität angebracht.

2) Vgl. hierzu ROGUSCH (1979), S. 140 - 153.

3) Vgl. DRUKARCZYK (1979a), S. 568 FN. 47; DRUKARCZYK (1979b), S. 123; MOXTER (1980), S. 132; MOXTER (1980), S. 348, 350.

4) HAACK (1980), S. 92; KUPSCH (1984), S. 162 f.

gewißheit verbunden.[1] Dem Bewertenden wird zwar durch die Vernachlässigung von bestimmten Einflußfaktoren auf den tatsächlich zu erwartenden gesamten Veräußerungserlös seine Aufgabe etwas erleichtert, dies wird jedoch mit einer erheblichen Effizienzeinbuße erkauft. Die Funktion der betragsmäßigen Angabe eines - im wahrsten Sinne des Wortes - *fiktiven* Liquidationsvermögens bleibt unerkennbar. Berücksichtigt man, daß nach dieser Bewertungskonzeption der Liquidationsvorgang in einem allmählichen Ausverkauf besteht, müssen eine Reihe von Voraussetzungen gegeben sein, um zu realitätsnahen Werten zu gelangen.[2]

Die Festlegung auf eine bestimmte Form der Veräußerung, z.B.

"(1) Veräußerung einzelner Wirtschaftsgüter

(2) Liquidation des Vermögens in Teilgesamtheiten

(3) Gesamtveräußerung des Vermögens",[3]

insbesondere aber die zuerst genannte[4], kann allenfalls als Möglichkeit eines Vorverlagerungsansatzes erwogen werden.[5] Ansonsten hat jede Unterstellung einer der drei Liquidationsformen bei der Formulierung des Überschuldungstatbestandes willkürlichen Charakter.[6]

Letztlich stellen sich die Vorschläge zur Bewertung unter normalen Bedingungen "als Argumente gegen Kosten, Schwerfälligkeit und Ineffizienz der bestehenden insolvenzrechtlichen Abwicklungsverfahren"[7] heraus. Vor dem Hintergrund dieser These ist auch die Forderung nach Bewertung zu Einzelveräußerungspreisen zu sehen, weil "bei einer durch den Konkurs erzwungenen Liquidation die Vermögensgegenstände nicht in ihrer Verbundenheit zum Vermögen, sondern einzeln

---

1) Besonders kritisch zum Überschuldungstatbestand aus diesem Grunde EGNER/WOLFF (1978), S. 105.

2) Zu den Merkmalen eines Unternehmens, bei dem das Totschrumpfen die optimale Liquidationsart darstellt, siehe HELLGE (1982), S. 79. Interessant erscheint in diesem Zusammenhang der Vorschlag von ERDLAND (1981), S. 98, von einem Liquidationszeitraum auszugehen, der sich danach bemißt, "wie lange es den Gläubigern zugemutet werden soll, auf eine abschließende Befriedigung ihrer Ansprüche zu warten". Zur Bewertungspraxis im amerikanischen Reorganisationsrecht siehe MEYER (1981), S. 92, 125 ff.

3) DREXL/KAYSER (1981), S. 402; ähnliche Gruppierung der Veräußerungsmöglichkeiten bei EGNER/WOLFF (1978), S. 105; DAHL (1964), S. 114.

4) Vgl. HAACK (1980), S. 91 ff.; KUPSCH (1984), S. 165.

5) Siehe hierzu STEINER (1980), S. 195; SCHÜRER (1962), S. 64.

6) So auch EGNER/WOLFF (1978), S. 105. Die KOMMISSION RECHNUNGSWESEN hat bei ihren Reformvorschlägen zur handelsrechtlichen Rechnungslegung eine Kodifizierung des Fortsetzung FN 6 und 7 auf S. 348.

veräußert werden"[1]. Wird jedoch durch die Ausgestaltung der rechtlichen Rahmenbedingungen der Insolvenzabwicklung die Zerschlagung nicht zwangsläufiges Ergebnis des Verfahrens sein, sondern die Veräußerung des Unternehmens als Ganzes oder in wesentlichen Teilen durch die "übertragende Sanierung"[2] möglich, verliert "der Grundsatz der Einzelbewertung seine (d. Verf.) ganz spezifische, konkursrechtlich zu deutende Dimension".[3]

Da die Überschuldungsmessung im Vorfeld einer potentiellen Insolvenzeröffnung angesiedelt ist und auch aus dem oben beschriebenen Schutzgedanken heraus, hat sich die Bewertung am gedanklich vorweggenommenen Ergebnis der im Rahmen eines gerichtlichen Insolvenzverfahrens durchgeführten Liquidation zu orientieren. Unseres Erachtens hat sich also die Bewertung des Liquidationsvermögens an die Überschuldungsdefinition 1.4 zu halten, d.h. es sollte die Bewertung davon abhängig sein, "welche Veräußerungsmöglichkeit im Prüfungszeitpunkt die wahrscheinlichste ist".[4]

2.3.1.2 Zur Überschuldungsdefinition 2: $G > V_F$

Da auch diese Überschuldungsdefinition der Prüfung eines Schuldendeckungspotentials[5] dient - es geht um die Frage, ob bei einem planmäßigen Fortgang der Geschäftstätigkeit mit der vertragskonformen Erfüllung der Verbindlichkeiten zu rechnen ist -, ist das Fortführungsvermögen entsprechend dem der theoretischen Konzeption folgenden Idealansatz weiter

---

Fortsetzung der FN von S. 347.
Überschuldungstatbestandes vorgeschlagen, wobei sie die bei der Bewertung zugrunde zu legenden Veräußerungsmodalitäten jedoch bewußt nicht konkretisiert hat; KOMMISSION RECHNUNGSWESEN (1979), S. 25.

7) DRUKARCZYK (1979b), S. 130

FN dieser Seite:

1) STÜDEMANN (1977), S. 421. Ähnlich auch KUPSCH (1984), S. 165: Er plädiert für den Ansatz von Einzelveräußerungspreisen, da sich "die bilanzielle Überschuldungsprüfung auf das exekutorische Element des Überschuldungstatbestandes" beschränkt und "die Veräußerung von Ertragseinheiten eher die Ausnahme als die Regel" ist.

2) Siehe hierzu GROSS (1982), S. 30, sowie die dort angegebene Literatur.

3) STÜDEMANN (1977), S. 421; LÜTKEMEYER (1983), S. 127, mit weiteren Nachweisen.

4) So auch ULMER in HACHENBURG (1975/84), § 63 Rdn. 34. KÜHN (1970), S. 551, schlägt vor, "immer die wahrscheinlichste Veräußerungsart zugrundezulegen". Auch das Institut der Wirtschaftsprüfer empfiehlt, "je nach den Verwertungsaussichten" das Liquidationsvermögen zu bewerten; ZILIAS (1981), S. 1702 f.

5) Vgl. PLATE (1980), S. 221; AULER (1976), S. 2170; DRUKARCZYK (1982), S. 564.

zu fassen als es der bilanziellen Messung zugänglich ist. Bei einer solchen Auslegung des Überschuldungstatbestandes liegt die Anwendung des Ertragswertverfahrens nahe.[1] Hieraus folgt die Aufgabe des Prinzips der Einzelbewertung zugunsten der Gesamtbewertung.[2] Zwar kann noch die äußere Form einer bilanziellen Ermittlung gewahrt bleiben, indem die selbständig bewertbaren Vermögensgegenstände mit einem Einzelwert (z.B. Wiederbeschaffungspreisen[3], Einzelveräußerungspreisen[4]) angesetzt werden und ein positiver bzw. negativer Firmenwert als Unterschiedsbetrag zwischen der Summe der Einzelwerte und dem Gesamtwert bilanziert wird, doch macht der Ansatz des Ertragswertes "Versuche einer *bilanziellen* Messung von Überschuldung überflüssig".[5] Eine Aufteilung des Ertragswertes auf die einzelnen Vermögensgegenstände ist weder willkürfrei möglich noch notwendig.[6] Formal läßt sich der Fortführungswert V_F dann wie folgt darstellen:

$$V_F = \sum_{t=0}^{T} e_t \, (1+r)^{-t}$$

T = Zeithorizont der Überschuldungsrechnung

e_t = Einzahlungsüberschuß der Periode t

r = Kalkulationszinsfuß

Hält man sich den Schutzgedanken des "dynamischen Überschuldungstatbestands"[7] vor Augen, so geht es darum, nach Finanzplanungsgrundsätzen zu prüfen, ob die erzielbaren Zahlungsüberschüsse ausreichen, die Gläubiger zu bedienen. Zielgröße ist mithin dieser zur Gläubigerbefriedigung

1) Vgl. ERDLAND (1981), S. 96; DRUKARCZYK (1979a), S. 566; FISCHER, W. (1980), S. 84.

2) Vgl. DRUKARCZYK (1979a), S. 566; ROGUSCH (1979), S. 157 ff..

3) So HUNDERTMARK/HERMS (1972), S. 1119 f.; WARNEKE (1949), S. 34.

4) Vgl. Ausführungen zur kapitaltheoretischen Bilanz bei SEICHT (1970), S. 508.

5) DRUKARCZYK (1979), S. 562.

6) Vgl. AULER (1976), S. 2170; HEINEN (1982), S. 502; EGNER/WOLFF (1978), S. 103. Von daher ist auch der Vorschlag von FISCHER, W. (1980), S. 101, abzulehnen, "den Ertragswert des Unternehmensvermögens in seine einzelnen Bestandteile zu zerlegen und den Schulden gegenüberzustellen".

7) Zum "dynamischen Überschuldungsbegriff" siehe WEIDA (1965), S. 19 f..

verfügbare Finanzmittelüberschuß. Daraus folgt, daß sämtliche Zahlungen im Leistungsbereich, aber auch im Finanzbereich - soweit ernsthaft geplant (z.B. Kapitalerhöhung) oder vertraglich festgelegt (z.B. Tilgungsleistungen) - prognostisch zu berücksichtigen sind. Beispielsweise bedeutet dies im Sachanlagenbereich, daß die Auszahlungen für Reinvestitionen zu berücksichtigen sind. Soweit Ausschüttungen vorgenommen werden sollen, sind diese ebenso selbstverständlich zu erfassen wie Steuerzahlungen. Da die verfügbaren Informationen ausgeschöpft werden sollten, sind die bereits erkennbaren Zahlungsraten zu Darlehensaufnahmen und -tilgungen unter Berücksichtigung ihrer Verzinsung in die Überschuldungsrechnung einzubeziehen.[1)]

Die Eigenschaft der Überschuldungsrechnung besteht nun darin, daß im Prüfungszeitpunkt kein vollständiger Finanzplan für einen unbegrenzten Zeitraum erstellt wird, indem bereits alle Finanzierungsmaßnahmen explizit geplant werden, soweit diese zur Aufrechterhaltung des finanziellen Gleichgewichts zu jedem beliebigen zukünftigen Zeitpunkt erforderlich sind. Vielmehr werden auf der Grundlage des vorliegenden Prognosedatenmaterials die sich hieraus ergebenden finanziellen Ein- und Auszahlungsüberschüsse (einschließlich der bestehenden Zins- und Tilgungszahlungen an die Gläubiger) ermittelt und auf den Prüfungszeitpunkt abgezinst, womit die Möglichkeit der Beschaffbarkeit von Mitteln bzw. die Verzinsung von Mitteln zum Kalkulationszins unterstellt wird.

Entsprechend der Interpretation des Vermögens im Sinne einer zukunftsorientierten Gesamtbewertung als Barwert zukünftiger Einzahlungen und aus der oben beschriebenen Vorgehensweise der Überschuldungsrechnung ergibt sich offensichtlich, daß zu dem Fortführungsvermögen V_F der Barwert der Schulden als Vergleichsgröße heranzuziehen ist. Ansonsten würde in der Überschuldungsbilanz quasi nur die Aktivseite dynamisiert. Die Größe G läßt sich formal wie folgt darstellen:

$$G = \sum_{t=0}^{T} g_t \, (1+r)^{-t}$$

T = Zeithorizont der Überschuldungsrechnung

g_t = in der Periode t fällige Zins- und Tilgungszahlungen

r = Kalkulationszinsfuß

---

1) Vgl. GIEBELER (1982), S. 122.

Eine Gesellschaft ist nach der Überschuldungsdefinition 2 mithin überschuldet, wenn der Barwert der zukünftig erzielbaren Einzahlungsüberschüsse aus dem Umsatz- und Leistungsbereich des Unternehmens den Barwert der zukünftig fälligen Zahlungsverpflichtungen an die Gläubiger nicht mehr deckt.[1)]

2.3.2 VERGLEICH DER OBJEKTIVIERUNGSPROBLEMATIK BEI DEN BEIDEN ÜBERSCHULDUNGSDEFINITIONEN 1 UND 2

Nachdem nun die beiden Überschuldungsdefinitionen inhaltlich konkretisiert worden sind, ist im folgenden zu klären, inwieweit sich die hier vorgeschlagenen Überschuldungsdefinitionen bezüglich ihrer Manipulationsimmunität unterscheiden. Sollte sich herausstellen, daß keine Unterschiede auszumachen sind oder bei der Überschuldungsdefinition 1 das Problem der Objektivierung nur in einem solchen Ausmaß geringer als bei Überschuldungsdefinition 2 ist, daß dieser Umstand die konzeptionellen Vorteile von Überschuldungsdefinition 2 nicht überwiegt, wäre letztgenannter Konzeption auch im Rahmen der Gesamtwürdigung der Vorzug zu geben.

Ein Vorteil der Bewertung zu Einzelveräußerungspreisen wird in der Literatur darin gesehen, daß sie weniger manipulationsanfällig sei als die im Sinne "einer 'dynamischen' investitionstheoretischen Interpretation von Vermögen ('Gesamtwert')".[2)] Selbst wenn man sich auf diese Veräußerungsprämisse festlegen würde, wäre dieses Konzept unter dem Bestimmtheitsgesichtspunkt dennoch "denkbar vage".[3)] Die Bewertungsunsicherheit tritt jedoch erst recht auf, wenn bei der Überschuldungsprüfung - so wie es nach der Auffassung der Verfasser zweckmäßig ist - von der wahrscheinlichsten Veräußerungsmöglichkeit auszugehen ist.

---

1) Allgemeiner formuliert GIEBELER (1982), S. 104: "Überschuldung liegt daher dann vor, wenn der Barwert der Schulden größer ist als der Barwert des Vermögens". Unseres Erachtens läßt diese Definition zu viele Fragen offen, insbesondere hinsichtlich des Vermögens. Ähnliche Überschuldungsdefinition bei WEIDA (1965), S. 23.

2) DRUKARCZYK (1979a), S. 575

3) SCHMIDT, R.H. (1980), S. 129; vgl. auch EGNER/WOLFF (1978), S. 105.

Angesichts des Problems, von welcher Liquidationsform auszugehen ist, haben DREXL/KAYSER[1] vorgeschlagen, sich nicht auf eine bestimmte Art der Liquidation festzulegen[2], sondern durch Einsatz von Simulationsverfahren eine Verteilungsfunktion für das Liquidationsvermögen zu erzeugen. Dabei unterstellen sie, daß sich auf der Grundlage von "Erfahrungswerten und internen Unternehmensdaten"[3] subjektive Wahrscheinlichkeiten über den Eintritt aller drei Veräußerungsmöglichkeiten (Veräußerung in einzelnen Komponenten, in Teilgesamtheiten, der Unternehmung als Ganzes) finden lassen. Schließlich werden Schätzintervalle für die Veräußerungserlöse der einzelnen Vermögenspositionen unter den verschiedenen Verwertungsprämissen angenommen, wobei zwischen der Unter- und Obergrenze des Schätzintervalls eine Gleichverteilung unterstellt wird. Durch Simulationsexperimente werden schließlich die Verteilungsfunktionen isoliert für die einzelnen Verwertungsprämissen ermittelt und additiv gemäß ihren subjektiven Eintrittswahrscheinlichkeiten verknüpft. Als Ergebnis erhält man eine Gesamtverteilung der Liquidationswerte, wie sie nachstehende Abbildung darstellt:

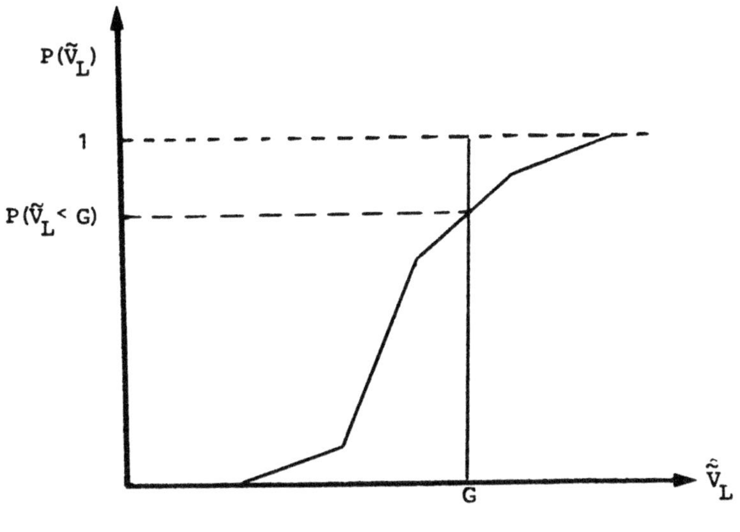

Abb. 45: Gesamtverteilung von Liquidationswerten

1) DREXL/KAYSER (1981), S. 401 - 405.

2) Vgl. KÜHN (1970), S. 551.

3) DREXL/KAYSER (1981), S. 403.

Trägt man die Schulden der Unternehmung G als Vertikale ein, so kann die entsprechende "Überschuldungswahrscheinlichkeit" auf der Ordinate abgelesen werden. Der Überschuldungstatbestand wäre dann bei dem betreffenden Unternehmen erfüllt, wenn diese individuelle Überschuldungswahrscheinlichkeit eine normativ festzulegende Risikoschwelle überschreitet.

Ein häufig genannter Grund für die Ablehnung einer fortführungsorientierten Gesamtbewertung zur Feststellung der "rechtlichen" Überschuldung besteht darin, daß die zugrundeliegenden Planungsrechnungen "die eigentlichen Entscheidungsrechnungen"[1] seien, und diese wegen ihrer Durchsetzung von subjektiven Einflüssen nur schwer nachprüfbar seien, weshalb das Ertragswertverfahren "die vom Gesetzgeber dem Überschuldungstatbestand zugewiesene Funktion als Auslöser für gläubigerschützende Rechtsfolgen nicht erfüllen"[2] könne. Es wird unterstellt, das bewertende Organ werde "dazu tendieren, den Zeitpunkt für die Übernahme von Entscheidungsbefugnissen durch Gläubiger zu verzögern".[3] Kritiker der "modifizierten zweistufigen Methode", bei der es ja auch vorrangig auf die Prognose der Lebensfähigkeit - sprich: Zahlungsfähigkeit - ankommt, befürchten, daß "der erwartete 'große Auftrag aus dem Ausland' (the huge order of Utopia) oder der bevorstehende 'technische Durchbruch' dafür herhalten muß"[4], daß die Antragstellung auf Eröffnung des Insolvenzverfahrens nicht geboten war.

Diese Vorbehalte gegen die Überschuldungsdefinition 1 sind durchaus ernstzunehmen, denn ohne Zweifel weist dieser *"dynamische Überschuldungstatbestand"* die "Hauptlast der Prognose zu".[5] Andererseits stehen diese prognoseimmanenten Unsicherheiten der konzeptionellen Richtigkeit eines an der zukünftigen Zahlungsfähigkeit ausgerichteten Überschuldungsbegriffs nicht entgegen.[6] Jedenfalls ist davon auszugehen, "daß es grund-

---

1) EGNER/WOLFF (1978), S. 104; vgl. auch HAACK (1980), S. 86 - 90; HIRTZ (1966), S. 46.

2) EGNER/WOLFF (1978), S. 104.

3) DRUKARCZYK (1979a), S. 565.

4) UHLENBRUCK (1984), S. 1951.

5) SCHMIDT, K. (1982b), S. D 63.

6) Ähnlich für die Unternehmensbewertung IDW (1983), S. 8.

sätzlich informativer ist, etwas 'konzeptionell Richtiges' nur näherungsweise darzustellen, statt Aussagen zu machen, die für kritische Situationen ... leicht Fehlinformationen liefern".[1)]

Der Grund für die Vornahme von willkürbehafteten Bewertungen liegt in der unterschiedlichen ökonomischen Betroffenheit der vom Unternehmensschicksal abhängigen Gruppen.[2)] Willkürfreie Bewertung bedeutet, daß der Bewerter "nur solche Werte wählt, die aus realitätsnahen und von ihm für zutreffend gehaltenen Hypothesen abgeleitet sind, so daß er persönlich ... die Wertansätze für eine korrekte Aussage über die zugrundeliegenden Tatsachen hält".[3)] Es geht vor allem darum, daß nicht *"wider besseres Wissen"*[4)] bewertet wird. Dieser Wahrheitsgrundsatz beinhaltet zweierlei:[5)]

- Darstellung durch den Bewerter in der Weise, wie es seinem subjektiven Informationsstand entspricht. Hierzu gehört, daß Angaben zum Umfang und Gewicht von ergebnisbeeinflussenden Schätzungen und Prämissen zu machen sind.[6)]

- Verwertung aller verfügbaren Informationen. Gemeint ist nicht nur das "effektiv vorhandene Wissen, sondern auch das ... bei *angemessener Sorgfalt beschaffbare Wissen*".[7)]

Er bedeutet nicht, daß Zukunftsvorhersagen im Sinne von Prophezeiungen verlangt werden.[8)] Der Bewerter ist überfordert, wenn er "richtige" Prognosen treffen soll, also die Prognosewerte und später realisierten Ist-Werte übereinstimmen müssen.[9)] Worauf es vielmehr ankommt, ist die

---

1) Diese Beurteilung von BÖNKHOFF (1983), S. 85, zur Funktion von Finanzplänen für die Kreditwürdigkeitsbeurteilung gilt für die Überschuldungsrechnung gleichermaßen.

2) Zum Problem im amerikanischen Reorganisationsrecht siehe FLESSNER (1982a), S. 113; zu Interessenkonflikten siehe auch FRANKE (1983), S. 39 - 42.

3) LEFFSON (1982), S. 184; vgl. HAGEST/KELLINGHUSEN (1977), S. 413.

4) MOXTER (1976c), S. 91.

5) Vgl. MOXTER (1976c), S. 91; vgl. auch RÜCKLE (1984), S. 66.

6) Vgl. KNIEF (1983), S. 300, im Hinblick auf die Bestätigung von Finanzplanungen; bezüglich Prognosen im Geschäftsbericht siehe BRETZKE (1974), S. 294.

7) MOXTER (1976c), S. 92. Vgl. auch SCHMIDT, K. (1978a), S. 339; HAGEST/KELLINGHUSEN (1977), S. 411. Für die Lageberichtsprüfung siehe SAHNER/KAMMERS (1984), S. 2316.

8) Vgl. BÖNKHOFF (1983), S. 78.

9) Vgl. hierzu die Kritik von BELLINGER (1980), S. 582, am prognoseorientierten Ertragswertverfahren als Unternehmensbewertungsmethode. Er lehnt es aufgrund der "in der Realität nachgewiesenen Falschheit von Bewertungsergebnissen" ab. Wegen der Verabsolutierung des Objektivierungsprinzips überrascht dieses Ergebnis seiner Analyse nicht.

Frage, ob die Prognosen unter Beachtung sämtlicher bei zumutbarer Informationsaktivität beschaffbarer Daten "als vertrauenswürdig akzeptiert werden können".[1] Dies entspricht in besonderem Maße der Interpretation des Überschuldungstatbestandes als Kodifizierung einer Selbstprüfungspflicht der Gesellschaftsorgane im Interesse der Gläubiger. Auch die Rechtsprechung lehnt es ab, bei der Überprüfung von Unternehmensbewertungen die nachträglich eingetretenen Ereignisse "einfach zu übernehmen".[2]

Wie die Ausführungen zum Objektivierungsproblem bei der Überschuldungsdefinition 1 gezeigt haben, verliert das Argument, die Bewertung zu Liquidationswerten sei weniger manipulationsanfällig[3] und sie sollte aufgrund dieser Eigenschaft an die Stelle der an sich konzeptionell richtigen Gesamtbewertung des Unternehmens treten[4], an Durchschlagskraft.[5] Als Ergebnis ist festzuhalten, daß bei der Bewertung des Liquidationsvermögens in Anlehnung an die im Prüfungszeitpunkt zu erwartenden Veräußerungsmöglichkeiten hinsichtlich der Bewertungsunsicherheit lediglich ein gradueller Unterschied zur Überschuldungsdefinition 2 besteht. Berücksichtigt man ferner, daß das Objektivierungserfordernis im Interesse einer sachgerechten Lösung zu relativieren ist, gelangt man zu dem Ergebnis, daß die Unterschiede bezüglich der Manipulationsimmunität so gering sind, daß insolvenzrechtspolitisch an der Überschuldungsdefinition 2 festzuhalten ist. Es soll an dieser Stelle noch einmal mit aller Deutlichkeit darauf hingewiesen werden, daß die Existenz des Objektivierungsproblems insbesondere bei der Überschuldungsdefinition 2 nicht geleugnet wird. Vielmehr lautet die These, daß die diesbezüglichen Differenzen so gering sind, daß sie eine Ablehnung der Überschuldungsdefinition 2 nicht rechtfertigen. Diese Erkenntnis regt hingegen dazu an, nach Objektivierungsmöglichkeiten zu suchen.

---

1) BÖNKHOFF (1983), S. 108. PLITZ (1982), S. 25, spricht davon, daß Prognosen ex ante nur "glaubwürdig", "wahrscheinlich", "plausibel", "naheliegend" oder "nicht glaubwürdig" usw. sein können. Vgl. auch BRETZKE (1979), S. 346; FREILING/LÜCK (1984), S. 290; SAHNER/KAMMERS (1984), S. 2316.

2) LÜTKEMEYER (1983), S. 188 f..

3) Vgl. DRUKARCZYK (1979a), S. 564 f.; HAACK (1980), S. 86 - 91; BILO (1981), S. 106.

4) So die Argumentation von HIRTZ (1966), S. 46.

5) Zur Unsicherheit bei der Bestimmung von Liquidationswerten siehe auch LEFFSON (1977), S. 26 f..

2.3.3 Objektivierungsansätze zur Überschuldungsdefinition 2

Zur Lösung des Objektivierungsproblems kommen zwei Methoden in Betracht:

- "Ertragswertobjektivierung"[1)]

  Die Objektivierung wird bei dieser Methode dadurch erreicht, daß die einzelnen Komponenten der rechnerischen Formel zur Ermittlung des Unternehmenswertes (also Einzahlungsüberschüsse, Kalkulationszinsfuß, ökonomischer Horizont) objektiviert werden, d.h. indem sie entweder selbst numerisch festgelegt oder aber Rechenregeln zu ihrer Herleitung aus anderen objektiv feststellbaren Größen vorgegeben werden. Zur Objektivierung der Einzahlungsüberschüsse wird in der Regel auf Vergangenheitswerte zurückgegriffen.[2)]

- "Einzelbewertungsansatz"[3)]

  Die um Objektivierung bemühten Vertreter der "Praktikerverfahren"[4)] der Unternehmensbewertung setzen an die Stelle der Gesamtbewertung des Unternehmens das Prinzip der Einzelbewertung, indem die Werte der selbständig bewertbaren Vermögensgegenstände einzeln ermittelt und zum Gesamtwert addiert werden. Den dominierenden Bewertungsmaßstab bildet hierbei der Substanzwert. Da die Substanzbewertung jedoch zu potentiellen Preisen erfolgt, liegt lediglich eine "Teilobjektivierung"[5)] vor. Eine "Vollobjektivierung"[6)] ergibt sich, wenn lediglich einzelverkehrsfähige Objekte berücksichtigt werden, für die Anschaffungspreise nachgewiesen werden können.

---

1) MOXTER (1983a), S. 33.

2) So z.B. beim sog. "Stuttgarter Verfahren" zur Bewertung unnotierter Anteile an Kapitalgesellschaften. Besonders deutlich BELLINGER (1980), S. 584: Nach seiner Auffassung "dürfte das prognoseorientierte Ertragswertverfahren ... weder theoretisch noch praktisch als ausreichend begründbar gelten".

3) MOXTER (1983a), S. 33.

4) Vgl. VIEL/BREDT/RENARD (1975), S. 25 ff., 38 ff.; MOXTER (1983a), S. 51; HELBLING (1982), S. 124.

5) MOXTER (1983a), S. 35.

6) MOXTER (1983a), S. 35.

2.3.3.1 Einzelbewertungsansätze

2.3.3.1.1 Zum Ansatz von Substanzwerten

Wird das Fortführungsvermögen ermittelt, so ist auf die Methoden der Unternehmensbewertung zurückzugreifen. Obschon sich in der Betriebswirtschaftslehre die Auffassung durchgesetzt hat, daß das "Ertragswertprinzip"[1] den "richtigen Unternehmenswert"[2] bestimmt, wird in der Diskussion um die zweckmäßige Bewertung bei der Überschuldungsfeststellung doch der Substanzwert[3] ins Gespräch gebracht.[4] Er entspricht der "Summe der mit ihren Wiederbeschaffungspreisen angesetzten einzelnen Vermögensobjekte und Schulden. Die Substanzwertermittlung orientiert sich an der Vorstellung einer 'Unternehmensreproduktion'; man fragt, welcher Betrag aufzuwenden wäre, wenn das zu bewertende Unternehmen wiedererstellt ('nachgebaut') werden müßte".[5] Bei Beachtung dieser hinter der Substanzwertermittlung stehenden Fiktion wird ihre Unbrauchbarkeit zum Zwecke der Überschuldungsmessung deutlich. Denn die Angabe des zum Nachbau des Unternehmens erforderlichen Kapitalbetrages liefert keine Informationen darüber, inwieweit die Ansprüche der Gläubiger gefährdet sind, und zwar weder für den Fall der Liquidation noch für den der Fortführung.

Die grundsätzliche Ablehnung des Substanzwertes als zweckadäquatem Bewertungsmaßstab gilt gleichermaßen für die aus der Unternehmensbewertungspraxis bekannten Verfahren, die eine Synthese der Ertrags- und Substanzbewertung darstellen, wobei insbesondere das Mittelwertverfahren zu nennen ist.[6] Auch die durch die Substanzwertermittlung erzielba-

---

1) MOXTER (1983a), S. 9 f..

2) PILTZ (1982), S. 24.

3) Zum Substanzwert siehe vor allem VIEL/BREDT/RENARD (1975), S. 25 - 42 sowie S. 75 - 103; vgl. auch LIteraturüberblick bei MOXTER (1983a), S. 50 ff..

4) Vgl. FISCHER, W. (1981), S. 1346; HAACK (1980), S. 80; PLATE (1980), S. 221. Für Substanzbewertung AULER (1976), S. 2170.

5) MOXTER (1983a), S. 41.

6) So auch FISCHER, W. (1981), S. 1347 f.; LÜTKEMEYER (1983), S. 141 f., 144, 149. Der Auffassung von GURKE (1982a), S. 101 f., wonach sämtliche "Bewertungsverfahren gleichgültig, ob es sich um die traditionellen Bewertungsmethoden oder die neuere Ertragswertberechnung handelt, gleichermaßen angewendet und für die Bewertung eines für existenzfähig beurteilten Unternehmens als vertretbar angesehen werden" können, ist aus betriebswirtschaftlicher Sicht nicht zu folgen.

ren Objektivierungsvorteile[1] vermögen diese negative Beurteilung nicht ins Gegenteil zu verkehren. Dies gilt insbesondere angesichts der wohl zutreffenden Feststellung, daß dennoch eine Reihe von Imponderabilien nicht beseitigt werden können.[2] Berücksichtigt man die Ermessensspielräume bei der Bewertung von Reproduktionswerten, wird sogar "der Objektivierungseffekt der Einzelbewertung fragwürdig ('Scheinobjektivierung')"[3], so daß der Objektivierungsgewinn gegenüber der Gesamtbewertung vernachlässigbar ist.

2.3.3.1.2 Bewertung nach handelsrechtlichen Bilanzierungs- und Bewertungsvorschriften

Trotz der in der Literatur weitgehend vertretenen Ablehnung der Überschuldungsrechnung auf der Basis von Jahresabschlußwerten vertreten gerade in jüngerer Zeit einzelne Autoren[4] zumindest deren Berücksichtigung bei der Überschuldungsprüfung. Es wird vorgeschlagen, den Überschuldungstatbestand in der Weise zu formulieren, daß er ein Überwiegen der Schulden über das Vermögen zu Handelsbilanzwerten *und* eine Bewertung nach Veräußerungsgesichtspunkten voraussetze.[5] Die Argumentation für die Überschuldungsrechnung auf der Basis von Jahresbilanzwerten basiert auf der Interpretation der bilanziellen Überschuldung als Indiz für die ökonomische Überschuldung im Sinne prospektiver Zahlungsunfähigkeit.[6]

Deutlich wird dies bei dem Vorschlag der Insolvenzrechtskommission, der vorsieht, daß "rechtliche Überschuldung" dann vorliegen soll, wenn die Prognose der Ertragsfähigkeit und die Überschuldungsprüfung beim Ansatz von Liquidationswerten zu einem negativen Ergebnis gelangen, wobei es jedoch auf die Prognose der Ertragsfähigkeit nicht mehr an-

1) MOXTER (1983a), S. 55, hält den Substanzwert nur dann für die Unternehmensbewertung zulässig, "wenn Objektivierungs- bzw. Vereinfachungsgesichtspunkte eindeutig dominieren".

2) Vgl. DÖRNER (1981), S. 1278; MOXTER (1976b), S. 80.

3) MOXTER (1983a), S. 36. MOXTER spricht zwar beim Substanzwert von "Teilobjektivierung", bezeichnet aber die Grenze zwischen Teil- und Scheinobjektivierung als sehr vage. Letztere liegt nach seiner Terminologie vor, wenn "dem Bewerter im Ergebnis die gleichen Möglichkeiten mißbräuchlicher Festsetzung des Unternehmenswertes gegeben sind wie bei der Gesamtbewertung".

4) Vgl. hierzu LÜTKEMEYER (1983), S. 291 - 302 und weitere Nachweise.

5) Vgl. KOMMISSION RECHNUNGSWESEN (1979), S. 25; LÜTKEMEYER (1983), S. 307 f..

6) Vgl. LÜTKEMEYER (1983), S. 298.

komme, "wenn eine nach den Grundsätzen ordnungsmäßiger Buchführung und Bilanzierung erstellte Handelsbilanz ausweist, daß das Eigenkapital durch Verluste aufgezehrt ist".[1] Diese Überschuldungsdefinition impliziert also die These, daß ein Unternehmen dann keine Fortführungschance mehr hat, wenn es ausweislich der Handelsbilanz überschuldet ist. Berücksichtigt man vor dem Hintergrund des Gedankens, daß die Zahlungsfähigkeit eines Unternehmens aus seiner Bonität folgt, daß sich potentielle Gläubiger bei ihrer Kreditvergabeentscheidung mangels zuverlässiger Informationen an Bilanzrelationen und der Entwicklung von Eigenkapitalquoten orientieren[2], so erscheint diese Annahme durchaus plausibel. Zudem kann man sich vorstellen, daß die Unternehmensleitung bemüht sein wird, ihre bilanzpolitischen Möglichkeiten zu nutzen, um den Ausweis eines negativen Eigenkapitals zu verhindern. Hat sich die wirtschaftliche Situation so verschlechtert, daß ein hinhängliches "window-dressing" nicht mehr gelingt, so kann dies als sicheres Signal für die existenzbedrohende Lage gewertet werden. Bei dieser Sichtweise spricht das Vorliegen eines bilanzpolitischen Spielraums also nicht gegen[3], sondern für die Verwendung von Jahresbilanzwerten für Zwecke der Überschuldungsrechnung.

Da jedoch hieraus nicht der Gegenschluß gezogen werden kann, daß ein Unternehmen, bei dem das zu Handelsbilanzwerten ausgewiesene Vermögen zur Deckung der Verbindlichkeiten ausreicht, an sich nicht überschuldet ist, zeigt die Eigenkapitalgröße in der Jahresbilanz die Insolvenz nur einseitig an.[4] Die Unmöglichkeit des Rückschlusses von einem positiven Eigenkapital im Jahresabschluß auf die Nichtgefährdung der Gläubiger liegt in grundlegenden Schwächen der Bilanzierung begründet.[5] Ein Hauptmangel besteht in der Vergangenheitsorientierung des Jahresabschlusses.[6] Statt nach dem Anschaffungswertprinzip bewertete bilanzielle Bestandsgrößen und Aufwands- und Ertragsgrößen in der Gewinn- und

1) INSOLVENZRECHTSKOMMISSION (1985), S. 111.

2) Vgl. KREIM (1977), S. 81, 263. Zur Bedeutung der Einhaltung von Bilanzregeln für die Kreditwürdigkeitsprüfung siehe HAUSCHILDT (1975), S. 254 - 258. Zur hervorragenden Bedeutung der Bilanzkennzahlenanalyse als Entscheidungsgrundlage siehe DRUKARCZYK/DUTTLE/RIEGER (1985), S. 117.

3) So HAACK (1980), S. 68 f..

4) Vgl. BÖNKHOFF (1983), S. 34.

5) Vgl. zur Brauchbarkeit des Jahresabschlusses für die Insolvenzprognose BIEG (1984), S. 499 - 501; BÖNKHOFF (1983), S. 57 - 61.

6) Vgl. TIEDEMANN (1983), S. 522, zur Unzulänglichkeit des Jahresabschlusses als Informationsquelle im Hinblick auf ordnungsgemäßes Wirtschaften in der Krise.

Verlustrechnung werden zur Prüfung der prospektiven Zahlungsfähigkeit Finanzplanwerte benötigt.[1] Der Jahresabschluß hat einen Funktionswandel erfahren, indem er "primär zum Instrument der Außeninformation gemacht wurde (d. Verf.). Dies bedeutet einen Bruch mit der auf Eigeninformation gerichteten, alten Bilanzrechtstradition."[2] Andererseits führt der damit einhergehende Objektivierungszwang dazu, daß der Jahresabschluß den indirekten Gläubigerschutz durch "insolvenzsichernde Selbstdisziplin"[3] nicht ersetzen kann.

2.3.3.2 Ertragswertobjektivierung

Da die Einzelbewertungsansätze nicht geeignet sind, die ökonomische Überschuldung abzubilden, soll im folgenden geprüft werden, inwieweit sich die einzelnen Komponenten für die Ermittlung des Fortführungswertes V_F normieren lassen.

2.3.3.2.1 Bestimmung des Kalkulationszinsfusses

Ein Grund für die Ablehnung der Überschuldungsdefinition 2, der in der Literatur[4] angeführt wird, ist der Umstand, daß das rechnerische Ergebnis maßgeblich durch den Kalkulationszins beeinflußt wird und dessen Festsetzung mit verschiedenen Problemen verbunden ist. Je höher der Kalkulationszinsfuß ist, um so eher ergibt sich rechnerisch eine Überschuldung und umgekehrt. Es erscheint jedoch nicht sinnvoll, durch willkürliche gesetzliche Normierung eines möglichst hohen Kalkulationszinsfußes möglichst viele Unternehmen als überschuldet darzustellen, um damit einen besonders ausgeprägten Gläubigerschutz zu demonstrieren.[5]

---

1) Vgl. STEINER (1980), S. 158; MOXTER (1966), S. 51 - 53; MOXTER (1983b), S. 19.

2) STROBEL (1980b), S. 156.

3) STROBEL (1980b), S. 154.

4) EGNER/WOLFF (1978), S. 104; HAACK (1980), S. 89. Auffällig ist hierbei auch, daß häufig die Auswirkung alternativer Zinssätze auf den ermittelten Unternehmenswert durch Kapitalisierung einer gleichmäßigen ewigen Rente demonstriert wird, wobei $V_F = \frac{\bar{e}}{r}$ gilt. $\bar{e}$ bezeichnet hierbei den Betrag des konstanten jährlichen und ewigen anhaltenden Einzahlungsüberschusses. Beispielhaft sei FLESSNER (1982a), S. 112, genannt. Dies führt jedoch tendenziell zu einer Überbetonung der mit der Festsetzung des Kalkulationszinsfußes verbundenen Unsicherheitsproblematik. Zur Kritik hinsichtlich der Unbestimmtheit des Kalkulationszinssatzes im Rahmen der amerikanischen gerichtlichen Sanierungspraxis vgl. MEYER (1981), S. 149.

5) In Übereinstimmung mit der hier vorgetragenen Auffassung ERDLAND (1981), S. 97.

Von der Unternehmensbewertung her ist die Problematik des Kalkulationszinsfußes weithin bekannt.[1] Da jedoch die Theorie der Unternehmensbewertung insbesondere von investitionstheoretischen Überlegungen zur Beurteilung der Vorteilhaftigkeit des Erwerbs von ganzen Unternehmen oder Beteiligungen geprägt ist, können die für diesen Bewertungsanlaß gewonnenen Erkenntnisse nicht ohne weiteres auf die Überschuldungsmessung übertragen werden.[2]

Angesichts des Bestrebens, zu einer möglichst weitgehenden Übereinstimmung von *ökonomischer und juristischer Überschuldung* zu gelangen, erscheint jener Zinssatz als Kalkulationszins sinnvoll, zu dem die schuldnerische Unternehmung neues Fremdkapital aufnehmen könnte. Dabei liegt die Vorstellung zugrunde, daß Liquiditätsprobleme dann durch die Prolongation früher gewährter Kredite oder die Aufnahme neuer Kredite behoben werden können, wenn die in späteren Perioden erwarteten Einzahlungsüberschüsse unter Berücksichtigung der voraussichtlich verlangten Verzinsung zur Tilgung dieser prolongierten bzw. aufgenommenen Mittel ausreichen.[3] Trotz Festlegung auf einen den Fremdkapitalkosten des schuldnerischen Unternehmens entsprechenden Kalkulationszinssatz sind weitere Teilfragen zu klären, z.B. ob von "marktüblichen" oder "unternehmensindividuellen" Fremdkapitalkosten auszugehen ist. Hierbei sind viele Zwischenformen denkbar, z.B. Berücksichtigung des unternehmensindividuellen Finanzierungsinstrumentariums zu "marktüblichen" Konditionen. Eine andere Möglichkeit bestände darin, von den durchschnittlichen Fremdkapitalkosten des zu beurteilenden Unternehmens der Vergangenheit auszugehen.[4] Dies hätte zunächst den Vorteil einer gewissen Willkürfreiheit und Berücksichtigung unternehmensindividueller Verhältnisse, andererseits sind zur Abschätzung der zukünftigen Zahlungsfähigkeit vergangenheitsorientierte Daten nur begrenzt geeignet. Dies gilt im Rahmen der Überschuldungsrechnung insbesondere dann, wenn man berücksichtigt, daß sich das Unternehmen möglicherweise in einer Krisensituation befindet und von daher die bisher geltenden Finanzierungsbedingungen nicht ohne weiteres fortgeschrieben werden können. Auch eine

---

1) Vgl. HELBLING (1982), S. 325 ff.; GROSSFELD (1983), S. 82 ff.; DÖRNER (1981), S. 1336 sowie die jeweils dort angegebene Literatur.

2) Vgl. EGNER/WOLFF (1978), S. 104; ERDLAND (1981), S. 96 f..

3) Vgl. vor allem GIEBELER (1982), S. 118; ferner ERDLAND (1981), S. 96 f.

4) Nach EGNER/WOLFF (1978), S. 104, kommen "konkrete Fremdkapitalzinssätze" nicht in Betracht. Begründungen liefern die Autoren allerdings nicht.

Klassifizierung von Unternehmen nach bestimmten Risikokategorien (z.B. Konjunkturanfälligkeit, Anlagenintensität) [1] und die daran anknüpfende Ermittlung von Risikozuschlagsätzen zum Basiszins könnte zu störenden Verallgemeinerungen führen. [2]

Angesichts dieses Bewertungsdilemmas sollte man andererseits bedenken, daß die Überschuldungsrechnung bereits eine modellartige Vereinfachung gegenüber einem bis zum Planungshorizont reichenden Finanzplan darstellt, indem die Tilgungs- und Verzinsungsmöglichkeit der Fremdkapitalaufnahme durch die Diskontierung separiert werden. Lediglich ein sorgfältig aufgestellter Finanzplan wird dem Einzelfall gerecht. Gibt man sich also damit zufrieden, die prospektive Zahlungsfähigkeit durch die "Kennzahl" Überschuldung nach zweckkonformen Bewertungsregeln abzubilden, so stände es zu dieser Grundentscheidung im Widerspruch, wollte man im nachhinein wiederum jedweden durch die Objektivierung erzwungenen Bewertungsfehler vermeiden. Von daher wird hier vorgeschlagen, einen Kalkulationszinsfuß zahlenmäßig zu präzisieren, der sich am langjährigen empirischen Durchschnitt nicht gesicherter Bankenkredite an Unternehmen orientiert.

2.3.3.2.2 Bestimmung des Zeithorizonts

Eine der möglichen Konkretisierungen besteht darin, von einem konstanten und über eine unbegrenzte Frist andauernden Einzahlungsüberschuß auszugehen. Nach der Summenformel für eine ewige Rente entspricht der Fortführungswert V_F dann dem Quotienten aus dem konstanten Einzahlungsüberschuß $\bar{e}$ und dem Kalkulationszinsfuß r:

$$V_F = \frac{\bar{e}}{r}$$

---

1) Zu Bestimmungsfaktoren des Kalkulationszinsfußes bei der Unternehmensbewertung siehe HELBLING (1982), S. 339.

2) So vorgeschlagen von DEWING (1953), S. 388 ff., zitiert nach FLESSNER (1982a), S. 112. Vgl. ferner BELL (1978), S. 14 - 19, der vorschlägt, dem Geschäftsrisiko durch einen Zuschlag zum risikolosen Zins, der der Rendite von Regierungsanleihen entsprechen soll, Rechnung zu tragen. LÜTKEMEYER (1983), S. 171, gegen Zuschlagslösung, um Ergebnis der Überschuldungsrechnung nicht vorwegzunehmen. In der Literatur zur Unternehmensbewertung wird es weitgehend abgelehnt, die speziellen Unternehmensrisiken durch den schematischen Ansatz von Risikozuschlägen zum Zinssatz zu berücksichtigen; vgl. hierzu SIEBEN/SCHILDBACH (1979), S. 461; BRETZKE (1977), S. 214. Ablehnung auch für die Überschuldungsrechnung FISCHER, W. (1980), S. 80.

Für die Zwecke der Überschuldungsrechnung erscheint diese Bestimmung des Zeithorizontes a priori ungeeignet, insbesondere dann, wenn nach realistischer Planung davon auszugehen ist, daß die betrachteten Einzahlungsüberschüsse eine sehr unstetige Entwicklung aufzeigen.[1] Andererseits ist es illusorisch, die zukünftige Entwicklung der unternehmerischen Zahlungsströme vollständig abschätzen zu wollen. Hierzu reichen die Informationsmöglichkeiten nicht aus.[2] Wäre dagegen die vollständige Information über die Zukunft gegeben, erübrigt sich die Überschuldungsrechnung per Unternehmensbewertung, denn das geeignete Instrument bestünde in einem bis zur Beendigung der Unternehmenstätigkeit reichenden Finanzplan. Schließlich wird diese Unsicherheit durch die Diskontierung auf der Basis des Kalkulationszinsfußes "bewältigt".[3] Aus diesem Grunde ist die Bestimmung des zeitlichen Horizonts, bis zu dem die Einzahlungsüberschüsse explizit geschätzt werden, festzulegen.[4] Da sich keine exakte Formallösung des Problems des Prognosehorizonts finden läßt, bei der etwa die mit der Horizontausweitung verbundenen Vor- und Nachteile (z.B. Kosten der Informationsbeschaffung) gegenübergestellt und in einer Grenzbetrachtung ausgeglichen werden[5], sind mögliche Anhaltspunkte zu einer zweckadäquaten Horizontbestimmung zu suchen. Die Gefahr eines zu kurzen Zeithorizonts besteht darin, daß ein Unternehmen als nicht überschuldet und damit indirekt zahlungsfähig betrachtet wird, obwohl sich unter Einbeziehung der Perioden jenseits des Zeithorizonts das gegenteilige Ergebnis ergibt. Die Fehleinschätzung der zukünftigen Entwicklung wiegt um so stärker, je geringer die *finanzwirtschaftliche Elastizität* des Unternehmens - also die Fähigkeit, trotz planwidriger Entwicklungen das finanzielle Gleichgewicht aufrechtzuerhalten - ist. Sie wird maßgeblich dadurch beeinflußt, inwieweit Ein- und Auszahlungen bereits zeitlich und betragsmäßig determiniert sind. Während die Einzahlungen und bestimmte Teile der Auszahlungen (z.B. für Werkstoffe) in der Mehrheit der Fälle von der Umsatzentwicklung abhängen und damit relativ unbestimmt sein dürften[6], sind je nach Ausprägung der Finanzie-

1) Nach DÖRNER (1981), S. 1283 f., könnte diese Vorgehensweise als ein Merkmal der "pauschalen" Methode der Unternehmensbewertung betrachtet werden. Außerdem dürfte bei Krisenunternehmen damit zu rechnen sein, daß gerade in den ersten Jahren der Krisenbewältigung mit besonderen Liquiditätsproblemen zu rechnen ist; vgl. GROSS (1982), S. 99.

2) Vgl. HELBLING (1982), S. 52.

3) Vgl. GIEBELER (1982), S. 177.

4) Vgl. BITZ (1978), S. 175. In der Terminologie von BITZ handelt es sich bei dem hier in Rede stehenden Problem der zeitlichen Abgrenzung um die Bestimmung des Ergebnishorizontes; vgl. BITZ (1978), S. 176.

5) Vgl. BITZ (1978), S. 179 - 181.

6) Vgl. SCHULT (1975), S. 574.

rungsstruktur die Auszahlungen zur Begleichung von Zins- und Tilgungsverpflichtungen in relativ großem Umfang und ggf. weit in die Zukunft festgelegt.

Sowohl unter diesem Gesichtspunkt als auch vom Zweck der Überschuldungsrechnung her, bieten sich die Laufzeiten der im Zeitpunkt der Überschuldungsrechnung vorhandenen Verpflichtungen als Anhaltspunkt an. Eine Regelung, die vorsieht, daß der Zeithorizont mit der maximalen Laufzeit der bestehenden Verbindlichkeiten zusammenfällt, ließe sich zwar insolvenzrechtspolitisch mit dem Schutz sämtlicher "Altgläubiger" rechtfertigen, dürfte aber in vielen Fällen an praktischen Planungsproblemen scheitern.[1] Um der Konsequenz eines Zeithorizonts, der durch die Existenz einer sehr langfristigen, aber möglicherweise volumenmäßig unbedeutenden Schuld verursacht wird, entgegenzuwirken, könnte man überlegen, von der "mittleren Fälligkeit" der Verbindlichkeiten auszugehen. Sie sei mit $\bar{t}_G$ bezeichnet. Wird jedoch der Zeithorizont in dieser Weise begrenzt und bleiben die nach $\bar{t}_G$ anfallenden Einzahlungsüberschüsse aus der Unternehmenstätigkeit unberücksichtigt, so bedeutet der Ausweis einer Überschuldung, daß die bis zum Zeitpunkt $\bar{t}_G$ anfallenden Einzahlungsüberschüsse nicht zur Ablösung der bestehenden Verpflichtung ausreichen. Es käme mithin zu einer systematischen Verzerrung der Abbildung der prospektiven Zahlungsfähigkeit.[2] Die bei Verwendung der mittleren Fälligkeit $\bar{t}_G$ implizit vorgenommene Fiktion der Ablösung sämtlicher bestehender Verbindlichkeiten zu diesem Zeitpunkt läßt sich konzeptionell nicht begründen.

---

1) Nach GIEBELER (1982), S. 116, sollte der Zeithorizont "nach Möglichkeit soweit erstreckt werden, daß die Ablösung der Verbindlichkeiten, die im Untersuchungszeitpunkt bestehen, in ihm enthalten sind".

2) An einem einfachen Zahlenbeispiel sei dies verdeutlicht. Zinseffekte sollen vernachlässigt werden. Es gelten folgende Zahlungsreihen:

t	1	2	3	4	5
e_t	+200	+200	+300	+100	+400
g_t			-600		-600

(e_t = Einzahlungsüberschüsse, die zur Befriedigung der Gläubiger zur Verfügung stehen; g_t = fällige Gläubigeransprüche).
Wird nun die e_t-Zahlungsreihe lediglich bis $\bar{t}_G = 4$ berücksichtigt, ergibt sich eine Überschuldung, obwohl die Summe von e_1 bis e_5 die Gesamtansprüche der Gläubiger (= 1200) deckt.

Konsequenz dieser Überlegungen ist, daß sich der Planungshorizont nicht sinnvollerweise normieren läßt. Verfahrensvorschriften für die Überschuldungsrechnung könnten nur die generelle Verpflichtung enthalten, bei der Planung die bestehende Informationsmöglichkeiten möglichst weitgehend auszuschöpfen.

2.3.3.2.3 Bestimmung der Zahlungsreihe

Entsprechend dem Aussageziel der Überschuldungsrechnung, die ökonomische Überschuldung im Sinne von prospektiver Illiquidität zu prüfen, wird auf die Zahlungsebene abgestellt. Dies bedeutet, daß der Grundsatz der Bewertung auf der Basis von Zahlungswerten gilt.[1)] Es sind jene Beträge für die zukünftigen Perioden zu ermitteln, die sich nach sorgfältiger Prognose als Differenz sämtlicher Ein- und Auszahlungen des Unternehmens *vor* Bedienung der Gläubiger ergeben. Reine Bewertungsvorgänge finden nur insoweit Eingang in die Schätzung als sich hieraus Folgezahlungen ergeben. Die Herkunft der Zahlungen, z.B. Kundenzahlungen oder Einzahlungen aufgrund der Veräußerung nicht mehr betriebsnotwendiger Gegenstände des Anlagevermögens, spielt keine Rolle, wenn es um die Frage ihrer Berücksichtigung geht. Sie ist allenfalls interessant im Rahmen der Analyse der Einzeleinflüsse auf den Einzahlungsüberschuß und hinsichtlich der Frage, inwieweit bestimmte Kategorien von Einzahlungsüberschüssen bei gleichartiger Fortführung der Geschäftstätigkeit periodisch wiederholbar sind oder ihnen nur einmaliger, transitorischer Charakter zukommt.

Es liegt in der Natur der Sache, daß die Schätzung der zukünftigen Einzahlungsüberschüsse mit Unsicherheit verbunden ist. Da die Bewertungsergebnisse betragsmäßig erheblich danach streuen können, in welchem Ausmaß eher pessimistisch oder eher optimistisch geschätzt wurde, stellt sich

---

1) In der Literatur wird häufig von Einnahmeüberschüssen gesprochen; z.B. IDW (1983), S. 19 f.; PILTZ (1982), S. 25. Da nach der hier verwendeten Teminologie Einnahmen (Ausgaben) Mehrungen (Minderungen) des Geldvermögens (= Barvermögen + Forderungen ./. Verbindlichkeiten) darstellen, kann die Liquidität durch Einnahmeüberschüsse nicht adäquat beurteilt werden. Zur Notwendigkeit der Differenzierung von Einzahlungen/Auszahlungen bzw. Einnahmen/Ausgaben siehe auch BÖNKHOFF (1983), S. 97 - 99. LÜTKEMEYER (1983), S. 158, legt Gewinne zugrunde. Nach seiner Interpretation rückt zwar die Überschuldung in die Nähe der Zahlungsunfähigkeit, jedoch ist der Zusammenhang über die Ertragsentwicklung nur ein mittelbarer; vgl. ebenda S. 153.

die Frage, ob das im allgemeinen dem Gläubigerschutz für dienlich gehaltene Vorsichtsprinzip[1], auch hier angewandt werden soll. Bei der Unternehmensbewertung soll es nach herrschender Meinung[2] nicht angewandt werden, da "bei der Unternehmensbewertung grundsätzlich die Wahrung zweiseitiger Interessen zu erfolgen hat. Der Grundsatz der Vorsicht wirkt sich stets einseitig für eine der Parteien, die an der Unternehmensbewertung interessiert sind, aus".[3] Wenn auch diese Aussage vor dem Hintergrund, daß risikoscheue Investoren unsichere Zahlungsreihen mit einem Abschlag bewerten können, zu relativieren ist, sollte die Unbeachtlichkeit des Vorsichtsprinzips dennoch auch für die Überschuldungsrechnung gelten.[4] Die Anwendung des Vorsichtsprinzips führte hierbei tendenziell zu einer Benachteiligung des Schuldners und allgemeiner aller an der Erhaltung des Unternehmens interessierter Personengruppen wie z.B. der Arbeitnehmer oder aber auch - je nach den Umständen des Einzelfalles - von Abnehmern oder Zulieferern. Das Vorsichtsprinzip kann sich jedoch auch zu Lasten der Gläubiger auswirken, z.B. wenn die ihnen im Rahmen eines - infolge der Erfüllung des Überschuldungstatbestandes ausgelösten - Insolvenzverfahren zufließenden Zahlungen niedriger als die bei normaler Fortführung sind.

Eine Möglichkeit der Objektivierung bestände in der Anwendung eines standardisierten mathematisch-statistischen Prognoseverfahrens, z.B. - im einfachsten Fall - der linearen Regressionsanalyse, denn ein solches Verfahren führte "wegen ihrer wohldefinierten Struktur zu Vorhersagen, deren Ableitung (im Rahmen der jeweiligen Modellprämissen) nachprüfbar ist".[5] Hierbei wäre nicht nur die Art des Verfahrens, sondern auch seine konkrete Ausgestaltung zu normieren. Für die Überschuldungsrechnung wären zwar mit der pauschalen Fortschreibung der Vergangenheitswerte Praktikabilität und Objektivierungserfordernissen hinreichend Rechnung getragen.[6] Informationsgrundlage wäre hierbei der nach gesetz-

---

1) Vgl. WÖHE (1979), S. 324; BIEG (1981), S. 687. Zur Bedeutung des Vorsichtsprinzips als Grundsatz ordnungsmäßiger Buchführung siehe LEFFSON (1982), S. 420 - 444.

2) Vgl. DÖRNER (1981), S. 1282, 1332; GROSSFELD (1983), S. 55; PILTZ (1982), S. 27; Stellungnahme der Rechtsprechung zum Vorsichtsprinzip im Rahmen der Unternehmensbewertung siehe PILTZ (1982), S. 84.

3) IDW (1983), S. 25.

4) So auch FISCHER, W. (1980), S. 91. Anderer Auffassung wohl GURKE (1982a), S. 100; SCHEDLBAUER (1984b), S. 2210.

5) BRETZKE (1977), S. 204.

6) PEIFFER (1974), S. 170, erkennt nur diese als "wissenschaftlich" an. Gegenmeinung hierzu BRETZKE (1974), S. 295.

lichen Vorschriften erstellte und - soweit es sich um einen prüfungspflichtigen Abschluß handelt - von Wirtschaftsprüfern testierte Jahresabschluß.[1)]

Doch haben solche Prognoseverfahren, auch wenn sie über die Durchschnittsbildung und Trendrechnung hinausgehen, zwei gravierende Mängel: Es werden nur quantifizierbare Daten verarbeitet. Nicht quantifizierbare und im Jahresabschluß nicht enthaltene Daten bleiben unberücksichtigt. Dies bedeutet eine Verletzung des "Grundsatz(es) der vollständigen Ausnutzung aller verfügbaren Informationen".[2)] Zudem unterstellen sie "Strukturkonstanz"[3)]; d.h. daß auch für die Zukunft gleichbleibende Bedingungskonstellationen für das Entstehen von Umsatzüberschüssen unterstellt werden.[4)] Gerade der zuletzt genannte Kritikpunkt erfordert im Rahmen der Prognose der Zukunftsentwicklung eines Krisenunternehmens Beachtung, da statistisch gesehen in derartigen Krisenfällen in der Regel eine Prognose unter den Bedingungen eines bevorstehenden "Strukturbruchs" oder "Trendbruchs" zu treffen ist.[5)]. Der Wert der Vergangenheitsdaten liegt vielmehr darin, daß sie einen Vergleichsmaßstab darstellen und zur Begründung abweichender Planungen zwingen.[6)] Sie liefern bedeutsame Anhaltspunkte bei der Beurteilung der von der Unternehmensleitung geschätzten Zahlungsströme.[7)]

---

1) Zum Grundsatz der Verwendung abgesicherter Bewertungsunterlagen bei der Unternehmensbewertung siehe IDW (1983), S. 25 f.

2) BRETZKE (1977), S. 216; vgl. auch DÖRNER (1981), S. 1296. Besonders kritisch zum statistischen Prognoseverfahren siehe SCHNEIDER, D. (1985), S. 1489 - 1494.

3) BRETZKE (1977), S. 204.

4) LÜTKEMEYER (1983), S. 172 - 173, weist darauf hin, daß häufig bei jungen Unternehmen das zur Extrapolation verfügbare Datenmaterial nicht ausreichen wird.

5) Vgl. GURKE (1982a), S. 107.

6) Vgl. MOXTER (1983a), S. 114; GROSS (1982), S. 90.

7) Vgl. BÖNKHOFF (1983), S. 68; IDW (1983), S. 23.

2.3.4 Konsequenzen für eine gesetzliche Regelung

2.3.4.1 Verpflichtung zur Erstellung eines Solvenzberichtes

Wie die vorangegangenen Ausführungen gezeigt haben, entzieht sich die Überschuldungsprüfung weitgehend der Objektivierung, da zur Abbildung der zukünftigen Zahlungsfähigkeit an andere objektiv feststellbare Größen anknüpfende Rechenregeln nicht vorgegeben werden können. Will man den Überschuldungstatbestand trotz seiner "unleugbare(n) *Schwäche unvollkommener Objektivierung*"[1] für den Gläubigerschutz effektivieren, so läßt sich dieses Ziel "freilich nicht allein durch die Erarbeitung möglichst eindeutiger Auslegungskriterien"[2] für die Insolvenzantragspflichten der verantwortlichen Organe erreichen. Vielmehr besteht eine Möglichkeit zur Steigerung der Bedeutung des Überschuldungstatbestandes für den präventiven Gläubigerschutz zunächst darin, den Schuldner gesetzlich zur regelmäßigen Überschuldungsprüfung und deren Dokumentation in einem sog. *Solvenzbericht* zu verpflichten.[3]

Es wird daher hier vorgeschlagen, de lege ferenda die Rechnungslegung der Unternehmen durch ein solches Instrument zu ergänzen. Der Solvenzbericht brauchte nicht veröffentlicht zu werden[4], denn es soll durch den Solvenzbericht vor allem ein Instrument zur Verfügung gestellt werden, das in später eingetretenen Insolvenzfällen die richterliche Kontrolle der Wahrung der prognostischen Selbstprüfungspflicht, wie sie durch den Überschuldungstatbestand institutionalisiert wird, erlaubt. Das Fehlen einer Pflicht zur Veröffentlichung hat zudem den Vorteil, daß das Interesse der Gesellschaft nach Geheimhaltung ihrer Pläne gewahrt wird.[5] Die Erstellung des Solvenzberichtes und die Aufbewahrung der hierbei verwendeten Unterlagen wäre Bestandteil der Organpflichten und die Verletzung der diesbezüglichen Sorgfaltsanforderun-

1) SCHMIDT, K. (1982b), S. D 63.

2) ULMER (1981b), S. 472.

3) Vgl. DRUKARCZYK (1979b), S. 130. BÜSCHGEN (1974), S. 28 f. schlägt im Zusammenhang mit dem Unterkapitalisierungsproblem bei Gesellschaften mbH vor, von den Gründern eine langfristig integrierte Finanzplanung, die schriftlich formularmäßig niederzulegen ist, zu verlangen. Ebenfalls für eine "planbezogene Gründungsrechnungslegung", die zudem zu prüfen wäre, STROBEL (1980a), S. 74 - 93.

4) Vgl. MAUL (1970), S. 951, der zu Recht darauf hinweist, daß Bilanzen, die auf Gläubigerschutz durch Kapitalsicherung abzielen, keine externen Bilanzen zu sein brauchen.

5) Vgl. RÜCKLE (1984), S. 62 f..

gen würde für die Organmitglieder Haftungsfolgen auslösen.[1] Der Nutzen des Solvenzberichtes liegt zum einen darin begründet, daß den Gläubigern im Konfliktfall eher der Nachweis pflichtwidrigen Verhaltens der Gesellschaftsorgane gelingt.[2] Zudem wirkt die Verpflichtung zur Dokumentation der Prognosen disziplinierend auf die Gesellschaftsorgane. Sie werden mit den ohne Zweifel vorhandenen Ermessensspielräumen sorgfältiger umgehen und sich nicht nur von bloßen Wunschvorstellungen leiten lassen[3], um der zivilrechtlichen Haftung zu entgehen.[4]

Im Solvenzbericht hat das verantwortliche Gesellschaftsorgan vollständig, wahrheitsgetreu und mit der gebotenen Klarheit darüber zu berichten, ob die Gesellschaft nicht insolvent ist. Eine Gesellschaft sei insolvent im rechtlichen Sinne, wenn eine mit der Sorgfalt eines ordentlichen Geschäftsleiters erstellte Überschuldungsrechnung den Eintritt der Zahlungsunfähigkeit nicht als wahrscheinlich erwarten läßt.[5] Aus dem Solvenzbericht soll hervorgehen, wie bei der Überschuldungsprüfung vorgegangen wurde: "Der Umfang und die Qualität der zugrunde gelegten Daten muß ebenso ersichtlich sein, wie der Umfang von Schätzungen und Annahmen mit den dahinterstehenden Überlegungen".[6] Bei der Berichterstattung ist den Sorgfaltsanforderungen in einer Weise zu entsprechen, daß die gerichtliche Instanz und ein sachverständiger Dritter ex-post im Konfliktfall in der Lage sind, die getroffenen Grundüberlegungen zu würdigen und sich ein klares Urteil über die Glaubwürdigkeit wertbeeinflussender Annahmen zu bilden. Von daher ist unbedingt die explizite Offenlegung wesentlicher Annahmen, auf deren Basis die Prognosen erstellt werden, zur Sicherstellung der intersubjektiven Nachvollziehbarkeit erforderlich.[7]

---

1) Vgl. hierzu SCHMIDT, K. in SCHOLZ (1983), § 63 Anm. 13, der bereits de lege lata eine Pflicht zur Erfassung der faktischen Grundlagen für die Fortführungsprognose im Rahmen der "modifizierten zweistufigen Prüfungsmethode" annimmt.

2) Zur Notwendigkeit der Dokumentation von Erwartungen bei der Überschuldungsprüfung siehe DRUKARCZYK (1984a), S. 9.

3) Zu entsprechenden Befürchtungen vgl. UHLENBRUCK (1984), S. 1951.

4) Ausführlich hierzu GURKE (1982a), S. 117 - 121.

5) In Anlehnung an die Formulierung von SCHMIDT, K. (1982b), S. D 64.

6) IDW (1983), S. 41, zur Berichterstattung über Unternehmensbewertungen. Ähnlich KNIEF (1983), S. 300, für die ordnungsgemäße Berichterstattung über eine Finanzplanung.

7) Vgl. SAHNER/KAMMERS (1984), S. 2313; WANIK (1975), S. 48; IDW (1983), S. 41.

Die Verpflichtung zur Solvenzprüfung und Erstellung eines Solvenzberichtes wäre darüber hinaus zu verlangen, wenn Tatsachen vorliegen, die nach pflichtgemäßem Ermessen die Insolvenz als wahrscheinlich erscheinen lassen. Dadurch soll erreicht werden, daß die im Gläubigerschutzinteresse liegende Selbstinformationspflicht zwischen den Zeitpunkten der Bilanzaufstellung nicht ruht. Obwohl eine gesetzliche Regelung, die abschließend alle Umstände nennen würde, die eine ökonomische Überschuldung indizieren, sich nicht konstruieren läßt, könnten andererseits einige Krisenwarnsignale kodifiziert werden. Hier sei auf die Warnfunktion der Anzeigepflicht bei einer Unterbilanz in Höhe der Hälfte des Nominalkapitals hingewiesen.[1] Die bislang ausschließlich auf die Gesellschafter ausgerichtete Schutzrichtung dieser Warnpflichten der Organe ist nach Vorstellung des Verfassers auf die Gläubiger auszudehnen, indem bei Vorliegen einer entsprechend hohen Unterbilanz auch eine Solvenzprüfung vorzunehmen ist, da angenommen wird, daß ein entsprechend hoher Verlust "die Auswirkung einer häufig bereits länger bestehenden Unternehmensgefährdung ist".[2] Derselbe Gedanke liegt dem § 35 Abs. 2 Nr. 4 KWG zugrunde. Diese Vorschrift nimmt die Gefahr für die Sicherheit der einem Kreditinstitut anvertrauten Vermögenswerte konkret an bei einem Verlust in Höhe der Hälfte des haftenden Eigenkapitals oder bei einem Verlust in Höhe von jeweils mehr als 10% des haftenden Eigenkapitals in mindestens drei aufeinanderfolgenden Geschäftsjahren. Funktional sind keine Gründe dafür erkennbar, daß die genannte Regelung ausschließlich branchenspezifischen Gegebenheiten Rechnung trägt.

Ein weiteres Indiz für die ökonomische Überschuldung stellen Verwertungs- und Vollstreckungsmaßnahmen dar, die von Gläubigern ergriffen werden.[3] Die Begründung für diese These liegt darin, daß diese Maßnahmen nur bei Zahlungsverzug wahrscheinlich sind. Gelingt es einer Unternehmung nicht, die kurzfristigen Zahlungsschwierigkeiten durch Prolongationsvereinbarungen mit den andrängenden Gläubigern oder ihre Substitution durch neue Fremdkapitalgeber zu überwinden, so deutet dies

---

1) Ausführliche Darstellung der Bedeutung der Verlustanzeigepflicht nach § 49 Abs. 3 GmbHG für den Insolvenzschutz bei MAISS (1976), S. 41 - 51.

2) JANSSEN (1984), S. 343.

3) Vgl. hierzu VORMBAUM/BAUMANNS (1984), S. 1971 - 1975, deren Ausführungen die folgende Argumentation folgt. Diese beiden Autoren unterstellen jedoch einen strengeren Zusammenhang der genannten Maßnahmen mit einer Krisensituation.

auf eine fehlende Kreditwürdigkeit in den Augen potentieller Kreditgeber hin, die wiederum in einer leistungswirtschaftlichen Krise ihre Ursache haben könnte. Mithin können solche Vollstreckungs- und Verwertungsmaßnahmen auf eine Krisensituation hindeuten. Dies gilt insbesondere, wenn dem Schuldner von vornherein die insolvenzrechtlichen Konsequenzen dieser Maßnahme bekannt sind, d.h. es entsteht ein Präventiveffekt. Daher wird hier vorgeschlagen, die geschäftsführenden Organe zur Solvenzprüfung zu verpflichten, wenn die Gläubiger die vorgenannten Selbstschutzmaßnahmen ergreifen. Allerdings wird hier nicht dem Literaturvorschlag gefolgt, das Vorliegen dieser Maßnahmen unmittelbar als Insolvenzgrund festzuschreiben[1], da auch andere Ursachen als originär finanzielle Probleme des Schuldners für das Gläubigerverhalten maßgebend sein können.

2.3.4.2 Prüfung des Solvenzberichtes

Da vom Ergebnis der Überschuldungsrechnung die Eröffnung des Insolvenzverfahrens abhängt und hierdurch die Mitglieder der Geschäftsorgane und Anteilseigner möglicherweise in ihren Interessen beeinträchtigt werden, ist der Gefahr der Bewertungsmanipulation mittels einer Prüfung durch eine unabhängige Prüfungsinstanz zu begegnen.[2] Die grundsätzliche Möglichkeit der Prognoseprüfung basiert auf dem *relativierten Objektivierungserfordernis*.[3] Die Prognoseprüfung beinhaltet eine Plausibilitätskontrolle und Prüfung des Herleitungsmodus.[4] Die zukunftsorientierte Überschuldungsrechnung führt zur Verknüpfung einer Reihe von Prognosewerten. Ihre Kompatibilität untereinander sowie mit der Entwicklung des Unternehmens in der Vergangenheit und überbetrieblichen Erwartungen (z.B. Branchenperspektiven, Konjunkturlage) sollte Gegenstand der Prüfung sein.[5] Das Interesse des Gläubigerschutzes macht eine ex-ante-

1) So VORMBAUM/BAUMANNS (1984), S. 1975.

2) Eine Pflichtprüfung der Überschuldungsrechnung fordert auch DRUKARCZYK (1979b), S. 130.

3) Als interessantes Beispiel dafür, daß auch der Gesetzgeber das Prognoseproblem für lösbar hält, stellt die Bestimmung des § 159 AktG dar, wonach im Jahresabschluß die für die folgenden fünf Geschäftsjahre voraussichtlich zu leistenden Pensionszahlungen zu vermerken sind; vgl. hierzu MATSCHKE (1981b), S. 2289 - 2293, 2339 - 2343, 2394 - 2397.

4) Vgl. BRETZKE (1974), S. 295; SAHNER/KAMMERS (1984), S. 2316.

5) Zu diesen Kompatibilitätsprüfungen siehe ausführlich BÖNKHOFF (1983), S. 112 - 120.

Prüfung erforderlich, denn im Falle einer objektiv gegebenen Überschuldung und nachfolgendem tatsächlichen Eintritt der zur Insolvenz führenden Illiquidität setzt die ex-post-Kontrolle zu spät an.[1] Letztere kommt allenfalls als zusätzliche Prüfungsmöglichkeit in Betracht. Sie ist auch nur bedingt tauglich, da die Abweichungen von Soll- und Ist-Werten verschiedene Ursachen haben können und nicht zwangsläufig Prognosefehler indizieren.[2]

Als Prüfungsinstanz kommt aufgrund seines bisherigen Tätigkeitsfeldes der Berufsstand der Wirtschaftsprüfer in Betracht. Einerseits gehört die Unternehmensbewertung zu seinen traditionellen Aufgaben.[3] Ferner setzt die Erfüllung von Prüfungs- und Berichtspflichten des Abschlußprüfers Informationsaktivitäten im Hinblick auf die wirtschaftliche Lage des Unternehmens voraus. Wenn diese im folgenden kurz erläutert werden, dann geschieht dies in doppelter Absicht: Es soll gezeigt werden, daß der Wirtschaftsprüfer bereits nach geltendem Recht und erst recht bei Realisierung der Bilanzrechtsreform[4] im Rahmen seiner Prüfungshandlungen nicht an Zukunftsprognosen vorbeikommt, so daß die Prüfung des Solvenzberichtes an vertraute und wohl nach Ansicht des Gesetzgebers lösbare Aufgaben anknüpft. Es kommt hinzu, daß die Erstellung des Solvenzberichtes und seine Prüfung eine Weiterentwicklung bestehender gläubigerschützender Regelungen darstellt.

Zunächst ist dabei die Prüfung des Lageberichts zu nennen, die sich darauf erstreckt, ob die Angaben im Geschäftsbericht nicht eine falsche Vorstellung von der Lage der Gesellschaft erwecken (§ 162 Abs. 2 AktG). Wenn auch hinsichtlich der Beurteilung der geltenden Rechtslage strittig ist, ob der Lagebericht explizit Prognosen zu enthalten hat[5], so ist jedoch für den Fall, daß sie dennoch gemacht werden, zu prüfen, ob sie

---

1) Vgl. RÜCKLE (1984), S. 67.

2) Vgl. RÜCKLE (1984), S. 67; LÜTKEMEYER (1983), S. 189 - 191.

3) Vgl. DÖRNER (1981), S. 1245.

4) Zu neuen Prüfungspflichten siehe BALLWIESER (1985), S. 1034 - 1043.

5) Vgl. BRETZKE (1979), S. 338 - 341. Nach dessen Auffassung fordert § 160 Abs. 1 AktG die Aufstellung von Prognosen. Er begründet dies mit der aus der Funktion des Lageberichtes, dem Verhältnis zwischen Jahresabschluß und Lagebericht und dem Wortsinn des Lagebegriffs abgeleiteten Zukunftsbezogenheit. Die wohl herrschende Auffassung vertritt die Gegenmeinung; vgl. GMELIN (1981), S. 1025; ADLER/DÜRING/SCHMALTZ (1968), S. 757 - 759; HAGEST/KELLINGHUSEN (1977), S. 406 f.; BUSSE VON COLBE (1968), S. 101; REITTINGER (1983), S. 31 - 34; BURKEL (1982a), Teil A, S. 163 - 171.

einen falschen Eindruck von der wirtschaftlichen Lage erwecken.[1] Da nach § 273 Abs. 2 Nr. 2 EHGB des Entwurfes eines Bilanzrichtlinie-Gesetzes im Lagebericht die voraussichtliche Entwicklung des Unternehmens darzulegen ist, wird sich jedoch bei entsprechender Reform des Bilanzrechts eine Erweiterung der prüfungspflichtigen Prognosen ergeben, denn spätestens dann gilt, daß "Prognosen explizit zum Inhalt des Lageberichts gehören und demzufolge auch sie Bestandteil der (Lageberichts-)Prüfung sind".[2]

Als weiteres Beispiel dafür, daß die Prüfung des Solvenzberichtes nicht vollkommen neue Aufgabe, sondern lediglich eine Erweiterung bestehender, gleichartiger Aufgaben darstellt, wäre die Krisenwarnpflicht nach § 166 Abs. 2 AktG zu nennen. Nach dieser Vorschrift hat der Abschlußprüfer über den Bestand des Unternehmens gefährdende oder seine Entwicklung wesentlich beeinträchtigende Tatsachen, die ihm bei der Wahrnehmung seiner Aufgaben bekannt werden, im Prüfungsbericht zu berichten. Da davon auszugehen ist, daß Vorstand und Aufsichtsrat über aktuelle Krisen informiert sind, kann es sich bei den berichtspflichtigen Krisensituationen konsequenterweise nur um künftige handeln. Sie "aber sind vor allem charakterisiert durch ihre Zukunftsferne - und damit verbunden durch Ungewißheitsmomente - sowie außerdem, wie weit in einer bestimmten Konstellation eine Existenzbedrohung durch finanziellen Ruin begründet ist".[3] Kritisch ist hierzu anzumerken, daß die Krisenwarnungen nach der Konzeption des Gesetzes quasi nur ein "Nebenprodukt der eigentlichen prüferischen Tätigkeit"[4] sind. Bei Verwirklichung des hier unterbreiteten Vorschlages, regelmäßig einen prüfungspflichtigen Solvenzbericht zu erstellen, würde diese aus der Sicht des Gläubigerschutzes unbefriedigende Lückenhaftigkeit der insolvenzprophylaktischen Selbstinformation der geschäftsführenden Organe behoben.

---

1) Vgl. REITTINGER (1983), S. 108 - 114; CLEMM/REITTINGER (1980), S. 507 f..

2) SAHNER/KAMMERS (1984), S. 2315. Nach MAUL (1984), S. 187 - 193, besteht auch nach neuem Recht nur in Sonderfällen die Verpflichtung zu Prognosen über die zukünftige Entwicklung.

3) BURKEL (1982b), S. 30; vgl. auch BAETGE (1980), S. 661.

4) BURKEL (1982a), Teil A, S. 151; vgl. hierzu auch LEFFSON (1980), S. 638 .

Schließlich hat der Wirtschaftsprüfer festzustellen, ob die Going concern-Prämisse für die Bewertung zulässig ist[1], denn die Bewertung zu Going concern-Werten läßt sich nicht mehr vertreten, "wenn es in der vorhersehbaren Zukunft zweifelhaft ist, ob dem Unternehmen ausreichende Mittel zur Verfügung stehen, um seine Verbindlichkeiten im Zeitpunkt der Fälligkeit zu erfüllen".[2] Die Bewertungsproblematik besteht nun offensichtlich darin, ob und wann das bilanzrechtliche Prinzip der Unternehmensfortführung bei Unsicherheit über den Fortbestand der Unternehmung aufzugeben ist. Für den Abschlußprüfer folgt aus dem Fehlen eindeutiger Schwellenwerte[3] das Dilemma, einerseits nicht durch Einschränkungen oder Zusätze zum Bestätigungsvermerk zum "Totengräber"[4] der Unternehmung werden zu wollen, andererseits aber seiner Verpflichtung nachkommen zu müssen, den Jahresabschlußadressaten durch einen uneingeschränkten Bestätigungsvermerk zu testieren, daß der Jahresabschluß "ein den tatsächlichen Verhältnisse entsprechendes Bild der Vermögens-, Finanz- und Ertragslage des Unternehmens"[5] vermittelt. Der erstgenannte Aspekt genießt jedoch anscheinend allgemein die größere Beachtung, d.h. es überwiegt die Auffassung, daß selbst "eine erhebliche Zusammenbruchgefahr allein ... kein Abgehen von der 'Going concern'-Prämisse"[6] bedingt. Nimmt man die Informationsfunktion des Jahresabschlusses für Außenstehende ernst, so kommt der Prüfung der "Going concern"-Frage zentrale Bedeutung zu, da bei der alternativen Bewertung zu Einzelveräußerungspreisen mit erheblichen Wertabschlägen zu rechnen ist.[7] "Es ist nicht einzusehen, welchen Sinn eine mit Akribie und hohem Zeitaufwand durchgeführte Prüfung von Einzelpositionen eines Jahresabschlusses haben soll, wenn dessen Informationswert insgesamt von einer Prämisse abhängt, deren Gültigkeit nur mehr oder weniger pauschal

1) Vgl. UHLENBRUCK (1978), S. 663; GMELIN (1981), S. 1043 f.; JANSSEN (1984), S. 342 f.; BALLWIESER (1985), S. 1041, in diesem Zusammenhang zur Bilanzrichtlinie.

2) UEC-KOMMISSION (1976), S. 464; vgl. auch LEFFSON (1982), S. 169; BRETZKE (1979), S. 346 f.

3) Für die Festsetzung eindeutiger Schwellenwerte plädieren daher BAETGE (1980), S. 662 - 665; LEFFSON (1980), S. 642.

4) LEFFSON (1980), S. 643. Zu diesem Problem siehe auch UHLENBRUCK (1978), S. 666. BURKEL (1982a), Teil A, S. 187; LEFFSON (1984b), S. 605; MOXTER (1980), S. 349.

5) So § 280 Abs. 1 EHGB des Entwurfes eines Bilanzrichtlinie-Gesetzes.

6) JANSSEN (1984), S. 348; vgl. ferner MOXTER (1980), S. 345 - 351; LEFFSON (1984b), S. 604 - 606. Ersterer schränkt jedoch ein, daß die Bilanzierung unter der "Going concern"-Prämisse jedoch zumindest eine Fortführung des Unternehmens für 12 Monate nach dem Bilanzstichtag voraussetze.

7) Vgl. Abschnitt 3.1.2 dieses Kapitels.

am Ende der Prüfung beurteilt wird."[1] Da die nach Vorstellung der Verfasser aufgemachte Überschuldungsrechnung im Kern eine Going concern-Prüfung ist, wird der Solvenzbericht, in dem diese dokumentiert wird, zum Mittelpunkt von Rechnungslegung und Abschlußprüfung. Die Zulässigkeit der Going concern-Bewertung wäre von den Feststellungen des Solvenzberichtes abhängig zu machen. Lautet das Ergebnis eines ordnungsgemäßen Solvenzberichtes, daß der Eintritt der Zahlungsunfähigkeit nicht wahrscheinlich ist, so läßt der uneingeschränkte Bestätigungsvermerk zum Jahresabschluß de lege ferenda eine sicherere Beurteilung der Unternehmenssituation zu als dies nach herrschender Prüfungspraxis zutrifft.[2]

2.4 Zur Frage des Überschuldungstatbestandes als rechtsformunabhängiger Insolvenzgrund

Der Überschuldungstatbestand gilt grundsätzlich nur bei solchen Rechtsformen als Insolvenzgrund, bei denen sich die Zugriffsmöglichkeiten der Gläubiger auf das Gesellschaftsvermögen beschränken, ohne daß sie einen unbeschränkten Anspruch auf das nicht gesellschaftlich gebundene Privatvermögen einer an der Gesellschaft beteiligten natürlichen Person haben.[3] Im folgenden soll nun geprüft werden, inwieweit sich diese rechtsformabhängige Beschränkung im Gläubigerinteresse rechtfertigen läßt. Die Analyse erfolgt in zwei Schritten:

---

1) BRETZKE (1979), S. 347; vgl. auch CLEMM (1984), S. 655.

2) Das uneingeschränkte Testat des Abschlußprüfers läßt nach heutigem Stand kein Urteil über die Finanzlage des geprüften Unternehmens zu; vgl. hierzu Fachgutachten 3/1977: Grundsätze für die Erteilung von Bestätigungsvermerken bei Abschlußprüfern, in dem explizit gesagt wird, der Bestätigungsvermerk sei kein Urteil über die wirtschaftliche Lage; IDW (1977), S. 218. Zur Einschränkung oder Zusätzen im Bestätigungsvermerk bei Unternehmensgefährdung siehe GMELIN (1981), S. 1044, sowie die dort angegebene Literatur.

2) Eine Ausnahme stellt die Kommanditgesellschaft auf Aktien dar. Trotz des Umstandes, daß nach § 278 Abs. 1 AktG mindestens ein Gesellschafter den Gesellschaftsgläubigern unbeschränkt haftet, ist die Überschuldung nach den §§ 209 KO und 108 Abs. 1 VglO Insolvenzgrund. Die Komplementäre müssen natürliche Personen sein. Vgl. hierzu RAISER (1983), S. 152. Allerdings gilt nach dem Dritten Gesetz zur Änderung des Gesetzes über das Kreditwesen vom 20.12.1984, daß bei Kreditinstituten unabhängig von deren Rechtsform neben der Zahlungsunfähigkeit auch Überschuldung Konkursgrund ist (§ 46b Satz 3 KWG).

- In einem ersten Schritt wird geprüft, inwieweit sich aufgrund des Umstandes, daß die Anteilseigner persönlich für Gesellschaftsverbindlichkeiten haften, Auswirkungen auf die Relevanz von Insolvenzverfahren ergeben. Die Analyse schließt an die Ausführungen zu Abschnitt 2.2.1 dieses Teils der Arbeit an.

- Zudem soll geprüft werden, ob konzeptionelle Erwägungen, die insbesondere auf die unterschiedlichen Haftungsverhältnisse von Kapitalgesellschaften und "reinen" Personengesellschaften abstellen, die geltende Regelung begründen können.

2.4.1 Die Bedeutung von externen Haftungsmassen für die Auslösung von Insolvenzverfahren

Es liegt auf der Hand, daß sich durch die Existenz von Privatvermögen, das als externe Haftungsmasse zur Befriedigung der Gläubiger herangezogen werden kann, im Vergleich zur Haftungsbeschränkung auf das Gesellschaftsvermögen die Gläubigerposition verbessert. Bezeichnet man mit G_F^H den Wert des Fremdkapitals bei Fortführung des schuldnerischen Vermögens bei der Existenz von externer Haftungsmasse H, für welches im folgenden das Synonym Privatvermögen verwandt wird, so gilt:[1]

$$(29.4) \qquad G_F^H = \begin{cases} G & \text{für } G \leq D_O^H \\ G - \dfrac{(G - D_O^H)^2}{2(D_I - D_O)} & \text{für } D_O^H < G < D_I^H \\ V_F + H & \text{für } G \geq D_I^H \end{cases}$$

Für die Gläubiger ergeben sich dann bei Fortführung folgende Verlusterwartungen $G^{-H} = G - G_F^H$:

$$(29.5) \qquad G^{-H} = \begin{cases} 0 & \text{für } G \leq D_O^H \\ \dfrac{(G - D_O^H)^2}{2(D_I - D_O)} & \text{für } D_O^H < G < D_I^H \\ G - V_F - H & \text{für } G \geq D_I^H \end{cases}$$

1) Es gilt: $D_O + H = D_O^H$; $D_I + H = D_I^H$.

Es wird unterstellt, daß sichere einwertige Erwartungen hinsichtlich des Wertes des Privatvermögens bestehen. Außerdem wird davon ausgegangen, daß H sowohl im Liquidations- als auch im Fortführungsfall gleich groß ist. Im Liquidationsfall mit Privatvermögen stellt sich der Wert der an die Gläubiger fließenden Zahlungen wie folgt dar:

$$G_L^H = \begin{cases} G & \text{für } G \leq V_L + H \\ V_L + H & \text{für } G > V_L + H \end{cases} \tag{29.6}$$

Daraus ergibt sich hinsichtlich der optimalen Gläubigerstrategie folgendes Bild (Abb. 46). Zunächst erhöht sich im Vergleich zur Situation ohne persönliche Haftung

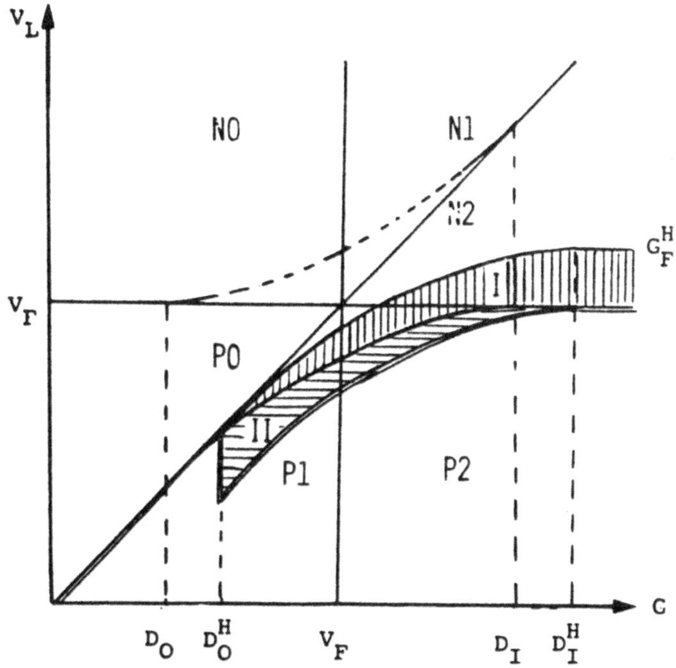

Abb. 46 : Gläubigerposition bei Attrahierung externer Haftungsmasse

der Wert des Fremdkapitals wie dies durch die Fläche I dargestellt wird.

Dies bedeutet aber nicht, daß bei allen Unternehmenszuständen, die oberhalb der G_F^H-Funktion liegen, die Liquidation nun vorteilhafter für Gläubiger wäre. Es ist zu berücksichtigen, daß annahmegemäß auch im Liquidationsfall das Privatvermögen H attrahiert werden kann, soweit das Liquidationsvermögen V_L nicht ausreicht. Bezeichnet man mit V_L^{GH} den kritischen Betrag des Liquidationsvermögens V_L, bei dessen Überschreitung sich die Liquidation für die Gläubiger günstiger darstellt als die Fortführung, so läßt sich dieser für $G > D_O + H$[1] aus der Differenz

$$(29.7) \qquad G_L^H - G_F^H = \begin{cases} (V_L+H) - (G-G^{-H}) & \text{für } D_O^H < G < D_I^H \\ (V_L+H) - (V_F+H) & \text{für } G \geq D_I^H \end{cases}$$

ableiten.

$$(29.8) \qquad V_L^{GH} = \begin{cases} G_F^H - H & \text{für } D_O^H < G < D_I^H \\ V_F & \text{für } G \geq D_I^H \end{cases}$$

In Abbildung 46 gibt die doppelt gezeichnete Linie die Funktion V_L^{GH} wieder. Es zeigt sich, daß sich die Menge der Unternehmenszustände, bei denen die Liquidation für die Gläubiger vorteilhaft ist, gegenüber der Situation ohne externe Haftungsmasse erhöht. Dies gilt jedoch nur insoweit, als die Gläubigeransprüche den Wert D_O zuzüglich H (= D_O^H) überschreiten. Haben die Gläubiger bei Gefährdung der Befriedigung ihrer Ansprüche bei Fortführung (d.h. $G > D_O^H$) ein Antragsrecht auf die Eröffnung eines auf Liquidation ausgerichteten Insolvenzverfahrens, so gewinnt das aus diesem Antragsrecht resultierende Drohpotential für die Gläubiger an Bedeutung, wenn der Liquidationswert V_L den Betrag G_F^H - H überschreitet. Gegenüber der Situation ohne die Möglichkeit der Attrahierung externer Haftungsmasse bedeutet dies eine Verringerung der Menge der Unternehmenszustände, die zu einer "offenen Spielsituation" führen. Jene Unternehmenszustände, bei denen durch das Vorliegen der

---

1) Bei $G \leq D_O^H$ liegt keine Gläubigergefährdung bei Fortführung vor, so daß dieser Unternehmenszustand außer acht bleiben kann. Liegen die Gläubigeransprüche G unter D_O^H, so haben die Gläubiger keinen Grund, die Liquidation zu betreiben, da sie selbst im ungünstigsten Fall voll befriedigt werden können.

externen Haftung "offene Spielsituationen" behoben werden, liegen in Abbildung 46 innerhalb der Fläche II. Dies bedeutet, daß in diesen Fällen - bedingt durch die externe Haftung - ein Antragsrecht der Gläubiger auf Eröffnung eines Liquidationsverfahrens ihre Position stärken würde.

Als weiteres wird geprüft, bei welchen Unternehmenszuständen sich die Liquidation gegenüber der Fortführung als günstiger für die Anteilseigner darstellt. Bei analoger Anwendung der eingeführten Symbolik ergibt sich für die Werte des Eigenkapitals mit externer Haftungsmasse bei Fortführung E_F^H bzw. bei Liquidation E_L^H:

$$(29.9) \qquad E_F^H = V_F + H - G_F^H = \begin{cases} V_F + H - G & \text{für } G \leq D_O^H \\ V_F + H - (G - G^{-H}) & \text{für } D_O^H < G < D_I^H \\ 0 & \text{für } G \geq D_I^H \end{cases}$$

$$(29.10) \qquad E_L^H = \begin{cases} 0 & \text{für } G \geq V_L + H \\ V_L + H - G & \text{für } G < V_L - H \end{cases}$$

Die Bestimmungsgleichung für den aus der Fortführung gegenüber der Liquidation resultierenden Vorteil (= $E_F^H - E_L^H$) ergibt sich nun aus der Verknüpfung von (29.9) und (29.10):

$$(29.11) \qquad E_F^H - E_L^H = \begin{cases} [V_F + H - G] - [V_L + H - G] = V_F - V_L & \text{für } G \leq D_O^H \\ [V_F + H - (G - G^{-H})] - [V_L + H - G] = V_F + G^{-H} - V_L & \text{für } D_O^H < G < D_I^H \\ 0 - [V_L + H - G] = G - H - V_L & \text{für } G \geq D_I^H \end{cases}$$

Der auf die Eigenkapitalgeber entfallende Anteil am Fortführungspotential ist negativ, d.h. für sie ist die Liquidation vorteilhaft, wenn das Liquidationsvermögen V_L den Betrag V_L^{EH} überschreitet, für den gilt:

$$(29.12) \qquad V_L^{EH} = \begin{cases} V_F & \text{für } G \leq D_O^H \\ V_F + G^{-H} & \text{für } D_O^H < G < D_I^H \\ G - H & \text{für } G \geq D_I^H \end{cases}$$

In Abbildung 47 sind Unternehmenszustände, bei denen sich insolvenzrechtliche Eingriffe im Gläubigerschutzinteresse begründen lassen, weil die vertragskonforme Befriedigung der Gläubiger gefährdet ist *und* Eigen- und Fremdkapitalgeber in Verfolgung ihrer individuellen Vermögensinteressen jeweils konträre Strategien im Hinblick auf die Entscheidung "Liquidation oder Fortführung der Gesellschaft" betreiben, durch die Fläche V gekennzeichnet. Vergleicht man die Situation mit und ohne externe Haftungsmasse, so wird deutlich, daß

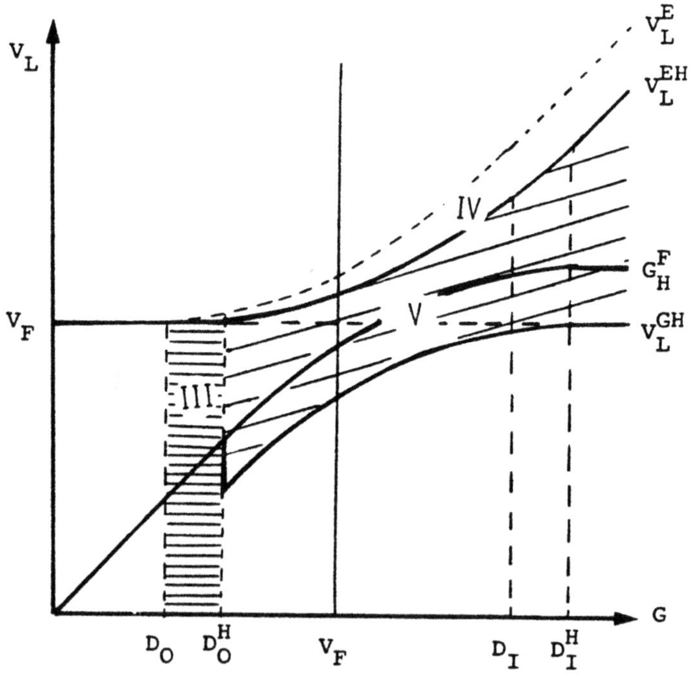

Abb. 47: Zur Relevanz von Insolvenzverfahren bei Attrahierung externer Haftungsmasse

mögliche Konfliktsituationen zum einen dadurch abgebaut werden können, daß es möglich ist, daß die Gläubiger im Vergleich zur Situation ohne Attrahierung externer Haftungsmasse keinen Verlust erwarten, da ihr "Mindestfortführungswert" sich um die externe Haftungsmasse H erhöht hat (verdeutlicht durch Fläche III in Abbildung 47). Zudem verschiebt sich für die Anteilseigner die Funktion V_L^E zu V_L^{EH}. Dies bewirkt, daß bei Unternehmenszuständen innerhalb der Fläche IV die Anteilseigner nunmehr auch an der Liquidation interessiert sind. Neben der augenscheinlichen Verbesserung der Gläubigersituation infolge der Zunahme des Fortführungswertes sowie des Liquidationswertes des Fremdkapitals um H tritt eine Harmonisierung der Interessen ein. Wird also die Existenz von Privatvermögen angenommen, so erübrigt sich ggf. die Verankerung der Konkursantragspflicht bei Rechtsformen mit persönlich haftenden natürlichen Personen wegen Überschuldung. Aufgrund der unbeschränkten Haftung kommt es jedoch nur dann zu einer den Marktwert des Unternehmens maximierenden Lösung des Entscheidungsproblems "Fortführung oder Liquidation", d.h. zur Übereinstimmung gesellschaftlicher und individueller Interessen, wenn hinlänglich Privatvermögen vorhanden ist, um die nicht durch das Gesellschaftsvermögen erfüllbaren Zahlungsverpflichtungen zu begleichen. Dies ergibt sich formal auch aus (29.12); denn nur wenn $G^{-H} = 0$ gilt, entspricht $V_L^{EH} = V_F$. Trifft dies aufgrund des nur beschränkt vorhandenen Privatvermögens der Anteilseigner jedoch nicht zu, so besteht trotz des nominellen Haftungsanspruchs die Gefahr der "Sozialisierung von Verlusten", welche darin zum Ausdruck kommt, daß die Anteilseigner die für die Gläubiger zu erwartenden Verluste in ihre Entscheidung mit einbeziehen.[1)]

Im Hinblick auf die Frage, inwieweit sich aus der Haftung von Gesellschaftern Konsequenzen für die institutionsanalytische Begründung von Insolvenzverfahren ergeben, läßt sich somit als erstes Ergebnis festhalten, daß der Vergleich der beiden Situationen mit und ohne externe Haftung zwar Unterschiede hinsichtlich der Menge insolvenzrechtlich relevanter Unternehmenszustände aufweist, aber das Grundproblem, nämlich die Lösung des Konfliktes zwischen individuellen und gesellschaftlichen Interessen, nicht ausgeräumt wird. Insbesondere ist im Gläubigerschutzinteresse zu kontrollieren, ob die rechtliche Haftungsverpflichtung überhaupt durch attrahierbares Vermögen gedeckt ist.

---

1) Vgl. BENNE (1978), S. 121 - 124.

2.4.2 Konzeptionelle Erwägungen

Zunächst liegt es nahe, die unterschiedliche Behandlung von Personen- und Kapitalgesellschaften[1)] mit den unterschiedlichen Haftungsverhältnissen zu begründen. Bei Personengesellschaften besteht das Schuldendeckungspotential neben dem Gesellschaftsvermögen aus dem Privatvermögen der unbeschränkt haftenden natürlichen Personen. Bei funktionaler Betrachtung ist offensichtlich, daß eine Personengesellschaft mit persönlich haftenden Gesellschaftern dann als überschuldet zu gelten hat, wenn die gesamte Haftungsmasse, d.h. einschließlich des der Haftung unterliegenden Privatvermögens, nicht zur Deckung der Gesellschaftsverbindlichkeiten ausreicht. Dies bedeutet, daß sich der Überschuldungstatbestand ohne weiteres auch für Personengesellschaften, bei denen natürliche Personen unbeschränkt haften, formulieren läßt.[2)]

Liegt keine Haftungsbeschränkung auf das Gesellschaftsvermögen vor und ist Privatvermögen in einem solchen Umfang vorhanden, daß selbst im ungünstigsten Fall der Geschäftsentwicklung der schuldnerischen Gesellschaft die noch nicht durch die Verwertung des Gesellschaftsvermögens abgedeckten Verpflichtungen erfüllt werden können, so ergibt sich keine Notwendigkeit zur gesetzlichen Verankerung einer Insolvenzantragspflicht aufgrund eingetretener Überschuldung der schuldnerischen *Gesellschaft*. In der Realität kann man jedoch beobachten, daß unbeschränkt persönlich haftende Gesellschafter nicht notwendigerweise über das entsprechende Privatvermögen verfügen, wie es zur vollständigen Deckung sämtlicher Gläubigeransprüche erforderlich ist. Diese Aussage kann untermauert werden durch einen Blick in die Insolvenzstatistik. Wie die nachstehende Tabelle zeigt, müssen die Gläubiger von Einzelunternehmen und Personengesellschaften, bei denen mindestens eine natürliche Person unbeschränkt haftet, keine geringeren Konkursverluste hinnehmen als die Gläubiger von Unternehmen, die in der Rechtsform einer Gesellschaft mbH oder GmbH & Co. KG betrieben werden.[3)] Dies trifft sowohl hinsichtlich der Verluste in

1) Wenn im folgenden von Personen- und Kapitalgesellschaft die Rede ist, so wird unterstellt, daß es sich um eine sog. "typische" Personengesellschaft bzw. Kapitalgesellschaft handelt, wobei zum Begriff der "typischen Personengesellschaft" die persönliche Haftung der Gesellschafter gehört. Zu diesem Begriff siehe SCHMIDT, R.H. (1981b), S. 192 - 204.

2) Gleicher Auffassung BIERMANN (1963), S. 86.

3) Bei den Gesellschaften in der Rechtsform der GmbH & Co. KG kann davon ausgegangen werden, daß grundsätzlich keine natürliche Person unbeschränkt haftet. Dies zeigt das Ergebnis einer 1982 durchgeführten Erhebung von KORNBLUM (1983), S. 65, wonach bei nur 82 von 13.024 untersuchten Gesellschaften dieser Rechtsform neben der Komplementär-GmbH eine natürliche Person voll haftet.

Prozenten der Forderungen als auch für die durchschnittlichen Verluste je Konkursverfahren zu.

Unter dem Gesichtspunkt der Haftungsverhältnisse erscheint es als "Ungleichbehandlung gleicher Tatbestände"[1], wenn zum einen die Komplementär-Haftung nur mit ihrem tatsächlichen Wert einbezogen wird - nämlich dann, wenn der Komplementär eine juristische Person ist - und andererseits die "wirtschaftlich unzulängliche, wenn auch rechtlich unbeschränk-

Rechtsform (Anzahl der abgewickelten Konkursverfahren)	Forderungen insgesamt*)	Verluste insgesamt*)	$\frac{\text{Verluste}}{\text{Forderungen}} \cdot 100$	durchschn. Verluste pro Konkursverfahren*)
Einzelunternehmen (444)	654	611	93,4%	1,38
Offene Handelsgesellschaften und Kommanditgesellschaften ohne GmbH & Co. KG (136)	771	753	97,7%	5,54
Summe (580)	1425	1364	95,7%	2,35
GmbH & Co. KG (245)	992	913	92,0%	3,73
Gesellschaften mbH (1025)	1912	1800	94,1%	1,76
Summe (1270)	2904	2713	93,4%	2,14
Aktiengesellschaften einschließlich KGaA (5)	20	20	100,0%	4,00
sonstige Unternehmen (8)	12	11	91,7%	1,38
alle Unternehmen (1863)	4361	4108	94,2%	2,21
*) Betragsangaben in Millionen DM				

Tab. 6 : Finanzielle Ergebnisse von 1981 eröffneten und bis zum 31.12.1982 abgeschlossenen gemeldeten Konkursverfahren nach Rechtsformen[2]

1) HAACK (1980), S. 27; kritisch auch WESTERMANN, H. P. (1972), S. 95.

2) Quelle: STATISCHES BUNDESAMT (1983), S. 552; eigene Berechnungen.

te Haftung"[1] als Begründung für den Verzicht auf die Konkursantragspflicht bei eingetretener Überschuldung angeführt wird. Denn es "besteht das Risiko eines nur geringen Haftungssubstrats beim physischen Schuldner nicht minder als bei der juristischen Person".[2] Es besteht die Gefahr, daß durch Aufnahme eines "Lückenbüßer- oder Renommierkomplementärs"[3] die Vorschriften zu den Insolvenzantragspflichten umgangen werden.[4] Auch wenn bei Kommanditgesellschaften neben der Komplementär-GmbH selten eine natürliche Person persönlich haftet[5], sollte "ein effektives Insolvenzrecht ... sich unabhängig machen von der Frage, ob der absichtsvolle Mißbrauch der unbeschränkten Haftung zur Manipulation der Konkursgründe ein nennenswertes praktisches Problem ist. Die Ausgewogenheit der Insolvenztatbestände ist der Kern des Problems".[6]

Bedenkt man ferner, daß das Vermögen der Komplementär-GmbH bestimmten gläubigerschützenden Kapitalerhaltungsvorschriften unterliegt, das Privatvermögen der natürlichen Person jedoch nicht, so tritt die aus Sicht des Gläubigerschutzes unberechtigte Bevorzugung der "typischen" Personengesellschaft noch deutlicher hervor. Während man bei der Komplementär-GmbH zumindest davon ausgehen kann, daß bei Beachtung der gesellschaftsrechtlichen Vorschriften kein negatives Vermögen vorhanden ist, kann der externe Haftungsbeitrag einer natürlichen (unbeschränkt haftenden) Person negativ sein.[7] Hinzu kommen die anderen Kapitalaufbringungs- und erhaltungspflichten der Gesellschafter der Kapitalgesellschaften, im Fall der GmbH & Co. KG der Gesellschaft mbH, die eine Schranke für den Entzug von Vermögen darstellen. Dagegen sind bei den Personengesellschaften Minderungen des Eigenkapitals durch Ausschüttungen im un-

1) SCHMIDT, K. (1982a), S. 173.

2) WINTER, G. (1973), S. 45. Nach der Untersuchung von GESSNER u.a. (1978), S. 144, machte das private Inventar lediglich 0,5% der inventarisierten Massegegenstände bei eröffneten Konkursverfahren aus.

3) DREISS/EITEL-DREISS (1977), S. 263.

4) Zur Vermeidung von Umgehungen wurde bei der Vorbereitung der Reform des Wirtschaftsstrafrechts daher vorgeschlagen, auch Personengesellschaften zu erfassen, bei denen neben der juristischen Person eine natürliche Person persönlich haftete; vgl. HAACK (1980), S. 42.

5) Vgl. KORNBLUM (1983), S. 65, zu empirischen Erhebungen.

6) SCHMIDT, K. (1980b), S. 238.

7) Dies hat der Gesetzgeber beim Abzug des Schuldenüberhangs beim freien Vermögen des Inhabers eines Kreditinstituts bedacht (§ 10 Abs. 2 Ziffer 1 KWG).

begrenzten Umfang möglich.[1] Diesem Aspekt trägt die bankenaufsichtsrechtliche Regelung dadurch Rechnung, daß das freie Vermögen nur bis zur Höhe des in der Bilanz ausgewiesenen haftenden Eigenkapitals anerkannt werden kann.[2]

Im Lichte der hier vertretenen Auffassung, Überschuldungsregelungen als "die Eigenmittelzufuhr regelnde Konzepte"[3] zu interpretieren, wird deutlich, daß die hohe Einschätzung[4] der persönlichen Haftung einer natürlichen Person im Gesellschafts- bzw. Insolvenzrecht im krassen Gegensatz zu den bankenaufsichtsrechtlichen Eigenkapitalvorschriften steht, die von einer "prinzipiell ablehnenden Haltung gegenüber einer aufsichtsrechtlichen Anerkennung bankexterner Haftungskategorien"[5] geprägt sind. Diese läßt sich angesichts des in den kreditgewerblichen Rahmenvorschriften enthaltenen Normzwecks der Institutssicherung zwar teilweise erklären[6], doch besitzen die zur Rechtfertigung der Privilegierung des "internen" Eigenkapitals angeführten Argumente auch für den Gläubigerschutz im allgemeinen Überzeugungskraft. Hier ist an erster Stelle die Sorge zu nennen, es könnte nicht festgestellt werden, ob die Haftungszusagen Dritter im Bedarfsfall auch realisiert werden können.[7] Zudem unterliegt das "externe" Eigenkapital tendenziell eher der Gefahr, beiseite geschafft zu werden, da Kontrollmöglichkeiten fehlen.[8]

---

1) Vgl. DREISS/EITEL-DREISS (1977), S. 264 f.. Dies nimmt KUHN (1973), S. 69 - 70, zum Anlaß, die Überschuldung als Konkursgrund für die GmbH & Co. KG prinzipiell abzulehnen. Bei den Personengesellschaften sind im *Innenverhältnis* Entnahmen über 4% des Kapitals hinaus nur unzulässig, wenn sie zum offenbaren Schaden der Gesellschaft gereichen. Ausführliche Darstellung der Sicherung des Eigenkapitalbestandes siehe bei SCHULTZ (1967), S. 45 - 63.

2) Vgl. SZAGUNN/NEUMANN/WOHLSCHIESS (1976), § 10 Anm. 17.

3) DRUKARCZYK (1979b), S. 130.

4) DREISS/EITEL-DREISS (1977), S. 262, sprechen davon, daß der "natürliche Komplementär" "in ein durch die Rechtstatsachenforschung *nicht stets gerechtfertigtes Glanzlicht* (Kursives im Original gesperrt) *gerückt*" wird.

5) ERDLAND (1981), S. 446

6) Vgl. PHILIPP u.a. (1981), S. 8 f..

7) Vgl. BANKENSTRUKTURKOMMISSION (1979), Tz. 1117.

8) GESSNER u.a. (1978), S. 36 f., erhielten allerdings nur verhältnismäßig geringe Hinweise auf Vermögensverlagerungen.

Nicht ohne weiteres von der Hand zu weisen ist die Bedeutung des Umstands, daß die Kapitalgesellschaft durch das Konkursverfahren untergeht[1], während die Gläubiger einer Personengesellschaft sich auch nach Abschluß des Konkursverfahrens gemäß § 164 Abs. 1 KO an die persönlich haftenden Gesellschafter halten können.[2] Zwei Aspekte sind jedoch zu bedenken: Zum einen ist es sehr ungewiß, ob den Gläubigern realerweise ein Vorteil aus der fortdauernden Haftung erwächst.[3] Dafür, daß dies eher nicht der Fall ist, spricht die Überlegung, daß der persönlich haftende Schuldner wohl kaum einen Anreiz hat, neues Vermögen nach Abschluß des Konkursverfahrens zu erwerben, wenn der Neuerwerb den Gläubigern zugute kommt.[4] Zudem stellt auch die verspätete Begleichung der Verpflichtungen eine Schädigung der Gläubiger dar.[5] Betragsmäßig entspricht der Schaden den während des Zeitraums zwischen Fälligkeit und tatsächlicher Begleichung entgangenen Erträgen aus der alternativ möglichen Anlage des Forderungsbetrages. Wenn die Auffassung vertreten wird, es komme bei der Frage, wann ein Insolvenzverfahren auszulösen sei, allein auf den Eintritt der Zahlungsunfähigkeit und nicht die Überschuldung des Schuldners an, da lediglich die vertragskonforme, also betrags- und termingenaue Befriedigung der Gläubiger ausschlaggebend sei, so steht dies im Widerspruch zu der Argumentation, die die allgemeine Geltung des Überschuldungstatbestands bei Nachhaftung des Inhabers oder persönlich haftender Gesellschafter ablehnt.[6] Dies kann auch so interpretiert werden, daß damit implizit eine Überschuldungsrechnung vorgenommen wird, in der das zukünftige Vermögen ungeprüft - aber so hoch, daß eben keine Überschuldung in unserem Sinne vorliegt - angesetzt wird.

Neben diesen Argumenten, die sich in den unterschiedlichen Haftungsverhältnissen begründen, werden weitere rechtspolitische Erwägungen angeführt. So wurde bei der Verabschiedung der Konkursordnung von 1877 vorgebracht,

---

1) §§ 262 Abs. 1 Ziff. 3 und 4 AktG, 60 Abs. 1 Ziff. 4 GmbHG. Dies gilt nach § 289 Abs. 2 AktG allerdings nicht für die Kommanditgesellschaft auf Aktien. Sie wird lediglich bei Ablehnung der Konkurseröffnung mangels Masse aufgelöst.

2) Zur Bedeutung dieses Kriteriums für die Beurteilung der "Kreditgrundlage" siehe BGH Urt. vom 18.03.1974 (= BGHZ 62, S. 226 f.); der BGH stellte bei der Beurteilung des Fortbestands der persönlichen Haftung insbesondere auf die Präventivwirkung der Haftung ab; vgl. auch WINTER, G. (1973), S. 45.

3) Ähnlich HAACK (1980), S. 27.

4) Vgl. hierzu SCHMIDT, R.H. (1980), S. 66.

5) Vgl. BIERMANN (1963), S. 86 f..

6) Vgl. BIERMANN (1963), S. 87, mit Hinweis auf die Entstehungsgeschichte der Konkursordnung von 1877; vgl. auch SCHMIDT, K. (1982a), S. 172.

es habe kein Gläubiger das Recht, in die Vermögensverhältnisse des Schuldners einzugreifen, solange dieser seinen Verpflichtungen nachkomme, auch wenn das Schuldnervermögen überschuldet sei. Die Konkurseröffnung wegen Überschuldung "würde ein Unrecht gegen den Schuldner enthalten, der verlangen kann, daß vor eingetretenem Zahlungsverzuge ihm nicht die Möglichkeit genommen werde, seine Lage zu verbessern und das materiell vorhandene Defizit auszugleichen".[1] Folgt man jedoch der hier vertretenen Auffassung, daß die gläubigerschützende Funktion des Überschuldungstatbestandes insbesondere in seiner Präventivwirkung besteht, die auf der permanenten Selbstprüfungspflicht des Schuldners beruht[2], so widerspricht es einem ausgewogenen Insolvenzrecht, bestimmte Schuldner von dieser Verpflichtung auszuschließen.[3]

Ein Unterschied zwischen der Personengesellschaft und der Kapitalgesellschaft wird auch darin gesehen, daß sich der natürlich haftende Gesellschafter dem Unternehmensvermögen persönlich verbunden fühle, während das Gesellschaftsvermögen einer Kapitalgesellschaft lediglich bürokratisch verwaltet werde.[4] Bei nüchterner Betrachtung besteht aber kein Anlaß, dem geschäftsführenden Gesellschafter einer Einmann-Gesellschaft mbH ein geringeres Engagement als dem vermögenslosen vollhaftenden Gesellschafter einer offenen Handelsgesellschaft zuzutrauen.[5]

Zusammenfassend läßt sich feststellen, daß sowohl die Haftungsverhältnisse bei der Personen- und Kapitalgesellschaft als auch weitere Überlegungen eine Beschränkung der Geltung des Überschuldungstatbestands auf bestimmte Rechtsformen nicht rechtfertigen.

---

1) Zitiert nach BIERMANN (1963), S. 79.

2) Vgl. SCHMIDT, K. (1978a), S. 338 f..

3) Vgl. SCHMIDT, K. (1982a), S. 173.

4) Ausführlich hierzu SCHÜRER (1962), S. 20 f. Vgl. auch STIMPEL (1975), S. 14.

5) Übereinstimmend BIERMANN (1963), S. 90. DREISS/EITEL-DREISS (1977), S. 265, weisen außerdem auf die strengeren Sorgfaltspflichten der GmbH-Geschäftsführer hin.

2.5 ZUSAMMENFASSUNG UND REFORMVORSCHLAG

Aufgrund der vorangegangenen Analyse kann folgende Legaldefinition der Insolvenzgründe formuliert werden:

(1) Ein Schuldner ist insolvent, wenn er nicht in der Lage ist, seine sofort zu erfüllenden Zahlungsverpflichtungen zu erfüllen (Zahlungsunfähigkeit). Der Träger eines Unternehmens gilt auch als insolvent, wenn nach sorgfältiger Prüfung der finanziellen Lage des Unternehmens durch die Geschäftsleitung der Eintritt der Zahlungsfähigkeit zu erwarten ist (Überschuldung).

(2) Ein Unternehmen gilt als überschuldet, wenn die Handelsbilanz kein Eigenkapital mehr ausweist. Abweichend von Satz 1 gelten Gesellschaften erst dann als überschuldet, wenn der Teil der Gesellschaftsverbindlichkeiten, um den diese das Gesellschaftsvermögen übersteigen, nicht durch das aufgrund der Inanspruchnahme der persönlich haftenden Gesellschafter zur Befriedigung der Gesellschaftsgläubiger verwertbare Vermögen abgedeckt wird. Bei Einzelunternehmen ist Satz 2 sinngemäß anzuwenden.

Es kann davon ausgegangen werden, daß die begriffliche Abgrenzung der Zahlungsunfähigkeit keine praktischen Probleme bereitet[1], da das Problem der Bestimmung der in der üblichen Definition[2] enthaltenen Tatbestandsvoraussetzungen, es müsse *dauerndes Unvermögen* vorliegen, in Verbindung mit der vorgeschlagenen Formulierung des Überschuldungstatbestandes entfällt.

Überschuldung wird unmittelbar als prospektive Zahlungsunfähigkeit definiert,

- da die insolvenzmodelltheoretische Analyse zu dem auf dem idealisierten Fortführungswert basierenden Idealansatz führte und, obwohl
- keine brauchbaren Objektivierungsansätze ausgemacht werden konnten,
- die Ermessensspielräume dennoch für soweit eingrenzbar gehalten werden, daß der Überschuldungstatbestand dennoch seine gläubigerschützende Präventivfunktion entfalten kann.

---

1) Zum Problem der Definition der Zahlungsunfähigkeit siehe VEIT (1982), S. 273 - 279; KOMMISSION RECHNUNGSWESEN (1981), S. 287 f..

2) Sie lautet nach BÖHLE-STAMSCHRÄDER/KILGER (1981), § 102 Anm. 2: "Zahlungsunfähigkeit ist das auf den Mangel an Zahlungsmittel beruhende dauernde Unvermögen des Schuldners, seine sofort zu erfüllenden Geldschulden noch im wesentlichen zu berichtigen".

Die einzige Konkretisierung besteht darin, daß bei Ausweis eines negativen Eigenkapitals in der Handelsbilanz auch insolvenzrechtlich Überschuldung angenommen wird, die durch die persönliche Haftung des Inhabers bzw. von Gesellschaftern "geheilt" werden kann. Die Formulierung des Absatzes 1 hat den positiven Nebeneffekt, daß auf eine besondere Umschreibung des Überschuldungstatbestandes bei Gesellschaften mit persönlich haftenden Gesellschaftern verzichtet werden kann.

Im Unterschied zur aktuellen Rechtslage wurde bezüglich der Insolvenzgründe nicht nach rechtsformspezifischen Gesichtspunkten, sondern unter Beachtung der qualitativen Unterschiede und verschiedener praktischer Probleme zwischen dem *Privatkonkurs* und der *Unternehmensinsolvenz* differenziert.[1] Die Legaldefinition wäre als Norm in ein einheitliches Insolvenzgesetz aufzunehmen und würde damit für alle Rechtsformen gelten. Die insolvenzrechtlichen Organpflichten könnten dagegen gesetzestechnisch in handels- bzw. gesellschaftsrechtlichen Vorschriften kodifiziert werden.

Für die Gesellschaft mbH könnte der Reformvorschlag[2] folgenden Wortlaut haben:[3]

§ 64a (Solvenzprüfung)

(1) Bei der Aufstellung der Jahresbilanz haben die Geschäftsführer zu prüfen, ob die Gesellschaft nicht insolvent ist. Eine solche Verpflichtung zur Solvenzprüfung besteht auch, wenn Tatsachen vorliegen, die nach pflichtgemäßem Ermessen die Insolvenz als wahrscheinlich erscheinen lassen. Insbesondere ist eine Solvenzprüfung vorzunehmen,

1. bei einem Verlust in Höhe der Hälfte des bilanziellen Eigenkapitals,

2. bei einem Verlust in Höhe von jeweils mehr als zehn vom Hundert des bilanziellen Eigenkapitals in mindestens drei aufeinanderfolgenden Geschäftsjahren;

3. wenn Gesellschaftsgläubiger ihnen gewährte Sicherungsrechte ausüben oder durch Zwangsvollstreckungsmaßnahmen Sicherung oder Befriedigung verlangen.

---

1) Vgl. ausführliches Plädoyer für eine entsprechende Neuordnung des Insolvenzrechts von SCHMIDT, K. (1980b), S. 233 - 238 sowie (1982b), S. D 36 - 40.

2) Vgl. hierzu einen ähnlichen Vorschlag von MAISS (1976), S. 187 - 190.

3) Die Paragraphenangaben sollen die Einordnung ins geltende GmbH-Gesetz verdeutlichen.

(2) Die Geschäftsführer haben vollständig, wahrheitsgetreu und mit der gebotenen Klarheit über die Feststellung der Solvenzprüfung schriftlich zu berichten (Solvenzbericht).

(3) Die Geschäftsführer haben den Solvenzbericht zur Prüfung einzureichen. Den Solvenzprüfern sind alle Aufklärungen und Nachweise beizubringen, welche für eine sorgfältige Prüfung des Insolvenzberichtes notwendig sind.

§ 64b (Prüfung des Solvenzberichtes)

(1) Der Solvenzbericht ist unter Einbeziehung geeigneter Unterlagen durch einen oder mehrere sachverständige Prüfer (Solvenzprüfer) zu prüfen. Die Prüfung des Solvenzberichtes hat sich darauf zu erstrecken, ob die das Ergebnis der Solvenzprüfung beeinflussenden Zukunftsannahmen plausibel sind.

(2) Haben die Solvenzprüfer nach abschließendem Ergebnis ihrer Prüfung keine Einwendungen zu erheben, so ist dies durch folgenden Vermerk zum Solvenzbericht zu bestätigen:

> Der Solvenzbericht wurde von mir (uns) geprüft. Das Ergebnis erscheint nach meiner (unserer) Prüfung glaubhaft.

Sind Einwendungen zu erheben, so haben die Solvenzprüfer die Bestätigung zu versagen. Die Einwendungen sind zu begründen.

(3) Für die Bestellung und Auswahl von Solvenzprüfern sind die Vorschriften zur Bestellung und Auswahl von Abschlußprüfern sinngemäß anzuwenden.

§ 64c (Insolvenzantragspflicht)

(1) Wird die Gesellschaft insolvent, so haben die Geschäftsführer ohne schuldhaftes Zögern die Eröffnung des Insolvenzverfahrens zu beantragen.

Die Dokumentation der regelmäßig vorzunehmenden Solvenzprüfung im Solvenzbericht und seine Prüfung durch unabhängige Dritte fungieren als Korrektiv zu den Gefahren, die aus dem Fehlen eindeutiger Bewertungsmaßstäbe und subjektiver Prognosewillkür erwachsen. Um den Vorschriften Nachdruck zu verleihen, sind an die Verletzung der Organpflichten Haftungsfolgen anzuknüpfen. Hierauf wird im nächsten Kapitel einzugehen sein.

3. Betriebswirtschaftliche Überlegungen zum Problemkreis "Unterkapitalisierung und Haftungsdurchgriff"

3.1 Grundlagen

Obschon sich das Unterkapitalisierungsproblem grundsätzlich bei jeder Kapitalgesellschaft stellt, wird im folgenden im allgemeinen von der Gesellschaft mbH ausgegangen. Die Begründung liegt in der rechtspraktischen Bedeutung dieser Rechtsform für das Unterkapitalisierungsproblem. Diese Eingrenzung ist jedoch insoweit unerheblich, als die abgeleiteten Ergebnisse im Kern auch auf ähnliche Probleme bei anderen entsprechenden Rechtsformen übertragen werden können.

3.1.1 Zum Begriff der Unterkapitalisierung

Nach herrschender Auffassung in der Literatur[1] und Rechtsprechung[2] besteht grundsätzlich keine gesellschaftsrechtliche Verpflichtung der Gesellschafter einer Kapitalgesellschaft zur angemessenen Eigenkapitalausstattung. Vielmehr habe sich der Gesetzgeber mit der Statuierung eines Mindestnominalkapitals begnügt. Die gesetzlich festgelegten Mindestbeträge erfüllten augenscheinlich nicht die Funktion der Sicherung einer angemessenen Eigenkapitalausstattung, sondern dienten primär als "Seriositätsschwelle",[3] um die Ausnutzung von mit dem Privileg der Haftungsbeschränkung auf das Gesellschaftsvermögen versehenen Rechtsformen durch mittellose Gründer zu verhindern.

Andererseits kann aus der Regelung der Gesellschafterdarlehen nach den §§ 32a,b GmbHG, 129a, 172 HGB[4] sowie der Rechtsprechung[5] zu Unterkapita-

---

1) Vgl. ULMER in HACHENBURG (1975/84), Anh. § 30, Rdn. 10; WINTER in SCHOLZ (1983), § 13 Anm. 43; FLECK (1982), S. 2; RAISER (1983), S. 207; WINTER, G. (1973), S. 85, 99, 107; STAUDER (1968), S. 74.

2) Siehe Übersicht bei FLECK (1982), S. 2 f.

3) WIEDEMANN (1980), S. 565.

4) Für die Richtigkeit dieser These spricht die Begründung zur Regelung der Gesellschafterdarlehen im REFERENTENENTWURF (1969), S. 184 f.: "Der Entwurf sieht von Vorschriften darüber ab, daß die Gesellschaft mit einem ihrem Geschäftszweig und Geschäftsumfang entsprechenden Eigenkapital ausgestattet werden muß. Im Interesse eines verstärkten Gläubigerschutzes könnte eine solche Regelung zwar durchaus erwägenswert sein, sie erweist sich jedoch bei näherer Betrachtung als nicht durchführbar ... Anders ist der Fall zu beurteilen, daß der Gesellschaft tatsächlich Kapital zugeführt worden ist, indem ein Gesellschafter an Stelle einer nach der Sachlage gebotenen Zuführung von Eigenkapital der Gesellschaft ein Darlehen gewährt hat."

5) Vgl. u.a. BGH, Urt. vom 24.3.1980 (= BGHZ 76, S. 334).

lisierungsfällen geschlossen werden, daß der Gesetzgeber angesichts der Problematik, das angemessene Eigenkapital festzulegen, auf eine zahlenmäßige Normierung - so wie er sie für Kreditinstitute, Versicherungsunternehmen und Kapitalanlagegesellschaften bestimmt hat[1] - verzichtet hat, ohne aber eine unbegrenzte Risikoabwälzung auf die Gläubiger sanktionsfrei zu akzeptieren. Ein wesentlicher Systemunterschied zu den vorgenannten Spezialregelungen besteht darin, daß letztere bereits im laufenden Geschäftsbetrieb greifen und somit aktuell auf das Eigenkapital einwirken.[2] Die an dem Tatbestand der Unterkapitalisierung anknüpfende Haftung der Gesellschafter basiert zwar auf der nachträglichen Beurteilung der Angemessenheit der Kapitalausstattung während des laufenden Geschäftsbetriebs, es wird aber im relevanten Zeitpunkt, in dem quasi die nicht kodifizierten Eigenkapitalnormen verletzt sind, nicht von Dritten kontrolliert, ob der an sich verlangte Eigenfinanzierungsbeitrag vom Gesellschafter geleistet wird. Gedanklich wird die unmittelbare Vermögensleistung zugunsten des Eigenkapitals der Gesellschaft auf den Zeitpunkt der Eröffnung des Insolvenzverfahrens verschoben. Von daher ist es also eine "Definitionsfrage",[3] ob eine Pflicht zu angemessener Kapitalausstattung besteht. Bei weiterer Auslegung im zuletzt genannten Sinne kann mithin zweifelsfrei von einem rechtlich gegebenen Erfordernis angemessener Kapitalausstattung gesprochen werden. Aber auch bei der definitorisch motivierten Beschränkung auf solche Regelungen, die bei Vorliegen objektiver, die Vermögens- und Kapitalstruktur erfassender Kriterien die sanktionsfreie Geschäftsfortführung von der Verbesserung der Eigenkapitalausstattung abhängig machen, kann man sie bei Kapitalgesellschaften für den Fall bejahen, daß man den Überschuldungstatbestand mit in die Betrachtung einbezieht. Schließlich bedeutet Überschuldung, daß das nach den für ihre Feststellung verwandten "speziellen Bewertungsvorschriften ermittelte Eigenkapital negativ wird",[4] so daß die Grenze zur Unterkapitalisierung bei Null DM liegt, wobei jedoch die Haftung wegen Verletzung der Insolvenzantragspflichten grundsätzlich als Organhaftung für die Geschäftsführung bzw. den Vorstand ausgestaltet ist und somit die Gesellschafter nicht trifft.

Nach allgemeinem Sprachgebrauch wird jedoch zwischen Überschuldung und Unterkapitalisierung unterschieden, wobei mit dem Begriff Unterkapita-

---

1) Vgl. § 10 KWG, § 2 Abs. 2 Ziff. 2 KAGG sowie § 5 Abs. 4 VAG.

2) SCHMIDT, K. (1983), S. 166, Fn. 3, spricht in diesem Fall von einer "materiellen Kapitalisierungsregel".

3) So WIEDEMANN (1980), S. 567.

4) ROGUSCH (1979), S. 44.

lisierung das Vorliegen eines *positiven*, aber in seiner Höhe "nicht angemessenen" Eigenkapitals verbunden wird, so daß bei der Vorstellung einer negativ verlaufenden Unternehmensentwicklung der Eintritt der Unterkapitalisierung vor dem Überschuldungszeitpunkt liegt. Die Überschuldung erscheint mithin als ein Unterfall der Unterkapitalisierung.[1)]

Kennzeichen der Unterkapitalisierung ist somit ganz allgemein, daß zu einem bestimmten Zeitpunkt vor Konkurs die tatsächliche Eigenkapitalausstattung hinter einer als angemessen[2)] empfundenen Relation zurückbleibt. Hierbei handelt es sich jedoch inhaltlich um eine Leerformel. Die Verwendung des Unterkapitalisierungstatbestandes setzt daher zunächst aus dem mit der Verstärkung des Eigenkapitals verfolgten Zweck abgeleitete qualitative Kriterien voraus, die neben dem tatsächlichen Eigenkapital den anderen Bezugspunkt zur Feststellung des die Gesellschafterhaftung begründenden Mißverhältnisses bilden. Während in der Diskussion um eine sinnvolle Konkretisierung des Tatbestands der Unterkapitalisierung noch Einigkeit darüber besteht, daß der Gläubigerschutz zumindest mittelbar Normzweck der Verpflichtung zur angemessenen Eigenkapitalausstattung ist,[3)] endet die Übereinstimmung, wenn es um die Bestimmung des für die Wahrung der "angemessenen" Eigenkapitalrelation maßgebenden Bezugspunktes geht. An abstrakten Kriterien werden Geschäftsumfang, Geschäftsart und Geschäftsrisiko genannt.[4)] Bereits eine begriffliche Konkretisierung liegt vor, wenn an Bilanzrelationen, z.B. Verhältnis des Eigenkapitals zum Anlagevermögen oder Fremdkapital,[5)] angeknüpft wird.

---

1) Vgl. z.B. UHLENBRUCK (1977a), S. 77; FISCHER, W. (1980), S. 7 f.; WINTER, G. (1973), S. 26 f. Von daher irrig LEE (1983), S. 92, der davon ausgeht, daß eine überschuldete Gesellschaft "*in aller Regel* (kursiv durch Verf.) gleichzeitig unterkapitalisiert sein" wird.

2) BENNE (1978), S. 61, spricht von einer "normalen" Relation. Damit nimmt er jedoch unseres Erachtens bereits eine für die Behandlung des Unterkapitalisierungsproblems unzweckmäßige begriffliche Eingrenzung vor, da hier gedanklich bereits die Vorstellung mitschwingt, die Unterkapitalisierung am *üblichen* zu messen.

3) Vgl. ULMER in HACHENBURG (1975/84), Anh. § 30 Rdn. 2; WIEDEMANN (1980), S. 566 f. Zur Begründung des § 32a GmbHG siehe REFERENTENENTWURF (1969), S. 184.

4) REFERENTENENTWURF (1969), S. 184; ULMER in HACHENBURG (1975/84), Anh. § 30 Rdn. 15; ARBEITSKREIS GmbH-REFORM (1972), S. 13; KAMPRAD (1981), S. 2; LECHNER (1969), S. 158.

5) Vgl. Vorschlag von WINTER, G. (1973), S. 122; KAMM (1970), S. 46; HÖLL (1962, S. 101 f..

3.1.2 Zum Wesen des "Haftungsdurchgriffs"

Die rechtsformspezifischen Haftungsregelungen der Personen- und Kapitalgesellschaften, die durch Abgrenzung der den Gläubigern im Insolvenzfall zur Befriedigung ihrer Ansprüche dienenden Vermögensmassen beschrieben werden können, lassen sich entsprechend Tabelle 7 darstellen.

Haftungssubjekt / Haftungsmasse / Rechtsform	Gesellschaft	Gesellschafter		
	Gesellschaftsvermögen	Privatvermögen begrenzt auf		Privatvermögen in unbegrenzter Höhe
		ausstehende Einlage	Betrag der empfangenen verbotenen Leistungen	
Offene Handelsgesellschaft	X			X
Kommanditgesellschaft	X	X (Kommanditist)	1)	X (Komplementär)
Gesellschaft mit beschränkter Haftung	X	X	X	
Aktiengesellschaft	X	X	X	
Kommanditgesellschaft auf Aktien	X	X (Kommanditaktionär)	X (Kommanditaktionär)	X (Komplementär)

Tab. 7: Überblick über rechtsformspezifische Haftungsregelungen

1) Die Rückzahlung wird so behandelt, als sei die Einlage nicht geleistet worden. Im Unterschied zu den Kapitalerhaltungsvorschriften der Kapitalgesellschaften gibt es bei der Kommanditgesellschaft keine gesetzliche Begrenzung der Ausschüttung an Kommanditisten und keine Rückgewährpflicht. Entsteht infolge der Ausschüttung ein negatives Kapitalkonto, wird die Haftung daher auf die Einlage begrenzt; vgl. BAUMBACH/DUDEN/HOPT (1983), § 172 Anm. 2) E.

Während den Gläubigern einer Offenen Handelsgesellschaft, Kommanditgesellschaft sowie Kommanditgesellschaft auf Aktien neben dem Gesellschaftsvermögen das persönliche Vermögen der Komplementäre unbegrenzt haftet, ist ihnen der Zugriff auf das persönliche Vermögen der Kommanditisten versagt, es sei denn, daß diese Gesellschafter ihre Einlage noch nicht erbracht haben oder diese zurückgewährt wurde (§§ 171 Abs. 1, 172 Abs. 4 HGB). Die Haftung ist jedoch bei Rückgewähr auf die Einlagensumme begrenzt. Auch bei der Aktiengesellschaft und Gesellschaft mbH haften die Gesellschafter grundsätzlich nicht mehr für die Verbindlichkeiten der Gesellschaft, wenn sie ihre Einlage voll geleistet haben. Haben die Gesellschafter entgegen den gesetzlichen Vorschriften Leistungen aus dem Gesellschaftsvermögen erhalten, so haften sie begrenzt auf den zurückzuerstattenden Betrag (§§ 62 AktG, 31 GmbHG). Bei Kommanditaktionären gilt dasselbe (§ 278 Abs. 3 AktG).

Das Wesen des "Haftungsdurchgriffs"[1] besteht darin, daß die Haftungsordnung, wie sie gerade beschrieben wurde, eine Korrektur erfährt.[2] Diese Korrektur schränkt die "Hauptfunktion"[3] der die Haftung von Gesellschaftern begrenzenden Rechtsform, die im Ausschluß der persönlichen Haftung besteht, ein.[4] Sachverhalte, die rechtlich als unbefriedigend empfunden werden, lösen eine "private Zusatzhaftung"[5] der Gesellschafter aus. Inwieweit der Durchgriffstatbestand gesetzlich geregelt ist, spielt bei dieser funktionsorientierten Interpretation des "Haftungsdurchgriffs" keine Rolle.[6] Somit können auch die Vorschriften zum

1) In der Literatur wird auch von "Durchgriffshaftung" gesprochen, vgl. z.B. WIEDEMANN (1980), S. 221 ff.; WILHELM (1981), S. 285. Die unterschiedliche Terminologie wird hier nicht weiter als relevant erachtet.

2) BENNE (1978), S. 4, 47. HELM/MORCK (1975), S. 128, sprechen von *unechter* Durchgriffshaftung, wenn die Gesellschafter aufgrund bestimmter Rechtsnormen (Haftung wegen nicht geleisteter oder zurückgewährter Einlagen nach den oben zitierten Vorschriften; Schadenersatzpflicht eines Aktionärs aufgrund eines durch seinen Einfluß auf ein Mitglied des Vorstandes oder Aufsichtsrats entstehenden Schadens nach § 117 AktG) haften, ohne daß die Haftungsbeschränkung als solche angetastet wird. Nach dieser Terminologie geht es bei den nachfolgenden Ausführungen lediglich um *echte* Durchgriffshaftung.

3) LUTTER (1964), S. 39.

4) Vgl. KAMM (1970), S. 51.

5) WIEDEMANN (1980), S. 221.

6) Die mehr rechtsdogmatische Abgrenzung von Durchgriff und Normanwendung ist aus ökonomischer Sicht nicht relevant; vgl. zu diesem Problem SCHANZE (1982), S. 42-44 mit weiterführender Literatur sowie MERTENS in HACHENBURG (1975/84), § 13 Anh. I, Rdn. 37 ff. und ULMER in HACHENBURG (1975/84), Anh. § 30 Rdn. 35 ff.

§§ 32a,b GmbHG als eine gesetzliche Regelung eines Durchgriffsbestands angesehen[1] werden, denn die Behandlung des Gesellschafterdarlehens als Eigenkapitalersatz bedeutet für den kreditgebenden Gesellschafter einen zwangsweisen Verzicht auf seinen Rückgewähranspruch, da nicht dem "Verhalten ordentlicher Kaufleute" im Hinblick auf die Kapitalausstattung entsprochen wurde. Für den kreditgewährenden Gesellschafter stellt es keinen Unterschied dar, ob er seine Forderungen zwar geltend machen kann und im nachhinein den erhaltenen Betrag an die Gesellschaft rücküberweist oder direkt der Anspruch auf Rückgewähr des Gesellschafterdarlehens gegen das gesetzlich erzwungene, aber tatsächlich nicht erfolgte Einlageversprechen verrechnet wird. So gesehen stellt die Nichtgeltendmachung der Rückgewähransprüche lediglich eine verfahrensmäßige Vereinfachung dar. Aus Sicht der außenstehenden Gläubiger wird mittels der Umqualifikation des Gesellschafterdarlehens eine anteilige Erweiterung der auf den einzelnen Gläubiger entfallenden Haftungsmasse, also eine höhere Befriedigungsquote erreicht.

Die Unterkapitalisierung gilt als Kernfall des Haftungsdurchgriffs. Während es sich bei der Kapitalausstattung des Unternehmens um ein betriebswirtschaftliches Problem handelt und damit die Unterkapitalisierung einer ökonomischen Analyse zugänglich ist, trifft dies bei den übrigen durchgriffsbegründenden Sachverhalten weitgehend nicht zu. Auf sie soll daher im folgenden nur knapp eingegangen werden:

(1) Sphärenvermischung

Neben der Unterkapitalisierung stellt die Sphärenvermischung[2] einen durchgriffsbegründenden Sachverhalt dar. Sphärenvermischung bedeutet, daß die Gesellschafter die rechtliche Trennung zur Gesellschaft "in ihrem eigenen Gebahren mißachten".[3] Eine Form der Sphärenvermischung ist die Vermögensvermischung. Sie tangiert insofern den Gläubigerschutz, als ein unberichtigter Abzug von Gesellschaftsvermögen im nachhinein nicht mehr bewiesen werden kann.[4]

---

1) So auch KAMM (1970), S. 57. Von daher trifft die Aussage, es gäbe keine gesetzlichen Durchgriffstatbestände, insbesondere zur Unterkapitalisierung, seit der GmbH-Novelle 1980 nicht mehr zu; so Literatur vor Verabschiedung der GmbH-Novelle, beispielsweise BENNE (1978), S. 47.

2) Siehe hierzu WIEDEMANN (1980), S. 224.

3) WIEDEMANN (1980), S. 224.

4) Vgl. BENNE (1978), S. 197.

(2) Rechtsscheinhaftung

Die auf Sphärenvermischung begründete Durchgriffshaftung weist eine enge Verwandtschaft zur Rechtsscheinhaftung aus.[1] "Sie setzt voraus, daß durch das zurechenbare Verhalten des als Schuldner in Betracht kommenden Gesellschafters eine Diskrepanz zwischen scheinbarer und tatsächlicher Rechtslage entstanden ist, daß die ... Gläubiger sich auf den Anschein verlassen haben und daß sie die Gesellschafter daher hieran festhalten können."[2] Ein Fall der Rechtsscheinhaftung liegt vor, wenn ein GmbH-Gesellschafter in ihm zurechenbarer Weise den Anschein hervorruft, es liege eine Personengesellschaft mit persönlich haftenden Gesellschaftern vor.[3]

(3) Beherrschungshaftung

Denkbar ist die Haftung eines Gesellschafters aufgrund beherrschenden Einflusses auf die Gesellschaft.[4] Die höchstrichterliche Rechtsprechung hat allerdings einen Haftungsdurchgriff nur deshalb, weil jemand eine Gesellschaft beherrscht, abgelehnt.[5]

3.2 Zur Notwendigkeit einer besonderen Regelung der Fremdfinanzierung durch Gesellschafter

Hinsichtlich der Gefährdung anderer Gesellschaftsgläubiger sind zwei Fallgruppen zu unterscheiden:

- Gewährung eines Gesellschafterdarlehens, auf dessen Rückgewähr im Konkurs- oder gerichtlichen Vergleichsverfahren kein Anspruch besteht;

---

1) Vgl. WIEDEMANN (1980), S. 224.

2) ULMER in HACHENBURG (1975/84), Anh. § 30 Rdn. 28; vgl. auch ELSING (1977), S. 92-102, zur Haftung eines Kommanditisten aus veranlaßtem Rechtsschein.

3) Vgl. BGH, Urt. vom 18.3.1974 (= BGHZ 62, S. 216-230).

4) WIEDEMANN (1980), S. 226-277, spricht "Fremdsteuerung" als Fall des Haftungsdurchgriffs an. Vgl. hierzu Art. 239 des Statuts für europäische Aktiengesellschaften. Es sieht für den Konzern die Haftung eines beherrschenden Unternehmens für die Verbindlichkeiten des abhängigen Unternehmens vor; vgl. GESSLER (1976), S. 295 f.

5) Vgl. BGH, Urt. vom 4.5.1977 (= BGHZ 68, S. 320).

- Abzug des Gesellschafterdarlehens vor Eröffnung des Insolvenzverfahrens aufgrund von Insiderinformationen.

Rechtssystematisch handelt es sich im ersten Fall um eine Frage der Angemessenheit des Eigenkapitals, woraus bei Eröffnung des Insolvenzverfahrens Haftungsansprüche erwachsen können, ansonsten in erster Linie um ein Anfechtungsproblem. Während die anfechtungsrechtliche Problematik im nächsten Kapitel erörtert wird, steht im folgenden vorrangig der zuerst genannte Aspekt im Vordergrund. Hierzu erscheint es sinnvoll, eine Erläuterung des Normzwecks des § 32a GmbHG voranzustellen.

3.2.1 Zum Normzweck des § 32a GmbHG

Es ist eine rechtspolitische Frage, ob man die Insiderstellung des Gesellschafters einer Gesellschaft mbH als hinreichenden Grund für ein besonderes Recht der kapitalersetzenden Gesellschafterdarlehen akzeptiert und sich allein darauf stützt, "daß ein Gesellschafter im Konkurse nicht auf Kosten der Gläubiger seines Unternehmens Befriedigung erlangen darf, weil er die *unternehmerische Nutzung seiner Darlehen* genossen hat und weil er genaueren Einblick in und vor allem stärkeren Einfluß auf das Unternehmen gehabt hat als jene"[1)] oder nicht, und sich dann gesellschaftsrechtlich formulierter "Grundsätze ordnungsmäßiger Unternehmensfinanzierung"[2)] zur Abgrenzung "echter" und "unechter" Gesellschafterdarlehen bedient.

De lege lata folgt der Gesetzgeber der letzteren Auffassung und schließt sich damit auch der Rechtsprechung[3)] an, Gesellschafterdarlehen zunächst "rechtlich neutral"[4)] zu behandeln. Die Vorschriften der §§ 32a,b GmbHG qualifizieren schließlich nicht sämtliche Darlehen von Gesellschaftern an ihre Gesellschaft als eigenkapitalersetzend. Daraus folgt, daß die Tatsache, daß der Gläubiger auch Gesellschafter ist, allein nicht als Rechtfertigung zur Sonderbehandlung ausreicht. Vielmehr haben Gesetz-

---

1) BALLERSTEDT (1971), S. 392.

2) SCHMIDT, K. (1983), S. 178.

3) Der Bundesgerichtshof geht davon aus, daß "das Argument, daß ein Gesellschafter-Gläubiger dem Unternehmen gewöhnlich näher stehe als ein fremder Kreditgeber, keinen ausreichenden Grund dafür bilden" kann, das Gesellschafterdarlehen einer Sonderbehandlung zu unterwerfen; BGH, Urt. vom 24.3.1980 (= BGHZ 76, S. 330).

4) WIEDEMANN (1968), S. 26.

geber[1] und Rechtsprechung gleichermaßen anerkannt, daß bestimmte Argumente[2] die Fremdfinanzierung durch Gesellschafter als "wirtschaftlich vernünftig und üblich"[3] erscheinen lassen können. Für die Auslösung einer Sonderbehandlung kommt es vielmehr darauf an, ob im Zeitpunkt der Darlehensgewährung des Gesellschafters "die Gesellschafter als ordentliche Kaufleute Eigenkapital zugeführt hätten".[4]

Der Schutz der Gläubiger hat "oberste Richtschnur"[5] bei der Ermittlung des Verhaltens ordentlicher Kaufleute zu sein. Durch die Vorschriften zum § 32a GmbHG soll erreicht werden, daß "der Gesellschafter das Risiko, das mit der an sich erforderlichen Kapitalzuführung verbunden wäre, nicht durch eine Darlehensgewährung auf die Gesellschaftsgläubiger abwälzen"[6] kann. Da aber grundsätzlich bei Durchführung einer Investition jede *zusätzliche Verschuldung anstelle von Eigenfinanzierung* infolge der Haftungsbegrenzung bei Kapitalgesellschaften zur Risikoerhöhung für die Gläubiger führt, aber nicht alle Gesellschafterdarlehen schlechthin von § 32a GmbHG betroffen sind, ist dieser Normzweck zu relativieren. Es geht um die "Gewährleistung von etwas 'mehr' gerechter Risikoverteilung".[7]

3.2.2 Fälle der Sonderbehandlung von Gesellschafterdarlehen

Bei der Klärung der Frage, unter welchen Umständen ein als Fremdkapital deklariertes Gesellschafterdarlehen als eigenkapitalersetzend betrachtet wird, liefert das Material zur GmbH-Novelle einige Abgrenzungskriterien. Darüber hinaus kann bei der Feststellung, ob ein ordentlicher Kaufmann Eigenkapital zugeführt hätte, an die Rechtsprechung angeknüpft

---

1) REFERENTENENTWURF (1969), S. 185: "Wenn Gesellschaften bestimmte Geschäfte nicht mit Eigenkapital, sondern mit Hilfe von Darlehen finanzieren, die ihnen einzelne Gesellschafter gewähren, ist dies an sich noch nichts Ungewöhnliches und kann aus verschiedenen wirtschaftlichen Gründen gerechtfertigt oder sogar geboten sein."

2) Vgl. ROGUSCH (1979), S. 27 ff. sowie WINTER in SCHOLZ (1983), §§ 32a,b Anm. 5. Zur steuerlichen Vorteilhaftigkeit von Gesellschafterfremdfinanzierung siehe SCHNEELOCH (1984), S. 40-52.

3) BGH, Urt. vom 24.3.1980 (= BGHZ 76, S. 33o). Siehe auch Begründung zum REGIERUNGSENTWURF (1977), S. 39.

4) Vgl. WINTER in SCHOLZ (1983), §§ 32a, 32b Anm. 78.

5) GESSLER (1981), S. 232. Zur Bedeutung des Gläubigerschutzes siehe auch WINTER in SCHOLZ (1983), §§ 32a,b Anm. 9, 81.

6) REFERENTENENTWURF (1969), S. 185; vgl. GESSLER (1966), S. 108.

7) KRUPPA (1982), S. 21.

werden:[1]

- Allgemeine Übereinstimmung[2] besteht darin, daß ein Gesellschafterdarlehen dann als eigenkapitalersetzend zu betrachten ist, wenn das Darlehen bei Überschuldung gewährt wurde. Wird ein Kapitalbetrag zwar formal als Darlehen zur Beseitigung der Überschuldung gegeben, so ist "doch regelmäßig ein konkludenter Rangrücktritt anzunehmen, da andernfalls der Zweck der Darlehensgewährung nicht erreicht würde".[3]

- Nach dem Regierungsentwurf 1977 wurde insbesondere das Gesellschafterdarlehen, das "dazu gedient hat, die Zahlungsunfähigkeit abzuwenden oder hinauszuschieben"[4] als eigenkapitalersetzendes Gesellschafterdarlehen behandelt. Aufgrund der Gesellschafterfremdfinanzierung zur *Abwendung der Zahlungsunfähigkeit* werden jedoch weder unmittelbar die Gläubigerinteressen verletzt, noch kann den Gesellschaftern analog der Darlehensgewährung bei Überschuldung widersprüchliches Verhalten vorgehalten werden, da der Insolvenzgrund Zahlungsunfähigkeit durch die Liquiditätszuführung tatsächlich beseitigt werden kann.[5]

- Wenn auch die konkursabwendenden Sanierungskredite "klassische Fälle

---

1) Vgl. REFERENTENENTWURF (1969), S. 186; jüngstens auch BGH, Urt. vom 26.3.1984 (= DB 1984, S. 1339). Zur Relevanz der Rechtsprechung zu §§ 30, 31 GmbHG, auf die sich die Umqualifizierung von Gesellschafterdarlehen bis zur GmbH-Novelle 1981 stützte, siehe beispielhaft GESSLER (1981), S. 233; WINTER in SCHOLZ (1983), §§ 32a,b Anm. 14; KAMPRAD (1984), S. 340-342.

2) Stellvertretend für viele Literaturstellen: ULMER in HACHENBURG (1975/84), Anh. § 30 Rdn. 78; WINTER in SCHOLZ (1983), §§ 32a,b Anm. 88; MENZEL (1982), S. 199; BGH, Urt. vom 24.3.1980 (= BGHZ 76, S. 329).

3) ULMER in HACHENBURG (1975/84), Anh. § 30 Rdn. 78. Nach meiner Kenntnis wird von den Autoren nicht geprüft, ob aufgrund der Kapitalzuführung tatsächlich die Beseitiung der Überschuldung erreicht wird. Zwar erscheint es nicht ohne weiteres einsichtig, von einem konkludenten Rangrücktritt zu sprechen, wenn die Überschuldung nur partiell beseitigt wird; doch führt die Nichtumqualifizierung zu absurden Ergebnissen. Vgl. auch SONNENBERGER (1969), S. 2036.

4) § 32a Abs. 1; siehe auch BGH, Urt. vom 29.11.1971 (= BB 1972, S. 112).

5) Vgl. ROGUSCH (1979), S. 237 f. Die Abwendung der Zahlungsunfähigkeit wird daher als nicht durch §§ 32a,b GmbHG abgedeckt angenommen von: WINTER in SCHOLZ (1983), §§ 32a,b Anm. 89 sowie MÜLLER, K. (1982), S. 38.

des § 32a GmbHG"[1] sind, bei denen es darum geht, "den Gesellschaftern die Berufung auf ihre formelle Rechtsstellung als Gesellschaftsgläubiger abzuschneiden"[2] und die Beeinträchtigung der Konkursquote außenstehender Gläubiger zu verhindern, so sollen auch jene Fälle erfaßt werden, bei denen die Gesellschaft kreditunwürdig ist. Das Abgrenzungskriterium der *Kreditunwürdigkeit* besagt, daß ein Gesellschafterdarlehen dann als eigenkapitalersetzend behandelt wird, "wenn die Gesellschaft im Zeitpunkt der Leistung von dritter Seite keinen Kredit zu marktüblichen Bedingungen hätte erhalten können und deshalb ohne die Leistung hätte liquidiert werden müssen."[3]

Die Kreditunwürdigkeit wird in der Literatur[4] und Rechtsprechung[5] von der Fallgruppe der konkursabwendenden Sanierungsdarlehen unterschieden. Von der Kreditunwürdigkeit bis zur Überschuldung und/oder Zahlungsunfähigkeit führt nur ein kurzer Weg. Ein Unternehmen, welches von Kreditinstituten mit Krediten versorgt wird, weil es in der konkreten Entscheidungssituation hinreichend kreditwürdig erscheint, wird nicht zahlungsunfähig. Sowohl das Kriterium der Abwendung der Zahlungsunfähigkeit als auch das der Kreditunwürdigkeit legen es nahe, daß es sich in beiden Fällen um den Versuch handelt, eine Krise zu umschreiben, von der der Gesetzgeber bzw. die Rechtsprechung annahmen, daß sie ein solches Ausmaß erreicht hat und die Wahrscheinlichkeit eines geschäftlichen Mißerfolges zu Lasten der Gläubiger so groß geworden ist, daß die Gesellschafterfremdfinanzierung "als letzter Notanker"[6] übrigbleibt.[7]

---

1) SCHMIDT, K. (1983), S. 176. Ähnlich GESSLER, der den Sinn des § 32a GmbHG darin sieht, "zu verhindern, daß die Gesellschafter bei Sanierungsbedürftigkeit der Gesellschaft eine zu schwache Kapitaldecke durch Gesellschafterdarlehen auffüllen". GESSLER (1981), S. 231. Aus denselben Gründen möchte SCHMIDT, K. die Regeln über kapitalersetzende Gesellschafterdarlehen auch bei der Aktiengesellschaft angewandt wissen; SCHMIDT, K. (1984), S. 15.

2) REGIERUNGSENTWURF (1977), S. 39.

3) BGH, Urt. vom 24.3.1980 (= BGHZ 76, S. 329).

4) Vgl. MENZEL (1982), S. 199; SCHMIDT, K. (1983), S. 188 f.; TILLMANN (1981), S. 19; MATSCHKE (1981a), S. 565-568. Zur Bedeutung dieses Kriteriums der Kreditunfähigkeit siehe auch SCHULZE-OSTERLOH (1983), S. 133 sowie die dort angegebene Literatur. Verneinung der Kreditunwürdigkeit als Beurteilungsgrundlage bei WINTER in SCHOLZ (1983), §§ 32a,b Anm. 92.

5) Vgl. BGH, Urt. vom 24.3.1980 (= BGHZ 76, S. (330); BGH, Urt. vom 21.9.1981 (= BGHZ 81, S. 317 f.).

6) ROGUSCH (1979), S. 238.

7) Ähnlich ROGUSCH (1979), S. 238, zur Interpretation der beiden Abgrenzungskriterien. Vgl. auch sinngleiche Begründung zum gesonderten Bilanzausweis von Gesellschafterdarlehen im REFERENTENENTWURF (1969), S. 293.

3.2.3 Gesellschafterdarlehen und Überschuldung

Unterstellt man, daß der Überschuldungstatbestand dann erfüllt ist, wenn die Zahlungsverpflichtungen gegenüber den Gläubigern - und zwar einschließlich der Ansprüche der Gesellschaftergläubiger - den Fortführungswert V_F übersteigen *und* die Insolvenzantragspflichten von der Geschäftsführung der Gesellschaft beachtet werden, so sind die Drittgläubiger davor geschützt, daß ihre Ansprüche einen höheren Werteverlust erfahren, als dieser nach den Vorstellungen des Gesetzgebers zumutbar erscheint. Schließlich impliziert die hier verwandte Überschuldungsdefinition eine bestimmte Risikonormierung. Sie lautet: Die Ausfallswahrscheinlichkeit darf 50 % nicht überschreiten.[1] Als eigenkapitalersetzend wäre jener Teil des Gesellschafterdarlehens zu qualifizieren, um den die *gesamten Schulden einschließlich Gesellschafterdarlehen* den Fortführungswert V_F übersteigen.[2]

Bei Interpretation des § 32a Abs. 1 GmbHG in der Weise, daß die Nachrangigkeit der Gesellschafterdarlehen im Konkurs- oder Vergleichsverfahren dann gegeben sein soll, wenn die Gesellschaft von außenstehenden Dritten keinen Kredit mehr erhält und ansonsten liquidiert werden müßte, wäre nicht nur der über V_F hinausgehende Teil des Gesellschafterdarlehens nachrangig, sondern auch der Differenzbetrag zwischen der maximal möglichen Verschuldungsgrenze K_{max} und dem Fortführungswert V_F. Daß K_{max} kleiner als V_F ist, ergibt sich zwangsläufig daraus, daß vollständig informierte Gläubiger eine Risikoabgeltung in Höhe von R verlangen werden und eine Kreditaufnahme nur soweit möglich ist, wie hierdurch keine Überschuldung eintritt; d.h. der Gesamtbetrag der Gläubigeransprüche einschließlich der Risikoprämie R darf V_F nicht überschreiten. Wenn die Verschuldung den kritischen Betrag K_{max} übersteigt, kann man dies ökonomisch als *Unterkapitalisierung*[3] im Sinne von Kreditunfähigkeit interpretieren.

Im Interesse der Gläubiger ist die Klassifizierung von Gesellschafter-

---

1) Die Darlehensgewährung des Gesellschafters an die überschuldete Gesellschaft ist "geradezu der klassische Fall einer unangemessenen Risikoabwälzung", so WINTER in SCHOLZ (1983), §§ 32a, 32b Anm. 88.

2) Zur Frage, ob ggf. nur ein Teilbetrag des Gesellschafterdarlehens von § 32a GmbHG erfaßt wird, siehe WINTER in SCHOLZ (1983), §§ 32a, 32b Anm. 94. Dieser Autor vertritt die Auffassung, daß grundsätzlich ggf. Gesellschafterdarlehen in einen eigenkapitalersetzenden und nicht eigenkapitalersetzenden Teil aufzuspalten sind.

3) Vgl. ULMER in HACHENBURG (1975/84), Anh. § 30 Rdn. 17.

darlehen als Eigenkapital bereits bei Unterkapitalisierung günstiger zu beurteilen als die Beschränkung der Umqualifizierung auf den den Fortführungswert V_F übersteigenden Teil. Dies würde jedoch bedeuten, daß die gesetzlichen Kapitalaufbringungs- und Kapitalerhaltungsvorschriften die Gesellschafter mehr oder minder willkürlich treffen würden.[1] Denn die Anteilseigner jener Gesellschaften, bei denen die Gläubigeransprüche einem relativ niedrigen Risiko ausgesetzt sind, aber ein Kapitalbedarf auftritt, den sie durch Gesellschafterdarlehen decken, werden stärker belastet als andere, bei denen zwar das Gläubigerrisiko höher ist, jedoch kein aktueller Kapitalbedarf besteht. Zudem betrifft die Umqualifikation gegebenenfalls nur einen von mehreren Gesellschaftern.[2] Die Ungleichbehandlung erscheint auch aus Gläubigersicht unbefriedigend. Konsequenterweise wäre de lege ferenda die Unterkapitalisierung als Insolvenzgrund, d.h. als Verfahrensauslöser, einzuführen. Ansonsten fehlt ökonomisch die Plausibilität dafür, daß den Gläubigern einer *nicht* durch Gesellschafter fremdfinanzierten Gesellschaft ein höheres Risiko zugemutet wird. Wird de lege lata akzeptiert, daß die Gläubiger durch den Überschuldungstatbestand hinlänglich geschützt sind, besteht kein Anlaß, Gesellschafterdarlehen im Konkurs- oder Vergleichsverfahren als nachrangig zu behandeln, wenn die Gesellschaft zwar im oben beschriebenen Sinne unterkapitalisiert, aber nicht überschuldet ist. Außerdem würde die Gesellschaft für den Fall, daß $K_{max} < G < V_F$ gilt, um für sie gegebenenfalls günstige Finanzierungsmöglichkeiten gebracht. Es ist nur schwer einsichtig, warum der darlehensgewährende Gesellschafter gegenüber den Fremdgläubigern benachteiligt werden soll, wenn in beiden Fällen die Überschuldungsgrenze nicht überschritten wird, wobei in der konkreten Entscheidungssituation der Gesellschafter eher zu einem insolvenzvorbeugend wirkenden Verzicht seiner Rückzahlungsansprüche bereit sein wird.

---

1) WOLANY (1967), S. 339, bezeichnet die an die Gewährung des Gesellschafterdarlehens anknüpfende Lösung des Unterkapitalisierungsproblems als "ungerecht". Kritik an der Ausrichtung auf nominelle Unterkapitalisierung u.a. auch bei KUHN (1968), S. 211; KAMM (1970), S. 159; IMMENGA (1977), S. 960. Schließlich stimmt der BGH der Auffassung zu, "solange der Gesellschafter den Geldbedarf der GmbH durch 'Darlehen' decke, könne ihm die Tatsache der Unterkapitalisierung nicht vorgeworfen werden"; BGH, Urt. vom 4.5.1977 (= BGHZ 68, S. 319).

2) Siehe hierzu IMMENGA (1977), S. 960.

3) Zur Ungleichbehandlung der Gesellschafter und zur Unterschiedlichkeit des Gläubigerschutzes siehe WINKLER (1969a), S. 1207.

Da der Gesetzgeber unabhängig von der Person des Kreditgebers jede weitere Verschuldung untersagt, wenn die Gesellschaft sich hierdurch überschuldet und man dies als Unterkapitalisierungsregel interpretiert, geht es bei der Behandlung von Gesellschafterdarlehen nur "um die Abwägung, ob der Gesellschafter das Unternehmen mit Fremdmitteln fortführen durfte oder hätte Konkurs anmelden müssen".[1]

Die Gewährung von Darlehen durch die Gesellschafter stellt im Vergleich zur Kreditaufnahme bei außenstehenden Gläubigern unter dem Aspekt der Gläubigergefährdung keinen Umstand dar, der einer besonderen gesetzlichen Regelung bedarf. "De lege lata lassen sich die meisten Fälle über §§ 64 I GmbHG, § 92 II AktG, 130a I 1 HGB bzw. iVm §§ 823 II, 830 BGB ohne weiteres lösen."[2] Die Notwendigkeit zu einer besonderen Regelung ergibt sich erst dann, wenn begründete und unausräumbare Zweifel an der hinlänglich sicheren Feststellung der Eröffnungstatbestände von Insolvenzverfahren sowie der Wirksamkeit von insolvenzrechtlichen Antragspflichten bestehen. Für die Gesellschafter ist die Gewährung von Darlehen auch dann vorteilhaft, wenn das Unternehmen bereits überschuldet ist. Die Begründung dafür liegt darin, daß die Gesellschafter in einer existenzbedrohenden Situation "ihrer" Gesellschaft den Wert der an sie in ihrer Eigenschaft als Eigenkapitalgeber fließenden Zahlungen bei der Gewährung von Darlehen berücksichtigen und zudem hierdurch die bei alternativer "Normalfremdfinanzierung" von informierten Gläubigern verlangte Risikoabgeltung, die zu Lasten des gänzlich unsicheren Anteils der Eigenkapitalgeber am Fortführungswert geht, vermeiden. Sie stellen mithin nicht die gleichhohen Anforderungen an die Kreditwürdigkeit wie gesellschaftsfremde Gläubiger. Der Schutz, den bereits engagierte Gläubiger durch die neuerliche Kreditwürdigkeitsprüfung der Neugläubiger erfahren, entfällt zwar, wird aber durch die "Insolvenzprüfungspflicht" der Geschäftsleitung ersetzt. Insofern wäre eine Verbesserung des Gläubigerschutzes nicht durch eine besondere Regelung der Gesellschafterdarlehen, sondern durch eine effizientere Normierung der Auslösung von Insolvenzverfahren zu erreichen.[3] Eine solche Vorgehensweise hat außer-

---

1) WESTERMANN, H.P. (1982), S. 386. Vom Ergebnis her übereinstimmend mit WIEDEMANN (1968), S. 30, wenn man in Verbindung mit Überschuldungsdefinition 2 die kritische Ausfallwahrscheinlichkeit mit 50% bemißt: "Ist das Risiko, die Gläubiger nicht pünktlich befriedigen zu können, angesichts des vorhandenen Eigenkapitals mit großer Wahrscheinlichkeit ausgeschlossen? Wird das bejaht, so ändert sich der Charakter des Darlehens nicht, das heißt das Haftungsprivileg bleibt ungeschmälert."

2) HAACK (1980), S. 137.

3) So auch HAACK (1980), S. 136. Auch STEINDORFF (1969), S. 281, dafür "an die Konkursregelungen weitergehende Folgerungen zu knüpfen, um hierfür auf Anknüpfung von Rechtsfolgen an die Unterkapitalisierung oder die an sich gebotene Eigenkapitalzuführung zu verzichten".

dem den Vorteil, daß sich Zweifelsfragen, die nach der derzeitigen Regelung auftreten, z.B. die Einordnung von Miet- und Pachtverträgen als eine der Darlehensgewährung wirtschaftlich entsprechende Handlung,[1] vermeiden oder aber widerspruchsfrei klären lassen. Angesichts dieses Ergebnisses erscheint es konsequent, daß sich der Insolvenzverwalter nicht auf die Prüfung der Umqualifizierung von Gesellschafterdarlehen beschränkt. Er prüft vielmehr, ob eine allgemeine Haftung der Gesellschafter wegen Verletzung der Insolvenzantragspflichten auflebt.[2]

3.3 Gestaltung einer zweckadäquaten Haftungskonzeption

Wenn im folgenden auch der Schutz der Gläubiger das primäre Ziel verkörpert, soll dennoch das wesentlichste Merkmal der Kapitalgesellschaften, nämlich die Beschränkung der Haftung auf das Gesellschaftsvermögen, im Grundsatz erhalten bleiben.[3]

3.3.1 Verzicht auf Unterkapitalisierung als Haftungsvoraussetzung

Die Unterkapitalisierung als Haftungsvoraussetzung wirft die Frage nach den Funktionen des Eigenkapitals im Hinblick auf den Gläubigerschutz auf. Faßt man das Eigenkapital als Überschuß des Vermögens über die Verbindlichkeiten auf, so besteht seine Funktion insbesondere darin, das Insolvenzrisiko zu verringern. Dies bedeutet, daß verhindert werden soll, daß sich zukünftige negative Vermögensentwicklungen zu ungunsten der Gläubiger auswirken[4], also ihre Ansprüche nicht termin- und betragsgerecht erfüllt werden können. Von daher liegt es nahe, die Höhe des angemessenen Eigenkapitals von den Ergebnissen einer zukunftsorientierten Finanzplanung abhängig zu machen. Die hier vorgeschlagene Überschuldungsprüfung unterscheidet sich nur unter methodischen Gesichtspunkten von der theoretisch richtigen Kontrolle der Angemessenheit des Eigenkapitals eines Finanzplans, indem das Ausfüllen von Liquiditätslücken durch Beschaffung von Kapital zum Kalkulationszins unterstellt

---

1) Zu diesem Problem siehe KNOBBE-KEUK (1984), S. 1 ff.; SCHULZE-OSTERLOH (1983), S. 123 ff.

2) Vgl. SCHMIDT, K. (1982b), S. D 47, zur Einbeziehung der "Durchgriffshaftung" ins Insolvenzverfahren.

3) Kriterium, das auch von WINTER, G. (1973), S. 128 und IMMENGA (1970), S. 410, im Hinblick auf ihre Vorschläge hervorgehoben wird.

4) Vgl. ARBEITSKREIS GmbH-REFORM (1972), S. 13 f.

wird. Unter idealtypischen Bedingungen reicht mithin ein nicht negatives Eigenkapital aus, d.h. ein nicht durch Überschuldung gekennzeichneter Unternehmenszustand, um die Gläubiger nicht zu gefährden. Angesichts der bereits bestehenden Insolvenzantragspflichten bei Überschuldung könnte man daher unterstellen, daß die Gläubiger hinlänglich geschützt sind, indem der Gesetzgeber quasi ein *nicht negatives* Eigenkapital vorschreibt.[1] Das Problem besteht jedoch darin, daß de lege lata sowohl eindeutige Auslegungsmaßstäbe als auch Kontrollmechanismen fehlen, die notwendig sind, um durch den Überschuldungstatbestand auch faktisch eine angemessene Eigenkapitalausstattung zu schaffen. Faßt man Überschuldung und Unterkapitalisierung somit als einheitlichen Unternehmenszustand auf, nämlich als solchen, der die zukünftige Zahlungsunfähigkeit indiziert, verschmelzen auch die Probleme der Unterkapitalisierung und "rechtzeitigen" Auslösung von Insolvenzverfahren.[2]

Setzt man nun den Hebel zur Verbesserung des Gläubigerschutzes am Überschuldungstatbestand an, so stehen zwangsläufig die die Art der Unterkapitalisierung betreffenden Regelungselemente nicht mehr zur Disposition. Dies bedeutet zum einen, daß es für die Haftungsfolgen unerheblich ist, ob anfängliche oder nachträgliche Unterkapitalisierung vorliegt.[3] Daher ist zu prüfen, wie die für eine Beschränkung auf die Gesellschafterhaftung wegen *anfänglicher Unterkapitalisierung* angeführten Argumente zu beurteilen sind. Der Vorschlag, nur bei unangemessener Kapitalausstattung im Gründungsstadium auf das Vermögen der Gesellschafter durchzugreifen, wird insbesondere mit der hohen "Säuglingssterblichkeit"[4] der Gesellschaften begründet. Hiermit ist der relativ hohe Anteil der Insolvenzen jüngerer Unternehmen an der Gesamtzahl der Insolvenzen gemeint. Die Tabelle 8 gibt die nach dem Alter der Unternehmen differenzierte Anzahl der beantragten Konkursverfahren in der

---

1) Vgl. ROGUSCH (1979), S. 44.

2) Ähnliche Argumentation bei DRUKARCZYK (1979b), S. 130 f.; STEINER (1980), S. 132; STEINDORFF (1969), S. 281 f.

3) Unter zeitlichem Aspekt unterscheidet man zwischen anfänglicher und nachträglicher Unterkapitalisierung. Während erstere sich auf das Gründungsstadium der Gesellschaft bezieht, tritt die nachträgliche Unterkapitalisierung "erst im *späteren Verlauf* der Gesellschaftstätigkeit" ein. So definiert von ULMER in HACHENBURG (1975/84), Anh. § 30 Rdn. 23. Die relevante Frist für die anfängliche Unterkapitalisierung wird auf drei [WINTER, G. (1973), S. 153] bis fünf Jahre [ARBEITSKREIS GmbH-Reform (1972), S. 24] festgelegt.

4) WIEDEMANN (1968), S. 21; ARBEITSKREIS GmbH-Reform (1972), S. 16.

	1980		1981		1982	
	Anzahl	%	Anzahl	%	Anzahl	%
eröffnete Konkursverfahren						
- unter 8 Jahren	1.260	70,9	1.620	66,0	2.071	65,1
- 8 Jahre und mehr	518	29,1	835	34,0	1.112	34,9
- insgesamt	1.778	100,0	2.455	100,0	3.183	100,0
mangels Masse abgelehnt						
- unter 8 Jahren	3.864	86,6	5.131	85,9	7.385	85,2
- 8 Jahre und mehr	599	13,4	841	14,1	1.281	14,8
- insgesamt	4.463	100,0	5.972	100,0	8.666	100,0
beantragte Konkursverfahren						
- unter 8 Jahren	5.124	82,1	6.751	80,1	9.456	79,8
- 8 Jahre und mehr	1.117	17,9	1.676	19,9	2.393	20,2
- insgesamt	6.241	100,0	8.427	100,0	11.849	100,0

Tab. 8: Beantragte Konkursverfahren bei Unternehmen und freien Berufen nach der Altersstruktur (1980-1982)[1]

Bundesrepublik Deutschland in den Jahren 1980 bis 1982 wieder. Danach zeigt sich zum einen, daß etwa vier Fünftel der Unternehmen, bei denen ein Antrag auf Eröffnung des Konkursverfahrens gestellt wurde, jünger als acht Jahre waren.[2] Der hohe Anteil der jüngeren Unternehmen an den beantragten Konkursverfahren alleine sagt jedoch nichts über ihre besonderen Insolvenzanfälligkeit aus. Um sie zu belegen, wären Informationen über die Altersstruktur der Grundgesamtheit aller - unter Einschluß der solventen - Unternehmen notwendig. Entsprechend statistisches Zahlenmaterial liegt aber - soweit ersichtlich - nicht vor.

1) Quelle: STATISTISCHES BUNDESAMT (1981b), S. 449*; (1982b), S. 373* und (1983b), S. 450*.

2) Vgl. ferner zu Merkmalskombinationen von "Branche und Alterskategorie", "Rechtsform und Alterskategorie", "Größenordnung und Alterskategorie" RÖDL (1979), S. 68-71, S. 74-75, S. 77-78.

Beschränkt man sich auf die Menge der insolventen Unternehmen, so fällt allerdings auf, daß die Quote der mangels Masse abgelehnten Konkursanträge bei den jüngeren Unternehmen wesentlich höher als bei den bereits länger bestehenden Unternehmen liegt. Wird bei einem jüngeren Unternehmen ein Konkursverfahren beantragt, so beträgt die statistische Ablehnungsquote etwa 75 %, während sie sich in den anderen Fällen auf rund 50 % beläuft. Zwar sind die Deckungsquoten bei den 1979 bis 1981 eröffneten und bis zum Ende des Folgejahres abgewickelten Konkursverfahren - wie Tabelle 9 zeigt - bei den jüngeren Unternehmen teilweise geringfügig höher, dennoch belegen unter den angeführten Einschränkungen die insolvenzstatistischen Ergebnisse insgesamt ein relativ höheres Ausfallrisiko bei jüngeren Unternehmen.

Eröffnungsjahr	1979	1980	1981
bevorrechtigte Forderungen			
- bis unter 8 Jahre	31,6	29,1	26,1
- 8 Jahre und mehr	28,5	36,2	36,2
nicht bevorrechtigte Forderungen			
- bis unter 8 Jahre	6,0	8,0	3,1
- 8 Jahre und mehr	2,4	4,9	3,7

Tab. 9: Deckungsquoten bei Unternehmen und freien Berufen bei 1979 bis 1981 eröffneten Konkursverfahren nach der Altersstruktur der Unternehmen[1)]

Dennoch erscheint aufgrund grundsätzlicher Überlegungen das Anknüpfen an die anfängliche Unterkapitalisierung nicht gerechtfertigt. Das Schutzbedürfnis der Gläubiger verlangt auch eine angemessene Kapitalausstattung im späteren Verlauf der Geschäftstätigkeit.[2)] Nach der Theorie der kritischen Wachstumsschwellen[3)] durchläuft das Unternehmen

1) Quelle: STATISTISCHES BUNDESAMT (1981), S. 449*; (1982b), S. 373* und (1983b), S. 450*.

2) Vgl. auch ULMER in HACHENBURG (1975/84), Anh. § 30 Rdn. 60, mit weiteren Literaturhinweisen.

3) Vgl. STEINER (1980), S. 134-137; ALBACH (1976), S. 683-696; ALBACH/BOCK/WARNKE (1984), S. 779-793.

während seines Wachstumsprozesses mehrere kritische Größenphasen, während denen die Existenz des Unternehmens besonders bedroht ist. Hiernach stellt die Gründungsphase zwar eine zentrale kritische Wachstumsschwelle dar,[1] aber infolge der späteren Entwicklung können weitere "Schwellen" auftreten, z.B. weil keine Anpassung der Führungs- und Organisationsstruktur an die veränderte Unternehmensgröße vorgenommen wird. Beschränkt man sich aber auf einen Haftungsdurchgriff wegen anfänglicher Unterkapitalisierung, so erscheint es im Gläubigerschutzinteresse ungereimt, wenn bei weiteren Entwicklungsschwellen dem nicht durch ein das höhere Gläubigerrisiko ausgleichendes Haftungspotential entsprochen wird.

Ein wirksamer Gläubigerschutz geht von den objektiven Bedingungen des Unternehmenszustandes aus. Zu den aus der Sicht der Gläubiger unmittelbar maßgebenden Kriterien zur Kennzeichnung der Finanzlage zählt jedoch nicht das Unternehmensalter. Es spielt nur insoweit eine Rolle, als potentielle Gläubiger bei der Kreditvergabeentscheidung sich nach empirischen Insolvenzergebnissen richten, so daß bei jüngeren Unternehmen unter sonst gleichen Bedingungen die Bonität geringer eingestuft wird.[2] Geht man davon aus, daß die Zahlungsfähigkeit der Bonität folgt, so bedeutet dies tatsächlich ein höheres Insolvenzrisiko. Primär kommt es bei der Beurteilung der Kreditwürdigkeit auf die zukünftig aus der betrieblichen Tätigkeit und Verwertung von Vermögen erzielbaren Einzahlungsüberschüsse an. Insolvenzstatistische Erkenntnisse lassen somit "nur einige wenige, zudem noch sehr globale Hypothesen über unternehmensgefährdende Sachverhalte zu".[3]

---

1) Vgl. STEINER (1980), S. 135; ALBACH (1976), S. 686. Als Gründe werden unzureichende Finanzierungsmittel und geringe Beachtung der Aufrechterhaltung der Liquidität während der Anlaufphase genannt; so CREDITREFORM (1984), S. 19 f. Nach Auffassung des Verfassers basiert die Angabe dieser Gründe jedoch auf einem Vertauschen von Ursache und Wirkung. Es ist daher BÜSCHGEN (1974), S. 27, zuzustimmen, der die "Ignorierung ökonomischer Erfordernisse" als Managementmangel verantwortlich macht [vgl. auch BUCHELE (1967), S. 17; zit. nach STEINER (1980), S. 135] und daher eine schriftlich niederzulegende Finanzplanung von den Gründern verlangen möchte. In gleicher Richtung wirkt die von STROBEL (1980a), S. 93, vorgeschlagene insolvenzprophylaktische Gründungsprüfung.

2) Dies kommt beispielsweise bei dem von RÖDL (1979) entwickelten Schema zur Kreditwürdigkeitsbeurteilung darin zum Ausdruck, daß die Zugehörigkeit zu einer Alterskategorie, bei der eine relativ hohe Insolvenzanfälligkeit vorliegt, durch einen niedrigeren Schwellenwert, bis zu dem die Bonität eines Unternehmens als gut bezeichnet werden kann, berücksichtigt wird; vgl. hierzu RÖDL (1979), S. 110-114.

3) BÖNKHOFF (1983), S. 52.

Die Begrenzung des Haftungsdurchgriffs auf die Gründungsphase birgt zudem die Gefahr von Umgehungen in sich. Sie liegt darin, daß Gesellschaften quasi auf Vorrat gegründet werden, d.h. die eigentliche Geschäftstätigkeit erst aufgenommen wird, nachdem die als Gründungsstadium festgelegte Frist ihrem Ende zugeht oder verstrichen ist.[1)] Schließlich sind bei einer Beschränkung auf anfängliche Unterkapitalisierung Praktikabilitätsprobleme zu überwinden. Als erster Punkt ist festzustellen, daß es keine objektiven Kriterien für eine allgemeingültige zeitliche Abgrenzung der ersten kritischen Wachstumsschwelle, der Gründungsphase, gibt. In diesem Zusammenhang ist auf die beträchtlichen Unterschiede der vom Unternehmensalter abhängigen Verteilung der Insolvenzhäufigkeiten in verschiedenen Branchen hinzuweisen.[2)] Zum anderen können bei jüngeren Unternehmen verstärkt Prognoseprobleme auftreten, da keine Erfahrungswerte vorliegen.[3)] Dies gilt sowohl hinsichtlich der subjektiven Prognosefähigkeit des Managements als auch der Unsicherheit im Hinblick auf die Marktchancen als Newcomer. Unter dem Gesichtspunkt eines Ausgleichs von Gesellschafter- und Gläubigerinteresse wird im juristischen Schrifttum jedoch gegenteilig argumentiert, indem die Feststellung der Angemessenheit des Eigenkapitals im Gründungsstadium im Vergleich zur späteren Geschäftsentwicklung für eher machbar und damit die Haftung für anfängliche Unterkapitalisierung eher als mit dem Gebot der Rechtssicherheit vereinbar gehalten wird. Diese Argumentation ist jedoch eher *gegen* die Beschränkung auf die Haftung wegen anfänglicher Unterkapitalisierung zu verwenden. Wenn behauptet wird, die Angemessenheit des Eigenkapitals könne in der Gründungsphase eher festgestellt werden, wird damit gleichzeitig gesagt, im späteren Verlauf der Geschäftstätigkeit wäre die Ungewißheit über die zukünftige Entwicklung, sprich: das Unternehmensrisiko, größer. Gläubigerschutz und Gläubigerrisiko stehen mithin konträr zueinander, wenn die nachträgliche Unterkapitalisierung haftungsmäßig ausgespart wird.

Des weiteren resultiert aus der Konzeption der Gesellschafterhaftung als insolvenzrechtliche Organhaftung, daß diese sich nicht auf die sog.

---

1) Vgl. WIEDEMANN (1968), S. 24 f. Zur Problematik der sog. "Mantelkäufe" bei Kapitalgesellschaften siehe NEUHÄUSER (1974), S. 119-121.

2) Vgl. RÖDL (1979), S. 68-71.

3) Vgl. STEINER (1980), S. 135.

4) Vgl. WIEDEMANN (1968), S. 22; WESTERMANN in SCHOLZ (1983), § 30 Anm. 2; REFERENTENENTWURF (1969), S. 184.

qualifizierte Unterkapitalisierung beschränkt.[1] Insbesondere hier wird deutlich, daß die Lösung des Unterkapitalisierungsproblems durch eine Präzisierung der Haftungsvoraussetzungen bei Überschuldung zu mehr Gläubigerschutz führt. Wird die Überschuldung im Sinne der "Unfähigkeit zur Auszahlungsdeckung im Zeitablauf"[2] und die so interpretierte Überschuldung gedanklich mit einfacher Unterkapitalisierung gleichgesetzt, bedeutet die Gesellschafterhaftung nur bei qualifizierter Unterkapitalisierung, daß das Risiko zu Lasten der Gläubiger über das Ausmaß, das ansonsten rechtlich für angemessen erachtet wird, umverteilt wird. Die Rechtfertigungen der Haftung lediglich bei qualifizierter Unterkapitalisierung machen deutlich, daß es ihnen um den Schutz der Gesellschafter vor unerwarteten Haftungsrisiken geht, da sie die ungünstige Finanzlage nicht erkannten.[3] Eine solche Auffassung ist jedoch aus Gläubigersicht nicht haltbar.

3.3.2 Zum Haftungsumfang

Nachdem im vorangegangenen Abschnitt als erstes Ergebnis der Analyse zum Zweck der Entwicklung einer zweckadäquaten Haftungskonzeption

---

1) Hinsichtlich des Ausmaßes der Unterkapitalisierung wird zwischen *einfacher* und *qualifizierter* Unterkapitalisierung unterschieden. Soweit "die finanzielle Ausstattung der Gesellschaft ... *eindeutig und für Insider klar erkennbar unzureichend* ist und einen Mißerfolg zu Lasten der Gläubiger bei normalem Geschäftsverlauf mit hoher Wahrscheinlichkeit erwarten läßt", ULMER in HACHENBURG (1974/84, Anh. § 30 Rdn. 24 liegt qualifizierte Unterkapitalisierung vor. Einfache Unterkapitalisierung wäre analog gegeben, wenn das "Gebot ordentlicher Kapitalausstattung" [WIEDEMANN (1980), S. 569] zwar objektiv verletzt ist, jedoch Insider aufgrund subjektiver, aber willkürfreier Beurteilung der zukünftigen Entwicklung zu dem Schluß gelangen, daß kein Risiko des Eintritts der Zahlungsunfähigkeit in absehbarer Zeit besteht. In der Kommentierung wird einfache Unterkapitalisierung so definiert, daß Gesellschafter der Gesellschaft Darlehen gewährten, da "die Gesellschaft einen nicht nur vorübergehenden *Finanzbedarf* hat, *mangels Kreditfähigkeit* aber nicht in der Lage ist, ihn bei Dritten als Kreditgebern zu decken" [ULMER in HACHENBURG (1975/84), Anh. § 30 Rdn. 24]. Bei dieser begrifflichen Abgrenzung findet eine unzweckmäßige Vermischung der Systematisierungskriterien statt, indem neben dem Ausmaß der Unterkapitalisierung an die Person des Kreditgebers bzw. die von ihm gewählte Finanzierungsform angeknüpft wird. Die Differenzierung zwischen einfacher und qualifizierter Unterkapitalisierung läßt sich denn auch mehr auf rechtsdogmatische als ökonomische Überlegungen zurückführen. WIEDEMANN (1980), S. 572, meint: "Die Betonung der "qualifiziert" oder "offensichtlich" nicht angemessenen Eigenkapitalausstattung dient vornehmlich dem Zweck, das Regel(Haftungsbegrenzung)-Ausnahme (Ausfallhaftung)-Verhältnis hervorzuheben und die Rechtsfortbildung vor dem Vorwurf zu schützen, Grundsätze des Kapitalgesellschaftsrechts aufzugeben."

2) MOXTER (1976a), Sp. 636.

3) Vgl. ULMER in HACHENBURG (1975/84), Anh. § 30 Rdn. 59; ERLINGHAGEN (1962), S. 174.

herausgearbeitet wurde, daß maßgebende Haftungsvoraussetzung die unveränderte Fortführung einer überschuldeten Gesellschaft darstellt, soll im folgenden geprüft werden, in welchem Umfang die Gesellschafter bei Erfüllung der Haftungsvoraussetzungen für die Verbindlichkeiten der Gesellschaft einzustehen haben. Es ist wohl offensichtlich, daß die unbeschränkte Ausfallhaftung die "Repressivfunktion"[1] am effizientesten erfüllt, d.h. bei der Haftungsverwirklichung im Rahmen der Abwicklung eines Insolvenzverfahrens im Vergleich zu anderen Haftungsarten der weitestreichende Zugriff auf das Privatvermögen der Gesellschaft möglich ist. Bei der folgenden *insolvenzmodell*theoretischen Analyse wird daher vornehmlich auf die "Präventivwirkung"[2] der Haftung, d.h. deren Fähigkeit, die Gesellschafter zu einem für die Gläubiger vorteilhaften Entscheidungsverhalten bezüglich der Antragstellung auf die Eröffnung eines Insolvenzverfahrens zu veranlassen, abgestellt. Über die dem Insolvenzmodell zugrunde liegenden Annahmen hinaus werden folgende Modellbedingungen eingeführt:

1. Die Haftungsverpflichtungen der Gesellschafter werden durch zusätzlich akquirierbare Vermögenswerte vollständig abgedeckt.

2. Die Gesellschafter besitzen keine Informationsdefizite und im Zeitpunkt t = 1 kann die Verletzung der Insolvenzantragspflichten zum Zeitpunkt t = 0 nachgewiesen werden.

3.3.2.1 Differenzhaftung

Gilt eine Gesellschaft als unterkapitalisiert bzw. überschuldet, wenn die Bedingung $G > V_F$ erfüllt ist, so entspricht die Differenz G abzüglich V_F dem Unterkapitalisierungsbetrag. Sieht die Haftungskonzeption nun die sog. *Differenzhaftung* der Gesellschafter vor, so haften sie in Höhe eben dieses Betrages. Graphisch bedeutet dies, daß man die Funktion der an die Gläubiger fließenden Zahlungen $\tilde{D}_G$ durch Verschieben der $\tilde{D}_U$-Funktion um den Betrag der Differenzhaftung H nach rechts erzeugen kann. Hieraus folgt, daß die Wahrscheinlichkeit dafür, daß sich die Gläubigeransprüche nicht voll befriedigt werden können, auf 50 % reduziert. Sie ist mit der Insolvenzwahrscheinlichkeit identisch, die modelltheoretisch der "gerechten" Risikoverteilung zwischen Gesellschafter

1) ROGUSCH (1979), S. 27.

2) ROGUSCH (1979), S. 26; vgl. ferner zur Doppelfunktion der Haftung SCHMIDT, K. (1980b), S. 237 f.

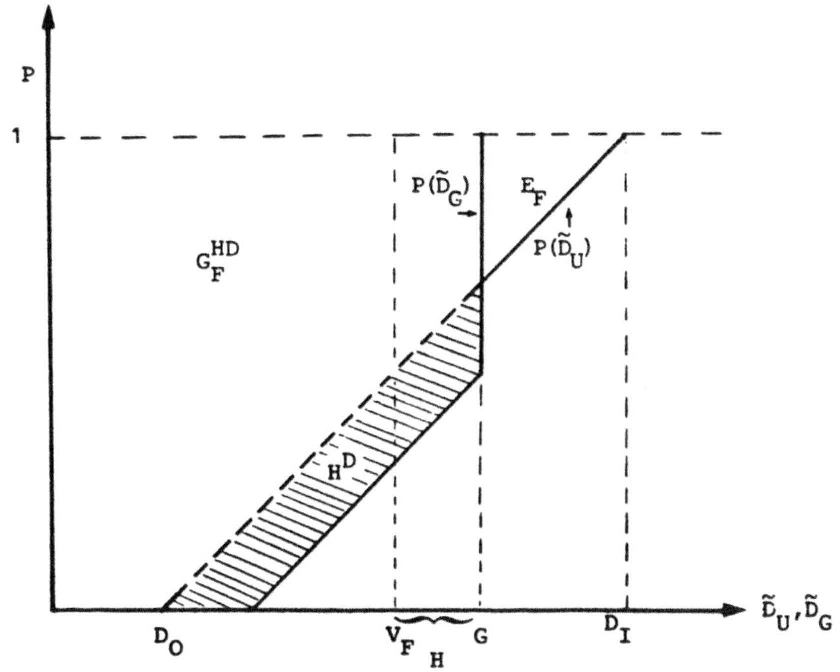

Abb. 48: Risikoprofil der Kapitalgeber bei Differenzhaftung

und Gläubiger entspricht. Vergleicht man jedoch die Situation der Gläubiger von zwei Gesellschaften A und B, die sich lediglich darin unterscheiden, daß sich bei A die Verschuldung auf V_F beläuft, während bei der Gesellschaft B die Gläubigeransprüche G den Fortführungswert V_F um H übersteigen und daher eine entsprechende Differenzhaftung ausgelöst wird, so zeigt sich, daß der Erwartungswert der Befriedigungsquote im letzten Fall sogar höher ist.[1] Die ökonomische Begründung liegt darin,

1) Die Befriedigungsquoten werden mit g_A und g_B bezeichnet. Da die Verlusterwartung der Gläubiger bei beiden Gesellschaften gleich groß ist, kann sie einheitlich mit G^- bezeichnet werden. Es gilt nun für deren Erwartungswert:

$$(1) \quad g_A = \frac{G_F}{G} = \frac{G_F}{V_F} = \frac{V_F - G^-}{V_F} \qquad (2) \quad g_B = \frac{G_F}{G} = \frac{G_F}{V_F + H} = \frac{V_F + H - G^-}{V_F + H}$$

$$(3) \quad g_B - g_A = \frac{V_F + H - G^-}{V_F + H} - \frac{V_F - G^-}{V_F}$$

$$= [1 - \frac{G^-}{V_F + H}] - [1 - \frac{G^-}{V_F}] = \frac{G^-}{V_F} - \frac{G^-}{V_F + H} > 0$$

daß sich der Betrag, der den Gläubigern mit Sicherheit mindestens zufließt, um H erhöht. Nach dieser idealtypischen Betrachtung würden die Gläubiger gegen die Gefahren einer Unterkapitalisierung also durch die Differenzhaftung hinlänglich geschützt.

Im Hinblick auf die Präventivwirkung der Differenzhaftung lassen sich anhand des Insolvenzmodells folgende Feststellungen treffen: Bezeichnet man mit H^D den Erwartungswert der von den Gesellschaftern an die Insolvenzmasse zu leistenden Zahlungen aufgrund der Differenzhaftungsverpflichtung und E_F den Erwartungswert der an die Gesellschafter in t = 1 fließenden Zahlungen *vor* deren Zuweisung an die Haftungsmasse, so gilt:

$$(30.1.1) \quad E_F^{HD} = E_F - H^D$$

In der Abbildung 48 ist diese durch die schraffierte Fläche gekennzeichnet. Der Erwartungswert der externen Haftungsmasse H^D ergibt sich als Differenz der Verlusterwartungen der Gläubiger in Höhe der tatsächlichen Verschuldung und der für den Fall, daß $G = V_F$ gilt. Die Gleichung (30.1.1) kann somit für $D_O \leq G \leq D_I$ geschrieben werden:

$$(30.1.2) \quad E_F^{HD} = \frac{(D_I-G)^2}{2(D_I-D_O)} - \frac{(G-D_O)^2 - (V_F-D_O)^2}{2(D_I-D_O)}$$

$$= \frac{(D_I-G)^2}{2(D_I-D_O)} - \frac{(G-D_O)^2}{2(D_I-D_O)} + \frac{(V_F-D_O)^2}{2(D_I-D_O)}$$

Setzt man E^{HD} gleich Null und löst diese Gleichung nach einigen Umformungen nach G auf, so ergibt sich für G_{max}^{HD} - dies sei der Betrag der Verschuldung, ab dem sich die unveränderte Fortführung nicht mehr als vorteilhaft für die Gesellschafter erweist - folgender Wert:

$$(30.2) \quad G_{max}^{HD} = V_F + \frac{D_I - D_O}{8}$$

Aufbauend auf Abbildung 40[1] verdeutlicht Abbildung 49, daß die Differenzhaftung eine erhebliche Präventivwirkung entfaltet. Bei allen Unternehmenszuständen, die durch $G > G_{max}^{HD}$ gekennzeichnet sind, ist wegen der haftungsmäßigen Belastung der Fortführung der Wert E_F^{HD} negativ, während E_L allenfalls Null sein kann. (30.1.2) läßt sich umformen zu:

1) Siehe Abschnitt 2.2.1 des 3. Teils.

(30.1.3) $E_F^{HD} = E_F - G^- + \frac{D_I - D_O}{8}$

Anhand der Differenz (30.3) läßt sich nun erkennen, daß die Liquidation für die Gesellschafter vorteilhaft ist, wenn $V_L > V_F + \frac{D_I - D_O}{8}$ gilt.

(30.3)
$$\begin{aligned} E_L - E_F^{HD} &= V_L - G - [E_F - G^- + \frac{D_I - D_O}{8}] \\ &= V_L - G - [V_F - (G-G^-) - G^- + \frac{D_I - D_O}{8}] \\ &= V_L - V_F - \frac{D_I - D_O}{8} \end{aligned}$$

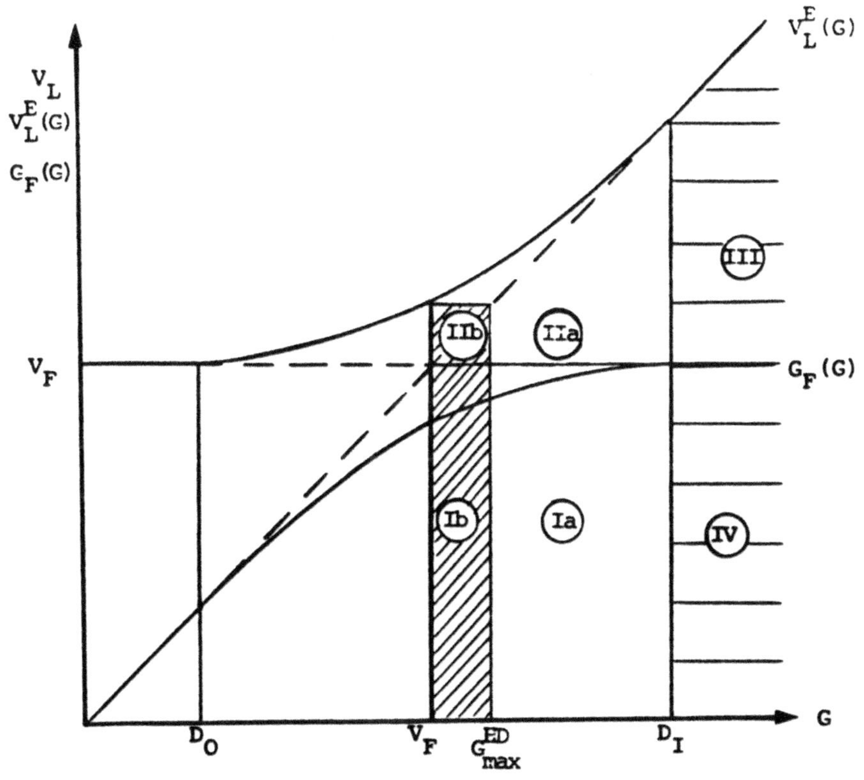

Abb. 49: Verdeutlichung der Präventivwirkung der Differenzhaftung

Daraus ergibt sich, daß sowohl bei den in den Feldern III und IV positionierten Unternehmenszuständen als auch bei denen in den Feldern IIa und Ia Interessenkonflikte durch Beantragung des Insolvenzverfahrens bzw. Liquidation vermieden werden. Lediglich bei den Unternehmenszuständen in den Feldern IIb und Ib zeigt die Differenzhaftung nicht die erforderliche Präventivwirkung, damit die Gesellschafter die für die Gläubiger vorteilhaftere Liquidation bzw. die Beantragung des Insolvenzverfahrens betreiben.

3.3.2.2 Beschränkte Ausfallhaftung

Eine Möglichkeit besteht darin, eine vom Betrag der im Insolvenzverfahren geltend gemachten Gläubigeransprüche abhängige Haftungsbegrenzung vorzunehmen. In diesem Fall hätten die Gesellschafter mit ihrem sonstigen Vermögen einzustehen, soweit die Gläubiger nicht in Höhe einer zahlenmäßig normierten Quote aus der Verwertung des Gesellschaftsvermögens befriedigt werden könnten (*beschränkte Ausfallhaftung*).[1] Bezeichnet man wieder das zur Gläubigerbefriedigung von den Gesellschaftern akquirierbare Vermögen mit H und wird die Haftung auf k · 100 % der Ansprüche begrenzt, so kann das Risikoprofil der Gläubiger anhand des Insolvenzmodells durch Abbildung 50 verdeutlicht werden.

Die Variable $\tilde{D}_G$ bezeichnet die erwarteten Zahlungen an die Gläubiger. Zunächst ist die Verteilungsfunktion der unternehmensbezogenen Ergebnisbeträge um die externe Haftungsmasse H zu erweitern. Graphisch entspricht dies einer Parallelverschiebung der Geraden zwischen D_O und D_I um H nach rechts. Da die Gesellschafter jedoch nur dann zur Zahlung an die Gläubigergesamtheit verpflichtet sind, soweit die Befriedigungsquote k nicht erreicht wird, gilt:

$$(30.4) \qquad \tilde{D}_G = \begin{cases} \tilde{D}_U + H & \text{für } \tilde{D}_U + H < k \cdot G \\ k \cdot G & \text{für } \tilde{D}_U + H \geq k \cdot G \\ \tilde{D}_U & \text{für } k \cdot G < \tilde{D}_U < G \\ G & \text{für } \tilde{D}_U \geq G \end{cases}$$

---

1) Vgl. ARBEITSKREIS GmbH-REFORM (1972), S. 23; FABRICIUS (1970), S. 143.

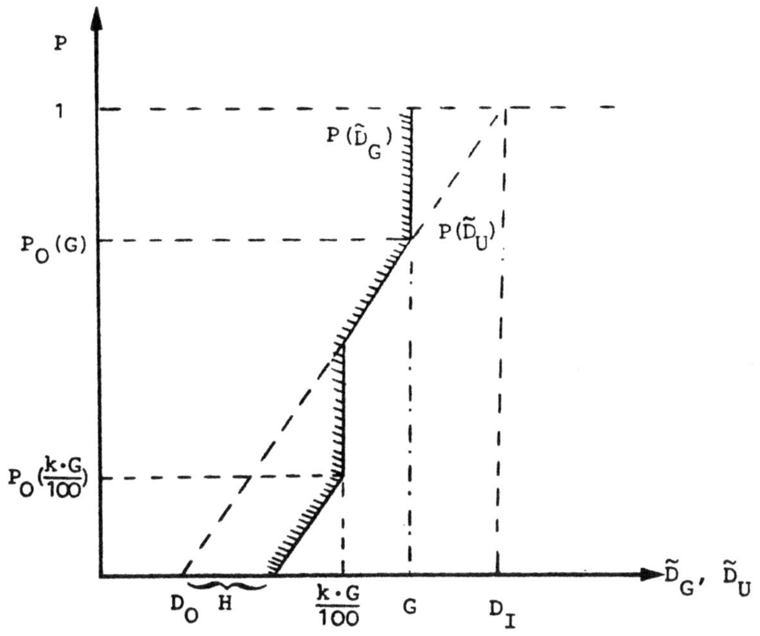

Abb. 50: Risikoprofil der Gläubiger bei quotenmäßig beschränkter Ausfallhaftung

Nicht zuletzt im Hinblick auf die Aufrechterhaltung des Prinzips der Haftungsbeschränkung käme diese quotenmäßig beschränkte Ausfallhaftung in Betracht. Sie wird im Schrifttum mit "Rücksicht auf das Eigenrisiko der Gläubiger"[1] und der "Präventivwirkung der Haftung"[2] begründet. Hinter dieser Argumentation steht implizit die Überlegung, die der unbeschränkten Ausfallhaftung entsprechende "Mindestbefriedigungsquote" k von 100 % im Hinblick auf die beiden genannten Ziele möglichst gerecht aufzuteilen. Liege k bei 100 %, so sei damit die Präventivwirkung zwar voll erreicht, aber es werde dem "pauschalierenden Anteil eigenen Risikos desjenigen, der mit einer GmbH als einer juristischen Person mit beschränkter Haftung in Kontakt tritt",[3] nicht Rechnung getragen. Abgesehen davon, daß der Gläubiger einer Gesellschaft mbH wohl weniger schutzwürdig als der einer natürlichen Person sein soll, wird unterstellt, daß bei einer unbeschränkten Ausfallhaftung der Gesellschafter

1) ARBEITSKREIS GmbH-REFORM (1972), S. 27.

2) ARBEITSKREIS GmbH-REFORM (1972), S. 27. ULMER in HACHENBURG (1975/84), Anh. § 30 Rdn. 66, meint wohl auch diese Präventivwirkung, wenn er von der "Ausgleichshaftung der persönlichen Haftung" spricht.

3) ARBEITSKREIS GmbH-REFORM (1972), S. 27.

kein Gläubigerrisiko existiere. Dem kann aber nicht gefolgt werden. Werden die Kapitalisierungsregeln eingehalten - konkreter: die insolvenzrechtlichen Pflichten erfüllt - so bleibt die Haftung auf das Gesellschaftsvermögen beschränkt und die Gläubiger erleiden möglicherweise einen Verlust bei Abwicklung des dann doch eröffneten Insolvenzverfahrens. Kommt die ordnungsgemäße Insolvenzprüfung dagegen zu dem Ergebnis, daß die Gesellschaft zum maßgeblichen Zeitpunkt überschuldet war und wird die Gesellschaft dennoch unverändert fortgeführt, so bedeutet dies offensichtlich nicht, daß mit Sicherheit keine Insolvenz eintreten wird. Der Überschuldungstatbestand im Sinne der Überschuldungsdefinition 2 beinhaltet immerhin eine Wahrscheinlichkeit von 50 %, daß das Fortführungsvermögen nicht zur Begleichung der Gläubigeransprüche ausreicht, wenn man von einer Gleichverteilung des Ergebnisbetrages $\tilde{D}_U$ ausgeht.

Plädiert man dennoch aus rechtsdogmatischen Erwägungen für eine umfangmäßige Begrenzung der Ausfallhaftung, stellt sich zwangsläufig das Problem der zahlenmäßigen Bestimmung der Quote k, bis zu deren Erfüllung die Gesellschafter die im Insolvenzfall vorhandene Haftungsmasse zu ergänzen haben. Im folgenden soll die Präventivwirkung unterschiedlicher Befriedigungsquoten k insolvenzmodelltheoretisch analysiert werden. Bezeichnet man in Ergänzung der eingeführten Symbolik mit E_F^{HA} den Erwartungswert der an die Gesellschafter fließenden Zahlungen *nach* Attrahierung der externen Haftungsmasse von den Gesellschaftern, so gilt:

$$(30.5.1) \qquad E_F^{HA} = E_F - H^A$$

H^A steht für den Erwartungswert der von den Gesellschaftern an die Gläubiger zu leistenden Zahlungen, damit diese mit k · 100 % befriedigt werden. Bei der Annahme, daß die Haftung der Gesellschafter vollwertig ist, bedeutet dies für die Gläubiger, daß sie mit Sicherheit zu k · 100 % befriedigt werden. Das heißt, der Erwartungswert der externen Haftungsmasse H^A entspricht der Verlusterwartung der Gläubiger bei Fortführung G^- für k · G. Die Gleichung (30.5.1) kann somit ausführlich für $D_O \leq G \leq D_I$ geschrieben werden:

$$(30.5.2) \qquad E_F^{HA} = \frac{(D_I - G)^2}{2(D_I - D_O)} - \frac{(k \cdot G - D_O)^2}{2(D_I - D_O)}$$

Setzt man E_F^{HA} gleich Null und löst diese Gleichung nach einigen Umformungen nach G auf, so ergibt sich der Betrag der Verschuldung, bis zu dem E_F^{HA} positiv ist. Sie sei mit G_{max}^{HA} bezeichnet.

(30.6) $$G_{max}^{HA} = \frac{D_I + D_O}{1 + k}$$

Will man erreichen, daß G_{max}^{HA} der Überschuldungsgrenze $V_F = \frac{D_O + D_I}{2}$ entspricht, so ist offensichtlich, daß dies nur bei $k = 1$, also einer unbeschränkten Ausfallhaftung der Fall ist. Ist $k = 0$, so beträgt G_{max}^{HA} $(D_I + D_O)$. Die unveränderte Fortführung ist für die Gesellschafter solange vorteilhaft, wie die nachstehenden Relationen gelten:

(30.7.1) $$E_F^{HA} - E_L > 0$$

(30.7.2) $$[V_F - (G - G^-) - H^A] - [V_L - G] > 0$$

(30.7.3) $$V_L > V_F + G^- - H^A$$

(30.7.4) $$V_L > G + E_F - H^A$$

(30.7.5) $$V_L > G + E_F^{HA}$$

Aus (30.6) und (30.7.1) ergibt sich wiederum infolge der haftungsmäßigen Belastung der Fortführung, daß Interessenkonflikte vermieden werden können, wenn $G > G_{max}^{HA}$ bzw. die Relationen (30.7.1) bis 5) gewahrt werden. In Abbildung 51, die wiederum auf Abbildung 40 basiert, sind für $k = 0{,}50$ und $k = 0{,}75$ durch verschieden markierte Felder jene Unternehmenszustände gekennzeichnet, bei denen Interessenkonflikte durch eine Einführung einer beschränkten Ausfallhaftung bzw. Erhöhung von k vermieden werden können. Beträgt $k = 0{,}50$, so werden die Gesellschafter, bei den in den Feldern III, IV sowie Ia und IIa positionierten Unternehmenszuständen auf die Eröffnung eines Insolvenzverfahrens hinwirken. Im Gegensatz zum Verzicht auf die Haftungsausweitung werden jedoch insbesondere jene Unternehmenszustände vermieden, bei denen die Gesellschafter jeweils der für die Gläubiger vorteilhaften Verwertungsalternative indifferent gegenüberstehen.[1] Erhöht sich k auf 0,50, so werden Interessenkonflikte

---

1) Hierbei ist jedoch auf die einschränkende Bedingung $k > \frac{D_O}{D_I}$ zu achten.

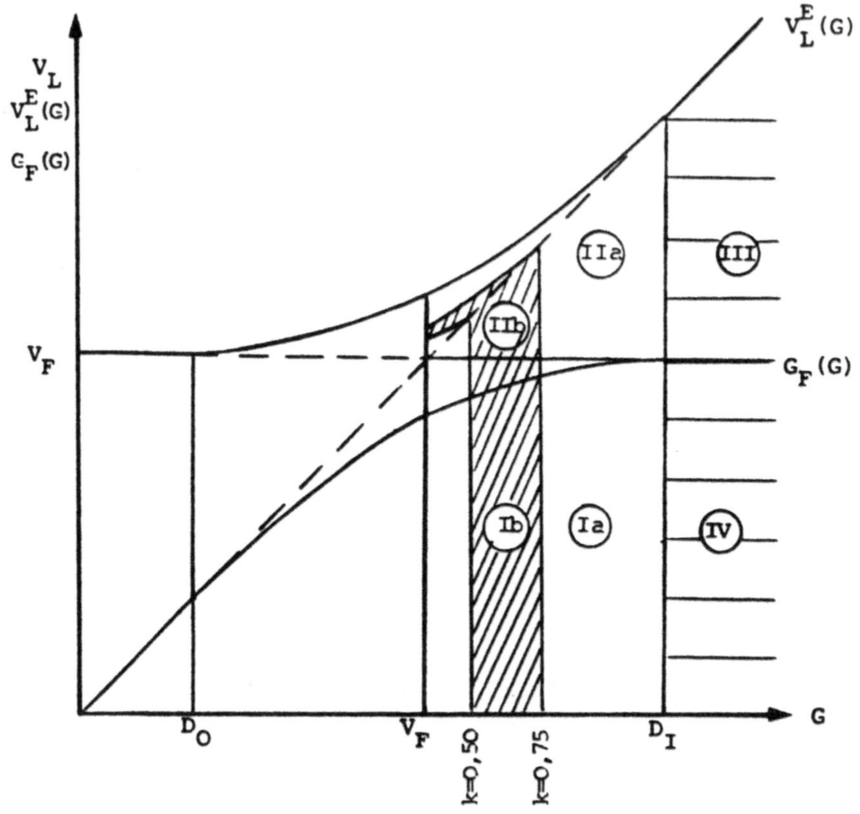

Abb. 51: Verdeutlichung der Präventivwirkung der (un-)beschränkten Ausfallhaftung

zusätzlich bei den Unternehmenszuständen Ib und IIb vermieden. Gilt k = 1, so gewährleistet die dann unbeschränkte Ausfallhaftung, daß auch bei den verbliebenen Unternehmenszuständen ein ausreichender Anreiz zur Einhaltung der Insolvenzantragspflichten gewährleistet wird.

3.3.2.3 Unbeschränkte Ausfallhaftung

Die Ausführungen zur beschränkten Ausfallhaftung unter Einbeziehung des Extremwertes k = 1 haben gezeigt, daß die unbeschränkte Ausfallhaftung unter den getroffenen Modellannahmen ihre Präventivfunktion vollständig erfüllt. Da die vermögenswirksame Belastung in der Realität bei Einlösung der Haftungsverpflichtung den ursprünglichen Eigenkapitalfehlbetrag - insbesondere bei Verwertung in einem stark exekutorisch ausgerichteten Insolvenzverfahren - wesentlich übersteigen kann, wird durch diesen Umstand die Präventivwirkung der Ausfallhaftung auf die Gesellschafter noch verstärkt.

Es könnte von juristischer Seite der Einwand erhoben werden, daß der Vorschlag einer unbeschränkten Ausfallhaftung der Gesellschafter wegen mangelhafter Kapitalausstattung "ohne Rücksicht auf die Höhe des Nominalkapitals ... mit unseren (den deutschen, d. Verf.) Vorstellungen über den Sinn der Haftungsbeschränkung wohl schwer in Einklang zu bringen sein"[1] dürfte. Dem ist jedoch die weithin vorfindbare Auffassung entgegenzuhalten, daß bereits de lege lata "die Regeln über Kapitalaufbringung und Kapitalerhaltung in *funktionalem Zusammenhang* (im Original gesperrt) mit der Haftungsbeschränkung"[2] stehen. Sie sei "kein naturrechtliches Phänomen und keine verfassungsmäßige Freiheit, vielmehr ein von der Rechtsordnung verliehenes 'Privileg'"[3] und werde durch die Einhaltung von Kapitalisierungsregeln erkauft.[4] Übertragen auf das hier vorgeschlagene Haftungskonzept bedeutet dies: Die Haftung der Gesellschafter entfällt, wenn sie sich entsprechend diesen Regeln verhalten. Bei der hier präferierten Überschuldungsdefinition als "Unvermögen zur Schuldendeckung"[5] läuft die Kapitalausstattungspflicht darauf hinaus, daß die Gesellschafter mindestens soviel Eigenkapital zur Verfügung stellen, daß die zukünftige Illiquidität aufgrund der verfügbaren aktuellen Informationen unwahrscheinlich erscheint.[6] Treten dann nicht vorhersehbare negative, zur Zahlungsunfähigkeit führende Ereignisse ein, so greift die Haftungsbeschränkung, und das sonstige Vermögen der Gesellschafter ist vor dem Gläubigerzugriff geschützt.

Obwohl die beiden eingangs des Abschnitts 3.3.2 gemachten Annahmen (Vollwertigkeit der Haftungsverpflichtung, Haftungsverwirklichung) bei

---

1) Dieser Auffassung BALLERSTEDT (1971), S. 391. Das Prinzip der Haftungsbeschränkung wird insbesondere hervorgehoben von WINTER, G. (1973), S. 128, 156.

2) ARBEITSKREIS GmbH-REFORM (1972), S. 14. Siehe auch WESTERMANN in SCHOLZ (1983), § 30 Anm. 1; WIEDEMANN (1980), S. 224 ff. und S. 565 ff., letzterer mit einer Reihe von Literaturhinweisen zu diesem Problemkreis; MÜLLER, K. (1975), S. 105.

3) WIEDEMANN (1968), S. 6.

4) Vgl. WESTERMANN, H.P. (1971), S. 18 f.

5) MOXTER (1976a), Sp. 636.

6) Vgl. WIEDEMANN (1968), S. 18; ULMER in HACHENBURG (1975/84), Anh. I 30 Rdn. 66; MÜLLER, K. (1975), S. 105.

einer mehr realtypischen Betrachtung kaum aufrechterhalten werden können, wird die grundsätzliche Zweckadäquanz der unbeschränkten Ausfallhaftung damit nicht widerlegt. So kann eine rechtsdogmatisch begründete Haftungskonzeption[1)] auch ökonomisch fundiert werden.

3.3.3 Diskussion weiterer Regelungselemente

Bereits aus dem Umstand, daß es sich bei der Gesellschafterhaftung wegen Unterkapitalisierung dem Wesen nach nicht um einen Schadenersatz handelt, folgt, daß es nicht auf die *Kausalität zwischen mangelhafter Kapitalausstattung und Verfahrenseröffnung* ankommt.[2)] Durch den Verzicht auf die Kausalitätserfordernis werden die mit dem Nachweis der Kausalität verbundenen Probleme verhindert.[3)] Zwar werden in den sog. Symptomchecklisten[4)] zur Prognose von Unternehmenskrisen "zu geringe Eigenmittel"[5)] als hervorragende Insolvenzursache genannt. Bei konsequenter Betrachtung ist *jede* Insolvenz auf eine unzulängliche Kapitalausstattung zurückzuführen.[6)] Denn wäre das Eigenkapital so hoch bzw. die Verschuldung so gering gewesen, daß trotz Eintritts der als zweit- oder hinterrangig eingestuften Konkursursache die Gläubigeransprüche hätten befriedigt werden können, wäre die Insolvenz eben nicht eingetreten. Soll die Gesellschafterhaftung ausgeschlossen werden, "wenn die Eröffnung des Konkursverfahrens oder des Vergleichsverfahrens zu Abwendung des Konkurses nicht auf der mangelhaften Kapitalausstattung der Gesellschaft beruht",[7)] so muß ein Vergleichsmaßstab bereitgestellt werden. Ansonsten handelt es sich bei diesem Kausalitätserfordernis um eine Leerformel. Um dies zu verhindern, wäre also das den Gläubigern gerade noch zuträgliche Risikopotential zu normieren.[8)] Da also neben der nicht ausreireichenden Eigenkapitalausstattung zwangsläufig eine weitere Ursache

---

1) Ähnliche Argumentation bei ROTH (1985), S. 4-6.

2) So auch WINKLER (1969a), S. 1206.

3) Die Kausalitätsproblematik wird von WIEDEMANN (1968), S. 14, sogar für "unlösbar" gehalten. Auch WINTER, G. (1973), S. 153, verzichtet auf die Kausalitätserfordernis, da es "die Beweislage der Gesellschaftsgläubiger in unzumutbarer Weise verschlechtern" würde.

4) Beurteilung dieses Prognoseinstruments bei STEINER (1980), S. 153-156 sowie BÖNKHOFF (1983), S. 52-57.

5) SCHIMMELPFENG (1977), S. 81; vgl. auch RESKE/BRANDENBURG/MORTSIEFER (1976), S. 223; RKW (1974), S. 26.

6) Der von KEISER (1966), S. 104 ff. vorgenommenen Einordnung der Ursache "unzureichende Kapitalbasis" als *Sekundärursache* ist daher - abgesehen von den Bedenken gegen jedwede Rangordnung von Konkursursachen - zuzustimmen.

7) ARBEITSKREIS GmbH-REFORM (1972), S. 21 und 23.

8) Zur Notwendigkeit einer "autonomen rechtspolitischen Normierung" einer angemessenen Kapitalausstattung vgl. BITZ (1979), S. 358.

hinzukommen muß bzw. auch Unternehmen mit einem sehr geringen Eigenkapital nicht zwangsläufig insolvent werden müssen, liegt es nahe, daß das Eigenkapital so groß sein soll, daß es zumindest die vorhersehbaren Verluste auffangen kann, also positiv ist. Hier ist nun wieder der Anknüpfungspunkt an den Überschuldungstatbestand. Ergibt sich nach ordnungsgemäßer Insolvenzprüfung keine Überschuldung, ist somit das Eigenkapital angemessen und ein Haftungsdurchgriff auf die Gesellschafter nicht möglich.

Aus Praktikabilitätsgründen und aufgrund prinzipieller Erwägungen sollte der Haftungsdurchgriff *alle* Gesellschafter ohne Ansehen ihrer Einflußmöglichkeiten treffen. Sollen nur bestimmte Gesellschafter haften, so liegt das Problem "ersichtlich in der überzeugenden Abgrenzung des Kreises derer, auf die die gläubigerschützenden Pflichten erstreckt werden sollen".[1] Wie bei anderen gesellschaftsrechtlichen Problemen ließen sich zwar auch hier Lösungswege zur Differenzierung aufzeigen, doch wird man auch aus Zweckmäßigkeitsgründen mit einer generalklauselhaften Regelung zu rechnen haben, um dem Einzelfall gerecht zu werden.[2] Damit sind jedoch zwangsläufig die den Gläubigerschutz belastenden Beweisprobleme vorprogrammiert. Gegen den Ausschluß der nicht mit maßgeblichem Einfluß ausgestatteten Gesellschafter spricht auch der Umstand, daß man von einer personalistischen Struktur der Gesellschaft mbH ausgehen kann, und zwar sowohl im Hinblick auf die rechtstatsächlichen Verhältnisse[3] als auch der Unternehmensverfassung des GmbH-Rechts, "in der von der aktiven Betätigung der Gesellschafter ausgegangen wird".[4]

Einen Anknüpfungspunkt für die Haftung der Gesellschafter bietet auch ihre in § 46 Nr. 6 GmbHG verankerte Überwachungsfunktion gegenüber der Geschäftsführung. Auch im Hinblick auf die de lege lata bestehenden Pflichten der Gesellschafter bei Insolvenz der Gesellschaft ist zu beachten, daß die Gesellschafter die gegen die Geschäftsführer gerichteten Schadenersatzansprüche, wozu nach § 64 Abs. 2 i.V. mit § 43 Abs. 3

---

1) SCHMIDT, K. (1978b), S. 666.

2) Vgl. hierzu SCHMIDT, K. (1983), S. 184 - 187, der soweit ersichtlich, am weitestgehenden Indikatoren für die Rollendifferenzierung von Gesellschaftern im Hinblick auf die Klassifizierung von kapitalersetzenden Gesellschafterdarlehen diskutiert. Siehe ferner hierzu CLAUSSEN (1985), S. 178-180.

3) Siehe hierzu die empirische Erhebung von KORNBLUM (1983), S. 31. Aus einer Grundgesamtheit von mehr als 4.000 Gesellschaftern hatten 23,8 % nur einen Gesellschafter, 51,4 % zwei Gesellschafter, 21,9 % drei bis fünf Gesellschafter, 2,2 % sechs bis zehn Gesellschafter und lediglich 0,7 % mehr als 10 Gesellschafter.

4) FABRICIUS (1970), S. 143.

GmbHG der Ersatz der nach Eintritt der Zahlungsunfähigkeit oder Feststellung der Überschuldung geleisteten und nicht mit der Sorgfalt eines ordentlichen Geschäftsmannes zu vereinbarenden Zahlungen gehören, tatsächlich nur geltend gemacht werden können, wenn die Gesellschafter über die entsprechenden Informationen verfügen. Daher kann auch im Interesse der Gläubiger nicht nur ein Informationsrecht, wie es § 51 a GmbHG vorsieht, sondern auch eine Informationspflicht unterstellt werden.[1] In diesem Zusammenhang erscheint auch bemerkenswert, daß bereits de lege lata die Gesellschafterversammlung die Geschäftsführung anweisen kann, Konkursantrag zu stellen[2] oder eine nicht antragsbereite Geschäftsführung austauschen kann.[3] Insofern ergibt sich zwar keine zwingende Notwendigkeit eines Insolvenzantragsrechtes der einzelnen Gesellschafter als Korrelat ihrer Haftung wegen mangelhafter Kapitalausstattung. Dennoch erscheint es gerechtfertigt, den Gesellschaftern eine Gesellschaft mbH ein Insolvenzantragsrecht zuzugestehen, um ihnen die Möglichkeit zu geben, sich durch eine rechtzeitige Antragstellung der Haftung zu entledigen.[4] Dieser Gedanke dürfte auch hinter dem Konkursantragsrecht der persönlich haftenden Gesellschafter nach § 210 KO stehen. Das Argument, die Gesellschafter erhielten "durch ein eigenes Konkursantragsrecht eine zu starke Position gegenüber den anderen Organen"[5], geht zumindest für die Gesellschaft mbH fehl.

Da die Effizienz der Haftungsregelung wesentlich durch *Beweislast*probleme beeinträchtigt werden kann, liegt es nahe, im Interesse des Gläubigerschutzes den für die Antragstellung auf Eröffnung des Insolvenzverfahrens Verantwortlichen die Beweislast aufzuerlegen. Eine solche Beweislastverteilung läßt sich mit der größeren Beweisnähe dieses Personenkreises rechtfertigen. Andernfalls würde die Beweisführung des Insolvenzverwalters häufig dadurch zunichte gemacht, daß die notwendigen Informationsunterlagen fehlen oder aber belastende Unterlagen beiseite geschafft würden.[6] Die Notwendigkeit, die Prognosewerte in einem späteren

---

1) Ähnlich argumentierend ZYBON (1973), S. 67.

2) Vgl. UHLENBRUCK (1980), S. 171.

3) Vgl. KILGER (1984), S. 48.

4) So auch MÜLLER, K. (1975), S. 103.

5) So die Argumentation der Insolvenzrechtskommission nach KILGER (1984), S. 48.

6) Vgl. GURKE (1982a), S. 119. Zur Bedeutung der Konkursstraftaten nach § 283 b StGB (Verletzung der Buchführungspflicht) siehe CASTAN (1983), S. 114; vgl. auch GESSNER u.a. (1978), S. 204-205. Nach ZYBON (1973), S. 59, gehört die Verletzung der Buchführungspflichten zum "normalen" Konkurs.

Insolvenzverfahren möglicherweise vertreten zu müssen, wirkt disziplinierend auf die verantwortlichen Organe und stellt somit "ein angemessenes Korrektiv"[1] dar, um die durch den Überschuldungstatbestand "verbesserte Wahrung der Gläubigerinteressen nicht "ins Leere' laufen zu lassen".[2]

Bisher wurde ganz allgemein von den für die Wahrung der insolvenzrechtlichen Pflichten Verantwortlichen gesprochen. Primärer Adressat der Insolvenzantragspflichten soll nach unseren Vorstellungen die Geschäftsführung bleiben. Sie unterliegt der Überwachung durch die Gesellschafterversammlung. Diese Überwachungsfunktion stellt nach unseren Vorstellungen einen Hauptansatzpunkt für die Gesellschafterhaftung dar, so daß sich bei funktionaler Betrachtung zwangsläufig als Konsequenz ergibt, daß jeweils beide Organe bei Verletzung ihrer Pflichten haften.[3] Im Gegensatz zur geltenden Regelung des Schadenersatzes für Zahlungen, die nach Eintritt der Konkursreife aus dem Gesellschaftsvermögen geleistet worden sind, sollte de lege ferenda auch die Organhaftung wegen Verletzung der Insolvenzantragspflichten als gesamtschuldnerische Ausfallhaftung ausgestaltet werden.[4] Ein solches Haftungssystem hätte den Vorzug, daß auch Neugläubiger, d.h. jene, die Kredite an ein bereits insolventes Unternehmen gewährt haben, besser geschützt würden. Neben dem Gesichtspunkt der Einheitlichkeit des Haftungssystems, indem nicht zwischen Schadenersatz der Geschäftsführer und Ausfallhaftung der Gesellschafter differenziert wird, spricht für dieses Lösungskonzept der Praktikabilitätsgewinn, der aus dem Wegfall der Schadensberechnung resultiert.

Als weiteres wäre zu klären, wie die Geschäftsführer und Gesellschafter haftungsmäßig zu stellen sind, wenn zu einem beliebigen Zeitpunkt vor der Verfahrenseröffnung die Gesellschaft zwar überschuldet war, diese aber später durch eine positive Geschäftsentwicklung aus der Überschuldung herausgeführt werden konnte. Hier erscheint es zweckmäßig, den Hafungsanspruch der Gläubiger davon abhängig zu machen, ob die Gesellschaft unmittelbar vor dem Antrag auf Eröffnung des Insolvenzverfahrens

---

1) GURKE (1982a), S. 121.

2) GURKE (1982a), S. 121.

3) Für rechtsdogmatische Interpretation der Gesellschafterhaftung als Organhaftung WILHELM (1981), S. 353 ff. Kritisch hierzu SCHANZE (1982), S. 43-44 sowie LEE (1983), S. 142.

4) Gleichartige haftungsmäßige Behandlung von Geschäftsführern und Gesellschaftern wird auch vom ARBEITSKREIS GmbH-REFORM (1972), S. 23, vorgeschlagen.

über eine bestimmte Zeit hinweg überschuldungsfrei war. Aus zwei Gründen läßt sich eine Frist von fünf Jahren rechtfertigen. Einerseits kann die Überbrückung eines solchen Zeitraumes als Indiz dafür gewertet werden, daß kein ursächlicher Zusammenhang zwischen der nicht durch Insolvenzantrag angezeigten Überschuldung und der nachträglich eingetretenen Krise besteht.[1] Nimmt man andererseits an, daß die unveränderte Fortführung quasi den "Charakter einer Neuaufnahme der Geschäftstätigkeit trägt",[2] wird deutlich, daß die zugrunde zu legende Frist im Zusammenhang mit den Kapitalaufbringungs- und erhaltungspflichten bzw. der "kapitalgesellschaftlichen Haftungsverfassung"[3] zu sehen ist. Eine fünfjährige Verjährungsfrist gilt beispielsweise für

- die Haftung der Gründer (§§ 9 Abs. 2 GmbHG, 51 AktG)
- die Ansprüche der Gesellschaft gegen die Geschäftsführung (§§ 32 Abs. 3 GmbHG) bzw. den Vorstand (§ 93 Abs. 6 AktG) wegen Verletzung der Kapitalsicherungspflichten
- die Erstattungsansprüche wegen verbotener Einlagenrückgewähr gegen die Gesellschafter (§§ 31 Abs. 5 GmbHG, 62 Abs. 3 AktG)
- die Ansprüche gegen die Geschäftsführer bzw. den Vorstand wegen Zahlungen nach eingetretener Insolvenzreife (§§ 130a Abs. 3 HGB, 64 Abs. 2 i.V. mit 43 Abs. 4 GmbHG, 92 Abs. 3 i.V. mit 93 Abs. 6 AktG).

Insbesondere die zuletzt angeführten Normen belegen, daß eine fünfjährige Verjährungsfrist für die Haftung wegen Verletzung der Insolvenzantragspflichten sich in das geltende Haftungssystem reibungslos einfügt.

---

1) Ähnlich ARBEITSKREIS GmbH-REFORM (1972), S. 24. Bei der von ihm vorgeschlagenen Regelung der Gesellschafterhaftung wegen *anfänglicher* Unterkapitalisierung geht er von der (widerlegbaren) Vermutung aus, daß das Insolvenzverfahren innerhalb von fünf Jahren nach Gründung auf eine unzureichende Kapitalausstattung zurückzuführen ist. Von daher liegt eine Inkosequenz vor, wenn derselbe ARBEITSKREIS bei nachträglicher Unterkapitalisierung die Haftung ausschließt, wenn das Insolvenzverfahren später als zwei Jahre nach der über die Sanierung entscheidenden Gesellschafterversammlung eröffnet wird.

In der Literatur werden auch andere Fristen, die für ähnliche Fragestellungen relevant sind, genannt. Vgl. z.B. STROBEL (1973), der eine Frist von 3-5 Jahren für akzeptabel hält. SCHATZ (1980), S. 165, dem es um die Regenerationsphase eines aus der konzernrechtlichen Beherrschung entlassenen abhängigen Unternehmens geht, hält eine Frist von 3 Jahren für angemessen. Nach den Vorstellungen der Insolvenzrechtskommission beträgt bei reorganisierten Unternehmen die kritische Phase nach Bestätigung des Plans ebenso drei Jahre; vgl. UHLENBRUCK (1984), S. 1961.

2) KRUPPA (1982), S. 241.

3) KRUPPA (1982), S. 241.

3.4 Zusammenfassung und Reformvorschlag

In der Zusammenfassung zum vorangehenden Kapitel (Abschnitt 2.5) wurde bereits ein Reformvorschlag betreffend die Insolvenzantragspflichten für die Gesellschaft mbH vorgestellt. Er wäre in folgenden Vorschriften zu ergänzen:

§ 64a (Solvenzprüfung

(4) Verletzen die Geschäftsführer ihre Pflichten aus diesen Vorschriften, so haften sie nach Maßgabe der Vorschriften des § 64c Abs. 2 bis 4.

§ 64c (Insolvenzantragspflicht)

(2) Wird entgegen Absatz 1 die Eröffnung des Insolvenzverfahrens nicht oder nicht rechtzeitig beantragt, so haben die Geschäftsführer bei Eröffnung des Insolvenzverfahrens Zahlungen an die Gesellschaft zu leisten, soweit diese zur Befriedigung der Gläubiger der Gesellschaft erforderlich sind. Ist dabei streitig, ob sie die Sorgfalt eines ordentlichen und gewissenhaften Geschäftsleiters angewandt haben, so trifft sie die Beweislast.

(3) Die Geschäftsführer haften als Gesamtschuldner. Im Insolvenzverfahren macht der Insolvenzverwalter die Ansprüche aus Absatz 2 geltend.

(4) Die Ansprüche aus diesen Vorschriften verjähren in fünf Jahren. Maßgeblich für die Bemessung dieser Frist ist der Zeitpunkt der Antragstellung auf Eröffnung des Insolvenzverfahrens.

§ 46a (Insolvenzantragspflichten der Gesellschafter)

(1) Den Gesellschaftern obliegt die Feststellung des von den Solvenzprüfern bestätigten Solvenzberichtes.

(2) Widerspricht ein Gesellschafter der Feststellung des Solvenzberichtes, so kann er Antrag auf Eröffnung des Insolvenzverfahrens stellen.

(3) Die Gesellschafter haben darüber zu wachen, daß die Geschäftsführer ihre Pflichten aus den Vorschriften der §§ 64a Absatz 1 bis 3 und 64c Absatz 1 beachten.

(4) Verletzen die Gesellschafter ihre Pflichten aus den Vorschriften der Absätze 1 und 3, so haben die Gesellschafter bei Eröffnung des Insolvenzverfahrens Zahlungen an die Gesellschafter zu leisten, soweit diese zur Befriedigung der Gläubiger der Gesellschafter erforderlich sind. Ist dabei streitig, ob sie ihre Pflichten verletzt haben, so trifft sie die Beweislast. § 64c Absatz 3 und 4 sind sinngemäß anzuwenden.

Dieser Reformvorschlag baut auf folgenden Grundüberlegungen auf:

- Versteht man den Insolvenzgrund Überschuldung im Sinne prospektiver Zahlungsunfähigkeit und faßt Unterkapitalisierung als einen die Gläubiger in unangemessener Weise gefährdenden Unternehmenszustand auf, so wird deutlich, daß Überschuldung und Unterkapitalisierung begrifflich gleichzusetzen sind. Ein unter Gläubigerschutzgesichtspunkten idealtypisch definiertes Eigenkapital ist angemessen, wenn es nicht negativ ist.

- Für den Fall, daß ein Unternehmen überschuldet ist, hat der Gesetzgeber im Interesse der Gläubiger vorgesorgt, indem die Geschäftsführung bzw. der Vorstand zur Antragstellung auf Eröffnung eines Insolvenzverfahrens verpflichtet werden. Wegen der begrifflichen Einheit von Überschuldung und Unterkapitalisierung kann dadurch, daß den bei Überschuldung angezeigten Gläubigerschutzregeln zu größerer Wirksamkeit verholfen wird, auch das Unterkapitalisierungsproblem gelöst werden.

- Das Organisationsgefüge der Gesellschaft mbH ist durch eine personalistische Grundstruktur gekennzeichnet, d.h. die Gesellschafter verfügen im Vergleich zu den Aktionären über eine relativ große Entscheidungsmacht und Verantwortlichkeit. Dem ist auch bei der Haftungsverfassung Rechnung zu tragen.[1)]

- Die Beschränkung der Haftung auf das Gesellschaftsvermögen stellt "ein von der Rechtsordnung verliehenes 'Privileg'"[2)] dar. Wer die zur Abwehr der hieraus erwachsenden Gläubigerrisiken installierten Kapitalisierungsregeln nicht einhält, soll sich nicht auf dieses "Privileg" berufen können.

---

1) Vgl. WILHELM (1981), S. 338.

2) WIEDEMANN (1968), S. 6.

4 Möglichkeiten der Komplettierung der Haftungsmasse durch insolvenzrechtliche Anfechtung

4.1 Funktion und Arten konkursrechtlicher Anfechtung

Nach geltendem Recht sind Anfechtungsregelungen dem Vergleichsrecht fremd, d.h. in einem erfolgreich zu Ende geführten Vergleichsverfahren hat der Vergleichsverwalter keine Möglichkeit der Anfechtung. Die insolvenzrechtliche Anfechtung stellt mithin de lege lata ein auf das Konkursverfahren beschränktes Rechtsinstitut dar.[1]

Das Instrument der Konkursanfechtung ermöglicht, unter bestimmten Voraussetzungen eine eingetretene Schmälerung der Konkursmasse wieder auszugleichen. Die schuldnerische Verfügungsgewalt unterliegt gewissen "Mindestbedingungen"[2], die besagen, daß seine Verfügungsbefugnis nicht so weit reicht, "daß er dadurch die Befriedigungsaussicht seiner Gläubiger absichtlich zerstören oder in Form unentgeltlicher Vermögensaufopferungen zunichte machen könnte".[3] Hier knüpfen beispielsweise die Absichtsanfechtung (§ 31 KO), Schenkungsanfechtung (§ 32 KO) an, indem sie solche Handlungen als "haftungsrechtlich unwirksam"[4] qualifizieren.

Dasselbe gilt für unredliche Kürzungen der Haftungsmasse vor formeller Insolvenz mittels der Konkursanfechtung (§ 30 KO) oder § 342 HGB. Aus der haftungsrechtlichen Unwirksamkeit folgt der Anspruch des Konkursverwalters auf Rückgewähr zur Konkursmasse dessen, was durch die anfechtbare Handlung aus dem Schuldnervermögen veräußert, weggegeben oder aufgegeben worden ist (§ 37 Abs. 1 KO).

Voraussetzungen der konkursrechtlichen Anfechtung sind:

(1) eine vor Konkurseröffnung erfolgte *Rechtshandlung*

(2) eine damit zusammenhängende *Benachteiligung* der Konkursgläubiger;

---

1) Mit Ausnahme der Konkursanfechtung nach § 30 KO und Anfechtung nach § 342 HGB bestehen außerhalb des Konkurses dieselben Anfechtungsmöglichkeiten. Grundlage bildet hierbei das Anfechtungsgesetz (AnfG). Vgl. hierzu HAEGELE/HESS (1983), S. 241 - 244.

2) PAULUS (1956), S. 315.

3) PAULUS (1956), S. 315.

4) PAULUS (1956), S. 325. Zum Wesen der Anfechtung als "haftungsrechtliches Instrument" siehe auch HENCKEL (1982), S. 393 f..

(3) ein *Anfechtungsgrund*" [1]

Zu (1): Hinsichtlich der Art der anfechtbaren Rechtshandlungen nimmt die Konkursordnung keine besondere Abgrenzung vor, d.h. anfechtbar "ist jedes Handeln, das eine rechtliche Wirkung auslöst. ... Dem positiven Handeln steht das *Unterlassen* gleich, wenn es wissentlich und willentlich geschieht."[2] Die Rechtshandlung hat vor Konkurseröffnung zu erfolgen, und zwar innerhalb einer bestimmten, vom Anfechtungsgrund abhängigen Frist. Eine Erstreckung auf Rechtshandlungen nach Konkurseröffnung erübrigt sich, da mit der Eröffnung des Konkursverfahrens die Verwaltungs- und Verfügungsbefugnis über das zur Konkursmasse gehörige Vermögen vom Schuldner auf den Konkursverwalter übergeht (§ 6 KO) und Rechtshandlungen des Gemeinschuldners nach diesem Zeitpunkt gegenüber den Konkursgläubigern unwirksam sind (§ 7 KO). Ferner sind die Konkursgläubiger in der Verfolgung ihrer Forderungen eingeschränkt (§§ 12 ff. KO), z.B. durch Verbot von Einzelzwangsvollstreckungen (§ 14 KO).[3]

Zu (2): Grundsätzlich sind nur solche Rechtshandlungen anfechtbar, durch die die Konkursgläubiger in ihrer Gesamtheit objektiv benachteiligt werden.[4] Typische Formen der Gläubigerbenachteiligung sind die Verringerung der zur Gläubigerbefriedigung verfügbaren Aktivmasse, Erhöhung der Schuldenmasse sowie Erschwerung der Zugriffsmöglichkeiten für Konkursgläubiger.[5] Das Konkursrecht fordert in bestimmten Fällen unmittelbare Gläubigerbenachteiligung (§§ 30 Nr. 1 Halbsatz 1, 31 Nr. 2 KO), während in den übrigen Fällen (§§ 30 Nr. 1 Halbsatz 2, 30 Nr. 2, 31 Nr. 1 und 32) mittelbare Benachteiligung ausreicht.[6] Bei unmittelbarer Benachteiligung besteht der ursächliche Zusammenhang zwischen Rechtshandlung und Gläubigerbenachteiligung in der Weise, daß das Rechtsgeschäft selbst nachteilig ist. Mittelbare Benachteiligung bedeutet, daß die Anrechtbarkeit erst durch später hinzukommende Umstände gegeben ist, z.B. nachträgliche Wertsteigerung eines veräußerten Vermögensgegenstandes.[7]

---

1) BAUR (1979), S. 109; ähnlich JAUERNIG (1980), S. 185 f..

2) MENTZEL/KUHN/UHLENBRUCK (1979), § 29 Anm. 6.

3) Vgl. BAUR (1979), S. 109 f..

4) Vgl. MENTZEL/KUHN/UHLENBRUCK (1979), § 29 Anm. 19.

5) Siehe hierzu ausführlich MENTZEL/KUHN/UHLENBRUCK (1979), § 29 Anm. 25 - 31.

6) Vgl. MENTZEL/KUHN/UHLENBRUCK (1979), § 29 Anm. 24; BAUR (1979), S. 111.

7) Vgl. MENTZEL/KUHN/UHLENBRUCK (1979), § 29 Anm. 21 - 24.

Zu (3): Schließlich muß ein Anfechtungsgrund vorliegen. Er ist gegeben, wenn die Schmälerung der Gläubigerbefriedigungsmöglichkeiten "unter besonders auffälligen, 'diskriminierenden' Umständen erfolgt ist".[1] Die "Unredlichkeitstheorie"[2] verlangt zur Anfechtbarkeit einer Handlung nach "einer besonderen rechtlichen Rechtfertigung, die - sofern sie nicht wie bei der Schenkungsanfechtung in der Unentgeltlichkeit liegt - nur im subjektiven Bereich zu finden ist".[3] Sie setzt allgemein Benachteiligungsabsicht des Schuldners und Kenntnis derselben seitens des Anfechtungsgegners voraus. Jene ist entweder zu beweisen oder wird vom Gesetz unwiderleglich vermutet.[4] Diese als dritte genannte Voraussetzung der Konkursanfechtung unterscheidet sie im wesentlichen von der Rückschlagsperre, wie sie die §§ 28, 87 VglO regeln. Diese Vorschriften sehen vor, daß sämtlichen durch Zwangsvollstreckungen erlangten Sicherungen oder Befriedigungen für das Vergleichsverfahren die Anerkennung versagt wird[5], und zwar ohne daß subjektive Voraussetzungen erfüllt sein müssen.

Die nachstehende Tabelle 10 faßt die wichtigsten Merkmale der geltenden konkursrechtlichen Anfechtungsnormen zusammen. Bestandteile jeder Anfechtungsregelung sind:

(1) das Zeitmoment

(2) die Abgrenzung des Kreises der potentiellen Anfechtungsgegner

(3) die Charakterisierung der Art der anfechtbaren Handlung

(4) das Ausmaß und die Verteilung der Beweislast.

Zu (1): Zur Anfechtbarkeit von Rechtshandlungen gehört, daß sie innerhalb eines bestimmten Zeitraumes vor der Verfahrenseröffnung vorgenommen wurden. Dieser als *Suspektfrist* bezeichnete Zeitraum wird nach den konkursrechtlichen Vorschriften in die Vergangenheit hinein betrachtet entweder durch eine mehr oder minder willkürlich festgelegte Frist, für die allenfalls Plausibilitätsüberlegungen maßgebend sind, oder aber Ein-

---

1) BAUR (1979), S. 114.

2) PFEFFERLE (1984), S. 151.

3) GERHARDT (1977), S. 130.

4) So GERHARDT (1969), S. 218, zur Anfechtung nach § 342 HGB.

5) Vgl. BÖHLE-STAMSCHRÄDER/KILGER (1982), § 28 Anm. 6.

	Rechtsgrundlage	anfechtbare Handlung	Anfechtungsgegner	Zeitmoment ZE=Zahlungseinstellung KA=Konkursantrag	Gläubigerbenachteiligung	Beweislast	
						Konkursverwalter	Anfechtungsgegner
(1)	§ 30 Nr. 1 Halbsatz 1 KO	Rechtsgeschäfte des Gemeinschuldners	"anderer Teil"	nach ZE oder KA	unmittelbar	- benachteiligende Rechtshandlung - Zeitmoment - Kenntnis des Anfechtungsgegners über ZE oder KA	
(2)	§ 30 Nr. 1 Halbsatz 2 KO	Rechtshandlung, die einem späteren Konkursgläubiger eine Sicherung oder Befriedigung gewährt	nachmaliger Konkursgläubiger		mittelbar		
(3)	§ 30 Nr. 2 KO	wie § 30 Nr. 1 Fallgruppe 2 und Inkongruenz der Deckung		nach ZE oder KA oder 10 Tage vor KA und ZE	mittelbar	- benachteiligende Rechtshandlung einschließlich Inkongruenz - Zeitmoment	- Unkenntnis von ZE oder KA - Unkenntnis der Begünstigungsabsicht
(4)	§ 31 Nr. 1 KO	Rechtshandlungen des Gemeinschuldners, welche dieser in der Absicht vornimmt, seine Gläubiger zu benachteiligen	"anderer Teil"	30 Jahre vor Anfechtung	mittelbar	- benachteiligende Rechtshandlung - Benachteiligungsabsicht - Kenntnis des Anfechtungsgegners	
(5)	§ 31 Nr. 2 KO	entgeltliche Verträge mit Angehörigen	Angehörige	1 Jahr vor Konkurseröffnung	unmittelbar	- benachteiligende Rechtshandlung - Zeitmoment	- Unkenntnis der Benachteiligungsabsicht
(6)	§ 32 Nr. 1 KO	unentgeltliche Verfügungen des Gemeinschuldners	Dritter		mittelbar	- benachteiligende Rechtshandlung	
(7)	§ 32 Nr. 2 KO	unentgeltliche Verfügungen des Gemeinschuldners	Ehegatten	2 Jahre vor Konkurseröffnung	mittelbar	- Zeitmoment	
(8)	§ 32a Satz 1 KO	Rechtshandlungen, die dem Gesellschaftergläubiger eines kapitalersetzenden Darlehens Sicherung gewähren	Gesellschafter der GmbH oder Personengesellschaft, bei der kein persönlich haftender Gesellschafter eine natürliche Person ist	30 Jahre vor Anfechtung		- Vorliegen der Tatbestandsmerkmale	
(9)	§ 32a Satz 2 KO	Rechtshandlungen, die dem Gesellschaftergläubiger eines kapitalersetzenden Darlehens Befriedigung gewährt		1 Jahr vor Konkurseröffnung			
(10)	§ 32b GmbHG	Befriedigung des Rückgewähranspruchs eines Dritten, dem ein Gesellschafter für die Rückgewähr des kapitalersetzenden Darlehens eine Sicherung oder Bürgschaft gestellt hat					
(11)	§ 342 HGB	Vereinbarung der Rückgewähr oder des Erlasses einer stillen Einlage	stiller Gesellschafter			- Vereinbarung über Rückgewähr oder Erlaß - Zeitmoment	- nach der Vereinbarung eingetretene Umstände, die zum Konkurs geführt haben

Tab. 10: Überblick über die geltenden Anfechtungsregelungen

tritt des offenbar gewordenen *materiellen Konkurses* begrenzt. Die Frage, inwieweit die im geltenden Konkursrecht gewählten Anknüpfungspunkte und Suspektfristen zweckmäßig sind, soll im Abschnitt 4.2 behandelt werden.

Zu (2): Berücksichtigt man, daß die Anfechtungsregelungen aus insolvenzökonomischer Sicht der Realisierung der par conditio creditorum und der Haftungsverwirklichung dienen, liegt auf der Hand, daß man dem Umstand, wenn der Anfechtungsgegner in einer engeren wirtschaftlich relevanten Beziehung zum Schuldner steht, Rechnung trägt. Dabei gilt das Prinzip, daß der Insolvenzverwalter dann die Masse mit anfechtungsrechtlichen Instrumenten unter für ihn erleichterten Bedingungen komplettieren kann, wenn vermutet werden kann, daß der Anfechtungsgegner über besondere Informationsmöglichkeiten im Hinblick auf die finanzielle Situation des Schuldners verfügt oder aber die Annahme eines gläubigerschädigenden Zusammenwirkens von Schuldner und Betroffenem unterstellt werden kann. Im Abschnitt 4.3 wird daher die Vollständigkeit und Anpassung der *insiderorientierten Anfechtungsregeln* geprüft.

Zu (3): Die anfechtbaren Handlungen lassen sich in zwei Gruppen unterteilen, und zwar in *anfechtbare Deckungsgeschäfte*, bei denen die par conditio creditorum durch die Begünstigung bestimmter Gläubiger verletzt wird, und *fraudulöse Transaktionen* des Schuldners, die zu einer Einschränkung der Befriedigungsmöglichkeiten der Gläubiger durch Verkürzungen der Haftungsmasse führen, ohne daß sich gleichzeitig die Ansprüche der Gläubigergesamtheit verringern. In beiden Gruppen werden solche gesondert behandelt, nämlich die inkongruente Deckung und die unentgeltliche Verfügung, bei denen die Art der Handlung das Komplettierungsinteresse hinter das Interesse des Anfechtungsgegners auf Rechtssicherheit und Behalten der zugewandten Vermögenswerte zurückstellt, der Anfechtungsgegner also einen geringeren Vertrauensschutz als bei anderen Handlungen genießt. Da insbesondere bestimmte Formen der Deckung für den Gläubiger als Indiz für die ungünstige finanzielle Lage gewertet werden können, bilden die Formen der Deckungsgeschäfte den Zentralpunkt des Abschnittes 4.4.

Zu (4): Ausmaß und Verteilung der Beweislast hängen von den gerade genannten anderen Komponenten von Anfechtungsregelungen ab, so daß die unterschiedlichen Beweislastregeln als Konsequenzen der jeweiligen Ausprägung des Kriteriums

- der zeitlichen Nähe der anfechtbaren Handlung zur formellen Insolvenz,
- der wirtschaftlich relevanten Nähe des Anfechtungsgegners und
- der Art der anfechtbaren Handlung im Hinblick auf die Indizierung der Vertrauenschutzwürdigkeit des Anfechtungsgegners

zu sehen sind. Dies bedeutet für die folgende Analyse der Anfechtungsregelungen, daß sich eine isolierte Würdigung der Beweislastregelungen unter methodischen Gesichtspunkten erübrigt. Vielmehr hat die Kritik unmittelbar an den Bedingungen, z.B. dem Zeitmoment, anzusetzen.

Befürwortet werden Anfechtungsregelungen, deren Effizienz von Beweisschwierigkeiten möglichst wenig belastet wird. Die Bedeutung von Beweiserleichterungen für die Komplettierung der Masse zeigen Ergebnisse der MAX-PLANCK-Studie zur Praxis der Konkursabwicklung in der Bundesrepublik Deutschland. Die "mangelnde Durchsetzbarkeit der Anfechtungsmöglichkeiten für verschobene Werte" wurde von den befragten Konkursverwaltern auf einer Rangskala mit Werten von 1 bis 8 hinter der Aushöhlung durch Sicherungsrechte (Position 1,5), Steuerbelastungen (Position 3,5) und Sozialplan- bzw. Abfindungsforderungen von Arbeitnehmern (Position 3,6) an vierter Stelle (Position 4,6) der Gründe für die Massearmut genannt[1], wobei die Beweisschwierigkeiten den ersten Rang (54% der Nennungen) der Hauptschwierigkeiten bei der Durchführung von Anfechtungsprozessen ausmachten.[2]

Die Beweisprobleme sollen minimiert werden, indem versucht wird, die subjektiven Voraussetzungen *möglichst weitgehend* durch objektive zu ersetzen. Allerdings ist zu berücksichtigen, daß das Interesse der Drittgläubiger an der Durchsetzung des Gleichbehandlungsgrundsatzes und Haftungsverwirklichung dem Vertrauensschutzinteresse des Anfechtungsgegners widerspricht, welches in engem Zusammenhang mit dem Erfordernis der Sicherheit des Rechtsverkehrs steht.[3] Anders als nach der "Unredlichkeitstheorie, die die Rechtfertigung, um in der Krisenzeit erlangte Vermögenspositionen als für die Insolvenz letztlich unschädlich anzusehen, stets im subjektiven Bereich des jeweiligen (Anfechtungsgegners, d. Verf.)

---

1) GESSNER u.a. (1978), S. 214.

2) GESSNER u.a. (1978), S. 215.

3) Vgl. GERHARDT (1969), S. 131; INSOLVENZRECHTSKOMMISSION (1985), S. 399 f..

zu sehen glaubt"[1], wird im folgenden ein Anfechtungssystem nach dem *Prinzip des gestuften Vertrauensschutzes*[2] entwickelt. Es gilt, die Bedingungen aufzuzeigen, unter denen eine Rückabwicklung aus vornehmlich objektiven Gründen möglich ist, da der Anfechtungsgegner keinen oder nur einen abgeschwächten Vertrauensschutz genießt.

Des weiteren wird bei der folgenden Analyse von einer "einheitlichen Insolvenzanfechtung" ausgegangen. Die geltende Ausgestaltung der Anfechtung als konkursrechtliche Anfechtung ist nicht mit dem Zweck der Anfechtungsregelungen, nämlich der Sicherstellung der par conditio creditorum und Vermeidung von Kürzungen der Haftungsmasse durch fraudulöse Transaktionen[3], vereinbar. Das zu deren Rechtfertigung in der Literatur vorgebrachte Argument, die Anfechtung vertrage sich nicht mit einem auf zügige Abwicklung ausgerichteten Vergleichsverfahren[4], ist nicht haltbar, denn jedes Insolvenzverfahren gewinnt durch möglichst zügige Durchführung an Effizienz.[5] Implizit beinhaltet dieser Einwand gegen eine Vereinheitlichung eine negative Kritik an der geltenden Konkursanfechtung. Der Auffassung, Anfechtungsregelungen im Vergleichsrecht belasteten wegen der Einengung des Handlungsspielraums des Schuldners die Fortführungschancen, wenn der Schuldner Gläubiger durch vorzugsweise Teilbefriedigung zum Stillhalten veranlassen wolle[6], kann entgegengehalten werden, daß die Werterhaltung im Gegenteil gefährdet werden kann, wenn bei hohen Erfolgserwartungen hinsichtlich von Anfechtungsmöglichkeiten die Gläubiger das (zerschlagungslastige) Konkursverfahren dem Vergleichsverfahren vorziehen.

---

1) PFEFFERLE (1984), S. 152.

2) PFEFFERLE (1984). S. 153.

3) Zustimmend GERHARDT (1977), S. 132 f., PFEFFERLE (1984), S. 149 f.. Bei dem von der Insolvenzrechtskommission konzipierten Gesamtinsolvenzverfahren ergibt sich zwangsläufig ein einheitliches Anfechtungsrecht; vgl. HENCKEL (1984a), S. 375 - 378.

4) Vgl. SCHMIDT, R.H. (1980), S. 71. Zur gleichlautenden historischen Begründung siehe PFEFFERLE (1984), S. 150.

5) Vgl. auch PFEFFERLE (1984), S. 150.

6) So auch die INSOLVENZRECHTSKOMMISSION (1985), S. 400. Daher nicht mit der Grundstruktur des Vergleichsrechts vereinbar nach SCHMIDT, R.H. (1980), S. 71.

4.2 Das Zeitmoment

4.2.1 Zur Befristung der "besonderen Insolvenzanfechtung"

Zunächst ist festzustellen, daß die Konkursanfechtung nach § 30 KO bezüglich der Konkursgründe lediglich an die Zahlungseinstellung anknüpft. Berücksichtigt man, daß Zahlungsunfähigkeit und Überschuldung die beiden Konkursgründe sind, so fällt zum einen auf, daß die Anfechtungsfrist bezüglich der Zahlungsunfähigkeit lediglich an die Zahlungseinstellung als eine, wenn auch "wichtigste Erscheinungsform der Zahlungsunfähigkeit"[1] anknüpft. Außerdem spielt dort, wo Überschuldung Konkursgrund für den Schuldner ist, diese für die Bemessung der Suspektfrist keine Rolle. Folgt man der allgemeinen gedanklichen Vorstellung, daß Überschuldung dann gegeben ist, wenn die vollständige Befriedigung der Gesamtheit der Gläubiger nicht mehr gewährleistet ist, so würde durch die Möglichkeit der Anfechtung bereits im Zeitpunkt des Eintritts der Überschuldung nach stark vereinfachender Betrachtung eine im Gläubigerschutzinteresse hinlängliche Komplettierung der Haftungsmasse erreicht. Aus diesem Grunde wird hier vorgeschlagen, daß bei der "besonderen Insolvenzanfechtung" auch auf die Überschuldung abgehoben wird, wenn sie Insolvenzgrund ist.[2] Dies gilt insbesondere bei Berücksichtigung der Möglichkeit des Hinausschiebens der Zahlungseinstellung durch zwar liquiditätsbeschaffende, aber masseminderne Verkaufsgeschäfte.

Der Umstand, daß zumindest für den Anfechtungsgegner das Vorliegen der Überschuldung bei Vornahme der anfechtbaren Rechtshandlung nur schwerlich zu erkennen ist, spricht prinzipiell nicht gegen ihre Gleichstellung mit der Zahlungseinstellung im Anfechtungsrecht.[3] Die Problematik der Abgrenzung der Zahlungseinstellung unterscheidet sich insoweit nur graduell von der Überschuldungsfeststellung. Hier ist vielmehr eine Verbesserung und Zunahme der praktischen Bedeutung des Überschuldungs-

---

1) BÖHLE-STAMSCHRÄDER/KILER (1981), S. 102 Anm. 3. Die INSOLVENZRECHTSKOMMISSION (1985), S. 404, stellt daher auf Zahlungsunfähigkeit ab.

2) Vgl. zu diesem Vorschlag HENCKEL (1982), S. 392, mit weiteren Literaturhinweisen. So geht die konkursrechtliche Lehre in Österreich davon aus, daß dann, wenn Überschuldung Konkursgrund ist, die sich auf die Zahlungsunfähigkeit beziehenden Vorschriften "sinngemäß auch für die Überschuldung" gelten, vgl. hierzu SCHUMACHER (1981), S. 33.

3) So aber die ablehnende Begründung gegen die Gleichstellung in den Materialien zur Konkursordnung von 1877, vgl. ESCHRICH (1969), S. 9. Vgl. auch INSOLVENZRECHTSKOMMISSION (1985), S. 404.

tatbestandes angesprochen. Zudem wäre der Anfechtungsgegner nicht übermäßig belastet, da er bei ansonsten unveränderter Anfechtungsregelung nur bei Kenntnis der Überschuldung zur Rückgewähr an die Konkursmasse verpflichtet wäre.[1)]

Im Falle der "besonderen Konkursanfechtung" nach § 30 Nr. 2 KO beträgt die sog. Suspektfrist 10 Tage. Dies bedeutet, daß inkongruente Deckungen innerhalb dieses Zeitraumes angefochten werden können, wenn die übrigen Voraussetzungen erfüllt sind. Unterstellt man, daß Insolvenzen nicht urplötzlich auftreten, sondern gewisse Schwierigkeiten diese ankündigen[2)] und den Gläubigern auch häufig nicht verborgen bleiben[3)], erscheint "ein energisches, auf längere Zeit vor dem offenen Ausbruch der Krise erstrecktes Vorgehen im Interesse der Gleichberechtigung aller Insolvenzgläubiger gerechtfertigt".[4)] Es fällt insbesondere die zeitliche Inkongruenz mit der Rückschlagsperre nach § 28 VglO auf, welche eine den konkursrechtlichen Anfechtungsvorschriften entsprechende Funktion hat und sich auf eine durch eine Zwangsvollstreckungsmaßnahme innerhalb der letzten 30 Tage vor Stellung des Antrages auf Eröffnung des gerichtlichen Vergleichsverfahrens erlangte Sicherung oder Befriedigung erstreckt. Unterstellt man, daß der Gesetzgeber bei Verabschiedung der Vergleichsordnung die "kritische Zeit" vor Antragstellung mit 30 Tagen für sinnvoll bemessen ansah, so wäre im Interesse des Gläubigerschutzes zumindest eine Anpassung des § 30 Nr. 2 KO geboten gewesen.[5)] In der Literatur wird darüber hinaus eine Erweiterung auf zumindest drei Monate vorgeschlagen.[6)]

---

1) Gleiche Argumentation bei ESCHRICH (1969), S. 11.

2) Vgl. ALBACH (1979), S. 17 f.. Dieser Autor unterteilt die Krise bis zur Antragstellung auf Eröffnung eines Insolvenzverfahrens in drei Stadien. Sie können mit folgenden Bezeichnungen belegt werden: Stadium des allgemeinen Vertrauensschwundes, Stadium der stillen Sanierungsbemühungen, Stadium der offenen Sanierungsbemühungen.

3) Vgl. hierzu die von Kreditinstituten genannten "Insolvenzsignale" nach GESSNER u.a. (1978), S. 250. An erster Stelle wurde hierbei die "ständig hohe Ausnutzung der Kreditlinie bei schrumpfenden Umsätzen (49% der Nennungen)" angeführt.

4) PFEFFERLE (1984), S. 153; vgl. auch HENCKEL (1982), S. 397.

5) Die Insolvenzrechtskommission hat diese Lücke durch ihre Vorschläge insoweit geschlossen, als nach ihrer Auffassung innerhalb eines Monats vor Eröffnungsantrag durch Zwangsvollstreckungsmaßnahmen erlangte Sicherungen und inkongruente Deckungen anfechtbar sein sollen; vgl. hierzu INSOLVENZRECHTSKOMMISSION (1985), S. 406 - 409.

6) Vgl. PFEFFERLE (1984), S. 153; BÖHLE-STAMSCHRÄDER (1959), S. 68; GERHARDT (1977), S. 134. Diese Frist entspricht im übrigen der Anfechtungsfrist nach § 547 BC des amerikanischen Konkursrechts. Diese Vorschrift betrifft Transaktionen, die einen Fortsetzung FN 6 auf S. 448.

Wenn auch keine empirischen Erhebungen darüber vorliegen, wie sich die zeitliche Verteilung der für Externe erkennbaren Insolvenzsignale innerhalb des letzten Jahres vor Antragstellung gestaltet, liegt angesichts der mit fortschreitender Nähe zum Insolvenzzeitpunkt zunehmenden Prognosefähigkeit von Verfahren zur Früherkennung von Kreditrisiken[1)] bei der Annahme einer kontinuierlichen Zunahme[2)] des Informationsgrades außenstehender Gläubiger der Schluß nahe, daß sich bereits während eines Zeitraumes von sechs Monaten vor Antragstellung die Insolvenzsignale so verdichten, daß damit eine "besondere Insolvenzanfechtung" gerechtfertigt werden kann.[3)]

Zusammengefaßt lautet also die Forderung: Erweiterung des Verdachtszeitraumes für die "besondere Insolvenzanfechtung" auf sechs Monate und Anknüpfung der Anfechtbarkeit an die durch den Tatbestand der Zahlungsunfähigkeit und/oder Überschuldung gekennzeichnete Insolvenz.
Im übrigen sollte die Differenzierung der Anfechtungsfälle auch de lege ferenda sowohl beim Zeitmoment als auch der Abgrenzung des Insiderkreises anknüpfen, um zu einer die Interessen von Anfechtungsgegner und Drittgläubiger ausgleichenden Beweislastregelung zu gelangen.

4.2.2 Erweiterung der Suspektfrist auf zwei Jahre bei insiderorientierten Anfechtungsvorschriften

Soweit es sich um anfechtbare Rechtshandlungen handelt, bei denen als Anfechtungsgegner solche Personen betroffen sind, die in einer engeren wirtschaftlich relevanten Beziehung zum Gemeinschuldner stehen (Angehörige, Ehegatte, stiller Gesellschafter, Gesellschafter einer Gesellschaft mbH oder "kapitalistischen" Personengesellschaft), gehört es zu den

---

Fortsetzung FN 6 von S. 447.
einzelnen Gläubiger bevorzugen. Auch die Insolvenzrechtskommission setzt für eine Reihe von Anfechtungsmöglichkeiten eine dreimonatige Suspektfrist; vgl. hierzu INSOLVENZRECHTSKOMMISSION (1985), S. 406 - 409, 420 f..

1) Vgl. hierzu KAYSER (1983a), S. 124; ZELLWEGER (1984), S. 148 f.; STEIN, J.H. von (1984), S. 219; DRUKARCZYK/DUTTLE/RIEGER (1985), S. 124 - 127.

2) Vgl. hierzu die Ergebnisse einer halbjährlichen Auswertung von Kontoinformationen bei STEIN, J.H. von (1984), S. 220.

3) Erwägenswert hält HANISCH (1977a), S. 11, die Anfechtbarkeit der Bestellung von besitzlosen Mobiliarsicherheiten ein halbes Jahr vor Insolvenzantrag. Das österreichische Insolvenzrecht kennt eine sechsmonatige Suspektfrist für die Anfechtung von Sanierungsdarlehen; vgl. NEUMAYER (1984), S. 262.

Anfechtungsvoraussetzungen, daß sie innerhalb eines Jahres vor Konkurseröffnung vorgenommen worden sind. Lediglich bei einer unentgeltlichen Verfügung zugunsten von Ehegatten wird die Anfechtungsfrist auf zwei Jahre ausgedehnt (§ 32 Nr. 2 KO). Eine sachliche Begründung für die zeitliche Differenzierung ist nicht erkennbar, denn bei all diesen Anfechtungsregelungen - ähnlich wie bei unentgeltlichen Verfügungen zugunsten von Ehegatten - kommt es darauf an, daß dem potentiellen Anfechtungsgegner eher als anderen die finanzielle Situation des Schuldners bekannt ist und er eher zu die anderen Gläubiger benachteiligenden Geschäften bereit ist.[1)] Zur Vereinheitlichung der Fristen wird daher vorgeschlagen, auch in den übrigen Fällen (§§ 31 Nr. 2, 32 Nr. 1, 32a KO, 342 HGB) die Anfechtungsfrist auf zwei Jahre auszudehnen.[2)] Dies bedeutete eine Verbesserung des Gläubigerschutzes, da - abgesehen von der Verschlechterung der Rechtssicherheit für den Anfechtungsgegner, dem als Insider jedoch ein geringerer Vertrauensschutz zukommt - grundsätzlich eine längere Befristung den Vorzug gegenüber einer kürzeren genießt.

Im Gläubigerschutzinteresse wäre über die Anpassung der einjährigen an die zweijährige Frist hinaus für eine weiterreichende Ausdehnung, ggf. sogar ein Verzicht auf jedwede Befristung, zu plädieren.[3)] Dies bedeutete jedoch einen Bruch mit dem rechtspolitischen Grundsatz, daß die hier behandelten Anfechtungsmöglichkeiten nur dann gerechtfertigt sind, wenn ein zeitlicher Zusammenhang mit der Insolvenz des Schuldners besteht.[4)] Der Schutz des potentiellen Anfechtungsgegners erfordert die

---

1) Vgl. HOLZAPFEL (1979), S. 147, zu § 31 Nr. 2 KO; BALLERSTEDT (1971), S. 393, hält im Zusammenhang mit § 32a GmbHG wohl eine Frist von zwei bis drei Jahren vor Konkurs- oder Vergleichseröffnung für angemessen.

2) Diese Forderung wurde bereits auf dem 32. Deutschen Juristentag 1914 erhoben, da "die Kunst, sich von langer Hand auf einen Konkurs vorzubereiten, zugenommen habe", zitiert nach HOLZAPFEL (1979), S. 134.

3) Entsprechende Reformvorschläge sind nachzulesen bei HOLZAPFEL (1979), S. 134.

4) Bei der zum 1.1.1981 in Kraft getretenen GmbH-Novelle wird die Befristung nach § 32a Satz 2 KO damit begründet, es könne bei früheren Befriedigungen "davon ausgegangen werden, daß dies nicht mehr im Hinblick auf ein drohendes Konkursverfahren geschehen ist"; vgl. REGIERUNGSENTWURF (1977), S. 41.
Allerdings könnte man bei der Schenkungsanfechtung eine nicht unerhebliche Ausdehnung der Anfechtungsfrist damit rechtfertigen, daß hier allein die Tatsache der Unentgeltlichkeit als Anfechtungsgrund ausreichen soll. Die Insolvenzrechtskommission hat vorgeschlagen, unentgeltliche Verfügungen innerhalb der letzten 4 Jahre vor Insolvenzantrag anfechten zu können, wobei die Sonderregelung für Ehegatten entfallen soll; vgl. hierzu INSOLVENZRECHTSKOMMISSION (1985), S. 418 - 420. Vgl. zur Regelung im englischen Recht GOTTWALD (1981), S. 30.

Beachtung des Übermaßverbotes.[1] Es stellt sich also die Frage nach der Rechtfertigung der jeweils 30 Jahre dauernden Anfechtungsfrist nach § 31 Nr. 1 KO sowie § 32a Satz 1 KO. Die Anfechtungsfrist von 30 Jahren zur *Absichtsanfechtung* nach § 31 Nr. 1 KO läßt sich dadurch vertreten, "daß Rechtshandlungen, die in einer dem Vertragspartner bekannten Gläubigerbenachteiligungsabsicht vorgenommen worden sind, keinen Schutz verdienen".[2] Das Interesse des Anfechtungsgegners wird bei dieser langen Frist durch die Notwendigkeit des Nachweises der Kenntnis der Benachteiligungsabsicht durch den Konkursverwalter gewahrt. Die quasi fehlende zeitliche Begrenzung der Sicherungsgewährung für die Rückforderung eines eigenkapitalersetzenden Darlehens eines Gesellschaftergläubigers nach § 32a Satz 1 KO ergibt sich aus dem Ziel der Vorschrift, dem Gläubiger die Umgehung der Nachrangigkeit seiner Forderungen durch Geltendmachung einer Sicherung zu vereiteln.[3]

---

1) Zur Belegung dieses Grundsatzes dient der Beschluß des Bundesverfassungsgerichts vom 24.7.1968 zur Verfassungswidrigkeit des § 45 KO. Diese Norm besagte, daß der Ehegatte des Gemeinschuldners nur Gegenstände in Anspruch nehmen konnte, wenn er bewies, daß sie nicht mit Mitteln des Gemeinschuldners erworben waren. Das Gericht bestätigte, es "müßten Verbesserungen des Gläubigerschutzes zum Nachteil des Ehegatten des Gemeinschuldners in sich sachgemäß sein und dürften unter Berücksichtigung des Übermaßverbotes nur diese spezifische Gefährdung ausgleichen" (= BVerfE 24, S. 107).

2) HOLZAPFEL (1979), S. 135. Auch die INSOLVENZRECHTSKOMMISSION (1985), S. 417, beläßt es bei der Dreißigjahresfrist.

3) Vgl. REGIERUNGSENTWURF (1977), S. 41.

4.3 Abgrenzung der Insider im Insolvenzrecht von Unternehmen

Im folgenden wird untersucht, welche Personen als dem Schuldner nahestehend anzusehen sind. Obwohl in den nachstehenden Ausführungen überwiegend auf die Insiderstellung eines *Gläubigers* abgestellt wird, sollen die dabei gewonnenen Ergebnisse für das Anfechtungsrecht im allgemeinen gelten, also auch bei Regelungen, die nicht Deckungsgeschäfte betreffen. Es ergibt keinen Sinn, die Abgrenzung nahestehender Personen von der Art der anfechtbaren Rechtshandlung abhängig zu machen.[1)]

4.3.1 Beteiligung als Abgrenzungskriterium

Ausgangspunkt der Analyse sind die geltenden Anfechtungsvorschriften der §§ 342 HGB, 32a KO sowie 32b GmbHG. Ihr gemeinsames Merkmal ist, daß der potentielle Anfechtungsgegner gesellschaftsrechtlich beteiligt ist. Nach der Prüfung von Möglichkeiten zur Harmonisierung der Vorschriften wird weiterhin untersucht, ob auch die Rückgewähr der Gesellschafterdarlehen bei anderen Rechtsformen als der GmbH in eine Anfechtungsregelung einzubeziehen bzw. die Gesellschafter als Insider einzuordnen sind.

4.3.1.1 Harmonisierung der Vorschriften der §§ 342 HGB, 32a KO, 32b GmbHG

Bei der Betrachtung der "besonderen" Anfechtungsrechte zur Rückgewähr der stillen Einlage (§ 342 HGB) sowie des eigenkapitalersetzenden Gesellschafterdarlehens (§ 32a KO) fallen starke Berührungspunkte auf.[2)] Zunächst haben beide Formen der Kreditfinanzierung gemeinsam, daß der Kreditgeber gegenüber der "einfachen Kreditbeziehung"[3)] einem abgemil-

---

1) Dieser Satz beinhaltet implizit eine Kritik der unterschiedlichen Regelungen der §§ 31 Nr. 2 und 32 Nr. 2 KO. Ähnliche Kritik von HOLZAPFEL (1979), S. 147 f..

2) Sie kommen auch darin zum Ausdruck, daß § 32a Abs. 7 des REGIERUNGSENTWURFS (1977) einem Darlehen die Beteiligung als stiller Gesellschafter gleichstellte.

3) SCHMIDT, R.H. (1981b), S. 204; SCHMIDT, K. (1976a), S. 490, bezeichnet stille Einlagen als "qualifizierte Kreditverhältnisse".

derten Informationsrisiko ausgesetzt ist. Sieht man den Zweck beider Regelungen darin, die Benachteiligung der übrigen Gläubiger durch Abzug der stillen Einlage bzw. des eigenkapitalersetzenden Darlehens "zur Unzeit"[1] zu verhindern[2], so genügt die gesetzlich festgelegte Möglichkeit der Informationsbeschaffung (§§ 338 Abs. 1 HGB, 51a GmbHG) zur Bildung von Insider-Wissen als besonderer Anfechtungsgrund. Es kommt also nicht auf die tatsächliche Ausnutzung des Informationsvorteils an.[3]

Bei ausschließlicher Orientierung auf den vorzeitigen Abzug des Gesellschafterdarlehens infolge von Insider-Kenntnissen sind durch die Regelung entsprechend § 342 HGB die Drittgläubiger weitreichender geschützt, als dies nach der gemäß § 32a GmbHG notwendigen Voraussetzung *eigenkapitalersetzenden* Fremdkapitals möglich ist, d.h. sämtliche Gesellschafterdarlehen wären betroffen, was der par conditio creditorum dienlich wäre.[4] Daher wird hier vorgeschlagen, die Vorschriften der §§ 32a KO, 32b GmbHG unter Beachtung der oben zum Zeitmoment gemachten Ausführungen d.h. Kodifizierung einer Suspektfrist von zwei Jahren vor Insolvenzantrag - denen des § 342 HGB anzupassen. Die Vorschriften zu den "kapitalistischen" Personengesellschaften (§§ 129a, 172a HGB) könnten zunächst vorbehaltlich an späterer Stelle zu erörternder Modifikationen zunächst wegen ihres Verweises auf die Vorschriften §§ 32a, b GmbHG unverändert bestehen bleiben. Über die Verbesserung des Zeitmoments hinaus erleichtern die Vorschläge die Beweisführung bei der Anfechtung der Rückgewähr eines Darlehens an den Gesellschafter der Gesellschaft mbH für den Insolvenzverwalter, denn er hat nicht nachzuweisen, daß die Darlehensgewährung zu einem Zeitpunkt stattfand, in dem ihr die Gesellschafter als ordentliche Kaufleute Eigenkapital zugeführt hätten. Während nach dem Wortlaut des § 342 Abs. 2 HGB die Anfechtung der Rückgewähr der stillen Einlage ausgeschlossen wird, wenn der Konkurs in Umständen seinen Grund hat, die erst nach der Vereinbarung der Rückgewähr ein-

---

1) SCHMIDT, K. (1977a), S. 68.

2) SCHMIDT, K. (1977a), S. 67 f.; ELSING (1977), S. 138; HAACK (1980), S. 140.

3) Vgl. in diesem Zusammenhang SCHMIDT, K. (1977a), S. 67, hinsichtlich des Verhältnisses von § 342 HGB und § 31 Nr. 1 KO (Absichtsanfechtung).

4) Vgl. IMMENGA (1970), S. 415. Für die Ausdehnung des § 342 HGB "auch auf GmbH-Gesellschafter und *alle* ihre Darlehen" spricht sich WIEDEMANN (1968), S. 29 aus.

getreten sind, soll diese Formulierung de lege ferenda in der Weise abgeändert werden, daß es für die Anfechtbarkeit darauf ankommt, ob die Gesellschaft im Vereinbarungszeitpunkt insolvent war.[1)] Legt man den in dieser Arbeit erarbeiteten Überschuldungstatbestand, der im Sinne von prospektiver Zahlungsunfähigkeit interpretiert wird, zugrunde, so wird dem Zweck des § 342 Abs. 2 HGB entsprochen, der in der Verhinderung der Haftungsschädlichkeit besteht, wenn außergewöhnliche Umstände, z.B. nicht vorhersehbare Marktentwicklungen, Streiks[2)], zu einem Insolvenzverfahren führen. Es läge außerhalb des Zwecks der Regelungen, nämlich die mißbräuchliche Ausnutzung des Insider-Wissens jener Person zu verhindern, die als "vorweg befriedigter Gläubiger auf Grund von Informationsmöglichkeiten 'näher dran' ist als die anderen Konkursgläubiger"[3)], wollte man jedwede Rückgewähr innerhalb der Zweijahresfrist der Anfechtung unterwerfen. Insoweit werden durch die Neufassung jene Darlehen des Gesellschafters einer Gesellschaft mbH nicht erfaßt, die zwar im Zeitpunkt der Darlehensgewährung eigenkapitalersetzend waren, bei deren Rückgewähr die Gesellschaft aber nicht insolvent war. Der Erfolg der Anfechtungsklage hängt ab von der Insolvenzsituation der Gesellschaft im Zeitpunkt der Rückgewähr und davon, ob der Gesellschafter sein Geld "gerade 'im rechten Zeitpunkt' wieder abzieht".[4)] Das Risiko der Rückgewähr soll dem Gesellschaftergläubiger bei "normaler" Rückgewähr nicht zugemutet werden, "*obwohl* (kapitalersetzendes) Fremdkapital vorliegt, sondern *weil* (schlichte) Fremdfinanzierung vorliegt!"[5)] Im Widerspruch zur Kommentierung zu § 342 HGB[6)] soll die Rückgewähr auch haftungsschädlich sein, wenn die Kreditierung erst innerhalb der Zweijahresfrist erfolgte. Damit werden auch kurzfristige Kredite erfaßt.[7)] Des weiteren

---

1) Vgl. hierzu § 547 (b) (4) BC in Verbindung mit § 101 (26) BC.

2) Vgl. SCHILLING in Großkomm. HGB, § 342 Anm. 14, weitere Beispiele zu die Haftung ausschließenden Ursachen.

3) SCHMIDT, K. (1977a), S. 68.

4) ELSING (1978), S. 141.

5) SCHMIDT, K. (1977b), S. 108; vgl. auch WIEDEMANN (1968), S. 29.

6) SCHILLING in Großkomm. HGB, § 342 Anm. 5; BAUMBACH/DUDEN/HOPT (1983), § 342 Anm. 1. Es geht lediglich um die "Rückzahlung aufgrund einer *nachträglichen* Abrede!"; so SCHMIDT, K. (1976a), S. 491.

7) Im REFERENTENENTWURF (1969), § 47 Abs. 2 Satz 2 wurde eine Vertrags- oder faktische Laufzeit von mehr als einem Jahr als Vermutungsindiz für den eigenkapitalersetzenden Charakter des Gesellschafterdarlehens genannt. Dies entspricht der Interpretation des § 32a GmbHG als Unterkapitalisierungsregel. ELSING (1978), S. 140 f., möchte *kurzfristige* Darlehen den allgemeinen Anfechtungsregeln unterwerfen. Ansonsten plädiert er bei der "reinen KG" auch für die analoge Anwendung des § 342 HGB.

sollen Kündigungen, die aus wichtigem Grunde, z.B. Verschlechterung der finanziellen Lage der Gesellschaft erfolgen, betroffen sein. Es kommt nicht auf die Freiwilligkeit[1] an, sondern darauf, daß die Rückgewähr vermutlich ihre eigentliche Ursache in der Krisensituation hat.

Auch unter Berücksichtigung der hier vorgetragenen Auffassung, daß es sich bei den gerade zitierten Normen lediglich um *"Gläubigerschutzregeln über die Fremdfinanzierung von Unternehmen"*[2] handelt, besteht zur Vermeidung einer Gesetzeslücke Bedarf nach einer Gesetzesnorm entsprechend § 32b GmbHG. Da der betreffende Gesellschafter ein wirtschaftliches Interesse daran hat, daß er aus der von ihm bestellten Sicherheit oder von ihm übernommenen Bürgschaft nicht in Anspruch genommen wird, besteht die Gefahr, daß er im Vorfeld des Insolvenzeintritts auf eine vorzeitige Befriedigung des Dritten hinwirkt. Aus diesem Grunde richtet sich der Anspruch auf Ergänzung der Konkursmasse nicht gegen den Dritten, sondern den Gesellschafter. Es ist konsequent, wenn letzterer als Insider der Gesellschaft verpflichtet wird. Der besicherte Dritte, der möglicherweise keine Kenntnis von der ernsten Lage der Gesellschaft und auch nicht auf die vorzeitige Befriedigung hingewirkt hat, würde also nicht belastet.

Entgegen dem geltenden § 32a Abs. 2 GmbHG, wonach der Dritte sich zunächst an den sicherungsgebenden Gesellschafter zu halten hat, sollte de lege ferenda der Dritte seine Forderung direkt gegenüber der schuldnerischen Gesellschaft geltend machen können.[3] Geht man davon aus, daß die Sicherheit vollwertig ist und keinen Wertänderungen unterliegt, so erhält er andererseits keinen Vorteil aus der vorzeitigen Befriedigung. Allerdings wären die ungesicherten Gläubiger geschädigt in der Höhe des dem Gesellschafter aus dem Unterbleiben der Realisierung der von ihm gestellten Sicherheit erwachsenden Vorteils. Die Erstattung des Wertes der Sicherheit an die Konkursmasse gleicht also den Schaden der übrigen Gläubiger aus, wenn man von Vollwertigkeit der Sicherheit ausgeht.

---

1) So bei der geltenden Regelung nach § 342 HGB; siehe SCHILLING in Großkommentar HGB, § 342 Anm. 6.

2) SCHMIDT, K. (1977b), S. 107.

3) Dieser Vorschlag steht im Einklang mit einer gleichgerichteten Forderung von Spitzenverbänden der deutschen Wirtschaft; vgl. DIHT u.a. (1969), S. 39 f.; ferner GEIGER (1980), S. 20.

Ist die vom Gesellschafter gestellte Sicherheit dagegen nicht vollwertig, z.B. weil der Wert eines belasteten Privatgrundstücks nicht den Betrag deckt, mit dem der Gläubiger im Gesellschaftskonkurs ausfallen würde, so würden nach der geltenden Fassung des § 32b GmbHG die übrigen Gläubiger geschädigt in Höhe des Betrages, mit dem der gesicherte Dritte ansonsten ausgefallen wäre. Um dies zu verhindern, wird bei der vorgeschlagenen Neuformulierung auf die Beschränkung des Erstattungsbetrages auf den Wert der Sicherheit verzichtet. Statt dessen erwirbt der Gesellschafter eine Forderung im gleichen Rang, wie ihn der Dritte hätte geltend machen können. Durch diese Regelung soll der Ausgleich des Schadens der ungesicherten Gläubiger erreicht werden, der durch die vorzeitige Befriedigung des besicherten Dritten entsteht. Sie eröffnet die Chance, das über das Sicherungsgut hinausgehende Gesellschaftervermögen zur Gläubigerbefriedigung zu akquirieren. Gleichzeitig verringert sich der Anreiz der Gesellschafter zur fraudulösen Zusammenarbeit mit dem gesicherten Dritten. Ein weiterer positiver Effekt liegt in einem Praktikabilitätsgewinn, da sich hinsichtlich der Bewertung der Sicherung keine Beweisprobleme ergeben.[1)]

4.3.1.2 BEHANDLUNG VON GESELLSCHAFTERDARLEHEN BEI "REINEN" PERSONENGESELLSCHAFTEN

Unter dem Aspekt des Schutzes vor frühzeitigem Abzug von Fremdkapital stellt sich zu §§ 129a, 172a HGB die Frage, ob sich die Beschränkung auf Offene Handelsgesellschaften und Kommanditgesellschaften, bei denen kein persönlich haftender Gesellschafter eine natürliche Person ist ("kapitalistische" Personengesellschaften), rechtfertigen läßt.[2)] Zunächst kann im Hinblick auf § 342 HGB gefolgert werden, daß hier die auf das abgrenzbare Gesellschaftsvermögen beschränkte Haftung für den Gesetzgeber keine Rolle gespielt hat. Andererseits kann bei der Darlehensgewährung durch einen persönlich haftenden natürlichen Gesellschafter argumentiert werden, daß die Rückgewähr des Darlehens keine eigenständige Gefährdung der anderen Gläubiger bedeutet. Aufgrund der unbeschränkten Haftung des Gesellschafters bleibt es vom Umfang der Haftungsmasse her gleich, ob der Konkursverwalter im nachhinein die

1) Vgl. WINTER in SCHOLZ (1983), §§ 32a, 32b Rdn. 146.

2) Zur historischen Begründung siehe SCHMIDT, K. (1981), S. 698.

Konkursmasse der Gesellschaft mittels Anfechtung ergänzt oder die Gläubiger sich aus dem Privatvermögen des Gesellschafters befriedigen.

Etwas anders liegen die Verhältnisse bei der Rückgewähr eines Darlehens an einen Kommanditisten, da seine Haftung durch Leistung der Einlage entfällt (§ 171 Abs. 1 HGB). Für die übrigen Gläubiger bedeutet die Anfechtung des vorzeitigen Abzugs des Kommanditistendarlehens auf jeden Fall eine Vergrößerung der Haftungsmasse, die sich auch in einer höheren Befriedigungsquote niederschlägt, wenn ohnedem das Gesellschaftsvermögen und Privatvermögen der Komplementäre nicht ausreicht. Unter informatorischem Aspekt entsprechen sich die Stellung des Kommanditisten und stillen Gesellschafters. Das Kontrollrecht des Kommanditisten beinhaltet gleichermaßen wie das des stillen Gesellschafters, daß er die abschriftliche Mitteilung der jährlichen Bilanz zu verlangen und ihre Richtigkeit unter Einsicht der Bücher und Papiere zu prüfen berechtigt ist (§ 166 Abs. 1 HGB). Allerdings können die Kommanditisten den Handlungen der geschäftsführenden Gesellschafter widersprechen, wenn die Handlung über den gewöhnlichen Betrieb des Handelsgewerbes der Kommanditgesellschaft hinausgeht (§ 164 HGB).[1)]

Im Ergebnis bedeutet dies, daß die Anfechtungsregelungen der §§ 32a KO, 32b GmbHG in der vorgeschlagenen Fassung sinngemäß also auch für die Offene Handelsgesellschaft und Kommanditgesellschaft gelten sollen[2)], und zwar unabhängig von der Rechtsform des Gesellschafters. Dieser Vorschlag hat zudem den Vorteil, daß dem Vorschieben eines Strohmannes als persönlich haftender Gesellschafter begegnet wird, um die Normen §§ 129a, 172a HGB zu umgehen.[3)]

---

1) Ein solches Recht steht dem stillen Gesellschafter zwar gesetzlich nicht zu; siehe jedoch zu Auffassungen in diesem Sinne BAUMBACH/DUDEN/HOPT (1983), § 335 Anm. 5.

2) Ähnlich für die Kommanditgesellschaft auch ELSING (1978), S. 137 - 141. Dieser Vorschlag deckt sich mit dem Vorstellungen der Insolvenzrechtskommission; vgl. INSOLVENZRECHTSKOMMISSION (1985), S. 414, 416.

3) Zu diesem Problemkreis im Zusammenhang mit Konkursantragspflichten siehe HAACK (1980), S. 148 - 154. Für die Einführung von § 32a KO für alle Handelsgesellschaften allerdings aufgrund anderer Überlegungen auch SCHMIDT, K. (1981), S. 699.

4.3.1.3 Zur Anfechtung der Rückgewähr von Aktionärsdarlehen

Im folgenden soll geprüft werden, inwieweit sich eine Anfechtungsnorm empfiehlt, die die Rückgewähr von Darlehen an die Aktionäre regelt. Soweit die Übertragung der Grundsätze der §§ 32a,b GmbHG auf die Aktiengesellschaft in der Literatur[1] erörtert wird, spielt dabei die Diskussion des "Kapitalausstattungsrechts"[2] eine hervorragende Rolle.

Im Zusammenhang mit einer für Insider formulierten Anfechtungsregel haben die Gesichtspunkte der Kapitalausstattung allenfalls sekundären Rang. Hier ist vielmehr zu analysieren, ob dem Aktionär aufgrund seiner Mitgliedschaftsrechte Insider-Kenntnisse zufließen, die Ursache der Benachteiligung der übrigen Gläubiger sein können. Anstelle des dem stillen Gesellschafter oder Kommanditisten zustehenden Rechts, die Bücher und Papiere einzusehen, kann der Aktionär in der Hauptversammlung vom Vorstand Auskunft über die Angelegenheiten der Gesellschaft verlangen, die zur sachgemäßen Beurteilung der Tagesordnung erforderlich sind (§ 131 Abs. 1 AktG). Dieses Auskunftsrecht als hinreichende Begründung zur Sonderbehandlung von Aktionärsdarlehen gelten zu lassen, widerspricht sowohl dem Rechtsgefühl als auch rechtstatsächlichen Verhältnissen.[3]

Dem Leitbild des Aktienrechts entspricht die Publikumsaktiengesellschaft als "idealtypische Kapitalgesellschaft".[4] Wenn auch die Gesellschaft mbH "eine feste Stelle im System der 'Idealtypen' der Gesellschaften nicht einnimmt"[5], so läßt sie sich gewissermaßen doch als *"Personengesellschaft mit beschränkter Haftung"*[6] typisieren.

---

1) Vgl. hierzu WESTERMANN, H.P. (1983), S. 1282 - 1286; MENTZEL (1982), S. 205 - 206; IMMENGA (1983), S. 1405 - 1412; RÜMKER (1982), S. 1395 - 1396; HEILMANN (1983a), S. 513 - 516; SCHMIDT, K. (1984), S. 12 - 16; FEUERBORN (1984), S. 448 - 453.

2) SCHMIDT, K. (1984), S. 12.

3) Vgl. hierzu HUPPERT (1978), S. 33 - 45.

4) SCHMIDT, R.H. (1981b), S. 198. Als Merkmale dieser Rechtsform nennt er: 1. Haftungsbeschränkung, 2. Verselbständigung der Geschäftsführung, 3. Hohe Fungibilität der Gesellschaftsanteile. Aus juristischer Sicht vgl. WÜRDINGER (1981), S. 4 - 7; KROPFF (1965), S. 14.

5) WESTERMANN, H.P. (1980), S. 23. Zu Idealtypen der Gesellschaften unter rechtlichen Aspekten siehe WIEDEMANN (1980), S. 88 - 108.

6) WESTERMANN, H.P. (1979), S. 193; zur Charakterisierung der Gesellschaft mbH, insbesondere ihr Verhältnis zur Aktiengesellschaft siehe LIMBACH (1966), S. 19 - 27 sowie SCHMIDT, H.M. (1969), S. 195 - 197.

Ein "mitgliedschaftliches Individualrecht"[1] besteht nach § 51a Abs. 1 GmbHG darin, daß die Geschäftsführer dem Gesellschafter auf Verlangen unverzüglich Auskunft über die Angelegenheiten der Gesellschaft zu geben und die Einsicht der Bücher und Schriften zu gestatten haben. Es handelt sich mithin um ein sehr weitgedehntes Auskunfts- und Einsichtsrecht, welches lediglich den Schranken des Rechtsmißbrauchs nach § 242 BGB sowie denen, "die sich aus der mitgliedschaftlichen Förder- und Treuepflicht eines jeden Gesellschafters ergeben"[2], unterworfen ist. Die Geschäftsführungsbefugnisse der einzelnen Gesellschafter können zwar nach § 45 Abs. 1 GmbHG durch Gesellschaftsvertrag beschnitten werden. Das Informationsrecht steht jedoch grundsätzlich jedem Gesellschafter zu und kann nicht durch Gesellschaftsvertrag ausgeschlossen werden (§ 51a Abs. 3 GmbHG).[3] Es ist daher konsequent, "in der GmbH aufgrund der umfassenden Informationsmöglichkeiten nach § 51a GmbHG jeden Gesellschafter in die Verantwortung zu ziehen".[4]

Das GmbH-Recht beschreitet damit einen anderen Weg der Informationsregelung als das Aktiengesetz; eine Konsequenz der kapitalistischen Organisationsstruktur der Aktiengesellschaft, die durch die "dreigliedrige Führungsorganisation"[5] mit den Organen Hauptversammlung, Aufsichtsrat und Vorstand zum Ausdruck kommt. Der Vorstand der Aktiengesellschaft hat nach § 90 AktG den Aufsichtsrat systematisch und antizipativ zu unterrichten. Aufsichtsrat der Aktiengesellschaft und Gesellschafterversammlung der Gesellschaft mbH haben gleichermaßen die Aufgabe der Überwachung der Geschäftsführung.[6] Daher kann man unterstellen, daß das Informationsrecht der GmbH-Gesellschafter zumindest nicht schmäler ist als jenes, welches sich aus den Berichtspflichten des Vorstandes heraus für den Aufsichtsrat der Aktiengesellschaft ergibt.[7] Im Hinblick auf die Doppelrolle des Gesellschafters ist hierbei von Interesse, daß der Vorstand regelmäßig, mindestens vierteljährlich über den Gang der Geschäfte, insbesondere den Umsatz und die Lage der Gesellschaft zu berichten hat. Der Vorstand hat über Geschäfte, die für die Rentabilität oder Liquidität der Gesellschaft von erheblicher Bedeutung sein können,

---

1) LUTTER (1982), S. 3.

2) LUTTER (1982), S. 3.

3) Vgl. GRUNEWALD (1982), S. 219.

4) IMMENGA (1983), S. 1410

5) RAISER (1983), S. 52.

6) §§ 111 Abs. 1 AktG, 46 GmbHG.

7) Dies folgt auch daraus, daß für den Fall, daß die Gesellschaft mbH einen Aufsichtsrat führt, § 90 Abs. 1 Nr. 2 AktG analog gilt; siehe HOMMELHOFF (1984a), S. 704.

so rechtzeitig zu informieren, daß der Aufsichtsrat vor der Vornahme der Geschäfte Gelegenheit zur Stellungnahme hat. Der GmbH-Gesellschafter wird zwar nicht immer subjektiv im entsprechendem Umfang informiert sein; sei es, weil kein Interesse des Gesellschafters an den Geschicken der Gesellschaft besteht oder aber weil ihm von anderen (geschäftsführenden) Gesellschaftern Informationen vorenthalten werden. Im Interesse des Gläubigerschutzes erscheint es jedoch geboten, an den objektiv gegebenen Informationsmöglichkeiten anzuknüpfen.[1] Hinzuweisen ist an dieser Stelle auch auf die Aufgabe der Gesellschafter, den Jahresabschluß festzustellen. Insbesondere aus den nach dem Entwurf eines Bilanzrichtlinie-Gesetzes vorgesehenen Regelungen zur Feststellung des Jahresabschlusses durch die Gesellschafter wird deutlich, daß die Gesellschafter gegenüber den Geschäftsführern nicht nur zur Anforderung überwachungsspezifischer Informationen berechtigt sind, sondern daß letztere sogar zur Abgabe solcher Informationen, die zur Prüfung der Ordnungsmäßigkeit des Jahresabschlusses notwendig sind, verpflichtet sind. Denn durch die Feststellung werden Ordnungsmäßigkeit des Jahresabschlusses und Zweckmäßigkeit der Bilanzpolitik bestätigt, so daß beide Umstände - wobei hier vor allem die Vermittlung eines den tatsächlichen Verhältnissen entsprechenden Bildes der Vermögens-, Finanz- und Ertragslage interessiert - notwendiger der Prüfung durch die Gesellschafter unterliegen.[2]

In Beantwortung der Ausgangsfrage, ob die außenstehenden Gläubiger einer Aktiengesellschaft durch eine Anfechtungsregelung gegen den vorzeitigen Abzug von Aktionärsdarlehen geschützt werden sollen, lautet das vorläufige Resümee: Den Idealtyp der Aktiengesellschaft und Gesellschaft mbH vor Augen und unter der Einschränkung, daß lediglich die Möglichkeit des vorzeitigen Abzugs aufgrund der mitgliedschaftlichen Informationsrechte verhindert werden soll, kann auf eine Ausdehnung auf die Aktiengesellschaft verzichtet werden.

---

1) MÜLLER, K. (1975), S. 104: "Die Beteiligung an einer Gesellschaft, bei der die Möglichkeit der Einsicht in die laufenden Geschäfte nicht in vollem Umfang gewährleistet ist, ist sicherlich ein Akt des Vertrauens. Der Gesellschafter, der sich für eine derartige Beteiligung entscheidet, muß auch das Risiko, das damit verbunden ist, tragen."

2) Zur Informationsversorgung der Gesellschafter im Zusammenhang mit der Feststellung des Jahresabschlusses siehe ausführlich HOMMELHOFF (1983), S. 383 - 392.

Andererseits darf nicht übersehen werden, daß der Realtyp der Aktiengesellschaft sehr stark von diesem Leitbild einer Publikumsgesellschaft, deren Anteile sich in Streubesitz befinden, abweichen kann. Will man nun diesem Umstand der "personalistischen" Aktiengesellschaft anfechtungsrechtlich gerecht werden, so kann dies grundsätzlich auf zwei Wegen erreicht werden. Zum einen werden die in der Realität vorfindbaren Unternehmen nach bestimmten Kriterien (z.B. Anzahl der Gesellschafter, Unternehmensgröße) in "Publikums-Gesellschaften" und "geschlossene Gesellschaften" eingeteilt[1], wobei die Gesellschafter der letzten Gruppe gesetzlich als Insider behandelt werden. Diesem Ansatz folgt wohl das geltende Insolvenzrecht. Beispielhaft sei § 108 Abs. 2 VglO genannt, der zwar die Gesellschafter einer Gesellschaft mbH, aber nicht die einer Aktiengesellschaft als nahe Angehörige der Gesellschaft bezeichnet. Insolvenzökonomisch sinnvoller ist es jedoch, darauf abzustellen, ob Indizien dafür vorliegen, daß eine Person (d.h. hier der Aktionär) in einer besonderen Beziehung zum Schuldner (d.h. hier zur Aktiengesellschaft) steht. Es geht bei der Rückgewähr eines Darlehens an einen Aktionär um die Frage, ob dieser wie jeder andere Gläubiger zur schuldnerischen Gesellschaft steht, oder ob eben der Umstand, daß er gleichzeitig Gesellschafter ist, eine Rolle gespielt hat. Die Höhe der Beteiligungsquote bietet einen praktikablen Ansatzpunkt zur Differenzierung, ob "die *Kreditvergabe aus dem Lager der Gesellschafter* stammt"[2], oder nicht. In Anlehnung an § 15 AktG sollte eine Mehrheitsbeteiligung des Kreditgebers an der schuldnerischen Gesellschaft auf jeden Fall ausreichen, um ihn auf seine Gesellschafterstellung zu verweisen.[3] Zweckmäßiger und daher befürwortet wird eine restriktivere Zurechnung. Die für die anfechtungsrechtliche Begründung einer Insiderstellung erforderliche Mindestbeteiligung sollte bei 25% liegen.[4] Von jemandem, der die Möglichkeit hat, in der Hauptversammlung durch seine Stimme Satzungsänderungen zu verhindern, kann angenommen werden, daß er gegenüber an-

---

1) Diese Terminologie stammt von WIEDEMANN (1980), S. 118 - 125. Das Körperschaftsteuergesetz 1968 sah für personenbezogene Kapitalgesellschaften einen eigenen Steuertarif vor. Es galten folgende Abgrenzungskriterien: Vermögen ≤ 5 Millionen DM; Anteilsbesitz in Händen natürlicher Personen ≥ 76%; keine Zulassung zum Börsenhandel, nur Namensaktien; begrenzter Beteiligungsbesitz. Das amerikanische Gesellschaftsrecht unterscheidet bei den "business corporation" zwischen der "public corporation" und "close corporation"; siehe zu Gesellschaftsformen im amerikanischen Recht SAMSON-HIMMELSTJERNA (1983), S. 152 - 159.

2) SCHMIDT, K. (1983), S. 184; vgl. auch RÜMKER (1982), S. 1391.

3) Vgl. SCHMIDT, K. (1983), S. 185.

4) Diese Grenze auch vorgeschlagen von RÜMKER (1982), S. 1391 - 1393 und der INSOLVENZRECHTSKOMMISSION (1985), S. 414 f..

deren Kreditgebern einen Informationsvorsprung und besseres Einflußpotential besitzt, so daß nach aller Erfahrung dies "auf seiten des Aktionärs ein ihm entsprechendes Unternehmensinteresse vermuten"[1] läßt. Dies gilt insbesondere dann, wenn man unterstellt, daß in der Regel eine Beteiligung von 25% an einer Aktiengesellschaft einen relativ hohen Anteil am Gesamtvermögen des Aktionärs ausmacht. Maßgebend für den Vorschlag, einen Aktionär mit Sperrminorität als Insider zu behandeln, ist zwar nicht die Frage, ob damit eine Abhängigkeit der Gesellschaft im Sinne von § 17 AktG begründet wird[2], jedoch sind andererseits Situationen denkbar, daß dieser bei anstehenden Entscheidungen in der Hauptversammlung von anderen interessierten Gruppen (z.B. Vorstand) mit Informationen versorgt wird, um sich in deren Interesse zu verhalten.[3]

Aufgrund des vermuteten Unternehmensinteresses knüpfen daher bestimmte aktienrechtliche Vorschriften an diese Sperrminorität an. Es handelt sich hierbei beispielsweise um die Vorschriften der §§ 20, 21 AktG, die Unternehmen und Aktiengesellschaften zur Mitteilung des Besitzes von mehr als 25% der Anteile an die betreffende Gesellschaft verpflichten. Erwähnenswert erscheint in diesem Zusammenhang auch § 152 Abs. 2 AktG, wonach Anteile an einer Kapitalgesellschaft, deren Nennbeträge insgesamt 25% des Nominalkapitals der Gesellschaft ausmachen, im Zweifel als Beteiligung gelten.[4] Abweichend hiervon sieht jedoch der Entwurf eines Bilanzrichtlinie-Gesetzes (§ 245 EGHB) vor, daß im Zweifel Anteile von mehr als 20% am Kapital einer Kapitalgesellschaft als Beteiligung bestimmt werden sollen. Für diese Änderung werden jedoch keine sachlichen Gründe genannt, sie dient lediglich der Ausführung der Vierten EG-Richtlinie.[5] Der Gesetzesentwurf läßt die Mitgliedschaft in einer Personengesellschaft oder einer Genossenschaft gleichermaßen als Beteiligung gelten. Gerade durch diese Vorschrift wird deutlich, daß der Besitz eines größeren Anteils einer Aktiengesellschaft im allge-

---

1) So BGH, Urt. vom 26.3.1984 (= ZIP 1984, S. 575).

2) Vgl. hierzu RITTNER (1976), S. 1513 f. sowie die dort angegebene Literatur.

3) Ähnlich INSOLVENZRECHTSKOMMISSION (1985), S. 415.

4) Während danach die Beteiligungsvermutung widerlegt werden kann, gilt nach § 19 Abs. 1 Nr. 6 KWG jeder Besitz von mindestens 25% des Kapitals als Beteiligung.

5) Vgl. Begründung zum REGIERUNGSENTWURF (1983), S. 81.

meinen zum Anlaß genommen wird, gesetzgeberisch vom Idealtyp der Publikumsgesellschaft auf den Realtyp der Familienaktiengesellschaft umzudenken, bei der ein ähnliches Organisationsgefüge wie bei einer Personengesellschaft besteht. Erwähnt sei an dieser Stelle die Vorschrift des § 1 Abs. 2 Nr. 1 AStG, wonach eine Person, die an dem Steuerpflichtigen zu mindestens einem Viertel beteiligt ist, als nahestehende Person des Steuerpflichtigen gilt. Da sich der Zweck dieses Gesetzes gegen die Umgehung der Besteuerung im Inland durch Geschäfte mit nahestehenden Personen im Ausland richtet, liegt ein dem Anfechtungsrecht verwandter Regelungszweck vor. Ein weiteres Beispiel einer gesetzlichen Regelung, bei der ein Anteilsbesitz von 25% als Indiz für die auch anfechtungsrechtlich ausschlaggebende Nähe von Schuldner und Gläubiger festgelegt ist, stellt die Behandlung von Krediten an Unternehmen, an denen das Kreditinstitut in der entsprechenden Höhe beteiligt ist, als Organkredite dar (vgl. § 15 Abs. 1 Nr. 9 KWG). Da der Gesetzgeber bei Organkrediten besondere Interessenkonflikte aufgrund personeller Verflechtungen oder Beteiligungen für möglich hält[1], dürfen sie nur aufgrund eines einstimmigen Beschlusses sämtlicher Geschäftsleiter des Kreditinstituts und nur mit ausdrücklicher Zustimmung des Aufsichtsorgans gewährt werden. Zudem sind Organkredite gegenüber dem Bundesaufsichtsamt für das Kreditwesen und der Deutschen Bundesbank anzeigepflichtig (§ 16 KWG).[2] Diese Begründung sollte auch für das Anfechtungsrecht genutzt werden, denn auch hier ist die personelle oder wirtschaftliche Verflechtung von Gläubiger und Schuldner der Ansatzpunkt für gesetzliche Regelungen.

Sowohl Plausibilitätsüberlegungen als auch eine Reihe von Beispielen funktional vergleichbarer gesetzlicher Regelungen führen zu dem Ergebnis, daß Aktionäre, die über mindestens 25% der Anteile am Grundkapital verfügen, de lege ferenda als Insider behandelt werden sollen, also bezüglich der Rückgewähr eines Darlehens der Gesellschaft den Gesellschaftern einer Gesellschaft mbH oder Personengesellschaft gleichgestellt werden. Bei Genossenschaften und Kommanditgesellschaften auf Aktien ist der Vorschlag sinngemäß anzuwenden.

---

1) Zum Zweck der gesetzlichen Regelung von Organkrediten siehe SZAGUNN/NEUMANN/WOHLSCHIESS (1976), §§ 15, 16 Anm. 1 und 2.

2) Anzeigepflichtig sind allerdings nur Personalorgankredite von über 250.000 DM sowie Unternehmensorgankredite, die 250.000 DM und 5% des haftenden Eigenkapitals des Kreditinstituts übersteigen.

4.3.2 Nicht gesellschaftsrechtlich beteiligte Insider

4.3.2.1 Organmitglieder als Insider

Die Mitglieder von Geschäftsführungs- und Aufsichtsorganen von Kapitalgesellschaften verfügen über Insider-Kenntnisse, so daß die Befriedigung dieser Gläubiger einer besonderen anfechtungsrechtlichen Beachtung bedarf.[1] Daß die Mitglieder der Geschäftsführung bzw. des Vorstandes als Insider zu bezeichnen sind, steht wohl außer Zweifel. Aber auch die Aufsichtsratsmitglieder verfügen zur Erfüllung ihrer Überwachungsfunktion eindeutig über Insider-Informationen. Aufgrund der Berichtspflichten des Vorstands an den Aufsichtsrat nach § 90 AktG werden dessen Mitglieder regelmäßig über die Lage der Gesellschaft informiert. Außerdem hat der Vorstand dem Aufsichtsrat neben dem Jahresabschluß und Geschäftsbericht den Prüfungsbericht der Abschlußprüfer vorzulegen (§ 170 Abs.1 AktG). Im Prüfungsbericht müssen die Abschlußprüfer über Tatsachen berichten, die den Bestand des Unternehmens gefährden oder seine Entwicklung beeinträchtigen, wenn die Abschlußprüfer diese bei Wahrnehmung ihrer Aufgaben festgestellt haben (§ 166 Abs. 2 AktG).[2]

Während die Kreditgewährung von Geschäftsführern bzw. Vorstandsmitgliedern an ihre Gesellschaft der für die Insolvenzpraxis weniger bedeutsame Fall sein dürfte, wären von der Einbeziehung der Aufsichtsratsmitglieder in den Kreis der Insider vor allem Kreditinstitute betroffen.[3] Es wird zwar eingewandt, daß nach aktienrechtlich geprägtem Verständnis, sämtliche Aufsichtsratsmitglieder "ein ihnen persönlich angetragenes Mandat ausüben und deshalb nicht als von ihrer Bank abgeordnete Interessenvertreter angesehen werden könnten".[4] Aus ökonomischer Sicht be-

---

1) § 101 (25) (B) BC zählt im Konkurs einer Kapitalgesellschaft jene Gläubiger zu den Insidern, die "director", "officer" oder "person in control" des Schuldners sind. Auch nach den Vorschlägen der Insolvenzrechtskommission werden Mitglieder eines Leitungs- oder Aufsichtsorgans in der Insolvenz einer juristischen Person als nahestehende Personen angesehen; vgl. INSOLVENZRECHTSKOMMISSION (1985), S. 414.

2) Zur intensiveren Nutzung des "Krisenwarnpotentials des Wirtschaftsprüfers" durch den Aufsichtsrat siehe BALTZER (1983), S. 405 - 412 mit zahlreichen Literaturhinweisen.

3) In einer Erhebung Ende 1974 wurde festgestellt, daß bei etwa jeder dritten Nichtbank-Aktiengesellschaft ein Bankangehöriger Mitglied des Aufsichtsrates war. Ausführlich zu den Ergebnissen dieser Erhebung siehe BANKENSTRUKTURKOMMISSION (1979), S. 122 - 130. Zur Bedeutung von Kontakten mit Wirtschaftsprüfern, die sich auch aufgrund eines Aufsichtsratsmandats ergeben können, in der Unternehmenskrise für Kreditinstitute siehe GESSNER u.a. (1978), S. 252 f..

4) BANKENSTRUKTURKOMMISSION (1979), S. 119 f.. Wegen ähnlicher Überlegungen nimmt die INSOLVENZRECHTSKOMMISSION (1985), S. 414, 417, zur Verschwiegenheit verpflichtete Organmitglieder als nahestehende Personen aus. Vgl. auch BGH, Urt. vom 26.3.1984 Fortsetzung FN 4 auf S. 464.

reitet diese formale Argumentation Unbehagen. Die Besetzung eines Aufsichtsratsmandats stellt für einen Kreditgeber ein effizientes Instrument zur Minderung des Informationsrisikos dar. Es sind wohl Zweifel daran angebracht, daß Kreditinstitute, die ein Mitglied ihrer Geschäftsleitung für den Aufsichtsrat eines schuldnerischen Unternehmens benennen, dies vollkommen uneigennützig machen. Die Forderung lautet mithin, hier nach juristischen Lösungsmöglichkeiten zu suchen, denn es erscheint illusorisch, daß Bankangehörige, zumal wenn es sich um Mitglieder der Geschäftsleitung der Kreditinstitute handelt[1], die ihnen zukommenden Informationen nicht zur Sicherung eines Kreditengagements verwenden.[2] Außerdem ist zu bedenken, daß a priori der Gesellschaft durch die vorzeitige Rückführung eines Kredits aufgrund der in Ausübung des Aufsichtsratsmandats gewonnenen Informationen kein ersatzpflichtiger Schaden entsteht, da lediglich der Gleichbehandlungsgrundsatz der Gläubiger verletzt wird.

Wie bei der Erörterung von Aktionärsdarlehen kann auch hier auf die bankenaufsichtsrechtliche Definition von Organkrediten verwiesen werden. Nach § 15 Abs. 1 Nr. 7 KWG werden Kredite an Unternehmen in der Rechtsform einer juristischen Person oder einer Personenhandelsgesellschaft, wenn ein Geschäftsleiter, ein Prokurist oder ein zum gesamten Geschäftsbetrieb ermächtigter Handlungsbevollmächtigter des Kreditinstituts gesetzlicher Vertreter oder Mitglied des Aufsichtsorgans der juristischen Person oder Gesellschafter der Personengesellschaft ist, als Organkredite behandelt. De lege ferenda sollten daher Kreditinstitute, bei denen ggf. Kredite nach dieser Vorschrift Organkredite sind, anfechtungsrechtlich als Insider behandelt werden.

Fortsetzung FN 6 von S. 463.
(= ZIP 1984, S. 578). In dieser Entscheidung sprach sich der BGH auch gegen die Haftung des vorschlagenden Kreditinstituts aus, wenn das Aufsichtsratsmitglied *pflichtwidrig* dessen Interesse verfolge.

1) Rund vier von fünf Aufsichtsratsmandaten, die von Bankangehörigen wahrgenommen werden, kommen Mitgliedern von Geschäftsleitungen der Kreditinstitute zu; vgl. BANKENSTRUKTURKOMMISSION (1979), S. 596.

2) Vgl. auch BAUSCH (1982), S. 41 f.; IMMENGA (1978), S. 69; MONOPOLKOMMISSION (1976), S. 194.

4.3.2.2 Verbundene Unternehmen als Insider

Es ist zu prüfen, ob auch die mit dem Schuldner verbundenen Unternehmen im Sinne der §§ 15 bis 19 AktG zum Kreis der Insider gezählt werden sollten. Es handelt sich hierbei um rechtlich selbständige Unternehmen, die im Verhältnis zueinander in Mehrheitsbesitz stehen oder mit Mehrheit beteiligte Unternehmen sind (§ 16 AktG), um abhängige und herrschende Unternehmen (§ 17 AktG), Konzernunternehmen (§ 18 AktG), wechselseitig beteiligte Unternehmen (§ 19 AktG) oder um Vertragsteile eines (Teil-) Gewinnabführungs-, Beherrschungsvertrages oder einer Gewinngemeinschaft (§§ 291, 292 AktG). Soweit das Aktiengesetz allerdings auf die Rechtsform der Aktiengesellschaft bzw. Kommanditgesellschaft auf Aktien abstellt, wäre dies anfechtungsrechtlich irrelevant.[1] Die Aussicht auf gesetzgeberische Durchsetzbarkeit einer erleichterten Anfechtung der Befriedigung von Gläubigern, wenn diese verbundene Unternehmen des Schuldners sind, können als günstig beurteilt werden. Indiz ist zum einen die vom Regierungsentwurf 1977 zur Novellierung des GmbHG vorgesehene Regelung zur Rückgewähr eigenkapitalersetzender Gesellschafterdarlehen. Zur "Abschirmung gegen naheliegende Umgehungsversuche"[2] stellte § 32a Abs. 5 RegE-GMBHG Forderungen oder Sicherungen eines mit einem Gesellschafter oder mit der Gesellschaft verbundenen Unternehmens den eigenen Forderungen oder Sicherungen eines Gesellschafters gleich. Andererseits ist auf die Bilanzvorschriften nach § 151 Abs. 1 AktG hinzuweisen, wonach sowohl Forderungen an als auch Verbindlichkeiten gegenüber verbundenen Unternehmen gesondert auszuweisen sind. Man kann davon ausgehen, daß die ratio legis des gesonderten Ausweises von Bilanzpositionen, hier speziell der Forderungen an verbundene Unternehmen, und die damit einhergehende Vertiefung der gesetzlichen Mindestgliederung in der Verbesserung der bilanzanalytischen Möglichkeiten besteht.[3] Bei

---

1) Für die Bilanzierung gilt nach ADLER/DÜRING/SCHMALTZ (1968), § 151 Tz. 171a und KROPFF in GESSLER/HEFERMEHL/ECKARDT/KROPFF (1973), § 151 Anm. 71, das gleiche. § 32a Abs. 5 RegE-GmbHG sah folgerichtig vor, die Bestimmung verbundener Unternehmen *sinngemäß* nach §§ 15 - 19 AktG vorzunehmen.

2) REGIERUNGSENTWURF (1977), S. 40.

3) So sah der Referentenentwurf 1969 eines GmbHG den gesonderten Ausweis von Verbindlichkeiten gegenüber Gesellschaftern vor, "da sie offenbaren, daß die Gesellschaft auf die Finanzierung durch ihre Gesellschafter oder ihnen eng verbundenen Personen angewiesen ist und wahrscheinlich keinen Fremdkredit mehr erhält"; vgl. REFERENTENENTWURF (1969), S. 293. Auch § 42 Abs. 5 EGmbHG des Entwurfes eines Bilanzrichtlinie-Gesetzes sieht den gesonderten Ausweis von Gesellschafterdarlehen vor, ohne aber hierzu bilanzanalytische Argumente zu nennen; vgl. REGIERUNGSENTWURF (1983), S. 110.

den Forderungen an verbundene Unternehmen handelt es sich um "eine Gruppe besonderer Art"[1], welche ihre Eigentümlichkeit aus der Nähe des Gläubigers zum Schuldner gewinnt.[2] Da dieser Aspekt auch anfechtungsrechtlich entscheidend ist, wird hier vorgeschlagen, auch mit dem Schuldner im Sinne der §§ 15 bis 19 AktG verbundene Unternehmen als Insider zu behandeln.[3]

Innerhalb der Gläubigerschaft wird es verbundene Unternehmen geben, die tatsächlich keinen Informationsvorsprung gegenüber nicht verbundenen Unternehmen besitzen. Beispielsweise wird man die Insiderstellung des unmittelbar herrschenden Unternehmens bezüglich des abhängigen Unternehmens anders beurteilen als die eines unbedeutenden abhängigen Unternehmens auf der letzten Stufe eines mehrstufigen Konzerns gegenüber des die Leitungsmacht ausübenden Unternehmens an der Konzernspitze. Es entspricht jedoch dem Charakter insiderorientierter Anfechtungsregeln, daß sie weitgehend auf subjektive Tatbestandsvoraussetzungen verzichten. Es sollte aber im Interesse einer sachgerechten Lösung eine differenzierte Betrachtung erfolgen. Bei Konzernunternehmen wird daher vorgeschlagen, daß nur das unmittelbar herrschende oder abhängige Unternehmen anfechtungsrechtlich wie der Gesellschafter einer Gesellschaft mbH oder wie ein Aktionär mit wesentlicher Beteiligung gestellt werden soll.

---

1) LEFFSON (1984a), S. 55. Dieser Autor unterstellt, daß bei Forderungen an verbundene Unternehmen an der "jederzeitigen Liquidisierbarkeit keine Zweifel bestehen, solange der Konzern nicht als Ganzes illiquide wird. Das formal vereinbare Zahlungsziel kann jederzeit nach konzerninternen Gesichtspunkten verkürzt oder verlängert werden".

2) Von besonderen Informationsmöglichkeiten des Gläubigers über verbundene schuldnerische Unternehmen geht CLAUSSEN in Kölner Komm. zum AktG, § 151 Anm. 33, aus. KROPFF in GESSLER/HEFERMEHL/ECKARDT/KROPFF (1973), § 151 Anm. 70, unterstellt dagegen, daß die Forderungen an verbundene Unternehmen aufgrund der finanziellen Verflechtungen besonders problematisch seien.

3) Damit wird der Kreis der nahestehenden Personen weiter gezogen als nach den Vorschlägen der Insolvenzrechtskommission, die nur abhängige und herrschende Unternehmen als nahestehende Person des jeweils anderen Unternehmens gelten läßt; vgl. INSOLVENZRECHTSKOMMISSION (1985), S. 414, 416.

In allen anderen Fällen, in denen Gläubiger und Schuldner andere Konzernunternehmen sind, sollte die Kenntnis der Insolvenz dagegen nicht unwiderlegbar vermutet werden.

Die Umsetzung dieser Vorschläge führte de lege ferenda anfechtungsrechtlich zu zwei Gruppen von Insidern.[1] Rechtliche Konsequenzen hätte diese Differenzierung bei dem Ausmaß der Subjektivität der Anfechtungsvoraussetzungen. Während bei den Personen, bei denen der insiderbedingte Informationsgrad höher eingeschätzt wird, die Kenntnis der Insolvenz nicht mehr geprüft würde, reichte bei den anderen "Kennenmüssen" aus.

4.3.2.3 Zur Erleichterung von Anfechtungsvoraussetzungen bei Kreditinstituten

Es lassen sich eine Reihe von Gesichtspunkten anführen, denen zufolge Kreditinstitute gegenüber sonstigen Gläubigern einen Informationsvorsprung besitzen.[2] Da Kreditinstitute gewerbsmäßig mit der Kreditvergabe beschäftigt sind und für sie das Kreditausfallrisiko existenzgefährdend sein kann[3], liegt es auf der Hand, daß sie im Vergleich zu anderen Gläubigern einem größeren Druck ausgesetzt sind, Informationsaktivitäten zu entwickeln. Den Kreditinstituten kann bei der Beurteilung der Zahlungsfähigkeit ein besseres know-how unterstellt werden als bankfremden Gläubigern.[4] Zu diesem privatwirtschaftlichen Eigeninteresse, welches auf die Reduzierung des Ausfallrisikos gerichtet ist, kommen einige bankenaufsichtsrechtliche Aspekte hinzu. Zu nennen sind die Verpflichtung, sich vor der Kreditgewährung die wirtschaftlichen Verhältnisse des Gläubigers offenlegen zu lassen (§ 18 KWG)[5] sowie der aus der Prüfung der Organisation des Kreditgeschäfts resultierende Druck zur

1) De lege lata zeigen die §§ 31 Nr. 2 und 32 Nr. 2 KO eine ähnliche Differenzierung auf; die Beweiserleichterungen für den Konkursverwalter bei Ehegatten sind weitgehender als bei nahen Angehörigen.

2) Vgl. MERTENS (1979), S. 175; KRUPPA (1982), S. 62; GESSNER u.a. (1978), S. 251; SCHMIDT, R.H. (1984), S. 717.

3) Zu den Ursachen von Bankinsolvenzen siehe SCHULTZE-KIMMLE (1977), S. 224 - 230 sowie STEIN, J.H. von (1979), S. 30 - 36.

4) Vgl. MERTENS, H.J. (1979), S. 175.

5) Dies führt zu einer Stärkung ihrer Wettbewerbsposition gegenüber der Bankenaufsicht nicht unterliegenden Gläubigern. Zudem impliziert § 18 KWG auch eine laufende Informationspflicht, siehe REISCHAUER/KLEINHANS, § 18 Anm. 3.

Kreditüberwachung.[1] Diese "Informationsgewinnungspflicht"[2] der Kreditinstitute hat allerdings nach herrschender Auffassung keine Schutznormqualität im Sinne des § 823 Abs. 2 BGB[3], was bedeuten würde, daß durch die Verletzung dieser Pflicht betroffene Personen einen Schadensersatzanspruch hätten.[4]

Kreditinstitute verfügen über eine Reihe von bankinternen Informationsquellen, die anderen Gläubigern nicht zur Verfügung stehen. Dies zeigt die folgende systematische Darstellung:[5]

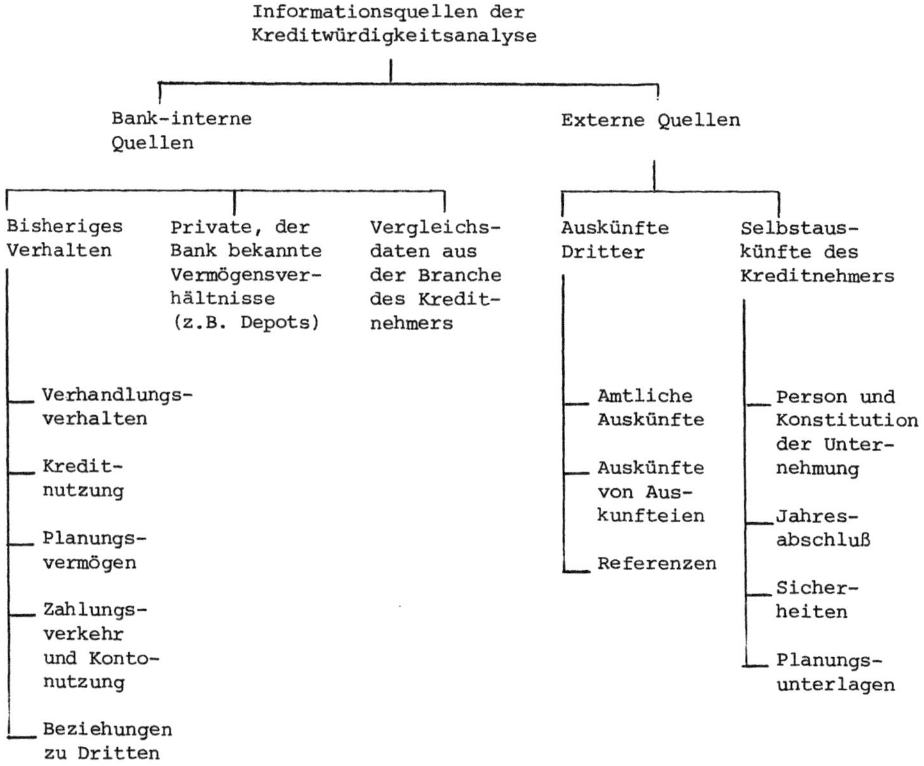

---

1) Vgl. zur Prüfung des Kreditgeschäftes STANNIGEL (1981), S. 13 ff..

2) SCHUMACHER (1981), S. 29.

3) Vgl. HOPT (1979), S. 149; OBERMÜLLER (1972), S. 123. Allerdings wird § 18 KWG als Begründung für die "Sachwalter-Rolle" der Kreditinstitute auf der Basis von "Informationen über die Lage des Schuldnerunternehmens in seiner Gesamtheit" herangezogen von HOMMELHOFF (1984a), S. 706 f..

4) Unter diesem Aspekt ist auch der Beschluß des 51. DJT (1976), S. O 182, zu sehen, bei Kreditinstituten die Konkursfestigkeit von Sicherheiten von der Offenlegung der wirtschaftlichen Verhältnisse abhängig zu machen.

5) Entnommen aus HAUSCHILDT (1981), S. 81.

Über diese Informationsquellen hinaus wäre die Evidenzzentrale der Deutschen Bundesbank für Millionenkredite zu nennen. Nach § 14 KWG werden Institute von der angezeigten Gesamtverschuldung eines Kreditnehmers benachrichtigt, wenn dieser bei mehreren Kreditinstituten Millionenkredite erhalten hat. Allerdings dürfte diese Informationsmöglichkeit für die hier behandelte Problematik der Insiderstellung von Kreditinstituten von geringer praktischer Bedeutung sein.[1] Insbesondere wird der Informationswert der Kontenüberwachung hoch eingeschätzt, wenn der Zahlungsverkehr über die kreditgewährende Bank abgewickelt wird.[2] Der Vorteil der Auswertung von Kontoinformationen wird darin gesehen, daß "dieses Informationsmaterial zeitnah vorliegt, weniger manipulierbar ist als die Jahresabschlußangaben und sich exklusiv in der Verfügung des jeweiligen Kreditinstituts befindet".[3] Trotz der grundsätzlich beschränkten Aussagefähigkeit von Prognosegüteurteilen durch ex-post-Kontrollen sprechen außerdem empirisch-statistische Untersuchungen, in die ausgewählte Kontokennzahlen eingegangen sind[4], zumindest nicht dagegen, daß die kontoführende Bank gegenüber sonstigen Gläubigern über Informationsvorteile verfügt. Für den Fall, daß sich ein Kreditinstitut außerdem unter-

---

1) Von den 1982 beantragten Konkursverfahren bei Unternehmen entfielen rund 14% auf Millionenkonkurse; vgl. STATISTISCHES BUNDESAMT (1983a), S. 133.

2) Vgl. HAUSCHILDT (1981), S. 81; SCHMOLL (1983), S. 172. Nach GESSNER u.a. (1978), S. 246, rangiert der "Zahlungsverkehr des Kunden beim Kreditinstitut selbst" an erster Stelle der genutzten Informationsquellen. Ihm kommt damit eine noch stärkere Bedeutung als den externen und internen Unterlagen über das Unternehmen zu.

3) STEIN, J.H. von (1984), S. 220.

4) Die folgende Gegenüberstellung zeigt die Ergebnisse einer neueren Untersuchung zur Früherkennung von Kreditrisiken auf der Basis von Jahresabschlußdaten (a) [119 schlechte Fälle, 327 gute Fälle] und Kontoinformation (b) [45 schlechte Fälle, 37 gute Fälle]. Die Prozentangaben entsprechen den richtigen Zuordnungen der schlechten Fälle:

Jahr vor Stichtag	(a)	(b)
4	78,2 %	73,3 %
3	86,6 %	75,6 %
2	89,9 %	92,2 %
1	95,0 %	88,9 %

Es handelt sich um die Untersuchung von STEIN, J.H. von (1984), S. 218 - 222. Siehe auch zum Aussagewert von Kontoinformationen ZELLWEGER (1984), S. 148 f.

nehmensinterne Unterlagen des Rechnungswesens verschafft, z.B. Berichte des Abschlußprüfers, ist unter informatorischen Gesichtspunkten die Situation mit der eines stillen Gesellschafters vergleichbar.[1)]

Im Interesse eines effizienten Anfechtungssystems wird hier vorgeschlagen, daß Kreditinstitute angesichts dieser besonderen Informationsmöglichkeiten grundsätzlich als Insider behandelt werden sollten. Da die Informationsmöglichkeiten jedoch im Einzelfall sehr unterschiedlich zu beurteilen sind, wäre dem bei den Beweisanforderungen Rechnung zu tragen. So wäre beispielsweise bei der Abwicklung des Zahlungsverkehrs über die kreditgewährende Bank eher davon auszugehen, daß sie die Insolvenz des Schuldners hätte kennen müssen als dies bei einer Bank der Fall wäre, bei der sich die einzige Verbindung auf den Bestand eines niedrigen gesamtfälligen Darlehens bezieht. Im Anfechtungsprozeß wäre von besonderen Sorgfaltsanforderungen an Kreditinstitute auszugehen[2)], so daß im Hinblick auf das Tatbestandsmerkmal des Kennenmüssens, " schon der Nachweis weniger Krisensymptome den Anfechtungsgegner 'Hausbank' zur Darlegung einer vormals vertretbaren Fortbestehensprognose veranlassen"[3)] muß.

4.4 Zur Abhängigkeit des Vertrauensschutzes des Anfechtungsgegners vom Indizierungsgrad der Rechtshandlung

Bisher wurde erörtert, welche Personen aufgrund deren Nähe zum Schuldner anfechtungsrechtlich einen geringeren Vertrauensschutz genießen sollen. Im folgenden soll nun geprüft werden, ob sich aus der Art von Rechtshandlungen Indizien dafür ergeben, daß der Anfechtungsgegner die Insolvenz des Schuldners wohl kannte. Da die Insolvenz durch eine Gefährdung der Gläubigeransprüche gekennzeichnet ist und der einzelne Gläubiger durch die Anfechtbarkeit an der "ungerechtfertigten" vorzugs-

---

1) Vgl. BIEG (1984), S. 510; siehe hierzu auch GESSNER u.a. (1978), S. 246, die feststellten, daß nicht allgemein zugängliche Informationsquellen (als allgemein zugänglich hier beurteilt Bilanzen, Registerauszüge) rund 40% des zur Kreditwürdigkeitsprüfung verwandten Datenmaterials liefern. Zum Anteil nicht publizierter Jahresabschlüsse siehe KREIM (1977), S. 262.

2) Überlegungen zur Fassung von Verkehrspflichten von Kreditinstituten siehe MERTENS, H.J. (1979), S. 175 - 194. In diese Richtung weist auch der Beschluß des 51. DJT 1976, die Konkursfestigkeit von besitzlosen Mobiliarsicherheiten zugunsten von Kreditinstituten von der Prüfung der wirtschaftlichen Verhältnisse abhängig zu machen; 51. DJT (1976), S. O 182. Ablehnend gegenüber Haftung wegen Verletzung von Verhaltenspflichten siehe HOPT (1984), S. 753, mit weiteren Nachweisen.

3) SCHUMACHER (1981), S. 35.

weisen Befriedigung oder Sicherstellung gehindert werden soll, liegt es nahe, daß die Art von Deckungsgeschäften Aufschluß darüber gibt, ob man dem Gläubiger Kenntnis der Insolvenz unterstellen kann.

4.4.1 Kritische Formen der Deckung von Gläubigeransprüchen

Das geltende Insolvenzrecht zeichnet bereits vor, bei welchen Formen der Deckung dem Anfechtungsgegner ein geringerer Vertrauensschutz zukommt. Bei den Vorschriften de lege lata, die hier gemeint sind, handelt es sich um die Rückschlagsperre nach § 28 VglO, unter die durch Zwangsvollstreckungsmaßnahmen erlangte Sicherungen oder Befriedigungen fallen[1], sowie die Konkursanfechtung von inkongruenten Deckungen nach § 30 Nr. 2 KO. Derjenige, der eine *Einzelzwangsvollstreckung* betreibt, ohne daß er hierzu durch eine vor der Sperrfrist erwirkte Sicherung berechtigt ist, kann nur schwerlich glaubhaft machen, er habe nicht um die Zahlungsschwierigkeiten des Schuldners gewußt.[2] Soweit Sicherungen vereinbart worden sind, ist die Verwertung einer solchen Sicherheit prinzipiell in die Anfechtungsregelung einzuschließen. Dabei spielt es keine Rolle, ob sich der Sicherungsgläubiger auch ohne gerichtliches Verfahren befriedigen kann. Dies ist insbesondere deshalb von Bedeutung, da die Vereinbarung der außergerichtlichen Verwertbarkeit den Regelfall bildet.[3] Die Anfechtbarkeit der Sicherheitenrealisierung läßt sich jedoch unter konzeptionellen Gesichtspunkten nur dann vertreten, wenn die Sicherungsgläubiger auch in das Insolvenzverfahren einbezogen werden, also *nicht* zur Aus- und Absonderung berechtigt sind. Da eine solche Regelung der Werterhaltung im Insolvenzverfahren dienlich ist und auch de lege ferenda bei Mobiliarsicherungsrechten zu erwarten ist[4] wird hier vorgeschlagen, auch die "*Ausübung des Sicherungsrechtes* (Besitznahme oder Verwertung von Sicherungseigentum, Rücknahme der unter Eigentumsvorbehalt gelieferten Sache)"[5] unter erleichterten Voraussetzungen an-

---

1) Unter die Rückschlagsperre fallen allerdings keine Zwangsvollstreckungsmaßnahmen von Sicherungsgläubigern; vgl. BÖHLE-STAMSCHRÄDER/KILGER (1982), § 28 Anm. 3 und 5.

2) Eine 1983 vorgelegte Untersuchung von 60 Unternehmen zeigt, "daß die Anzahl der eingeleiteten Beitreibungen ein äußerst aussagefähiges Insolvenzsymptom bedeutet, das bereits im 4. Jahr vor Insolvenz signifikant auf stark insolvenzgefährdete Unternehmen hinweist"; ZWELLWEGER (1983), S. 191.

3) Vgl. MENTZEL/KUHN/UHLENBRUCH (1979), § 127 Anm. 1.

4) Vgl. Kapitel 1, Abschnitt 2.6.3.2.

5) So HENCKEL (1984a), S. 381. Vgl. auch INSOLVENZRECHTSREFORM (1985), S. 420 f..

fechten zu können, d.h. auf den Nachweis der Kenntnis der Insolvenz zu verzichten. Bei der geltenden Rechtslage dagegen ist die Anfechtung ausgeschlossen. Sie würde zu einer ungerechtfertigten Bereicherung der Konkursmasse führen, da das Sicherungsgut nicht zur Konkursmasse gehört.

Einen geringeren Vertrauensschutz genießt auch die *nachträgliche Besicherung.*[1] Denn es sind Situationen vorstellbar, bei denen ein Schuldner den bis dahin ungesicherten Gläubiger durch Bereitstellung von Sicherheiten vom Abzug des Kredits oder Stellung eines Insolvenzantrags abhält.[2] Dies gilt insbesondere, wenn die Sicherheitenstellung auf Drängen der Gläubiger zustande kommt. Würde man dagegen dem Drängen des Gläubigers eine Vermutungswirkung hinsichtlich Gläubigerbegünstigung beimessen, so hätte dies wieder Beweisschwierigkeiten zur Folge[3] und wäre Ausfluß der als unzweckmäßig betrachteten Unredlichkeitstheorie. Die nachträgliche Bestellung von Sicherheiten sollte Zwangsvollstreckungsmaßnahmen gleichgesetzt werden, da in vielen Fällen die Zwangsvollstreckung nur durch "freiwillige" Sicherheiten abgewehrt werden kann.[4]

Als Suspektfrist für die Anfechtbarkeit von Zwangsvollstreckungsmaßnahmen, Ausübung von Sicherungsrechten und *nachträglicher* Sicherheitenbestellung[5] wird grundsätzlich ein Jahr vor Antragstellung auf Eröffnung

---

1) Vgl. Beschluß 20 des 51. DJT (1976), S. O 182. Dieser mit knapper Mehrheit angenommene Beschluß schlug die Unwirksamkeit der nachträglichen Bestellung eines Sicherungsrechts während des Zeitraums von einem Jahr vor Eröffnung des Insolvenzverfahrens vor.
Zu den Tatbestandsvoraussetzungen der Gläubigerbegünstigung nach § 547 (b) (2) BC gehört, daß es sich um die Befriedigung oder Sicherung einer "antecedent debt", also einer bereits zum Zeitpunkt der Vermögensverfügung bestehenden Forderung handelt. Diese wurde allerdings nicht gesetzlich definiert; vgl. hierzu HADDING/SCHNEIDER (1983), S. 212 f..

2) Vgl. FRANKE (1984), S. 164.

3) Vgl. PFEFFERLE (1984), S. 154. Nach englischem Insolvenzrecht fehlt bei Andrängen des Gläubigers die zur Anfechtbarkeit wegen Gläubigerbegünstigung (fraudulent preference) notwendige Voraussetzung der Benachteiligungsabsicht; vgl. hierzu GOTTWALD (1981), S. 29 f..

4) Vgl. PFEFFERLE (1984), S. 154. KILGER in 51. DJT (1976), S. O 45, weist dem § 104 VglO daher eine "bemerkenswerte Unlogik" zu. Zur Umgehung der Rückschlagsperre nach § 28 VglO durch "rechtsgeschäftliche Sicherungen" siehe GERHARDT (1977), S. 131 f. mit weiteren Literaturhinweisen.

5) Jahresfrist vor *Konkurseröffnung* von DROBNIG in 51. DJT (1976), S. F 86, als "zwar recht lang", aber akzeptabel gehalten. REICH (1976), S. 469, möchte sämtliche nachträglich bestellten Sicherheiten ihrer Wirksamkeit im Konkurs beheben.

des Insolvenzverfahrens für angemessen erachtet.[1] Diese Verkürzung gegenüber der für Insidergläubiger geltenden Frist um die Hälfte wird mit der höheren Einschätzung des Insidervorteils begründet. Allerdings wäre "für Fälle kollusiver Hinauszögerung des Insolvenzverfahrens, um die Sicherheit zu retten"[2] gesetzlich Vorsorge zu treffen. Für Insidergläubiger wäre wiederum die verlängerte Suspektfrist maßgebend.

Ob die vorgeschlagene Anfechtungsregelung zu einer spürbaren Verringerung der Ablehnung mangels Masse führen würde, so daß ein geordnetes Insolvenzverfahren abgewickelt werden könnte, läßt sich nicht zuverlässig abschätzen.[3] Der primäre Effekt der Massemehrung in Höhe der innerhalb des letzten Jahres nachträglich besicherten Vermögenswerte[4] könnte konterkariert werden, indem die Gläubiger bereits vor Abschluß des Kreditvertrages Sicherheiten verlangen werden, um somit das Anfechtungsrisiko der Nachbesicherung zu umgehen.[5]

Die vorgeschlagene Anfechtungsregelung hat somit einen geringeren Wirkungsgrad als die in der Literatur diskutierte Regelung, sämtliche innerhalb des Verdachtszeitraumes vor dem Insolvenzantrag bestellten Sicherheiten für unwirksam zu erklären.[6] Eine Ursache hierfür besteht darin, daß die nachträgliche Sicherheitenstellung nach Auffassung des Verfassers nicht anfechtbar sein soll, wenn das Unternehmen zum Zeitpunkt der Transaktion nicht insolvent war. Ferner bleibt die Sicherheit bei der Neuvergabe gesicherter Kredite innerhalb der Suspektfrist bestandsfest. Die Begründung liegt darin, daß aus der Vergabe gesicherter Kredite a priori nicht auf Gläubigerkenntnis der Insolvenz geschlossen werden kann, da die Bestellung von Sicherheiten grundsätzlich nichts außergewöhnliches darstellt.

---

1) So auch KILGER in 51. DJT (1976), S. O 44.

2) HANISCH (1977a), S. 12.

3) Optimistisch BÖHLE-STAMSCHRÄDER (1959), S. 68.

4) Eine exakte Quantifizierung läßt sich zwar anhand des Zahlenmaterials der MAX-PLANCK-Studie zur Praxis der Konkursabwicklung nicht durchführen. Doch die Tatsache, daß etwa 20% (40%) der realisierten Sicherheiten ein Jahr (zwei Jahre) vor der Eröffnung des Insolvenzverfahrens bzw. deren Ablehnung bestellt worden sind, obwohl lediglich etwa 15% (35%) der gesicherten Kredite ein Jahr (zwei Jahre) vor Insolvenz neu vergeben wurden, deutet auf nachträgliche Sicherheitenbestellung hin; vgl. GESSNER u.a. (1978), S. 253, 259.

5) Vgl. STEINER (1980), S. 96.

6) Vgl. HANISCH (1977a), S. 11; WEBER, F. (1959), S. 85 f..

Durch die Beschränkung auf nachträglich gesicherte Kredite würde ein Teil der Sanierungsdarlehen, nämlich jene, bei denen tatsächlich neues Fremdkapital zugeführt wird, nicht erschwert. Eine Lösung der Problematik von Sanierungsdarlehen, deren Diskriminierung allenthalben vermieden werden soll[1], läßt sich hierdurch allerdings nicht erreichen, da zur Vermeidung von Umgehungsversuchen die bei der Ablösung oder Prolongation von Altkrediten durch denselben Gläubiger bestellten Sicherheiten auch zu erfassen wären.

Bei *inkongruenten Befriedigungen* ist nicht zwingend, daß finanzielle Probleme des Schuldners ursächlich zu vorzeitigen Zahlungen an den Gläubiger geführt haben.[2] Beispielsweise können günstigere Zinskonditionen bei einem anderen Kreditgeber den Schuldner zur vorzeitigen Ablösung von Altschulden veranlassen. Andererseits könnte durch die Vereinbarung eines Ablösungskredits die Anfechtbarkeit der nachträglichen Sicherheitenstellung umgangen werden. Es handelt sich hierbei eigentlich um ein Problem, wie die Effizienz dieser Anfechtungsregel gesteigert werden kann. Ein Lösungsansatz besteht darin, daß man die anfängliche der nachträglichen Sicherheitenstellung gleichstellt, wenn dem besicherten Gläubiger innerhalb einer bestimmten Frist vor der Bestellung der Sicherheit eine Befriedigung gewährt worden ist oder eine Prolongation vorliegt. Die auf Drängen des Gläubigers erfolgte frühzeitige Zahlung, bei der dieser über kein Druckmittel verfügte, kann zwar "für ein fraudulöses Zusammenarbeiten"[3] sprechen. Diese Möglichkeit reicht aber unseres Erachtens für eine Anfechtungsregel nicht aus, die trotz weitgehendem Objektivierungsstreben das Vertrauensschutzinteresse des Anfechtungsgegners nicht aus dem Auge verliert. Daher ist bei inkongruenter Befriedigung Kenntnis der Insolvenz vom Anfechtungsgegner zu verlangen.[4] Da die Inkongruenz der Befriedigung andererseits zumindest die Möglichkeit einer Indizierung der Insolvenz in sich trägt, sollte ihr anfechtungsrechtlich dadurch entsprochen werden, daß inkongruente Befriedigungen über die Suspektfrist der "besonderen Insolvenzanfechtung" hinaus bis zu einem bzw. zwei Jahren vor Antragstellung anfechtbar sind.

---

1) Vgl. DROBNIG in 51. DJT (1976), S. F 86; UHLENBRUCK (1982a), S. 141 - 153.

2) Vgl. PFEFFERLE (1984), S. 154. Gegenteiliger Auffassung augenscheinlich die INSOLVENZRECHTSKOMMISSION (1985), S. 407.

3) PFEFFERLE (1984), S. 154.

4) Ähnlich PFEFFERLE (1984), S. 154.

Innerhalb der für die "besondere Insolvenzanfechtung" festgelegten Suspektfrist sollte für die Anfechtbarkeit die Form der Deckung gänzlich unberücksichtigt bleiben, wohl aber die subjektiven Wissensvoraussetzungen erfüllt sein müssen.[1] Die enge zeitliche Nähe zur formellen Insolvenz rechtfertigt diesen Verzicht auf die Differenzierung nach kongruenter und inkongruenter Befriedigung.[2] Im Hinblick auf die *kongruente Befriedigung* ist dies insoweit nicht tragisch, wie man dem hier vertretenen insolvenzrechtspolitischen Grundsatz folgte, daß jeder einzelne Gläubiger nur noch Anspruch auf anteilmäßige Befriedigung hat, wenn das Vermögen zur Deckung der Zahlungsverpflichtungen nicht mehr ausreicht.[3]

4.4.2 Anfechtbarkeit von fraudulösen Transaktionen

Während die die Befriedigung oder Sicherstellung von Gläubigern betreffenden Anfechtungsvorschriften auf die Einhaltung des Gleichbehandlungsgrundsatzes gerichtet sind, besteht der Zweck der Normen §§ 30 Nr. 1 Halbsatz 1, 31 und 32 KO darin, die Einschränkung der Befriedigungsmöglichkeiten der Konkursgläubiger durch *fraudulöse Transaktionen*[4] des Gemeinschuldners zu verhindern. Der Anfechtungsgrund besteht zum einen in der unmittelbaren Benachteiligung der Konkursgläubiger durch gläubigerbenachteiligende Rechtsgeschäfte des Gemeinschuldners, die in direktem zeitlichen Zusammenhang mit der offenbar gewordenen Insolvenz stehen (§ 30 Nr. 1 Halbsatz 1 KO), zum anderen begründet die Benachteiligungsabsicht die Anfechtbarkeit (§ 31 KO).

Eine besondere Stellung nehmen anfechtungsrechtlich die "unentgeltlichen Verfügungen" ein (§ 32 KO). Für deren Anfechtbarkeit reicht nach geltendem Recht das Fehlen des Zuflusses einer Gegenleistung in die Konkursmasse aus.[5] Es kommt de lege lata für die Anfechtbarkeit noch nicht einmal darauf an, ob der Schuldner zum Zeitpunkt der Verfügung insolvent war.[6] Bringt man die Schenkungsanfechtung mit den während der Krise des

1) Zustimmend GERHARDT (1977), S. 134; vgl. auch SCHUMACHER (1981), S. 32.

2) Ausländische Rechtsordnungen liefern Beispiele für gleichgerichtete Regelungen: Für USA siehe HADDING/SCHNEIDER (1983), S. 211 - 221; für englisches Recht siehe GOTTWALD (1981), S. 29; siehe auch LEMONTEY (1981), S. 682. Die Insolvenzrechtskommission schlägt vor, kongruente Deckungen der Anfechtbarkeit zu unterwerfen, wenn sie innerhalb von drei Monaten vor Antragstellung erfolgten; vgl. INSOLVENZRECHTSKOMMISSION (1985), S. 404 - 406.

3) Vgl. SCHUMACHER (1981), S. 32.

4) Vgl. § 548 (a) BC.

5) Vgl. MENTZEL/KUHN/UHLENBRUCK (1979), § 32 Anm. 1.

6) Nach Vorstellungen der INSOLVENZRECHTSKOMMISSION (1985), S. 418 - 420, auch de lege ferenda gültig.

Unternehmens - wegen der "in einer den Anforderungen einer ordnungsgemäßen Wirtschaft widersprechenden Weise"[1] - strafbaren Massekürzungen in Verbindung, so wird deutlich, daß die konkursrechtlichen Anfechtungsvorschriften mit dem Konkursstrafrecht nicht harmonieren. Einerseits wird anfechtungsrechtlich mit der Schenkung nur ein Extrem der "Veräußerung unter Wert"[2] erfaßt. Zum anderen wird die unter Hinnahme eines Verlustes erfolgte Veräußerung von Waren nur pönalisiert, wenn diese auf Kredit beschafft wurden (§ 283 Abs. 3 StGB). Beide Normen sind als Vorlage für die Entwicklung einer zweckmäßigen Anfechtungsnorm nicht brauchbar. Vom Tatbestand der Schenkungsanfechtung werden jene Kürzungen der Masse nicht erfaßt, bei denen zwar im Zusammenhang mit der Weggabe von Vermögensgegenständen ein Entgelt vereinbart wurde, dieses aber keine angemessene Gegenleistung darstellt.[3] Aber auch die Begrenzung auf die Veräußerung unter Wert von solchen Wirtschaftsgütern, die auf Kredit beschafft wurden, wie es die Vorschrift des § 283 Abs. 1 Nr. 1 StGB vorsieht, würde dem Schutzzweck einer Anfechtungsregelung nicht gerecht, die Gläubigerbenachteiligungen verhindern soll, die dadurch entstehen, daß bei Rechtsgeschäften ein Mißverhältnis zwischen Leistung und Gegenleistung zu Lasten der Masse besteht. Wenn sich auch Abgrenzungsschwierigkeiten ergeben, so empfiehlt sich doch ein über die Schenkungsanfechtung hinausgehender Anfechtungstatbestand, wonach Transaktionen des Gemeinschuldners anfechtbar sind, da:

(1) der Gemeinschuldner zum Zeitpunkt der Transaktionen insolvent war oder durch die Rechtshandlung insolvent wurde und

(2) die Gläubiger hierdurch benachteiligt wurden und

(3) der andere Teil die Insolvenz des Schuldners kannte.

Zu (1): Die Anfechtung soll ausgeschlossen sein, wenn der Schuldner zum Zeitpunkt der Transaktion solvent war. Damit tritt bei Schenkungen bei formaler Betrachtung zwar eine Entschärfung gegenüber der Situation

---

1) Tatbestandsmerkmal der Konkursstrafsachen nach § 283 Abs. 1 Nr. 1 und 3 StGB.

2) Vgl. MENTZEL/KUHN/UHLENBRUCK (1979), § 30 Anm. 6.

3) Eine gewisse Relativierung der Aussage ist im Hinblick auf die *gemischte Schenkung* notwendig; vgl. MENTZEL/KUHN/UHLENBRUCK (1979), § 32 Anm. 11.

de lege lata ein.[1] Wegen der nach eigener Einschätzung geringen praktischen Bedeutung wird diese jedoch als unerheblich betrachtet. Diese Schenkung führt zwar eindeutiger als jede entgeltliche Verfügung zur Minderung des den Gläubigern als Haftungsmasse dienenden Vermögens. Sie ist jedoch für das Gläubigerinteresse ohne Belang, wenn vor und nach Schenkung nach sorgfältiger Prognose davon ausgegangen werden kann, daß die Ansprüche der Gläubiger vertragskonform befriedigt werden können.[2]

Zu (2): Aus dem Zusammenhang mit dem Überschuldungstatbestand, der dann erfüllt ist, wenn der Barwert der zukünftigen Einzahlungen V_F den Barwert der Zahlungsverpflichtungen G nicht mehr deckt, ergibt sich, daß eine Rechtshandlung dann nachteilig für die Gläubiger ist, wenn sich die Differenz V_F abzüglich G im negativen Bereich vergrößert oder erst negativ wird. Damit liegt aus ökonomischer Sicht zumindest konzeptionell ein eindeutiger Maßstab zur Feststellung der "gläubigerbenachteiligenden Komponente"[3] von Rechtshandlungen vor. Da sich die Beurteilung auf den Zeitpunkt der Rechtshandlung bezieht, führt er zu auf der Hand liegenden, aber dennoch die Gerichte beschäftigenden Grundsätzen, so z.B. zu jenem, daß, wenn der Schuldner zu diesem Zeitpunkt keine Gläubiger hatte, keine Benachteiligung vorliegen kann.[4] Er offenbart auch die inkongruente Befriedigung der Ansprüche eines Gläubigers als Benachteiligung der Gläubigergesamtheit.[5] In diesem Fall erhöht sich aufgrund der vorzeitigen Befriedigung des Gläubigers eines materiell insolventen Unternehmens der Überschuldungsbetrag um den Differenzbetrag zwischen dem Nominalwert und dem geringeren Barwert des Anspruchs.

Gegenüber den geltenden Vorschriften zur Absichtsanfechtung kommt es auch nicht auf die Benachteiligungs- oder Begünstigungsabsicht des Schuldners an.[6] Hierdurch wird verhindert, daß Rechtshandlungen, beispielsweise

---

1) Nach den Vorschlägen der INSOLVENZRECHTSKOMMISSION (1985), S. 411, können benachteiligende Rechtsgeschäfte nur bei Zahlungsunfähigkeit des Schuldners angefochten werden. Bei vorsätzlicher Benachteiligung (vgl. S. 417) und unentgeltlichen Zuwendungen (S. 418) kommt es nicht auf Zahlungsunfähigkeit an.

2) Ähnliche Argumentation hinsichtlich der Strafwürdigkeit von Handlungen nach § 283 Abs. 1 Nr. 1 StGB, hier insbesondere der Schenkung, bei HÖFNER (1981), S. 48 f.

3) SCHLÜCHTER (1978), S. 978.

4) MENTZEL/KUHN/UHLENBRUCK (1979), § 31 Anm. 12.

5) Zur Nähe der inkongruenten Deckung mit der Schenkung siehe HENCKEL (1982), S. 396.

6) Die Insolvenzrechtskommission hält bei ihren Vorschlägen allerdings an der Absichtsanfechtung fest. Lediglich bei gläubigerbenachteiligenden Rechtshandlungen innerhalb eines Zeitraums von drei Monaten gehört die Benachteiligungsabsicht des Schuldners nach Auffassung der Kommission nicht zu den Anfechtungsvoraussetzungen; vgl. INSOLVENZRECHTSKOMMISSION (1985), S. 411, 417.

Verkäufe unter Wert an Angehörige des Schuldners, nicht anfechtbar sind, obwohl dem Anfechtungsgegner die Insolvenz des Schuldners bekannt war, dieser aber ohne Benachteiligungsabsicht gehandelt hat.

Zu (3): Was das Bedürfnis des Anfechtungsgegners nach Rechtssicherheit angeht, sollte gelten, daß *nur* die "Kenntnis von mangelhafter Leistungsfähigkeit des Schuldners und die damit verbundene Verkürzung der Masse... Grundlage des Vertrauensschutzes sein"[1] kann. Dieses Prinzip steht auch im Einklang mit der höchstrichterlichen Rechtsprechung, die zu § 30 Nr. 2 KO "das gesetzliche Merkmal der Begünstigungsabsicht aufgegeben hat".[2]

In Anlehnung an geltendes Recht sollte auch zukünftig der Anfechtungsgegner bei unentgeltlichen Verfügungen des Schuldners de lege ferenda den geringsten Vertrauensschutz genießen.[3] Gesetzgeberisch bedeutet dies, daß es nach Auffassung der Verfasser nicht auf die Erfüllung subjektiver Wissensvoraussetzungen ankommt. Da nach den hier gemachten Vorschlägen ohnehin bei bestimmten Personen Kenntnis der Insolvenz des Schuldners unterstellt oder zumindest vermutet wird, beträfe die Aufstellung subjektiver Wissensvoraussetzungen praktisch lediglich nicht nahestehende Personen des Schuldners. Werden solche Personen durch unentgeltliche Verfügungen des Schuldners begünstigt, so sind prima facie keine anderen Gründe als die einer gläubigerschädigenden Zusammenarbeit zwischen Begünstigtem und Schuldner erkennbar.

Als Suspektfrist für die Anfechtbarkeit von gläubigerbenachteiligenden Rechtshandlungen wird hier ein Zeitraum von einem bzw. zwei Jahren vor Antragstellung auf Eröffnung des Insolvenzverfahrens vorgeschlagen. Die Differenzierung sollte wiederum an der Nähe des Anfechtungsgegners zum Schuldner anknüpfen. Die Kodifizierung einer längeren Suspektfrist bei unentgeltlichen Verfügungen wird im Gegensatz zur wohl herrschenden Auf-

---

1) PFEFFERLE (1984a), S. 152; vgl. SCHUMACHER (1981), S. 32. Der Auffassung der Insolvenzrechtskommission, daß de lege ferenda die dem Schuldner nahestehende Person zur Abwehr der Anfechtbarkeit ihre Nichtkenntnis des Vorsatzes des Schuldners, die Gläubiger zu benachteiligen, zu beweisen hat, kann daher nicht gefolgt werden; vgl. INSOLVENZRECHTSKOMMISSION (1985), S. 417.

2) HENCKEL (1982), S. 396.

3) Vgl. BAUR (1979), S. 114. So auch nach den Vorschlägen der INSOLVENZRECHTSKOMMISSION (1985), S. 418 - 420.

fassung[1] hier nicht vertreten, da hierin eine Beeinträchtigung des Grundsatzes, daß ein zeitlicher Zusammenhang der anfechtbaren Handlung zur formellen Insolvenz bestehen sollte, gesehen wird.

4.5 Zusammenfassung und Reformvorschlag

Im Anschluß an die kritische Würdigung der geltenden Anfechtungsregelungen wird ein Reformvorschlag für das Anfechtungsrecht vorgestellt:

§ 1 Grundsatz

Rechtshandlungen, welche vor der Verfahrenseröffnung vorgenommen sind, können als den Gläubigern gegenüber unwirksam nach Maßgabe der folgenden Bestimmungen angefochten werden, wenn der Schuldner zum Zeitpunkt der Rechtshandlung insolvent war oder infolge der Rechtshandlung insolvent wurde.

§ 2 Kongruente und inkongruente Deckung

Anfechtbar sind:

1. in den letzten sechs Monaten vor dem Eröffnungsantrag oder danach erfolgte Rechtshandlungen des Schuldners, die einem Gläubiger eine Sicherung oder Befriedigung gewähren,

2. Rechtshandlungen, welche einem Gläubiger Befriedigung gewähren, die er nicht oder nicht in der Art oder nicht zu der Zeit zu beanspruchen hatte,

wenn der Gläubiger zu der Zeit, als die Rechtshandlung erfolgte, die Insolvenz des Schuldners kannte.

§ 3 Rückschlagsperre

Anfechtbar sind:

1. die durch eine Zwangsvollstreckungsmaßnahme erfolgte Sicherung oder Befriedigung eines Gläubigers;

2. die Bestellung eines Sicherungsrechts, soweit durch die Bestellung früher entstandene Forderungen gesichert werden sollen;

3. die durch Ausübung eines Sicherungsrechtes erlangte Befriedigung eines Gläubigers.

---

1) Die INSOLVENZRECHTSKOMMISSION (1985), S. 418 f., schlägt eine Suspektfrist von 4 Jahren bei der Schenkungsanfechtung vor. Literaturüberblick bei HOLZAPFEL (1979), S. 133 f..

§ 4 Gläubigerbenachteiligung

Anfechtbar sind vom Schuldner vorgenommene

1. entgeltliche Verfügungen, durch die seine Gläubiger benachteiligt werden, sofern dem anderen Teil die Insolvenz des Schuldners zum Zeitpunkt der Verfügung bekannt war;

2. unentgeltliche Verfügungen, sofern nicht dieselben gebräuchliche Gelegenheitsgeschenke zum Gegenstand hatten.

§ 5 Insider

(1) Insider im Sinne dieses Gesetzes sind Personen, die durch ihre Stellung zum Schuldner Kenntnisse von Umständen erlangen können, die anderen von der Insolvenz des Schuldners betroffenen Personen noch nicht bekanntgeworden sind und die für die Beurteilung der Finanzlage des Schuldners von Bedeutung sein können. Insider sind insbesondere:

1. die nahen Angehörigen des Schuldners;

2. die Verwandten auf- und absteigender Linie des Schuldners

3. die Geschwister des Schuldners;

4. mit einem nahen Angehörigen des Schuldners verbundene Unternehmen;

5. die nahen Angehörigen der unter den Nummern 2 bis 4 bezeichneten Personen;

6. Kreditinstitute gemäß § 1 Abs. 1 des Gesetzes über das Kreditwesen, die mit dem Schuldner mittelbar oder unmittelbar in Geschäftsverbindung stehen.

(2) Als nahe Angehörige im Sinne von Abs. 1 Nr. 1 sind anzusehen:

1. wenn der Schuldner eine natürliche Person ist:

   a) der Ehegatte des Schuldners;
   b) die übrigen Gesellschafter einer Personengesellschaft oder Gesellschaft mit beschränkter Haftung, an der der Schuldner als Gesellschafter beteiligt ist.

2. wenn der Schuldner eine Personengesellschaft oder eine Gesellschaft mit beschränkter Haftung ist;

   a) die Gesellschafter und frühere Gesellschafter, wenn sie in den letzten zwei Jahren vor dem Eröffnungsantrag aus der der Gesellschaft oder danach ausgeschieden sind;

   b) Geschäftsführer der Gesellschaft;

   c) sowie bei einem bestehenden Aufsichtsrat dessen Mitglieder;

3. wenn der Schuldner eine Aktiengesellschaft ist:

   a) Aktionäre, denen mehr als ein Viertel der Anteile an der Gesellschaft gehört oder mehr als ein Viertel der Stimmrechte zusteht;

b) Mitglieder des Vorstandes und des Aufsichtsrates;

4. wenn der Schuldner eine Kommanditgesellschaft auf Aktien ist:

   a) Kommanditaktionäre, denen mehr als ein Viertel der Anteile an der Gesellschaft gehört oder mehr als ein Viertel der Stimmrechte zusteht;

   b) persönlich haftende Gesellschafter;

   c) Geschäftsführer der Gesellschaft und Mitglieder des Aufsichtsrates.

5. Bei Genossenschaften sind die für die Aktiengesellschaft geltenden Vorschriften (Nr. 3) sinngemäß anzuwenden.

6. Der stille Gesellschafter ist als naher Angehöriger des Inhabers des Handelsgeschäftes anzusehen. Dies gilt auch, wenn die stille Gesellschaft innerhalb der letzten zwei Jahre vor Eröffnungsantrag oder danach aufgelöst worden ist.

7. Mit dem Schuldner verbundene Unternehmen sind als dessen nahe Angehörige anzusehen. Abweichend hiervon sind Unternehmen eines Konzerns, dem der Schuldner angehört, nicht als nahe Angehörige anzusehen, wenn es sich bei dem anderen Unternehmen nicht um ein unmittelbar abhängiges oder herrschendes Unternehmen handelt.

(3) Ob ein Unternehmen im Sinne dieser Vorschriften ein mit dem Schuldner oder mit einem seiner nahen Angehörigen verbundenes Unternehmen ist, bestimmt sich nach den sinngemäß anzuwendenden §§ 15 bis 19 des Aktiengesetzes.

§ 6 Suspektfristen

(1) Die von den §§ 2 Nr. 2, 3 und 4 erfaßten Rechtshandlungen können nur angefochten werden, wenn sie im letzten Jahr vor Eröffnungsantrag oder danach erfolgt sind.

(2) Abweichend von Absatz 1 können die von den §§ 2 Nr. 2, 3 und 4 erfaßten Rechtshandlungen angefochten werden, wenn sie in den letzten zwei Jahren vor Eröffnungsantrag oder danach erfolgt sind und wenn es sich bei dem Anfechtungsgegner um einen Insider handelt.

§ 7 Kenntnis

(1) Soweit nach den §§ 2 und 4 Kenntnis des Anfechtungsgegners der Insolvenz des Schuldners verlangt wird, ist diese als gegeben anzusehen, wenn es sich bei diesem um einen nahen Angehörigen des Schuldners handelt.

(2) Abweichend von den §§ 2 und 4 reicht Kennenmüssen des Anfechtungsgegners aus, wenn es sich bei diesem um einen Insider handelt, sofern es sich bei diesem nicht um einen nahen Angehörigen des Schuldners handelt. Die Beweislast trifft den Anfechtungsgegner.

§ 8 Gesellschafterdarlehen

(1) Hat ein naher Angehöriger dem Schuldner ein Darlehen gewährt und ist dem nahen Angehörigen auf Grund einer innerhalb des nach § 6 Abs. 2 bestimmten Zeitraums getroffenen Vereinbarung oder Kündigung des Darlehens ganz oder teilweise zurückgewährt oder Sicherung gewährt worden, so kann die Rückgewähr oder Sicherung von dem Insolvenzverwalter angefochten werden. Dies gilt auch, wenn die Vereinbarung über die Rückgewähr oder Sicherung Bestandteil eines während dieses Zeitraums abgeschlossenen Darlehensvertrags ist.

(2) Einem Darlehen steht die Beteiligung als stiller Gesellschafter gleich. Wird dem stillen Gesellschafter sein Anteil an dem entstandenen Verlust ganz oder teilweise erlassen, ist Absatz 1 sinngemäß anzuwenden.

(3) Hat ein Dritter dem Schuldner ein Darlehen gewährt und hat ihm ein naher Angehöriger des Schuldners für die Rückgewähr des Darlehens eine Sicherung bestellt oder er sich dafür verbürgt, und hat der Schuldner das Darlehen aufgrund einer während des nach § 6 Abs. 2 bestimmten Zeitraums getroffenen Vereinbarung oder erfolgten Kündigung dem Dritten ganz oder teilweise zurückgewährt, so hat der nahe Angehörige, der die Sicherung bestellt hatte oder als Bürge haftete, dem Schuldner den zurückgezahlten Betrag zu erstatten. Der nahe Angehörige kann eine Forderung in Höhe des von ihm an den Schuldner erstatteten Betrages geltend machen. Es begründet keinen Unterschied, ob die Vereinbarung bereits in dem Zeitpunkt getroffen wurde, in dem der Dritte dem Schuldner das Darlehen gewährte oder nicht.

(4) Diese Vorschriften gelten sinngemäß für andere Rechtshandlungen, die der Darlehensgewährung wirtschaftlich entsprechen.

Der Reformvorschlag wird von folgenden Leitgedanken beherrscht:

- Rechtshandlungen sind nur dann anfechtbar, wenn der Schuldner zum Zeitpunkt der Rechtshandlung insolvent war, also "konkrete Gläubigerbenachteiligung"[1] vorliegt (*§ 1 Grundsatz*).

- Die Effizienz der Anfechtungsvorschriften wird durch weitgehenden Verzicht auf subjektive Voraussetzungen, wie insbesondere der Nachweis der Begünstigungs- oder Benachteiligungsabsicht des Schuldners verbessert. Sie reduzieren sich auf die Kenntnis der Insolvenz.

- Bei der Abwägung der sich widerstreitenden Interessen der Gläubigergesamtheit nach Komplettierung der Masse und des Anfechtungsgegners nach Rechtssicherheit wird ein *Prinzip des abgestuften Vertrauensschutzes*[2] *verfolgt.*

---

1) MERTENS, H.J. (1979), S. 192.

2) Vgl. PFEFFERLE (1984), S. 153.

- Abstufungskriterien sind der sich aus der Art der potentiell anfechtbaren Rechtshandlung ergebenden Indizierungsgrad sowie die nach informatorischen Gesichtspunkten beurteilte Nähe des anderen Teils zum Schuldner.

Anfechtbar sind den Gleichbehandlungsgrundsatz verletzende und die Gesamtheit der Gläubiger benachteiligende Rechtshandlungen. Kritische Formen der Deckung von Gläubigeransprüchen sind:

- durch Zwangsvollstreckungsmaßnahmen erlangte Befriedigungen und Sicherungen;
- nachträgliche Sicherheitenbestellungen;
- Ausübung von Sicherungsrechten.

Diese Rechtshandlungen unterliegen einer *Rückschlagsperre (§ 3)*. Zur Abgrenzung von der Rückschlagsperre nach § 28 VglO spricht man zweckmäßigerweise von einer bedingten Rückschlagsperre, da es im Gegensatz zum hier gemachten Vorschlag bei der genannten Norm nicht darauf ankommt, ob der Schuldner zum Zeitpunkt der Zwangsvollstreckung insolvent war. Hinsichtlich des Vertrauensschutzes werden bei *Gläubigerbenachteiligung (§ 4)* unentgeltliche und entgeltliche Verfügungen des Schuldners zugunsten des anderen Teils unterschieden. Bei den kritischen Formen der Deckung sowie unentgeltlichen Verfügungen wird vollständig auf subjektive Voraussetzungen verzichtet.

Im Mittelpunkt der anfechtungsrechtlichen Vorschriften steht die Definition des Kreises der Personen, die als Insider gelten.[1] Es handelt sich um keine abschließende Aufzählung, um nicht die Anfechtbarkeit von Verfügungen zugunsten nicht genannter Personen zu erschweren, die nach dem Gesamtbild der Umstände doch als Insider anzusehen sind.[2] Anders als es nach dem geltenden Insolvenzrecht geschieht[3], werden nun auch

1) Anregend für die Form der Gesetzeskonstruktion war § 201 (25) BC. Vgl. auch INSOLVENZRECHTSKOMMISSION (1985), S. 413 f..

2) Zu diesem Problem bezüglich der Schenkungsanfechtung siehe HOLZAPFEL (1979), S. 147 f.. Auch die Vorschläge der Insolvenzrechtskommission sehen keine abschließende Aufzählung der Insider vor; vgl. INSOLVENZRECHTSKOMMISSION (1985), S. 413 f..

3) Das geltende Insolvenzrecht beschränkt sich weitgehend auf die Definition der nahen Angehörigen von natürlichen Personen (§§ 31 Nr. 2 KO, 4 Abs 2 VglO).

umfassend die den nicht natürlichen Personen nahestehenden Personen definiert. Entsprechend *§ 5 (Insider)* können drei Gruppen von Anfechtungsgegnern unterschieden werden:

- nahe Angehörige des Schuldners (Insider i.e.S.);
- andere Personen, die mit der finanziellen Situation des Schuldners vertraut sind (Insider i.w.S.);
- Personen, die gegenüber Dritten über keine besonderen Informationsmöglichkeiten verfügen (Outsider).

Diese Klassifizierung der Anfechtungsgegner nach Informationsgesichtspunkten ist Ausgangspunkt für die Bemessung der *Suspektfrist (§ 6)* und subjektiven Wissensvoraussetzungen sowie die Beweislastverteilung *(§ 7 Kenntnis)*. Tabellarisch lassen sich die Zusammenhänge für "nicht kritische" Rechtshandlungen außerhalb der "besonderen Insolvenzanfechtung" wie folgt verdeutlichen:

Anfechtungsgegner	Suspektfrist	subjektive Wissensvoraussetzungen	Beweislast betreffend der der Wissensvoraussetzungen
Insider i.e.S.	2 Jahre	-	-
Insider i.w.S.		Kennen oder Kennenmüssen	Anfechtungsgegner
Outsider	1 Jahr	Kenntnis der Insolvenz	Insolvenzverwalter

Tab. 11: Überblick über den Reformvorschlag zu den Anfechtungsvorschriften

Schließlich werden sämtliche Anfechtungsvorschriften im Insolvenzrecht angesiedelt, so daß die bisher geltenden Normen der §§ 129a, 172a, 342 HGB sowie § 32a KO und § 32b GmbHG durch eine einzige rechtsformübergreifende Vorschrift ersetzt werden. Die zusammenfassende Vorschrift des *§ 8 (Gesellschafterdarlehen)* geht jedoch über den ursprünglichen Inhalt hinaus, indem sämtliche Darlehen von nahen Angehörigen erfaßt werden. Für eine schuldnerische Gesellschaft mit beschränkter Haftung bedeutet dies beispielsweise, daß sowohl innerhalb der letzten zwei Jahre vor Eröffnungsantrag ausgeschiedene Gesellschafter als auch von der Gesellschaft abhängige oder über sie herrschende Unternehmen erfaßt werden.

Literaturverzeichnis

ADAMS, M., Ökonomische Analyse der Sicherungsrechte - Ein Beitrag zur Reform der Mobiliarsicherheiten, Königstein 1980.

ADLER/DÜRING/SCHMALTZ, Rechnungslegung und Prüfung der Aktiengesellschaft, Handkommentar, 4. Aufl., völlig neu bearbeitet von Schmaltz, K./ Forster, K.-H./Goerdeler, R./Havermann, H., Band 1: Rechnungslegung, §§ 148 - 160, 311 - 313 AktG, 1965, § 14 EG, Stuttgart 1968.

ADLER/DÜRING/SCHMALTZ, Rechnungslegung und Prüfung der Aktiengesellschaft, Handkommentar, 4. Aufl., völlig neu bearbeitet von Schmaltz, K./Forster, K.-H./Goerdeler, R./Havermann, H., Band 3: Rechnungslegung im Konzern, §§ 329 - 338 AktG 1965 mit Exkursen zum Publizitätsgesetz, Stuttgart 1972.

AKERLOF, G. A., The Market for "Lemors": Quality Uncertainty and the Market Mechanism, in: QJoE, 1970, S. 488 - 500.

ALBACH, H., Zur Finanzierung von Kapitalgesellschaften durch ihre Gesellschafter, in: ZfgStW, 1962, S. 653 - 687.

ALBACH, H., Kritische Wachstumsschwellen in der Unternehmensentwicklung, in: ZfB, Heft 10/1976, S. 683 - 696.

ALBACH, H., Kampf ums Überleben: Der Ernstfall als Normalfall für Unternehmen in einer freiheitlichen Wirtschaftsordnung, in: ZfB-Erg.-Heft 2/1979, S. 9 - 22.

ALBACH, H./BOCK, K./WARNKE, T., Wachstumskrisen von Unternehmen, in: Zfbf, Heft 10/1984, S. 779 - 793.

ALBRECHT, P., Einige Bemerkungen zur Kritik am Bernoulli-Prinzip, in: ZfB , 1982, S. 641 - 665.

ALTMAN, E. I., Financial ratios, Discriminant Analysis and the Prediction of Corporate Bankruptcy, in: JoF, No. 4, September 1968, S. 589 - 609.

ANGEHRN, O./KÜNZI, H. (Hrsg.), Beiträge zur Lehre von der Unternehmung. Festschrift für Karl Käfer, Stuttgart 1968.

APP, M., Zu den Gründen für die Beibehaltung des Konkursvorrechts des Fiskus, in: BB, Heft 10/1984, S. 668 - 669.

ARBEITSKREIS GmbH-REFORM, Thesen und Vorschläge zur GmbH-Reform, Band II, Heidelberg 1972.

ARNIM, B. von, Eigenkapital, in: HdF, hrsg. von Hans E. BÜSCHGEN, Stuttgart 1976, Sp. 284 - 289.

ARNOLD, H., Modell eines insolvenzrechtlichen Sanierungsverfahrens, Beilage 8/1982 zum Bundesanzeiger Nr. 34/1982, Köln 1982a.

ARNOLD, H., Die französische Verordnung über die Sanierung bestimmter Unternehmen vom 23.09.1967, in: ZIP, Heft 7/1982 b, S. 793 - 805.

ARNOLD, H., Insolvenzrechtsreformen in Westeuropa, in: ZIP, Heft 6/1985, S. 321 - 333.

ARROW, K.J., Uncertainty and the Welfare Economics of Medical Care, in: AER, 1963, S. 941 - 973.

AULER, W.-D., Der Überschuldungsstatus als Bewertungsproblem, in: DB, Heft 46/1976, S. 2169 - 2173.

AULT, H. J., Fremdfinanzierung von Kapitalgesellschaften durch Anteilseigner im Steuerrecht der USA, in: VOGEL (1982), S. 23 - 28.

BAETGE, J., Möglichkeiten der Objektivierung des Jahreserfolges, Düsseldorf 1970.

BAETGE, J., Früherkennung negativer Entwicklungen der zu prüfenden Unternehmung mit Hilfe von Kennzahlen, in: WPg, Heft 22/23/1980, S. 651 - 665.

BAETGE, J. (Hrsg.), Der Jahresabschluß im Widerstreit der Interessen, Düsseldorf 1983.

BAETGE, J./BALLWIESER, W., Zum bilanzpolitischen Spielraum der Unternehmensleitung, in: BFuP, Heft 5/1977, S. 199 - 215.

BAETGE, J./MOXTER, A./SCHNEIDER, D. (Hrsg.), Bilanzfragen. Festschrift zum 65. Geburtstag von Prof. Dr. Ulrich Leffson, Düsseldorf 1976.

BALLERSTEDT, K., Kapital, Gewinn und Ausschüttung bei Kapitalgesellschaften, Tübingen 1949.

BALLERSTEDT, K., Gesellschaftsrechtliche Probleme der Reform des GmbH-Rechts, in: ZHR, Heft 2/1971, S. 383 - 401.

BALLWIESER, W., Sind mit der neuen Generalklausel zur Rechnungslegung auch neue Prüfungspflichten verbunden?, in: BB, Heft 16/1985, S. 1034 - 1043.

BALTZER, U., Krisenerkennung durch den Aufsichtsrat, Frankfurt 1983.

BALZ, M., Zur Reform des französischen Insolvenzrechts, in: ZIP, Heft 10/1983, S. 1153 - 1175.

BAMBERG, G./COENENBERG, A.G., Betriebswirtschaftliche Entscheidungslehre, 3. Aufl., 1980.

BANKENSTRUKTURKOMMISSION, Grundsatzfragen der Kreditwirtschaft - Bericht der Studienkommission -, in: Schriftenreihe des Bundesministeriums der Finanzen, Bonn 1979.

BARZ, C.H., Die Reform des GmbH-Rechts, in: GmbHR Heft 7/1963, S. 124 - 128.

BARZ, C.H., Kapitalfragen im Referentenentwurf eines GmbH-Gesetzes, in: GmbH-Reform: Band 1 der Schriftenreihe "Rechtspolitik und Gesetzgebung", hrsg. von Ernst GESSLER u.a., Bad Homburg v.d.H., Berlin, Zürich 1970, S. 37 - 58.

BAUMBACH, A./DUDEN, K./HOPT, K.J., Handelsgesetzbuch mit Nebengesetzen (ohne Seerecht), Kommentar, 25., neubearbeitete und erweiterte Aufl., München 1983.

BAUMS, Th., Neues Recht für GmbH und GmbH & Co. KG, in: StuW 1980, S. 298 - 309.

BAUR, F., Konkurs- und Vergleichsrecht, Heidelberg/Karlsruhe 1979.

BAUR, F., Neues Insolvenzrecht für Unternehmen?, in: JZ, Heft 17/1982, S. 577 - 579.

BAUSCH, H., Die Beteiligung von Banken an Nichtbanken und das Konkursrecht, Frankfurt 1982.

BEAVER, W. H., Financial Ratios as Predictors of Failure, in: Empirical Research in Accounting, Selected Studies 1966, Chicago 1967, S. 71 - 111.

BEECK, V., Die Konkursantragstellung als gläubigerspezifisches Entscheidungsproblem, Schwarzenbek 1979.

BEERMANN, K., Prognosemöglichkeiten von Kapitalverlusten mit Hilfe von Jahresabschlüssen, Düsseldorf 1976.

BELL, L., Valuation and the Probability of Bankruptcy in Chapter X, in: Am. Bankr. L.J., 1978, S. 1 - 22.

BELLINGER, B., Eine Wende in der Unternehmensbewertung?, in: WPg., Heft 20/1980, S. 575 - 584.

BENNE, D., Haftungsdurchgriff bei der GmbH insbesondere im Fall der Unterkapitalisierung, Köln 1978.

BERGES, A. M., Vergleich und Konkurs in der Evolution der Marktwirtschaft, in: UHLENBRUCK/KLASMEYER/KÜBLER (1977), S. 363 - 399.

BERGES, A. M., Der Konkurs als Kreditschutzmittel des Fremdkapitals, in: BB, Heft 1/1983, S. 22 - 26.

BEYERLE, K., Der unbeschränkt haftende Kommanditist - Ein Beitrag zur Rechtsposition des nicht eingetragenen Kommanditisten, Köln, Berlin, Bonn, München 1976.

HANDKOMMENTAR zum Bürgerlichen Gesetzbuch in zwei Bänden, hrsg. von HARM, Peter , 6., neubearbeitete Aufl., Münster 1975.

BIEG, H., Gläubigerschutzprinzip, in: Handwörterbuch des Steuerrechts, hrsg. von Georg STRICKRODT u.a., 2., neubearbeitete und erweiterte Aufl., 1. Band, München und Bonn 1981, S. 686 - 689.

BIEG, H., Bankbilanzen und Bankenaufsicht, München 1983.

BIEG, H., Kann der Bankenprüfer die Bonität gewerblicher Bankkreditnehmer beurteilen?, in: ZfbF, Heft 6/1984, S. 495 - 512.

BIENER, H., Auswirkungen der Vierten Richtlinie der EG auf den Informationsgehalt der Rechnungslegung deutscher Unternehmen, in: BFuP, 1979, S. 1 - 16.

BIERGANS, E., Einkommensteuer und Steuerbilanz, 2., wesentlich erweiterte und völlig neubearbeitete Aufl., München 1983.

BIERMANN, M., Die Überschuldung als Voraussetzung zur Konkurseröffnung, Berlin 1963.

BILO, F., Zum Problemkreis der Überschuldung im strafrechtlichen Bereich, in: GmbHR, Heft 4/1981, S. 73 - 78, und Heft 5/1981, S. 104 - 109.

BITZ, M., Betriebswirtschaftliche Erwägungen zur sachgerechten Ausgestaltung von Vorschriften zum Schutz der Gläubiger von Gesellschaften mit beschränkter Haftung. Unveröffentlichtes Manuskript, Hagen 1975.

BITZ, M., Die Strukturierung ökonomischer Entscheidungsmodelle, Wiesbaden 1977.

BITZ, M., Zeithorizonte bei der Investitions- und Finanzplanung, in: ZfB, Heft 3/1978, S. 175 - 193.

BITZ, M., Zur rechtlichen Behandlung von Gesellschafterdarlehen an Gesellschaften mit beschränkter Haftung - Eine betriebswirtschaftliche Analyse der Reformvorschläge zum GmbH-Gesetz, in: WiSt, Heft 8/1979, S. 353 - 358.

BITZ, M., Entscheidungstheorie, München 1981a.

BITZ, M. (Hrsg.), Geschäftspolitik der Banken, Band 2: Bank- und Börsenwesen, München 1981b.

BITZ, M., Investition und Finanzierung. Partialansätze zur Investitions- und Finanzplanung. Kurseinheit 1 des Kurses 0503 der FernUniversität Hagen, Hagen 1983.

BITZ, M., Übungen in Betriebswirtschaftslehre, 2. Aufl., München 1984a.

BITZ, M., Zur Diskussion um die präferenztheoretischen Implikationen des Bernoulli-Prinzips, in: ZfB, Heft 11/1984b, S. 1077 - 1089.

BITZ, M./ROGUSCH, M., Risiko-Nutzen, Geldnutzen und Risikoeinstellung. Zur Diskussion um das Bernoulli-Prinzip, in: ZfB, 1976, S. 853 - 868.

BLUM, R./STEINER, M. (Hrsg.), Aktuelle Probleme der Marktwirtschaft in gesamt- und einzelwirtschaftlicher Sicht. Festgabe zum 65. Geburtstag von Louis Perridon, Berlin 1984.

BÖHLE-STAMSCHRÄDER, A., Reformbedürftigkeit des Konkursrechts, in: KTS, Heft 5/6/1959, S. 66 - 73.

BÖHLE-STAMSCHRÄDER, A./KILGER, J., Konkursordnung, Kommentar, 13., neubearbeitete Aufl., München 1981.

BÖHLE-STAMSCHRÄDER, A./KILGER, J., Vergleichsordnung, Kommentar, 10., neubearbeitete Aufl., München 1982.

BÖNKHOFF, F. J., Die Kreditwürdigkeitsprüfung - Zugleich ein Beitrag zur Prüfung von Plänen und Prognosen, Düsseldorf 1983.

BOESEBECK, E., Regelung der wechselseitigen Beteiligung im Regierungsentwurf eines Aktiengesetzes, in: BB, Heft 1/1959, S. 15 - 19.

BOESEBECK, E., Wechselseitig beteiligte Unternehmen nach dem Regierungsentwurf eines Aktiengesetzes, in: AG, Heft 12/ 1961, S. 331 - 336.

BÖTTCHER, C., Kapitalherabsetzung, in: HdF, hrsg. von Hans E. BÜSCHGEN, Stuttgart 1976, Sp. 1050 - 1052.

BOHR, K./DRUKARCZYK, J./DRUMM, H.-J./SCHERRER, G. (Hrsg.), Unternehmensverfassung als Problem der Betriebswirtschaftslehre, Berlin 1981.

BOLLIG, H., Die Abschaffung des Fiskalprivilegs als Mittel zur Sanierung insolventer Unternehmungen, in: KTS, Heft 2/1983, S. 217 - 246.

BRETZKE, W.-R., Zur Frage der Überprüfbarkeit von Prognosen im Geschäftsbericht, in: WPg, Heft 11/1974, S. 292 - 296.

BRETZKE, W.-R., Die Nutzung von Prognoseverfahren und die Berücksichtigung des Risikos in der Praxis der Unternehmensbewertung, in: GOETZKE/SIEBEN (1977), S. 201 - 219.

BRETZKE, W.-R., Inhalt und Prüfung des Lageberichtes: Anmerkungen zur gegenwärtigen und zukünftigen Praxis der Prognosepublizität, in: WPg, Heft 13/1979, S. 337 - 349.

BUCHELE, R. B., Business Policy in Growing Firms, San Francisco 1967.

BÜSCHGEN, H. E., Zur Eigenkapitalausstattung der GmbH und GmbH & Co. KG, in: GmbHR, Heft 2/1974, S. 25 - 35, und Heft 3/1974, S. 49 - 53.

BULL, L. L., Der Bankruptcy Reform Act - Das neue amerikanische Konkursgesetz von 1978, in: ZIP, 10/1980, S. 843 - 851.

BURKEL, P., Wirtschaftsprüfung und Insolvenzprophylaxe - Zur Redepflicht des Abschlußprüfers nach dem Aktiengesetz und zum Warnproblem des Bankenprüfers nach dem Kreditwesengesetz, Schwarzenbek, Hamburg 1982a.

BURKEL, P., Zum Krisenwarnproblem der Wirtschaftsprüfer nach § 166 Abs. 2 AktG bei insolvenzgefährdeten Unternehmen, in: ZIP, Heft 1/1982b, S. 28 - 35.

BUSSE VON COLBE, W., Prognosepublizität von Aktiengesellschaften, in: ANGEHRN/KÜNZI (1968), S. 91 - 118.

CAEMMERER, E. von (Hrsg.), Die Haftung des Gesellschafters in der GmbH, Arbeiten zur Rechtsvergleichung, Schriftenreihe der Gesellschaft für Rechtsvergleichung, Heft 36, Frankfurt, Berlin 1968.

CANARIS, C.-W., Die Rückgewähr von Gesellschaftereinlagen durch Zuwendungen an Dritte, in: Festschrift für Robert Fischer, hrsg. von Marcus LUTTER, Walter STIMPEL und Herbert WIEDEMANN, Berlin, New York 1979, S. 31 - 64.

CANARIS, C.-W., Bankvertragsrecht, 2., vollständig neubearbeitete und erweiterte Aufl., Berlin, New York 1981.

CASTAN, E., Bedeutung und Erscheinungsformen der Wirtschaftskriminalität in der Bundesrepublik Deutschland, in: WiSt, Heft 3/1983, S. 112 - 118.

CHMIELEWICZ, K., Der Regierungsentwurf eines neuen Bilanzrechts, in: DBW, Heft 2/1982, S. 285 - 292.

CLAUSSEN, C. P., Kapitalersetzende Darlehen und Sanierungen durch Kreditinstitute, in: ZHR, Heft 2/3, 1983, S. 195 - 219.

CLAUSSEN, C. P., Kapitalersatzrecht und Aktiengesellschaft - Das BuM-Urteil des BGH vom 26.03.1984, in: AG, Heft 7/1985, S. 173 - 184.

CLEMM, H., Erwartungen an die Abschlußprüfung, in: WPg, Heft 23/24/1984, S. 645 - 655.

CLEMM, H./REITTINGER, W., Die Prüfung des Lageberichts im Rahmen der jährlichen Abschlußprüfung von Kapitalgesellschaften, in: BFuP, Heft 6/1980, S. 493 - 513.

COENENBERG, A. G., Jahresabschluß und Jahresabschlußanalyse - Betriebswirtschaftliche, handels- und steuerrechtliche Grundlagen, München 1974.

COENENBERG, A. G./KLEINE-DOEPKE, R., Zur Abbildung der Risikopräferenz durch Nutzenfunktionen, in: ZfB, 1975, S. 663 - 665.

CREDITREFORM, Schriftenreihe des Verbandes der Vereine Creditreform, Band 1: Wirtschaftskriminalität - Möglichkeiten der Prophylaxe, Würzburg 1973.

CREDITREFORM, Verband der Vereine Creditreform e.V., Jahresbericht 1983/84, Neuss 1984.

DAHL, Sven, Die Bewertung bei der Ermittlung der Überschuldung einer GmbH nach § 63 GmbHG, in: GmbHR, Heft 6/1964, S. 112 - 115.

DEUTLER, K.-F., Das neue GmbH-Recht - GmbH-Novelle 1980, 2., überarbeitete und ergänzte Aufl., Düsseldorf 1981.

51. DJT, Verhandlungen des 51. Deutschen Juristentages, Stuttgart 1976, hrsg. von der Ständigen Deputation des Deutschen Juristentages: Empfehlen sich gesetzliche Maßnahmen zur Reform der Mobiliarsicherheiten? Band II (Sitzungsberichte), Teil O, München 1976.

54. DJT, Verhandlungen des 54. Deutschen Juristentages, Nürnberg 1982, hrsg. von der Ständigen Deputation des Deutschen Juristentages: Möglichkeiten der Sanierung von Unternehmen durch Maßnahmen im Unternehmens-, Arbeits-, Sozial- und Insolvenzrecht, Band II (Sitzungsberichte), Teil M, München 1982.

DEWING, A. St., The Financial Policy of Corporations, 5. Aufl., New York 1953.

DIHT u.a. (Hrsg.), Gefahr für die GmbH-Stellungnahme zum Referentenentwurf eines neuen GmbH-Gesetzes, Bonn 1969.

DOEHRING, C., Die finanziellen Verluste aufgrund der amtlichen Insolvenzstatistik und der erfaßten Schadensfälle nach dem Ersten Gesetz zur Bekämpfung der Wirtschaftskriminalität, in: KTS, Heft 2/1981, S. 139 - 146.

DOEHRING, C., Gesamtinsolvenzverfahren als Reformaufgabe - Erkenntnisse aus statistischen Ergebnissen -, in: KTS, Heft 3/1983, S. 369 - 384.

DÖRNER, W., Die Unternehmensbewertung, in: IDW (1981), S. 1245 - 1369.

DORNDORF, E., Beschränkung der Besicherbarkeit von Krediten in der Insolvenzrechtsreform?, in: ZIP, Heft 5/1984, S. 523 - 528.

DREISS, W./EITEL-DREISS, M., Erstes Gesetz zur Bekämpfung der Wirtschaftskriminalität mit Erläuterungen, Bergisch Gladbach 1977.

DREXL, A./KAYSER, G., Überschuldungsfeststellung mittels Monte-Carlo-Simulation, in: BB, Heft 7/1981, S. 401 - 405.

DRUKARCZYK, J., Bilanzielle Überschuldungsmessung - Interpretation und Problematik der Überschuldungsvorschriften gemäß § 92 (2) AktG und § 64 (1) GmbHG -, in: ZGR, Heft 4/1979a, S. 553 - 582.

DRUKARCZYK, J., Begrenzte Haftung, Gläubigerrisiko und Gesellschafterdarlehen - Zur Vorschrift des § 32a im Entwurf eines neuen GmbHG, in: HEIGL/UECKER (1979b), S. 107 - 132.

DRUKARCZYK, J., Finanzierungstheorie, München 1980a.

DRUKARCZYK, J., Bilanzielle Überschuldungsmessung, in: WiSt, Heft 11/1980b, S. 505 - 511.

DRUKARCZYK, J., Zum Problem der Auslösung insolvenzrechtlicher Verfahren, in: ZfB, Heft 3/1981a, S. 235 - 257.

DRUKARCZYK, J., Verschuldung, Konkursrisiko, Kreditverträge und Marktwert von Aktiengesellschaften, in: KuK, 1981b, S. 287 - 319.

DRUKARCZYK, J., Liquidität - Bestimmungsgrößen, Messung und gläubigerschützende Regelungen, in: WiSt, Heft 12/1982, S. 562 - 566.

DRUKARCZYK, J., Kreditverträge, Mobiliarsicherheiten und Vorschläge zu ihrer Reform im Konkursrecht, in: ZfB, Heft 4/1983, S. 328 - 349.

DRUKARCZYK, J., Die geplante Insolvenzrechtsreform und ihr Einfluß auf die Position der Kreditinstitute, in: B.Bl., Heft 1/1984a, S. 3 - 9.

DRUKARCZYK, J., Reorganisation und Gläubigeransprüche, in: DBW, Heft 3/1984b, S. 371 - 391.

DRUKARCZYK, J., Kreditverträge, Mobiliarsicherheiten und Vorschläge ihrer Reform im Konkursrecht - Stellungnahme. in: ZfB, Heft 3/1984c, S. 284 - 293, und Heft 4/1984c, S. 412.

DRUKARCZYK, J., Mobiliarsicherheiten, Kreditverträge und Insolvenzrecht, in: Schriften des Vereins für Socialpolitik, Gesellschaft für Wirtschafts- und Sozialwissenschaften, Neue Folge, Band 140: Ansprüche, Eigentums- und Verfügungsrechte, im Jahre 1984 erschienen, Bericht über die Arbeitstagung des Vereins für Socialpolitik in Basel 1983, S. 681 - 704.

DRUKARCZYK, J./DUTTLE, J., Zur geplanten Behandlung von Mobiliarsicherheiten im Konkurs, in: ZIP, Heft 3/1984, S. 280 - 293.

DRUKARCZYK, J./DUTTLE, J./RIEGER, R., Mobiliarsicherheiten - Arten, Verbreitung, Wirksamkeit, Köln 1985.

EGGER, A., Substanzerhaltung und Scheingewinn, in: DBW, Heft 4/1981, S. 627 - 640.

EGNER, H., Bilanzen - Ein Lehrbuch zur Bilanztheorie, München 1974.

EGNER, H./WOLFF, G., Zur Unbrauchbarkeit des Überschuldungstatbestandes als gkäubigerschützendes Instrument, in: AG, Heft 4/1978, S. 99 - 106.

EICKMANN, D., Aktuelle Probleme des Insolvenzverfahrens aus Verwalter- und Gläubigersicht, 2., neubearbeitete Aufl., Köln 1983.

EISENHARDT, U., Gesellschaftsrecht, 3., überarbeitete Aufl., München 1985.

ELSING, S., Erweiterte Kommanditistenhaftung und atypische Kommanditgesellschaft, Berlin 1977.

ELSING, S., Kommanditistenhaftung und Gläubigergefährdung bei der unterkapitalisierten Kommanditgesellschaft, in: GmbHR, Heft 5/1978, S. 103 - 107.

EMMERICH, G., Bilanzierung, Gewinnausschüttung und Substanzerhaltung, Göttingen 1976.

ENGELS, W., Betriebswirtschaftliche Bewertungslehre im Licht der Entscheidungstheorie, Köln, Opladen 1962.

ENGELS, W., Bemerkungen zu den Bilanztheorien von Moxter und Stützel, in: BAETGE/MOXTER/SCHNEIDER (1976), S. 31 - 48.

ENGELS, W./MÜLLER, H., Substanzerhaltung: Eine betriebswirtschaftliche Konsumtheorie, in: ZfbF, 1970, S. 349 - 358.

ERDLAND, A., Eigenkapital und Einlegerschutz bei Kreditinstituten, Berlin 1981.

ERLINGHAGEN, P., Haftungsfragen bei einer unterkapitalisierten GmbH, in: GmbHR, Heft 8/1962, S. 169 - 176.

ERMAN, W., Zur Frage der Haftung der Hintermänner überschuldeter Gesellschaften, in: KTS, Heft 9/1959, S. 129 - 134.

ESCHRICH, A., Bilanzierung als Instrument zum Schutze von Gläubigern, Diss., Saarbrücken 1969.

FABRICIUS, R., Das Stammkapital der GmbH - Zur Frage seiner Rechtfertigung und der Rechtfertigung seiner Höhe, in: GmbHR, Heft 6/1970, S. 137 - 144.

FABRITIUS, A., Vermögensbindung in AG und GmbH - tiefgreifender Unterschied oder grundsätzliche Identität?, in: ZHR, Heft 5/1980, S. 628 - 641.

FARRENKOPF, St./CAHN, A., Die Rechtsprechung des BGH zu den sogenannten kapitalersetzenden Gesellschafterdarlehen bei der GmbH und §§ 30 f. GmbH-Gesetz, in: AG, Heft 6/1983, S. 151 - 156.

FEUERBORN, S., Neue Rechtsprechung des Bundesgerichtshofs zu "kapitalersetzenden Gesellschafterdarlehen", in: Sparkasse, 1980, S. 449 - 454.

FEUERBORN, S., Bundesgerichtshof verfestigt seine Rechtsprechung zu kapitalersetzenden Gesellschafterdarlehen, in: Sparkasse, Heft 1/1982, S. 19 - 22.

FEUERBORN, S., Kapitalersetzende Aktionärsdarlehen, in: Sparkasse, Heft 11-12/1984, S. 448 - 453.

FEUERSTEIN, W., Risikomessung, Risikobegrenzung und Risikodeckung bei Kreditinstituten, Bad Homburg 1984.

FISCHER, R., GmbH-Gesetz, Kommentar, begründet von Franz Scholz, bearbeitet von R. Fischer, 9., völlig neubearbeitete und erweiterte Aufl., Köln 1981.

FISCHER, W., Die Überschuldungsbilanz, Köln, Berlin, Bonn, München 1980.

FISCHER, W., Dynamische Überschuldungsprüfung als Insolvenzindikator, in: DB, Heft 27/28/1981, S. 1345 - 1351.

FLECK, H.-J., Kapitalaufbringung, Kapitalerhaltung und Insolvenzprobleme in der GmbH, 2., neubearbeitete Aufl., Köln 1982.

FLESSNER, A., Grundfragen des künftigen Sanierungsrechts, in: ZIP, Heft 2/1981a, S. 113 - 119.

FLESSNER, A., Das rechtspolitische Für und Wider eines Sanierungsverfahrens, in: ZIP, Heft 12/1981b, S. 1283 - 1288.

FLESSNER, A., Sanierung und Reoganisation - Insolvenzverfahren für Großunternehmen in rechtsvergleichender und rechtspolitischer Untersuchung, Tübingen 1982a.

FLESSNER, A., Sanierung von Unternehmen, in: ZRP, Heft 9/1982b, S. 244 - 249.

FRANKE, G., Finanzstrategien zur Minderung der Insolvenzwahrscheinlichkeit, in: BOHR u.a. (1981), S. 771 - 799.

FRANKE, G., Ökonomische Überlegungen zur Gestaltung eines gerichtlichen Sanierungsverfahrens, in: KTS, Heft 1/1983, S. 37 - 55.

FRANKE, G., Zur rechtzeitigen Auslösung von Sanierungsverfahren, in: ZfB, Heft 2/1984, S. 160 - 179.

FREILING, C./LÜCK, W., Unternehmungsinterne Planungen und aktienrechtliche Jahresabschlußprüfung, in: ZfbF, Heft 4/1984, S. 285 - 291.

FROMM, R., Gläubigerschutz durch Kapitalaufbringung und Kapitalerhaltung in Kommanditgesellschaft und Gesellschaft mit beschränkter Haftung, Diss., Bonn 1979.

FUNK, J., Die Substanzerhaltung der Unternehmen aus betriebswirtschaftlicher und steuerlicher Sicht, in: ZfbF, Heft 9, 1983, S. 804 - 830.

FUSS, F., Risikogerechte Eigenkapitalausstattung und Solvabilitätssystem der Schadenversicherungsdirektive - Eine betriebswirtschaftliche Untersuchung, Karlsruhe 1971.

GANSKE, J., Das Zweite gesellschaftsrechtliche Koordinationsgesetz vom 13. Dezember 1978, in: DB, Heft 51/52/1978, S. 2461 - 2465.

GEBHARDT, G., Die Eignung empirischer Untersuchungen als Grundlage für Kreditwürdigkeitsprüfungen, in: DBW, Heft 2/1981, S. 221 -235.

GEIGER, K.-H., Das neue GmbH-Recht, in: BI, Heft 12/1980, S. 16 - 21.

GERHARDT, W., Die systematische Einordnung der Gläubigeranfechtung, Göttingen 1969.

GERHARDT, W., Insolvenzverfahren und Einzelzwangsvollstreckung, in: UHLENBRUCK/KLASMEYER/KÜBLER (1977), S. 111 - 137.

GERSCH, H./HERGET, R./MARSCH, R./STÜTZLE, R., GmbH-Reform 1980. Erläuterungen mit praktischen Hinweisen, Stuttgart, Wiesbaden 1980.

GESAMTVERBAND DER VERSICHERUNGSWIRTSCHAFT e.V., Verband der Lebensversicherungs-Unternehmen e.V. (Hrsg.), Exposé für die Vergabe von Schuldscheindarlehen (GVa - Nr. 20/76 vom 9.9.1976), Karlsruhe 1976.

GESSLER, E., Probleme der GmbH-Rechtsreform, in: GmbHR, Heft 5/1966, S. 102 - 112.

GESSLER, E., Die Reform des GmbH-Rechts, in: BB, 1969, S. 589 - 595.

GESSLER, E., Grundfragen der GmbH-Reform, in: BB, Heft 16/1971, S. 665 - 670.

GESSLER, E., Das Konzernrecht der S.E., in: LUTTER (1976), S. 275 - 311.

GESSLER, E., Die GmbH-Novelle, in: BB, Heft 27/1980, S. 1385 - 1391.

GESSLER, E., Zur Problematik bei kapitalersetzenden Gesellschafterdarlehen, in: ZIP, Heft 3/1981, S. 228 - 235.

GESSLER, E./HEFERMEHL, W./ECKHARDT, U., Aktiengesetz, Kommentar, Band III, München 1973.

GESSNER, V./RHODE, B./STRATE, G./ZIEGERT, K. A., Die Praxis der Konkursabwicklung in der Bundesrepublik Deutschland - Eine rechtssoziologische Untersuchung, Köln 1978.

GIEBELER, N., Die Feststellung der Überschuldung einer Unternehmung unter besonderer Berücksichtigung der Beziehungen zur Zahlungsfähigkeit, Frankfurt 1982.

GMELIN, H. J., Das Prüfungsergebnis, in: IDW (1981), S. 997 - 1122.

GODIN, R./WILHELMI, H., Aktiengesetz vom 6. Sept. 1965. Kommentar, begründet von Reinhard von Godin und Hans Wilhelmi, neubearbeitet von Sylvester Wilhelmi, 4. Aufl., Berlin, New York 1971.

GÖLLERT, K., Auswirkungen des Bilanzrichtlinie-Gesetzes auf die Bilanzanalyse, in: BB, Heft 29/1984, S. 1845 - 1853.

GÖLLERT, K./RINGLING, W., Strategie statt Taktik - Bilanzpolitik im Übergang zum neuen Recht, in: DB, Heft 18/1983, S. 949 - 952, und Heft 19/1983, S. 1004 - 1008.

GOETZKE, W./SIEBEN, G. (Hrsg.), Moderne Unternehmensbewertung und Grundsätze ihrer ordnungsmäßigen Durchführung, Bericht von der 1. Kölner BFuP-Tagung vom 18. und 19. November 1976 in Köln, Köln 1977.

GOLDBECK, K.-J./WAHLEN, H. J./GAUER, H., Der Berater bei Analyse und Abwehr von Insolvenzverfahren, Bonn 1983.

GOTTWALD, P., Aspekte der Unternehmensinsolvenz im englischen Recht, in: KTS, Heft 1/1981, S. 17 - 45.

GRÖNER, Helmut, Marktsystem, Unternehmenskontrollen und Insolvenzen - Volkswirtschaftliche Überlegungen zur Reform des Insolvenzrechts, in: ORDO, Jahrbuch für die Ordnung von Wirtschaft und Gesellschaft, Stuttgart, New York 1984, S. 247 - 267.

GROSS, P. J., Sanierung durch Fortführungsgesellschaften, Köln 1982.

GROSSFELD, B., Unternehmensbewertung im Gesellschaftsrecht - Zur Barabfindung ausscheidender Personengesellschafter und Aktionäre, Köln 1983.

GROSSKOMMENTAR zum AKTIENGESETZ, bearbeitet von Hans Barz, u.a., 3. Aufl., Berlin, New York 1971/75.

GROSSKOMMENTAR zum HANDELSGESETZBUCH, 3. Aufl., Berlin 1970.

GRUNEWALD, B., Einsichts- und Auskunftsrecht des GmbH-Gesellschafters nach neuem Recht, in: ZHR, Heft 3/4/1982, S. 211 - 237.

GURKE, M., Verhaltensweisen und Sorgfaltspflichten von Vorstandsmitgliedern und Geschäftsführern bei drohender Überschuldung, Berlin 1982a.

GURKE, M., Zur Konkursantragspflicht der GmbH-Geschäftsführer wegen Überschuldung der Gesellschaft, in: DB, Heft 36/1982b, S. 1857 - 1858.

GUTENBERG, E., Grundlagen der Betriebswirtschaftslehre, Bd. 3: Die Finanzen, 8., ergänzte Aufl., Berlin, Heidelberg, New York 1980.

HAACK, M., Der Konkursgrund der Überschuldung bei Kapital- und Personengesellschaften, Diss., Frankfurt 1980.

HAACK, M., Bewertungsprobleme bei der Überschuldungsfeststellung, in: BB, Heft 15/1981, S. 883 - 888.

HACHENBURG, M., Großkommentar zum Gesetz betreffend die Gesellschaften mit beschränkter Haftung (GmbHG), 7. Aufl., Berlin, New York 1975/84.

HADDING, W./SCHNEIDER, U. H. (Hrsg.), Recht der Kreditsicherheiten in den Vereinigten Staaten von Amerika, Teil I: Kreditsicherheiten an beweglichen Sachen nach Art. 9 UCC, bearbeitet von Heinz J. DIELMANN, Berlin 1983.

HAEGELE, K./HESS, H., Konkurs, Vergleich, Gläubigeranfechtung, 4., neubearbeitete und wesentlich erweiterte Aufl., Herne, Berlin 1983.

HAGEST, J./KELLINGHUSEN, G., Zur Problematik der Prognoseprüfung und der Entwicklung von Grundsätzen ordnungsmäßiger Prognosebildung, in: WPg, Heft 15/16/1977, S. 405 - 415.

HÄRLE, D., Finanzierungsregeln und ihre Problematik, Wiesbaden 1961.

HÄSEMEYER, L., Die Gleichbehandlung der Konkursgläubiger, in: KTS, Heft 4/1982, S. 507 - 575.

HAFKE, Chr., Über die Zulassung von Außenseitern, in: ZfgK, Heft 14/1980, S. 664 - 670.

HAGENMÜLLER, K. F., Die wirtschaftlichen Auswirkungen einer etwaigen Reform des Rechts der mobilen Kreditsicherheiten, Gutachten im Auftrag des Bundesministers für Wirtschaft, Frankfurt 1963.

HAGENMÜLLER, K. F., Der Bankbetrieb, Band I: Strukturlehre - Kapitalbeschaffung der Kreditinstitute, 4., überarbeitete Aufl., Wiesbaden 1976.

HAJE, R., Zur Fundierung von Insolvenzentscheidungen, in: ZfbF, Heft 32/1980, S. 1 - 15.

HANISCH, H., Rechtszuständigkeit der Konkursmasse, Frankfurt 1973.

HANISCH, H., Zur Reformbedürftigkeit des Konkurs- und Vergleichsrechts, in: ZZP, Heft 1/1977, S. 1 - 38.

HANISCH, H., Entwicklungstendenzen des gegenwärtigen Insolvenzrechts in rechtsvergleichender Sicht, in: JBl., Heft 9/10/1977, S. 237 - 247.

HANSEN, U., Auswirkungen einer Niederlassungsfreiheit für Lebensversicherungsunternehmen in der EG auf die Geschäftstätigkeit der deutschen Unternehmen, in: ZVersWiss, 1976, S. 665 - 695.

HARMS, J. E./KÜTING, K., Das Konzept der Wertaufholung nach dem Regierungsentwurf des Bilanzrichtlinie-Gesetzes, in: BB, Heft 24/1982, S. 1459 - 1464.

HARMS, J. E./KÜTING, K., Die Wertaufholungsrücklage - Eine unzweckmäßige Neuerung des Bilanzrichtlinie-Gesetzes, in: BB, Heft 21/1984, S. 1331 - 1338

HAUG, K. H., Fälle der Konkursverwalterhaftung, in: ZIP, Heft 2/1984, S. 773 - 782.

HAUSCHILDT, J., Kreditwürdigkeitsanalyse im Firmenkundengeschäft, in: BITZ (1981b), S. 80 - 100.

HAUSCHILDT, J., Erfolgs- und Finanz-Analyse - Fragengeleitete, computergestützte Analyse der "Vermögens-, Finanz- und Ertragslage des Unternehmens" nach geltendem Aktienrecht und nach dem Bilanzrichtlinie-Gesetz, Köln 1984.

HAUSCHILDT, J./RÖSLER, J./GEMÜNDEN, H. G., Der Cash Flow - Ein Krisensignalwert?, in: DBW, Heft 3/1984, S. 353 - 370.

HAUSMANN, R., Der Schutz von Bankgläubigern - Ein Beitrag zur Verbesserung des Schutzes von Kleineinlegern, Frankfurt 1982.

HAX, H., Bewertungsprobleme bei der Formulierung von Zielfunktionen für Entscheidungsmodelle, in: ZfbF, 1967, S. 749 - 761.

HAX, H., Entscheidungsmodelle in der Unternehmung / Einführung in Operations Research, Hamburg 1974.

HAX, H./ LAUX, H. (Hrsg.), Die Finanzierung der Unternehmung, Köln 1975.

HAX, H./MARSCHDORF, H.-J., Anforderungen an ein Insolvenzrecht aus betriebswirtschaftlicher Sicht, in: BFuP, Heft 2/1983, S. 112 - 130.

HEIGL, A./UECKER, P. (Hrsg.), Betriebswirtschaftslehre und Recht, Bericht von der wissenschaftlichen Tagung des Verbandes der Hochschullehrer für Betriebswirtschaft e.V. vom 17. bis 19. Mai 1978 in Nürnberg, Wiesbaden 1979.

HEILMANN, H., Kapitalersetzende Darlehen bei Aktiengesellschaften, in: KTS, Heft 4/1983a, S. 513 - 516.

HEILMANN, H., Aspekte zur Insolvenzrechtsreform, in: ZRP, Heft 11/1983b, S. 266 - 270.

HEINEN, E., Handelsbilanzen, 10., verbesserte und erweiterte Aufl., Wiesbaden 1982.

HELBLING, C., Unternehmensbewertung und Steuern, 4., neubearbeitete Aufl., Düsseldorf 1982.

HELLGE, G., Konkursvermeidung - Erhaltung von Kapital und Arbeitsplätzen durch freiwillige Liquidation, Berlin 1982.

HELM, J. G./MORCK, W., Möglichkeiten des "Durchgriffs" bei Kapitalgesellschaften und Kommanditgesellschaften, in: WiSt, Heft 3/1975, S. 127 - 130.

HENCKEL, W., Masselosigkeit und Masseschulden, in: UHLENBRUCK/KLASMEYER/KÜBLER (1977), S. 169 - 187.

HENCKEL, W., Die Betriebsveräußerung im Konkurs, in: ZIP, Heft 1/1980, S. 2 - 9.

HENCKEL, W., Die Verbindungen des Sanierungsverfahrens zum Konkursverfahren, in: ZIP, Heft 12/1981, S. 1296 - 1303.

HENCKEL, W., Die Gläubigeranfechtung - Ein taugliches Mittel zur Beseitigung von Verkürzungen der Konkursmasse?, in: ZIP, Heft 4/1982, S. 391 - 399.

HENCKEL, W., Reform des Insolvenzrechts, in: ZZP, Heft 3/1984a, S. 369 - 395.

HENCKEL, W., Die Anpassung des Rechts der Berichtsübernahme (§ 613a BGB) an die Insolvenzsituation de lege lata und de lege ferenda, in: ZGR, Heft 2/1984b, S. 225 - 257.

HENNERKES, B.-H./BINZ, M. K., Gilt die unbeschränkte Haftung für den nicht eingetragenen Kommanditisten auch im Falle der GmbH § Co.?, in: GmbHR, Heft 10/1983, S. 233 - 235.

HENO, R., Kreditwürdigkeitsprüfung mit Hilfe von Verfahren der Mustererkennung, Bern, Stuttgart 1983.

HERBER, R., Zum Entwurf einer GmbH-Novelle, in: GmbHR, Heft 2/1978, S. 25 - 33.

HERSTEIN, J. N./MILNOR, J.W., An axiomatic approach to measurable utility, in: Econometrica 21, 1953, S. 291 - 297.

HESS, H./KROPSHOFER, B., Die Kostensicherung der Universalzwangsvollstreckung, in: ZIP, Heft 5/1982, S. 536 - 541.

HEYMANN/KÖTTER, Handelsgesetzbuch (ohne Seerecht) mit Erläuterungen, 21. (4.) Aufl., Berlin 1971.

HIRTZ, H., Die Vorstandspflichten bei Verlust, Zahlungsunfähigkeit und Überschuldung einer Aktiengesellschaft, Diss., Düsseldorf 1966.

HODGMAN, D. R., Credit Risk and Credit Rationing, in: QJoE, 1960, S. 258 - 278.

HÖFNER, K.-D., Die Überschuldung als Krisenmerkmal des Konkursstrafrechts, Frankfurt 1981.

HÖHN, E./SCHMID, W. A., "Fremdfinanzierung" von Kapitalgesellschaften durch Anteilseigner: Vergleichende Darstellung der Regelung in ausgewählten Staaten, in: VOGEL (1982), S. 13 - 21.

HÖLL, D., Notwendigkeit und Möglichkeiten der GmbH-Reform, Diss., Freiburg i. Brsg. 1962.

HOHLOCH, G., Sanierung durch "Sanierungsverfahren?" - Ein rechtsvergleichender Beitrag zur Insolvenzrechtsreform, in: ZGR, Heft 2/1982a, S. 145 - 198.

HOHLOCH, G., Gläubigerpositionen in einem Sanierungsverfahren - Rechtsvergleichende Bemerkungen zur Insolvenzrechtsreform, in: ZIP, Heft 9/1982b, S. 1029 - 1038.

HOLZAPFEL, L., Ehegattenschenkung und Gläubigerschutz, Bonn 1979.

HOMMELHOFF, P., Jahresabschluß und Gesellschafterinformation in der GmbH, in: ZIP, Heft 4/1983, S. 383 - 392.

HOMMELHOFF, P., Frühwarnsysteme und Auslösemechanismen für das Insolvenzverfahren, in: ZfB, Heft 7/8/1984a, S. 698 - 716.

HOMMELHOFF, P., Rechtliche Überlegungen zur Vorbereitung der GmbH auf das Bilanzrichtlinie-Gesetz, in: WPg, Heft 23/24/1984b, S. 629 - 639.

HOPT, K. J., Rechtspflichten der Kreditinstitute zur Kreditversorgung, Kreditbelassung und Sanierung von Unternehmen, in: ZHR, 1979, S. 139 - 173.

HOPT, K. J., Asymmetrische Information und Gläubigerverfügungsrechte in der Insolvenz - Die Bank in der Krise des Kreditnehmers, in: ZfB, Heft 7/8/1984, S. 743 - 760.

HÜFFER, U., Harmonisierung des aktienrechtlichen Kapitalschutzes. Die Durchführung der Zweiten EG-Richtlinie zur Koordinierung des Gesellschaftsrechts, in: NJW, Heft 21/1979, S. 1065 - 1070.

HUNDERTMARK, D./HERMS, V., Zur Überschuldung von Kapitalgesellschaften, in: BB, Heft 26/1972, S. 1118 - 1120.

HUNSCHA, A., Die Anwendung der §§ 30 Abs. 1, 31 GmbHG auf Zahlungen der GmbH & Co. KG an ihre Kommanditisten, in: GmbHR, Heft 11/1973, S. 257 - 263.

HUNSCHA, A., Gläubigerschutz und wechselseitig beteiligte GmbH & Co. KG, in: GmbHR, Heft 7/1975, S. 145 - 154.

HUPPERT, W., Recht und Wirklichkeit der Aktiengesellschaft, Berlin 1978.

IDW, Institut der Wirtschaftsprüfer in Deutschland e.V.: Grundsätze für die Erteilung von Bestätigungsvermerken, Fachgutachten 3/1977, in: WPg, Heft 8/1977, S. 217 - 221.

IDW, Institut der Wirtschaftsprüfer in Deutschland e.V. (Hrsg.), Wirtschaftsprüfer-Handbuch 1981, Düsseldorf 1981.

IDW, Institut der Wirtschaftsprüfer in Deutschland e.V., Stellungnahme HFA 2/1983: Grundsätze zur Durchführung von Unternehmensbewertungen, Sonderdruck der Zeitschrift "Die Wirtschaftsprüfung", Düsseldorf 1983.

IMMENGA, U., Die personalistische Kapitalgesellschaft, Bad Homburg v.d.H. 1970.

IMMENGA, U., Besprechung der Entscheidung BGHZ 60, 324, in: ZGR, Heft 4/1975, S. 487 - 492.

IMMENGA, U., Der neue Referentenentwurf zum GmbH-Gesetz, in: BB, Heft 20/1977, S. 957 - 961.

IMMENGA, U., Beteiligungen von Banken in anderen Wirtschaftszweigen, 2. Aufl., Baden-Baden 1978.

IMMENGA, U., Kapitalersetzende Aktionärsdarlehen als Haftkapital?, in: ZIP, Heft 12/1983, S. 1405 - 1412.

INSOLVENZRECHTSKOMMISSION, Erster Bericht der Kommission für Insolvenzrecht, hrsg. vom Bundesministerium der Justiz, Köln 1985.

JACOB, H./LEBER, W., Bernoulli-Prinzip und rationale Entscheidung bei Unsicherheit, in: ZfB, 1976, S. 177 - 204.

JACOB, H./LEBER, W., Bernoulli-Prinzip und rationale Entscheidung bei Unsicherheit. Ergänzung und Weiterführung, in: ZfB, 1978, S. 978 - 993.

JAEGER, E., Großkommentar zur Konkursordnung, 8. Aufl., Berlin, New York 1958 ff.

JÄHRIG, A./SCHUCK, H., Handbuch des Kreditgeschäfts, 4., überarbeitete und erweiterte Aufl., Wiesbaden 1982.

JAFFEE, D. M./RUSSELL, Th., Imperfect Information, Uncertainty, and Credit Rationing, in: QJoE, 1976, S. 651 - 666.

JANDER, K. J./SOHN, Th., Übersicht über das neue amerikanische Konkursrecht, in: RIW, Heft 11/1981, S. 744 - 751.

JANSSEN, C., Überlegungen zum "Going concern concept", in: WPg, Heft 13/1984, S. 341 - 348.

JAUERNIG, O., Zangsvollstreckungs- und Konkursrecht, 15., völlig neubearbeitete Aufl., München 1980.

JOOST, D., Kapitalbegriff und Reichweite der Bindung des aufgebrachten Vermögens in der GmbH, in: GmbHR, Heft 12/1983, S. 285 - 290.

JOOST, D., Grundlagen und Rechtsfolgen der Kapitalerhaltungsregeln in der GmbH, in: ZHR, Heft 1/1984, S. 27 - 55.

KÄMPFER, G., Passivierungspflicht für Pensionsrückstellungen nach dem Bilanzrichtlinien-Gesetz, in: Die Bank, Heft 11/1985, S. 576 - 579.

KAMM, Chr., Gesellschafterdarlehen an Kapitalgesellschaften nach deutschem Recht unter Berücksichtigung des schweizerischen und französischen Rechts, Düsseldorf 1970.

KAMPRAD, B., Kapitalersetzende Gesellschafterdarlehen im Konkurs und Vergleich der GmbH in der rechtspolitischen Diskussion, in: GmbHR, Heft 3/1975, S. 54 - 57.

KAMPRAD, B., Gesellschafterdarlehen an die GmbH und GmbH & Co. KG., 2. völlig neubearbeitete Aufl., Köln 1981.

KAMPRAD, B., Die Rechtsentwicklung kapitalersetzender Gesellschafterdarlehen seit dem Inkrafttreten der GmbH-Novelle am 01.01.1981, in: GmbHR, Heft 12/1984, S. 339 - 343.

KAYSER, G., Sanierung oder Auflösung - Eine Analyse zur Bestimmung der Sanierungsfähigkeit von Unternehmen im Vorfeld der Insolvenz, Frankfurt, Bern 1983a.

KAYSER, G., Sanierungsfähigkeitsprüfung insolvenzbedrohter Unternehmen, in: BB, Heft 7/1983b, S. 415 - 419.

KEISER, H., Betriebswirtschaftliche Analyse von Insolvenzen bei mittelständischen Einzelhandlungen, Köln und Opladen 1966.

KILGER, J., Der Konkurs des Konkurses, in: KTS, 1975, S. 142 - 166.

KILGER, J., Die Reformbedürftigkeit des Konkurs- und Vergleichsrechts, in: ZRP, Heft 8/1976, S. 190 - 194.

KILGER, J., Probleme der Sequestration im Konkurseröffnungsverfahren, in: UHLENBRUCK/KLASMEYER/KÜBLER (1977), S. 189 - 217.

KILGER, J., Grundzüge eines Reorganisationsverfahrens, in: ZIP, Heft 7/1982, S. 779 - 787.

KILGER, J., Die Reorganisation insolventer Gesellschaften, in: ZRP, Heft 2/1984, S. 46 - 52.

KING, D. R., Feasibility in Chapter X Reorganizations, in: Am. Bankr.L.J, 1975, S. 323 - 399.

KING, L. P., Chapter 11 of the 1978 Bankruptcy Code, in: Am. Bankr. L.J., 1979, S. 107 - 131.

KLEE, K. N., All You Ever Wanted to Know About Cram Down Under the New Bankruptcy Code, in: Am. Bankr. L.J., 1979, S. 133 - 171.

KLOOCK, Josef, Kapitalbedarfsrechnung, in: HdF, hrsg. von Hans E. BÜSCHGEN, Stuttgart 1976, Sp. 1012 - 1020.

KNIEF, P., Die Bestätigung von Finanzplanungen als Aufgabe der wirtschaftsprüfenden und steuerberatenden Berufe, in: WPg, Heft 10/1983, S. 300 - 303.

KNOBBE-KEUK, B., Die Verpachtung von Anlagevermögen des Gesellschafters an die GmbH und § 32a GmbH-Gesetz, in: BB, Heft 1/1984, S. 1 - 5.

KOCH, H., Der Begriff des ökonomischen Gewinns, in: ZfbF, 1968, S. 389 - 441.

Kölner Komm. zum AktG, hrsg. von Wolfgang Zöllner, Köln, Berlin, Bonn, Minden 1971.

KÖPPEN, J. von, Das Eigenkapital der Kreditinstitute, Wiesbaden 1966.

KÖRMANN, R., Zur Haftung bei Einlagenrückgewähr in der KG, besonders in der GmbH & Co. KG, Frankfurt/M. 1981.

KOMMISSION RECHNUNGSWESEN im Verband der Hochschullehrer für Betriebswirtschaft e.V., Reformvorschläge zur handelsrechtlichen Rechnungslegung, in: DBW, Heft 1a/1979, S. 3 - 40.

KOMMISSION RECHNUNGSWESEN im Verband der Hochschullehrer für Betriebswirtschaft e.V., Stellungnahme zu einem vorbeugenden Sanierungsverfahren und zur Definition des Konkursgrundes Zahlungsunfähigkeit, in: ZIP, Heft 2/1981, S. 212 - 215.

KORNBLUM, U., Weitere Rechtstatsachen zum Unternehmens- und Gesellschaftsrecht, in: GmbHR, Heft 2/1983, S. 29 - 35, und Heft 3/1983, S. 61 - 70.

KRAMER, U., Das anglo-amerikanische Sonderverfahren zur Reorganisation von Kapitalgesellschaften nach Abschnitt X des Bankruptcy Acts, Köln, Berlin, Bonn, München 1977.

KRAUS, H.-M., Das materielle amerikanische Insolvenzrecht, in: RIW, Heft 8/1983, S. 553 - 561.

KREDITSCHUTZVERBAND von 1870, Insolvenzrecht verschiedener Staaten Europas und der Vereinigten Staaten von Amerika, Protokolle des II. Internationalen Kongresses für Kreditschutz, Wien 1970.

KREIM, E., Finanzplanung und Kreditentscheidung, Wiesbaden 1977.

KRELLE, W., Replik zur Erwiderung von Jacob und Leber auf meine Bemerkungen zu ihrem Artikel "Rationale Entscheidung bei Unsicherheit", in: ZfB, 1978, S. 490 - 498.

KREUZER, K., Die allgemeinen Gläubigerschutzbestimmungen der GmbH-Novelle, in: ZIP, Heft 8/1980a, S. 597 - 605.

KREUZER, K., Die Gläubigerschutzbestimmungen der GmbH-Novelle für die Einmann-GmbH und die GmbH & Co., in: ZIP, Heft 9/1980b, S. 722 - 726.

KRÖGER, U., Ziele und Erfolgsaussichten von Vergleichsverfahren, in: BFuP, Heft 2/1983, S. 145 - 157.

KROPFF, B., Aktiengesetz, Textausgabe des Aktiengesetzes vom 6.9.1965 und des Einführungsgesetzes zum Aktiengesetz vom 6.9.1965, Düsseldorf 1965.

KROPFF, B., Der Lagebericht nach geltendem und künftigem Recht, in: BFuP, Heft 6/1980, S. 514 - 532.

KROPFF, B., Sinn und Grenzen von Bilanzpolitik - im Hinblick auf den Entwurf eines Bilanzrichtlinie-Gesetzes, in: BAETGE (1983), S. 179 - 211.

KRÜMMEL, H.-J., Finanzierungsrisiken und Kreditspielraum, in: ZfB, Erg.-Heft März 1966, S. 134 - 157.

KRÜMMEL, H.-J., Liquiditätssicherung im Bankwesen, Teil I: Gewerbepolizeiliche Liquiditätssicherung im Bankwesen, in: KuK, 1968, S. 247 - 307.

KRÜMMEL, H.-J., Bankenaufsichtsziele und Eigenkapitalbegriff, Frankfurt 1983.

KRÜMMEL, H.-J., Schutzzweck und Aufsichtseingriffe - über den Run auf die Bankschalter und seine Verhinderung, in: KuK, Heft 4/1984, S. 474 - 489.

KRUPPA, Th., Die Bankenhaftung bei der Sanierung einer Kapitalgesellschaft im Insolvenzfall, Frankfurt, Bern 1982.

KÜHN, G., Bewertungsprobleme bei Feststellung der Überschuldung einer GmbH, in: DB, Heft 13/1970, S. 549 - 555.

KÜTING, K., Die Erfolgsspaltung - Ein Instrument der Bilanzanalyse, in: BB, Heft 9/1981, S. 529 - 535.

KÜTING, K., Zukunftsbilanzen - Ein Vergleich zukunftsorientierter Rechenwerke, in: WiSt, Heft 6/1981, S. 268 - 274.

KÜTING, K., Externe Liquiditätsanalyse auf der Grundlage der Bilanz nach künftigem Bilanzrecht, in: DB, Heft 21/1985, S. 1089 - 1098.

KUHN, G., Haftungsprobleme bei der GmbH & Co., in: Ehrengabe für Bruno Heusinger, München 1968, S. 203 - 216.

KUHN, G., Konkursrechtliche Probleme bei der GmbH & Co. KG, in: Gesellschaftsrecht und Unternehmensrecht. Festschrift für Wolfgang Schilling zum 65. Geburtstag am 05. Juni 1973, hrsg. von Robert Fischer und Wolfgang Hefermehl, Berlin, New York 1973, S. 69 - 77.

KUPSCH, P., Zur Problematik der Überschuldungsmessung, in: BB, Heft 3/1984, S. 159 - 165.

LECHNER, K., Die Bestimmbarkeit des Begriffes der "gebotenen Kapitalzuführung" (§ 3 Abs. 1 KVStG), in: Österreichische Steuer-Zeitung, Heft 14/1969, S. 158 - 162.

LEE, K.-S., Gläubigerschutz bei Unterkapitalisierung der GmbH, Diss. Tübingen 1983.

LEFFSON, U., Wesen und Aussagefähigkeit des Jahresabschlusses, in: ZfB, 1966, S. 375 - 390.

LEFFSON, U., Bilanzanalyse, 2., durchgesehene Aufl., Stuttgart 1977.

LEFFSON, U., Der Einfluß einer erkennbaren Gefährdung der Unternehmung auf die Aussagen im Prüfungsbericht und Bestätigungsvermerk, in: WPg, Heft 22/23/1980, S. 637 - 643.

LEFFSON, U., Die Grundsätze ordnungsmäßiger Buchführung, 6., durchgesehene und geringfügig geänderte Aufl., Düsseldorf 1982.

LEFFSON, U., Bilanzanalyse, 3., verbesserte Aufl., Stuttgart 1984a.

LEFFSON, U., Die Going-Concern-Prämisse bei Unsicherheit über den Fortbestand der Unternehmung, in: WPg, Heft 22/1984b, S. 604 - 606.

LEMONTEY, Bericht Lemontey zum Entwurf eines EG-Konkursabkommens, in: ZIP, 5/1981, S. 547 - 562, 6/1981, S. 673 - 686, 7/1981, S. 791 - 806.

LIMBACH, J., Theorie und Wirklichkeit der GmbH, Berlin 1966.

LINHARDT, H./PENZKOFER, P./SCHARPF, P. (Hrsg.), Dienstleistungen in Theorie und Praxis, Otto Flintner zum 70. Geburtstag, Stuttgart 1970.

LOITLSBERGER, E., Die Struktur des Gläubigerschutzes im Recht, in: Der Österreichische Betriebswirt, 1954, S. 138 - 157.

LOISTL, O., Zur Regulierung des grauen Kapitalmarktes - Anmerkungen zum Regierungsentwurf eines Gesetzes über den Vertrieb von Anteilen an Vermögensanlagen, in: ZfbF, 1978, S. 815 - 843.

LUCE, R. D./RAIFFA, H., Games and Decisions, New York, London, Sydney 1957.

LÜTKEMEYER, J., Die Überschuldung der GmbH - Ein Beitrag zum Recht der Unternehmensbewertung, Gelsenkirchen 1983.

LUTTER, M., Kapital, Sicherung der Kapitalaufbringung und Kapitalerhaltung in den Aktien- und GmbH-Rechten der EWG, Karlsruhe 1964.

LUTTER, M. (Hrsg.), Die Europäische Aktiengesellschaft - Eine Stellungnahme zur Vorlage der Kommission an den Ministerrat der Europäischen Gemeinschaften über das Status für Europäische Aktiengesellschaften vom 30. April 1975, Köln, Berlin, Bonn, München 1976.

LUTTER, M., Die GmbH-Novelle und ihre Bedeutung für die GmbH, die GmbH & Co. KG und die Aktiengesellschaft, in: DB, Heft 27/28/1980, S. 1317 - 1327.

LUTTER, M., Zum Informationsrecht des Gesellschafters nach neuem GmbH-Recht, in: ZGR, Heft 1/1982, S. 1 - 14.

LUTTER, M./HOMMELHOFF, P., Nachrangiges Haftkapital und Unterkapitalisierung in der GmbH, in: ZGR, Heft 1/1979, S. 32 - 66.

MAISS, J., Die Kodifizierung einer Sonderprüfung im GmbH-Recht zur Insolvenzprophylaxe - zugleich ein Vorschlag zur Prüfung der Sanierungsfähigkeit -, Diss., Hamburg 1976.

MALUCK, M., Funktionen der Eigenkapitalpositionen im handelsrechtlichen Jahresabschluß, Diss., Saarbrücken 1969.

MANN, G., Grundprobleme der externen Sanierungsprüfung, in: LINHARDT/PENZKOFER/SCHARPF (1970), S. 237 - 255.

MARKOWITZ, H., Portfolio Selection: Efficient Diversification of Investments, New York 1959.

MARSCHAK, J., Nutzenmessung und Wahrscheinlichkeit, in: SHUBIK (1965), S. 103 - 118.

MARSCHDORF, H.-J., Unternehmensverwertung im Vorfeld und im Rahmen gerichtlicher Insolvenzverfahren, Bergisch Gladbach 1984.

MARTENS, K.-P., Die Anzeigepflicht des Verlustes des Garantiekapitals nach dem AktG und dem GmbHG, in: ZGR, Heft 3/1972, S. 254 - 288.

MATSCHKE, M. J., Die Maßnahmen zur Verbesserung des Gläubigerschutzes bei der GmbH nach der GmbH-Novelle 1980, in: DBW, Heft 4/1981, S. 553 - 570.

MATSCHKE, M. J., Prognosen im Rahmen der publizierten Rechnungslegung - Ein Bericht über die Prognosen der Pensionszahlungen gemäß § 159 AktG, in: DB, Heft 46/1981, S. 2289 - 2293, Heft 47/1981, S. 2339 - 2343, Heft 48/1981, S. 2394 - 2397.

MAUL, K.-H., Bemerkungen zum Gläubigerschutz im Rahmen der aktienrechtlichen Rechnungslegung und einer verschuldungsgradbedingten Ausschüttungsregelung, in: WPg, Heft 20/1968, S. 537 - 542.

MAUL, K.-H., Die durch die Sachlage gebotene Kapitalzuführung, in: BB, Heft 7/1969, S. 307 - 311.

MAUL, K.-H., Zur Rechnungslegung im Referentenentwurf eines Gesetzes über Gesellschaften mit beschränkter Haftung, in: BB, Heft 22/1970, S. 949 - 953.

MAUL, K.-H., Zur Bedeutung von Jahresabschlußprüfung und -publizität, in: BB, Heft 31/1983, S. 1959 - 1963.

MAUL, K.-H., Der Lagebericht nach der 4. EG-Richtlinie und dem Entwurf des Bilanzrichtlinie-Gesetzes, in: WPg, Heft 7/1984, S. 187 - 193.

MENTZEL, F./KUHN, G./UHLENBRUCK, W., Konkursordnung, Kommentar, 9., neubearbeitete Aufl., München 1979.

MENZEL, H.-J., Die Bedeutung der BGH-Rechtsprechung zu den Gesellschafterdarlehen für die Unternehmenssanierung, in: AG, Heft 8/1982, S. 197 - 206.

MERTENS, H.-J., Zur Bankenhaftung wegen Gläubigerbenachteiligung, in: ZHR, 1979, S. 174 - 194.

MERTENS, P. u.a., Substanzerhaltung bei Scheingewinnbesteuerung - Verfahren und Simulationsuntersuchungen. Beiträge zur angewandten Betriebswirtschaftslehre, Band 2, München 1977.

MESSMER, K., Die durch die Sachlage gebotene Kapitalzuführung, in: BB, Heft 25/1970, S. 1057 - 1066.

MEYER, J., Konzeptionelle Probleme der Wertfindung im Rahmen des anglo-amerikanischen Sonderverfahrens zur Reorganisation von Kapitalgesellschaften nach Abschnitt X des Bankruptcy Acts, Diss., Köln 1981.

MODIGLIANI, F., The Cost of Capital, Corporate Finance and the Theory of Investment, in: AER, 1958, S. 261 - 297.

MONOPOLKOMMISSION, Hautpgutachten 1973/1975 - Mehr Wettbewerb ist möglich, Baden-Baden 1976.

MOXTER, A., Die Grundsätze ordnungsmäßiger Bilanzierung und der Stand der Bilanztheorie, in: ZfbF, 1966, S. 28 - 59.

MOXTER, A., Optimaler Verschuldungsumfang und Modigliani-Miller-Theorem, in: HAX/LAUX (1975), S. 133 - 159.

MOXTER, A., Finanzwirtschaftliche Risiken, in: HdF, hrsg. von Hans E. BÜSCHGEN, Stuttgart 1976a, Sp. 630 - 641.

MOXTER, Adolf, Grundsätze ordnungsmäßiger Unternehmensbewertung, 1. Aufl., Wiesbaden 1976b.

MOXTER, A., Fundamentalgrundsätze ordnungsmäßiger Rechenschaft, in: BAETGE/MOXTER/SCHNEIDER (1976c), S. 87 - 100.

MOXTER, A., Bilanzlehre, 2., unveränderte Aufl., Wiesbaden 1976d.

MOXTER, A., Substanzerhaltung und Aktienrecht, in: ZfbF, Heft 28/1976e, S. 694 - 704.

MOXTER, A., Ist bei drohendem Unternehmenszusammenbruch das bilanzrechtliche Prinzip der Unternehmensfortführung aufzugeben?, in: WPg, Heft 13/1980, S. 345 - 351.

MOXTER, A., Betriebswirtschaftliche Gewinnermittlung, Tübingen 1982.

MOXTER, A., Grundsätze ordnungsmäßiger Unternehmensbewertung, 2., vollständig umgearbeitete Aufl., Wiesbaden 1983.

MOXTER, A., Der Jahresabschluß im Widerstreit der Interessen - Ziele und Zielerreichung -, in: BAETGE (1983), S. 11 - 20.

MÜLLER, K., Zur Haftung des Gesellschafters im Konkurs der unterkapitalisierten GmbH, in: ZRP, Heft 5/1975, S. 101 - 105.

MÜLLER, K., Kommentar zum Gesetz betreffend die Erwerbs- und Wirtschaftsgenossenschaften, Band 1 bis 3, Bielefeld 1976/80.

MÜLLER, K., Der Tatbestand des kapitalersetzenden Gesellschafterdarlehens in § 32a Abs. 1 GmbHG, in: GmbHR, Heft 2/1982, S. 33 - 41.

MÜLLER, W., Zum Entwurf eines Gesetzes zur Durchführung der Zweiten Richtlinie des Rates der Europäischen Gemeinschaften zur Koordinierung des Gesellschaftsrechts (Kapitalschutzrichtlinie), in: WPg, 1978, S. 565 - 574.

MÜLLER, W. A., Bankenaufsicht und Gläubigerschutz - Eine Analyse von Regulierungs- und Aufsichtsvorschriften für Kreditinstitute, Baden-Baden 1981.

NAHR, G., Kreditrationierung, Information und Unsicherheit - Zur Bestimmung von Kredithöhe und Zinssatz bei Kreditverhandlungen, München 1980.

NEUHÄUSER, H. J., Bilanzkriminalität, Band 2 der Schriftenreihe des Verbandes der Vereine Creditreform, Würzburg 1974.

NEUMAYER, J., Rechtsprobleme im insolvenzrechtlichen Vorverfahren, in: ÖJZ, Heft 10/1984, S. 257 - 268.

OBERMÜLLER, M., Die Bank im Konkurs ihres Kunden, 1. Aufl., Wiesbaden 1972.

OBERMÜLLER, M., Die Bank im Konkurs ihres Kunden, 2. vollständig überarbeitete und erweiterte Aufl., Wiesbaden 1982.

OBERMÜLLER, M., Die Bank im Konkurs und Vergleich ihres Kunden, 3., vollständig überarbeitete und erweiterte Aufl., Wiesbaden 1985.

PAULUS, G., Sinn und Formen der Gläubigeranfechtung, in: AcP, Heft 4/5/1956, S. 277 - 374.

PAULY, M. V., The Economics of Moral Hazard, in: AER, 1968, S. 531 - 537.

PEIFFER, H.-H., Möglichkeiten und Grenzen der Prüfung von Prognosen im Geschäftsbericht, in: WPg, Heft 6/1974, S. 159 - 170, und Heft 7/1974, S. 186 - 197.

PERRIDON, L./STEINER, M., Finanzwirtschaft der Unternehmung, 3., überarbeitete Aufl., München 1984.

PFEFFERLE, R., Zur Reform der Konkursanfechtung und der Rückschlagsperre, in: ZIP, Heft 2/1984, S. 147 - 156.

PFOHL, H. C./BRAUN, G. E., Entscheidungstheorie, Landsberg 1981.

PHILIPP, F. u.a., Zur Bestimmung des "haftenden Eigenkapitals" von Kreditinstituten, Stellungnahme einer Professoren-Arbeitsgruppe zum Bericht der Studienkommission "Grundsatzfragen der Kreditwirtschaft", Frankfurt 1981.

PILTZ, D. J., Die Unternehmensbewertung in der Rechtsprechung zum Gesellschafts-, Familien-, Erb-, Schadens- und Enteignungsrecht, Düsseldorf 1982.

PLATE, G., Eignung von Zahlungsunfähigkeit und Überschuldung als Indikator für die Insolvenzreife einer Unternehmung, in: DB, Heft 5/1980, S. 217 - 222.

PLATE, G., Entscheidung zwischen sofortiger Stillegung und einstweiliger Unternehmensfortführung auf der Grundlage einer Deckungsbeitragsrechnung, in: KTS, Heft 3/1981, S. 325 - 347.

PRIBILLA, M. E., Die Überschuldungsbilanz, in: KTS, Heft 1/1958, S. 1 - 8, und Heft 2/1958, S. 17 - 24.

PRIESTER, H.-J., Vorabausschüttung bei der GmbH, in: DB, Heft 48/1973, S. 2382 - 2385.

PRIESTER, H.-J., Ausschüttung bei Abschreibungsgesellschaften und Wiederaufleben der Kommanditistenhaftung, in: BB, Heft 22/1976, S. 1004 - 1009.

PRIESTER, H.-J., Die 4. EG-Richtlinie aus der Sicht der GmbH und der GmbH & Co., in: Rechnungslegung nach neuem Recht, ZGR-Sonderheft 2, hrsg. von Marcus Bierich, Walther Busse von Colbe, Gerd Lassmann und Marcus Lutter, Berlin, New York 1980, S. 211 - 246.

PRIESTER, H.-J., Die Unversehrtheit des Stammkapitals bei Eintragung der GmbH - Ein notwendiger Grundsatz?, in: ZIP, Heft 10/1982, S. 1141 - 1153.

PRIESTER, H.-J., Die GmbH-Novelle - Konsequenzen für die Praxis, Köln 1980.

RAISER, Th., Die neuen Gründungs- und Kapitalerhöhungsvorschriften für die GmbH, in: Das neue GmbH-Recht in der Diskussion, Heft 40 der Schriftenreihe "Rechtsfragen der Handelsgesellschaften", hrsg. von der Centrale für GmbH Dr. Otto Schmidt, Köln 1981, S. 21 - 42.

RAISER, Th., Recht der Kapitalgesellschaften, München 1983.

RAWLS, J., Eine Theorie der Gerechtigkeit, übersetzt von Hermann Vetter, Frankfurt 1979, Titel der Originalausgabe: "A Theory of Justice", Cambridge, Mass. 1971.

RECHTSAUSSCHUSS, Beschlußempfehlung und Bericht des Rechtsausschusses (6. Ausschuß) zu dem von der Bundesregierung eingebrachten Entwurf eines Gesetzes zur Änderung des Gesetzes betreffend die Gesellschaften mit beschränkter Haftung und anderer handelsrechtlicher Vorschriften - Drucksache 8/1347 - BT-Drucksache 8/3908 vom 16.04.1980, Bonn 1980.

RECHTSAUSSCHUSS, Entwurf eines Gesetzes zur Durchführung der Vierten, Siebenten und Achten Richtlinie des Rates der Europäischen Gemeinschaften zur Koordinierung des Gesellschaftsrechts (Bilanzrichtlinien-Gesetz) des Unterausschusses "Bilanzrichtlinie-Gesetz" im Rechtsausschuß des Deutschen Bundestages vom 01.08.1985.

REFERENTENENTWURF eines Gesetzes über Gesellschaften mit beschränkter Haftung, hrsg. vom Bundesministerium der Justiz, Köln 1969.

REGIERUNGSENTWURF, Entwürfe a) eines Gesetzes über Gesellschaften mit beschränkter Haftung (GmbHG), b) eines Einführungsgesetzes zum Gesetz über Gesellschaften mit beschränkter Haftung, BT-Drucksache VI/3088 vom 31.01.1972, Bonn 1972.

REGIERUNGSENTWURF, Entwurf eines Gesetzes über Gesellschaften mit beschränkter Haftung, BT-Drucksache 7/253 vom 26.02.1973, Bonn 1973.

REGIERUNGSENTWURF, Entwurf eines Gesetzes zur Änderung des Gesetzes betreffend die Gesellschaften mit beschränkter Haftung und anderer handelsrechtlicher Vorschriften, BT-Drucksache 8/1347 vom 15.12.1977, Bonn 1977.

REGIERUNGSENTWURF, Entwurf eines Gesetzes zur Druchführung der Zweiten Richtlinie des Rates der Europäischen Gemeinschaften zur Koordinierung des Gesellschaftsrechts, BT-Drucksache 8/1678 vom 31.03.1978, Bonn 1978.

REGIERUNGSENTWURF, Entwurf eines Gesetzes zur Durchführung der Vierten Richtlinie des Rates der Europäischen Gemeinschaften zur Koordinierung des Gesellschaftsrechts (Bilanzrichtlinie-Gesetz), BT-Drucksache 10/317 vom 26.08.1983, Bonn 1983.

REICH, N., Reform der Kreditsicherung, in: JZ, Heft 15/16/1976, S. 463 - 469.

REISCHAUER, F./KLEINHANS, J., Kreditwesengesetz (KWG), Loseblattkommentar für die Praxis nebst sonstigen bank- und sparkassenrechtlichen Aufsichtsgesetzen sowie ergänzenden Vorschriften, Berlin 1963, Stand: 57. Ergänzungslieferung 1984.

REITTINGER, W., Die Prüfung des Lageberichts nach Aktienrecht und nach den Vorschriften der 4. EG-Richtlinie, Frankfurt 1983.

RESKE, W./BRANDENBURG, A./MORTSIEFER, H.-J., Insolvenzursachen mittelständischer Betriebe, Göttingen 1976.

REUTER, H.-P., Die Umdeutung von "echten" Kapitalherabsetzungen in verdeckte Gewinnausschüttungen nach der Körperschaftssteuerreform, in: AG, 1982, S. 306 - 308.

RIEBELL, C., Neues Bilanzrecht und künftige Bilanzanalyse - Auswirkungen des Bilanzrichtlinie-Gesetzes auf die Auswertung von Kreditnehmerbilanzen, in: B.Bl., Heft 11/1984, S. 459 - 473.

RIEGGER, B., Die Rückgewähr der Einlage eines Kommanditisten aus dem Privatvermögen eines Gesellschafters, in: BB, 1975, S. 1282 - 1284.

RIESENFELD, St., Das amerikanische Sanierungsverfahren - Ein rechtsvergleichender Überblick -, in: KTS, Heft 1/1983, S. 85 - 101.

RITTNER, F., Die Beteiligung als Grund der Abhängigkeit einer Aktiengesellschaft, in: DB, Heft 31/1976, S. 1465 - 1470, und Heft 32/1976, S. 1513 - 1515.

RATIONALISIERUNGS-KURATORIUM DER DEUTSCHEN WIRTSCHAFT (RKW) e.V., Insolvenzverfahren rechtzeitig erkennen und vorbeugend bekämpfen, 6. Aufl., Frankfurt 1974.

RÖDL, H., Kreditrisiken und ihre Früherkennung, Düsseldorf 1979.

RÖDL, H., Insolvenzrechtsreform: Löst oder schafft sie Probleme?, in: FLF, Heft 5/1984, S. 203 - 204.

ROEHM, E. H., Die amerikanische Konkursrechtsreform, aus der Reihe: Berichte und Dokumente zum ausländischen Wirtschafts- und Steuerrecht der Bundesstelle für Außenhandelsinformation, Köln 1980.

ROGUSCH, M., Mindesteigenkapital, Haftungsbeschränkung und Gläubigerschutz bei der GmbH, Frankfurt 1979.

ROTH, G. H., Gläubigerschutz und Mindestkapital in der GmbH nach den österreichischen und deutschen Gesetzesnovellen vom 1.1.1981, in: GesRZ, 1982, S. 137 - 142.

ROTH, G. H., Haftungsbeschränkung kontra Gläubigerschutz bei Überschuldung der GmbH, in: GesRZ, 1985, S. 1 - 6.

RUDOLPH, B., Die Kreditvergabeentscheidung der Banken, Opladen 1974.

RUDOLPH, B., Ein dynamisches Modell der Kreditbeziehungen zwischen einer Bank und ihren Kreditnehmern, in: KuK, Heft 1/1982, S. 94 - 113.

RUDOLPH, B., Kreditsicherheiten als Instrumente zur Umverteilung und Begrenzung von Kreditrisiken, in: ZfbF, Heft 1/1984, S. 16 - 43.

RUDOLPH, B., Zur Funktionsanalyse von Kreditsicherheiten, in: Die Bank, Heft 10/1985, S. 503 - 507.

RÜCKLE, D., Externe Prognosen und Prognoseprüfung, in: DB, Heft 1/1984, S. 57 - 69.

RÜMKER, D. D., Bankkredite als kapitalersetzende Gesellschafterdarlehen unter besonderer Berücksichtigung der Sanierungssituation, in: ZIP, Heft 12/1982, S. 1385 - 1396.

RUSS, W., Der Anhang als dritter Teil des Jahresabschlusses - Eine Analyse der bisherigen und der zukünftigen Erläuterungsvorschriften für die Aktiengesellschaft, Bergisch Gladbach 1984.

RUTKOWSKY, St., Die Novelle des GmbH-Rechts, in: ZfbF, Heft 5/1981, S. 373 - 383.

SAHNER, F./KAMMERS, H., Der Lagebericht - Gegenwart und Zukunft, in: DB, Heft 45/1984, S. 2309 - 2316.

SAMSON-HIMMELSTJERNA, A. von, Überblick über die Gesellschaftsformen der Vereinigten Staaten von Amerika, in: RIW, Heft 3/1983, S. 152 - 159.

SEELBACH, H., Finanzierung, München 1980.

SEICHT, G., Die kapitaltheoretische Bilanz und die Entwicklung der Bilanztheorien, Berlin 1970.

SEICHT, G., Bilanztheorien, Würzburg, Wien 1982.

SELCHERT, F. W., Bewertungsstetigkeit nach dem Bilanzrichtlinie-Gesetz, in: DB, Heft 37/1984, S. 1889 - 1894.

SHARPE, W. F., Portfolio Theory and Capital Markets, New York et. al. 1970.

SHUBIK, M. (Hrsg.), Spieltheorie und Sozialwissenschaften, Hamburg 1965.

SIEBEN, G., Geldwertänderung und Bilanz, in: BB, Beilage 5/1971 zu Heft 26/1971, S. 61 - 66.

SIEBEN, G./SCHILDBACH, Th., Zum Stand der Entwicklung der Lehre von der Bewertung ganzer Unternehmungen, in: DStR, Heft 16/17/ 1979, S. 455 - 461.

SIEDSCHLAG, W., Ansatzpunkte zu einer Reform des Insolvenzrechts (Konkurs und Vergleich) anhand neuerer Erfahrungen, Diss., Freiburg i.Brsg. 1971.

SKOTZKI, Gedanken zur Erneuerung des Insolvenzrechts, in: BFuP, 1954, S. 38 - 42.

SMITH, C. W./WARNER, J. B., On Financial Contracting: An Analysis on Bond Covenants, in: JoFE, 1979, S. 117 - 161.

SONNENBERGER, H.-J., Das Darlehen des GmbH-Gesellschafters als Mittel der Gesellschaftsfinanzierung, in: NJW, Heft 46/1969, S. 2033 - 2038.

SONNENBERGER, H.-J., Französisches Handels- und Wirtschaftsrecht, Band 12 der Schriftenreihe "Recht der Internationalen Wirtschaft", Heidelberg 1975.

SÜCHTING, J., Zum Problem des "angemessenen" Eigenkapitals von Kreditinstituten, in: ZfbF, Heft 5/1982, S. 397 - 415..

SÜCHTING, J., Finanzmanagement - Theorie und Politik der Unternehmensfinanzierung, 4., vollständig überarbeitete Aufl., Wiesbaden 1984.

SWOBODA, P., Investition und Finanzierung, 2. Aufl., Göttingen 1977.

SWOBODA, P., Betriebliche Finanzierung, Würzburg, Wien 1981.

SWOBODA, P., Heterogene Information und Kapitalstruktur der Unternehmung, in: ZfbF, Heft 8/9/1982, S. 705 - 727.

SWOBODA, P., Betriebswirtschaftliche Anmerkungen zur Reform des Insolvenzrechts, in: ZfB, Heft 2/1984, S. 180 - 186, und Heft 4/1984, S. 413.

SZAGUNN, V./NEUMANN, W./WOHLSCHIESS, K., Gesetz über das Kreditwesen in der Fassung vom 03. Mai 1976, Kommentar, 3., völlig neubearbeitete Aufl., Stuttgart, Berlin, Köln, Mainz 1976.

SCHACHT, K., Die Bedeutung der Finanzierungsregeln für unternehmerische Entscheidungen, Wiesbaden 1971.

SCHADE, G., Zur Konkretisierung des Gebots sorgfältiger Abschlußprüfung, Düsseldorf 1982.

SCHANZE, E., Durchgriff, Normanwendung oder Organhaftung?, in: AG, Heft 2/1982, S. 42 - 44.

SCHATZ, St., Die Sicherung des Gesellschaftervermögens und der Gläubigerinteressen im deutschen Konzernrecht, Diss., Göttingen 1980.

SCHEDLBAUER, H., Sonderprüfungen, Stuttgart 1984a.

SCHEDLBAUER, H., Auslösung und Durchführung von Insolvenzprüfungen, in: DB, Heft 43/1984b, S. 2205 - 2213.

SCHILDBACH, Th., Sicherheiten versus par conditio creditorum - Eine betriebswirtschaftliche Analyse im Zusammenhang mit der Insolvenzrechtsreform -, in: BB, Heft 34/1983, S. 2129 - 2136.

SCHILDBACH, Th./EWERT, R., Einige Bemerkungen zur Kritik der Kritik am Bernoulli-Prinzip - Stellungnahme zum Beitrag von Peter Albrecht, in: ZfB, 1983, S. 583 - 590.

SCHIMMELPFENG GmbH (Hrsg.), Aktuelle Beiträge über Insolvenzen, 2., erweiterte Aufl., Frankfurt 1977.

SCHINDLER, A., Erweiterte Interpretation der Bilanzaufgaben, Zur Fortentwicklung des Rechnungswesens und der Rechnungslegung durch die 4. EG-Richtlinie zum Gesellschaftsrecht, in: WiSt, Heft 4/1980, S. 166 - 172.

SCHLÜCHTER, E., Der Grenzbereich zwischen Bankrottdelikten und unternehmerischen Fehlentscheidungen, Tübingen 1977.

SCHHLÜCHTER, E., Tatbestandsmerkmal der Krise - überflüssige Reform oder Versöhnung des Bankrottstrafrechts mit dem Schuldprinzip?. in: MDR, Heft 12/1978, S. 977 - 981.

SCHMALENBACH, E., Grundlagen dynamischer Bilanzlehre, in: ZfhF, 1919, S. 1 - 60, und S. 65 - 101.

SCHMIDT, H. M., GmbH und AG - Wider das Schlagwort von der GmbH als der "AG des kleinen Mannes", in: GmbHR, Heft 9/1969, S. 195 - 197.

SCHMIDT, H. M. (Hrsg.), Pro GmbH - Analyse und Perspektiven des Gesellschafts- und Steuerrechts der GmbH, Köln 1980.

SCHMIDT, K., Kapitalaufbringung, Kapitalerhaltung und Unterkapitalisierung bei der GmbH & Co., in: DB, Heft 45/1973, S. 2227 - 2231.

SCHMIDT, K., Die Kreditfunktion der stillen Einlage, in: ZHR, Heft 5/6/1976a, S. 475 - 493.

SCHMIDT, K., Kommanditeinlage - Kapitalaufbringung und Kapitalerhaltung in der KG, in: ZGR, 1976b, S. 307 - 348.

SCHMIDT, K., Das Vollstreckungs- und Insolvenzrecht der stillen Gesellschaft, in: KTS, Heft 2/1977a, S. 65 - 81.

SCHMIDT, K., Anmerkung zum Urteil des BGH vom 27.09.1976, in: NJW, Heft 3/1977b, S. 107 - 108.

SCHMIDT, K., Unternehmenskonkurs - Unternehmensträgerkonkurs - Gesellschafterkonkurs, in: UHLENBRUCK/KLASMEYER/KÜBLER (1977c), S. 247 - 270.

SCHMIDT, K., Einlage und Haftung des Kommanditisten, Köln 1977d.

SCHMIDT, K., Konkursgründe und präventiver Gläubigerschutz, in: AG, Heft 12/1978a, S. 334 - 340.

SCHMIDT, K., Konkursantragspflichten bei der GmbH und bürgerliches Deliktsrecht, in: JZ, 1978b, S. 661 - 666.

SCHMIDT, K., Grundzüge der GmbH-Novelle, in: NJW, 1980a, S. 1769 - 1776.

SCHMIDT, K., Vom Konkursrecht der Gesellschaften zum Insolvenzrecht der Unternehmen, in: ZIP, Heft 4/1980b, S. 233 - 238.

SCHMIDT, K., Fortschritte und Abstimmungsprobleme im Recht der kapitalersetzenden Gesellschafterdarlehen - Bemerkungen zur BGH-Praxis am Vorabend der GmbH-Novelle, in: ZGR, Heft 4/1980c, S. 567 - 582.

SCHMIDT, K., Gesellschafterdarlehen als Insolvenzrechtsproblem, in: ZIP, Heft 7/1981, S. 689 - 699.

SCHMIDT, K., Sinnwandel und Funktion des Überschuldungstatbestandes, in: JZ, Heft 5/6/1982a, S. 165 - 174.

SCHMIDT, K., Möglichkeiten der Sanierung von Unternehmen durch Maßnahmen im Unternehmens-, Arbeits-, Sozial- und Insolvenzrecht, Gutachten für den 54. Deutschen Juristentag, München 1982b.

SCHMIDT, K., Insolvenzprophylaxe durch Wirtschaftsaufsicht? - Überlegungen zu den Grenzen des Wirtschaftsverwaltungsrechts -, in: DB, Heft 20/1982c, S. 1044 - 1049.

SCHMIDT, K., Handelsrecht, 2. Aufl., Köln, Berlin, Bonn, München 1982d.

SCHMIDT, K., Zur Reform des Insolvenzrechts, in: WPg, Heft 23/24/1982e, S. 634 - 640.

SCHMIDT, K., Die sanierende Kapitalerhöhung im Recht der Aktiengesellschaft, GmbH und Personengesellschaft, in: ZGR, 1982f, S. 519 - 538.

SCHMIDT, K., Kapitalersetzende Bankenkredite?. in: ZHR, 1983, S. 165 - 194.

SCHMIDT, K., Kapitalersetzende Gesellschafterdarlehen: ein Rechtsproblem nur der GmbH und der GmbH & Co.?, in: AG, Heft 1/1984, S. 12 - 16.

SCHMIDT, R./FREY, P., Versicherungsaufsichtsgesetz, Kurzkommentar, 9., völlig neubearbeitete Aufl., München 1983.

SCHMIDT, R. H., Ökonomische Analyse des Insolvenzrechts, Wiesbaden 1980.

SCHMIDT, R. H., Die ökonomische Grundstruktur des Insolvenzrechts, in: AG, Heft 2/1981a, S. 35 - 44.

SCHMIDT, R. H., Grundformen der Finanzierung - Eine Anwendung des neo-institutionalistischen Ansatzes der Finanzierungstheorie, in: KuK, Heft 2/1981b, S. 186 - 221.

SCHMIDT, R. H., Grundzüge der Investitions- und Finanzierungstheorie, Wiesbaden 1983.

SCHMIDT, R. H., Asymmetrische Information und Gläubigerverfügungsrechte in der Insolvenz, in: ZfB, Heft 7/8/1984, S. 717 - 742.

SCHMIEDEL, E., Die Prüfung der Sanierungswürdigkeit unter betriebswirtschaftlichen Gesichtspunkten, in: ZfB, Heft 7/8/1984, S. 761 - 771.

SCHMOLL, A., Theorie und Praxis der Kreditprüfung unter besonderer Berücksichtigung der Klein- und Mittelbetriebe, in: ÖBA, Heft 3/1983, S. 87 - 106, Heft 5/1983, S. 165 - 191, und Heft 6/1983, S. 212 - 232.

SCHNEELOCH, D., Eigenfinanzierung oder Finanzierung durch Gesellschafterdarlehen - Eine Untersuchung nach geltendem und geplantem Recht, in: StuW, Heft 1/1984, S. 40 - 52.

SCHNEEWEISS, H., Entscheidungskriterien bei Risiko, Berlin, Heidelberg, New York 1967.

SCHNEIDER, D., Aktienrechtlicher Gewinn und ausschüttungsfähiger Betrag, in: WPg, Heft 23/1971, S. 607 - 617.

SCHNEIDER, D., Investition und Finanzierung, 5., neubearbeitete Aufl., Wiesbaden 1980.

SCHNEIDER, D., Wozu eine Reform des Jahresabschlusses? Oder: Jahresabschlußzwecke im Lichte der Temperaturmessung, in: BAETGE (1983), S. 131 - 155.

SCHNEIDER, D., Eine Warnung vor Frühwarnsystemen - Statistische Jahresabschlußanalysen als Prognosen zur finanziellen Gefährdung einer Unternehmung?, in: DB, Heft 29/1985, S. 1489 - 1494.

SCHNEIDER, U., Sonderrecht für Publikumspersonengesellschaften - Überlegungen zum Anlegerschutz im Gesellschaftsrecht, in: ZHR, 1978, S. 228 - 258.

SCHOLZ, F., Kommentar zum GmbH-Gesetz, 6., völlig neubearbeitete Aufl., Köln 1983.

SCHOLZ, H./LWOWSKI, H.-J., Das Recht der Kreditsicherung, 5., neubearbeitete Aufl., Berlin 1980.

SCHÜRER, H., Der Tatbestand der Überschuldung im deutschen Insolvenzrecht, Diss., München 1962.

SCHULT, E., Wirksame Liquiditätsprognose mit Hilfe der Kennzahl: Liquiditätselastizität, in: WPg, Heft 21/1975, S. 570 - 576.

SCHULTZE-KIMMLE, H.-D., Bankexterne und -interne Ursachen von Schwierigkeiten und Insolvenzen im deutschen Kreditwesen sowie Maßnahmen zu ihrer Verhütung, in: ÖBA, Heft 6/1977, S. 200 - 239.

SCHULZE-OSTERLOH, J., Gläubiger- und Minderheitenschutz bei der steuerlichen Betriebsaufspaltung, in: ZGR, Heft 2/1983, S. 123 - 161.

SCHUMACHER, H., Fehlgeschlagene Sanierung und Konkursanfechtung der Kreditsicherheiten "wegen Kenntnis der Zahlungsunfähigkeit" (§ 31 Abs. 1 Z 2 KO), in: ÖJZ, Heft 2/1981, S. 29 - 36.

SCHWANTAG, K., Eigenkapital als Risikoträger, in: ZfhF, 1963, S. 218 - 231.

STAAT, L., Das Eigenkapital der Versicherungsunternehmen unter besonderer Berücksichtigung der Versicherungsvereine auf Gegenseitigkeit, Diss., Köln 1970.

STANNIGEL, H., Externe Prüfung von Kreditinstituten - Teil 2, Kurseinheit 4 des Kurses 'Bank- und Börsenwesen V' der Fernuniversität - Gesamthochschule - Hagen, Hagen 1981.

STATISTISCHES BUNDESAMT, Finanzielle Ergebnisse der 1979 eröffneten Konkurs- und Vergleichsverfahren, in: WiSta, Heft 7/1981, S. 505 - 508 und S. 448* - 449*.

STATISTISCHES BUNDESAMT (Hrsg.), Statistisches Jahrbuch 1982 für die Bundesrepublik Deutschland, Stuttgart, Mainz 1982a.

STATISTISCHES BUNDESAMT, Finanzielle Ergebnisse der 1980 eröffneten Konkurs- und Vergleichsverfahren, in: WiSta, Heft 6/1982b, S. 444 - 446 und 373*.

STATISTISCHES BUNDESAMT (Hrsg.), Statistisches Jahrbuch 1983 für die Bundesrepublik Deutschland, Stuttgart, Mainz 1983a.

STATISTISCHES BUNDESAMT, Finanzielle Ergebnisse der 1981 eröffneten Konkurs- und Vergleichsverfahren, in: WiSta, Heft 7/1983b, S. 549 - 552 und 449* - 450*.

STATISTISCHES BUNDESAMT (Hrsg.), Umsatzsteuerstatistik, in: Fachserie 14 (Finanzen und Steuern), Reihe 8 (Umsatzsteuer), Stuttgart, Mainz 1983c.

STATISTISCHES BUNDESAMT (Hrsg.), Statistisches Jahrbuch 1984 für die Bundesrepublik Deutschland, Stuttgart, Mainz 1984.

STAUDER, B., Gesellschafterdarlehen an Kapitalgesellschaften - Zugleich eine Besprechung der gleichnamigen Dissertation von Dr. Christoph Kamm, in: GmbHR, Heft 4/1968, S. 72 - 75.

STECKHAN, H.-W., Gesellschaftsvermögen der Kommanditgesellschaft, und Privatvermögen des Komplementärs, in: DNotZ 1974, S. 69 - 78.

STEIN, J. H. von, Unternehmenskrisen im Bankgewerbe, in: KTS, Heft 1-2/ 1979, S. 29 - 41.

STEIN, J. H. von, Zur Weiterentwicklung der Kreditbeurteilung, in: B.Bl., Heft 6/1984, S. 218 - 222.

STEINDORFF, E., Besprechung von Balduin Kamprad, Gesellschafterdarlehen an die GmbH als verdeckte Stammeinlagen, Köln 1968, in: ZHR, 1969, S. 280 - 282.

STEINER, M., Ertragskraftorientierter Unternehmenskredit und Insolvenzrisiko, Stuttgart 1980.

STEINER, M., Insolvenzrechtliche Unternehmenssanierung und Marktwirtschaft, in: BLUM/STEINER (1984), S. 373 - 392.

STOPPOK, G., Mobiliarsicherheiten und Reorganisationsverfahren, in: FLF, Heft 5/1982, S. 234 - 236.

STROBEL, W., Betriebswirtschaftliche Überlegungen zur Reform der Behandlung von GmbH-Gesellschafterdarlehen im Falle des Konkurses oder Vergleichs, in: DB, Heft 40/1973, S. 1961 - 1963.

STROBEL, W., Prüfungspflicht und Haftungsbeschränkung - Überlegungen zur GmbH-Reform und Prüfungsreform, in: BFuP, Heft 1/1980a, S. 74 - 93.

STROBEL, W., GmbH-Reform und Bilanzreform durch ein neues Bilanzrichtlinie-Gesetz, in: GmbHR, Heft 7/1980b, S. 153 - 162.

STROBEL, W., Publizitätspflicht und Haftungsbeschränkung - Zur Ausdehnung der prüfbegleiteten Offenlegungspflicht auf GmbH und GmbH & Co. KG, in: BB, Heft 29/1981, S. 1742 - 1752.

STÜDEMANN, K., Der Konkursverwalter als Unternehmer, in: UHLENBRUCK/ KLASMEYER/KÜBLER (1977), S. 401 - 458.

STÜDEMANN, K., Die Haftung des Konkursverwalters bei Fortführung des Unternehmens - Ein Beitrag zur Reform der Konkursabwicklung, in: WPg., Heft 15/16 / 1978, S. 413 - 425.

STÜRNER, R., Aktuelle Probleme des Konkursrechts, in: ZZP, Heft 3/1981 S. 263 - 310.

STÜRNER, R., Möglichkeiten der Sanierung von Unternehmen durch Maßnahmen im Unternehmens- und Insolvenzrecht - Eine Auseinandersetzung mit dem Gutachten von Karsten Schmidt zum 54. Deutschen Juristentag -, in: ZIP, Heft 7/1982, S. 761 - 772.

STÜTZEL, W., Diskussionsbeiträge, in: Das Frankfurter Publizitätsgespräch, hrsg. von Carl Hans Barz u.a., Frankfurt a. M., 1962, S. 244 - 257.

STÜTZEL, W., Bankpolitik heute und morgen, 2. Aufl., Frankfurt 1964.

STÜTZEL, W., Entscheidungstheoretische Elementarkategorien als Grundlage einer Begegnung von Wirtschaftswissenschaften und Rechtswissenschaften, in: ZfB, 1966, S. 769 - 789.

STÜTZEL, W., Bemerkungen zur Bilanztheorie, in: ZfB, 1967, S. 314 - 340.

STÜTZEL, W., Staatliche Einlegerschutz-Vorkehrungen versus staatliche Wettbewerbsförderung, Diskussionsbeitrag, in: Schriften des Vereins für Socialpolitik, Gesellschaft für Wirtschafts- und Sozialwissenschaften, Neue Folge, Band 87, Berlin 1976.

TALMOR, Eli, A Normative Approach to Bank Capital Adequacy, in: JFQA, No. 4/1980, S. 785 - 811.

TIEDEMANN, K., Insolvenzstraftaten aus der Sicht der Kreditwirtschaft, in: ZIP, Heft 5/1983, S. 513 - 522.

TILLMANN, B., Eigenkapitalersetzende Gesellschafterdarlehen und verdecktes Stammkapital, in: GmbHR, Heft 1/1981, S. 17 - 20.

TIMM, W., Das neue GmbH-Recht in der Diskussion, in: GmbHR, 1980, S. 286 - 295.

TIMM, W., Die Sanierung von Unternehmen - Eine Bestandsaufnahme nach dem 54. DJT -, in: ZIP, Heft 2/1983, S. 225 - 238.

UEC-KOMMISSION für Buchführung, Die Beachtung des Grundsatzes der Fortführung des Unternehmens ("going concern" Basis) bei der Abschlußprüfung, in: WPg, Heft 16/1976, S. 464 - 465.

UHLENBRUCK, W., Die Grenzen von Gläubigerautonomie und Gläubigerschutz, in: KREDITSCHUTZVERBAND (1970), S. 87 - 103.

UHLENBRUCK, W., Abschreibungsgesellschaften. Anlegerprobleme bei Sanierung - Konkurs - Vergleich, Düsseldorf 1974.

UHLENBRUCK, W., Die Massekostendeckung als Problem der Konkursverwalterhaftung, in: KTS, Heft 3/1976, S. 212 - 219.

UHLENBRUCK, W., Die GmbH & Co. KG in Krise, Konkurs und Vergleich, Köln 1977a.

UHLENBRUCK, W., Typische Symptome in den durch Strukturwandel gefährdeten Betrieben - Versuch einer Insolvenzanalyse, in: DBW, 1977b, S. 311 - 322.

UHLENBRUCK, W., Überlegungen vor einer Eröffnung und bei Abwicklung gerichtlicher Insolvenzverfahren, in: WPg, Heft 23/24/1978, S. 661 - 680.

UHLENBRUCK, W., Insolvenzrecht - Grundriß für Studium und Praxis, Bonn 1979.

UHLENBRUCK, W., Die Rechtsstellung des Geschäftsführers im Konkurs der GmbH, in: GmbHR, Heft 8/1980a, S. 170 - 176.

UHLENBRUCK, W., Die GmbH-Novelle 1980 und ihre Auswirkungen auf das Insolvenzrecht, in: KTS, Heft 4/1980b, S. 319 - 325.

UHLENBRUCK, W., Krise, Konkurs, Vergleich und Sanierung als neue Aufgabe der Betriebswirtschaft, in: BRATSCHITSCH/SCHNELLINGER (1981a), S. 173 - 214.

UHLENBRUCK, W., Sanierung und Reorganisation als drittes Insolvenzverfahren in einem künftigen Recht?, in: KTS, Heft 4/1981b, S. 513 - 575.

UHLENBRUCK, W., Privilegierung statt Diskriminierung von Sanierungskrediten de lege lata und als Problem der Insolvenzrechtsreform, in: GmbHR, Heft 7/1982a, S. 141 - 153.

UHLENBRUCK, W., Das Insolvenzrecht ist zu einer Domäne des Faustrechts geworden, in: HB, Nr. 249 vom 28.12.1982(b), S. 5.

UHLENBRUCK, W., Sicherung gegen Zahlungsausfälle aus der Sicht des Insolvenzrechts de lege lata und de lege ferenda, in: ZfbF, 1982c, S. 524 - 545.

UHLENBRUCK, W., Grundzüge einer Insolvenzrechtsreform, in: ZfB, Heft 4/1983a, S. 350 - 382.

UHLENBRUCK, W., Gläubigerberatung in der Insolvenz - Ein Handbuch für die Praxis, Köln 1983b.

UHLENBRUCK, W., Erfahrungen mit dem geltenden Insolvenzrecht - Eine kritische Bestandsaufnahme -, in: BFuP, Heft 2/1983c, S. 96 - 111.

UHLENBRUCK, W., Zum Stand der Insolvenzrechtsreform, in: BFuP, Heft 2/1983d, S. 131 - 144.

UHLENBRUCK, W., Grundzüge eines künftigen Insolvenzrechts nach den Vorstellungen der Reformkommission, in: BB, Heft 31/1984, S. 1949 - 1961.

UHLENBRUCK, W./KLASMEYER, B./KÜBLER, B. M. (Hrsg.), Einhundert Jahre Konkursordnung 1877 - 1977. Festschrift des Arbeitskreises für Insolvenz- und Schiedsgerichtswesen e.V. Köln zum 100 jährigen Bestehen der Konkursordnung vom 10. Februar 1877, Köln, Berlin, Bonn, München 1977.

ULLMANN-CZUBAK, H., Neuer U.S.-Richtlinienvorschlag zur steuerlichen Klassifizierung von Gesellschafterdarlehen als Eigen- oder Fremdkapital, in: RIW, Heft 3/1982, S. 184 - 186.

ULMER, P., Die Gründung der GmbH, in: Probleme der GmbH-Reform. Zugleich Bericht über die Arbeitstagung "GmbH-Reform" in Bonn vom 29.9. bis 1.10.1969. Heft 25 der Schriftenreihe "Rechtsfragen der Handelsgesellschaften", hrsg. von der Centrale für Gesellschaften mbH Dr. Otto Schmidt, Köln 1970, S. 42 - 62.

ULMER, P., Gesellschafterdarlehen und Unterkapitalisierung bei GmbH und GmbH & Co. KG - Zehn Thesen, in: Festschrift für Konrad Duden, hrsg. von H.-M. Pawlowski, G. Wiese und G. Wüst, München (1977), S. 661 - 683.

ULMER, P., Die neuen Vorschriften über kapitalersetzende Darlehen und eigene Geschäftsanteile der GmbH, in: Das neue GmbH-Recht in der Diskussion. Zugleich Bericht über die Centrale Arbeitstagung in Köln am 8.9.1980, Heft 40 der Schriftenreihe "Rechtsfragen der Handelsgesellschaften", hrsg. von der Centrale für GmbH Dr. Otto Schmidt, Köln (1981a), S. 55 - 76.

ULMER, P., Konkursantragspflicht bei Überschuldung der GmbH und Haftungsrisiken bei Konkursverschleppung, in: KTS, Heft 4/ 1981b, S. 469 - 492.

ULMER, P., Die wirtschaftliche Neugründung einer GmbH unter Verwendung eines GmbH-Mantels, in: BB, Heft 18/1983, S. 1123 - 1127.

VEIT, K.-R., Die Definition der Zahlungsunfähigkeit als Konkursgrund, in: ZIP, Heft 3/1982, S. 273 - 279.

VETSCHERA, R., Welche "Risikopräferenzen" berücksichtigt das Bernoulli-Prinzip?, in: ZfB, S. 401 - 407.

VIEL, J./BREDT, O./RENARD, M., Die Bewertung von Unternehmen und Unternehmungsanteilen, 5., neubearbeitete und erw. Aufl., Stuttgart 1975.

VOGEL, K., (Hrsg.), "Fremdfinanzierung" von Kapitalgesellschaften durch Anteilseigner, Heft 6 der Münchener Schriften zum Internationalen Steuerrecht, München 1982.

VORMBAUM, H., Finanzierung der Betriebe, 6., durchgesehene Aufl., Wiesbaden 1981.

VORMBAUM, H./BAUMANNS, F. J., Die rechtzeitige Auflösung von Insolvenzverfahren - Ein Kernproblem der Insolvenzrechtsreform, in: DB, Heft 38/1984, S. 1971 - 1975.

WANIK, O., Probleme der Aufstellung und Prüfung von Prognosen über die Entwicklung der Unternehmung in der nächsten Zukunft, in: Bericht über die Fachtagung 1974 des IDW, Düsseldorf 1975, S. 45 - 60.

WARNEKE, H., Zur Frage der Überschuldung im Sinne des § 83, Abs. 2, Satz 2 AktG, in: Der Wirtschaftsprüfer, Heft 2/1949, S. 33 - 36.

WEBER, A., Für ein gesetzliches Sanierungsverfahren?, in: Die Bank, Heft 8/1982, S. 372 - 374.

WEBER, F., Fragen der Gestaltung des Konkursverfahrens in rechtspolitischer und rechtsvergleichender Sicht, in: KTS, Heft 5/6/1959, S. 80 - 88.

WEBER, F., Ziele und Wege der Insolvenzrechtsreform, in: UHLENBRUCK/ KLASMEYER/KÜBLER (1977), S. 321 - 360.

WEIDA, S., Beziehungen zwischen Vermögen und Schulden im gerichtlichen Vergleichsverfahren zur Abwendung des Konkurses, Diss., München 1965.

WEINRICH, G., Kreditwürdigkeitsprognosen - Steuerung des Kreditgeschäfts durch Risikoklassen, Wiesbaden 1978.

WEISS, G. A., Die Erhaltung insolvenzgefährdeter Unternehmen in Großbritannien, in: ZIP, Heft 9/1982, S. 1038 - 1044.

WERNER, U., Das Mindestgrundkapital bei neuen Hypothekenbanken, in: ZfgK, Heft 18/1968, S. 876 - 877.

WESTERMANN, H. P., Gläubigerschutz bei der Neuordnung der GmbH, Tübingen 1971.

WESTERMANN, H. P., Zur "Handelsgesellschaft auf Einlagen", in: ZRP, Heft 4/1972, S. 93 - 98.

WESTERMANN, H. P., Die Funktion des "Leitbildes" von der GmbH, in: GmbHR, Heft 9/1979, S. 193 - 201.

WESTERMANN, H. P., Die GmbH - Ein "Allzweck-Instrument"?, in: SCHMIDT, H. M. (1980), S. 23 - 56.

WESTERMANN, H. P., Banken als Kreditgeber und Gesellschafter - Zur Entscheidungsfreiheit der Bank im Kreditgeschäft -, in: ZIP, Heft 4/1982, S. 379 - 391.

WESTERMANN, H. P., Zur Rückführung eines Überziehungskredits eines am Schuldnerunternehmen als Aktionär beteiligten Kreditinstituts, in: ZIP, Heft 11/1983, S. 1281 - 1289.

WESTERMANN, H., Personengesellschaftsrecht. BGB-Gesellschaft - OHG - KG, 2. Aufl., Köln 1973.

WIEDEMANN, H., Haftungsbeschränkung und Kapitaleinsatz in der GmbH, in: CAMMERER (1968), S. 5 - 61.

WIEDEMANN, H., Beschränkte und unbeschränkte Kommanditistenhaftung, in: Recht und Wirtschaft in Geschichte und Gegenwart. Festschrift für Johannes Bärmann zum 70. Geburtstag, hrsg. von Marcus Lutter, Helmut Kollhosser und Winfried Trusen, München 1975, S. 1037 - 1056.

WIEDEMANN, H., Gesellschaftsrecht - Ein Lehrbuch des Unternehmens- und Verbandsrecht - Band I: Grundlagen, München 1980.

WILHELM, Jan, Die Vermögensbindung bei der Aktiengesellschaft und der GmbH und das Problem der Unterkapitalisierung, in: Festschrift für Werner Flume, Band I, hrsg. von Horst Heinrich Jakobs, Brigitte Knobbe-Keuk, Eduard Picker, Jan Wilhelm in Gemeinschaft mit Kurt Ballerstedt und F.A. Mann, Köln (1978), S. 337 - 397.

WILHELM, Jan, Rechtsform und Haftung bei der juristischen Person, Köln, Berlin, Bonn, München 1981.

WILHELM, Jochen, Die Bereitschaft der Banken zur Risikoübernahme im Kreditgeschäft, in: KuK, Heft 4/1982, S. 572 - 601.

WINKLER, K., Die Haftung der Gesellschafter einer unterkapitalisierten GmbH, in: BB, Heft 28/1969a, S. 1202 - 1207.

WINKLER, K., Die Haftungsverfassung der GmbH & Co. KG, in: NJW, 1969b, S. 1009 - 1014.

WINKLER, K., Der Erwerb eigener Geschäftsanteile durch die GmbH, in: GmbHR, 1972, S. 73 - 82.

WINTER, G., Die Haftung der Gesellschafter im Konkurs der unterkapitalisierten GmbH, Frankfurt a.M. 1973.

WINTER, H., Die wechselseitige Beteiligung von Aktiengesellschaften, Köln 1960.

WÖHE, G., Bilanzierung und Bilanzpolitik, 6., überarbeitete und erweiterte Aufl., München 1984.

WOLANY, J., Besprechung von Günther Wüst, Gläubigerschutz bei der GmbH, Stuttgart, Berlin, Köln, Mainz 1966, in: ZHR, 1967, S. 337 - 339.

WÜRDINGER, H., Zur Publizität der GmbH im nationalen und europäischen Bereich, in: GmbHR, Heft 8/1964, S. 151 - 157.

WÜRDINGER, H., Aktienrecht und das Recht der verbundenen Unternehmen, 4., völlig neubearbeitete und erweiterte Aufl., Heidelberg, Karlsruhe 1981.

WÜST, G., Gläubigerschutz bei der GmbH, Stuttgart, Berlin, Köln, Mainz 1966.

ZELLWEGER, B., Erkennen von Bonitätsrisiken bei der Überwachung kommerzieller Bankkredite, in: geldinstitute, Heft 2/1983, S. 189 - 193.

ZELLWEGER, B., Erkennen von Bonitätsrisiken bei der Überwachung kommerzieller Bankkredite. Ergebnisse einer empirischen Untersuchung, in: ÖBA, Heft 4/1984, S. 146 - 150.

ZIEBE, J., Die Regelungen des Erwerbs eigener Aktien in den Mitgliedsstaaten der Europäischen Gemeinschaft, in: AG, Heft 7/1982, S. 175 - 190.

ZIEBE, J., Der Erwerb eigener GmbH-Geschäftsanteile in den Staaten der Europäischen Gemeinschaft, in: GmbHR, 1983, S. 38 - 42.

ZILIAS, M., Unterbilanz und Überschuldung der Aktiengesellschaft, in: WPg, Heft 17/1977, S. 445 - 455.

ZILIAS, M., Unterbilanz und Überschuldung der Aktiengesellschaft, in: IDW (1981), S. 1697 - 1714.

ZSCHIEGNER, H., Neue US-Richtlinien zur Klassifizierung von Gesellschafterdarlehen, in: DB, Heft 16/1981, S. 805 - 809.

ZYBON, A., Präventionen gegen den "normalen" Konkurs, in: CREDITREFORM (1973), S. 55 - 80.

Urteilssammlung

BFH, Urt. vom 30.08.1962 - II 207/57 U
in: BFHE, S. 489 - 497.

BFH, Urt. vom 01.09.1982 - I R 52/78
in: GmbHR, Heft 2/1983, S. 58 - 59.

BGH, Urt. vom 14.12.1959 - II ZR 187/57
in: BGHZ 31, S. 258 - 279.

BGH, Urt. vom 15.11.1962 - II ZR 134/61
in: WM, Heft 4/1962, S. 121.

BGH, Urt. vom 29.11.1971 - II ZR 121/69
in: BB, Heft 3/1972, S. 111 - 113.

BGH, Urt. vom 18.01.1973 - II ZR 114/71
in: BGHZ 61, S. 149 - 153.

BGH, Urt. vom 29.03.1973 - II ZR 25/70
in: BGHZ 60, S. 324 - 333.

BGH, Urt. vom 18.03.1974 - II ZR 167/72
in: BGHZ 62, S. 216 - 230.

BGH, Urt. vom 27.09.1976 - II ZR 162/75
in: BGHZ 67, S. 171 - 183.

BGH, Urt. vom 04.05.1977 - VIII ZR 298/75
in: BGHZ 68, S. 312 - 323.

BGH, Urt. vom 26.11.1979 - II ZR 104/77
in: BGHZ 75, S. 334 - 339.

BGH, Urt. vom 24.03.1980 - II ZR 213/77
in: BGHZ 76, S. 326 - 339.

BGH, Urt. vom 13.07.1981 - II ZR 256/79
in: BGHZ 81, S. 253 - 256.

BGH, Urt. vom 21.09.1981 - II ZR 104/80
in: BGHZ 81, S. 311 - 322.

BGH, Urt. vo, 27.10.1982 - VIII ZR 187/81,
in: BB, Heft 35/36/1982, S. 2161 - 2162.

BGH, Urt. vom 19.05.1983 - II ZR 50/82
in: GmbHR, Heft 1/1984, S. 13 - 16.

BGH, Urt. vom 26.03.1984 - II ZR 14/84
in: DB, Heft 25/1984, S. 1338 und 1340 und
BB, Heft 17/1984, S. 1067 - 1069.

BVerfG, Beschluß des Zweiten Senats vom 10.10.1961 - 2 BvL 1/59
in: BVerfGE 13, S. 153 - 165.

BVerfG, Beschluß des Ersten Senats vom 24.07.1968 - 1 BvR
in: BVerfGE 24, S. 104 - 112.

BVerwG, Urt. vom 16.10.1979 - 1 C 44.75
(unveröffentlichtes Urteil)

OLG Frankfurt, Urt. vom 28.02.1961 - 5 U 121/60
in: NJW, Heft 12/1963, S. 545 - 546.

OLG Karlsruhe, Urt. vom 13.05.1977 - 15 U 132/75
in: BB, 1978, S. 1332 - 1333.

RFH, Urt. vom 24.06.1943 - III 34/43
in: RStBl., S. 765 f.

Heidelberger betriebswirtschaftliche Studien

Kaas, K. P.: Empirische Preisabsatzfunktionen bei Konsumgütern. XV, 183 Seiten. 1977.

Kromschröder, B.: Unternehmensbewertung und Risiko. Der Einfluß des Risikos auf den subjektiven Wert von Unternehmungsbeteiligungen im Rahmen einer optimalen Investitions- und Finanzierungspolitik des Investors. XI, 244 Seiten. 1979.

Laux, H.: Der Einsatz von Entscheidungsgremien. Grundprobleme der Organisationslehre in entscheidungstheoretischer Sicht. XIX, 418 Seiten. 1979.

Rudolph, B.: Kapitalkosten bei unsicheren Erwartungen. Das Kapitalmarktmodell und seine Bedeutung für die Theorie der Kapitalkosten. XI, 299 Seiten. 1979.

Wagner, F. W.: Kapitalerhaltung, Geldentwertung und Gewinnbesteuerung. XIII, 318 Seiten. 1978.

Wilhelm, J.: Finanztitelmärkte und Unternehmensfinanzierung. XI, 312 Seiten. 1983.

GPSR Compliance

The European Union's (EU) General Product Safety Regulation (GPSR) is a set of rules that requires consumer products to be safe and our obligations to ensure this.

If you have any concerns about our products, you can contact us on ProductSafety@springernature.com

In case Publisher is established outside the EU, the EU authorized representative is:

Springer Nature Customer Service Center GmbH
Europaplatz 3
69115 Heidelberg, Germany

Batch number: 10844827

Printed by Printforce, the Netherlands